deutsch
aktuell 3

About the Authors

Roland H. Specht, a native of Dortmund, Germany, received his Ph.D. from Ruhr-University Bochum in 1988. Besides his book *Deutsch — gestern und heute*, he has published several other books, tests, manuals and audiocassettes for intermediate German language instruction as well as for wordprocessing. Specht is a professor of German, literature, and business courses at St. Cloud State University in Minnesota. Since 1989, he has served as Chairperson of the Department of Foreign Languages and Literatures. *Deutsch Aktuell 3* reflects seven trips to Germany with students from St. Cloud State University who studied in Ingolstadt and also visited many German cities and states.

Wolfgang S. Kraft, a native of Leipzig, Germany, is Director of Foreign Languages at EMC Publishing in St. Paul, Minnesota. He graduated from the University of Minnesota with B.A., B.S. and M.A. degrees and has taught German at the high school and college level as well as in several adult education programs. Kraft also has been a Native Informant at NDEA Foreign Language Institutes, has participated on various foreign language panels and conducted many foreign language workshops. Besides writing all three editions of *Deutsch Aktuell 1* and *2*, Kraft has authored several other German programs, including *So sind die Deutschen* and *Passport to Germany*.

Reinhold Frigge, a native of Witten, Germany, studied German Language and Literature and Physical Education at the Ruhr-University Bochum. He passed the State Board Examinations for Teaching in 1982 and wrote his dissertation in 1983 for which he received his Ph.D. from Ruhr-University Bochum. For several years he has taught German and Physical Education at the comprehensive vocational school in the city of Hamm. He regularly teaches German to Turkish students attending his language program. Outside the classroom, Frigge's creative interests have led him to spray paint pictures which he has displayed on several occasions in art shows throughout Germany and the Netherlands.

Teacher's Edition

Authors
Roland H. Specht
Wolfgang S. Kraft
Reinhold Frigge

Contributing Editors

Shawn Cecilia Jarvis
St. Cloud State University
St. Cloud, Minnesota

Manfred Buschmeier
Ruhr-Universität Bochum
Bochum, Germany

Consultants

Debra Blanner
Titusville High School
Titusville, Florida

Paul Schmidt
Manalapan High School
Englishtown, New Jersey

Elfriede Brunner
St. John's High School
Toledo, Ohio

Gabriele Stiven
Niles Township High School — North Division
Skokie, Illinois

Elisabeth Dangerfield
El Camino High School
Sacramento, California

Kathleen Zipf
West Mesa High School
Albuquerque, New Mexico

EMC Publishing, Saint Paul, Minnesota

Dieses Buch ist Professor Harro Müller-Michaels mit besonderem Dank für seine langjährige Unterstützung gewidmet.

ISBN 0-8219-0961-4

© 1993 by EMC Corporation

Published by EMC Publishing
300 York Avenue
St. Paul, Minnesota 55101

Printed in the United States of America
 2 3 4 5 6 7 8 9 10 XXX 99 98 97 96

Contents

SCOPE AND SEQUENCE CHART

Lektion	Kommunikative Ziele	Themen
Einführung	über eine Reise sprechen (Trennungsangst, Vorbereitung, der Tag der Abreise) planen, was man einer Gastgeberfamilie mitbringt einen Traum beschreiben	Dürfen wir Ihnen Barbara vorstellen? Der Abflug Sie sind dran, junge Dame! Das Deutsche Turnfest Koffer packen, wir fahren weg! Barbara hat Geschenke im Koffer Gesprächssituation Barbaras Traum
1 **Deutschland aktuell**	die geographische und politische Lage des neuen Deutschlands besprechen die neue Generation verstehen sich über die Wiedervereinigung unterhalten die Hauptstadt Berlin beschreiben	Deutschland heute Deutsche Länder Wegmarken der deutsch-deutschen Geschichte nach dem Zweiten Weltkrieg Eine bunte Republik Gespräch mit dem Hausmeister Die Hauptstadt Berlin Abends um 6 Uhr auf dem Ku'damm Graffiti und Sprüche
2 **Freunde und Freizeit**	etwas über einen Unfall sagen eine Klassenfahrt beschreiben mit einem Brieffreund oder einer Brieffreundin korrespondieren über eine ältere Person sprechen	Ein dummer Unfall Klassenfahrt ins Altmühltal Interesse an Fremdsprachen Briefe zwischen Freunden Eine unternehmungslustige Oma

Rollenspiele	Gefühle und Stimmungen	In 100 Tagen durch Deutschland	Grammatik
Komm doch mit!	Trennungsangst	Auf nach Berlin	relative pronouns personal pronouns *einerseits-andererseits* future tense
Überreden Wir hoffen, meinen und vermuten	Hoffnung	Von Berlin nach Rügen	adjectives and adverbs with *-lich* past participle word order of personal pronouns *meinen, glauben, vermuten, denken* passive voice
sich unterhalten Das ist zu viel!	Unternehmungslust	Von Rügen nach Schleswig	adjective endings predicative adjectives and attributive adjectives words ending in *-bar* days of the week as adverbs

SCOPE AND SEQUENCE CHART

Lektion	Kommunikative Ziele	Themen
3 **Beruf und Arbeit**	über einen Job sprechen eine deutsche Bank beschreiben etwas von den Türken verstehen die Gleichberechtigung diskutieren	Schulen Ein neuer Job Geldsachen Türken im Gespräch Studium ohne Grenzen Berufe von drei Personen Gleichberechtigung zwischen Frauen und Männern Zwei junge Profis stellen sich vor
4 **Spaß muß sein**	eine spaßige Geschichte erzählen Sprichwörter erklären den Lieblingstag beschreiben	Im Zoo Gruß aus Leisnig Worträtsel Der Frosch und die Prinzessin Sprichwörter und Redewendungen Auf Wanderschaft Im Tower Wortspiele Sprachlos Winterkartoffeln (Rösler) Bumerang (Ringelnatz) Lieber Herr Dichter Mein Lieblingstag
5 **Junge Szene**	einen Umzug beschreiben sich über Schule und Studium unterhalten von bekannten Rockstars sprechen die Umgangssprache unter Jugendlichen benutzen	Wir ziehen um Ein Brief von Anke Kennen Sie Werner? Die Rockszene in Deutschland Kleinstadtsonntag (Biermann) Sound fürs Auge Nichts passiert! Umgangssprache unter Jugendlichen Die Dame auf der Bank (Rösler)

Rollenspiele	Gefühle und Stimmungen	In 100 Tagen durch Deutschland	Grammatik
Auf der Bank Auslandsstudium — pro oder contra	Nervös sein	Von Flensburg nach Bremen	present subjunctive II: contrary-to-fact conditions perfect tenses in the passive relative pronouns after prepositions
Wer war das? Es muß nicht immer Apfelkuchen sein Mein Lieblingstag	Rührung	Bremen und weiter zum Rhein	passive — present and past perfect tenses the ending *-los* speech pattern *wenn...,dann...* demonstrative pronouns
Berichten Sind Sie verliebt?	Verliebt sein	Von Köln bis Heidelberg	*da*-compounds present participles as adjectives clauses with *weil, da, denn*

SCOPE AND SEQUENCE CHART

Lektion	Kommunikative Ziele	Themen
A **Rückblick**	Bilder beschreiben den nächsten Tag planen Vergleiche machen	Der Tip Redewendungen
6 **Unterwegs und auf Reisen**	über Urlaub sprechen von einer Klassenfahrt erzählen etwas von einer Reise in die Türkei erfahren eine Reise nach Norddeutschland besprechen	Auf Urlaub Im Landschulheim Hamm — Istanbul und zurück Besuch auf dem Falkenhof Mit dem Schiff nach Spiekeroog
7 **Mensch und Maschine**	wie man sich heute besser verständigen kann mehr über moderne Kommunikationen lernen Wohnung oder Haus beschreiben etwas über die Technik eines Autos erzählen ein langweiliges oder interessantes Wochenende beschreiben	Die Kommunikation im Zeitalter der Automaten Wenn die Worte fehlen! Der kaputte Kassettenrekorder Technik und Wohnen Besichtigung in der Autofirma Die schnellsten Autos Falsch verbunden Wer spricht mit wem — und wo? Hast du noch etwas vor? Das Leichte Bier
8 **Aus alten Zeiten**	die Nazi-Zeit besprechen etwas von deutscher Geschichte lernen politische Themen diskutieren	Nazis, Hollywood und Klischees Anne Frank Der jüdische Friedhof in Prag Unsere Klasse besucht „Haithabu" Tyrkir Ñ Geschichte eines deutschen Wikingers Was ist Deutschland? Die Hitlerjugend (1933-1945) Wolfgang Borchert: Zwei Männer sprachen miteinander Mini-Krimi: Die Tat

Rollenspiele	Gefühle und Stimmungen	In 100 Tagen durch Deutschland	Grammatik
Abendgymnasium, oder nicht?			future tense present perfect tense passive adjectives subjunctive
Wer bekommt ein Fahrrad? Hausmeister spielen sich ärgern	sich ärgern	Von Heidelberg zum Bodensee	double infinitive indirect discourse reflexive verbs
Was tust du am liebsten? Welche Geräte brauchen Sie? Wer bekommt den neuen Computer?	Neugierig sein	Durch die Schweiz und Liechtenstein	comparison of adverbs and adjectives irregular comparison superlatives + *aller-* time expressions *Was meinst du genau?, Wie meinst du das?, Was soll das heißen?*
Wir drehen einen Film Wer muß rudern? Müssen Kriege sein?	Angst	Von Vaduz nach München	compound adjectives infinitive clauses with *zu* narrative past and conversational past *hin - her* nouns derived from verbs

SCOPE AND SEQUENCE CHART

Lektion	Kommunikative Ziele	Themen
9 **Sport, Spiel, Spannung**	ein wichtiges Ereignis beschreiben über einen Sport sprechen eine interessante Geschichte erzählen ein beliebtes Gesellschaftsspiel erklären und spielen	Michaela Mahler Ñ Weltmeisterin von morgen? Surfen will gelernt sein Die Fußballweltmeisterschaft Der Bankraub Gesellschaftsspiele Stadt, Land, Fluß Frühsport Spielend lernen Mini-Krimi: Der Verdacht
10 **Literatur und Kunst**	seine Meinung äußern Themen einiger Autoren besprechen den Vorgang der Porzellanmanufaktur beschreiben von einer Deutschlandreise erzählen	Worte und Wörter Elly Madlen: Sind Wörter Klänge? Konstantin Wecker Johann Wolfgang von Goethe Kungfutse: Über die Wörter Heinrich Böll über Worte Marie von Ebner-Eschenbach: Die Nachbarn Kunst zum Anfassen Gespräch über Wolfgang von Goethe Mini-Krimi: Die Aufklärung
B **Rückblick**	Bilder von der Berliner Mauer beschreiben ein Gespräch beenden über seine Freizeit sprechen	Warum ich Ingenieurin geworden bin Universitäten auf verschiedenen Kontinenten Der Bundestag Sind alle gleichberechtigt?

Rollenspiele	Gefühle und Stimmungen	In 100 Tagen durch Deutschland	Grammatik
Begeistert und glücklich sein Was halten Sie vom Tennis?	Glücklich sein	Von München nach Chemnitz	*Reaktionen* hopes and wishes if–then clauses *würde* + infinitive verb-preposition combinations
Gesundes Mißtrauen Was kann man seinem besten Freund oder seiner besten Freundin erzählen — und was nicht?	Mißtrauen	Von Dresden nach Hause	*"Worte"* and *"Wörter"* future and future perfect tenses conjunctions *als, wenn, wann* prepositions linked with adjectives impersonal pronouns *man, einen, einem*

INTRODUCTION

Deutsch Aktuell 3 was developed to meet the great demand among German teachers for a realistic third-level German textbook centered around a proficiency-based and communicative-oriented approach. In the past, most so-called third level textbooks were unrealistic in terms of reasonable goals that could be achieved by most students at that level.

Deutsch Aktuell 3 uses the vocabulary, structure and cultural content of *Deutsch Aktuell 1* and *2* as a basis, and reviews, reinforces, recycles and expands those areas. Every attempt has been made to ensure a smooth transition from the second-level to the third-level textbook. Numerous opportunities are provided throughout this textbook to use the students' previously acquired language skills and build upon them, leading students to express their opinions and become more involved in the various topics.

The dramatic political events that took place in 1989 and 1990 in Germany have made the language and culture more appealing to our students. Consequently, numerous topics provide an in-depth view of current German attitudes, opinions and behavioral patterns within the framework of the language with which students are familiar.

Similar to the first two textbooks in this series, *Deutsch Aktuell 3* includes 13 chapters, *Einführung, Lektionen 1-10, Rückblick A* and *B*. An abundance of full-color photos and illustrations enhance and clarify the content throughout this textbook. A major emphasis is placed on interesting dialog situations and reading selections which lend themselves to student involvement and participation. Most of these dialogs and reading selections have been kept to a minimal length to ensure better student understanding, interest and a sense of accomplishment.

Three sections which are part of each chapter deserve special mention. The *Rollenspiele* (one to three per chapter) promote direct student involvement in paired activities. In these sections, students are asked to role-play specific topics related to the chapter content. The *Gefühle und Stimmungen* section deals with the affective learning process and encourages students to express their emotions within given situations. Finally, the section at the end of each lesson entitled *In 100 Tagen durch Deutschland* provides a glimpse of the towns, cities and regions of Germany through a personalized approach. Students will relate to the group of young adults and follow along with them as they travel around Germany.

The purpose of the front section of this teacher's edition is to provide a complete overview of *Deutsch Aktuell 3* (Scope and Sequence Chart), outline the components and main features of the program, suggest a step-by-step approach to teaching a lesson, and describe those photos in the various sections which are not identified as part of the text.

This teacher's edition contains an annotated version of the student textbook. Marginal notes, printed in another color, include numerous comments and suggestions to expand the material and provide additional information that may be useful to the teacher. The answers to all exercises are also included in this teacher's edition. Finally, the exercises appearing in the workbook are coordinated with the lesson content and coded as such.

COMPONENTS

Deutsch Aktuell 3 is the third of a comprehensive three-level German language series designed to meet the needs of language students during the 1990s. This third-level textbook program includes:

- textbook
- teacher's edition
- workbook
- workbook teacher's edition
- testing program
  - —test booklet
  - —test booklet teacher's edition
  - —audiocassettes (listening comprehension tests)
- audiocassette program
  - —lesson cassettes (introduction, Lessons 1-10, Review Lessons A and B)
  - —manual
- live-action videos (including manual)

Textbook

This textbook contains a total of 13 lessons (an introductory lesson, 10 regular and 2 review lessons), a grammar summary, an end vocabulary section (German/English and English/German) and an index.

Lesson Format

In the chapter opener, two young adults, Petra and Rüdiger, introduce students to the main features of the lesson in the section called *"Hallo Leute!"* Throughout the chapter there are several dialog situations and reading selections, each of which are followed by activities ranging from questions to matching items.

The *Rollenspiele* (one to three per chapter) encourage students to role-play specific situations, thus providing ample opportunities for self-expression and practice of oral skills. The *Gefühle und Stimmungen* section introduces students with affective or emotional topics such as hope, fear, anger, etc. Where appropriate, conversations are provided to illustrate the feelings and moods presented.

The last section of each chapter entitled *In 100 Tagen durch Deutschland* exposes students to many towns, cities and regions of Germany. Students follow the experiences of a group of young adults as they travel for over three months on their motorbikes and relate their experiences.

The new vocabulary that has not been introduced in the first two books or in subsequent chapters of this book are listed below each section in which they appear for the first time. Cognates or easily recognizable words do not appear after these sections but are indicated in the end-of-book vocabulary by an asterisk (*).

The grammar or structure is often reviewed (if it appeared in the previous books) or introduced in a short and simplified manner followed by appropriate practice exercises. Finally, each chapter includes a short section called *Übrigens* which contains some useful and factual information to stimulate student interest.

Teacher's Edition

This teacher's edition contains the following sections:

Front Section

- scope and sequence chart
- description of textbook components
- teaching approaches (step-by-step approach to one lesson)
- photo description
- text annotations and reference

Scope and Sequence Chart

The scope and sequence chart lists the chapter themes, communicative functions (*Lernziele*), various topics (*Themen*), role-playing activities (*Rollenspiele*), sections dealing with feelings and moods (*Gefühle und Stimmungen*), areas visited by the group of young adults traveling throughout Germany (*In 100 Tagen durch Deutschland*) and grammar presented in each chapter.

Description of Textbook Components

A detailed description of all the components accompanying *Deutsch Aktuell 3* provides an opportunity for the teacher to decide which types of support material to use in successfully implementing this program.

Teaching Approaches

A typical unit (*Lektion 3*) has been selected as a model for the teacher to use as a guideline to measure length of coverage and, consequently, to spread the textbook content over a complete school year. The time length undoubtedly will vary somewhat, depending on length of class period, teaching style, caliber of students and the additional material incorporated.

Photo Description

Wherever appropriate, reference is made to the numerous photos contained in the textbook. The teacher may wish to use the information in pointing out such items as location, cultural details, etc.

Text Annotations and Reference

Numerous suggestions for variation, expansion and reinforcement have been provided for practical and functional classroom use of the material presented.

A cassette symbol is printed for all those sections recorded on the audiocassette program for convenient reference. Although the text for these oral exercises is contained in the textbook itself, a separate manual accompanying the audiocassettes is available including the additional text for student-directed instructions. Some of the audiocassette exercises have been slightly modified in order to provide more realistic opportunities for students' oral responses.

Wherever appropriate, all workbook activities are marked for cross-reference indicating the most convenient place to use the workbook exercises. The letters "WB" have been used in this teacher's edition for this purpose. For example, the reference "WB 1" located in the margin means that Workbook Exercise 1 is used best in connection with this particular section.

Workbook

The workbook reviews, reinforces and expands the material covered in the textbook. The various exercises and activities are coordinated with the lesson content and, therefore, follow the same sequence. Additional activities provide the students with opportunities to test their understanding of authentic realia. Students should be made aware that they do not have to understand every word, but simply get the gist or idea of the material presented. This teacher's edition also makes reference to the individual workbook activities as they relate to the textbook material. A teacher's edition to the workbook containing the answer key is also available.

Workbook Teacher's Edition

The workbook teacher's edition is the same as the student workbook but includes the answer key on each page.

Testing Program

The testing program includes a student test booklet, a test booklet teacher's edition and three audiocassettes.

Student Test Booklet

End-of-Lesson Tests

The test booklet contains two sections: (1) the student answer sheets for the listening comprehension tests and (2) the written tests for each lesson. For convenience and ease of scoring, the two tests (listening comprehension and written) for each lesson total 100 points. These tests should be given after the completion of each lesson. Students use the answer sheets while listening to the audiocassettes which direct them step by step to follow along and complete specific tasks as described. The test activities include true/false (*ja/nein*) and other multiple choice statements as well as fill-in-the-blank sections based on the recorded material. Wherever appropriate, picture cues further assist students in selecting appropriate choices as directed by the speakers. The written tests are intended to measure the students' understanding of the language and cultural content of each lesson.

Achievement Tests

There are two achievement tests included in the testing program. Achievement Test I follows *Lektion 5*, and Achievement Test II follows *Lektion 10*. Both tests contain 150 points each and should be given as end-of-semester tests. The material in each achievement test summarizes the previous five lessons and tests the students' understanding of that material. Both listening comprehension and written tests are included.

Test Booklet Teacher's Edition

This teacher's edition includes a complete answer key to the listening comprehension (including audiocassette script) and written tests (Lessons 1-10 and Achievement Tests I and II).

Audiocassettes

The audiocassettes have the recorded soundtrack for the listening comprehension tests.

Audiocassette Program

The audiocassette program is an integral part of *Deutsch Aktuell 3*. The cassettes are coordinated with the *Einführung* (Introduction), Lessons 1-10 and Review Lessons A and B.

Lesson Cassettes

All the recorded material for the introductory lesson, Lessons 1-10 and Review Lessons A and B has been indicated by a cassette symbol. Numerous opportunities are provided for students to be actively involved in practicing the material as presented in the textbook. The following material has been recorded on the cassettes:

Dialogs/Narratives—Dialogs and narratives expose students to the spoken language. Students should listen to these sections for pronunciation and comprehension before they engage in subsequent activities. Some of the *Textverständnis* sections have also been recorded to test the students' understanding of the content.

Übungen—The communication-oriented activities test the students' understanding of the material introduced. These recorded exercises expose students to a variety of oral activities such as substitution of words or phrases, personalized questions and guided conversation. The material has been written with one goal in mind: to present students with realistic true-life situations and language that is useable and functional. In this third-level textbook, more emphasis has been placed on students expressing themselves more freely using the acquired language and structures.

Manual

The recorded material has been documented in written form for convenient reference.

Live-Action Videos

Live-action videos coordinated with this textbook review, reinforce and expand the students' understanding of the German language and culture. In the six episodes of the video program entitled *Jung in Deutschland*, students will follow the lifestyles and daily experiences of six young Germans. The following topics are included:

1. *Rasca Cocous* (a rock band—following a young man's involvement with a musical group)

2. *Tennis — Hobby oder Karriere?* (a tennis star's daily life)

3. *Die Wende* (the fall of the Berlin Wall and its aftermath)

4. *Model — ein Traumberuf?* (a model who strives to become successful)

5. *Jugend gegen Gewalt* (problems of youth violence)

6. *Der Tänzer* (experiences of a modern dance star and instructor)

A separate manual contains the printed material of these live-action videos as well as related activities.

TEACHING APPROACHES

Model Unit (Lektion 3)

Instructional objectives vary considerably among teachers. The length of each class period often differs from one school to the next, and ability levels among students vary greatly within one class. Consequently, it is impossible to provide a detailed plan for each individual lesson that would apply to all students using *Deutsch Aktuell 3*.

However, one lesson from *Deutsch Aktuell 3* has been selected to provide some guidelines for using the content successfully. Needless to say, you will find some useful information here, but may not want to follow each individual suggestion as presented. No specific reference is made to the live-action videos, since some schools may not have access to them. If you do have access to them, use the specific coordinated sections; they provide additional opportunities to reinforce and expand the topics, and are a valuable tool in bringing contemporary German life of young adults right into your classroom.

Since class periods vary in length, a 50-minute period has been arbitrarily chosen and the learning activities have been laid out accordingly. On the basis of a 50-minute period and a schedule of about 180 school days, it is estimated that *Deutsch Aktuell 3* can be covered in its entirety (introductory lesson, 10 regular lessons and 2 review lessons) in 1 year at the senior high school level. *Note*: This Teacher's Edition contains notations that refer you to related activities in the workbook. These notations come at the point in the text where all information necessary to complete a specific activity has been presented. They are numbered consecutively in the textbook.

Lesson Plan

DAY 1

Goals: Review material from previous chapter.
　　　　Introduce chapter topics.

Special Preparation:

1. Prepare flash cards with names of professions (see Exercise 16, p. 128) and add more professions and courses of study (*Mediziner, Medizin; Musiker, Musik; Physiker, Physik; Sprachwissenschaftler, Sprachwissenschaft;* etc.). Students do not need to know all this vocabulary in advance. These cards will be useful throughout the chapter for various exercises.

2. Prepare an overhead transparency of the chart of the German school system (see p. 110).

Lesson:

1. Return chapter 2 test and answer questions.

2. Have students listen to the audio portion of Petra's introduction to chapter 3 (pp. 108-109). This can be done with or without books closed.

3. Draw the chart of the German school system on the board, or have a large transparency or bulletin board made. Attach sample professions or courses of study to various school types (*Sprachwissenschaft — Universität; Automechaniker — Berufsschule; Sekretärin — Berufsschule*). Discuss the chart of the German school system (p. 110). Point out that the *Orientierungsjahre* are not a type of school. During grades five and six students may switch schools with no penalty or loss of credits.

4. Help students understand how the school system works by demonstrating some possible educational routes. The teacher first models a few examples with students: *Gabi: Du studierst an der Uni in Bochum. Welche Schulen hast du besucht?* Gabi then traces the route from *Kindergarten, Grundschule, Gymnasium* and *Universität*. Then, students can interact with each other. *Oliver: Du bist Automechaniker. Welche Schulen hast du besucht?* Oliver traces the route from *Grundschule, Hauptschule* or *Realschule* to *Berufsschule*. This exercise can then be expanded to have students choose professions from the cards you have prepared and ask each other to trace the educational routes. You might also want to point out to students the difference between the verbs *lernen* and *studieren*. *Lernen* takes place in school; *studieren* takes place at the university or *Fachhochschule* level.

5. Optional: Prepare a bulletin board with the chart of the German school system. Have students attach the various cards listing professions and courses of study at the appropriate locations on the bulletin board. With a set time limit, have a contest with teams to see how many cards are positioned correctly (students can make their own cards with each team having its own color). This chart can then be used for reference throughout the chapter.

Assignment: Read *Schulen* (pp. 111-112) and answer the questions in Exercise 1, *Textverständnis* (p. 112).

DAY 2

Goal: Further acquaint students with the German educational system.

Lesson:

1. Review the chart of the German school system, adding a few more professions or courses of study.

2. Listen to the audiocassette of the text *Schulen* (pp. 111-112). You may also have students read the material aloud to the whole class, or practice this section in smaller groups so that more students have an opportunity to speak German.

3. Have students read each statement of Exercise 1, *Textverständnis* (p. 112), and agree or disagree as indicated.

4. Do the group activity suggested (p. 111). Divide the class into three groups and have them compare the German school system with the American. Give each group 10 minutes to prepare 10 comments or questions. One group represents the German system, the second the U.S. system. A third group plays the audience, posing questions. Help students by writing some ideas on the board: *Ihr könnt fragen, wie viele Jahre man in die Schule geht; wie viele Schulsysteme es gibt; nach welcher Schule man die besten Berufsaussichten hat; ob Universitäten in Amerika alle gleich sind;* etc.

5. Conclude the panel discussion with some general discussion about the purposes of education. *Warum studiert man?* You may also want to point out to students that the German school system is designed to train people for specific professions and that there is not a lot of lateral mobility. Unlike the U.S. system, workers in Germany must be schooled and state-certified to be salesclerks, foodservers, insurance sales-people, bank tellers, etc.

6. Have students practice asking questions using Workbook Exercise 1.

Assignment: Read *Ein neuer Job* (pp. 113-114) and complete Exercise 2, *Textverständnis* (p. 115).

Optional: Have students make up their own incorrect statements from *Schulen* modeled after the *Textverständnis*. They can then quiz the other students during the warm-up period of the next class.

DAY 3

Goals: Have students practice intonation and pronunciation.

Introduce present subjunctive II.

Lesson:

1. Warm-up: Ask the questions from the *Textverständnis* on *Schulen* (p. 112) orally. Students correct the sentences if they can. You could also have students quiz each other with false statements they have prepared in advance. Have Workbook Exercise 2 answered.

2. Play the recorded dialog section of *Ein neuer Job* (pp. 113-114) while students listen. Then go over Exercise 2, *Textverständnis* (p. 115).

3. Have students practice and role-play the dialog with partners, practicing intonation and pronunciation.

4. Do Workbook Exercise 2.

5. Go over Exercises 3 and 4 (pp. 115-116) orally.

6. Introduce the present subjunctive II (pp. 116-117). You may want to point out to students that *würde* + infinitive is an acceptable present subjunctive II form in either clause.

7. Have students do Exercise 5 (p. 118).

Assignment: Complete Exercises 6 and 7 (p. 119).

Optional: Have students briefly write about the differences in job preparation between the German and American system or have students write a letter to Christine telling her what to do: seek a new job or remain an office assistant (*Bürogehilfin*). Students should give reasons for their suggestions. This optional activity could be done in groups.

DAY 4

Goal: Enhance comprehension and production of present subjunctive II.

Lesson:

1. Warm-up: Have students recreate the dialog between Christine and Dietmar. They need not reproduce all aspects, but they should be able to present the ideas.

2. Correct Exercises 6 and 7 (p. 119).

3. Have students complete Exercise 8 (p. 119).

4. Optional: Bring cards of professions and courses of study. Show a course of study and then ask students: *Barbara: Du studierst Medizin. Was wärest du von Beruf? Was würdest du werden?* Barbara answers: *Ich würde Krankenschwester/Ärztin werden. Roland: Du studierst*

Pädagogik. Was würdest du werden? Roland answers: *Ich würde Lehrer werden.* This is a good way to review the professions and the subjunctive.

5. Role-playing: Give students the following situation and have them work in pairs to ask and answer the questions: *Sie sind umgezogen und lernen neue Freunde kennen. Fragen Sie Ihren neuen Freund/Ihre neue Freundin, was sein/ihr Traumberuf wäre. Fragen Sie: Wo kann man diesen Beruf lernen? Wann und wo wird Ihr Freund/Ihre Freundin diesen Beruf lernen? Wo wird er/sie arbeiten? Wie viel wird er/sie verdienen?* Have students present their role-plays to the class.

Assignment: Study the chart (p. 120) and read *Geldsachen* (p. 121). Write a short essay using the subjunctive on the topic *Mein Traumberuf wäre....* Students should answer the questions: *Warum würden Sie diesen Beruf interessant finden? Warum würden Sie das gerne tun? Wo würden Sie arbeiten? Würden Sie viel Geld verdienen?*

DAY 5

Goals: Practice listening comprehension and production of the subjunctive.

Acquaint students with banking vocabulary and have them learn to differentiate between European currencies.

Lesson:

1. Warm-up. Have a few students tell about their *Traumberuf.* This activity can be expanded by having a few students present all the information in their descriptions. After they have presented the entire information, have other students leave out various parts of their own descriptions. The rest of the class must try to guess the missing information. For example, Renate says: *Ich würde gerne ____ werden, weil ich gerne mit Kleinkindern arbeiten würde. Ich würde nicht viel Geld verdienen, aber die Arbeit würde viel Spaß machen.* Answer: *Lehrerin /Kindergärtnerin/Krankenschwester,* etc. Students must continue to guess until they are correct. Students could also leave out information other than the profession. Example: *Ich würde gerne Kindergärtnerin werden, weil ich gerne mit ____ arbeiten würde.*

2. Do the *Rollenspiel: Auf der Bank*, Exercise 9 (p. 121).

3. Ask students to complete Workbook Exercises 3, 4 and 5.

4. Have students complete Exercises 10 and 11 (p. 122).

5. Have students listen to and read along with the audio portion of *Türken im Gespräch* (pp. 123-124).

Assignment: Review *Türken im Gespräch* (pp. 123-124) and do Exercise 13 (p. 125).

DAY 6

Goal: Check comprehension of subjunctive.

Special Preparation: Prepare a short quiz on the subjunctive.

Lesson:

1. Give a short listening comprehension quiz on the subjunctive (may be practice or for grading). Prepare sentences like those in Exercise 5 (p. 118) to be read aloud. Students indicate whether the sentences are subjunctive or indicative. The quiz could also contain a second section requiring production of short subjunctive statements on professions. The teacher prefaces this section with the statement that students must indicate what job they would have if they studied a particular subject. *1. Du studierst Pädagogik. Was würdest du werden? 2. Du lernst Mathe. Was würdest du werden?* These may be very open-ended questions to allow for various correct answers. Students must answer using the subjunctive. This section tests production of the subjunctive and vocabulary mastery.

2. Review *Türken im Gespräch* (pp. 123-124), go over Exercise 13 (p. 125) and practice Exercise 12 (p. 124).

3. Read together *Übrigens* (p. 125) and complete Workbook Exercise 6.

4. Optional: Divide the class into groups and have students draft letters to the various agencies mentioned in *Übrigens* (p. 125) or other organizations in German-speaking countries (see list in *Deutsch Aktuell 1*, Teacher's Edition, pp. TE33-37).

5. Listen to the audio portion of *Studium ohne Grenzen* (pp. 126-127).

Assignment: Read *Studium ohne Grenzen* (pp. 126-127) and write a short essay based on question 1 of the *Textverständnis*, Exercise 14 (p. 127). Students should include: *Was würden Sie machen, wenn Sie ein Stipendium hätten? Wo würden Sie studieren? In welchem Land? In welcher Stadt? Warum? Was würden Sie studieren?*

DAY 7

Goals: Encourage creative debate and discussion.

   Practice pronunciation.

Lesson:

1. Warm-up: Have students answer the question assigned from *Textverständnis*, Exercise 14 (p. 127): *Was könnten Sie machen, wenn Sie ein deutscher Student (eine deutsche Studentin) wären?* Have students answer the remaining questions in that exercise.

2. Role-playing: Exercise 15 (p. 128). Have two students (one for *pro*, one for *contra*) record the statements on the board as they are read. Allow the class to decide if the ideas are for or against study abroad. To encourage more participation, it may be useful to divide the class into more than two groups; a third group could judge the arguments. When you divide the class into groups, be certain to allow enough time for them to prepare their case.

3. Have students complete Workbook Exercise 7. You may want to do this as a group activity.

4. Exercise 16 (pp. 128-129). Practice pronunciation by having different students read the text aloud. After guessing the professions presented in the text, have students create descriptions for the other professions in the list; then have classmates guess them as well. This can be done in teams or individually.

5. Do Workbook Exercise 8.

Assignment: Read *Nervös sein* (p. 130) and do Exercise 17 (p. 131).

DAY 8

Goals: Practice para-linguistic aspects of communication.

Introduce perfect tenses in the passive.

Lesson:

1. Have students practice the dialog in the *Gefühle und Stimmungen* section (p. 130), using good pronunciation, gestures and facial expressions. Encourage as much variation as possible to expand this topic.

2. Go over Exercise 17 (p. 131). First, have students give their answers. Then have pairs of students act out the parts of the interviewer and interviewee without speaking. Have class members guess who is who and what the individuals are trying to project (*der Personalchef, der neue Angestellte; gut angezogen sein, ruhig sitzen,* etc.). This is a good way to practice para-linguistic aspects of communication. You might also point out to students that body language plays a big role in job interviewing. For fun, you might have students act out the "don'ts" of job interviewing (*an den Fingern kauen, rauchen, nicht gerade sitzen, halb auf dem Stuhl/Tisch liegen, aus dem Fenster sehen, unterbrechen wenn andere reden,* etc.).

3. Read the dialog on this topic in Workbook Exercise 9.

4. Prepare at least 5 questions and 10 answers for a job interview. This should be an integrative activity which includes questions about the

kinds of schools people attended (the various educational routes), the kinds of professions they are pursuing, the kinds of jobs they want, what their dream position/responsibilities would be (subjunctive!), etc.

5. Role-playing: Using the prepared questions and answers, have students conduct job interviews in pairs. By now, they should have been introduced to ideas and information about various professions and courses of study, the school system and job training.

6. Introduce perfect tenses in the passive (p. 131). Point out the importance of this pattern for narration and description of past events that are not directly linked to the actions of a particular person.

7. Complete Exercises 18 and 19 (p. 131) and Workbook Exercise 10.

Assignment: Read *Gleichberechtigung zwischen Frauen und Männern* (pp. 132-134) and do Exercise 20 (p. 134).

DAY 9

Goals: Review perfect tenses in the passive.

Have students begin thinking about the idea of equal rights.

Special Preparation: Bring in various German and American women's and general interest magazines (e.g., *McCalls, Newsweek, Time, Bunte Illustrierte, Stern, Spiegel, Brigitte*).

Lesson:

1. Warm-up and review: Divide class into groups of threes. Have students compile a description in the perfect tense about what happened the last time they went to the bank. They may refer to the vocabulary in Exercises 9 and 10 (pp. 121-122) to help them. Have two or three groups act out the story while one person from the groups narrates in the perfect passive. Then write six steps/activities on the board and have the students put them in the perfect passive. This changes the descriptions of actual events to static descriptions of what may happen at a bank. For example: *(1) Geld ist eingezahlt worden. (2) Reiseschecks sind gekauft worden. (3) Eine Angestellte war gefragt worden. (4) Eine Rechnung ist bezahlt worden. (5) Schecks sind geschrieben worden. (6) Kontos sind geschlossen worden.*

2. Listen to the audio portion of *Gleichberechtigung zwischen Frauen und Männern* (pp. 132-134). Have students comment on what differences they think there are between their generation and that of their parents, how education may or may not change the situation in the future, etc.

3. Correct Exercise 20 (p. 134).

4. Divide the class into groups of three or four. Give one half of the groups German magazines, the other half American. Have the students create collages of advertisements and articles that portray the "ideal" woman from both a German and American perspective.

Assignment: Have students write a short essay summarizing what they discovered in making their collages: *Wenn ich eine Frau in Deutschland/Amerika wäre, sollte ich ....*

DAY 10

Goals: Check comprehension of present tenses in the passive.

Encourage discussion about gender roles in the U.S. and Germany.

Introduce relative pronouns used after prepositions.

Special Preparation: Prepare a quiz on the perfect tenses in the passive

Lesson:

1. Warm-up and review: Have groups prepare a presentation for the other groups on their ideas in the collages. The theme could be a review of the subjunctive: *Wenn ich eine Frau in Deutschland wäre, würde/sollte ich ....*

2. Give a short quiz on the perfect tenses in the passive. This may be for practice or for credit. Take the first profession from Exercise 16 (p. 129). Four of the sentences are in the passive. Have the students rewrite the sentences in the present perfect. Example: *Vorstellungen werden seit meinem 14. Lebensjahr gegeben. Vorstellungen sind seit meinen 14. Lebensjahr gegeben worden.* You can also use sentences from Workbook Exercise 10.

3. Introduce relative pronouns after prepositions (pp. 134-135). Do Exercise 21 (p. 135) and Workbook Exercise 11.

4. Listen to the first story of *Zwei junge Profis stellen sich vor* entitled *Mode-Designerin Ivonne Friedrichs* (pp. 136-138).

Assignment: Complete Exercise 22 (p. 136). Have students prepare short statements describing Ivonne Friedrichs. What does she like, want, do?

DAY 11

Goals: Check comprehension of pronouns used after prepositions.

Encourage creative narration techniques.

Lesson:

1. Warm-up: Have students present their descriptions of Ivonne Friedrichs.

2. Correct Exercise 22 (p. 136) and do Workbook Exercise 11.

3. Write several verb/preposition combinations on the board such as: *erzählen von, warten auf, sprechen von, wissen von, kritisiert werden von, schreiben über, begeistert sein von, denken an, sich freuen auf.* Have students work in pairs to write sentences about Ivonne Friedrichs using these expressions and/or others they wish to use. Have students present their statements to the class.

4. Listen to the second segment in *Zwei junge Profis stellen sich vor* entitled *Rennfahrer Hubert Haupt* (pp. 139-140).

5. Role-play *Was bin ich von Beruf?* By now, students should know about several professions and the courses of education required for each. Encourage them to use this information while playing *Was bin ich von Beruf?*

Assignment: Prepare statements about Hubert HauptÑWhat he likes to do, why he likes to do it, when he goes to school, etc. Complete Exercise 23 (p. 141).

DAY 12

Goal: Check comprehension of relative pronouns used after prepositions.

Special Preparation: Prepare a short quiz on relative pronouns used after prepositions.

Lesson:

1. Have students describe Hubert Haupt, his interests, jobs, outlook on life.

2. Correct Exercise 23 (p. 141).

3. Do Exercise 24 (p. 141).

4. Give a short quiz on relative pronouns used after prepositions. This can either be an oral or written quiz. Give students sentence starters like *Der Mann, auf den ... ; Den Film, von dem ... ; Der Job, über den ....* The students must complete the sentences. This practices comprehension and mastery of vocabulary.

5. Have students complete Workbook Exercise 12.

6. Have students create their own short dialogs using the *Redewendungen* (pp. 138, 140).

Assignment: Read *Von Flensburg nach Bremen* (pp. 142-144).

DAY 13

Goals: Practice listening comprehension.

Acquaint students with German geography.

Special Preparation: Reproduce small maps of Germany on which students may write.

Lesson:

1. Review the *Redewendungen* (pp. 138, 140) by having other students present the dialogs that students prepared the previous class period.

2. Have students listen to the audio segment of *Von Flensburg nach Bremen* (pp. 142-144) and have students trace the route on the maps. This is a good way to practice listening comprehension.

3. Have students complete Exercise 25 (p. 145).

4. Role-play: Have students play the various people in the group presented in the segment *Von Flensburg nach Bremen* and have them describe what they have already seen, where they want to go next, what they want to see, who they plan to visit, where they plan to stay. The students can use the maps from the listening comprehension exercise.

Assignment: Complete Exercises 26 and 27 (p. 145). Have students write a short paragraph on the topic: *Wo würdest du hinfahren, wenn du Zeit und Geld hättest? Wen würdest du besuchen? Wo würdest du bleiben/übernachten? Wie lange würdest du wegbleiben?*

DAY 14

Goal: Review for chapter test.

Lesson:

1. Ask students to compare the text from *Von Flensburg nach Bremen* (pp. 142-144) with Workbook Exercise 13. This will improve their reading accuracy and reduce vocabulary attrition.

2. Review various themes and grammar topics from the chapter. Exercises should be integrative in nature, combining grammar and vocabulary from this and previous chapters. For example:

a. Have students write seven sentences narrating what they did during their last bank visit (draw on vocabulary from *Geldsachen* and use some passive sentences in the perfect tenses).

b. Have students describe who is involved with financial matters in their family and how they would prefer family finances being handled: *Wer bezahlt fürs Haus oder für die Wohnung? Wie bezahlt er/sie das? Wieviel Geld braucht eine Familie fürs Essen, Auto, Kino, Kleidung?*

c. Have students describe their dream job or the job they expect to get when they've finished their schooling. These topics require the use of chapter vocabulary and subjunctive forms.

d. Have students role-play that they are applicants for a study-abroad experience. Divide the class into groups. In each group one person plays the applicant, one to three people form the "selection committee." Applicants should discuss why they want to study abroad, what town they want to study in (use the map of Germany from the front of the book), what they would do if chosen. The committee members should ask the student what courses he or she has taken, what his or her future plans are, why the applicant wants to study abroad, etc.

e. Give students a list of people and their professions and have them trace the educational track they would have to follow.

3. Students can also play acrostics to review vocabulary. Divide the class into teams of four or five. Each team sends a player to the board. The instructor calls out a word which the students write vertically on the board. They must generate a word for each letter of the dictated word. If there are five teams, the team to finish first gets five points, the next team to finish gets four, the next team three and so forth. When all teams are finished, the instructor or a member of the class corrects the entries. For each spelling error one point is deducted from the team's score. After a few rounds where any words are acceptable as entries, the instructor can choose a word class for entries, for example, verbs in the present subjunctive II forms, professions, nouns.

4. Students can play a modified form of "Password." Divide the class into teams of four or five. Each team makes up a set of cards, possibly limiting these cards to one category. One team gives the other team one card. A person from the other team then gives a partner a one-word clue, which could be an antonym or a synonym. The partner gets one guess. If he or she doesn't guess the word, the opposing team takes over. If a word is guessed on the first try, the team gets 10 points; on the second try, 9 points, etc.

DAY 15
Give chapter test

Review Units

Similar to the first two textbooks in the *Deutsch Aktuell* series, there are two review units in this textbook as well. Review Unit A follows chapter 5 and Review Unit B follows chapter 10. Furthermore, the introductory unit *(Einführung)* serves the purpose to review some basic structures and vocabulary of the first two textbooks in this series.

Although Review Units A and B are considered optional, it might be advisable to cover the content as the exercises and dialog/reading selections review and reinforce the material taught in the previous five chapters.

Photo Description

The location and other important details of most of the photos included in this textbook are either identified by the content of the accompanying text or the appropriate captions. However, there are many photos that do not have any captions or the identification is not part of the caption. The following list represents additional information for those photos. These abbreviations are used to describe the location of the various photos:

t = top, c = center, b = bottom, r = right and l = left.

Page   Description

cover   This bridge, over the Rhine River in the southern city of Laufenburg, crosses over into Switzerland.

1 (t)   *Lufthansa*, the official German airline. This Jumbo-Jet (747) is one of many which are frequently used for transatlantic flights.

2 (r)   The central part of Frankfurt was totally destroyed during World War II. The *Römer*, the historic section, is visible in the center.

7 (l)   All international flights arrive and depart in the "B" concourse, whereas the national flights use concourse "A."

11 (tl)   The *Alte Wache* is located in the heart of Frankfurt. Formerly police headquarters, it is now a café frequented by tourists and visitors.

11 (bl)   Rügen, Germany's largest island, is located in the Baltic Sea.

13 (tl)   The first two sides of the *Dresdner Zwinger*, as we know it today, were created between 1711 and 1722 by D. Pöppelmann for *Friedrich August der Starke*, the ruler of Saxony. Now an almost square design, it had only two facing building fronts originally,

with the famous pavilions built later by architect B. Permoser. G. Semper, architect of the Semper Opera House, completed the last missing side in 1854, placing the well-known *Gemäldegalerie* there. In 1945, most parts of the *Zwinger* were destroyed by Allied bombers in air raids. Reconstruction effort is still under way, with 85 percent of the structure now in its original form.

14 (t) King Ludwig II built several castles in Bavaria. The most famous one is *Schloß Neuschwanstein* which was built between 1869 and 1886. This castle has been a model for fairy-tale movies and travel posters throughout the world.

14 (b) The cathedral in Ingolstadt, *Zur Heiligen Maria Mutter Gottes*, has never been completed in its 350-year history because the city people repeatedly ran out of funds.

15 Nürnberg, located in northern Bavaria, has a population of 465,000. The city held a prominent position during the Middle Ages. Many of its buildings date back to that period.

18 Bremen: the city hall (*Rathaus*) on the left, the Cathedral (*Dom*) in the center and the parliament building (*Parlamentsgebäude* or *Senat*) on the right.

28 Spiekeroog in northern Germany.

35 The *Brandenburger Tor* after 1989 (top) and before 1989 (bottom) when the wall divided Berlin into two sections. The top of the Brandenburg Gate (in the top photo) was temporarily removed just before unification on October 3, 1990 so that it could be restored to its original beauty.

42 (t) On June 17, 1953, the East Germans revolted against their government, resulting in Soviet troops securing the major cities with tanks and military to put down the ill-fated uprising.

42 (b) In 1961 this escape routeÑused by more than three million East Germans from 1952 to 1961 (in 1952, East Germany constructed a demarcation line with barbed wire fences and minefields)Ñwas cut off by the construction of the Berlin Wall. On August 13, 1961, East Germany, with Soviet backing, sealed off the escape route through Berlin by constructing a wall right across the city.

45 (t) The *Kurfürstendamm* (for short, *Ku'damm*) is the main street in Berlin.

47 (bl) The East German car *Trabbi* was much sought after by the East Germans until the Wall fell. The small 600cc 2-stroke engine had 26 horsepower and allowed the 4-seater to travel up to 110 km/h.

These cars were major air polluters; 3 8-cylinder cars pollute the environment less than 1 *Trabbi*. Today, no more new *Trabbis* are sold or manufactured.

60 (l)   The Memorial Church (*Kaiser Wilhelm Gedächtniskirche*) was built after World War II to commemorate the destruction of the city during the war.

60 (r)   *Café Kranzler* on the *Kurfürstendamm* is probably the most famous café in Berlin, with a tradition dating back at least 100 years.

62 (c)   The Spree River is the most well-known river in Berlin.

64   Walter Gropius was born in Berlin in 1883. In 1918, he became director of the Weimar Academy of Art. Beginning in 1938, he worked in the U.S. as an architect and professor at Harvard University. Gropius had a major impact on modern architecture and developed the school of *Bauhaus* (1919-1933).

68   Andrea is one of the three main characters in the live-action videos which accompany the first two books in this series.

71   Thomas Huber and his mother are also characters in the live-action videos that accompany the first two books in this series.

72   Potsdam, the capital of the state of Brandenburg, reflects Prussian history like no other city. During the time of the Prussian kings, soldiers were quartered in small rooms in the historic buildings situated in the center of the city. To the right of the Nicolai Church is the town hall dating from the 18th century.

          On August 2, 1945, Harry S. Truman (U.S.), J. V. Stalin (Soviet Union) and C. R. Attlee (Great Britain) signed the Potsdam Agreement (*Potsdamer Abkommen*) at the *Cecilienhof*. The agreement stipulated that the former German territories east of the Oder or western Neisse rivers should come under Polish authority. Furthermore, the city of Königsberg (now Kaliningrad) and the area adjacent to it, including all of northern East Prussia, were to be under Soviet rule.

75 (t)   The Cathedral of Cologne (*Kölner Dom*) in the background is almost 800 years old.

81   Andrea and her grandmother, characters in the live-action videos which accompany the first two levels of this series.

83-84   The valley of the River Altmühl extends north of Ingolstadt toward Nürnberg. Famous for its geological findings, the valley is a paradise for geologists and biologists who can still find an abundance of creatures and plants fossilized in million-year-old limestone. The route is very scenic and many people visit the monastery Weltenburg. There, good Bavarian cooking is enjoyed as well as home-made beer. From Weltenburg, one-hour boat tours south to Kelheim show the most scenic parts of the Danube River. One mile before Kelheim, visitors can see the high limestone shoreline of an area sculptured by the mighty Danube River.

85   The Asam brothers, Cosmas and Egid from Bavaria, were educated in Italy in the early 18th century. They created beautiful ceiling paintings in Weltenburg, Munich and Ingolstadt. Their most productive years were between 1717 and 1733 when they created this picture in the Weltenburg monastery and the Church Maria de Victoria in Ingolstadt.

90 (b)   The Heidelberg castle overlooks the Neckar River. The castle was destroyed in 1689 by armies of the French King Louis XIV. Since then, the burned-out ruin of the castle, which was built from the 14th to the 17th century, has become the epitome of German Romanticism. One can recognize all the developments in architecture from Gothic and Renaissance to Baroque.

98 (b)   German cemeteries are impeccably cared for. Unlike most cemeteries in the U.S., the gravestones are upright. Most Germans are cremated rather than buried.

100   Thomas, his mother and the taxi driver from the live-action videos of the first two books in this series.

101   Andrea, Thomas and Claudia, the main characters in the live-action videos which accompany the first two books in this series.

105   The *Danewerk* is a 10-mile-long fortification built from the 9th to the 12th century A.D. It was built between the rivers Schlei and Treene. The *Danewerk* protected the Vikings against intruders from the German side. Only a single gate, called *Wiglesdor*, allowed people to pass through the wall. In 1848, the Prussians took it from the Danish king.

109 (tl)   Almost all students (from the first grade on) have homework to do. However, German teachers rarely allow students to start or complete homework in class.

109 (tr)   An employee of Siemens AG, one of Germany's major companies.

109 (b)   A supervisor of the Hoechst company observes the trainees (*Auszubildende* or *Lehrlinge*) as they perform their assigned tasks.

111 (tl)   The *Ewald Materé Gymnasium* is located in Büderich, a suburb of Düsseldorf.

112 (tr)   These students (grade 12) attend the *Nicolaus Cusanus Gymnasium* in Bergisch-Gladbach, near the city of Köln.

112 (b)   An English class (grade 7) at the same school.

118   Student at the *Universität Göttingen*.

122 (l)   In converting U.S. traveler's checks into German marks, a visitor to Germany would usually go to the counter at a major German bank where the paperwork is completed. Using the daily exchange rate, the bank clerk will calculate the total amount and add a small service fee. The visitor receives a ticket and is then asked to go to a window to receive his or her money in marks.

122 (r)   The German banking scene is dominated by three large commercial banks (*Deutsche Bank, Dresdner Bank* and *Commerzbank*) with branch offices all over Germany. In addition, there are sizeable regional banks and hundreds of savings banks (*Sparkassen*). The post office, too, offers banking services.

123-124   More than 5 million foreign workers and their dependents live in Germany. More than 60 percent of them have lived in Germany for 10 or more years, and as many as 2 out of 3 of their children have been born in the country. The biggest group, the 1.5 million mainly Moslem Turks, have the greatest difficulties adjusting to the alien lifestyle and culture of their host country. This sometimes generates mistrust and hostility on both sides. Foreigners are harder hit by unemployment than Germans, for example. Things are especially difficult for the "second generation" foreigners, the youngsters who have grown up in Germany. They are disadvantaged at school and in terms of job prospects compared with their German counterparts.

126 (t)   Erasmus von Rotterdam was a famous Dutch Renaissance scholar and theologian.

127 (b)   The Viennese castle pictured is *Schloß Belvedere*.

137 (b)   The car that Ivonne is driving is an *Audi*.

138   This fashion show is taking place in the city of Speyer.

140   In 1983 *Die Grünen* (The Greens) won seats in the *Bundestag* for the first time. The Greens began as a radical environmental group and developed into a political party, uniting opponents of nuclear

power and other issues and representing pacifist concerns. This party finds most of its support in the younger generation.

142 (r)   The North Sea is part of the Atlantic Ocean and has very marked high and low tides. Off the coast, many islands rise out of the shallow tidal flats (*Wattenmeer*). Among the best known are the beach resorts of Sylt and Norderney.

143   The Free and Hanseatic city of Hamburg, "Germany's gateway to the world" (*Deutschlands Tor zur Welt*), lies some 70 miles above where the Elbe River enters the North Sea. Hamburg is Germany's main trading port and can handle large ocean-going ships. In addition to industries typical of ports, such as shipyards, refineries and imported raw material processing enterprises, Hamburg has a wide range of consumer goods industries. The *Elbtunneleingang* makes it possible for people to pass under the Elbe River.

144   Worpswede is located in the middle of a vast marshland. A few years before the turn of the century, an artist colony was established here. Artists created their own furniture, drawings and pictures of the area. Paula Modersohn-Becker and Heinrich Vogeler, both famous German artists, were part of the group. Modersohn-Becker was one of the first German female painters to become internationally famous.

147 (tr)   The illustration reflects the famous animals of the *Bremer Stadtmusikanten*, a well-known fairy tale in the collection of the Brothers Grimm.

152 (l)   Most German kitchens, particularly in apartments, are quite compact. Germans rarely have enough space in their kitchens to eat breakfast and, therefore, eat in the dining room.

156   Claudia, one of the main characters in the live-action videos accompanying the first two levels of this series.

158   It's quite common in Germany for a guest to bring flowers to the host or hostess. If the host family has children, the guests usually bring some candies for them. When bringing flowers, it's customary for the guest to remove the wrapping before handing the flowers to the host or hostess.

160 (tr)   The *Deutscher Supermarkt* is a chain of hundreds of grocery stores scattered throughout Germany.

160 (cr)   The market in Nürnberg.

167   These two cartoons are from the popular book *Werner, normal ja!* (written by Brösel, published by Semmel Verlach), which has sold

over 800,000 copies. Werner is a typical "hip" youngster whose actions and attitudes are loaded with clichés and which reflect values attached to German youth and subculture. The book contains a kind of humor (*Eigelb-Eiweiß*) that the Germans are gradually adopting from the English.

175   A café in the city of Goslar in the Harz Mountains.

178-179   The four animals (donkey, dog, cat and rooster), pictured here are the heroes of the well-known fairy tale *Die Bremer Stadtmusikanten* in the collection of the Brothers Grimm.

A symbol of the city's freedom, the statue of *Roland der Riese* (16 ft. tall) watches over Bremen's market square. The town hall erected at the beginning of the 15th century, with its Renaissance facade, also manifests civic pride. In its "Great Hall," model ships draw attention to the tradition of this old maritime city.

The Free Hanseatic city of Bremen, the smallest federal state, consists of the cities of Bremen and Bremerhaven, located about 40 miles from each other along the mouth of the Weser River. Bremen is Germany's second largest port and also one of the world's leading seaports.

The *Schnoor-Viertel* is a quaint old-town section of Bremen and, with its narrow alleys and streets, a popular tourist spot.

180   Cologne is Germany's fourth largest city following Berlin, Hamburg and Munich. The Cathedral of Cologne is Germany's tallest cathedral (472 ft.). Building began in 1248 and continued (off and on) for more than 700 years.

184-185   Neubrandenburg, a city of about 45,000 inhabitants, is located 100 miles north of Berlin. The city is famous for its surrounding brick wall (built in the 14th century, sections of which are still in very good condition). The three prettiest of the four town gates can still be viewed by tourists. Neubrandenburg is quite isolated from industrialized zones of former East Germany and offers a quiet retreat. Not far from the city, the Tellense river and lake and the hill area of Hellberge attract visitors.

186   Dortmund is located on the eastern periphery of the Ruhr district which was well known for steel and coal mining until after World War II. Today, the area between Dortmund, Essen, Duisburg and Gelsenkirchen is listed fourth in the top 10 areas of the world for infrastructure, clean water and air, and quality of life. Dortmund is a city of 620,000 (seventh largest city in Germany), located on the Ruhr River. The modern University of Dortmund attracts many

specialists and scientists, and is known for its developments in the field of computer science. The city of Dortmund is also known for its manufacturing equipment and as many as 8 breweries have made Dortmund famous for its beers.

191 This woman is buying her parking stub (*Parkschein*) from one of many automats usually found next to parking areas. These tickets are visibly displayed in the car. If no ticket is purchased, the fine ranges from 10 to 20 marks.

198 (t) The *Deutsches Jugendherbergsausweis* is published every year by *Verlag Deutsches Jugendherbergswerk, Bismarckstr. 8, Postfach 220, 4930 Detmold.*

211 Both Stefan and Claudia are characters in the live-action videos that accompany the first two textbooks in this series.

217 (b) The *Drachenfels*, located near Königswinter along the Rhine.

218 (b) The *Mäuseturm*, located on a small island in the Rhine River between Mainz and Koblenz.

220 (tl) Garmisch, located in Bavaria.

220 (tr) Cochem, a popular tourist spot along the Mosel River.

222-225 Ingolstadt, a town of 107,000 inhabitants, is located on the Danube River between Munich and Nürnberg. The city is best known for its car manufacturing. Audi is headquartered here. The city has a vibrant cultural life as well. Many American artists and musicians have performed in Ingolstadt. Singer Ray Charles, after an open-air concert in 1991, said about the town: "I feel good here. Excellent vibrations. I'll be back." Ingolstadt is proud to be the site of the very first Bavarian state university. In 1802, the school was moved to Landshut and then to Munich. The University of Munich thus originated in Ingolstadt.

226 Landshut is located on the Isar River, northeast of München.

228 Prices for the various types of gas are clearly posted in front of German service stations. Most stations are self-serve which is usually indicated by the letter "*SB*" (*Selbstbedienung*).

229 Bus in Koblenz, a city located on the Rhine River.

233 Hiking paths are often layed out on maps right at the entrance of the area. The *Eibsee* is located near the *Zugspitze*, Germany's tallest mountain, near Garmisch-Partenkirchen.

243 (t) An outdoor fast-food restaurant (*Imbiß*) in Landshut.

243 (c/b) Both the girl (Claudia) and the boy (Thomas) are main characters in the live-action videos accompanying the first two textbooks in this series.

245 (br) Area of Garmisch-Partenkirchen.

246 (l) Innsbruck is the fifth largest Austrian city following Vienna, Graz, Linz and Salzburg. Innsbruck has a population of about 120,000. The city was the site of two Winter Olympics and is one of the most popular skiing areas in Europe.

246 (r) The *Thunersee* is located at the foot of the Eiger Mountains in Switzerland.

267-271 Spiekeroog, one of the East Fresian Islands (*Ostfriesische Inseln*). Better known to foreign tourists are Nornerney and Borkum, located west of Spiekeroog. The island is rather small, taking only 24 hours to walk completely around. In the off season, Spiekeroog—like the other islands of Langeoog, Juist, Borkum and Wangerooge—is a quiet place. During the spring and summer, however, the population increases from 1,200 to 12,000. Visitors come for the spa and stay for the fantastic beaches and swimming, as well as surfing in the North Sea.

274 The world's largest natural lake is Lake Constance (*Bodensee*), situated between Germany, Switzerland and Austria.

279 (t) Worker at the Siemens Dynamo plant in Berlin.

280-281 Otto von Lilienthal was the first German to pilot a glider plane from a hill in Berlin-Lichterfelde in about 1894. Siegfried Hoffmann followed in about 1910 on a "Harlan" or monoplane. The *Deutsche Lufthansa AG* inaugurated regular passenger service on the route Berlin-Halle-Erfurt-Stuttgart-Zurich in 1926. The world's first strut-free, all-metal, low-wing monoplane with a closed cabin, the Junkers F 13, was the workhorse of the Lufthansa fleet between 1926 and 1932. One of the largest airports in Europe is located in Frankfurt.

285 Besides serving as apprentices (*Lehrlinge* or *Auszubildende*), these young Hoechst company employees receive on-the-job training (photo of Hoechst company) while completing their theoretical training at the *Berufsschule*.

287 (t) Thomas, one of the main characters appearing in the live-action videos which are part of the first two textbooks of this series.

287 (b) Herr Huber, Thomas' father in the video series accompanying the *Deutsch Aktuell 1* and *2* textbooks.

294 Munich's *Deutsche Museum* is the biggest technological museum of its kind in the world. Thousands of original devices, models and copies, exhibited on a floor space of 430,000 square feet, demonstrate the history of science and technology. Many of the working models can be operated by the visitors.

299-303 The car maker Audi, part of the Volkswagen group, has plants located in Ingolstadt and Neckarsulm. The Audi Quattro 80 and 100 are produced in Ingolstadt. More expensive models are made in Neckarsulm. Audi has arranged many international internships with universities abroad. Every year, three students from St. Cloud State University work at Audi. They learn about the manufacturing of high-tech cars; Audi uses very modern production methods. Just-in-time suppliers in the region send car seats, windshields, tires, etc. whenever an ordered car is being produced. While Henry Ford, the inventer of the assembly line, built as many cars as he could, Audi produces only sold cars. A car is "made to order" according to the buyer's specifications. VW/Audi, BMW and Mercedes-Benz are the three biggest German car manufacturers.

312-313 Herrenbräu, a local brewery in Ingolstadt. The advent of low-alcohol and no-alcohol beer is changing the demand among Germans. Beer drinkers often prefer alcohol-free beer because they can drink and then drive. German law strictly enforces a very low alcohol blood level. Small breweries like Herrenbräu, Ingobräu and Löwenbräu cater to this demand and produce modern beers which still meet the simple standards specified in the *Reinheitsgebot,* the clean-beer law of 1532: beer must only contain malt, hops, water and yeast. No chemicals are currently used for beer brewing in Germany; however, the EC common market has introduced chemically processed beers to the German market, made much the same way as American beer.

314 Most German wine is made from grapes grown along the Rhine and Mosel rivers. Harvest begins in September and ends in November. Except for the *Neue Wein*, the wine is stored in wooden barrels for at least a year before it is bottled and offered for sale.

317 The principality of Liechtenstein has a population of about 20,000 people; 4,000 live in the capital city of Vaduz. Liechtenstein is a constitutional monarchy that is hereditary in the male line. Since 1924, Switzerland has handled Liechtenstein's diplomatic affairs and consular representation abroad. These two countries share customs, postal and monetary systems.

319 (tl)	Man with suit of armor in the *Historisches Museum* in Dresden.
319 (tr)	The *Römisch-Germanisches Museum* in Cologne.
319 (bl)	Inside the *Römisch-Germanisches Museum* located in Cologne.
319 (br)	Helmet in the *Historisches Museum* located in Dresden.
320-321	Like other major cities, most of the central portion of Frankfurt was destroyed during World War II. The city looked like a ghost town. The photo shows the extent of the destruction between the city hall (*Rathaus*) and St. Paul's Church (*Paulskirche*).
324	Dachau (located north of Munich) was one of several concentration camps during the Nazi period. Today, visitors can view the exhibit which details the horror of the holocaust.
325	Ruth Heinova was one of hundreds of children who suffered under the oppression of the holocaust. She and sixteen of her friends are pictured in this small brochure picture featuring their various drawings, which are on display in the Jewish cemetery in Prague. None of the children survived. Their drawings are messages to us about peace on earth, happiness and love of nature.
326-331	Germany's northernmost federal state is Schleswig-Holstein, located between the North and Baltic seas and bordering on Denmark. In the west the state consists of fertile marshland, in the center it is dry and sandy and in the east it has a hilly lake landscape. Off the west coast lies a 10- to 20- mile-wide tidal flat zone which consists of the north Frisian islands of Sylt, Amrum and Föhr, and the Halligens. Also part of Schleswig-Holstein is the redstone cliff island of Helgoland rising steeply from the North Sea.
333	*Hintersee* in the Ramsau area.
335	Frau Huber, Thomas and WolfgangÑthree characters from the live-action videos which are part of the first two textbooks in this series.
339 (t)	The former market square in the city of Breslau.
348	Wolfgang Borchert was born on May 20, 1921, three years after World War I. He had been forced to become a soldier in World War II and suffered greatly under the violence he encountered. Ordered to be executed for several minor offenses, he returned as a sick and broken person to live only a few months after the war. When he died on November 20, 1947, he left behind several stories and theater pieces which have become highly appreciated for their simple, honest language.

359 (t)	The *Goldene Dach* or *Goldene Dachl*, as the Austrians call it, is one of the main tourist attractions in Innsbruck.
359 (br)	This shopping area in Munich begins at the *Stachus* and extends to the *Marienkirche*.
361 (tl)	Surfing on the *Schluchsee* in the Black Forest.
361 (tc)	*FC Bayern München* wins the National Soccer Championship (*Deutsche Fußballmeisterschaft*). At the end of the game, thousands of fans race onto the field to congratulate their team.
361 (b)	The area of Ramsau in the Swiss Alps.
364 (b)	The *Autobahn* is Germany's express freeway on which drivers have a recommended speed limit of 130 kilometers per hour (about 80 miles per hour). However, the faster cars (Mercedes, Porsche, Audi, BMW) often exceed this speed limit.
365	After *Bayern München's* soccer championship victory. Many of the spectators in German stadiums buy standing- room-only tickets since they are considerably cheaper than seats.
368 (t)	Skiing in the Swiss Alps with the Matterhorn Mountain in the background.
368 (b)	Franz Beckenbauer, one of the greatest soccer stars in Germany, was the captain of the German national team in 1974 when it won its second World Soccer Cup (the first was won in 1954, the third in 1990). He played for many years for *FC Bayern München* and in his later years for the Cosmos Team of New York alongside Pele, another world-class star. Beckenbauer was the trainer for the national team that won the World Cup in 1990.
369 (l)	Lothar Matthäus, one of the biggest soccer stars in Germany today.
369 (r)	The German National Team (including Beckenbauer), after beating Argentina 1:0 in the 1990 World Cup finals.
383-384	Ingolstadt has a strong cultural program, supporting and showing many local and international artists. In 1989, Ingolstadt was honored officially as the most culture-oriented town in Germany. Vivid evidence of this can be seen in the many art shows and exhibitions. Professor Ernst Arnold Bauer is one of the best known artists. He painted several highly regarded pictures for the German *Bundesrat* and the city of Lienz in Austria.

388   Most high school students at the *Gymnasium* start with English as their first foreign language in fifth grade.

396 (l)   Many soccer fans wear colorful clothes that reflect support for their team. These are *FC Bayern München* team colors.

396 (c)   The Olympic Stadium in Munich, site of the 1972 Summer Olympics, holds more than 80,000 spectators.

396 (r)   The roof of the Olympic Stadium is quite unique and visible from far away.

397 (tl)   The University of Munich has its buildings scattered all over the central part of the city. Most buildings are on the *Leopoldstraße*, the most well-known street of Munich. As many as 75,000 students study here. Affordable student housing is quite difficult to find though, in a city which has the highest rents in all of Germany. Only Berlin comes close. The university originated in Ingolstadt, was moved to Landshut for 24 years, and finally came to Munich in about 1826.

397 (tc)   The *Marienplatz* is the site of the *Rathaus*, a popular place for tourists. Atop the city hall rests the famous *Glockenspiel* which is the center of attraction two or three times a day.

397 (tr)   The shopping area extends from the *Stachus* to the *Marienplatz*.

397 (b)   *Schloß Nymphenburg*, with its 495 acres of park land, is one of the most impressive palaces in Europe. The main area features lavish decorations and the Gallery of Beauties of King Ludwig I. The south wing features the *Marstallmuseum*, housing many state carriages and sleighs. Exhibition rooms for the Nymphenburg China Factory are located on the northern crescent of the grounds.

398 (tl)   Nürnberg is located in northern Bavaria and was an important city during the Middle Ages. Many of its buildings date back to this period.

398 (tr)   Rothenburg ob der Tauber is probably the most visited town along the *Romantische Straße* which extends from Würzburg (northern Bavaria) to Füssen (southern Bavaria).

398 (b)   Würzburg dates back to the 7th century when it was a Franconian duchy. The Marienberg Fortress was built in 1201 and later became the residence of many bishops. The Main-Franconian Museum has been housed here since 1946. It contains a valuable collection of works of art, most notably works by Tilman Riemenschneider.

399 (t) Gera is located in the federal state of Thüringen which was formerly East Germany.

399 (b) Weimar, located also in Thüringen and west of Gera, became one of the most cultural cities during the 18th century. It was here that Germany's greatest poets, Goethe and Schiller, formed their friendship. Today, thousands of tourists come to Weimar every week to visit the *Goethe- und Schillerhaus.*

401 (tc) *Humboldt-Universität* in Berlin.

401 (bl) *Museum für Deutsche Geschichte* in Berlin.

401 (br) Cathedral in Berlin, with television tower in background.

404 The drama *Faust* is known for the question which Grete poses to Dr. Faustus: *"Wie hältst du's mit der Religion?"* The drama deals with deep-rooted religion in the face of social change and philosophical uncertainty. Goethe's *Faust* is one of the most featured theater plays in Germany.

409 Heinrich Böll served for many years as president of the International PEN club (an international association of poets, playwrights, editors, essayists and novelists). In 1972, Böll received the Nobel Prize for Literature. He hosted Alexander Solschenitzyn and other Soviet poets who left their communist homeland in the early 1980s. Böll was well known for his humanity and love for people. He never cared about his fame and lived quietly in Cologne until his death in 1986.

412 Marie Ebner-Eschenbach documented in her works the societal changes in late 19th century Austria. In that period, nobility lost its importance, and social issues moved to the foreground. Of noble heritage herself, Ebner-Eschenbach took great interest in the "little people," about whom she wrote most of the time. She traveled extensively throughout her life.

418 The main characters of the live-action videos accompanying the first two levels of this series. On the left, Andrea and Stefan; on the right, Claudia and Thomas.

420 (tl) Monument depicting the man who had the *Dresdner Zwinger* built. *August der Starke*, who lived from 1694 until 1733, ruled Saxony and was also the king of Poland. His love for the fine arts made him a sponsor of many contemporary artists and architects of the baroque style.

420 (tc)   In almost all German cities, particularly in shopping areas, students play musical instruments to the delight of the passers-by in hopes of getting enough tips to help pay their university expenses.

420-422   In 1708, Johann Friedrich Böttger (1682-1719) invented a new process for manufacturing true porcelain. Until that time, the Chinese had monopolized production of the "white gold." The objects created by the porcelain factory founded in 1710 and which are marked with crossed blue swords are famous throughout the world.

424   Thomas Huber and his mother are part of the live-action video series accompanying the first two books in this series.

427   Goethe (1749-1832) and Schiller (1759-1805) are still called the greatest German poets. Goethe's background was that of a scientist and politician. Schiller was a medical doctor. Their relationship was not without problems, however. Only a prolonged discussion about the *Urpflanze Bryophyllum*, a plant of alleged healing power, brought them closer after the year 1794. In Jena, they lived in close proximity to each other and inspired one another, as evidenced in Schiller's publications *Horen* and *Xenien*. Schiller's most known works are *Die Räuber, Wilhelm Tell* and *Maria Stuart*, while Goethe is best known for his *Faust, Wilhelm Meisters Lehrjahre* and *Die Leiden des jungen Werthers*. In many of the letters that they exchanged, they expressed their mutual love for Germany which was then under French influence.

431 (l)   *Das Alte Rathaus* in Leipzig.

435 (tl)   The famous Leipzig concert hall (*Gewandhaus*) in the background.

435 (tr)   The *Volkspolizei* in former East Germany.

435 (b)   *Palais Schaumburg* (in the foreground) is the residence of the federal president of Germany.

438   This area, also called *die Sächsische Schweiz*, is wild, unspoiled countryside which allegedly owes its name to the Swiss painter Anton Graff (1736-1813), who lived in Dresden from 1766 on and often roamed through the *Elbsandsteingebirge*.

439   Magdeburg, located on the Elbe River, was already an important traffic junction in the Middle Ages. The cathedral, which is visible from a considerable distance, was built from the 13th through the 16th centuries and, like many other Gothic churches in Germany, was modeled after French cathedrals.

440 (tl)	Colorfully painted houses, often reflecting regional folk art, are quite common in the area of Garmisch-Partenkirchen.
440 (c)	Berchtesgaden with the *Watzmann*, Germany's second tallest mountain.
440 (b)	The famous *Frühlingsstraße* in Garmisch-Partenkirchen is a painter's delight of scenery reflecting a picturesque town nestled in the Alps.
441	The town of Mittenwald in southern Germany.
445	Heinrich Vogeler produced many drawings in the Art Deco style. Many of his pictures were used in the 1920s for book spines because they were very ornamental. Vogeler also designed chairs and household items in this style.
452-453	Bochum is located in the Ruhr district, between Essen and Dortmund. The Ruhr University of Bochum, now about 30 years old, served for many years as showcase. The population of Bochum is approximately 350,000. Residents work in the many industries and services in and around the city. Like Dortmund and Gelsenkirchen, Bochum is no longer a steel- and coal-mining city. Many new firms specialize in the fields of computer and medicine.
454-455	The city of St. Cloud is located in Minnesota, 70 miles north of the Twin Cities of Minneapolis and St. Paul. It became more widely known thanks to Garrison Keillor, who wrote about an imaginary community called Lake Wobegon, not far from St. Cloud. Approximately 50,000 people live in this town located on the Mississippi River. The university enrolls 17,000 students. Its international programs allow students to connect with other cultures all over Europe and Asia.
456	The *Reichstag* housed representatives of the German people until the end of World War II and then from 1919 until 1933. The building was designed by P. Wallot between 1884 and 1894. When it went up in flames in 1933, Hitler used the opportunity to accuse the communists, thereby enacting stiff new laws which gave him more power. The building is once again used for peaceful purposes by politicians of unified Germany.
458	The *Bundeshaus* (foreground) where the *Bundestag* meets, and the *Bundeshochhaus*, the building in which the *Bundestag* delegates have their offices.
459	The *Schluchsee* in the Black Forest.

Authors

Roland H. Specht

Wolfgang S. Kraft

Reinhold Frigge

Contributing Editors

Shawn Cecilia Jarvis
St. Cloud State University
St. Cloud, Minnesota

Manfred Buschmeier
Ruhr-Universität Bochum
Bochum, Germany

Consultants

Debra Blanner
Titusville High School
Titusville, Florida

Paul Schmidt
Manalapan High School
Englishtown, New Jersey

Elfriede Brunner
St. John's High School
Toledo, Ohio

Gabriele Stiven
Niles Township High School — North Division
Skokie, Illinois

Elisabeth Dangerfield
El Camino High School
Sacramento, California

Kathleen Zipf
West Mesa High School
Albuquerque, New Mexico

EMC Publishing, Saint Paul, Minnesota

ISBN 0-8219-0960-6

© 1993 by EMC Corporation

Published by EMC Publishing
300 York Avenue
St. Paul, Minnesota 55101

Printed in the United States of America
    3 4 5 6 7 8 9 10 XXX 99 98 97 96

HALLO LEUTE!

Schön, daß Sie mit uns Deutsch lernen wollen! Wir haben ein tolles Buch mit netten Leuten, neuen Bildern, neuesten Geschichten und alten Traditionen für Sie. Wir werden Ihnen Petra und Rüdiger vorstellen. Die beiden werden am Anfang der Lektionen erzählen, was kommt. Die zehn Lektionen zeigen Ihnen, wie junge Leute in Deutschland leben, was sie tun, was sie lieben und was sie nicht mögen. Sie werden dabei sein, wenn wir Fahrten zu schönen Orten in Deutschland machen.

Sprechen Sie oft mit Ihren Klassenkameraden über die Bilder. Die sind sehr wichtig, denn die zeigen Ihnen, worüber die Texte sprechen. Am Anfang lernen Sie auch die Studentin Barbara aus Ingolstadt kennen. Sie wird in Amerika studieren und freut sich auf die amerikanische Uni, die Leute in Amerika und die Musik. Nach fünf Lektionen kommt ein Rückblick, in dem Sie viele Bilder aus Barbaras Heimatstadt sehen. Dann können Sie sich selbst ein Bild machen, wie diese Stadt aussieht.

Am wichtigsten ist es, daß Sie viel und oft über alle Themen reden. Sie sollten immer sagen, was Sie denken und wie Sie Ideen finden. Mit diesem Buch werden Sie schnell lernen, das zu sagen, was Sie sagen wollen. In jeder Lektion sprechen wir über ein Gefühl oder eine Stimmung. So lernen Sie schnell, den Leuten Ihre Gefühle und Stimmungen zu sagen. Das ist gut, denn wir haben ja alle jeden Tag viele Gefühle und viele Stimmungen. Wir werden oft Rollenspiele spielen, denn Sie können dann mit Ihren Klassenkameraden auf deutsch über interessante Sachen reden. Sie lernen dabei, Ihre eigene Meinung zu formen und zu diskutieren.

Das Arbeitsbuch hilft Ihnen, neue Themen und Sätze selber zu benutzen. Es hat viele Übungen, in denen Sie selbst kreativ sein werden. Wenn Sie die Texte hören wollen, dann nehmen Sie die Kassetten zu jeder Lektion und hören Sie gut zu. Wenn Sie die Kassetten oft hören, dann lernen Sie alles viel besser und schneller. Sie wissen ja: wir wollen deutsch sprechen, hören, lesen und schreiben. Sprechen lernen Sie am besten, wenn Sie selbst sehr viel Deutsch hören und sprechen. Schreiben lernen Sie am besten, wenn Sie oft deutsche Texte lesen und schreiben.

Na, wollen wir anfangen?! Dann los!

TABLE OF CONTENTS

Lektion 2

Freunde und Freizeit *75*

Lektion 3

Beruf und Arbeit *109*

Lektion 4

Spaß muß sein *147*

BREMEN

Lektion 5

Junge Szene *183*

Lektion 8

Aus alten Zeiten *319*

Lektion B
Rückblick *441*

Reference

Hallo Leute!

Wir heißen Petra und Rüdiger. Sind Sie schon mal mit einem Flugzeug geflogen? Dann wissen Sie bestimmt, was ein Flugbegleiter oder eine Flugbegleiterin ist. Sie helfen den Fluggästen, wenn sie Fragen haben oder Hilfe brauchen. Was Flugbegleiter während des Fluges tun, tun wir in diesem Buch. Wir werden Sie durch dieses Buch begleiten. Wir werden Ihnen zeigen, was und wie Leute denken und fühlen und welche Stimmungen sie haben. Es ist wie bei einem richtigen Flug. Es gibt viele Stimmungen: Angst und Freude, Glück und Streß, Träumen und Jubeln.

Einführung

Wir freuen uns schon
auf die zehn Kapitel dieses
Buches, in denen wir für Sie da sein
werden. Es gibt tolle Themen und
wir wissen schon jetzt, daß es Ihnen
Spaß machen wird. Haben Sie Lust,
mit uns zu reisen? Na dann los,
denn Deutschland wartet auf Sie!

Barbara studiert in Frankfurt.

Barbara

Dürfen wir Ihnen Barbara vorstellen?

Barbara ist 19 Jahre alt und studiert an der Universität Frankfurt Deutsch und Englisch. Sie bereitet ihre Studienreise nach Amerika vor. Sie hat ein Stipendium für ein Studium in Minnesota bekommen. Sie freut sich sehr, aber sie hat es nicht gern, daß ihre Freunde und ihre Familie in Deutschland bleiben.

Wir sind da, wenn Barbara ihre Koffer packt, wenn sie Geschenke einkauft und wenn sie zum Frankfurter Flughafen fährt. Wir werden ihr „Auf Wiedersehen" sagen und wünschen ihr später einen „Guten Flug".

1. **Was wissen Sie von Barbara? Barbara ...**

   d 1. hat es nicht gern, daß   a. alt
   f 2. wird in Minnesota   b. und Englisch
   a 3. ist noch nicht 20 Jahre   c. nach Amerika vor
   e 4. studiert jetzt   d. ihre Freunde in Deutschland bleiben
   b 5. studiert Deutsch   e. in Frankfurt
   c 6. bereitet ihre Reise   f. studieren
   g 7. hat ein Stipendium   g. bekommen

Der Abflug

Have each student develop a list of items s/he would want to take along on a trip to Germany. Upon completion of the list, have pairs of students compare and discuss their lists and then make one final list that they will share with their class.

Barbara steht an einem Schalter im Flughafen Frankfurt. Sie steht Schlange vor dem Schalter, um einzuchecken. Sie schiebt ihre zwei Koffer mit den Füßen einige Zentimeter weiter, als ein Fluggast vor ihr fertig ist. Noch sechs oder sieben Leute, dann beginnt die große Reise. Barbara wird für ein Jahr in den Vereinigten Staaten studieren. Sie wird ihren Bruder Günther lange nicht sehen. Vor ein paar Minuten hat sie ihrem Vater „Auf Wiedersehen" gesagt. Jetzt fühlt sie sich etwas einsam°, denn sie weiß nicht, was kommen wird. Ihr Bauch tut ein bißchen weh und sie ist aufgeregt. Sie merkt, wie ihre Trennungsangst° immer größer wird.

Noch drei Personen sind vor ihr dran. Dann geht's los. Wenn sie ihre Koffer eingecheckt hat und ihre Bordkarte hat, ist sie schon so gut wie in der Luft. Aber was wird sein, wenn sie in Minnesota lebt und ihre Familie in Ingolstadt? Ihr Bruder wird ihr sehr fehlen. Es ist ihr Bruder, den sie sehr gern hat und der ihr bester Freund ist. Er bleibt zu Hause in Ingolstadt. Eigentlich ist Barbara sehr stolz° auf sich, daß sie „ja"

Die Fluggäste stehen Schlange.

Barbara schiebt ihre Koffer weiter.

gesagt hat, als ihr der Bürgermeister° von Ingolstadt das Stipendium für das Studium in Minnesota gab. Es ist ein Stipendium, um an einer Universität zu studieren, die sie aber noch nicht kennt. Professoren, die sie nie gesehen hat. Häuser und Gebäude, die ihr fremd° sind. Essen, das sie nie gegessen hat. Und wer weiß schon, wie die Amerikaner sind? Barbara freut sich auf Amerika, aber sie hat auch etwas Trennungsangst.

(*einsam* lonely; *die Trennungsangst* fear of separation; *stolz* proud; *der Bürgermeister* mayor; *fremd* foreign, strange)

Textverständnis

2. Beantworten Sie diese Fragen.

1. Mit den Füßen schiebt sie die Koffer weiter. 2. Sie ist aufgeregt, weil sie nach Amerika fliegt. 3. Günther ist ihr Bruder. 4. Wenn die Koffer eingecheckt sind und sie ihre Bordkarte hat. 5. Sie wird in Minnesota wohnen. 6. Sie hat es vom Bürgermeister bekommen. 7. Sie geht auf eine Universität. 8. Sie kennt keine amerikanischen Professoren.

1. Wie schiebt Barbara ihre Koffer an den Schalter?
2. Warum ist sie aufgeregt?
3. Wer ist Günther?
4. Wann ist sie so gut wie in der Luft?
5. In welchem amerikanischen Bundesstaat wird Barbara wohnen?
6. Von wem hat Barbara das Stipendium bekommen?
7. Geht sie auf eine Universität oder auf ein Gymnasium?
8. Wie viele amerikanische Professoren kennt Barbara?

3. Vervollständigen Sie diese Sätze mit den richtigen Wörtern aus der Liste.

einsam	los	fremd	fertig	noch
etwas	weh	lange	weiter	dran

dran
noch
lange
fremd
weiter
weh
los
etwas
einsam
fertig

1. Es sind noch ein paar Passagiere vor ihr ____.
2. Sie kennt die Universität ____ nicht.
3. Ihren Bruder wird sie ____ nicht sehen.
4. Die Gebäude sind ihr ____.
5. Sie schiebt die Koffer etwas ____.
6. Der Bauch tut etwas ____.
7. Jetzt geht's ____.
8. Hat Barbara ____ Trennungsangst?
9. Sie fühlt sich ein bißchen ____.
10. Ein Fluggast ist vor ihr ____.

4. **Barbara war noch nie in den USA. Was können Sie ihr darüber sagen?**

1. Was essen die Amerikaner gern?
2. Wie sehen die Häuser aus?
3. Haben alle Amerikaner ein eigenes Haus?
4. Wohnen mehrere Familien in einem Haus?
5. Fährt jeder Amerikaner ein Auto?
6. Sind die Amerikaner nette und offene Leute?
7. Was könnte Barbara noch interessieren? Denken Sie sich weitere Fragen aus.

Sie sind dran, junge Dame!

Role-playing: After students have become familiar with the content of the conversation, ask three students to act out this conversation in front of the class, taking the parts of Barbara, the ticket agent and the narrator. Have the class judge the best performance. It may be best to split up the entire conversation into two or three sets to enable all students in the class to participate.

Der große Mann im dunklen Anzug vor ihr ist endlich fertig. Er nimmt seine Bordkarte und geht. Barbara steht drei Meter vor dem Schalter und denkt an den Flug.

Angestellte: Sie sind dran, junge Dame. Stellen Sie Ihre Koffer hier neben den Schalter. Und dann brauche ich Ihren Reisepaß und den Flugschein, bitte.

Barbara träumt ein wenig. Sie paßt nicht auf. Sie denkt an die Trennung von Günther und ihrer Familie. Doch gleich schiebt sie die zwei Koffer zum Schalter und stellt einen nach dem anderen auf die Waage. Sie gibt der Angestellten den Reisepaß.

Barbara stellt einen nach dem anderen Koffer auf die Waage.

Barbara: Einen Moment bitte, ich weiß nicht mehr, wo ich meinen Flugschein habe.

Barbara sucht° in ihrer Jacke und kann ihn dort nicht finden. Sie wird sehr nervös und sucht in den anderen Taschen°. Die Angestellte wird auch etwas nervös, weil mehrere Leute hinter Barbara warten.

Angestellte: Haben Sie den Flugschein vielleicht zu Hause vergessen?

Barbara: Ich weiß nicht. Ich muß ihn haben. Ich habe ihn doch eingesteckt°. Ich hatte ihn wirklich.

Die Angestellte öffnet° Barbaras Reisepaß und findet im Reisepaß den Flugschein. Barbara sieht das aber nicht und sucht hektisch weiter. Die Angestellte fängt an zu lachen°. Endlich sieht auch Barbara den Flugschein. Sie wird ganz rot. Sie weiß nicht, was sie sagen soll.

Angestellte: Sie haben den Flugschein in den Reisepaß gelegt. Na, dann ist ja alles wieder in Ordnung. Wie lange bleiben Sie in den USA, Fräulein Beste?

Barbara: Ein Jahr. Ich studiere dort an der Uni.

Angestellte: Dann haben wir ein kleines Problem. Ihr Reisepaß gilt° nur bis zum 31. Dezember. Ab dem 1. Januar brauchen Sie einen neuen Reisepaß. Sie haben hier ja noch den alten grünen Reisepaß.

Barbara: Ja, was mache ich denn jetzt? Wie lange muß der Reisepaß gelten? In ein paar Tagen muß ich in der Uni anfangen. Ich habe nur den alten Reisepaß.

*Die Angestellte fängt
an zu lachen.*

As of January 1, 1993, all Germans have the new red passport of the European Community. The old green passports are no longer valid.

*Wollen Sie das ganze
Jahr in den USA
bleiben?*

Angestellte:	Wollen Sie denn das ganze Jahr in den USA bleiben? Oder planen Sie einen Besuch in Deutschland, während Sie in den USA studieren?
Barbara:	Ich wollte zu Weihnachten für drei Wochen nach Hause kommen.
Angestellte:	Dann ist ja alles in Ordnung. Sie können jetzt mit diesem alten Reisepaß abfliegen. Wenn Sie dann zu Weihnachten nach Hause kommen, gehen Sie bitte sofort zum Rathaus. Dann haben Sie den neuen Reisepaß in zwei Wochen.
Barbara:	Ja, das mache ich. Gilt denn der alte grüne Reisepaß noch?
Angestellte:	Ja, der gilt noch bis zum 31.12. Und diesen alten Reisepaß können Sie behalten°. Ich sehe, daß Sie ein Besuchervisum° für die USA haben. Das Visum gilt auch dann noch, wenn der Reisepaß schon ungültig° ist. Dieses Besuchervisum ist ein Dauervisum°.
Barbara:	Mein Vater hat das in der amerikanischen Botschaft° geholt. Er hat gesagt, daß ich auch ohne ein Visum fliegen kann, aber es ist besser, daß ich es habe.
Angestellte:	Ja, viele Leute fliegen heute ohne Visum in die USA. So, hier sind Ihre Bordkarte und der Flugschein. Sie fliegen von Flugsteig B36.

Hier ist Ihre Bordkarte.

Barbara:	Danke. Auf Wiedersehen!
Angestellte:	Einen schönen Flug und passen Sie auf Ihren Flugschein auf.

Group activity: Divide the class into small groups and have students imagine that they are at the airport, ready to check in at the ticket counter only to find out they don't have their ticket. What happy or sad ending will take place? Encourage creativity. Ask each group to present its situation to the class.

Die Angestellte lächelt° und Barbara weiß, daß dies ein guter Tip° ist. Sie lächelt zurück und steckt° die Bordkarte, den Flugschein und den grünen Reisepaß in ihre Jacke. „Jetzt bin ich schon so gut wie in der Luft", denkt sie. Sie denkt nicht mehr an die Trennung von ihren Eltern. Sie folgt den blauen Schildern in Richtung Flugsteig B36.

(*suchen* to look for; *die Tasche* pocket; *einstecken* to put [it] into one's pocket; *öffnen* to open; *lachen* to laugh; *gelten* to be valid; *behalten* to keep; *das Besuchervisum* visitor's visa; *ungültig* invalid; *das Dauervisum* permanent visa; *die Botschaft* embassy; *lächeln* to smile; *der Tip* advice, hint; *stecken* to put, stick)

5. Stellen Sie sich vor, daß Sie eine Angestellte oder ein Angestellter bei einer deutschen Fluggesellschaft sind. Können Sie die folgenden Sätze beenden?

Sample answers:

Sie:	Schieben Sie ____.
Tourist:	Danke. Hier sind mein Koffer und meine Reisetasche.
Sie:	Kann ich bitte ____?
Tourist:	Hier, bitte schön.
Sie:	Ihren Reisepaß ____.
Tourist:	Einen Moment, bitte.
Sie:	Wie lange ____?
Tourist:	Einen Monat, vielleicht auch etwas länger.
Sie:	Haben Sie ____?
Tourist:	Nein, aber ein paar Freunde.
Sie:	Ich wünsche Ihnen ____!
Tourist:	Danke schön.

Sample answers:
- Ihr Gepäck heran
- Ihren Flugschein sehen
- brauche ich auch
- bleiben Sie denn in (Stadt, Land)
- Verwandte dort
- eine gute Reise

Gefühle und Stimmungen

Trennungsangst

Barbara hat *Trennungsangst*. Sie hat *Angst*, denn sie war noch nie lange von ihrer Familie *getrennt*. Sie redet mit ihrem Bruder darüber. Er wird ihr viele Briefe schicken, damit sich Barbara nicht so allein fühlt. Im Gespräch sind Redewendungen, die man oft bei *Trennungsangst* sagt.

Barbara:	Es fällt mir schwer wegzufliegen. Ich bin dann ganz allein, ohne euch und unsere Freunde.
Günther:	Ich werde dich vermissen. Ich schreibe dir aber jede Woche einen langen Brief. Bestimmt!
Barbara:	Du wirst mir fehlen. Mir ist ganz mulmig. Ich war noch nie allein weg.
Günther:	Auch ich hab' so ein komisches Gefühl im Bauch.
Barbara:	Ach, tschüs Günther. Komm, nimm mich noch einmal in den Arm!

⊡

Redewendungen

Ich werde dich vermissen.	I'll miss you.
Du wirst mir fehlen.	I'll miss you.
Mir ist ganz mulmig.	I feel funny. I'm scared.
Ich hab' so ein komisches	I have a funny feeling in my
Gefühl im Bauch.	stomach.

Sample answers:
Ich habe keine Angst
gehabt. Ich wollte lieber
zu Hause bleiben. Ich
hatte mich gefreut, nicht
zu Hause zu sein. Ich habe meinen Freund (meine
Freundin) vermißt. Ich fand es toll, einmal allein zu sein.

6. Haben Sie schon einmal Trennungsangst gehabt? Beschreiben Sie Ihre Gefühle und Ihre Stimmung, als Sie von zu Hause weg gewesen sind. Beschreiben Sie auch, was Sie gefühlt haben, als Sie keine Trennungsangst gehabt haben.

⊡

Das Deutsche Turnfest°

Letztes Jahr war Barbara mit Günther beim Deutschen Turnfest in Hamburg. Dieses Jahr kann sie leider nicht mitmachen, denn sie wird ja in Amerika studieren. Sie wird dieses Fest vermissen, wenn sie in Amerika ist.

Das Deutsche Turnfest war immer ein Fest der Jugend. Man feiert, lacht und kämpft° in vielen Sportarten. Diesmal war es aber etwas Besonderes. Es war das erste Turnfest nach der Wiedervereinigung° der beiden deutschen Staaten. Seit über 50 Jahren konnten Ost- und Westdeutsche wieder einmal zusammen turnen° und Spaß haben.

Am Anfang des 19. Jahrhunderts° hatte der „Turnvater Jahn" das Tur-
nen° in Deutschland beliebt gemacht. Das Turnen hat also in Deutschland eine alte Tradition. Man trifft sich im Turnverein° und turnt zusammen. Jedes Jahr gibt es ein großes Turnfest, das alle lieben°: keine Schule, junge Leute, frohe Gesichter° und Wettkämpfe. Man lernt neue Leute kennen und man zeigt, was man kann. Das Deutsche Turnfest ist eines der größten Sportfeste in Deutschland. Fast 100 000 Menschen machen mit.

Das Deutsche Turnfest

Ask students to describe a recent athletic event (Fußball-, Basketball- oder Baseballspiel, Sportfest). This can be done orally, in writing or both.

Dieses Mal kamen 20 000 Deutsche aus dem Osten und machten mit. Für viele junge Leute war es das erste Treffen mit Jugendlichen aus Ost und West. Es gab Blumen und glückliche Gesichter, es gab neue Rekorde und neue Freundschaften°. So wurde gerade dieses Turnfest nicht nur ein tolles Sportfest, sondern auch ein guter Versuch° zu mehr Gemeinsamkeit°. Man unterhielt sich und diskutierte viel. Die jungen Leute meinten alle: „Das war toll! Wir haben viel Spaß gehabt!" Der deutsche Bundespräsident° sagte zu diesem ersten Wettkampf mit Sportlern aus Ost und West: „Ein richtig schönes Fest."

(*das Turnfest* gymnastics festival; *kämpfen* to fight; *die Wiedervereinigung* reunification; *turnen* to do gymnastics; *das Jahrhundert* century; *das Turnen* gymnastics; *der Turnverein* gymnastics club; *lieben* to love; *das Gesicht* face; *die Freundschaft* friendship; *der Versuch* attempt, try; *die Gemeinsamkeit* common interest; *der Bundespräsident* Federal President)

7. Andrea ist 18 Jahre alt und kommt aus Köln. Bert ist 19 Jahre alt und kommt aus Dresden. Er ist zum ersten Mal im Westen und auch beim Deutschen Turnfest. Suchen Sie die richtigen Antworten zu Andreas Fragen.

Andrea aus Köln:

b 1. Bist du allein beim Turnfest?
f 2. An welchen Wettkämpfen nehmt ihr teil?
a 3. Habt ihr Erfolg gehabt?
g 4. Wie findest du es, daß die Sportler aus Ost und West jetzt auch teilnehmen können?
c 5. Hast du Probleme mit den Leuten gehabt?
i 6. Kommst du zum nächsten Turnfest?
h 7. Dann hat es euch bestimmt Spaß gemacht?
d 8. Sehen wir uns wieder?
e 9. Schreibst du mir mal eine Postkarte?

Bert aus Dresden:

a. Ja, wir haben schon zwei Spiele gewonnen.
b. Nein, ich bin mit einer Gruppe aus Dresden da.
c. Nein, alle Leute sind sehr nett gewesen.
d. Wenn du beim nächsten Turnfest wieder da bist, sehen wir uns sicherlich wieder.
e. Ja, gern, obwohl ich nicht oft schreibe.
f. Wir spielen Volleyball.
g. Das finde ich toll.
h. Ja, wir haben viel Spaß gehabt und viel gejubelt.
i. Natürlich komme ich, denn jetzt ist das Reisen ja sehr leicht.

Andrea jubelt. Ihr Team hat gekämpft und gewonnen.

Bert bedankt sich bei den Turnern für ihre Freundschaft.

Koffer packen, wir fahren weg!

Stellen Sie sich vor, Sie fahren zwei Wochen mit Ihrer Klasse nach Deutschland. Sie werden nach Frankfurt fliegen. Von dort geht es mit dem Bus nach Bremen und Hamburg.

Sie besuchen die Alte Wache im Zentrum Frankfurts.

Vor dem Rathaus in Bremen fotografieren alle.

Am Nordseestrand ist viel los.

Photo (far right) shows an old road sign indicating the distance to Berlin in *Meilen*, a measure that was still used in Germany until the early 20th Century.

Group activity: Have students select several places (cities, lakes, mountains, regions) in Germany they would like to visit. Students should first write a description (including why they want to go there, how and with whom they are traveling) and then share their imaginary trip with the others.

Sie fahren zur Nordsee und verbringen einen Tag in der Sonne am Strand. Dann besuchen Sie Berlin. Von Berlin geht die Fahrt nach Sachsen. Dort besuchen Sie Dresden und Leipzig.

Die Reise geht Richtung Berlin.

BERLIN

30 MEILEN

Straßenszene in Berlin

Besucher aus Polen verkaufen ihre Waren auf dem Flohmarkt (flea market).

Im Land Sachsen besuchen Sie den Zwinger in Dresden.

Das renovierte Rathaus in Leipzig sieht toll aus!

Die Musikanten spielen im Zwinger.

*König Ludwig II. hat das schöne
Schloß Neuschwanstein gebaut.*

*Dann geht's weiter zur
bayrischen Hauptstadt
München.*

Danach geht es nach Bayern, wo Sie in
Ingolstadt bleiben. Von dort besuchen
Sie das Schloß Neuschwanstein bei
Füssen und die bayrische Hauptstadt
München. Nach drei Tagen Ingolstadt
geht es über Nürnberg wieder nach
Frankfurt und Sie fliegen zurück.

*Sie besuchen den Dom in
Ingolstadt.*

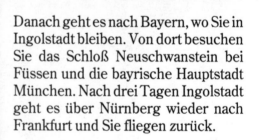

*Ich brauche einen Stadtplan
für die Stadt Nürnberg.*

8. Was brauchen Sie alles auf dieser Reise?

Sample answers:
1. Kleidungsstücke 2. Essen
und Bücher 3. Kamera
4. einen Badeanzug/eine
Badehose 5. Bremen,
Hamburg, Berlin, Leipzig,
Dresden, Ingolstadt,
München, Nürnberg
6. Bremen und Berlin

1. Ich nehme einen großen Koffer mit, in den ich ____ packe.
2. Ich nehme einen Rucksack mit, in den ich ____ packe.
3. Ich will Bilder machen und brauche meine ____.
4. Am See brauche ich ____.
5. Ich brauche Stadtpläne für die Städte ____.
6. Von ____ schicke ich meinen Freunden eine Postkarte.

9. Wie lange wollen Sie an den Orten bleiben, die auf der Reiseroute sind? Warum? Sie haben vierzehn Tage Zeit.

❑ Frankfurt interessiert mich nicht sehr und ich möchte sofort nach Bremen fahren. Dort möchte ich das Rathaus sehen. Am nächsten Tag möchte ich nach Hamburg fahren. Dort möchte ich drei Tage bleiben. Der Hafen in Hamburg interessiert mich. Den Strand besuchen wir von Hamburg aus. Dann bleiben wir vier Tage in Berlin.

10. Wo möchten Sie übernachten? Soll es in jeder Stadt eine Jugendherberge sein? Möchten Sie lieber in Hotels übernachten? Soll Ihre Gruppe bei deutschen Familien in Privatpensionen wohnen? Wollen Sie auf Campingplätzen bleiben? Oder sollen es Pensionen sein, die einfacher und billiger sind als Hotels? Sagen Sie, wo Sie in jeder Stadt übernachten wollen. Geben Sie mindestens fünf Antworten.

Sample answers:
Jugendherberge,
Gasthaus, Pension,
Familie, Hotel,
Campingplatz, Bekannte,
Verwandte, Freunde

❑ In Frankfurt bleiben wir bei unserer Tante.
In Bremen übernachten wir auf einem Campingplatz.
In Hamburg schlafen wir in einem Hotel.

11. Was bringen Sie Ihren Freunden und Ihrer Familie aus Deutschland mit? Können Sie sechs Beispiele geben?

Sample answers: Bilder,
Fotos, Postkarten, Kaffee,
Wein, Schokolade,
Geschenke

Students may also
want to give reasons
why they are buying
the items selected.

❑ Meiner Freundin bringe ich ein Poster mit.

12. Das Wort „Reise" kann man mit vielen anderen Wörtern kombinieren. Manche von diesen Wörtern haben Sie schon gelernt. Schreiben Sie einen Satz für jedes der folgenden Wörter.

☐ Reiseandenken
Ein Reiseandenken ist eine Ansichtskarte oder ein Buch von einer Stadt, die ich besucht habe.

1. Reisepaß
2. Reisegepäck
3. Reisebegleiter
4. Reiseland
5. Reiseziel
6. Reiseprospekt
7. Reiseverkehr
8. Reisekosten
9. Reiseschecks
10. Reisekleidung
11. Reisedokument

Relative pronouns

Relative pronouns refer to a noun or pronoun in another clause of the sentence. They link two or more parts of a sentence: a) a main clause (the one that makes sense by itself; its verb is in second position) and a subordinate clause, *or* b) two dependent clauses, both of which are subordinate to a main clause. In English, the pronouns *who, which* and *that* are used as relative pronouns. In German, a form similar to the definite article (*der, die, das,* etc.) serves as relative pronoun. Here are examples for masculine, feminine and neuter nouns in the singular and the plural.

	Singular			Plural
	masculine	feminine	neuter	
nominative	der	die	das	die
accusative	den	die	das	die
dative	dem	der	dem	denen*
genitive	dessen*	deren*	dessen*	deren*

*These relative pronouns differ from the definite articles (der, die, das).

Nominative:

Der große Mann, der vor Barbara steht, hat einen dunklen Anzug an.
Die Postkarte, die aus Köln kam, hatte ich geschrieben.

Note that the relative pronoun stays in the nominative (subject case) in both clauses. In the example above, the main clause and relative clause have the same subject which is represented by *der große Mann* in the main clause and *der* in the relative clause.

Accusative:

Barbara stellt *ihr Paket, das* sie auf dem Flug nach Amerika mitnehmen will, auf die Waage.
Der Reisepaß, den sie der Angestellten gibt, ist grün.

The two sentences of the accusative example are different. In the first example we find a direct object in the main clause and in the subordinate clause (*ihr Paket - das*). In the second example, *der Reisepaß* is the nominative subject in the main clause, but the relative pronoun which refers to it in the subordinate clause is accusative because the passport is the accusative direct object in that clause.

Dative:

Point out that the relative pronoun receives its gender/ number from the part in the main clause to which it refers; it receives its case from the function within the relative clause.

Eine alte Nachbarin, der wir bei der Arbeit helfen, wohnt schon lange hier.
Barbara kennt *diesen netten Mann, dem* die Angestellte antwortet, nicht sehr gut.

The main clause of the first example shows *eine alte Nachbarin* to which the relative pronoun relates. But the relative pronoun in the subordinate clause is bound by the verb *helfen* and requires the dative case. In the second example, gender and number are the same in the main and dependent clause, but the cases are different: accusative in the main clause and dative in the subordinate clause.

Genitive:

Der Mann, dessen Anzug dunkel ist, ist sehr groß.
Dieses Hemd, dessen Farbe grün ist, hat Peter gestern gekauft.

Contrary to the other cases, you will notice that relative pronouns in the genitive (*dessen, deren, dessen*) are different from the articles in the genitive case (*des, der, des*). In the first example, *dessen* relates to the subject of the main clause. In the second example, however, it relates to the direct object of the main clause.

13. **Setzen Sie die fehlenden Relativpronomen ein.**

die   1. Die Touristen, ＿＿ einchecken, haben einen Flugschein.

die   2. Paula, ＿＿ am Flughafen wartet, freut sich auf den Flug.

der   3. Heinrich, ＿＿ uns das Hotel zeigte, ist ein junger Mann aus Bremen.

die   4. Die Speisekarte, ＿＿ auf dem Tisch liegt, macht mich hungrig.

das   5. Das Bremer Rathaus, ＿＿ beim Senat steht, sieht schön aus.

die   6. Unsere Klasse, ＿＿ die Reise macht, findet Deutschland toll.

das   7. Das Geld, ＿＿ wir für die Reise brauchen, haben wir schon bezahlt.

der   8. Unser Busfahrer, ＿＿ Kinder in unserem Alter hat, kann gut fahren.

Das Bremer Rathaus, das beim Senat steht, sieht schön aus.

Übrigens ...

Haben Sie schon von der Stadt Bitburg gehört?

Sie liegt an der Grenze zwischen Deutschland und Belgien. Sie ist durch ihr gutes Bier bekannt. Und durch das: 10 000 deutsche Einwohner leben gemeinsam mit 10 000 Amerikanern, die dort eine Air Base der amerikanischen Air Force haben. Sie wohnen zusammen, kaufen in Geschäften ein und feiern zusammen. Viele Deutsche arbeiten für die Air Force. Amerikanische Kinder gehen in deutsche Schulen und Kindergärten. Mehr als 2 000 Mal haben Deutsche und Amerikaner schon Hochzeit gefeiert. Viele andere sind gute Freunde geworden und freuen sich über das harmonische Zusammenleben. Aber leider müssen die meisten GIs bald in die USA zurück. Die Air Base wird geschlossen.

Have students develop some familiar situations based on the question, "Hast du schon von...gehört?" A continuous dialog could be like this: "Ja, davon habe ich schon gehört. Willst du mehr davon wissen? Ja, bitte. Ich erzähle dir etwas davon ..." Topics could be about boyfriends/girlfriends, sports, home, relatives, rumors, etc.

Textverständnis

14. Beantworten Sie die Fragen.

(Answers 1-4 will vary.)
5. Bitburg liegt an der Grenze zu Belgien. 6. Die Air Base wird geschlossen.

Group activity: Divide the class into small groups, then have students compile a list of cultural differences between Americans and Germans. Have each group present at least five such differences to the others; then, have each group pick one topic and present the pros and cons (ideal for panel discussion).

1. Finden Sie es gut, daß Deutsche und Amerikaner in einer Stadt zusammenleben? Warum?
2. Wie finden Sie es, wenn Amerikaner und Deutsche heiraten? Toll?
3. Sollen die Kinder von Deutschen und Amerikanern beide Sprachen lernen? Warum?
4. Kennen Sie andere Städte, in denen Deutsche und Amerikaner zusammenleben?
5. An welcher Grenze liegt Bitburg?
6. Warum müssen die GIs nach Amerika zurück?

In Frankfurt und Umgebung wohnen viele Amerikaner.

15. Welche Wörter fehlen in den Sätzen?

der
1. Der kleine Junge, ____ seine Tante besucht, hat Trennungsangst.

deren
2. Die Eltern, ____ Junge zurückfährt, warten auf ihn.

die
3. Eine Lehrerin, ____ im Ausland studiert hat, kennt die Menschen dort am besten.

der
4. Einen jungen Lehrer, ____ für ein Jahr an unsere Schule gekommen ist, haben wir in Biologie.

deren
5. Nachmittags treffe ich mich gern mit Monika, ____ Freund Günther heißt.

deren
6. Im Schwarzwald gibt es Hotels, ____ Preise nicht zu hoch sind.

dem
7. Hast du keinen Opa, ____ du dieses alte Buch über „Deutsche Geschichte" geben kannst?

den
8. Mein neuester Lieblingssport, für ____ ich jetzt jeden Tag trainiere, ist Karate.

die
9. Unsere Sportlerinnen, ____ sehr gut sind, haben gestern den ersten Preis gewonnen.

die
10. Die Mädchen und Jungen an unserer Schule, ____ gern Fußball sehen, haben sich gefreut, als Deutschland gegen Italien gewonnen hatte.

16. Wer ist gemeint? In den Sätzen fehlen Wörter aus der Liste.

Reisen	Punkte	Pokal	Pommes frites
Käse	Freunde	Programm	Eis

Programm
1. Dieses Jahr hat das ____ , das wir im Fernsehen sehen, bessere Nachrichten und Filme.

Pokal
2. In Rom lief die Mannschaft des Siegers mit dem ____ , den sie gewonnen hatte, durchs Stadion.

Freunde
3. Ich fühle mich immer am wohlsten im Kreis der ____ , die ich schon seit der Schulzeit kenne.

Käse
4. Ich esse gern Schweizer ____ , den mein Freund immer im Supermarkt einkauft.

Pommes frites
5. ____ , die ich mit Ketchup esse, schmecken gut!

Eis
6. Ich möchte gern so ein ____ mit Schlagsahne, das meine Freundin auch bestellt hat.

Punkte
7. Beim Schwimmen verliere ich oft wichtige ____ , die mir dann am Ende fehlen.

Reisen
8. Von den vielen ____ , die im Katalog stehen, gefällt mir der Fitneßurlaub auf der Nordseeinsel Sylt am besten.

Barbara hat Geschenke im Koffer

Role-playing: Divide the class into small groups, each containing between two to five people: a *Gast* and *Gastgeber (Vater, Mutter, Sohn, Tochter)*. Each will make up a list of one or two items they would like to give as a gift. Have each student not only identify the gift, but also give two or three reasons why this gift is appropriate.

Am Freitag vor ihrem Abflug nach Amerika geht Barbara mit ihrer Mutter in die Stadt, um Geschenke einzukaufen, die sie ihrer Gastgeberfamilie° mitbringen will. Das ist nicht so einfach, denn sie weiß ja nicht, was für einen Geschmack die Gastgeberfamilie hat. Vielleicht gefällt der Gastgebermutter ein Trachtenkleid°. Vielleicht gefällt dem Gastgebervater eine Kassette mit klassischer Musik von Wolfgang Amadeus Mozart oder von Ludwig van Beethoven. Aber vielleicht findet er die nicht so schön wie Rockmusik oder Volkslieder. Die Gastgeberfamilie hat auch einen Sohn, Peter, und eine Tochter, Kathy. Kathy hat Barbara geschrieben, daß sie bayrische Trachten° toll findet. Kathy hat ihr auch geschrieben, daß ihr Bruder Peter die Scorpions toll findet. Barbara will ihm die Kassette „Ballads" mitbringen.

Sie geht mit ihrer Mutter zu Horten, einem großen Kaufhaus an der Theresienstraße, in der Nähe vom Schloß. In der Musikabteilung findet Barbara die Kassette von den Scorpions für 19 Mark 80. Das ist ein Sonderangebot. Die Kassette kostet normal 24 Mark. Sie spart also 4 Mark 20. Für den Gastgebervater weiß sie nicht, was sie nehmen soll. Da sagt ihre Mutter: „Ich kaufe ihm eine CD mit verschiedenen Musikstücken deutscher Komponisten."

Barbara freut sich natürlich, denn sie spart ihr eigenes Geld.

Die Verkäuferin zeigt ein Trachtenkleid.

Horten, ein großes Kaufhaus

Und dann kommt der Schock. In der Trachtenabteilung gibt es nur Sachen für Millionäre, denkt sich Barbara. Das billigste Trachtenkleid kostet schon 850 Mark. Die schönen Trachtenkleider kosten über tausend Mark. Wer kann sich das leisten? Barbara bestimmt nicht. Ihre Mutter auch nicht.

Was sollen sie tun? Barbara weiß es nicht. Es muß doch etwas Schönes geben, das nicht so teuer ist. Etwas Billigeres, das auch schön ist. Als sie mit ihrer Mutter schon aus der Trachtenabteilung weggeht, sieht sie an der Wand einen Trachtenrock°. Am Rock hängt ein Coupon: „Sonderangebot — zum halben Preis".

Barbara bleibt stehen. „Ach ja", sagt ihre Mutter, „ein Einzelstück°, das sie hier billiger verkaufen, weil es so lange an der Wand gehangen hat. Wirklich schön. Gefällt mir." Barbara findet das auch. Auf dem Schild steht „100% Reine Schurwolle. Virgin Wool. *Nur* DM 280,-".

„Aber der halbe Preis, 140 Mark, ist immer noch sehr viel", denkt sie. „Ich habe eine gute Idee, Barbara", sagt ihre Mutter. „Ich gebe dir einhundert Mark dazu. Dann kannst du dir dieses Geschenk für Kathy leisten." „Toll, danke Mama", ruft Barbara und ist ganz froh. Sie hat eine tolle Mutter. Aber das hat sie ja schon immer gewußt. Alles ist klar und Barbara kauft den Trachtenrock. Jetzt braucht sie nur noch etwas für die Gastgebermutter in Amerika. Barbara und ihre Mutter haben schon darüber gesprochen. Sie werden nichts für die Küche kaufen. Frauen bekommen immer etwas für die Küche oder das Haus. Das ist nicht fair. Deshalb wollen die beiden ihr eine kleine Handtasche kaufen. Sie finden eine schöne kleine Handtasche in einem Ledergeschäft° in der Ludwigstraße.

Zwei junge Damen kaufen sich eine schöne Handtasche.

(*die Gastgeberfamilie* host family; *das Trachtenkleid* costume dress; *die Tracht* costume; *der Trachtenrock* costume skirt; *das Einzelstück* the only one; *das Ledergeschäft* leather goods store)

Barbara und ihre Mutter finden im Ledergeschäft eine schöne Handtasche.

Textverständnis

Ask students to prepare a short paragraph in answer to the question, "*Was würdest du machen, wenn du 500 Dollar ausgeben könntest?*" If done in groups, have each group present a combined report; if done individually, ask for volunteers.

17. **Beantworten Sie die Fragen zum Text.**

Sie möchte jedem in der Gastgeberfamilie etwas mitbringen. 2. Es ist nicht fair, einer Frau immer etwas für die Küche zu kaufen. 3. Das weiß Barbara leider nicht. 4. Sie heißt „Ballads". 5. Sie kauft sie in einem Kaufhaus. 6. Es kostet mehr als 850 Mark. 7. Ja, sie findet Trachten toll. 8. Weil ihre Mutter ihr mit 100 Mark hilft.

1. Wem möchte Barbara Geschenke mitbringen?
2. Warum soll die Gastgebermutter nichts für die Küche als Geschenk bekommen?
3. Mag der Gastgebervater klassische Musik?
4. Wie heißt die Kassette von den Scorpions?
5. Wo kauft Barbara eine Kassette?
6. Wieviel kostet ein Trachtenkleid?
7. Mag Kathy Trachten?
8. Warum kauft Barbara den Trachtenrock?

18. **Etwas stimmt hier nicht. Sagen Sie, wie es richtig ist.**

Die Mutter gibt Barbara 100 Mark, um den Trachtenrock zu kaufen. 2. „Horten" ist der Name eines Kaufhauses. 3. Sie hat zwei Kinder. 4. Barbara denkt, daß es nicht fair ist, ein Geschenk für die Küche zu geben. 5. Barbara bezahlt mit ihrem Geld und mit dem Geld ihrer Mutter.

1. Barbara gibt ihrer Mutter 100 Mark, denn sie will einen Rock kaufen.
2. „Horten" ist der Name eines Schlosses.
3. Die Gastgeberfamilie hat drei Kinder.
4. Barbara denkt, daß eine Hausfrau etwas für die Küche als Geschenk haben sollte.
5. Barbara bezahlt mit ihrem Geld, um alle Geschenke einzukaufen.

Gesprächssituation

Können Sie sich vorstellen, einer Gastgeberfamilie in Deutschland etwas mitzubringen? Ein Geschenk für die Gastgebermutter, eins für den Gastgebervater, eins für den Sohn der Familie und eins für die Tochter der Familie. Das Geschenk soll originell sein und ein bißchen zeigen, was es in Amerika Schönes gibt.

Schlagen Sie vor, was ein gutes Geschenk ist. Es soll für a) den Gastgebervater, b) die Gastgebermutter, c) den Sohn, d) die Tochter sein. Nehmen Sie einen der folgenden Sätze als Modell.

— Ich habe eine prima Idee: Ich bringe ____ mit, weil es das in Deutschland nicht gibt.
— Ich schlage ____ vor, denn ____ ist schön und nicht zu teuer.
— Wie findest du ____? Das ist doch ein toller Vorschlag, meint ihr nicht?
— Ich weiß ja nicht so genau, aber vielleicht ist ____ nicht schlecht.
— Ich kann mich nicht entscheiden, ob ich ____ oder ____ kaufen soll.

Personal pronouns

Personal pronouns are the kind of pronoun used most frequently. Whenever we refer to persons or things previously mentioned, we use personal pronouns to replace the proper names or the whole word. German and English have this in common.

Ich esse gern *Bananeneis.*	(I love *banana ice cream.*)
Ich könnte *es* immer essen.	(I could eat *it* all the time.)
Sie verloren *ihre neuen Baseball-Handschuhe.*	(They lost *their new baseball gloves.*)
Sie konnten *sie* nirgends finden.	(They couldn't find *them* anywhere.)

Nominative	Accusative	Dative
ich	mich	mir
du	dich	dir
er	ihn	ihm
sie	sie	ihr
es	es	ihm
wir	uns	uns
ihr	euch	euch
sie	sie	ihnen
Sie	Sie	Ihnen

19. **Ersetzen Sie die kursiven Nomen mit Personalpronomen.**

❏ *Die Trachtenkleider* gefallen *Barbara*.
Sie gefallen ihr.

1. Sie möchte es für sie kaufen. 2. Vielleicht gefällt ihm eine Kassette. 3. Sie findet es toll. 4. Es ist in der Stadt. 5. Für ihn weiß sie nicht, was sie nehmen soll. 6. Sie sehen ihn an der Wand. 7. Er ist noch sehr hoch. 8. Kann sie es sich leisten? 9. Sie wollen ihr eine kleine Handtasche kaufen. 10. Hoffentlich werden ihr die Geschenke gefallen.

1. *Barbara* möchte *ein Geschenk* für *die Gastgebereltern* kaufen.
2. Vielleicht gefällt *dem Gastgebervater* eine Kassette.
3. *Kathy* findet *ein bayrisches Trachtenkostüm* toll.
4. *Das Geschäft* ist in der Stadt.
5. Für *den Gastgebervater* weiß *Barbara* nicht, was sie nehmen soll.
6. *Die Kunden* sehen *einen Trachtenrock* an der Wand.
7. *Der halbe Preis* ist noch sehr hoch.
8. Kann *Barbara* sich *dieses Geschenk* leisten?
9. *Barbara und ihre Mutter* wollen *der Gastgebermutter* eine kleine Handtasche kaufen.
10. Hoffentlich werden *der Familie* die Geschenke gefallen.

Sprechmuster: einerseits—andererseits

The speech patterns "einerseits—andererseits" or "auf der einen Seite—auf der anderen Seite" are used in German to show the two sides of a coin. In English, people would say "on the one hand" and "on the other hand." This pattern is used to weigh the pros and cons of an argument. Here is a conversation with these speech patterns.

Person 1: Du, sag mal, findest du es eigentlich gut, daß jedes Jahr mehr als 20 000 Schüler und Studenten in andere Länder fahren?

Person 2:	Du meinst Austauschschüler?
Person 1:	Ja, genau! *Auf der einen Seite* verstehe ich, daß Schüler und Studenten ins Ausland fahren wollen. *Auf der anderen Seite* habe ich aber auch viele Fragen.
Person 2:	Jede Sache hat zwei Seiten, eine gute und eine schlechte.
Person 1:	Das ist wahr. *Einerseits* ist es für die Schüler ganz toll. *Andererseits* hat man Trennungsangst und man vermißt die Freunde.
Person 2:	Das ist nicht ganz richtig. *Einerseits* verliert man die Freunde zu Hause, *andererseits* gewinnt man Freunde in anderen Ländern.
Person 1:	Klar, du hast schon recht. Jede Sache hat zwei Seiten.

Auf der einen Seite:	Schüler wollen ins Ausland fahren.
Auf der anderen Seite:	Schüler verlieren ihre Freunde zu Hause.
Beide Seiten:	Einerseits wollen Schüler ins Ausland fahren, aber andererseits verlieren sie ihre Freunde zu Hause.

20. Kombinieren Sie die Sätze.

❐ Man versteht das. Man hat viele Fragen.
Einerseits versteht man das, aber andererseits hat man viele Fragen.

1. Man lernt neue Freunde kennen. Man vermißt seine Familie.
2. Man lernt die Sprache schneller. Man vergißt die eigene Muttersprache.
3. Man sieht andere Kulturen. Man muß neue Kulturen akzeptieren.
4. Man kann andere Speisen essen. Man mag sie manchmal nicht.
5. Man hört Kritik über sein Land. Man findet die Kritik manchmal falsch.
6. Man möchte viel erzählen. Man weiß viele Wörter nicht.

1. Einerseits lernt man neue Freunde kennen, aber andererseits vermißt man seine Familie. 2. Einerseits lernt man die Sprache schneller, aber andererseits vergißt man die eigene Muttersprache. 3. Einerseits sieht man andere Kulturen, aber andererseits muß man neue Kulturen akzeptieren. 4. Einerseits kann man neue Speisen essen, aber andererseits mag man sie manchmal nicht. 5. Einerseits hört man Kritik über sein Land, aber andererseits findet man die Kritik manchmal falsch. 6. Einerseits möchte man viel erzählen, aber andererseits weiß man viele Wörter nicht.

21. Welches Argument von der linken Seite paßt zu welchem Gegenargument rechts? Manche Argumente könnten mehr als ein Gegenargument haben.

Einerseits ...

d	1. Man lernt neue Leute kennen.
c	2. Es wird nie langweilig.
e	3. Man lernt die Sprache besser.
g	4. Das Essen ist anders.
b, h	5. Man möchte viel kaufen.
b, f, h	6. Man möchte ins Kino gehen.
a	7. Klassische Musik mag man.
f	8. Ich laufe gern im Park.

Andererseits ...

a. Ich habe Rockmusik am liebsten.
b. Man hat nicht viel Geld.
c. Man hat manchmal viel Streß.
d. Man vermißt seine Familie.
e. Viele Wörter weiß man doch nicht.
f. Ich möchte lieber im See schwimmen.
g. Am besten schmeckt es zu Hause.
h. Man hat keine Zeit dafür.

Barbaras Traum

Kurz nach ihrer Ankunft wachte Barbara in einer Nacht plötzlich auf°. Kathy war zu einer Party gegangen, aber Barbara war lieber zu Hause geblieben. Sie fühlte sich jetzt allein und dachte an ihren Traum°.

Sie hatte einen komischen Traum. Sie hatte von der Zukunft° geträumt°. Die Menschen fuhren in schwarzen U-Bahnen zur Arbeit. Sie trugen weiße Ausweise am Hemd und warteten vor überfüllten° Ausgängen. Dann kamen Polizisten in Badehosen und öffneten die Türen. Riesengroße Elefanten kamen herein. Auf ihnen saßen Beamte, die in schwarze Bettlaken gehüllt° waren. Sie beeilten sich hereinzukommen° und versammelten sich vor den Ausgängen.

Dann hörte Barbara eine Person schreien und wachte auf. Zum Glück war Kathy von der Party zurück und Barbara konnte ihr alles erzählen.

(*aufwachen* to wake up; *der Traum* dream; *die Zukunft* future; *träumen* to dream; *überfüllt* overcrowded; *hüllen* to wrap; *hereinkommen* to come in)

Textverständnis

22. **Was stimmt in diesen Sätzen nicht?**

Zukunft
überfüllten
Elefanten
beeilten sich hereinzukommen
Sie war schon zurück.

1. Barbara hatte von der Ankunft geträumt.
2. Die Menschen warteten vor leeren Ausgängen.
3. Große Enten kamen herein.
4. Die Beamten kamen langsam herein.
5. Leider kam Kathy nicht von der Party zurück.

Future tense

The future tense tells what will happen later on. In the future tense, the verb form uses two components. The first component is a present tense form of *werden* which agrees with the subject. The second component is in the last position of the clause or sentence: the infinitive form of the action verb. It tells what's happening.

Ich werde den neuen Schüler kennenlernen.
Wirst du nicht bald Geburtstag haben?

Wohin werden sie fahren?

The other way to imply future is through the use of adverbs such as *morgen, bald, später, gleich*, or prepositional phrases such as *in einer Woche, im nächsten Sommer, in den nächsten Ferien*. The verb form used with such adverbs or prepositional phrases should be future tense—but the Germans widely use the present tense form of the action verb with these words. As a rule of thumb, always use the future verb form when it is important to stress the fact that something will happen later. Whenever the future aspect is not important because you are stressing *what* you are going to do rather than *when* you are going to do it, you may use the present tense.

Gleich komme ich in den Klub.
Später sehe ich Nachrichten im Fernsehen.

23. **Barbara erzählt Kathy, was in der Zukunft sein wird.**

❏ Die Menschen fuhren in schwarzen U-Bahnen.
Sie sagt zu Kathy: „Die Menschen werden in schwarzen U-Bahnen fahren.“

1. werden tragen 2. werden warten 3. werden kommen, werden öffnen 4. werden hereinkommen 5. werden sitzen 6. wird erzählen

1. Sie trugen weiße Ausweise am Hemd.
2. Sie warteten vor überfüllten Ausgängen.
3. Polizisten in Badehosen kamen und öffneten die Türen.
4. Riesengroße Elefanten kamen herein.
5. Auf ihnen saßen Beamte in schwarzen Bettlaken.
6. Barbara erzählte Kathy alles.

24. **Verneinen Sie alle Sätze.**

❏ Die Menschen werden ____ in schwarzen U-Bahnen fahren.
Die Menschen werden *nicht* in schwarzen U-Bahnen fahren.

Sie werden ____ weiße Ausweise am Hemd tragen.
Sie werden *keine* weißen Ausweise am Hemd tragen.

nicht   1. Sie werden ____ vor überfüllten Ausgängen warten.
nicht   2. Die Polizisten werden ____ in Badehosen kommen.
nicht   3. Sie werden die Türen ____ öffnen.
nicht   4. Riesengroße Elefanten werden ____ hereinkommen.
keine   5. Auf ihnen werden ____ Beamten sitzen, die in schwarze Bettlaken gehüllt sein werden.
kein   6. Kathy wird ____ Wort von dem Traum glauben.

25. **Bilden Sie ganze Sätze.**

❏ Paul / keine Zeit haben
Paul wird keine Zeit haben.

werden   1. wir / ins Kino gehen
wird   2. Robert / uns begleiten
werden   3. Kathy und Barbara / auch da sein
wirst   4. du / schon sehen
werden   5. Ernst und Inge / mich anrufen
werden   6. die Polizisten / Badehosen tragen
werden   7. die Jugendlichen / zur Disko fahren
wird   8. ihre Familie / mich morgen einladen

Was werden sie vielleicht kaufen?

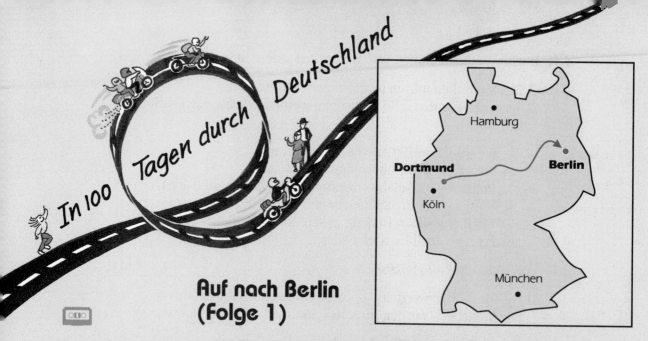

In 100 Tagen durch Deutschland

Auf nach Berlin (Folge 1)

Have students look at a map and trace the route (from Dortmund to Berlin) these young people are taking.

Das sind wir: Philipp, Katharina, Alex, Jens, Jürgen, Traudel und Ulla. Von Dortmund aus waren wir sieben mit unseren vier Motorrädern auf dem Weg nach Berlin. Dort wollten uns Barbara aus Ingolstadt, Peter aus Frankfurt und Ralf und Martina treffen. Ralf und Martina wohnen in Berlin und studieren im ersten Semester an der Freien Universität. Auf dem Stadtplan hatten wir uns die Straße, in der sie wohnen, aufgeschrieben. Sie wohnen in der Uhlandstraße, nicht weit vom Kurfürstendamm.

Wir alle kannten uns, weil wir elf zusammen als Austauschschüler° in England gewesen waren. Das war vor zwei Jahren. Doch schon zu der Zeit hatten wir diese tolle Idee: Wenn wir das Abitur gemacht hatten, wollten wir in den Ferien mit dem Motorrad durch Deutschland und einige seiner Nachbarländer fahren. Wir alle hatten uns auf diese Fahrt° nach dem Abitur seit langer Zeit gefreut. Endlich ging es los. Wir hatten genau 100 Tage Zeit. Danach sollte für viele von uns das Studium beginnen. Die meisten von uns waren noch nicht im ersten Semester.

Also fuhren wir aufgeregt in Richtung Berlin. Die Motorräder waren voll, weil wir Zelte, Schlafsäcke und andere Campingsachen mithatten. Denn so oft wie möglich wollten wir nicht auf den normalen Touristenstraßen fahren. In Berlin wollten wir Ralf und Martina treffen und mitnehmen.

Die Uhlandstraße ist nicht weit vom Kurfürstendamm.

Wir alle kannten uns.

Die Fahrt nach Berlin ging gut. Am ehemaligen° Grenzübergang° Marienborn zwischen dem Westen und Osten Deutschlands stoppten wir. Alle sahen sich die verlassenen° Gebäude der Grenzsoldaten° an. Es sah dort traurig° aus und wir sprachen nicht viel. Noch zwei Stunden bis Berlin.

Als wir in Berlin ankamen, waren nicht mehr alle dabei, denn schon vor dem Start war Barbara plötzlich mit einem Stipendium in die USA geflogen und Ralf hatte eine Prüfung nicht geschafft. Er mußte die ganze Zeit lernen und konnte nicht mitkommen. Aber was sollte Martina jetzt tun?

Wir versuchten Martina zu überzeugen, doch mitzufahren, obwohl ihr Freund Ralf lernen mußte. Sie sagte lange „nein". Dann meinte Ralf: „Du solltest mit unseren Freunden fahren, Martina. Ich hab' ja doch keine Zeit für dich, weil ich lernen muß." Da sagte Martina, daß sie doch mitfahren wollte und packte ihre Sachen auf Peters Motorrad.

(*der Austauschschüler* exchange student; *die Fahrt* trip; *ehemalig* former; *der Grenzübergang* border crossing; *verlassen* deserted; *der Grenzsoldat* border guard; *traurig* depressed, sad)

Textverständnis

26. **Beantworten Sie die Fragen zum Text.**

Ralf und Martina studieren an der Freien Universität.

1. Wie viele junge Leute wollen auf die Motorradreise gehen?
2. Wo wohnen Ralf und Martina?
3. An welcher Uni studieren Ralf und Martina in Berlin?
4. Wo treffen sich die Jugendlichen in Berlin?
5. Woher kennen sich die jungen Leute?
6. Welche Prüfung haben viele der jungen Leute gerade gemacht?
7. Was war auf den Motorrädern?
8. Wie war die Stimmung in Marienborn?
9. Warum konnte Ralf nicht mitfahren?
10. Kommt seine Freundin Martina mit?

1. Es sind elf junge Leute.
2. Sie wohnen in Berlin.
3. Sie studieren an der Freien Universität. 4. Sie treffen sich in der Uhlandstraße. 5. Sie kennen sich von einer Reise nach England. 6. Sie haben gerade das Abitur gemacht. 7. Zelte, Schlafsäcke und andere Campingsachen waren darauf. 8. Die Stimmung dort war traurig. 9. Er mußte lernen. 10. Ja, sie kommt mit.

Rollenspiel: Komm doch mit!

27. Wir brauchen acht Leute aus Ihrer Klasse. Eine Person spielt Martina, deren Freund nicht mit auf die Motorradtour gehen kann. Die anderen sieben sind Philipp, Katharina, Alex, Jens, Jürgen, Traudel und Ulla. Diese sieben Leute wollen nun Martina überzeugen, daß es am besten ist, wenn sie mitfährt. Martina sagt zu jedem Argument, was sie davon hält. Zum Beispiel:

Ulla: Wenn du mitkommst, sitzen immer zwei Leute auf einem Motorrad und keiner ist alleine.

Martina: Aber mit wem kann ich denn fahren? Wer nimmt mich mit?

Traudel: Wenn ich fahre, nehme ich dich mit.

Alex: Ich nehme dich auch gern mit. Ich fahre sehr gut.

Argumente der sieben:

1. Du willst doch Deutschland sehen.
2. Du möchtest doch auch Motorrad fahren.
3. Du kannst am besten kochen.
4. Du brauchst keine Trennungsangst zu haben, wir sind ja bei dir.
5. Ralf will doch auch, daß du fährst.
6. Du hast nie wieder so viel Zeit für eine Reise.
7. Wir wollen doch alle zusammen fahren.
8. Du kennst doch viele Städte noch nicht.
9. Du hast ja das Geld schon in der Tasche.
10. Du kannst ja vor dem Ende der Reise mit dem Zug nach Berlin fahren, wenn du den Ralf besuchen willst. Wenn du nicht mitkommst, hast du kein tolles Geschenk fürs Abitur.

Argumente von Martina:

1. Ich möchte ja, aber ich weiß nicht, ob es richtig ist.
2. Stimmt, aber nicht gern ohne Ralf.
3. Ich will nicht jeden Tag kochen; das können die Jungen tun.
4. Ich vermisse Ralf aber doch.
5. Ja, das sagt er nur.
6. Zeit ja, aber kein Geld.
7. Ich will auch gern dabeisein.
8. Ich kenne schon viele Städte, aber nicht so viele, wie ihr jetzt besuchen werdet.
9. Das kann ich auch in der Tasche lassen.
10. Das ist eine gute Idee. Ich möchte gern dieses tolle Abiturgeschenk und ich fahre mit.

Hatte Barbara Trennungsangst, als sie nach Amerika abflog?

Bestimmt haben Sie gehört und gelesen, daß es seit dem Oktober 1990 nur noch ein Deutschland gibt. Wir werden sehen, warum das so ist und was es Neues gibt. Wir werden sehen, wie die Deutschen leben, und was die jungen Leute in dieser neuen Republik machen. Wir werden aber auch sehen, was nach der Wiedervereinigung passierte,

Hallo Leute!

denn der 3. Oktober 1990 ist ja nun auch schon Vergangenheit°. Im Mittelpunkt des Interesses liegt dabei die Stadt Berlin. Wir werden Ihnen die Stadt vorstellen. Außerdem° geht die Motorradtour durch Deutschland weiter. Diesmal geht es durch die ehemalige DDR von Berlin zur Insel Rügen an der Ostsee.

(*die Vergangenheit* past, history; *außerdem* besides)

Deutschland aktuell

Deutschland heute

Deutschland liegt im Herzen Europas. Im Norden von Deutschland liegt Dänemark, im Osten liegen Polen und die Tschechoslowakei. Im Süden liegen die Länder Österreich und die Schweiz, im Westen Frankreich, Luxemburg, Belgien und die Niederlande. Diese Lage° in der Mitte Europas ist besonders wichtig für Wirtschaft° und Verkehr. Von Deutschland aus kann man gut in die anderen Länder Europas fahren. Diese Lage in der Mitte zwischen Osten und Westen ist auch politisch wichtig, denn „Deutschland heute" bedeutet seit dem 3. Oktober 1990: Wiedervereinigung der Bundesrepublik Deutschland (BRD) mit der Deutschen Demokratischen Republik (DDR). Deutschland existierte von 1949 bis 1990 als zwei Staaten.

Im Westen gab es eine Demokratie und einen freien Markt, im Osten eine staatliche Planwirtschaft° in einem kommunistischen System. Die Sowjets, Amerikaner, Franzosen und Engländer hatten 1945 den Krieg gegen Hitler-Deutschland gewonnen. Die sowjetische Armee marschierte in den östlichen Teil Deutschlands. Dieser Teil, den die Sowjets für sich nahmen, wurde 1949 zu einem neuen Land mit dem Namen „Deutsche Demokratische Republik". Die drei Teile der Amerikaner, Engländer und Franzosen wurden in den Jahren 1945 bis 1949 zu einer Westzone. Dann wurde diese Westzone zur „Bundesrepublik Deutschland" (BRD).

Die politischen Ziele° der Menschen waren sehr verschieden. In der Bundesrepublik war das politische System so wie in den USA, Frankreich,

England, Dänemark und in den anderen westlichen Ländern. In der DDR war das politische System so wie in der Sowjetunion, Polen, der Tschechoslowakei oder Ungarn. Der Westen hatte einen freien Markt, der Osten aber einen staatlich kontrollierten Markt. Man nennt das westliche Wirtschaftssystem auch „kapitalistisches System" und das alte östliche System „planwirtschaftliches System". Jetzt ist in den östlichen Ländern das alte planwirtschaftliche System zu Ende. Die freie Marktwirtschaft ist das neue System dort. Für die Menschen im Osten ist das nicht leicht, denn sie kennen ein freies System noch nicht. Sie müssen jetzt lernen, in einem freien System zu leben. Sie müssen ihre Zukunft in ihre eigenen Hände nehmen. Das ist für die jungen Leute leichter als für die alten Leute, denn die Jungen lernen schneller als die Alten.

Als sowjetischer Präsident hat Michail Gorbatschow für seine Arbeit den Friedensnobelpreis° bekommen. Er hat der BRD und der DDR bei der Wiedervereinigung geholfen. Er hat dies getan, weil ein vereinigtes° Deutschland ein wichtiger Partner für die Sowjetunion ist. Seit der Wiedervereinigung gibt es viele Konsultationen zwischen Deutschen und Sowjets. Auch amerikanische und französische Politiker sind dabei°, denn die USA und Frankreich sind auch Partner von Deutschland.

Viele Deutsche sind den USA noch heute für die Hilfe nach dem Zweiten Weltkrieg dankbar°. Die USA haben den Deutschen nach dem Zweiten Weltkrieg mit Krediten, Care-Paketen und Know-how geholfen. Der Marshall-Plan hat geholfen, aus dem zerstörten° Westdeutschland einen modernen Industriestaat° zu machen. Aus diesem Grund° war die wirtschaftliche Situation der BRD viel besser als die in der DDR. Die DDR hat keine Hilfe von den USA bekommen. Die DDR mußte aber in den ersten fünfzehn Jahren nach dem Krieg viel Geld für Reparationen an die Sowjetunion bezahlen. Deshalb konnte die Wirtschaft dort nicht so stark° werden wie in der BRD.

Seit dem 3. Oktober 1990 hat Deutschland fünf neue Bundesländer. Die staatlichen Grenzübergänge zwischen BRD und DDR gibt es nicht mehr. Seit diesem Tag gibt es 16 Millionen „neue" Deutsche in der Europäischen Gemeinschaft°. Seit diesem Tag können die Menschen aus der alten DDR frei reisen und einkaufen. Sie können heute tun, was früher nicht möglich war.

(*die Lage* position, location; *die Wirtschaft* economy; *die Planwirtschaft* planned economy; *das Ziel* goal, objective; *der Friedensnobelpreis* Nobel Peace Prize; *vereinigt* unified; *dabeisein* to be there; *dankbar* grateful; *zerstört* destroyed; *der Industriestaat* industrialized nation; *aus diesem Grund* for this reason; *stark* strong; *die Europäische Gemeinschaft* European Community)

Textverständnis

1. Die folgenden Aussagen stimmen nicht ganz. Was steht wirklich im Text?

1. Polen liegt östlich, nicht nördlich. 2. Diese Länder liegen im Westen von Deutschland. 3. Von 1949 bis 1990 gab es die BRD und die DDR. 4. Die Lage Deutschlands in der Mitte Europas ist wichtig. 5. Die DDR hatte einen kontrollierten Markt. 6. Man nennt es „planwirtschaftliches System". 7. Die Amerikaner halfen den Deutschen nach dem Krieg. 8. Die USA gaben der Bundesrepublik finanzielle Hilfe. 9. Die DDR zahlte Reparationen an die Sowjetunion. 10. Es gibt 16 Bundesländer.

1. Dänemark und Polen liegen nördlich von Deutschland.
2. Belgien und Frankreich sind Deutschlands Nachbarländer im Süden.
3. Von 1939 bis 1990 gab es die BRD und die DDR.
4. Die Lage Deutschlands in der Mitte Europas ist nicht wichtig.
5. Die DDR hatte einen freien Markt.
6. Man nennt das alte östliche System „kapitalistisches System".
7. Die Deutschen halfen den Amerikanern nach dem Krieg mit dem Marshall-Plan.
8. Die USA gaben der DDR finanzielle Hilfe.
9. Die Sowjetunion zahlte Reparationen an die DDR.
10. Seit dem 3. Oktober 1990 gibt es in Deutschland zehn Bundesländer.

2. Vervollständigen Sie die Sätze mit den Wörtern aus der Liste.

System	Hilfe	Deutschland	Friedensnobelpreis
Jahre	Krieg	Bundesländer	Planwirtschaft
Teil	Markt	Europas	Wiedervereinigung

Deutschland
Europas
Markt
Krieg
Teil
Jahre
System

Planwirtschaft
Friedensnobelpreis
Wiedervereinigung
Hilfe

Bundesländer

1. Seit dem Oktober 1990 gibt es nur ein _____.
2. Deutschland liegt in der Mitte _____.
3. Im Westen gab es einen freien _____.
4. 1945 hatten die Deutschen den _____ verloren.
5. Die DDR war der östliche _____, in dem die Sowjets waren.
6. 40 _____ lang existierten zwei deutsche Staaten.
7. Das politische _____ war in der Bundesrepublik ganz anders als in der DDR.
8. Die _____ geht in den östlichen Ländern zu Ende.
9. Der sowjetische Präsident hat den _____ bekommen.
10. Die Sowjetunion hat Deutschland bei der _____ geholfen.
11. Nach dem 2. Weltkrieg hatte die DDR keine _____ von den USA bekommen.
12. Es gibt in Deutschland fünf neue _____.

Deutsche Länder

If students created their own maps of Germany, you may now want to have them include the *Länder* along with their capital cities (see map in Teacher's Resource Binder of *Deutsch Aktuell 1*). These 11 *Länder* existed already before unification: *Schleswig-Holstein (Kiel), Hamburg (Hamburg), Niedersachsen (Hannover), Bremen (Bremen), Nordrhein-Westfalen (Düsseldorf), Hessen (Wiesbaden), Rheinland-Pfalz (Mainz), Saarland (Saarbrücken), Baden-Württemberg (Stuttgart), Bayern (München), Berlin (Berlin).* These five *Länder* were added in 1990: *Mecklenburg-Vorpommern (Schwerin), Sachsen-Anhalt (Magdeburg), Brandenburg (Potsdam), Sachsen (Dresden), Thüringen (Erfurt).*

3. **Bilden Sie Sätze mit den Namen deutscher Länder. Passen Sie gut auf, denn die fünf östlichen Länder sind erst seit 1990 Teil der BRD.**

▢ Bremen ist ein Land, das schon seit 1949 ein Teil der BRD ist.
   Thüringen ist ein Land, das erst seit 1990 ein Teil der BRD ist.

1. Nordrhein-Westfalen
2. Mecklenburg-Vorpommern
3. Schleswig-Holstein
4. Rheinland-Pfalz
5. Brandenburg
6. Hessen
7. Sachsen
8. Bayern
9. Hamburg
10. Niedersachsen
11. Baden-Württemberg
12. das Saarland
13. Sachsen-Anhalt

Answers: *Sachsen-Anhalt, Sachsen, Thüringen, Brandenburg* and *Mecklenburg-Vorpommern* have only been states of the BRD since 1990.

When discussing the map of Germany, you may want to point out that *Sachsen, Thüringen, Sachsen-Anhalt, Brandenburg* and *Mecklenburg-Vorpommern* were part of the former German Democratic Republic. The states of the GDR which had been abolished in 1953 were refounded in the spring of 1990. They became members of the Federal Republic in October 1990 after a peaceful revolution started in the fall of 1989.
Das Saarland requires the definite article (like *die Schweiz, die Tschechoslowakei*).

Adjectives and adverbs with *"lich"*

Many German adverbs and adjectives are formed from nouns. These words are formed with the noun plus the ending *"lich"* and some also receive an umlaut. English often uses the ending "-ly" or "-ive" or the word "-like" for the same purpose. The new words are adverbs whenever they stand in the predicate of the sentence (Das Wetter im November ist *winterlich*). They are adjectives when they precede nouns (Wir haben *winterliches* Wetter im November).

das Ende	endlich	finally
das Fest	festlich	festive
der Freund	freundlich	friendly
die Gemeinschaft	gemeinschaftlich	common, joint
das Herz	herzlich	cordial
das Jahr	jährlich	annual
der Mensch	menschlich	human
die Natur	natürlich	natural
der Norden	nördlich	northern
der Osten	östlich	eastern
der Punkt	pünktlich	punctual
der Staat	staatlich	national
der Süden	südlich	southern
der Tag	täglich	daily
der Westen	westlich	western
die Wirtschaft	wirtschaftlich	economic

Remind students that adverbs and predicate adjectives do not take endings (except for comparison) like adjectives do. Words with endings precede nouns while those without an ending are usually found in the predicate of the sentence.

4. Setzen Sie die Wörter aus der Liste in den Text ein, wo sie passen.

südlich	westlich	gemeinschaftliche
östlichen	gemeinschaftlich	jährlich
pünktlich	westlichen	menschliche
wirtschaftliche	nördliches	staatlichen
festlichen	täglich	freundliche

gemeinschaftlich   1. Die Deutschen in Ost und West wollen ____ in Deutschland leben.

südlich   2. Kennst du den Film über Österreich, das Land ____ von Deutschland?

jährlich   3. Zweimal ____ besuche ich meine Großeltern in Brandenburg.

wirtschaftliche   4. Der Marshall-Plan gab den Deutschen ____ Hilfe, als das Land nach dem Zweiten Weltkrieg zerstört war.

freundliche
nördliches
westlichen

menschliche

staatlichen
gemeinschaftliche

östlichen

Westlich
pünktlich
täglich
festlichen
WB1

5. Ihre ____ Mutter hat das Geld.
6. Ein ____ Nachbarland von Deutschland ist Dänemark.
7. Die ____ Länder Europas haben seit vielen Jahren eine freie Wirtschaft mit freien Märkten.
8. Die Menschen in der ehemaligen DDR brauchen nicht nur wirtschaftliche, sondern auch ____ Hilfe.
9. In Europa sollen die ____ Grenzübergänge immer offen sein.
10. Die Staaten der Europäischen Gemeinschaft haben viele ____ Ziele.
11. Das Bundesland Sachsen hat den Staat Polen als ____ Nachbarn.
12. ____ von Berlin liegt Sachsen-Anhalt.
13. Bitte kommen Sie heute ____ um acht Uhr abends, Frau Glahe.
14. Um sechs Uhr sehen wir uns ____ die Abendnachrichten an.
15. Bei dem ____ Abendessen sah man viele lachende Gesichter.

5. **In den Satzteilen stehen Wörter mit „lich". Von welchem Nomen kommen die Wörter mit „lich"?**

❒ einen herzlichen Brief
Sie sagen: „*herzlich* kommt von *das Herz*"

1. ein festliches Essen   festlich-das Fest
2. der fragliche Tag   fraglich-die Frage
3. ein männlicher Charakter   männlich-der Mann
4. dieser freundliche Telefonanruf   freundlich-der Freund
5. meine herzlichen Grüße   herzlich-das Herz
6. das jährliche Sportfest   jährlich-das Jahr
7. einer natürlichen Frau   natürlich-die Natur
8. jeder menschlichen Hilfe   menschlich-der Mensch
9. ein nördlicher Eingang   nördlich-der Norden
10. östlich von Berlin   östlich-der Osten
11. ihr sommerliches Kleid   sommerlich-der Sommer
12. ihr staatliches Stipendium   staatlich-der Staat
13. südlich der Donau   südlich-der Süden
14. drei westliche Länder   westlich-der Westen
15. winterliches Wetter   winterlich-der Winter
16. die tägliche Zeitung   täglich-der Tag
17. eine wörtliche Wiederholung   wörtlich-das Wort

6. Setzen Sie die Wörter aus der Liste für die kursiven Wörter ein. Diese Wörter haben eine ähnliche Bedeutung wie die in den Sätzen. Sie brauchen nicht alle Wörter.

jährlich   pünktlich   täglich   natürlich   endlich
menschlich   wirtschaftlich   freundlich   herzlich   gemeinschaftlich

pünktlich   1. Herr Sieber kommt immer *genau um acht Uhr* ins Klassenzimmer.

natürlich   2. Geht ihr am Samstag in die Disco? Ja, *bestimmt*.

jährlich   3. Meine Großeltern besuchen uns *alle zwölf Monate*.

freundlich   4. Ist die Verkäuferin immer so *nett*?

gemeinschaftlich   5. Alle Klassen unserer Schule haben *zusammen* einen Ausflug gemacht.

wirtschaftlich   6. Den Deutschen geht es heute *finanziell* viel besser als vor Jahren.

endlich   7. Wir warten schon eine halbe Stunde auf den Bus. Jetzt kommt er *doch noch*.

herzlich   8. Die Gastfamilie begrüßt die Amerikanerin mit „Sie sind bei uns *sehr* willkommen".

WB2, WB3

Volksaufstand (1953)

🔲 **Wegmarken der deutsch-deutschen Geschichte nach dem Zweiten Weltkrieg**

Mauerbau (1961)

Have students pick a historical date like 1961 (*Bau der Berliner Mauer*) and have them write a short narrative on how the sudden closing of the border may have affected people's lives (separation of friends, relatives; no more travel to the west, etc.).

Diese „Wegmarken" sind wichtige Stationen in der Geschichte Deutschlands von 1949 bis 1990:

Viele der Wörter in der Grafik kennen Sie vielleicht noch nicht. Darum finden Sie hier einige Definitionen.

1949 Bei einer *Gründung* (foundation) fängt etwas an.

1953 Bei einem *Volksaufstand* (national uprising) steht das Volk auf und kämpft gegen den Staat. *Fluchtbewegung* (escape movement) heißt, daß viele Leute aus dem Land weglaufen. Ein *Höhepunkt* (climax) ist der wichtigste Moment.

1955 Die Bundesrepublik wird Mitglied der NATO und die DDR wird Mitglied des Warschauer Pakts.

1958 Chruschtschow war der sowjetische Parteichef (chairman of the party).

1961 *Grenzbefestigungen* (border fortifications) sind Mauern und Zäune (fences). Der *Schießbefehl* (order to shoot) kommt von *schießen* (to shoot) und *befehlen* (to order).

Die BRD war Mitglied in der Europäischen Gemeinschaft, aber die DDR lag hinter der Mauer.

Die Berliner Mauer war zwischen Ost- und West-Berlin.

1964 *Zwangsumtausch* (compulsory money exchange) bedeutet, daß man an der Grenze Geld umtauschen muß, auch wenn man das nicht will. Wer ins Land reisen wollte, der mußte DM gegen DDR-Mark umtauschen. Das Wort *Zwang* (force) zeigt immer an, daß etwas passiert, was die Leute nicht wollen.

1968 Man mußte mehr Geld umtauschen als vorher, um in die DDR reisen zu dürfen. Die Leute mußten im Reisepaß ein Visum für die DDR haben, wenn sie in die DDR fahren wollten.

1970 Bundeskanzler Brandt fährt nach Erfurt (DDR) und Herr Stoph aus der DDR fährt nach Kassel.

1971 Die vier *alliierten Mächte* (allied powers) sind die Amerikaner, Franzosen, Engländer und Sowjets. Ein *Abkommen* (treaty) ist ein Vertrag (contract) zwischen Ländern. *Transit* ist die Reise durch ein anderes Land. Man darf beim Transit nur durch das Land fahren, aber nicht im Land bleiben oder übernachten.

Beim Transitabkommen wollten die Westdeutschen über die DDR-Autobahnen nach Berlin fahren. Dafür mußten sie der DDR Geld geben: eine Transitgebühr (transit charge).

1972 Die DDR und die Bundesrepublik wollten den Verkehr besser regulieren und machten deshalb einen Vertrag.

1973 Autoverkehr in der Nähe der Grenze ist *grenznaher Verkehr* (traffic close to the border). Beide Länder wurden Mitglied (member) der Vereinten Nationen (UN) in New York.

Diese alten Schilder sind jetzt nicht mehr da.

In Berlin war der Verkehr immer grenznah, wie hier auf dem Ku'damm.

1974 Eine *ständige Vertretung* (permanent representation) ist ein Büro, das die Arbeit einer Botschaft (embassy) macht, ohne eine Botschaft zu sein. Die Westdeutschen wollten das Wort „Botschaft" nicht haben, weil nur ein fremdes Land eine Botschaft hat. Die BRD hat aber die DDR nie als fremdes Land angesehen oder akzeptiert.

Junge Leute bauten die Mauer ab.

Die ehemalige Mauer in Berlin

1981 Helmut Schmidt war von 1974 bis 1982 Bundeskanzler (Federal Chancellor) der BRD. Erich Honecker regierte zu dieser Zeit als kommunistischer Parteichef in der DDR und traf sich mit Bundeskanzler Schmidt.

1989 protestierten die Ostdeutschen.

1984 Der *Kredit* ist Geld, das man für eine Zeit von der Bank oder von einem anderen Land bekommt. *Abbau* (dismantling) heißt, daß Leute etwas abbauen (to demolish). In diesem Jahr baute die DDR die Geräte (devices) ab, die sie an der Grenze aufgebaut hatte. *Selbstschußanlagen* (self-activating shooting devices) waren Geräte, mit denen sich ein *Flüchtling* (refugee) verletzte oder sogar selbst tötete.

1987 Der DDR-Staatsratsvorsitzende (Chairman of the Council of State) und Parteichef Honecker kommt zum ersten Besuch nach Bonn. Bonn war bis 1991 Hauptstadt. Seit dem Sommer 1991 ist Berlin wieder deutsche Hauptstadt.

Worüber sprach man im Fernsehen?

1989 *Fluchtwelle* (wave of escapes) bedeutet, daß viele Leute flüchteten (escaped). Die SED war die Sozialistische Einheitspartei Deutschlands (Socialist Unity Party).

East Germany produced two models of automobiles, the *Trabbi* (short form for *Trabant*) and the *Wartburg.*

Die DDR-Polizei tat nicht mehr viel.

Den Trabbi fuhren die meisten Ostdeutschen vor 1989.

Die Ostdeutschen fuhren mit ihren kleinen Trabbis in die BRD.

1990 *Freie Wahlen* (free elections) in der DDR bringen die DDR-CDU (German Christian Democrats) an die Regierung. Die CDU ist an der Regierung (governs). Die *Währungsunion* (currency union) und *Sozialunion* (social union) im Juni 1990 machen die Wiedervereinigung am 3. Oktober 1990 leichter.

Textverständnis

7. **Lesen Sie in der Grafik „Wegmarken der deutsch-deutschen Geschichte", was in den folgenden Jahren passierte oder sagen Sie kurz mit Ihren eigenen Worten, was passierte.**

❏ neunzehnhundertneunundvierzig
   Gründung der BRD

(See chart for answers.)

Have students come up with important historical dates (1492, 1776, 1945, etc.) and ask them to write these dates out along with one or two sentences about the significance of each date.

1. neunzehnhundertdreiundfünfzig
2. neunzehnhundertachtundfünfzig
3. neunzehnhunderteinundsechzig
4. neunzehnhundertvierundsechzig
5. neunzehnhunderteinundsiebzig
6. neunzehnhundertdreiundsiebzig
7. neunzehnhundertvierundsiebzig
8. neunzehnhunderteinundachtzig
9. neunzehnhundertvierundachtzig
10. neunzehnhundertsiebenundachtzig
11. neunzehnhundertneunundachtzig
12. neunzehnhundertneunzig

AK (Aktuelle Kamera) war eine DDR-Nachrichten-sendung (GDR-news feature).

8. **Beantworten Sie diese Fragen.**

1949
1953
8 Jahre danach

19 Jahre später

1974-1982
1987

36 Jahre danach

1990

1. Seit welchem Jahr gab es die BRD und die DDR?
2. In welchem Jahr passierte ein Volksaufstand?
3. Wie viele Jahre nach dem Volksaufstand baute die DDR die Mauer?
4. Wie viele Jahre nach der Gründung der DDR mußten die Besucher ein Visum im Reisepaß haben?
5. Von wann bis wann war Helmut Schmidt Bundeskanzler?
6. Wann kam Erich Honecker zum ersten Mal zu Besuch nach Bonn?
7. Wie viele Jahre nach der Fluchtbewegung 1953 gab es eine neue Fluchtwelle?
8. In welchem Jahr war die Wiedervereinigung Deutschlands?

Past participles

German verb forms for each verb include the infinitive (*sehen, machen*), the simple past form (*sah, machte*) and the past participle (*gesehen, gemacht*). The past participle is used for tenses (present perfect, past perfect) and for the passive voice which will be introduced later in this chapter. For a complete list of verb forms (infinitive, simple past, past participle), refer to the grammar section at the end of the book. The following verbs are some examples of past participle forms.

Infinitive	Past Participle	Meaning
anfangen	angefangen	begun
begrüßen	begrüßt	greeted
bringen	gebracht	brought
dauern	gedauert	lasted
denken	gedacht	thought
geben	gegeben	given
machen	gemacht	made
schreiben	geschrieben	written

Group activity: Divide the class into small groups and have students make up a list of answers to the question, *"Was hast du am Wochenende alles getan?"* Each group then can present their weekend activities to the others. (*Günter ist ins Kino gegangen. Erika hat viel ferngesehen*, etc.)

9. **Was hat Monika alles getan?**

❐ Sie hat das Buch vom Tisch ____ (nehmen).
Sie hat das Buch vom Tisch genommen.

aufgemacht

aufgeschrieben

aufgestanden, gegangen

besprüht

begrüßt

besucht

gebeten

gekocht

besprochen

weggenommen,

eingeladen   **WB4**

1. Monika hat ihr Buch ____ (aufmachen).
2. Sie hat ein paar Sätze aus dem Buch ____ (aufschreiben).
3. Dann ist sie ____ (aufstehen) und in die Küche ____ (gehen).
4. Dort hat sie die Blumen mit Wasser ____ (besprühen).
5. Als ihr Bruder Thomas kam, hat sie ihn begeistert ____ (begrüßen).
6. Die beiden haben dann die Nachbarn ____ (besuchen).
7. Die Nachbarn haben Monika und Thomas ____ (bitten), daß sie zum Essen blieben.
8. „Habt ihr zwei denn schon selbst ____ (kochen)?" fragte die Nachbarin.
9. „Nein, wir haben noch nicht ____ (besprechen), was wir essen wollen", sagte Monika.
10. „Uns hat noch kein Gast etwas ____ (wegnehmen)", meinte der Nachbar, „und ihr zwei seid darum herzlich ____ (einladen)."

10. **Lesen Sie einen Satz laut vor. Nennen Sie dann einen Klassenkameraden, der oder die sagt, daß er oder sie es schon gestern gemacht hat. Wenn der Satz richtig ist, sagen alle in der Klasse: „Stimmt." Wenn er nicht richtig ist, sagen alle in der Klasse: „Stimmt nicht!" Dann versucht es der nächste. Im Beispiel ruft Madlene ihren Klassenkameraden Ralf.**

This exercise could be done with revolving "chairs." The last student speaking calls upon the next one.

❐ Madlene liest: „*Ich esse gern Gemüse.* Ralf bitte!"
Ralf sagt: „Ich habe gestern schon Gemüse gegessen."
Alle in der Klasse sagen: „Stimmt."

1. Ich mache meine Hausaufgaben.
2. Ich lese Zeitschriften.
3. Ich laufe in die Stadt.
4. Ich besuche unsere Nachbarn.
5. Ich telefoniere mit meinen Freunden.
6. Ich liege lange im Bett.
7. Ich gehe einkaufen.
8. Ich sehe Fußballspiele.
9. Ich arbeite im Garten.
10. Ich suche mein Geld.
11. Ich höre klassische Musik.
12. Ich treibe Sport.

1. Ich habe gestern schon meine Hausaufgaben gemacht. 2. Ich habe gestern schon Zeitschriften gelesen. 3. Ich bin gestern schon in die Stadt gelaufen. 4. Ich habe gestern schon unsere Nachbarn besucht. 5. Ich habe gestern schon mit meinen Freunden telefoniert. 6. Ich habe gestern schon lange im Bett gelegen. 7. Ich bin gestern schon einkaufen gegangen. 8. Ich habe gestern schon Fußballspiele gesehen. 9. Ich habe gestern schon im Garten gearbeitet. 10. Ich habe gestern schon mein Geld gesucht. 11. Ich habe gestern schon klassische Musik gehört. 12. Ich habe gestern schon Sport getrieben.

WB5

Rollenspiel: Überreden°

11. Zu Hause gibt es einen Konflikt. Drei Personen spielen die drei Rollen. Wir brauchen einen Gast, einen Vater und einen Sohn.

Role-playing: To accommodate all students (boys and girls), you may want to change the parts of *Vater, Sohn* to *Mutter, Tochter.* Furthermore, adapt the situation to your students' own experience and have them role-play this situation with lots of imagination.

Der Gast: Sie sind mittags bei einem Freund zu Besuch. Sie werden von seinem Vater zum Mittagessen eingeladen. Sie wissen schon, daß er nicht gut kochen kann. Was sagen Sie ihm, damit Sie nicht zum Mittagessen bleiben müssen?

Ein paar Tips: keinen Hunger haben / Bauchschmerzen haben / auf Diät sein / nichts essen können, weil es schon spät ist

Der Vater: Sie denken, daß Sie ein guter Koch° sind. Sie haben mittags Besuch von einer Freundin Ihres Sohnes. Sie wollen, daß sie zum Mittagessen bleibt. Sie will nicht. Reden Sie mit ihr, bis sie doch etwas essen will. Oder bis Sie nicht weiter wissen.

Ein paar Tips: Das Essen ist ausgezeichnet gekocht. / Es gibt leckere Hühnerbrust° und Spargel. / Nicht oft kommt so ein netter Gast. / Das Essen muß man probiert° haben. / Mein Sohn will nicht, daß ein Gast ohne Essen wieder geht.

Der Sohn: Sie haben mittags Besuch von einer Freundin. Sie finden den Besuch toll. Aber sie will nicht mit zu Mittag essen. Wem sollen Sie nun helfen? Ihrem Vater, der kein guter Koch ist, oder Ihrem Gast, der einfach nicht „ja" sagen will. Sagen Sie etwas zu beiden und finden Sie den Kompromiß.

WB6

Ein paar Tips: Vielleicht nächste Woche / Heute ist das Essen aber besonders gut. / Aber wenn sie nicht bleiben kann, soll man sie nicht zwingen°. / Vielleicht kannst du ein bißchen essen. / Möchtest du ein Aspirin? ...

(*überreden* to persuade; *der Koch* cook; *die Hühnerbrust* chicken breast; *probieren* to try; *zwingen* to force)

Claudia Riepe ist eine gute Köchin.

Übrigens ...

Kuchen? Immer! — Aber bitte mit Schlagsahne.

Den Deutschen geht es gut. Wie gut es ihnen geht, zeigen diese Fakten: Während seines ganzen Lebens ißt jeder Deutsche ungefähr 20 Tonnen Essen und trinkt 40 Tonnen Getränke.

Deutsche sagen: „Essen hält Leib (body) und Seele (soul) zusammen".

Eine bunte Republik

Wenn sie morgens müde auf den Bus warten, sehen sie alle gleich aus: Computer-Freaks, Hacker, Sprayer, Skater, Öko-Freunde° und wie man sie alle nennt. Was so amerikanisch klingt, soll etwas über den Lebensstil des einzelnen sagen.

Aber was ist schon ein eigener Stil, wenn es nicht die „Normalen" gibt? Ohne die Normalen haben die „Ausgeflippten°" nichts, von dem sie sich unterscheiden° könnten. Und in einem Punkt sind sich die meisten von ihnen ähnlich°: Sie sind Schüler, Studenten oder junge Leute im Beruf. Sie tragen immer noch gerne Jeans. Sie tragen gerne ihre Walkmans, um den Schlaf aus dem Kopf zu treiben°.

Morgens sind viele Leute noch etwas müde.

An der Bushaltestelle fährt ein Bus ab.

Die Erwachsenen und älteren Leute verstehen oft die jungen Leute nicht und ärgern sich über° die Mode und die Kleidung junger Leute. Sie finden die Graffiti und Sprüche° an Mauern° und Skulpturen nicht schön. Trotzdem gibt es viele Sprüche wie zum Beispiel „Lieber reich° und

Die beiden jungen Damen gehen zur Mittagspause.

Graffiti an den Mauern und Skateboard fahren in Frankfurt

Erwachsene ärgern sich über Graffiti an der Skulptur.

Man kann sich überall sonnen.

Sie müssen beim Überqueren der
Straße warten.

gesund als arm° und krank", die von
Frankfurt aus ins ganze Land gingen.

Die meisten Sprüche zeigen Witz° und
gute Laune° wie zum Beispiel: „Wir
sind die, vor denen uns unsere Eltern
immer gewarnt° haben". Ist nicht auch
die Unmenschlichkeit° der Berliner Mauer durch die Sprüche ein wenig
gemildert° worden? Sprüche zeigen, wie die Jugendlichen die Welt
sehen.

WB7, WB8

(der Öko-Freund environmentalist; der Ausgeflippte crazy one; unterscheiden to
differentiate; ähnlich similar; treiben to drive, chase; sich ärgern über to be angry
about; der Spruch saying, words; die Mauer wall; reich rich; arm poor; der Witz joke,
gag; die Laune mood; warnen vor to warn about; die Unmenschlichkeit inhumanity;
mildern to soften)

Bilder und Sprüche an der Berliner Mauer

Die Berliner Mauer war kilometerlang voll Graffiti.

Textverständnis

12. Sehen Sie sich die Bilder zum Text (auf Seiten 52-54) an und beantworten Sie die folgenden Fragen. Wenn Sie nicht sicher sind, sagen Sie: „Das kann ich nicht genau erkennen."

Sample answers:
1. Sie sehen nicht müde aus.
2. Das kann ich nicht genau erkennen. 3. Die Autos dürfen fahren. Da müssen die Fußgänger warten. 4. Sie sehen nicht sehr glücklich aus.
5. An der Berliner Mauer.
6. Es gibt schöneres Graffiti.
7. Sie fahren Skateboard.

1. Sehen die beiden Damen vor dem Reisebüro müde aus?
2. Trägt die junge Frau mit der roten Jacke einen Walkman?
3. Warum müssen die Fußgänger an der Straße warten?
4. Freuen sich die Dame und der Herr über das Graffiti an der Skulptur?
5. An welcher Mauer sieht man viele Sprüche und Bilder?
6. Finden Sie das Graffiti hinter den Skateboard-Fahrern schön?
7. Was tun die beiden Jungen vor den Bildern?

Word order of personal pronouns

Personal pronouns replace names of persons and things. They are used when the context makes it clear who or what is meant. Personal pronouns can be viewed as shortcuts in referring to persons or things. The word order of several personal pronouns within one sentence is important in German: with two noun objects, the dative object precedes the accusative object; with two pronouns, the accusative pronoun precedes the dative pronoun; with a pronoun/noun combination, the pronoun precedes the noun.

Elke schickt *ihrem Freund eine Geburtstagskarte.*
Elke schickt *ihm* eine Geburtstagskarte.
Elke schickt *sie* ihrem Freund.
Elke schickt *sie ihm.*

13. Ersetzen Sie die Nomen in den folgenden Sätzen durch die entsprechenden Personalpronomen. Bilden Sie so viele Sätze wie nur möglich.

❑ Die Amerikaner schickten den Deutschen Care-Pakete.
Sie schickten den Deutschen Care-Pakete.
Sie schickten ihnen Care-Pakete.
Sie schickten sie den Deutschen.
Sie schickten sie ihnen.

Die östlichen Länder beenden die Planwirtschaft.
Sie beenden die Planwirtschaft.
Sie beenden sie.

Many combinations are possible. The shortest sentences are: 1. Sie geben es auf. 2. Sie sind ihnen dankbar. 3. Sie zahlten sie an sie. 4. Sie gaben es ihnen. 5. Sie konnten sie nicht kaufen.

WB9, WB10

1. Die östlichen Länder geben das kommunistische System auf.
2. Viele Deutsche sind den Amerikanern dankbar.
3. Die Ostdeutschen zahlten die Reparationen an die Sowjets.
4. Die Amerikaner gaben den Deutschen viel Geld.
5. Die meisten Bürger der DDR konnten keine Bananen kaufen.

14. Etwas über den Roman „Homo Faber" von Max Frisch. Max Frisch war ein berühmter schweizerischer Autor, der bis 1991 gelebt hat. Er war berühmt für seine Romane und Theaterstücke. Ersetzen Sie die kursiven Namen und Nomen durch Personalpronomen.

❑ *Karin* gab *ihrem Freund Manfred* einen Roman.
Sie gab ihm einen Roman.

Karin erzählte *Manfred eine Geschichte.*
Sie erzählte sie ihm.

Er, ihr 1. *Manfred* möchte mit *Karin* ins Theater gehen.

Sie, ihm, sie 2. *Karin* hatte *Manfred* erzählt, daß *Karin* lieber ins Kino als ins Theater geht.

Er 3. *Der Film „Homo Faber"* läuft im Kino.

Sie, ihm 4. *Karin* hat das Buch von *Max Frisch* gelesen.

Es 5. *Das Wort „Faber"* ist ein lateinisches Wort, das Handwerker (craftsman) heißt.

er 6. Karin glaubt, daß *ihr Freund Manfred* ein bißchen wie Herr Faber in der Geschichte ist.

Er, es 7. *Herr Faber* erzählt, wie er in der mexikanischen Wüste (desert) landen muß, weil *das Flugzeug* eine Panne (technical breakdown) hat.

Sie, ihn 8. *Die alte Freundin Hanna* lebt ohne *Herrn Faber* in Athen.

Sie, er 9. *Herr Faber und Hanna* haben eine Tochter, von der *Herr Faber* nichts weiß.

ihn, ihn 10. Hanna wollte *Herrn Faber* vor 20 Jahren nicht heiraten, sondern lieber ohne *Faber* leben.

15. Setzen Sie die richtigen Personalpronomen ein.

❑ Thea gab ____ (ihrer Mutter) die Zeitungen.
Thea gab ihr die Zeitungen.

1. Gudrun bekam einen Brief von ____ (unserem Nachbarn).
2. Sie wartet schon seit Tagen auf ____ (unseren Nachbarn) und unsere Nachbarin.
3. ____ (unser Nachbar) ist mit ____ (seiner Frau) in Österreich.
4. Er will ____ (Gudrun) eine Trachtenpuppe mitbringen.
5. Gudrun sammelt ____ (Trachtenpuppen) seit ein paar Jahren.
6. Unsere Nachbarin hat ____ (Gudrun) die erste Trachtenpuppe geschenkt.
7. ____ (Unsere Nachbarin) hat ____ (ihre Puppen) im Wohnzimmer stehen.
8. Ich finde ____ (Trachtenpuppen) nicht interessant und sammele lieber CDs.
9. Sammeln Sie ____ (CDs)?

meinen, glauben, vermuten, denken

The verbs *meinen, glauben, vermuten* and *denken* are used to point out that you don't feel quite sure about a certain matter. The conjunction *daß* often follows these verbs.

Aussagen

Ich meine, daß ...	(It's my opinion that...)
Ich glaube, daß ...	(I believe that...)
Ich vermute, daß ...	(I suppose that...)
Ich denke, daß ...	(I think that...)

Fragen

Meinst du (nicht), daß ...?	(Aren't you of the opinion that...?)
Glaubst du (nicht), daß ...?	(Don't you believe that...?)
Vermuten Sie (nicht), daß ...?	(Don't you suppose that...?)
Denken Sie (nicht), daß ...?	(Don't you think that...?)

Gespräch mit dem Hausmeister°

Schüler: Herr Fegesack, sagen Sie mal, finden Sie es eigentlich gut, daß Deutschland jetzt wieder vereinigt ist?

Hausmeister: Ich freue mich. Ich hatte nicht geglaubt, daß Deutschland wieder vereinigt wird. Auch meine Frau meinte, daß es bei der Teilung° bleibt. Unsere Regierung° in Ost-Berlin hatte ja einige Besuche im Westen erlaubt und die Reiseverbote° gemildert. Ich vermute, daß wir erst in ein paar Jahren wissen werden, ob die Wiedervereinigung gut für uns hier in der ehemaligen DDR war.

Schüler: Die meisten Leute hier in Leipzig freuen sich, daß wir jetzt Freiheit° haben. Glauben Sie, daß die Menschen in den anderen Ländern Europas sich auch freuen?

Hausmeister: Ich meine, daß alle Menschen, die frei sind, sich freuen können.

Schüler: Glauben Sie nicht, daß viele Menschen auch Angst vor einem großen starken Deutschland haben?

Hausmeister: Ich vermute, daß alle sehen, daß wir aus der Geschichte gelernt haben. Ich habe einen Brieffreund in Odessa, in der Sowjetunion. Er heißt Albert Grottel. Der war mit mir im Krieg. Oder eigentlich war ich gegen ihn im Krieg. Er war auf der sowjetischen Seite und ich auf der deutschen. Ich denke immer, wie schlimm es war, daß wir schießen mußten, anstatt zu reden. Wir sind seit 1946 gute Freunde. Du weißt ja, daß ich ein Jahr nach dem Krieg noch in Rußland° bleiben mußte, weil ich Kriegsgefangener° war.

Schüler:	Was denkt Herr Grottel denn über die Wieder-vereinigung?
Hausmeister:	Er schreibt, daß er vermutet, daß es keinen Krieg zwischen Deutschen und Russen° mehr geben kann. Und er meinte auch, daß es Zeit ist, ihn mal wieder in Odessa zu besuchen.
Schüler:	Dann tun Sie das doch. Aber ich denke, daß die Deutschen noch viele Jahre viel Geld brauchen werden, bis alles in Ordnung ist.
Hausmeister:	Ich glaube nicht, daß wir nur Geld brauchen. Wir brauchen Hoffnung°, wir brauchen Leute, die gern arbeiten und miteinander reden. Und man braucht Freunde im Ausland°, so wie ich meinen Albert in Odessa habe.
Schüler:	Jetzt muß ich leider gehen. Tschüs, Herr Fegesack.
Hausmeister:	Tschüs, Junge. Mach's gut.

(*der Hausmeister* janitor; *die Teilung* separation; *die Regierung* government; *das Reiseverbot* travel ban; *die Freiheit* freedom; *Rußland* Russia; *der Kriegsgefangene* POW; *der Russe* Russian; *die Hoffnung* hope; *das Ausland* foreign country)

Textverständnis

16. **Beenden Sie die Sätze. Den Text finden Sie in dem Gespräch des Schülers mit dem Hausmeister.**

❑ Der Hausmeister hatte nicht geglaubt, daß ... / Deutschland wird wieder ein Land.
Der Hausmeister hatte nicht geglaubt, daß Deutschland wieder ein Land wird.

1. der Deutschen noch viele Jahre Geld brauchen. 2. sie alle aus der Geschichte gelernt haben. 3. viele Menschen Angst vor einem großen Deutschland haben. 4. es bei der Teilung bleibt. 5. es keinen Krieg mehr zwischen den Deutschen und Russen gibt. 6. es früher sehr schlimm war.

WB11

1. Der Schüler denkt, daß ... / Die Deutschen brauchen noch viele Jahre Geld.
2. Der Hausmeister vermutet, daß ... / Sie haben alle aus der Geschichte gelernt.
3. Der Hausmeister glaubt nicht, daß ... / Viele Menschen haben Angst vor einem großen Deutschland.
4. Herrn Fegesacks Frau meinte, daß ... / Es bleibt bei der Teilung.
5. Herr Grottel vermutet, daß ... / Es gibt keinen Krieg mehr zwischen den Deutschen und Russen.
6. Der Hausmeister denkt, daß ... / Es war früher sehr schlimm.

17. **Bilden Sie ganze Sätze.**

(Answers will vary.)

1. Ich glaube nicht, daß meine Freunde ...
2. Meinst du, daß wir am Sonntag ...?
3. Wir vermuten, daß das Wetter ...
4. Denkst du, daß das Fernsehprogramm ...?
5. Ich meine nicht, daß unsere Schule ...
6. Glauben Sie, daß die Deutschen ...?

18. **Ergänzen Sie die Sätze zu Fragesätzen. Beginnen Sie mit dem Personalpronomen und Verb aus der Klammer.**

❑ Die anderen Menschen in Europa freuen sich. (meinen, Sie)
Meinen Sie, daß die anderen Menschen in Europa sich freuen?

1. Glauben Sie, daß alle Menschen sich freuen können? 2. Meinst du, daß Herr Fegesack seinen Freund Albert besuchen möchte? 3. Vermuten Sie, daß die Deutschen viel Geld und viel Hoffnung brauchen? 4. Denkst du, daß Deutschland zu stark in Europa wird? 5. Vermutest du, daß die Leute sich in Leipzig über die neue Freiheit freuen? 6. Meinen Sie, daß Albert Grottel an den Frieden in Europa glaubt?

1. Alle Menschen können sich freuen. (glauben, Sie)
2. Herr Fegesack möchte seinen Freund Albert besuchen. (meinen, du)
3. Die Deutschen brauchen viel Geld und viel Hoffnung. (vermuten, Sie)
4. Deutschland wird zu stark in Europa. (denken, du)
5. Die Leute freuen sich in Leipzig über die neue Freiheit. (vermuten, du)
6. Albert Grottel glaubt an den Frieden in Europa. (meinen, Sie)

 **ollenspiel: Wir hoffen, meinen und vermuten**

19. **Einige Leute sind nicht sicher, daß sie alles richtig machen. Drei aus Ihrer Klasse fragen die ganze Klasse, ob sie das machen sollen. Die anderen in der Klasse geben Antworten.**

❑ Eine(r) der drei: Ich weiß nicht, ob ich studieren werde.
Eine(r) aus der Klasse: Ich hoffe doch, daß du studieren wirst.

Eine(r) der drei: Soll ich dieses Buch lesen?
Eine(r) aus der Klasse: Wir meinen, daß du es lesen sollst.

Eine(r) der drei: Mir ist nicht klar, ob ich heute schon genug gelernt habe.
Eine(r) aus der Klasse: Ich vermute aber doch, daß du schon genug gelernt hast.

Für die drei aus der Klasse: diese Zeitschrift kaufen, meine Freundin anrufen, den netten alten Nachbarn helfen, über die ehemalige DDR etwas lesen, einen sehr langen Brief schreiben, meinem Vater helfen, die wirtschaftliche Situation verstehen, viel reisen und lernen, Polen besuchen, auch nach Sachsen fahren, menschlich sein, freundlich sein, in den Süden fahren, jedes Jahr zum Arzt gehen, jeden Tag die Zähne putzen, mit einem arbeiten, zum Sportfest gehen, die Tageszeitung lesen, warmes Wetter mögen, auf den Bus warten, dumme Sprüche machen

Die Hauptstadt Berlin

Berlin ist die größte Stadt in Deutschland. Hier leben heute etwa 3,5 Millionen Menschen. Seit dem 3. Oktober 1990 ist Berlin wieder offiziell Hauptstadt von Deutschland. Berlin liegt im Osten Deutschlands und war 41 Jahre lang in zwei Teile geteilt. Ost-Berlin war die Hauptstadt der DDR. West-Berlin war Teil der BRD. Die Berliner Mauer ist seit 1961 auf der ganzen Welt bekannt. Man hatte sie in dem Jahr 1961 gebaut, weil die DDR ihre Bürger° nicht mehr in den Westen der Stadt lassen wollte. Viele Ost-Berliner und Bürger der DDR waren vor 1961 aus der DDR in die BRD gegangen, weil sie mit der Politik der kommunistischen Regierung nicht zufrieden waren. Sie wollten mehr Freiheit und hofften, sie im Westen zu

Viele Touristen besuchen die Gedächtniskirche am Kurfürstendamm.

Das Café Kranzler hat Tradition in Berlin.

Die Straße „Unter den Linden"
führt zum Brandenburger Tor.

finden. Seit dem Bau° der Berliner Mauer war Berlin ein Symbol für die ganze Welt. Ein Symbol für die Konfrontation von Ost und West. Der kalte Krieg, der von 1945 bis in die 80er Jahre zwischen den beiden herrschte, ist jetzt zu Ende. Jetzt wird Berlin zum Symbol für die Wiedervereinigung der DDR und der BRD.

Wer mit dem Auto um Berlin herumfahren will, muß 234 Kilometer weit fahren. So groß ist Berlin. Im Jahre 1942 lebten noch mehr Menschen in Berlin: die höchste Zahl° gab es in diesem Jahr mit 4 478 102 Einwohnern. Drei Jahre später ging der Zweite Weltkrieg zu Ende. Im Jahre 1945 lebten im Osten der Stadt 1 074 000 Menschen und im Westen der Stadt waren es 1 774 000. Die Stadt lebt mit vielen Kulturen und Traditionen. Hier kommen Kulturen und Menschen aus Ost und West zusammen.

Die meisten Berliner sind protestantisch. Nur 20% sind katholisch. Bis vor 60 Jahren lebten auch viele Juden° hier. Etwa 105 000 Juden waren es im Jahre 1933. Nach dem Holocaust waren es im Jahre 1945 nur noch 6 556. Das sind fast einhunderttausend Menschen, die ihre Heimat° Berlin und meistens sogar ihr Leben verloren haben. Die Juden waren wichtig für Berlin. 60 000 waren in der zweiten Hälfte° des 19. Jahrhunderts gekommen, weil es in Berlin wichtige Aufgaben für sie gab. Sie waren oft gut ausgebildete Kaufleute°, Handwerker°, Lehrer und Professoren, die Berlin zu einem kulturellen Zentrum Europas machten.

Das Brandenburger Tor,
noch mit Mauer

Es gibt ein paar Flüsse und Seen in Berlin.

Klaus und Angelika Hohenegg wohnen in Berlin. Sie wohnen in der Pariser Straße 54 in Berlin-Wilmersdorf. „Wir wohnen fast in der Innenstadt°", meint Angelika. Sie haben ein Auto vor dem Haus geparkt, aber sie fahren nicht oft. Klaus erklärt: „Es dauert immer 20 Minuten, bis wir einen Parkplatz finden. Es gibt viel zu viele Autos in Berlin. Da fahren wir beide lieber mit der U-Bahn zur Arbeit." Fünf Minuten von ihrer Wohnung liegt die U-Bahn-Station Uhlandstraße. Mit der U-Bahn fährt man in Berlin am besten. Aber sie ist fast schon so voll wie die in Tokio.

Mit dem Schiff kann man durch die Stadt fahren.

„In Berlin gibt es fast so viele Hunde wie Menschen. Die Berliner sind Hundefreunde. Immer sieht man Hund und Herrchen° oder Frauchen° auf den Straßen spazierengehen°", erzählt Klaus. „Ich bin kein großer Hundefreund, weil die Straßen dann nie sauber sind. Aber Hund und Herrchen sind Berliner Originale°. Man sieht sie überall. Einmal hat ein Frauchen ihrem Hund ein Hustenbonbon gegeben. Ich dachte, ich spinne°."

Berliner sitzen gern an der frischen Luft.

Es gibt die Berliner Charaktere noch:
Ein Drehorgelspieler.

Die S-Bahn fährt über der
Erde durch Berlin.

In der U-Bahn unter Berlin

„Die Wohnhäuser haben meistens fünf bis sechs Stockwerke° und viele sind schon über hundert Jahre alt", erzählt Angelika. „Die Architektur Berlins ist im Stil des Klassizismus. Ich vermute, daß Karl-Friedrich Schinkel und Walter Gropius die berühmtesten Architekten Berlins waren. Schinkel ließ in Berlin von 1810 bis 1840 viele schöne Gebäude bauen: das Schauspielhaus° am Gendarmenmarkt, das National-Denkmal° in Kreuzberg, das neue Potsdamer Tor° und die Werdersche Kirche. Er lebte Unter den Linden 4, in derselben Straße, an der die Humboldt-

Im Westteil gibt es viele Mietshäuser im klassizistischen Stil.

Universität liegt. Er liebte die klassische griechische° Architektur und imitierte sie in seinem Baustil°. Gropius gehört zum ‚Bauhaus'. Das ist eine wichtige Schule in der Architektur, die vor 70 Jahren berühmt wurde. Walter Gropius arbeitete auch an der Harvard-Universität in den USA. Er hat hier in Berlin die Siemensstadt gebaut."

Berlin ist berühmt für seine Theater.

Das Haus von Angelika und Klaus ist im Stil Schinkels gebaut. Die beiden wollen in keiner anderen Stadt auf der ganzen Welt wohnen. Sie finden, daß Berlin das Zentrum Europas ist. Und eine Brücke zwischen West-Europa und Ost-Europa. Die deutsche Stadtkultur wuchs° in Berlin. Berlin ist berühmt für seine Dichter° von Fontane bis Brecht, seine Theater, sein politisches Kabarett und seine Cafés, in denen man Zeitung liest, Kaffee trinkt und Kuchen ißt und diskutiert oder Schach° spielt. Angelika meint: „Das Leben hier ist abwechslungsreich° und niemals langweilig. Aber es ist schwer, eine Wohnung zu finden." Das wird jetzt noch schwerer, weil immer mehr Menschen nach Berlin kommen. Besonders viele Politiker werden nach Berlin gehen, weil Berlin wieder offiziell Hauptstadt ist. Die alte Hauptstadt Bonn wird Bürger verlieren und Berlin wird schon bald wieder so viele Einwohner haben wie 1942. „Dann wird das Autofahren ganz unmöglich werden und die Berliner werden noch mehr U-Bahn, S-Bahn, Bus und Fahrrad fahren als jetzt schon", erklärt Angelika.

WB12

(*der Bürger* citizen; *der Bau* construction, building; *die Zahl* number; *der Jude* Jew; *die Heimat* home, hometown; *die Hälfte* half; *ausgebildete Kaufleute* educated merchants; *der Handwerker* craftsman; *die Innenstadt* downtown; *das Herrchen* dog owner [male]; *das Frauchen* dog owner [female]; *spazierengehen* to go for a walk; *das Original* original, character; *spinnen* to be crazy/nuts; *das Stockwerk* floor [of building]; *das Schauspielhaus* theater; *das National-Denkmal* National Monument; *das Potsdamer Tor* Potsdamer Gate; *griechisch* Greek; *der Baustil* architectural style; *wachsen* to grow; *der Dichter* poet, writer; *das Schach* chess; *abwechslungsreich* varied, ever-changing)

Der deutsch-amerikanische Architekt Walter Gropius arbeitete in Berlin.

Mit dem Fahrrad geht's schneller als mit dem Auto.

Textverständnis

20. Beantworten Sie die Fragen zum Text.

1. Ungefähr 3,5 Millionen Einwohner wohnen heute in Berlin. 2. Man hatte sie im Jahr 1961 gebaut. 3. Sie waren mit der kommunistischen Regierung nicht zufrieden. 4. Sie waren 41 Jahre getrennt. 5. Er war im Jahr 1945 zu Ende. 6. Es dauert immer 20 Minuten, bis sie einen Parkplatz finden. 7. Weil die Straßen nie sauber sind. 8. Sie hat den Stil des Klassizismus. 9. Sie heißt „Unter den Linden". 10. Sie lesen dort die Zeitung, trinken Kaffee, essen Kuchen, diskutieren oder spielen Schach. 11. Weil Berlin wieder offiziell Hauptstadt ist. 12. Answers will vary.

1. Wie viele Einwohner leben heute in Berlin?
2. Wann hatte man die Mauer gebaut?
3. Warum wollten viele DDR-Bürger vor dem Bau der Mauer aus der DDR heraus?
4. Wie lange waren der Osten und der Westen Berlins getrennt?
5. Wann war der Zweite Weltkrieg zu Ende?
6. Warum fahren Angelika und Klaus lieber mit der U-Bahn als mit dem Auto?
7. Warum ist Klaus kein Hundefreund?
8. Welchen Stil hat die Architektur Berlins?
9. Wie heißt die berühmte Straße, in der die Humboldt-Universität liegt?
10. Was machen die Berliner gern im Café?
11. Warum werden viele Politiker nach Berlin gehen?
12. Was finden Sie an dieser Stadt interessant?

21. Welche Beschreibung auf der rechten Seite identifiziert das Wort auf der linken Seite?

i	1. Bürger	a.	Erinnerung an eine bekannte Person
e	2. U-Bahn	b.	Leute, die Literatur schreiben
c	3. Klassizismus	c.	Stil der Architektur
g	4. Herrchen	d.	vor 1989 Grenze zwischen Ost-und West-Berlin
b	5. Dichter	e.	Verkehrsmittel
f	6. Handwerker	f.	Elektriker
d	7. Mauer	g.	eine Person, die einen Hund hat
h	8. Schach	h.	ein Denkspiel
a	9. Denkmal	i.	Menschen, die in einem Land wohnen
j	10. Krieg	j.	ein schlimmes Ereignis

Lektion 1

65

Abends um 6 Uhr auf dem Ku'damm

Ask students to describe the main street of their town or city. The description should include various buildings (*Café, Rathaus, Geschäfte*, etc.), traffic, people, and so on.

Am Kurfürstendamm liegen die Gedächtniskirche und das Café Kranzler. Der Kurfürstendamm hat auch den Spitznamen° „Ku'damm". Es gibt Touristen, die auf dem Kurfürstendamm fragen, wo denn der Ku'damm ist. Dann zucken° die Berliner mit den Achseln und lachen. Aber sie sagen es nicht.

Und dann gibt es Leute, die stundenlang° einkaufen gehen, denn auf dem Ku'damm liegt ein Geschäft neben dem anderen. Zwischen zwei Personen gab es diesen Dialog:

...auf der anderen Straßenseite.

— Nun komm schon, ich warte auf dich!
— Ja, ja.
— Kommst du endlich?
— Aber ja. Sofort.
— Komm bitte!
— Ja doch. Ich komme schon. Wir haben doch Ferien.
— Was du so Ferien nennst. Nun komm schon. Lange warte ich nicht mehr.
— Das darf nicht wahr sein. Zwei Stunden laufe ich jetzt schon mit dir von Geschäft zu Geschäft.
— Und nach den zwei Stunden hast du mich alleine gelassen. Wo warst du?
— Nun, ich habe die andere Straßenseite gesucht.
— Aber die ist doch auf der anderen Seite.
— Aber die Leute von der anderen Seite sagen, daß sie hier ist.

(*der Spitzname* nickname; *mit den Achseln zucken* to shrug one's shoulders; *stundenlang* for hours)

Textverständnis

22. **Beantworten Sie die Fragen zum Text.**

1. Ku'damm. 2. Sie sind von Geschäft zu Geschäft gegangen. 3. Die eine Person hat die andere Straßenseite gesucht. 4. Sie haben gesagt, daß die andere Straßenseite auf der anderen Seite ist. 5. Die andere Straßenseite ist immer die, wo man nicht selbst ist.

1. Was ist der Spitzname für den Kurfürstendamm?
2. Was haben die beiden Personen zwei Stunden lang getan?
3. Was hat die eine Person gesucht?
4. Was haben die Leute auf der anderen Straßenseite gesagt?
5. Wo ist auf dem Ku'damm die andere Straßenseite?

Passive voice

German uses the passive voice frequently. The passive is formed with *werden* and the past participle of the action verb (*gesehen, gerufen, gefragt*).

	Present	Simple Past	
ich	werde	wurde	gerufen
du	wirst	wurdest	gefragt
er, sie, es	wird	wurde	gehört
wir	werden	wurden	gesehen
ihr	werdet	wurdet	vorgestellt
sie, Sie	werden	wurden	fotografiert

Das Gebäude wird gebaut. (The building is being built.)
Es wurde gebaut. (It was built.)

Sie wird angerufen. (She is being called.)
Er wurde angerufen. (He was called.)

Werdet ihr gefragt? (Are you being asked?)
Wurden Sie gefragt? (Were you asked?)

Note: When *werden* is the only verb in a sentence, it means "to become" (*Ich werde Arzt*).

23. **Wie viele Sätze können Sie aus den folgenden Wörtern bilden? Kombinieren Sie ...**

(Answers will vary.)

Heute	werden	der Lehrer	angerufen
Vor einer Woche	wirst	meine Freundin	fotografiert
Jetzt	wird	ein paar Autos	gewaschen
Gestern abend	wurde	eine Bratwurst	gegessen

Review with your students that a form of *werden* plus the past participle creates a passive sentence. *Werden* alone means "to become." *Werden* in combination with an infinitive is future tense.

24. **Was ist alles in Berlin los? In dem folgenden Text ist nicht jeder Satz Passiv. Ergänzen Sie die fehlenden Formen von *werden*.**

wird, wird   1. Es ____ Mai und das Wetter in Berlin ____ warm.

werden   2. Die Häuser und Wohnungen ____ geputzt.

werden   3. Viele Motorräder ____ aus der Garage geholt und auch geputzt.

werden   4. Die Straßen Berlins ____ noch voller.

werden, werden   5. Die Straßen ____ grün, weil Blumen und Bäume grün ____.

werden   6. Die ersten Tische ____ in die Straßencafés gebracht.

wird   7. Die Stimmung der Berliner ____ immer besser.

wird   8. Es ____ viel gelacht und geredet.

werden   9. Viele Hunde ____ von ihren Frauchen geführt.

25. **Was wird morgens alles gemacht, bis man aus dem Haus gehen kann? Sagen Sie, daß Sie die folgenden Dinge tun.**

❒ Das Bett wird gemacht.
Ich mache das Bett.

1. Ich ziehe das Nachthemd aus. 2. Ich rufe die Freundin an. 3. Ich koche Kaffee. 4. Ich trinke Milch. 5. Ich lese eine Zeitung. 6. Ich schneide Brot. 7. Ich bereite zwei Eier zu. 8. Ich höre Nachrichten. 9. Ich esse Müsli. 10. Ich suche die Schuhe. 11. Ich nehme viele Bücher mit. 12. Ich mache die Tür auf. 13. Ich hole das Fahrrad.

WB13

1. Das Nachthemd wird ausgezogen.
2. Die Freundin wird angerufen.
3. Kaffee wird gekocht.
4. Milch wird getrunken.
5. Eine Zeitung wird gelesen.
6. Brot wird geschnitten.
7. Zwei Eier werden zubereitet.
8. Nachrichten werden gehört.
9. Müsli wird gegessen.
10. Die Schuhe werden gesucht.
11. Viele Bücher werden mitgenommen.
12. Die Tür wird aufgemacht.
13. Das Fahrrad wird geholt.

Die Freundin wird angerufen.

26. Leute in der Klasse fragen ihre Klassenkameraden, ob dies morgens bei ihnen zu Hause getan wird. Die Person, die antwortet, kann „ja" oder „nein" antworten. Benutzen Sie die Sätze 1-13 oben.

(Answers will vary.)

❑ Wird bei dir zu Hause morgens das Bett gemacht?
Ja, wir machen morgens das Bett.

27. *Kurzportrait Berlin.* Sagen Sie, ob die Sätze im Aktiv oder im Passiv stehen.

❑ Berlin wurde im 13. Jahrhundert gegründet, blieb aber bis 1871 eine relativ unbekannte Stadt.
Der Satz steht im Passiv, dann im Aktiv.

Dann aber wurde Berlin 1871 Hauptstadt des zweiten deutschen Reiches.
Der Satz steht im Aktiv.

Aktiv	1. Berlin wurde zur Weltstadt.
Aktiv	2. Hauptstadt war Berlin bis 1945.
Aktiv	3. 1949 wurde der östliche Teil der Stadt Teil der DDR.
Aktiv	4. Seit dem Kriegsende waren dort die vier Alliierten.
Passiv	5. Zwölf Jahre später wurde dann die Berliner Mauer gebaut.
Passiv	6. Durch die DDR wurden Transitstraßen gebaut.
Aktiv	7. Auf dem kürzesten Wege waren immer noch fast zwei Stunden mit dem Auto durch die DDR zu fahren.
Aktiv	8. Es gab drei Transitstraßen, die von Norden, Westen und Süden nach Berlin führten.
Passiv	9. Am 9. November 1989 wurde die Mauer geöffnet.
Passiv	10. Seitdem wurde den Bürgern der DDR die Reise nach dem Westen erlaubt.
Passiv, Aktiv	11. Elf Monate nachdem die Mauer geöffnet wurde, gab es keine DDR mehr.
Aktiv	12. Die DDR wurde mit ihren fünf Ländern Teil der BRD.
Aktiv	13. Berlin war seit 1989 wieder Hauptstadt.

28. Stellen Sie Ihren Klassenkameraden diese Fragen. Wer eine Antwort gegeben hat, stellt die nächste Frage.

1. Wann wurde das Haus gebaut, in dem du lebst?
2. Mit wem wurdest du gestern auf der Straße gesehen?
3. Wer wurde von dir am Sonntag angerufen?
4. In welchem Jahr wirst du mit der Schule fertig sein?
5. In welchem Monat wird es schneien?
6. Wann wirst du nach Hause gehen?
7. Mit wem wirst du heute abend essen?
8. Wann wirst du dreißig Jahre alt sein?

Gefühle und Stimmungen

Hoffnung

Petra: Hoffnung ist der Glaube° an eine gute Zukunft. Der Glaube, daß es besser wird. Hoffen allein ist aber nicht genug. Man muß etwas für die Zukunft tun. Hoffnung ohne Veränderung° und Arbeiten ist meistens nicht genug.

Bettina: Hoffentlich wird es uns im Osten Deutschlands bald so gut gehen wie euch im Westen.

Andreas: Das wird schon kommen. Gib die Hoffnung nicht auf°!

Bettina: Aber es sieht nicht gut aus.

Andreas: Ihr macht das schon richtig. Ihr werdet es schaffen.

Bettina: Wer weiß, was die Zukunft bringt?

Andreas: Ich bin sicher, daß es bald besser wird. Du mußt fest daran glauben und dafür arbeiten.

WB14

(*der Glaube* belief; *die Veränderung* change; *aufgeben* to give up)

29. In den folgenden Sätzen geht es um Hoffnung. Folgen Sie dem Beispiel.

❏ Ich hoffe, du kommst mich bald besuchen.
   Ich hoffe, daß du mich bald besuchen kommst.

1. Ich hoffe, wir sind bald mit der Arbeit fertig.
2. Hoffst du, du bekommst nächstes Jahr bessere Noten?
3. Gerd und Ina hoffen, wir nehmen sie zum Fußballspiel mit.
4. Hofft ihr, alles passiert von selbst?
5. Sie hoffen, die Nachbarn haben es nicht gesehen.
6. Laßt uns hoffen, wir finden bald eine bessere Wohnung.
7. Ich hoffe, Sie werden bald gesund, Frau Bachmann.
8. Wir alle hoffen, Oma wird 100 Jahre alt!

1. Ich hoffe, daß wir bald mit der Arbeit fertig sind.
2. Hoffst du, daß du nächstes Jahr bessere Noten bekommst?
3. Gerd und Ina hoffen, daß wir sie zum Fußballspiel mitnehmen. 4. Hofft ihr, daß alles von selbst passiert? 5. Sie hoffen, daß die Nachbarn es nicht gesehen haben. 6. Laßt uns hoffen, daß wir bald eine bessere Wohnung finden.
7. Ich hoffe, daß Sie bald gesund werden, Frau Bachmann. 8. Wir alle hoffen, daß Oma 100 Jahre alt wird!

Thomas und seine Mutter hoffen, daß das Taxi bald kommt.

In 100 Tagen durch Deutschland

Rügen

Hamburg

Berlin

Köln

München

Have students follow the travel route that these young people are taking. They may want to use the map in this book.

Von Berlin nach Rügen (Folge 2)

Wir sahen die Stadtmitte von Potsdam mit der Nicolaikirche.

Der Eingang zum Schloß Sanssouci

Wir standen in Potsdam vor dem Schloß Sanssouci. Wir waren nicht viel mehr als 30 km von der Gedächtniskirche entfernt. Und doch waren wir noch nie hier gewesen. Erst das Ende der Berliner Mauer machte es uns möglich.

Wir fuhren also in Richtung Westen, obwohl wir in den Osten wollten. Wir wollten das Land kennenlernen, das wir so lange nicht besuchen konnten. Auf dem Platz vor dem Schloß kamen Gruppen sowjetischer Soldaten° vorbei. Sie müssen Deutschland nach der Wiedervereinigung langsam verlassen.

In Brandenburg fuhren wir zur Touristeninformation. Dort bekamen wir ein Zimmer in der Nähe des Turms, an dem Frauen aus Stein° hingen. Sie sollten den Einwohnern Glück bringen.

Als wir am Morgen losfuhren, schien die Sonne. Aber schon nach der ersten Pause an einem See regnete es. Nach einer Stunde floß uns das Wasser in die Schuhe. Bald waren wir total naß. Doch

Das Wappen (coat of arms) von Brandenburg und Mecklenburg ist auf dem Cecilienhof zu sehen. Hier war im Juli 1945 die Potsdamer Konferenz mit Attlee, Truman und Stalin.

72

es war warm. Philipp wurde immer nervöser. Aber sein Motorrad fuhr weiter und weiter. Hinter Greifswald schien dann wieder die Sonne. Wir zogen uns trockene Kleidung an° und aßen etwas. Katharina schaute sich die gelben Felder an. Dabei fiel sie in einen Bach° und war wieder naß. Doch sie war auch dann noch guter Laune. Wir fuhren weiter. Wir fuhren via Stralsund und waren in zwei Stunden auf der Insel Rügen.

Die nassen Sachen trocknen schnell.

(*der Soldat* soldier; *der Stein* stone; *anziehen* to dress; *der Bach* creek)

30. **Setzen Sie die fehlenden Wörter aus dem Text ein.**

Greifswald	1. Nachdem sie in ____ waren, schien die Sonne wieder.
Soldaten	2. Die sowjetischen ____ müssen Deutschland nach der Wiedervereinigung wieder verlassen.
Gedächtniskirche	3. Die ____ ist ungefähr 30 Kilometer von Schloß Sanssouci entfernt.
Schloß	4. Vor dem ____ kamen sowjetische Soldaten vorbei.
Konferenz	5. Die Potsdamer ____ war im Jahre 1945.
Rügen	6. Die Jugendlichen fuhren auf die Insel ____.
Touristeninformation	7. Bei der ____ bekamen sie ein Zimmer.
Truman	8. Stalin, Attlee und ____ waren nach dem 2. Weltkrieg in Potsdam.

Graffiti und Sprüche

John Wayne ist tot,
die Monroe lebt nicht mehr,
John Travolta ist krank
und ich fühle mich auch schon ganz schlecht.

Schule macht Angst,
Angst macht Schule.

Ich stehe hier am Mittelmeer (Mediterranean Sea)
und habe keine Mittel (funds) mehr.

Wir müssen uns jetzt einmal über Freunde und Freundinnen unterhalten. In Deutschland sagt man, daß man sich die Familie nicht aussuchen kann, aber seine Freunde doch. Das will sagen, daß wir uns unsere Freunde selbst aussuchen können. Wir wollen also in diesem Kapitel über Freundschaften sprechen. Und wann macht eine

Hallo Leute!

Freundschaft am meisten Spaß? Natürlich wenn man Zeit für die Freundin oder den Freund hat. Also reden wir auch über die Freizeit. Wer zur Schule geht, hat Freizeit° nach der Schule. Wer arbeiten geht, hat Freizeit nach der Arbeit.

Freunde und Freizeit 2

Ist das aber wirklich immer Freizeit? Wir werden sehen. Die schönste Freizeit im Jahr haben die Deutschen im Urlaub°. Während der Sommermonate Juli und August haben die Schüler sechs Wochen Ferien und gehen allein, mit ihren Eltern oder mit Freunden auf Reisen. Die deutschen Schüler haben nicht den ganzen Sommer frei wie amerikanische Schüler. Aber auch sechs Wochen sind eine lange Zeit, in der man viel Freizeit genießen° kann.

(*die Freizeit* leisure time; *im Urlaub* on vacation; *genießen* to enjoy)

Ein dummer Unfall°

Group activity: Ask students to read through their local newspaper and find an article on a recent accident. Have them cut out the article and then meet in groups to prepare a short report to present to the class.

Bernie wohnt im siebten Stock eines modernen Mietshauses in Dortmund. Willy wohnt im fünften Stock. Willy und Bernie gehen zusammen in die Schule und sind nach der Schule und am Wochenende oft zusammen. Sie interessieren sich beide für° Sport und fahren viel Skateboard zusammen. Ungefähr drei Minuten vom Haus ist der Rombergpark, in dem sie fast jeden Tag fahren. Es ist eigentlich gefährlich°, im Park Skateboard zu fahren. Man darf die Fußgänger nicht stören° und eine kleine Strecke geht steil bergab°.

Bernie: Wir werden ja sehen, wer heute schneller am Berg ist. Ich glaube, ich fahre heute schneller als du. Paß auf, ich lasse dir keine Chance.

Willy: Da lachen ja die Hühner. Auf meinem Skateboard bin ich unschlagbar°. Fahren wir sofort zum Berg am Tierpark oder wollen wir erst mal sehen, was am See los ist?

Bernie: Erst müssen wir warm werden. Wir düsen° erst mal um den See und machen uns warm. Dann geht's zum Berg am Tierpark.

Die beiden kommen am Rombergpark an und fahren gemütlich um den See. Es ist vier Uhr nachmittags und viele ältere Leute und Mütter mit Kinderwagen° sind am kleinen See im Rombergpark. Willy und Bernie fahren langsam an den anderen Fußgängern vorbei.

Bernie: Ein toller Tag! Du, Willy, ist das toll hier!

Willy: Ja, das kannst du wohl sagen.

Bernie: Los komm, wir fahren jetzt zum Berg am Tierpark. Ich zeige dir mal, wie ich von hinten° aussehe.

Willy: Sprüche und weiter nichts.

Bernie: Meinst du, ich mache nur Sprüche? Warte nur!

Willy: So, wir sind auf dem Berg. Also los. Paß aber in der Kurve° auf. Das letzte Mal bist du fast in eine alte Dame gekracht°.

Bernie: Keine Panik. Es geht los.

Bernie saust los°. Willy ist direkt hinter ihm. Bernie will nicht, daß Willy gewinnt. Bernie ist sonst immer Zweiter. Er will heute auf jeden Fall gewinnen. Bernie fliegt fast. Er fährt schneller als Willy. Bernie fährt die Kurven so schnell er kann. Dann kommt die Kurve, in der Bernie das letzte Mal fast in eine ältere Dame gekracht ist. Es ist kein Fußgänger da. Der Weg° ist frei. Nur ein Stock° liegt auf dem Weg. Bernie sieht den

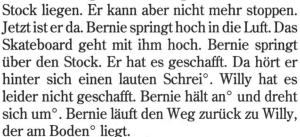

Stock liegen. Er kann aber nicht mehr stoppen. Jetzt ist er da. Bernie springt hoch in die Luft. Das Skateboard geht mit ihm hoch. Bernie springt über den Stock. Er hat es geschafft. Da hört er hinter sich einen lauten Schrei°. Willy hat es leider nicht geschafft. Bernie hält an° und dreht sich um°. Bernie läuft den Weg zurück zu Willy, der am Boden° liegt.

Bernie:	Was ist passiert? Kannst du aufstehen?
Willy:	Ich war direkt hinter dir. Ich hab' den Stock zu spät gesehen. Ich konnte nicht mehr springen. Ich mußte direkt über diesen blöden° Stock fahren. So ein Mist. Meine Knie tun weh.
Bernie:	Deine Jeans sehen schlimm aus. Eine Seite ist gerissen°. Und dein Skateboard liegt da hinten. Ich hole es mal.
Willy:	Ja, mach das. Ist es auch kaputt?
Bernie:	Nee°, ist nicht kaputt, ist ganz in Ordnung. Der Lack° ist ab. Aber es läuft noch. Kannst du laufen?
Willy:	Es geht schon. Mein Lack ist auch ab. Komm, wir machen uns auf den Weg. Ich hab' für heute genug vom Rumrasen°. Ich will nicht noch mal auf die Nase fallen.

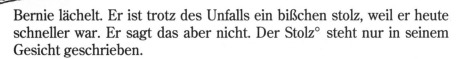

Bernie lächelt. Er ist trotz des Unfalls ein bißchen stolz, weil er heute schneller war. Er sagt das aber nicht. Der Stolz° steht nur in seinem Gesicht geschrieben.

Bernie:	Ich hab' dir doch gesagt, daß du mich heute von hinten sehen wirst.
Willy:	Von hinten geht ja noch. Aber von unten ist Mist.

Die beiden Freunde machen sich auf den Weg nach Hause. Sie sind froh, daß es nicht weit ist. Willys Hose sieht schlimm aus. Sie ist gerissen. Aber er hat Glück gehabt. Es hätte schlimmer kommen können.

(*der Unfall* accident; *sich interessieren für* to be interested in; *gefährlich* dangerous; *stören* to bother, disturb; *bergab* downhill; *unschlagbar* unbeatable; *düsen* to zoom; *der Kinderwagen* stroller; *von hinten* from behind; *die Kurve* curve; *krachen* to run into, crash; *lossausen* to take off quickly; *der Weg* path; *der Stock* stick; *der Schrei* scream; *anhalten* to stop; *sich umdrehen* to turn around; *der Boden* ground; *blöd* dumb; *reißen* to tear; *nee* nope [conversational]; *der Lack* glossy paint; *rumrasen* to race around; *der Stolz* pride)

Redewendungen

Ich lasse dir heute keine Chance.	I won't give you a chance today.
Da lachen ja die Hühner.	That's a laugh!
Wir düsen um den See.	We zoom around the lake.
So ein Mist!	Darn!
Der Lack ist ab.	This thing has seen better days.
Wir machen uns auf den Weg.	We'll get going.
Fall nicht auf die Nase!	Don't fall flat on your face.
Der Stolz steht in seinem Gesicht geschrieben.	His pride is written all over his face.
Es hätte schlimmer kommen können.	It could have been worse.

Textverständnis

1. Beantworten Sie die Fragen zum Text.

1. Willy hat den Stock nicht gesehen. 2. Willy ist meistens schneller. 3. Der Stolz, daß er schneller war. 4. Am Berg beim Tierpark. 5. Willys Knie tut weh. 6. Nein, es läuft noch. 7. Er ist in dieser Kurve fast in eine ältere Dame gekracht.

1. Warum ist Willy auf die Nase gefallen?
2. Wer ist meistens schneller, Bernie oder Willy?
3. Was steht in Bernies Gesicht geschrieben?
4. Wo machen die beiden Freunde ihren Wettkampf?
5. Welcher Körperteil von Willy tut weh?
6. Ist das Skateboard kaputt?
7. Was für Probleme hatte Bernie schon das letzte Mal an dieser Kurve?

2. Was paßt hier?

f	1. Hat er denn wirklich keine Chance	a.	gemacht
d	2. Er fällt sehr oft auf die	b.	gedüst
b	3. Die Jungen sind immer um den Park	c.	Gesicht
a	4. Habt ihr euch endlich auf den Weg	d.	Nase
e	5. Da lachen die	e.	Hühner
c	6. Der Stolz steht in seinem	f.	gehabt

WB1, WB2

Adjective endings

In German, adjectives that come before nouns take endings. In most instances, *ein*-words or *der*-words precede both the adjective and the noun.

The most common *der*-words are *der* (the), *dieser* (this), *jener* (that one) and *welcher* (which). In the nominative case their forms are:

dieses (das, jenes, welches) schnelle Skateboard
die (diese, jene, welche) lange Fahrt
jener (dieser, der, welcher) dumme Unfall

The *ein*-words are *ein, kein* and the possessive adjectives. In the nominative case the *ein*-words have the following forms:

ein (kein, ihr) schnelles Skateboard
unsere (keine, seine) lange Fahrt
euer (kein, sein) dummer Unfall

Adjective endings following *der*-words have these endings:

	Singular	**Plural**
nominative	e, e, e	en, en, en
accusative	en, e, e	en, en, en
dative	en, en, en	en, en, en
genitive	en, en, en	en, en, en

Ein-words share the same endings with *der*-words with three exceptions:

	Singular	**Plural**
nominative	*er*, e, *es*	en, en, en
accusative	en, e, *es*	en, en, en
dative	en, en, en	en, en, en
genitive	en, en, en	en, en, en

If several adjectives appear before a noun, all adjectives take the same ending.

Der lange interessante Film kommt aus der Schweiz.

If no *der*-word or *ein*-word precedes the adjective and noun, the adjective takes the ending that the *der*-word would have had.

warme Milch, neues Deutschland, lieber Freund, nette Leute

This rule applies except in the genitive masculine and neuter. In those cases, adjectives with no *der*- or *ein*-word before them take the ending *-en* (*die Farbe dunklen Saftes, der Preis gelben Papiers*).

3. Setzen Sie die richtigen Endungen ein.

❏ Ich habe ihre lieb____ Freundin besucht.
Ich habe ihre liebe Freundin besucht.

en, en   1. Die neu____ Tassen sind in der klein____ Küche.

e, en   2. Warm____ Milch steht auf dem groß____ Tisch.

e, en   3. Eine alt____ Zeitung liegt auf auf dem braun____ Sofa.

er   4. Frisch____ Kuchen schmeckt sehr gut.

er   5. Unser kalt____ Tee wurde warm gemacht.

e, en   6. Eine neu____ Bordkarte wurde dem deutsch____ Fluggast gegeben.

e, en   7. Eine groß____ Seite wurde aus dem neu____ Telefonbuch gerissen.

er   8. Mein wichtig____ Brief wird nicht beantwortet.

en, en   9. Im kalt____ Keller liegen keine gut____ Kartoffeln.

er   10. Ist Ihr lieb____ Mann noch im Büro, Frau Schnalle?

e   11. Wer kann mir schnell jenes alt____ Auto reparieren?

e, e   12. Wo ist denn meine klein____ schwarz____ Handtasche?

e, en   13. Dieser jung____ Mann ist mit seinem neu____ Skateboard auf die Nase gefallen.

en   14. Wir haben keinen frisch____ Apfelsaft mehr.

en, en   15. Die Kinder des alt____ Nachbarn sind unsere best____ Freunde.

4. Bilden Sie neue Sätze mit den Wörtern in Klammern.

❏ *Dieses kleine Kind* hat Hunger. (ihre Tochter)
Ihre kleine Tochter hat Hunger.

dieses netten Jungen   1. Kennst du die Freundin *der netten Dame*? (dieser Junge)

die deutsche Zeitung   2. Hast du *mein deutsches Buch* gesehen? (die Zeitung)

jene große Mauer   3. Er ist über *einen großen Stock* gesprungen. (jene Mauer)

der langen Reise   4. Trotz *ihrer langen Fahrt* ist sie bald wieder zu Hause. (die Reise)

keinem bequemen Sofa   5. Warum sitzt er auf *diesem bequemen Sessel*? (kein Sofa)

unseren neuen Koffer   6. Hast du *deine neue Reisetasche*? (unser Koffer)

dieses frische Gemüse   7. Ich möchte *einen frischen Apfel*. (dieses Gemüse)

unsere alte Tante   8. Ich habe *meinen alten Freund* besucht. (unsere Tante)

kein tolles Programm   9. Heute sehen wir *den tollen Film*. (kein Programm)

unseren leckeren Nachtisch   10. Hast du *das leckere Essen* zubereitet? (unser Nachtisch)

WB3, WB4

Andrea zeigt ihrer lieben Oma ihre Noten.

5. **Setzte Sie das Adjektiv „lieb" mit den richtigen Endungen ein. Folgen Sie dem Beispiel.**

☐ „Unser Sohn kommt wieder zu spät nach Hause", meinte die Mutter.
„Unser lieber Sohn kommt wieder zu spät nach Hause", meinte die liebe Mutter.

Diesem Sohn müssen wir die Uhrzeit sagen.
Diesem lieben Sohn müssen wir die Uhrzeit sagen.

lieben	1. Hast du den Karl gesehen?
lieben	2. Ich suche meinen Bruder.
lieben	3. Er soll sofort zu seiner Mutter kommen.
liebe	4. Diese Familie kann nicht ohne ihn essen.
liebes	5. Er sagt kein Wort.
lieben	6. Karl weiß genau, daß er seiner Schwester danken kann.
liebe	7. Seine Schwester meint am Tisch, daß Karl ja nur fünf Minuten zu spät gekommen ist.

6. **Welche Adjektive von der rechten Seite passen am besten zu den Wörtern auf der linken Seite? Es kann mehr als eine richtige Antwort geben.**

c,d	1. keinen Trachtenrock	a.	große
a,e,f	2. unsere Großmutter	b.	zwanzigste
a	3. diese Trennungsangst	c.	deutschen
a, e	4. ihre Zukunft	d.	teuren
b	5. das Jahrhundert	e.	eigene
c	6. einer Sportlerin	f.	liebe
g	7. unser Turnverein	g.	kleiner

Mit dem Bus im Altmühltal

Im Tal liegt das Dorf.

Weiße Felsen und grüne Felder
sind ein schöner Kontrast.

Klassenfahrt ins Altmühltal

Gaby Spahn: Gestern sind wir mit der ganzen Klasse auf Klassenfahrt° gegangen. Wir sind mit einem Bus ins Altmühltal zwischen Nürnberg und München gefahren. Das ist eine tolle Landschaft° da! Hier gibt es Steine mit den Bildern von alten Tieren, die schon viele tausend Jahre tot° sind. Im weichen° Stein kann man die Formen° der Tiere noch gut sehen. Zuerst sind wir in ein Museum gegangen, wo wir uns die Geschichte des Altmühltals angesehen haben. Dort war ein Fisch in einem Stein, der vier Meter lang war. Man konnte alles genau sehen.

Wir haben gewartet, bis alle aus der Burg herausgekommen sind.

Eine Brücke zur Burg

Leo Podzadel: Um zehn Uhr sind wir dann zur Burg Prunn gefahren. Sie liegt hoch über dem Altmühltal. Meine Freunde und ich haben viel fotografiert. Ich habe einen ganzen Film mit Fotos gemacht. Das wird teuer, wenn ich den Film ins Kamerageschäft bringe. Die Burg Prunn ist eine kleine Burg. In einer halben Stunde hat man alles gesehen. Wir hatten Glück, denn das Wetter war toll. Mittags haben wir in dem Burgrestaurant gegessen. Es gab bayrische° Spezialitäten: Sauerkraut und Nürnberger Würste. Drei in meiner Klasse sind Vegetarier. Die waren etwas sauer. Die haben dann Pfannkuchen° mit Obst gegessen und waren am Ende auch zufrieden. Bei einem kleinen Spaziergang nach dem Essen wußte unsere Lehrerin den Weg nicht mehr. Wir mußten ihr sagen, wo es lang geht.

Mittags haben wir zusammen gegessen.

Weltenburg von oben gesehen

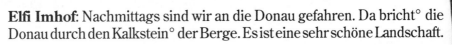

Unsere Lehrerin wußte den Weg nicht mehr.

Elfi Imhof: Nachmittags sind wir an die Donau gefahren. Da bricht° die Donau durch den Kalkstein° der Berge. Es ist eine sehr schöne Landschaft.

Mit einem Schiff sind wir von Kehlheim eine Stunde auf der Donau gefahren, bis wir zum Kloster° Weltenburg gekommen sind. Im Kloster gibt es ein Restaurant und einen Biergarten. Viele, viele Leute waren da und haben etwas gegessen und getrunken. Wir nicht. In der Nähe des Klosters haben wir Bergsteiger° in den Felsen gesehen. Die sind mit Seilen° von der Donau etwa 200 Meter hochgeklettert°. Das sah spannend aus und wir hatten auch Lust zum Klettern. Am Ufer stand ein Leierkastenmann° und hat Musik gespielt. Ich habe ihm 50 Pfennig gegeben.

Auf dem Weg zum Schiff

Im Kloster sitzen viele Touristen.

Wie alt ist die Klosterbrauerei?

Der Leierkastenmann spielt an der Klostermauer.

Mit dem Schiff fuhren wir zum Donaudurchbruch.

Vorn ist der Donaudurchbruch.

Franz Hirschbach: In Weltenburg haben wir die Kirche besichtigt, weil es da ein sehr berühmtes Bild an der Decke° gibt. Es wurde von den Brüdern Asam gemalt°. Diese Brüder sind in Bayern sehr bekannt, weil sie tolle Deckenbilder gemalt haben. Unser Lehrer sagte, daß die Künstler°

Auf dem Deck des Schiffs konnte man gut sitzen.

vor Jahren noch viel Zeit hatten, weil es kein Fernsehen gab. Vielleicht hat er recht. Wir sehen immer zu viel fern. Die Klassenfahrt war einfach super. Wir waren alle begeistert von dieser Fahrt.

(*die Klassenfahrt* field trip; *die Landschaft* landscape, scenery; *tot* dead; *weich* soft; *die Form* shape; *bayrisch* Bavarian; *der Pfannkuchen* pancake; *brechen* to break; *der Kalkstein* limestone; *das Kloster* cloister, monastery; *der Bergsteiger* mountain climber; *das Seil* rope; *hochklettern* to climb up; *der Leierkastenmann* organ grinder; *die Decke* ceiling; *malen* to paint; *der Künstler* artist)

WB5, WB6, WB7, WB8

Dieses 490 Quadratmeter große Deckenbild haben die Brüder Asam gemalt.

Textverständnis

7. Können Sie die richtigen Antworten geben?

1. Sie sind mit dem Bus gefahren. 2. Dort kann man Bilder von alten Tieren sehen. 3. Sie hat ihn in einem Museum gesehen. 4. Die Burg ist klein. 5. Es war toll. 6. Sie haben Pfannkuchen gegessen. 7. Die Donau fließt dort. 8. Sie haben dort nichts gegessen. 9. Sie sind im Felsen geklettert. 10. Sie haben an der Decke gemalt.

1. Die Schüler sind mit Autos ins Altmühltal gefahren.
2. Dort kann man Fotos von alten Tieren sehen.
3. Die Klasse hat einen vier Meter langen Fisch in einem Stein in einer Burg gesehen.
4. Burg Prunn ist sehr groß.
5. Das Wetter war schlecht.
6. Die Vegetarier haben bayrische Spezialitäten gegessen.
7. Der Rhein fließt durch das Altmühltal.
8. Die Schüler haben im Kloster Weltenburg etwas gegessen.
9. Die Bergsteiger sind im Kloster geklettert.
10. Die Brüder Asam haben an den Wänden der Kirche gemalt.

Die Deutschen fahren in den Ferien am liebsten in andere Länder. Erst im Ausland fühlen sie sich so richtig im Urlaub. Fünf Wochen Urlaub hat eine typische deutsche Familie im Durchschnitt. Die Deutschen fahren am liebsten mit dem eigenen Auto. Nach dem EMNID-Institut in München sind Frauen bessere Fahrer als Männer. Deutsche Frauen haben in der Urlaubszeit 30 Prozent weniger Autounfälle als Männer. Trotzdem fahren die Männer in 92 Prozent aller Urlaubsreisen. Die Frauen sitzen daneben und dürfen nicht ans Steuerrad.

8. Beantworten Sie die Fragen.
Stellen Sie auch Ihren Klassenkameraden diese Fragen.

(Answers will vary.)

Ask students about their last vacation. Ask why a vacation is important: *Ist Urlaub wichtig für dich? Warum braucht deine Familie Urlaub? Warum sind kurze Urlaube in Amerika sehr beliebt?*

1. Wo ist das nächste Nachbarland von da, wo du wohnst? Welches Land ist das?
2. Wohin fahrt ihr, wenn ihr in die Ferien fahrt?
3. Wer fährt besser Auto, deine Mutter oder dein Vater? Warum?
4. Wie viele Wochen Urlaub hat deine Familie?
5. Möchtest du gern fahren?
6. Wie kommt es, daß die Frauen nicht ans Steuerrad dürfen?
7. Wer sollte Auto fahren, der Mann oder die Frau? Warum?
8. Möchtest du sechs Wochen Urlaub in Deutschland machen? Welche Städte möchtest du am liebsten besuchen?

Interesse an Fremdsprachen°

Das Interesse an Fremdsprachen in den amerikanischen Schulen wird immer größer. Auf einer Konferenz von französischen, deutschen und amerikanischen Sprachlehrern in Bonn meinte der amerikanische Professor Dr. Walter Haupt: „Jede zweite amerikanische Oberschule sucht Sprachlehrer." Das Interesse an Französisch und Deutsch ist in den USA an zweiter und dritter Stelle hinter dem Interesse an Spanisch. Das kann

man auch nicht anders erwarten°, meinte der Professor, denn jeder achte Amerikaner spricht Spanisch als Muttersprache. Trotzdem sind die Sprachprofessoren alle der Meinung°, daß es eine positive Entwicklung° an den Oberschulen und Universitäten gibt, die neues Interesse an deutsch- und französischsprechenden Ländern schaffen wird. „Heute muß jeder Mensch außer seiner Muttersprache mindestens° eine Fremdsprache können, wenn er einen gut bezahlten Job finden will", sagte die französische Professorin Jacqueline Bernard aus Toulouse. Sie berichtet° von den französischen Oberschulen, daß jeder Schüler eine Fremdsprache spricht. Der Staat unterstützt° den Fremdsprachen-unterricht°, weil andere Länder wichtige Märkte für Frankreich sind. „Das ist in Deutschland und Frankreich so", meinte Professor Haupt, „aber leider noch nicht in den USA. Wir haben da noch einen langen Weg vor uns, bis jeder Oberschüler und Student eine Fremdsprache lernen muß. Einige Amerikaner lehnen Fremdsprachen ab°, weil sie vor vielen Jahren erst Englisch lernen mußten, als sie nach Amerika kamen. Jetzt wollen sie nicht wieder zur alten Muttersprache zurück."

(*die Fremdsprache* foreign language; *Das kann man auch nicht anders erwarten.* You can't expect it otherwise; *der Meinung sein* to be of the opinion; *die Entwicklung* development; *mindestens* at least; *berichten* to report; *unterstützen* to support; *der Fremdsprachenunterricht* foreign language instruction; *ablehnen* reject)

Andere Länder, andere Sprachen

Group activity: Divide the class into small groups, each of which will come up with answers to the question, *"Warum soll man eine Fremdsprache lernen?"* Encourage students to think of as many reasons as possible. A final list might be quite revealing and could be useful in encouraging others students in your school to take a foreign language.

Textverständnis

9. **Beantworten Sie die Fragen zum Text.**

1. Die meisten Amerikaner lernen Spanisch. 2. Sie meinte, daß man für einen guten Job eine Fremdsprache können muß. 3. Sie haben erst vor vielen Jahren Englisch gelernt. 4. Das Interesse an Fremdsprachen wird in den Schulen größer. 5. Sie waren auf einer Konferenz in Bonn.

1. Welche Fremdsprache lernen die meisten Amerikaner?
2. Was meinte die französische Professorin über Fremdsprachen?
3. Warum wollen einige Amerikaner keine Fremdsprachen lernen?
4. Wo wird das Interesse an Fremdsprachen größer?
5. Auf welcher Konferenz waren die Sprachlehrer?

10. **Sagen Sie bitte Ihre Meinung. Sagen Sie, ob und warum Sie die folgenden Aussagen unterstützen oder ablehnen.**

❏ Es dauert nicht lange, eine Fremdsprache zu lernen.
Ich lehne diese Aussage ab. Ich finde, daß es lange dauert, eine Fremdsprache zu lernen.
Ich unterstütze diese Aussage. Ich bin nicht der Meinung, daß es viele Jahre dauert, eine Fremdsprache zu lernen.

1. Es macht Spaß, eine neue Fremdsprache zu lernen.
2. Ich lerne eine neue Fremdsprache sehr schnell.
3. Jeder Amerikaner und jede Amerikanerin sollten ein Jahr im Ausland studieren oder arbeiten.
4. Jede amerikanische Oberschule muß eine Fremdsprache anbieten.
5. Die anderen Länder sollten Englisch lernen, damit wir Amerikaner keine Fremdsprache lernen müssen.
6. Viele amerikanische Familien sprechen noch die Sprachen der Länder, aus denen sie einmal gekommen sind.
7. Die meisten Amerikaner sind vor 200 Jahren nach Amerika gekommen.
8. Viele Europäer denken, Amerika ist ein tolles Land.
9. Man kann über andere Länder nur sprechen, wenn man sie gesehen und besucht hat.
10. Mich interessieren nur meine Familie, meine Nachbarn und meine Stadt.
11. Kein Land ist schöner oder besser als ein anderes Land.
12. In Amerika ist alles schöner, größer und schneller.

Predicate adjectives and attributive adjectives

Adjectives preceding nouns are called attributive adjectives. Predicate adjectives modify the verb.

Ich finde die Welt des Sports toll.
Die tolle Welt des Sports ...

The attributive adjective phrase "*Die tolle Welt des Sports ...*" is only the beginning of a sentence. The sentence may be expanded to also carry other information: *Die tolle Welt des Sports gefällt mir. Die Welt des Sports finde ich toll.* Each is already a complete sentence. The purpose of each sentence is to tell how the world of sports is: great!

11. Ergänzen Sie den Satzanfang mit Ihren eigenen Worten.

❏ *Unser Sportfest* war in diesem Jahr wirklich *lang*.
Unser langes Sportfest dauerte von Montag bis Mittwoch.

1. *Meine Freude* war dieses Mal *groß*.
2. *Meine Schwester* ist jetzt noch *klein*.
3. *Ihre Freundin* ist *nett*.
4. *Kein Urlaub* war *kurz*.
5. *Unser Fest* war *groß*.
6. *Ein Film* ist heute *langweilig*.
7. *Unsere Fahrt* war *toll*.
8. *Obst* ist *frisch*.
9. *Gemüse* ist *gesund*.
10. *Milch* ist immer *gut*.

Sample answers:
1. Meine große Freude dauerte nicht sehr lange. 2. Meine kleine Schwester spielt gern mit ihrer Freundin. 3. Ihre nette Freundin gefällt mir sehr. 4. Kein kurzer Urlaub ist zu teuer. 5. Unser großes Fest war in einem Zelt. 6. Ein langweiliger Film läuft im Kino. 7. Unsere tolle Fahrt machte uns viel Spaß. 8. Frisches Obst schmeckt immer gut. 9. Gesundes Gemüse sollte man essen. 10. Gute Milch trinken wir immer.

12. Wenn Sie über einen deutschen Markt gehen, hören Sie noch heute viele Angebote. Die Verkäuferinnen und Verkäufer rufen oft, wie die Waren sind, die sie verkaufen wollen. Hier ist eine typische Marktszene.

❏ Marktfrau: Frische Eier, heute frische Eier!
   Sie: Die Eier sollen frisch sein. Diese frischen Eier will ich erst sehen.

1. Reife Bananen, Bananen ganz reif!
2. Neue Kartoffeln heute!
3. Heute gutes Gemüse nur hier bei mir! Bestes Gemüse!
4. Saftige Orangen hier!
5. Schöne Blumen! Schöne Blumen heute, schön!
6. Frisches Fleisch, direkt vom Metzger! Kauft, Leute, kauft!
7. Hier wie immer am besten, Leute, die beste Ware hier!

1. Die Bananen sollen reif sein. Diese reifen Bananen will ich erst sehen. 2. Die Kartoffeln sollen neu sein. Diese neuen Kartoffeln will ich erst sehen. 3. Das Gemüse soll gut sein. Dieses gute Gemüse will ich erst sehen. 4. Die Orangen sollen saftig sein. Diese saftigen Orangen will ich erst sehen. 5. Die Blumen sollen schön sein. Diese schönen Blumen will ich erst sehen. 6. Das Fleisch soll frisch sein. Dieses frische Fleisch will ich erst sehen. 7. Die Ware soll am besten sein. Diese beste Ware will ich erst sehen.

Point out to students that German advertising does not permit the comparison of goods or prices. In the market, however, the salespeople have the traditional right to compare and say their goods are the best. Note that no verbs are used since the verb is understood to be "es gibt.")

Auf dem Markt gibt's frisches Obst und Gemüse ...

... und eine große Auswahl an Blumen.

13. *Ihre Meinung, bitte!* Antworten Sie mit einem der Adjektive in **Klammern.**

❏ Wie soll eine Zeitschrift sein? (spannend, billig, bunt)
Eine spannende Zeitschrift finde ich am besten.

1. Wie soll eine Freundschaft sein? (nett, gut, lang)
2. Wie soll ein Ferientag sein? (spannend, sonnig, billig)
3. Wie soll ein Schultag sein? (interessant, schön, kurz)
4. Wie soll ein Mittagessen sein? (gesund, groß, lecker)
5. Wie soll ein Geburtstag sein? (toll, teuer, ruhig)
6. Wie soll ein Verkäufer oder eine Verkäuferin sein? (freundlich, schnell, nett)
7. Wie soll ein Job sein? (gut, interessant, kurz)
8. Wie soll ein Film sein? (neu, deutsch, erfolgreich)

Ein freundliches Reisebüro ist mir sehr wichtig.

Vom Heidelberger Schloß hat man einen schönen Blick auf den Neckar.

Briefe zwischen Freunden

Role-playing activity: Divide the class into pairs. Each student will write a short letter to the other. The letter should include lots of questions to which the other person can respond. After the letter has been written, have students exchange them and repond to each letter. This activity may have to be spread over two days (Day 1—writing the letter; Day 2—responding to it).

Liebe Erika,

Stuttgart, den 5.5.

ich habe Dir seit einem langen Monat nicht geschrieben, weil hier so viel los ist. Du fragst, was denn die Schule macht. Das ist es ja gerade. Es läuft nicht so gut. Ich muß mehr lernen, als in meinen Kopf geht. Mathematik und Physik fallen mir schwer. Ich habe fast keine Zeit mehr, mit meinen Freunden auszugehen. Meine Eltern sind ganz aufgeregt, weil ich schlechte Noten nach Hause gebracht habe. Ich dachte, die letzten Wochen gingen nie zu Ende. Wenn man am Schreibtisch sitzt und lernen muß, geht die Zeit nicht weiter. Die Minuten werden zu Stunden. Die Stunden werden zu Tagen, und die Tage sind wie Wochen und Monate. Wenn wir aber im Urlaub sind, ist es anders. Dann sind die Wochen wie Tage, und nach drei oder vier Tagen ist alles vorbei. Ich schreibe Dir diesen Brief, während ich Physik lernen soll. Ich habe Dir ja erzählt, daß meine Noten in Mathe und Physik nicht so gut sind. Aber jetzt sind aus den ausreichenden Noten mangelhafte Noten geworden. Mein Vater lacht nicht mehr, wenn ich mit einer Klassenarbeit nach Hause komme. „Es muß ja nicht immer ‚sehr gut' oder ‚gut' sein", sagt er dann, „aber ‚befriedigend' oder mindestens ‚ausreichend' kannst du schaffen." Der hat gut reden. In einem Jahr ist Abitur. Mit schlechten Noten kann ich bestimmt nicht zur Uni. Ich möchte auch an der Uni in Essen studieren, so wie Du. Hast Du einen Tip, wie ich besser lernen kann? Es fällt mir alles so schwer. Du hast ja immer bessere Noten als ich gehabt. Schreib mal bald. Ich vermisse Dich sehr.

Dein Heinz

PS Dein H1 vermißt Dich sehr! Laß von Dir hören!!!

"H1" is a clever way for Heinz (H + eins) to identify himself.

Redewendungen

Hier ist viel los.	There's a lot going on here.
Das ist es ja gerade.	That's the problem.
Es läuft nicht so gut.	Things are not falling into place. (...going so well.)
Es fällt mir schwer.	It's hard for me.
Hast du Zeit auszugehen?	Do you have time to go out?
Alles ist vorbei.	It's all over.
Der hat gut reden.	That's easy for him to say.
Schreib mal bald.	Write soon.
Ich vermisse Dich sehr!	I miss you a lot.
Laß von Dir hören!	Drop me a note.

Point out to students that both grades (*5 = mangelhaft*, *6 = ungenügend*) are failing grades.

Die Noten in deutschen Schulen

Textverständnis

1. Er hat Mathe und Physik gelernt. 2. Sie sind schlechter geworden. 3. Sein Vater findet, daß Heinz bessere Noten schaffen kann. 4. Er will von ihr einen Tip, wie er besser lernen kann. 5. Wenn man im Urlaub ist, gehen die Tage schnell zu Ende. 6. Wenn man am Schreibtisch lernen muß, ist eine Stunde so lang wie ein Tag.

14. **Beantworten Sie die Fragen zum Text.**

1. Was hat Heinz im letzten Monat gemacht?
2. Was ist mit seinen Noten in Mathe und Physik passiert?
3. Wie findet sein Vater die Noten von Heinz?
4. Warum schreibt Heinz an Erika?
5. Wann gehen die Tage schnell zu Ende?
6. Wann ist eine Stunde so lang wie ein Tag?

15. Benutzen Sie die Redewendungen aus dem Brief von Heinz und machen Sie einen kleinen Dialog daraus. Eine Person in der Klasse sagt eine Redewendung. Eine andere Person antwortet mit einer anderen Redewendung. Es paßt nicht immer ganz genau, ist aber oft ziemlich lustig. Mehrere Leute in der Klasse sollen ihre kleinen Dialoge mit den Redewendungen machen. Welcher Mini-Dialog war am spaßigsten oder komischsten? Welcher war am besten?

❏ Erste Person: Hier ist viel los.
   Zweite Person: Du hast gut reden.

Essen, den 11.5.

Lieber Heinz,

es tut mir leid, daß Du Deine Zeit am Schreibtisch verbringen mußt. In Deinem Brief vom 5. diesen Monats steht aber kein Wort, warum Du meinst, daß es in Mathe und Physik nicht so gut geht. Es fällt Dir doch nur schwer, weil Du an etwas anderes denkst, oder? Du kannst Dich also nicht konzentrieren. Vielleicht willst Du mir schreiben, was Du auf dem Herzen hast. Du bist ein intelligenter Typ, der mir aber nicht alles geschrieben hat. Also kann ich Dir nichts vorschlagen. Bei mir ist es in der Schule immer gut gelaufen, weil ich mich gut konzentrieren konnte. Auch jetzt auf der Universität läuft es am besten, wenn ich mich auf die Seminare konzentriere und an nichts anderes denke. Also schreib mir bitte: Was ist wirklich los mit Dir?

Ich vermisse Dich auch sehr. Schade, daß ich kein Auto und kein Geld für den Zug habe, um Dich zu besuchen. Ich hoffe aber, daß wir uns in den nächsten Ferien wieder sehen können. Du schreibst, daß Du auch in Essen studieren willst. Was denn? Interessierst Du Dich immer noch für Theater und Film?

Ich denke oft an Dich und wünschte, Du wärest hier.

Deine Erika

Textverständnis

16. **Was ist in den folgenden Aussagen nicht richtig?**

1. Erika kann Heinz etwas vorschlagen.
2. Erika konnte sich in der Schule oft nicht konzentrieren.
3. Erika kennt das Problem von Heinz gut.
4. Erika wollte ihn mit dem Zug besuchen, konnte aber keinen Platz bekommen.
5. Erika will in Essen Theater und Film studieren.
6. Erika hat keine Zeit, an Heinz zu denken.

17. **Schreiben Sie einen Brief für Heinz an Erika oder für Erika an Heinz. Hier sind ein paar Tips: *Brief für Heinz an Erika:* Sie sollen alles sagen, was Heinz ihr zu sagen hat. Vielleicht ist er in sie verliebt (in love)? Vielleicht kann er sich nicht konzentrieren, weil er an Erika denken muß? *Brief für Erika an Heinz:* Versuchen Sie herauszufinden, warum Heinz sich nicht konzentrieren kann. Schlagen Sie ihm vor, was er tun soll. Schreiben Sie ihm, wie es Erika geht. Lesen Sie Ihre Briefe in der Klasse vor. Wer in der Klasse hat den besten Brief geschrieben, der gut zu den zwei Briefen im Buch paßt?**

Words ending in *"bar"*

Many German adjectives and adverbs can be formed by adding the ending *"bar"* to the stem of certain verbs. The infinitive ending *"n"* or *"en"* is dropped and the ending *"bar"* added. English uses the endings "ible" and "able" in the same way and for the same purpose.

hören	hörbar	(audible)
denken	denkbar	(thinkable)
essen	eßbar	(edible)
fahren	fahrbar	(drivable)
lesen	lesbar	(readable)
machen	machbar	(doable)
tragen	tragbar	(transportable, acceptable)

The negation of the above words is even more commonly used. Words ending in "*bar*" are most often negated adding the prefix "*un*." In some cases, this is not possible and the word "*nicht*" precedes the adjective.

undenkbar	unthinkable
unlesbar	illegible, unreadable
unsagbar	unspeakable
nicht tragbar	immobile, unacceptable
nicht eßbar	inedible
nicht hörbar	inaudible

18. **Ergänzen Sie die Sätze mit den Wörtern aus der Liste.**

machbaren	hörbar	unsagbares	eßbar	undenkbar
fahrbares	unlesbar	undenkbare	lesbarer	tragbaren

eßbar 1. Dieses leckere Essen ist nicht nur ____, es ist auch sehr preiswert!

undenkbare 2. Das ist eine ____ Idee, Herr Heckl! Ich kann's mir wirklich nicht denken.

lesbarer 3. Hier ist endlich ein ____ Aufsatz. Den liest man gern.

machbaren 4. „Solche ____ Sätze sind nichts für mich", meinte das Tennisas. Ich spiele lieber unmögliche Sätze und gewinne die!

fahrbares 5. Ein altes, ____ Auto steht noch in der Garage. Es ist noch ok.

unlesbar 6. Ich finde, diese Zeitung ist schwer zu verstehen. Sie ist ____.

unsagbares 7. Die Vegetarierin machte ein ____ Gesicht als ihr Fleisch serviert wurde.

tragbaren 8. Dieter hat einen ____ Fernseher, den wir auf unserer Reise mitnehmen können.

hörbar 9. Die Stereoanlage muß kaputt sein. Die Kassette ist einfach nicht ____.

WB10, WB11 undenkbar 10. Eine solche teure Reise ist ganz ____.

19. **Beantworten Sie die folgenden Fragen. Sagen Sie frei Ihre Meinung.**

(Answers will vary.) 1. Wann ist ein Essen nicht mehr eßbar?

2. Welches Gepäck ist nicht tragbar?

3. Welche Kassette oder CD finden Sie nicht hörbar?

4. Welche Zeitung finden Sie gut, und welche ist für Sie unlesbar?

5. Gibt es Ideen, die Sie unsagbar finden?

Gefühle und Stimmungen

Have students describe an event or experience they would like to be involved in that includes a good example of *Unternehmungslust*.

Unternehmungslust°

Wenn Leute Zeit haben und etwas sehen und erleben° möchten, haben sie Unternehmungslust. Unternehmungslustige° Leute fahren zum Picknick an einen See, gehen im Wald spazieren, machen einen Bummel° durch die Stadt, gehen zum Abendessen ins Restaurant oder fahren zum Schwimmen ans Meer. Oder mit dem Cabriolet° auf einen Berg. Wer unternehmungslustig ist, der sitzt nicht zu Hause, sondern geht ins Freie. Er geht in die Disko, anstatt vorm Fernsehen zu sitzen, in den Jugendklub anstatt ins Wohnzimmer. Peter und Claudia sagen, wie sie sich fühlen und „wo was los ist":

Peter: Ich will nicht aufstehen. Fernsehen ist so schön.

Claudia: Fernsehen ist blöd. Los, du mußt mal aus dem Haus. Komm, wir gehen raus.

Peter: Ich hab' keine Lust, was zu unternehmen°. Ich will auf dem Sofa liegen.

Claudia: Du darfst jetzt was unternehmen, denn ich habe Lust, etwas zu unternehmen.

Peter: Was machen wir zwei denn?

Claudia: Na, wir gehen tanzen. Zieh dir die Tanzschuhe an.

Peter: Überredet. Wie gut, daß ich einen aktiven Partner habe. Aber tritt° mir nicht wieder auf die Füße.

WB12

(*die Unternehmungslust* get-up-and-go; *erleben* to experience; *unternehmungslustig* adventurous, enterprising; *einen Bummel machen* to go for a stroll; *das Cabriolet* convertible; *unternehmen* to undertake, do; *treten* to step)

Das ideale Auto für Unternehmungslustige ist ein Cabriolet.

20. Was möchten Sie am liebsten tun, wenn Sie unternehmungslustig sind? Stellen Sie auch Ihren Klassenkameraden diese Frage. Jeder in der Klasse muß etwas sagen.

(Answers will vary.)

❏ Wenn ich unternehmungslustig bin, möchte ich mit einem Boot allein auf dem See fahren. Und du?

Eine unternehmungslustige Oma

Meine Oma ist im Jahre 1901 geboren°. Sie wird bald 100, aber sie ist sehr gesund. Sie lebt allein, denn ihr Mann ist vor 28 Jahren gestorben°. Er wurde nur 74 Jahre alt. Sie wohnt seit 1979 in einer kleinen Zwei-Zimmer-Wohnung. Sie ist noch sehr unternehmungslustig. Sie wohnt neben ihrer Freundin. Die heißt Frau Pauls und ist ein Jahr älter. Die beiden reden morgens und abends lange miteinander°. Drei oder vier Stunden täglich. Frau Pauls ist weniger unternehmungslustig, weil sie nicht mehr gut laufen kann und das Stehen bei ihrer Gesundheit zu viel für sie ist, meinen die Ärzte. Mittags geht meine Oma jeden Tag außer sonntags ins Lebensmittelgeschäft und kauft sich das Mittag- und Abendessen für den nächsten Tag. Sie kocht sich meistens ein leichtes° Essen. Meine Oma kocht sehr modern: wenig Fett°, keine Sahne°, viel Gemüse und Obst und wenig Fleisch. Fleisch ißt sie nur zweimal die Woche. Dann lädt sie die Frau Pauls ein, und beide essen zusammen. Meine Oma kocht immer noch gutes Essen. Sie sagt immer: „Wenn man älter wird, geht der Geschmack° weg und man kocht

Das ist meine Oma als sie noch jung war (82 Jahre).

schlechter." Das mag ja sein, aber ich esse nichts lieber als Omas Kohlrouladen° und Reibeplätzchen°. Danach zeigt sie mir oft ihre alten Bilder von früher. Das macht ihr und mir großen Spaß.

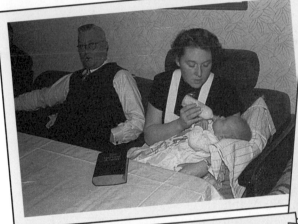

links oben: *„Damals legte man noch die Bibel auf den Tisch,"* sagt Oma lachend. rechts oben: *Oma gibt den Gästen Kuchen.* links unten: *Omas Sohn hatte vor 40 Jahren einen Käfer (VW bug). Der war modern!* rechts unten: *Omas Mann machte Musik.*

Nachmittags geht sie oft in den Altenklub°. Dort trifft sie viele Freunde und Bekannte. „Die sind ja alle noch so jung da. Ich bin 20 Jahre älter als die meisten anderen hier", sagt sie manchmal lachend. Sie ist stolz darauf, noch so „kregel" zu sein. Kein Mensch weiß, was „kregel" heißt. Es muß wohl aus dem Plattdeutschen° kommen und soviel wie „mobil" oder „fit" heißen. Aber das weiß ich nicht genau. Oma ist manchmal traurig, weil plötzlich Freunde im Altenklub nicht mehr zu sehen sind. Dann geht sie zum Friedhof° und bringt Blumen ans Grab°. Sie geht auch jeden Montag zum Grab ihres Mannes und pflegt° es. „Ein Grab soll gepflegt sein, damit man sich an den bunten Blumen freuen kann", sagt sie oft.

Ein frisches Grab auf dem Friedhof

Meine Oma ist immer unterwegs°. Sie besucht freitags und samstags Verwandte. Sonntags geht sie in die Kirche und dann in den Kirchenklub. Mittwochs hat sie Altenklub und dienstags geht sie zum Friseur. Ich weiß nicht, was sie donnerstags macht, aber ich bin sicher, daß sie etwas macht. Sie ist wirklich unternehmungslustig, finde ich. Aber sie ist in ihrem Leben noch nie allein Auto gefahren. Sie hat keinen Führerschein. Sie muß immer ihren Sohn Karl oder den Schwiegersohn° Horst bitten, wenn sie mit dem Auto fahren muß. Sie fährt aber nicht oft mit dem Auto, denn sie hat eine Monatsfahrkarte°. Eine Monatsfahrkarte für Bus und Straßenbahn. „Mit der Straßenbahn kann ich in ein paar Minuten in der Stadt sein", meint sie oft. „Da braucht sich um mich keiner Sorgen zu machen. Ich komme schon weg." Das ist eine super Oma, finde ich. „Es ist immer am wichtigsten, daß man gute Freunde und Bekannte hat", sagte sie mir einmal. „Man muß doch hören, was andere Leute alles getan und gemacht haben. Und man muß auf den Beinen bleiben°. Aber ich bin ja schon lange nicht mehr so unternehmungslustig wie noch vor zehn Jahren. Man wird ja auch nicht jünger."

(*geboren* born; *sterben* to die; *miteinander* with each other; *leicht* light; *das Fett* fat; *die Sahne* cream; *der Geschmack* taste; *die Kohlroulade* cabbage roll; *das Reibeplätzchen* potato pancake; *der Altenklub* senior citizens' club; *das Plattdeutsch* Low German [dialect]; *der Friedhof* cemetary; *das Grab* grave; *pflegen* to take care [of something]; *unterwegs* on the move; *der Schwiegersohn* son-in-law; *die Monatsfahrkarte* monthly transit pass; *auf den Beinen bleiben* to stay active)

WB13

Textverständnis

Group activity: Divide the class into small groups. Then have students make up a calendar for the month and write in at least 10 activities or things they need to do on various days. Upon completion, have students within each group ask each other such questions as, *"Was machst du am nächsten Donnerstag?"* (am dritten Freitag im Monat, am siebzehnten, etc.)

21. **Was macht die Oma alles? Gehen Sie durch den Text und sagen Sie, was die Oma alles tut. An welchen Tagen tut sie es?**

Aktivitäten der Oma

Sample answers: Montags geht sie zum Grab ihres Mannes. Dienstags geht sie zum Friseur. Mittwochs hat sie Altenklub. Donnerstags wissen wir nicht, was sie macht. Freitags und samstags besucht sie Bekannte. Sonntags geht sie in die Kirche.

WB14

täglich	*Morgens spricht Oma mit Frau Pauls.*
montags	
dienstags	
mittwochs	
donnerstags	
freitags	
samstags	
sonntags	

22. Beantworten Sie diese Fragen.

(Answers will vary.)

1. Haben Sie selbst eine Oma oder einen Opa? Was tut die oder der jeden Tag in der Woche?
2. Was wollen Sie einmal tun, wenn Sie älter sind und nicht mehr arbeiten müssen?
3. Was denken Sie über Omas Leben in der Geschichte? Möchten Sie auch so leben, wenn Sie einmal alt sind?

23. Barbara sitzt in ihrem Zimmer in Amerika und denkt an ihre Abreise aus den USA. Sie stellt ihrer Freundin Fragen und Kathy antwortet ihr. Wählen Sie jeweils eine positive oder eine negative Antwort.

1. Ja (Nein), ich werde (nicht) zurückkommen. 2. Ja (Nein), ich werde (nicht) zu deinem Geburtstag kommen. 3. Ja (Nein), du wirst ohne uns (nicht) glücklich werden. 4. Ja (Nein), wir werden uns (keine) Briefe (nicht) schreiben. 5. Ja (Nein), wir werden uns (nicht) wiedersehen. 6. Ja (Nein), ich werde (nicht) an dich denken. 7. Ja (Nein), ich werde dich (nicht) vergessen. 8. Ja (Nein), ich werde dich (nicht) zum Flughafen bringen. 9. Ja (Nein), Peter wird (nicht) kommen. 10. Ja (Nein), du wirst diese Zeit (nicht) vergessen.

❑ Werde ich einen Job finden?
Nein, du wirst keinen Job finden.

1. Werde ich zurückkommen?
2. Wirst du zu meinem Geburtstag kommen?
3. Werde ich ohne euch glücklich werden?
4. Werden wir uns Briefe schreiben?
5. Werden wir uns wiedersehen?
6. Wirst du an mich denken?
7. Wirst du mich vergessen?
8. Wirst du mich zum Flughafen bringen?
9. Wird Peter auch kommen?
10. Werde ich diese Zeit vergessen?

Werden Sie uns schnell zum Flughafen bringen?

*Die Freunde
unterhalten sich.*

Rollenspiel: **sich unterhalten**

24. Gunhild besucht ihre alte Tante Klärchen und ihren alten Onkel Rudi. Immer drei Personen in der Klasse spielen dieses Rollenspiel miteinander, während alle anderen zuhören. Eine Person ist Tante Klärchen, eine Person ist Onkel Rudi und eine Person ist Gunhild. Sie können die Namen natürlich auch ändern. Lesen Sie, wer was wann sagt, und machen Sie Ihre eigenen Sätze.

1. Gunhild kommt ins Zimmer und grüßt. Sie fragt, wie es Onkel Rudi und Tante Klärchen geht.
2. Tante Klärchen grüßt und antwortet, daß es langweilig ist, weil Onkel Rudi nicht mehr so gut laufen kann. Sie können nicht mehr spazierengehen und an Tanzen ist gar nicht zu denken.
3. Onkel Rudi sagt, daß er leider nicht mehr Tanzen gehen kann. Onkel Rudi fragt dann, was Gunhild denn so macht.
4. Gunhild sagt ihm, was sie gestern und heute gemacht hat. (Freunde treffen, in die Disko gehen, Mutter helfen, einkaufen, telefonieren, Hausaufgaben machen)
5. Onkel Rudi will wissen, was sie in der Schule gerade lernt. Er sagt, daß man in der Schule viel lernen soll, damit man einen guten Job findet.
6. Gunhild erzählt von der Schule. Mathe ist schwer. Deutsch ist toll. Sie macht vielleicht nächstes Jahr eine Klassenfahrt nach Österreich.
7. Er fragt, ob sie dieses Jahr mit ihren Eltern in Urlaub fährt.
8. Gunhild sagt, daß sie und ihre Familie dieses Jahr nicht in die Ferien fahren können, weil es zu teuer ist. Sie sagt, daß sie vielleicht mit ihrer Freundin ein paar Tage in eine Jugendherberge fährt. Sie weiß es noch nicht genau.
9. Tante Klärchen erzählt, daß sie als junges Mädchen oft in die Jugendherberge Altena im Sauerland gefahren ist, weil das die erste deutsche Jugendherberge war. Das hat ihr gefallen. Sie denkt noch gern daran.

10. Onkel Rudi sagt, daß er jetzt müde wird und sich hinlegen muß. Er sagt, daß er nicht mehr so gut laufen kann. Er sagt, daß er sich gefreut hat, Gunhild zu sprechen. Er wünscht ihr alles Gute für die Schule und gibt ihr zehn Mark für die Disko. Er geht aus dem Zimmer und sagt „Tschüs".

11. Tante Klärchen erzählt, daß sie jetzt einkaufen gehen muß. Sie will einen Kuchen backen.

12. Gunhild fragt, was sie einkaufen will.

13. Tante Klärchen sagt fünf oder sechs Dinge, die man zum Backen braucht. Es soll ein Apfelkuchen werden.

14. Gunhild sagt, daß sie mit ihr einkaufen gehen wird, weil sie auch gerne Kuchen bäckt.

15. Tante Klärchen freut sich und lädt Gunhild ein, den Kuchen mit ihr zu backen und später zu essen. Beide gehen aus dem Zimmer. Die Unterhaltung ist vorbei.

Days of the week as adverbs

You have seen three different forms for the days of the week: *der Freitag, am Freitag*, and *freitags*—weekdays as nouns and as adverbs. There is an easy way in German to form adverbs from nouns: in prepositional phrases with *"am"* (e.g. *am Montag*) or by adding the ending *"s"* (*montags, dienstags, mittwochs, donnerstags, freitags, samstags, sonntags*). The adverbs formed with an *"s"* are often used to indicate that an event reoccurs regularly on that day; they are not capitalized.

Am Mittwoch habe ich keine Zeit, denn mittwochs gehe ich schwimmen.

25. **Setzen Sie neue Wörter für die kursiven Ausdrücke ein und beginnen Sie jeden Satz mit dem Tag der Woche. Folgen Sie dem Beispiel.**

❑ Viele denken *am Sonntag* schon wieder an den Montag.
Sonntags denken viele schon wieder an den Montag.

1. Montags wollen alle fit sein. 2. Samstags feiern wir. 3. Dienstags haben wir immer Mathe. 4. Freitags beginnt das Wochenende. 5. Sonntags gehen wir in die Diskotheken. 6. Donnerstags fahren wir in die Stadt.

1. Alle wollen *am Montag* fit sein.
2. Wir feiern *am Samstag*.
3. Wir haben *am Dienstag* immer Mathe.
4. Das Wochenende beginnt *am Freitag*.
5. Wir gehen *am Sonntag* in die Diskotheken.
6. Wir fahren *am Donnerstag* in die Stadt.

26. Wählen Sie entweder Nomen oder Adverb aus.

❑ ____ beginnt die Woche. (Montags/Montag)
   Montags beginnt die Woche.

Samstag   1. Wir feiern am ____. (Samstag/samstags)
Freitag   2. Der ____ ist der schönste Tag. (Freitag/freitags)
Sonntags   3. ____ gehen wir in die Diskothek. (Sonntag/sonntags)
Freitag   4. Freuen wir uns auf den ____. (Freitag/freitags)?
Sonntag   5. Bist du jeden ____ (Sonntag/sonntags) im Jugendklub?
mittwochs 6. Ich spiele ____ (Mittwoch/mittwochs) immer Tennis mit
              meiner Freundin.

Sonntags spielen sie in
einer Kapelle.

Am Mittwoch kommt
sie in Köln an.

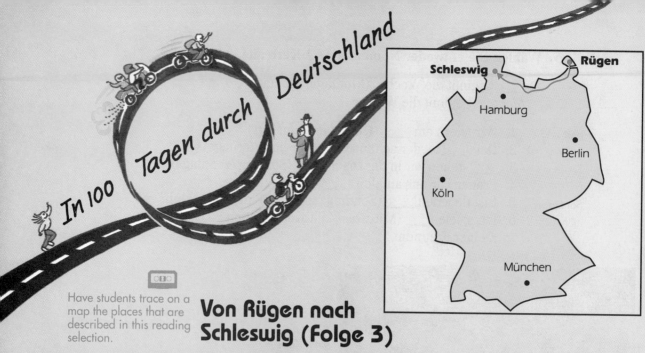

In 100 Tagen durch Deutschland

Have students trace on a map the places that are described in this reading selection.

Von Rügen nach Schleswig (Folge 3)

Auf Rügen sind die bekannten Kreidefelsen.

Strand und Meer laden Unternehmungslustige ein.

Nach der anstrengenden° Fahrt blieben wir ein paar Tage auf der Insel Rügen. Wir zelteten° unter einem Baum. Philipp und Katharina legten sich an den Strand. Ralf und Martina bestaunten die berühmten Kreidefelsen°.

Sie hatten es sich schon lange gewünscht. „Endlich Ferien", rief Ralf und sah Martina glücklich in die Augen.

Das Danewerk ist viele hundert Jahre alt.

Ein Langbettgrab (longbed grave) 2 500 Jahre alt

In Norddeutschland gibt es viele Windmühlen (windmills).

Nach ein paar schönen Sommertagen fuhren wir die Küste° der Ostsee entlang° Richtung Lübeck. Wir übernachteten im Zelt auf einem Campingplatz. Es war sehr warm. Alex schlief in seinem Schafsack im Freien. Er träumte von Zitroneneis und Erdbeermilch. In der Nacht stand er auf, weil er Hunger hatte. Er ging zum Motorrad und suchte in den Koffern etwas zu essen. Er konnte aber nur ein paar Äpfel finden, die er schnell aß. Ein Koffer ist eben kein Kühlschrank. Zufrieden schlief er dann weiter. Am nächsten Morgen war es bedeckt°. Wir wollten gerade Richtung Eckernförde losfahren, da hörten wir lautes Schreien. Alex hatte in der Nacht den falschen° Koffer aufgemacht und drei Äpfel eines Studenten aus Kopenhagen gegessen. Alle amüsierten sich und Pelle, der Student aus Kopenhagen, nahm es mit Humor. Er fuhr mit uns bis zum Danewerk. Das ist eine alte Mauer, die dänische Könige vor langer Zeit gebaut haben.

(*anstrengend* strenuous; *zelten* to camp (out); *der Kreidefelsen* chalk cliff; *die Küste* coast; *entlangfahren* to drive/travel along; *bedeckt* overcast; *falsch* wrong)

Ein Fischkutter (fishing trawler) in Eckernförde

Die Halbinsel (peninsula) Holm in Schleswig

105

27. Was paßt hier?

e	1. Sie hörten	a. glücklich in die Augen
j	2. Er suchte	b. es mit Humor
f	3. Sie zelteten	c. Richtung Eckernförde losfahren
h	4. Er träumte von	d. bestaunten die Kreidefelsen
c	5. Sie wollten	e. ein lautes Schreien
i	6. Sie blieben	f. unter einem Baum
b	7. Der Student nahm	g. an den Strand
g	8. Sie legten sich	h. Zitroneneis und Erdbeermilch
a	9. Ralf sah Martina	i. ein paar Tage auf der Insel
d	10. Ralf und Martina	j. in den Koffern etwas zu essen

Rollenspiel: Das ist zu viel!

28. Stellen Sie sich vor, daß Sie mit Ihrer Klasse eine Campingtour machen. Während der Nacht steht eine(r) Ihrer Klassenkameraden oder Klassenkameradinnen auf und nimmt aus verschiedenen Koffern und Rucksäcken Bananen, Äpfel, Schokolade und ißt alles auf. Am Morgen sehen alle, daß die leckeren Sachen weg sind. Was sagen Sie zu der Person, die das getan hat?

Spielen Sie die Rollen der Klassenkameraden, die sauer sind:

1. Das darf man nicht, weil ...
2. Ich wollte meine Äpfel lieber selbst ...
3. Du kannst doch selbst ... kaufen, ohne mein(...) ... zu essen.
4. Das darf doch nicht wahr sein, denn ...
5. Warum hast du ...?
6. Ich kann es gar nicht glauben, daß ...

Was der Klassenkamerad oder die Klassenkameradin sagen könnte:

1. Aber die Äpfel waren doch so lecker!
2. Ich mußte etwas essen, weil mein Bauch wehgetan hat.
3. Ich wollte ja nicht alles essen, aber ...
4. Es passiert bestimmt nicht wieder!
5. Es tut mir leid, aber was sollte ich machen?
6. Ich hatte leider kein Geld, etwas ...

Was macht sie gern
in ihrer Freizeit?

Bei schönem Wetter
unterhält man sich
gern im Freien.

Was kauft er sich
vielleicht?

Was kommt nach der Schule? Natürlich die Arbeit in einem Beruf. Wir werden uns die deutschen Schulen einmal genau ansehen und die

Hallo Leute!

Hauptschule, die Realschule, das Gymnasium, die Gesamtschule und die Berufsschule kennenlernen. Dann lesen wir, was Christine machen will, wenn sie wieder in die Schule gehen wird. Christine lebt in Frankfurt und hat einen tollen Beruf. Dietmar hilft ihr, die Sache klar zu sehen und die richtigen Schritte zu gehen. Wir lernen in einem Spiel drei Berufe genau kennen. Mit etwas Glück werden Sie diese Berufe finden!

Beruf und Arbeit 3

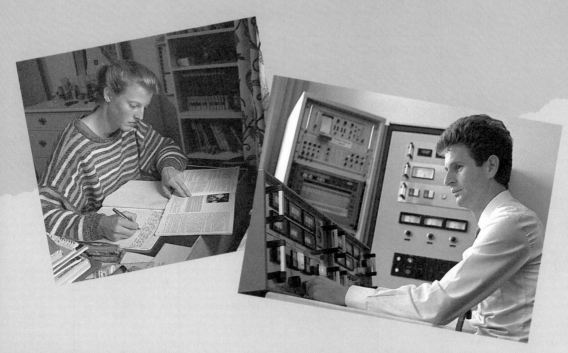

Zwei junge Leute mit besonders interessanten Berufen stellen sich uns vor und erzählen von ihrem Job: Ivonne Friedrichs und Hubert Haupt. Beide hatten Glück, denn sie arbeiten in Berufen, die ihnen großen Spaß machen.

Es gibt in Deutschland viele Menschen aus anderen Ländern, besonders Türken, Italiener und Griechen. Wir werden eine türkische Familie kennenlernen und sehen, wie sie in Deutschland lebt. Und es geht um gleiche Chancen zwischen Frauen und Männern. Sie wissen ja, das ist leicht gesagt, aber schwer getan.

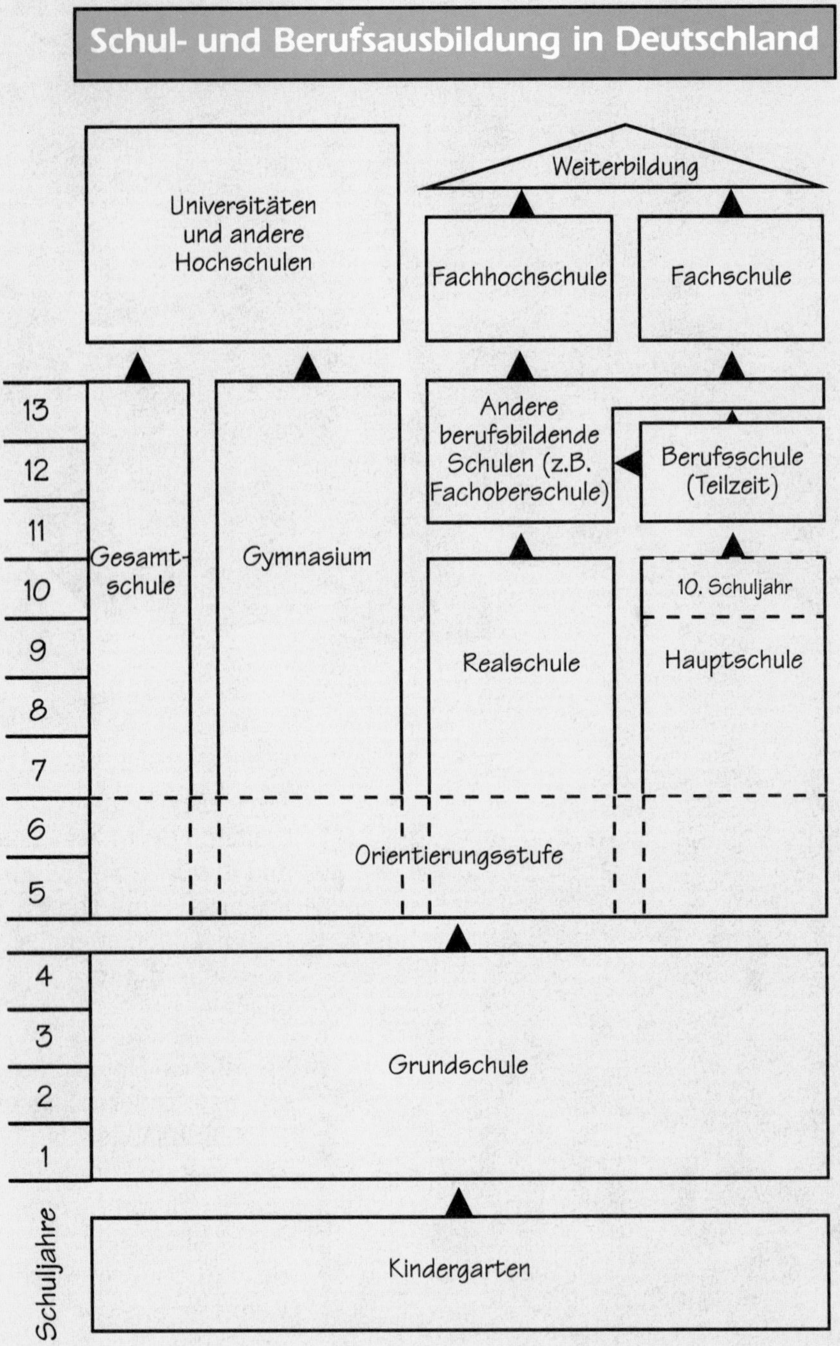

Schul- und Berufsausbildung in Deutschland

Universitäten und andere Hochschulen

Weiterbildung

Fachhochschule

Fachschule

Schuljahre	
13	
12	
11	
10	
9	
8	
7	
6	
5	

Gesamtschule

Gymnasium

Andere berufsbildende Schulen (z.B. Fachoberschule)

Berufsschule (Teilzeit)

10. Schuljahr

Realschule

Hauptschule

Orientierungsstufe

4	
3	
2	
1	

Grundschule

Kindergarten

Die Schüler hören
ihrem Lehrer gut zu.

Schulen

Group activity: Divide the class into two groups and have them compare the German school system with that of the U.S. One group could represent the German, the other the U.S. system in a panel discussion format.

Jugendliche in Deutschland gehen mindestens° zehn Jahre in die Schule. Die ersten vier Jahre gehen sie in die Grundschule°. Früher nannte man diese Schule auch Volksschule. Dann gibt es drei Möglichkeiten: weiter auf die Hauptschule bis zum 10. Schuljahr oder weiter auf die Realschule° bis zum 10. Schuljahr oder weiter aufs Gymnasium bis zum 13. Schuljahr. Auf dem Gymnasium machen die Schüler das Abitur. In Österreich nennt man das Abitur „Matura" und in der Schweiz „Baccalaureat". Ein Abitur braucht man für den Besuch einer Universität. Die Gymnasiasten° bleiben ein Jahr länger in der Schule als die amerikanischen Oberschüler.

Auf der Realschule macht man nach sechs Jahren die Mittlere Reife°. Das ist leichter als ein Abitur, aber schwerer als ein Abschluß° auf der Hauptschule. Der Hauptschulabschluß ist der leichteste von allen. Ihn wählen Schüler, die einen praktischen Beruf wollen. Sie gehen nach der Hauptschule zur Ausbildung° in eine Firma° oder einen Handwerksbetrieb° und besuchen drei Jahre lang einmal die Woche eine Berufsschule°.

Wer einen mittleren° Beruf sucht und nicht studieren will, der geht auf eine Realschule. Sie dauert so lange wie die Hauptschule, ist aber schwerer. Schüler mit Mittlerer Reife oder Abitur haben im Beruf bessere Chancen. Realschüler gehen nach

Was machen diese Schüler?

Wen stellt man hier ein?

der Realschule auch drei Jahre zur Berufschule. Jede Berufsschulklasse trifft sich einmal pro Woche. Die vier anderen Tage sind die Auszubildenden° (auch „Azubis" genannt) in der Firma. Oft werden Realschüler später mittlere Manager in Firmen.

Nur jeder vierte deutsche Schüler geht aufs Gymnasium, weil dies die schwerste Schule ist. Man kann danach studieren oder einen Beruf lernen. Abiturienten° haben die besten Chancen im Beruf. Das Abitur ist eine Bedingung° für das Studium an einer deutschen oder europäischen Universität. Aber die Schüler sind schon 19 Jahre alt, bis sie mit dem Gymnasium fertig sind. Realschüler und Hauptschüler sind beim Abschluß erst 16 Jahre alt.

(*mindestens* at least; *die Grundschule* elementary school; *die Realschule* secondary school through grade 10; *der Gymnasiast* high school student attending a *Gymnasium*; *Mittlere Reife* secondary school certificate; *der Abschluß* completion; *die Ausbildung* training, apprenticeship; *die Firma* company, firm; *der Handwerksbetrieb* craftman's establishment, business; *die Berufsschule* vocational school; *mittlerer* average, medium; *der Auszubildende* apprentice; *der Abiturient* high school graduate; *die Bedingung* condition, requirement)

Textverständnis

1. **Sind die folgenden Aussagen richtig oder falsch? Wenn die Aussagen falsch sind, dann geben Sie die richtigen Antworten.**

1. falsch/Die Gymnasiasten machen mit 19 Jahren das Abitur. 2. falsch/Die Realschule ist kürzer und leichter als das Gymnasium. 3. richtig 4. richtig 5. falsch/Sie gehen einmal pro Woche zur Berufsschule. 6. richtig 7. falsch/Beide sind nach dem 10. Schuljahr mit der Schule fertig. 8. richtig

1. Hauptschüler machen mit 19 das Abitur.
2. Die Realschule ist etwas länger und etwas schwerer als das Gymnasium.
3. Die meisten deutschen Schüler gehen nicht auf das Gymnasium.
4. Wenn die Ausbildung gut ist, dann sind auch die Chancen für einen gut bezahlten Job besser.
5. Auszubildende gehen einen Tag pro Monat zur Berufsschule.
6. Das Gymnasium ist schwerer als die Realschule.
7. Hauptschüler sind drei Jahre früher mit der Schule fertig als Realschüler.
8. Das Abitur ist die Bedingung für ein Studium.

WB1

Ein neuer Job

Dietmar Jung und Christine Sohale diskutieren in Dietmars Wohnung. Die beiden wohnen in Frankfurt. Dietmar ist von Beruf Werbetexter°. Er schreibt die Texte in Broschüren und Katalogen. Er hat auf der Universität Philosophie und Deutsch studiert und seinen „Master of Arts" gemacht. Dann hat man ihm einen Job bei einer amerikanischen Marketingfirma angeboten. Seit drei Jahren arbeitet er für diese Firma. Christine ist seine Freundin. Sie kommt aus England, wo sie — bis sie siebzehn Jahre alt war — gewohnt hat. Dann ist sie mit ihrer Mutter nach Frankfurt gekommen. Christine und ihre Mutter sind in Indien geboren und beide haben einen englischen Reisepaß. Vier Jahre hat Christine als Bürogehilfin° gearbeitet. Diesen Beruf, bei dem sie nur langweilige Arbeit machen darf, mag sie nicht mehr. Sie braucht einen besseren Beruf und einen besser bezahlten Job. Sie wohnt seit einem halben Jahr in der Nähe von Dietmar, und die beiden sehen sich sehr oft.

Christine ist heute zum Frühstück gekommen. Sie spricht mit Dietmar über ihr Problem mit einem neuen Job. Das Problem ist die dreijährige Berufsausbildung° zur Fotografin. Sie möchte gern Fotografin werden. Sie macht gern Bilder, und vor vier Monaten konnte sie ihre Bilder sogar in einer Bank zeigen. Sie kann gut fotografieren, aber sie kennt den Beruf nicht gut genug, um einen Job zu finden. In Deutschland ist das anders als in Amerika oder England. In Deutschland muß man eine Ausbildung machen, damit man in einem Beruf arbeiten kann. Man kann nicht einfach zu einem Fotografen gehen und sagen: „Hier bin ich, geben Sie mir bitte einen Job." Christine weiß das, und sie spricht mit Dietmar darüber.

Am liebsten fotografiert Christine Leute.

Dietmar ist von Beruf Werbetexter.

Christine: Du meinst also, ich soll eine Ausbildung machen, bevor ich mir einen Job suche?

Dietmar:	Nur so geht es. Du brauchst eine solide Ausbildung, um einen soliden Job zu finden. Wir beide sollten heute nachmittag zum Arbeitsamt° gehen und mit einem Berater° sprechen. Die Berater im Arbeitsamt wissen am besten, wo du eine Ausbildungsstelle° finden kannst.
Christine:	Bekomme ich während der Ausbildung genug Geld? Als Bürogehilfin verdiene° ich etwa 1 900 Mark im Monat. Was verdiene ich als Auszubildende?
Dietmar:	Vielleicht 600 Mark jeden Monat im ersten Lehrjahr°, 700 Mark im zweiten und 900 Mark im dritten Lehrjahr. Ich meine, Ausbildungsjahr. Du bist ja kein Lehrling°, sondern eine Auszubildende.
Christine:	Was ist der Unterschied?
Dietmar:	Es gibt keinen. Ein Lehrling heißt aber heute Auszubildender. Die Lehre° heißt Ausbildung. Früher sagte man Lehre und Lehrling. Jetzt nicht mehr. Aber „Lehrjahre sind immer noch keine Herrenjahre". Du hast also nicht sehr viele Freiheiten und mußt tun, was dir dein Meister° sagt.
Christine:	Es könnte schlimmer sein. Solange ich was lerne, ist alles ok. Aber bin ich nicht schon zu alt für eine Lehre? Ich bin 22. Kann man da noch eine Ausbildung anfangen?
Dietmar:	Ja, du bist ein altes Mädchen. Der Lack ist ab.
Christine:	Würdest du bitte ernst° bleiben? Rede nicht so einen Quatsch°. Und sag ja nicht wieder „altes Mädchen" zu mir. Bin ich nun zu alt oder nicht?
Dietmar:	Da lachen ja die Hühner! Du und alt?! Mit 22? In meiner Firma haben wir Auszubildende, die ein Abitur haben und auch ein paar Semester studiert haben. Die sind zwischen 19 und 25. Du bist nicht zu alt. Paß auf, wir gehen zum Arbeitsamt und fragen den Berater, was es für Alternativen gibt.
Christine:	Na gut, lieber eine solide Ausbildung als später auf die Nase fallen.
Dietmar:	Wir düsen in drei Stunden los. Ich muß erst noch eine Story in die Firma faxen. Heute mittag hab' ich Zeit.

(*der Werbetexter* copywriter for promotional ads; *die Bürogehilfin* office assistant; *die Berufsausbildung* vocational training; *das Arbeitsamt* employment office; *der Berater* consultant; *die Ausbildungsstelle* traineeship; *verdienen* to earn; *das Lehrjahr* year of apprenticeship; *der Lehrling* apprentice; *die Lehre* apprenticeship; *der Meister* master, foreman; *ernst* serious; *der Quatsch* nonsense)

Textverständnis

2. Welche Satzteile passen in dieser Übung zusammen?

g 1. Dietmar schreibt seine Texte am liebsten auf dem Computer,

e 2. Das Arbeitsamt kann Christine sagen,

a 3. Christine und ihre Mutter sind keine Deutschen,

i 4. Ihren Job als Bürogehilfin mag Christine nicht mehr,

d 5. Sie möchte von Dietmar wissen,

b 6. Bevor er mit Christine zum Arbeitsamt gehen kann,

f 7. Christine findet es nicht nett,

c 8. Im dritten Ausbildungsjahr verdient ein Auszubildender viel weniger

h 9. Christine möchte lieber eine solide Ausbildung bei einem Meister machen

a. denn sie haben englische Reisepässe.

b. muß Dietmar noch einen Text für seine Firma schreiben.

c. als ein Bürogehilfe ohne Ausbildung.

d. ob sie zu alt für eine Ausbildung ist.

e. wie sie eine Ausbildung als Fotografin machen kann.

f. daß Dietmar sie ein „altes Mädchen" nennt.

g. weil das schneller geht.

h. als immer nur die gleiche Arbeit im Büro zu tun.

i. denn sie fotografiert lieber.

WB2

Auszubildende verdienen weniger als Bürogehilfen ohne Ausbildung.

3. Beenden Sie die folgenden Sätze.

1. in Frankfurt. 2. bei Dietmar zu Besuch. 3. Auszubildende. 4. einer Lehre und einer Ausbildung (zwischen einem Lehrling und einem Auszubildenden). 5. sie ein „altes Mädchen" nannte. 6. keine Herrenjahre sind. 7. vielleicht 600 DM. 8. 19 und 25 Jahre alt.

1. Dietmar und Christine wohnen ...

2. Diesen Morgen ist Christine ...

3. Heute nennt man Lehrlinge ...

4. Es gibt keinen Unterschied zwischen ...

5. Christine war sauer, als Dietmar ...

6. Dietmar erzählt Christine, daß Lehrjahre ...

7. Im ersten Ausbildungsjahr verdient Christine ...

8. In Dietmars Firma sind viele Auszubildende zwischen ...

4. Sie wissen jetzt, daß junge Leute in Deutschland eine Ausbildung machen müssen, damit sie in einem Beruf arbeiten können. Wie ist das in Ihrem Land?

1. Müssen amerikanische Jugendliche eine Berufsschule besuchen?
2. Dauert die Ausbildung in einem Beruf auch drei Jahre?
3. Verdient ein Auszubildender im ersten Jahr etwa 350 Dollar pro Monat?
4. Schreiben die Werbetexter in Amerika auch auf Computern?
5. Lernen in Amerika auch Menschen aus anderen Ländern neue Berufe?
6. Gehen Jugendliche in Amerika nach der Oberschule sofort in einen Beruf, oder studieren sie erst?

Present subjunctive II: contrary-to-fact conditions

In German as in English, speakers not only express what they want and do in life. They also state often what they would want or would do if certain conditions were true. In English, the helping verb "would" may be used while German uses a form of *würde*.

ich	würde
du	würdest
er, sie, es	würde
wir	würden
ihr	würdet
sie, Sie	würden

Ich würde nach dem Abitur an einer Uni studieren.
(I would study at a university after graduation from high school.)

Ich würde meiner Mutter helfen, wenn ich zu Hause wäre.
(I would help my mother if I were at home.)

Wenn sie keinen Job hätte, würde sie zum Arbeitsamt gehen.
(If she had no job, she would go to the employment office.)

You may have noted in the second and third example that *würde* is used in one clause only while the other clause shows a subjunctive form of *sein* and *haben*. In English, there is also a special verb form for the subjunctive, but it is sometimes difficult to recognize: "I wish I *were* with her." In

English, the present tense of the subjunctive is based on the simple past of the indicative (real) mode. "If I had money, I would go to Europe." In German, the present subjunctive II forms of verbs are also based on the simple past forms with subjunctive endings. Irregular and strong verbs add an umlaut if the verb root in the past has an *a, o* or *u*: *ich dächte, er käme.*

The subjunctive endings are as follows:

ich	schrieb-e
du	schrieb-est
er, sie, es	schrieb-e
wir	schrieb-en
ihr	schrieb-et
sie, Sie	schrieb-en

The helping verbs *sein* and *haben* follow the same rules when forming the subjunctive:

Indicative (real)		**Subjunctive** (unreal)	
ich	habe	ich	hätte
du	hast	du	hättest
er, sie, es	hat	er, sie, es	hätte
wir	haben	wir	hätten
ihr	habt	ihr	hättet
sie, Sie	haben	sie, Sie	hätten
ich	bin	ich	wäre
du	bist	du	wärest
er, sie, es	ist	er, sie, es	wäre
wir	sind	wir	wären
ihr	seid	ihr	wäret
sie, Sie	sind	sie, Sie	wären

As in English, German speakers do not always use the subjunctive when they should. But you will find more people in Germany who are familiar with the difference between indicative and subjunctive because many German forms are distinct subjunctive forms (*gingest, tränkest*). For now it is sufficient for you to recognize the subjunctive forms and use them in simple contexts.

5. **Ist die Aussage in den folgenden Sätzen wahr oder nicht? Wahre Aussagen stehen im Indikativ. Unwahre Aussagen stehen im Konjunktiv.**

❐ Wenn ich 30 Jahre alt wäre, hätte ich einen Porsche.
Sie sagen: „Was in diesem Satz steht, das ist nicht so."
(Sie denken: Ich bin nicht 30. Ich habe keinen Porsche.)
Antwort: Konjunktiv

Hast du das getan?
Sie sagen: Die Frage ist echt.
(Sie denken: Keine Konjunktivform — also ist es wahr.)
Antwort: Indikativ

Indikativ	1. Als ich gestern eine Stunde Zeit hatte, kaufte ich einen Porsche.
Indikativ	2. Ich war froh, daß es kein richtiger Porsche war.
Indikativ	3. Ich kaufte ihn am Kiosk für fünfzig Pfennig.
Konjunktiv	4. Kein richtiger Porsche würde aus Kaugummi (chewing gum) gemacht.
Konjunktiv	5. Mir wäre natürlich ein richtiger Porsche lieber.
Konjunktiv	6. Ich würde mit 250 Kilometern die Stunde auf der Autobahn fahren.
Indikativ	7. Ich war schon immer eine ausgezeichnete Fahrerin.
Konjunktiv	8. Ich würde schneller als die anderen fahren.
Konjunktiv	9. Du hättest keine Chance gegen mich.
Konjunktiv	10. In die letzte Kurve würde ich zu schnell fahren.
Indikativ	11. Ich mache nur Spaß mit dir.
Indikativ	12. Mein Porsche ist ja aus Kaugummi und ich fahre Fahrrad.
Konjunktiv	13. Auch wenn ich einen Führerschein hätte, fände ich Autofahren nicht besonders toll, wegen der Umwelt.

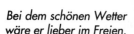

Bei dem schönen Wetter wäre er lieber im Freien.

6. **Machen Sie aus den normalen Sätzen Konjunktivsätze.**

❑ Arbeitest du gern für diese Firma?
Würdest du gern für diese Firma arbeiten?

1. Gehen Sie gern morgens in die Schule?
2. Hast du nachmittags frei?
3. Arbeiten Sie für eine deutsche Firma?
4. Haben Sie Zeit, mit mir zu reden?
5. Sie arbeitet in vielen Jobs.
6. Sie ist auch Bürogehilfin.
7. Sie geht wieder zur Schule, um das Abitur zu machen.
8. In einem Jahr studiert sie hoffentlich schon.
9. Sie hat keine Lust mehr auf die Arbeit als Bürogehilfin.
10. Sie arbeitet am Tag und sie lernt abends.
11. Sie schafft mehr als andere Leute.
12. Sie denkt an ihren Traumberuf als Designerin für Damenmode.

7. **Beenden Sie die Sätze mit Ihren eigenen Worten.**

❑ Wenn ich Zeit hätte, ...
Wenn ich Zeit hätte, würde ich eine Studienreise machen.

1. Wenn ich bei dir wäre, ...
2. Wenn ihr seine Anschrift wüßtet, ...
3. Wenn du eine Ausbildung machtest, ...
4. Wenn wir mit unseren Freunden zum See führen, ...
5. Wenn Christine Fotos machen könnte, ...
6. Wenn Dietmar heute morgen keine Zeit hätte, ...

8. **Was würde Christine bei einem Fotografen lernen? Folgen Sie dem Beispiel.**

❑ schnelle Fotos machen
Sie würde lernen, wie man schnelle Fotos macht.

1. eine Kamera aufmachen
2. Film aus der Kamera nehmen
3. die Entfernung entscheiden
4. sich Fotos genauer ansehen
5. Einzelheiten sehen
6. Kunden empfangen
7. Kameras verkaufen
8. Kunden glücklich machen
9. gute Bilder schießen

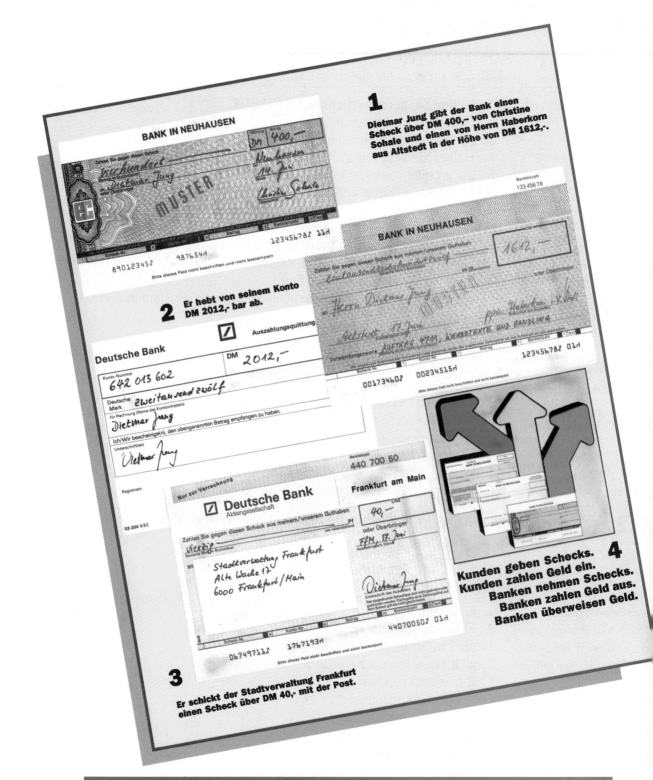

1
Dietmar Jung gibt der Bank einen Scheck über DM 400,– von Christine Sohale und einen von Herrn Haberkorn aus Altstedt in der Höhe von DM 1612,–.

2 Er hebt von seinem Konto DM 2012,– bar ab.

3 Er schickt der Stadtverwaltung Frankfurt einen Scheck über DM 40,– mit der Post.

4
Kunden geben Schecks.
Kunden zahlen Geld ein.
Banken nehmen Schecks.
Banken zahlen Geld aus.
Banken überweisen Geld.

Geldsachen

Role-playing activity:
Have students (in pairs)
be *der Kunde und der
Bankangestellte*. The
students should create
a short dialog based
on the experience they
have had with a bank.
Encourage creativity.

Christine hat von Dietmar 400 Mark bekommen, die sie ihm jetzt zurückgibt°. Sie stellt ihm einen Euro-Scheck aus°. Dieser Scheck ist bis 400 DM garantiert°. Dietmar bekommt von Christines Bank auf jeden Fall die 400 DM, auch wenn kein Geld auf dem Konto° ist.

Für einen Job bekommt Dietmar von Herrn Haberkorn 1612,- DM. Herr Haberkorn hätte Dietmar das Geld auch direkt auf das Konto bei der Deutschen Bank geschickt. Aber Schecks dauern länger und Herr Haberkorn will Zinsen° sparen. Also schickt er einen Scheck. Die meisten deutschen Firmen schicken keine Schecks, sondern überweisen° das Geld durch die Bank. Herr Haberkorn schickt einen normalen Scheck. Dieser Scheck ist nicht von der Bank garantiert. Dietmar denkt: „Hoffentlich hat der alte Haberkorn auch Geld auf seinem Konto. Sonst falle ich mit diesem Scheck auf die Nase°."

You may want to point
out some of the more
well-known European
currencies such as: *die
Lira* (lira - Italy), *der
Franken* (franc -
Switzerland, France,
Belgium), *der Schilling*
(schilling - Austria), *die
Peseta* (peseta - Spain).
Mailand is the German
name for the Italian city
of Milan.

Dietmar geht mit den beiden Schecks zur Deutschen Bank. Da hat er sein Konto. Er reicht die beiden Schecks ein°. Er tauscht° 700 Mark in Lire, weil er mit Christine nach Mailand will. Dann nimmt er 1312,- Mark bar mit nach Hause. Er will mit diesem Geld sein 22 Jahre altes rotes Auto reparieren lassen (1250,- Mark) und mit Christine in ein Restaurant gehen (62,- DM). So schnell geht das schwer verdiente Geld weg.

(*zurückgeben* to return; *ausstellen* to write a check; *garantiert* guaranteed; *das Konto* bank account; *die Zinsen* interest; *überweisen* to transfer money; *auf die Nase fallen* to fall flat on one's face; *einreichen* to deposit, submit; *tauschen* to exchange)

 ollenspiel: Auf der Bank

9. **Stellen Sie sich vor, Sie sind auf einer Bank und wollen drei Sachen erledigen. Sie sprechen mit einem Bankangestellten oder einer Bankangestellten (jemand aus Ihrer Klasse) und sagen ihm oder ihr, was Sie wünschen. Ihre Klassenkameraden werden Ihnen bei diesem Gespräch helfen.**

In Ihrem Gespräch können Sie die folgenden Ausdrücke gebrauchen: *abheben* to withdraw; *Schecks einreichen* to deposit checks; *Geld einzahlen* to deposit money; *auszahlen* to pay out; *Geld tauschen* to exchange money (currencies); *Geld überweisen* to transfer money

WB3, WB4, WB5

10. Was tun die Banken? Folgen Sie dem Beispiel.

(Answers follow the simple pattern as shown in the example.)

❒ viele Schecks nehmen
Ich würde sagen, daß Banken viele Schecks nehmen.

1. Geld überweisen
2. wenig Zinsen bezahlen
3. hohe Zinsen nehmen
4. ihre Kunden bedienen
5. gut Konto führen
6. gern Geld annehmen
7. oft Kunden informieren
8. viel Geld verdienen
9. neue Häuser bauen
10. bares Geld haben

Was macht der junge Mann an der Kasse?

Was tun die Banken?

11. Welche der folgenden Sätze würden Sie oft in einer Bank hören und welche wahrscheinlich nicht?

❒ Und dann hätten wir hier für Sie einen preiswerten Anzug für 499 Mark.
Das würde ich wahrscheinlich in keiner Bank hören.

Wieviel möchten Sie einzahlen?
Das würde ich oft in einer Bank hören.

Das würde ich ...
1. oft in einer Bank hören.
2. wahrscheinlich in keiner Bank hören. 3. wahrscheinlich in keiner Bank hören.
4. oft in einer Bank hören.
5. wahrscheinlich in keiner Bank hören. 6. wahrscheinlich in keiner Bank hören.
7. oft in einer Bank hören.
8. oft in einer Bank hören.
9. oft in einer Bank hören.
10. oft in einer Bank hören.
11. wahrscheinlich in keiner Bank hören. 12. wahrscheinlich in keiner Bank hören.

1. Wo kann ich bitte diesen Scheck aufs Konto einzahlen?
2. Diese Briefmarken kosten eine Mark das Stück.
3. Frisches Obst, frisches Gemüse!
4. Es tut mir leid, aber diesen Scheck kann unsere Bank nicht nehmen.
5. Mein Scheck ist garantiert, geben Sie mir also die Flugkarten.
6. Ich habe heute die Reise mit einer Kreditkarte bezahlt.
7. Sie haben die Zinsen noch nicht auf mein Konto überwiesen.
8. Sie bekommen die Zinsen einmal im Monat, dann sehen Sie den neuen Betrag auf Ihrem Konto.
9. Würden Sie mir bitte neue Schecks geben?
10. Tauschen Sie mir 3 000 französische Franken für den Urlaub.
11. Wenn Sie kein passendes Geld haben, kann ich Ihnen nichts verkaufen.
12. Schecks nehmen wir hier nicht.

Türken im Gespräch

The number of foreigners living in Germany has increased dramatically since the 1960s. The largest ethnic group in Germany today are the Turks, followed by Yugoslavs, Italians, Greeks and Spaniards.

Seit den sechziger Jahren ist die Zahl der türkischen Jugendlichen in Deutschland gewachsen. Ihre Väter waren als billige Arbeitskräfte° nach Deutschland gekommen. Die ersten Jahre waren die Väter allein hier, dann holten sie ihre Familien. Die Jugendlichen sind in Deutschland geboren und fühlen sich als Deutsche und als Türken. In der Familie sprechen sie türkisch, aber auf der Straße und mit deutschen Freunden reden sie deutsch.

Die türkische Kultur ist ganz anders als die deutsche. Die Frauen sieht man fast nie allein auf der Straße. Sie tragen oft Kopftücher°, denn sie sollen ihr Haar nicht zeigen. Die Mädchen dürfen auch nicht aus dem Haus, wenn nicht ein Bruder dabei ist. „Die Männer dominieren die Frauen", sagen einige junge türkische Frauen, die gern unabhängig° sein möchten. „Die Frauen gehören° ins Haus!" sagen traditionelle türkische Männer und erklären, daß es so schon im Koran steht. Sie wollen nicht, daß ihre Töchter in deutschen Firmen arbeiten. Nur die Söhne sollen das tun. So kommt es oft zu Konflikten, wenn die jungen Mädchen so leben und arbeiten wollen, wie die deutschen Jugendlichen auch.

Türkische Männer verbringen ihre Zeit gern auf der Straße.

Einige türkische Frauen zeigen sich nicht gern auf der Straße.

Obwohl viele Türken schon viele Jahre in Deutschland leben, haben sie keine Zeit gefunden, Deutsch richtig zu lernen. Das macht die Integration schwerer. Ihre Kinder aber sprechen Deutsch fließend° und haben mit der Sprache keine Probleme, aber die Kultur ist eine andere Sache.

Türkische Kurden auf einer Demonstration

Das Leben ist für Türken in Deutschland nicht immer leicht.

Ali Yilmaz und seine Frau stehen für ein Interview vor der Kamera. Er arbeitet bei einer Baufirma°. Er ist seit 20 Jahren hier. Er erzählt, was er über den Job denkt und wie es ihm hier gefällt. Seine Frau sagt nichts, weil ihr Mann für die Familie spricht.

Reporterin:	Herr Yilmaz, warum sind Sie seit 1972 in Deutschland?
Herr Yilmaz:	Ich gute Arbeit finden in Deutschland. Arbeiten für große Baufirma 20 Jahre. Frau und Familie auch hier. Kinder in deutsche Schule gehen.
Reporterin:	Fahren Sie zum Urlaub in die Türkei?
Herr Yilmaz:	Wir Sommer Türkei fahren. Wir Haus in Ankara bauen. Bauen fünf Jahre mit Freunde und Verwandte.
Reporterin:	Frau Yilmaz, wie ist das Leben hier in Deutschland für Sie?
Herr Yilmaz:	Meine Frau nix sprechen deutsch. Sie gern hier sein. Mein Sohn auch gern hier. Wir kein Arbeit haben in Türkei, aber hier gut Arbeit.
Reporterin:	Sind Ihre Kinder Deutsche oder Türken, Herr Yilmaz?
Herr Yilmaz:	Meine Kinder geboren hier aber türkischen Reisepaß haben. Kinder wollen nicht gehen nach Türkei mit Familie. Wollen bleiben in Deutschland.

(*die Arbeitskraft* worker; *das Kopftuch* [head] scarf; *unabhängig* independent; *gehören* to belong; *fließend* fluently; *die Baufirma* construction company)

12. **Spielen Sie die Rolle von Herrn Yilmaz und sagen Sie alles noch einmal in richtiger deutscher Sprache.**

Müssen Frauen schweigen (remain silent), wenn Männer reden?

Textverständnis

13. Beantworten Sie die Fragen zum Text.

1. Sie kamen nach Deutschland, weil es da Jobs gab. 2. Sie hatten keine Zeit, es in der Schule zu lernen. 3. Der Mann hat am meisten zu sagen. 4. Der Vater (Der Mann) spricht für die Familie. 5. Nein, sie wollen lieber wieder zurück in die Türkei. 6. Sie wollen lieber in Deutschland leben. 7. Er verdient sein Geld bei einer Baufirma. 8. Er baut, weil er später wieder in die Türkei will.

1. Warum kamen viele türkische Arbeiter nach Deutschland?
2. Warum sprechen viele ältere Türken kein gutes Deutsch?
3. Was ist kulturell anders zwischen Deutschen und Türken?
4. Wer spricht für eine türkische Familie?
5. Wollen die älteren Türken immer in Deutschland bleiben?
6. Wo wollen die jungen Türken leben, in der Türkei oder in Deutschland?
7. Bei welcher Firma verdient Herr Yilmaz sein Geld?
8. Was glauben Sie — warum baut er in der Nähe von Ankara mit Freunden und Verwandten ein Haus?

Übrigens ...

Dr. Elisabeth Noelle-Neumann hat in ihrem Buch „Eine Generation später" etwas über die Ergebnisse von Umfragen bei Männern und Frauen zu den Themen Politik, Beruf, Freizeit, Familie und Nachbarschaft geschrieben. Das Buch dokumentiert mit ihren eigenen Worten einen „epochalen Wandel" (epochal change). Frauen gehen über die Familie hinaus in Berufe und die Politik. Die Öffentlichkeit (public) sieht immer mehr Politikerinnen und weibliche Führungspersönlichkeiten (female leaders) im Berufsalltag.

Das Büchlein „Gleichbehandlung von Mann und Frau am Arbeitsplatz" können Sie in Deutschland kostenlos (free of charge) bestellen. Schreiben Sie an das **Bundesministerium für Arbeit und Sozialordnung**, Rochusstraße 1, D-W-5300 Bonn 1 (Germany).

Die Broschüre „Frauen in der Bundesrepublik Deutschland" ist kostenlos erhältlich beim **Bundesministerium für Jugend, Familie, Frauen, Gesundheit**, Kennedyallee 105-107, D-W-5300 Bonn-Bad Godesberg (Germany).

New zip codes are being developed for all of Germany. In the meantime, the letters "D-W" (Deutschland-West) and "D-O" (Deutschland-Ost) are used.

WB6

Studium ohne Grenzen

Erasmus von Rotterdam (1469-1536)

Haben Sie schon vom ERASMUS-Programm gehört? Es wurde nach dem bekannten niederländischen Humanisten Erasmus von Rotterdam benannt°, weil der schon zu Beginn des 16. Jahrhunderts Studienreisen durch Europa gemacht hat. Er war für Toleranz zwischen den Menschen und gegen Krieg und Absolutismus.

Die Länder der Europäischen Gemeinschaft haben jetzt ihre Universitäten für Studenten anderer Mitgliedsländer° noch mehr geöffnet. Nun können zum Beispiel spanische Studenten in Dänemark oder Deutschland studieren und sie bekommen staatliche Hilfe aus ihrem Heimatland°. Die Länder der Europäischen Gemeinschaft sind daran interessiert, daß viele Jugendliche im Ausland studieren, weil dann der einzelne Student ein anderes Land als sein Heimatland kennen und lieben lernt. Studenten müssen kein Studiengeld° bezahlen und können bis zu zwei Jahren im Ausland bleiben. Das Examen machen sie aber an der Heimatuni. Schon jetzt hat jeder fünfzigste deutsche Student einmal eine Uni im Ausland besucht. Jeder dritte Student meint, das ERASMUS-Programm wäre eine tolle Sache. Universitäten in den Niederlanden und Frankreich sind besondere Attraktionen für deutsche Studenten. Dort studieren heute schon 7 000 deutsche Studenten.

Österreich möchte Mitglied der EG sein, und es hat einen Vertrag° mit Deutschland, daß Studenten an deutschen und österreichischen Unis studieren können. Viele deutsche Studenten und Studentinnen studieren in Wien, Innsbruck und

Liane, Cecilie und Doris studieren ein Semester in Wien.

126

Liane kauft eine Zeitung am Kiosk.

Salzburg. Mehr als 8 500 ausländische Studenten studieren in Österreich. Es ist für deutsche Studenten natürlich besonders leicht, in Österreich zu studieren, weil man keine Fremdsprache lernen muß. Als die Nazis Deutschland regierten°, wurde Österreich Teil des Dritten Reiches. Es gibt also noch eine gemeinsame Vergangenheit zwischen Deutschen und Österreichern, die aber das Leben nicht immer leichter macht.

(*benennen* to name after; *das Mitgliedsland* member country; *das Heimatland* home country; *das Studiengeld* tuition; *der Vertrag* agreement, contract; *regieren* to rule, govern)

Die drei Freundinnen besuchen das Wiener Schloß.

Textverständnis

14. Was könnten Sie tun, wenn Sie eine deutsche Studentin oder ein deutscher Student wären? Beschreiben Sie das neue ERASMUS-Programm mit Ihren eigenen Worten. Sagen Sie auch, warum man dem Programm den Namen des berühmten Humanisten Erasmus von Rotterdam gegeben hat. Warum wäre es besonders leicht, in Österreich zu studieren?

(Answers will vary.)

1. Wenn ich ein deutscher Student (eine deutsche Studentin) wäre, könnte ich ...
2. Das Programm wurde nach Erasmus benannt, weil ...
3. Es wäre besonders leicht in Österreich zu studieren, denn ...

Rollenspiel: **Auslandsstudium – pro oder contra**

WB7

15. Welche Vorteile (advantages) sehen Sie in einem Auslandsstudium? Welche Nachteile (disadvantages) gibt es? Schreiben Sie sich ein paar Sätze mit Ihren Argumenten auf und lesen Sie diese in der Klasse vor. Wenn andere Schüler etwas sagen, was Ihnen nicht paßt, dann sagen Sie es. Welche Argumente sind besser, die dafür oder die dagegen?

Ein paar Argumente dafür:
Wer im Ausland studiert hat, hat bessere Chancen im Beruf.
Wer im Ausland studiert hat, spricht eine Fremdsprache.
Wer im Ausland studiert hat, kennt mehr als seine eigene Kultur.
Wer im Ausland studiert hat, hat viel erlebt.

Ein paar Argumente dagegen:
Wenn ich im Ausland studieren sollte, hätte ich Trennungsangst.
Wenn ich im Ausland studieren sollte, würde ich meine Freunde und Familie vermissen.
Wenn ich im Ausland studieren sollte, könnte ich nicht mehr zu Hause wohnen.

Jetzt muß sich jeder in der Klasse entscheiden, ob er dafür oder dagegen ist. Bilden Sie zwei Gruppen, eine Pro- und eine Contra-Gruppe. Jede Gruppe schickt einen Repräsentanten an die Tafel. Die beiden Repräsentanten diskutieren dann ihre Argumente.

Wer hat besser argumentiert? Welche Gruppe gewinnt den Disput? Übrigens, wenn es keine Gruppe dafür (pro) oder dagegen (contra) gibt, dann müssen ein paar Leute „wider besseren Wissens" (against their better judgment) dafür oder dagegen argumentieren.

Group-activity: Play the game *"Wer bin ich?"* Divide the class into groups of four or five. Each group will pick several professions which the others have to guess by asking a maximum of 10 questions. (*Sind Sie ein Mann? Arbeiten Sie in einem Büro? Ist Ihr Beruf ein technischer?* etc.) The response can only be *"ja"* or *"nein."* Each team gets points based on how fast the team guessed the identity. Example: If (out of 10 questions) the team took three answers, the score is 7 (10 - 3 = 7).

16. Raten Sie die Berufe der folgenden drei Personen. Sie lesen die Berufe von vielen Leuten, von denen aber nur drei richtig sind. Sie werden vielleicht nicht alles im Text verstehen.

Fabrikdirektor(in) / Sekretär(in) / Automechaniker(in) / Lastkraftwagenfahrer(in) / Musiklehrer(in) / Konzertpianist(in) / Maler(in) / Künstler(in) / Pilot(in) / Tennisprofi / Verkäufer(in) / Sprachlehrer(in) / Bürgermeister(in) / Journalist(in) / Arbeiter(in) / Jugendherbergsvater (-mutter) / Hausmeister(in) / Bäcker(in) / Metzger(in) / Polizist(in) / Soldat(in) / Rechtsanwalt(-wältin)

Der erste Beruf

In meinem Beruf wird viel geübt. Ich wurde schon als kleines Mädchen jeden Tag drei Stunden lang unterrichtet und gebe seit meinem vierzehnten Lebensjahr Vorstellungen. Ohne meine Arbeit könnte ich nicht mehr leben. Ich werde oft in der Zeitung als impulsiv und leidenschaftlich beschrieben. Man sagt über mich, daß ich technisch gut bin und das richtige Gefühl für meinen Beruf mitbringe. Die meisten Vorstellungen werden vom Kulturamt meiner Heimatstadt organisiert. Ich trete auch manchmal mit anderen Berufskollegen auf, wenn wir vierhändig spielen sollen. Meistens arbeite ich aber allein.

Mein Beruf ist ____. Warum glauben Sie, daß dies mein Beruf ist?

Answer:
Konzertpianistin

Der zweite Beruf

Mein Beruf bringt mich mit vielen Leuten in Kontakt. Ich habe an der Universität Göttingen sechs Jahre lang studiert und bin Doktor der Jurisprudenz geworden. Diese Ausbildung ist hilfreich für meinen Beruf, ohne aber Bedingung zu sein. Wenn Sie die Zeitung meiner Heimatstadt aufschlagen, finden Sie fast jeden Tag ein Bild von mir in der Zeitung. Manchmal werde ich von den Menschen geliebt, und manchmal mögen sie mich gar nicht. Manchmal müssen die Menschen in meiner Heimatstadt akzeptieren, was ich entscheide; manchmal muß ich ihre Kritik akzeptieren und selbst kleine Brötchen backen. Ich werde gewählt und bin für sechs Jahre in meinem Beruf. Ich liebe die Menschen und möchte von allen gemocht werden. Leider ist das aber nicht immer so.

Answer:
Bürgermeister

Mein Beruf ist ____. Warum glauben Sie, daß dies mein Beruf ist?

Der dritte Beruf

Manchmal könnte ich in die Luft gehen, wenn wieder so viel Streß ist. Die Wintermonate sind ja meistens ruhig, aber im März geht es wieder los, und ich arbeite mit meiner Frau vierzehn Stunden am Tag. Wir kochen, backen, reparieren, sprechen mit vielen Reisenden und Jugendlichen und halten das Haus in Ordnung. Ich kenne Menschen auf allen fünf Kontinenten. Ich spreche mit ihnen, ich sorge für sie und mache ihnen die Zeit so angenehm wie möglich. Ich sehe jedes Jahr viele Tausend Leute und bin meistens nur kurze Zeit mit ihnen zusammen. Ab November wird es wieder ruhig, und es kommen weniger Gäste als vorher. Ich habe kochen gelernt und habe vorher in einer Schule gearbeitet. Seit vier Jahren habe ich jetzt diesen Beruf.

Answer:
Jugendherbergsvater
WB8

Mein Beruf ist ____. Warum glauben Sie, daß dies mein Beruf ist?

Gefühle und Stimmungen

Nervös sein

Wenn man den ersten Tag in einer neuen Firma oder einer neuen Schule ist, sind die meisten Menschen nervös. Oft sind die Hände naß und man fühlt sich gar nicht wohl. Man sagt auch Dinge, die man nicht sagen wollte. Oder man tut Dinge, die man nicht tun wollte. Oder man sagt nichts richtig.

Meister Schulze spricht mit Jutta. Sie sieht ihn nicht an. Sie sieht auf den Boden. Er hält ihr die Hand hin:

Meister: Ach, Sie sind die neue Auszubildende. Guten Tag, mein Name ist Schulze. Sie werden die ersten drei Monate bei mir arbeiten.

Auszubildende: Hm. Ja. Guten Tag. Ich soll hier ... Ich bin ... Mein Name ist ... Ich soll doch jetzt ... Hm ... Jutta Kolkenbrock.

Meister: Aha, Sie sind also die Jutta Kolkenbrock. Schön, daß ich Sie kennenlerne. Sie brauchen nicht so nervös zu sein. Hier arbeiten nur nette Leute. Kommen Sie, ich zeigen Ihnen alles.

Auszubildende: Danke, Meister. Ich bin nämlich so nervös. Ich will ja nichts Falsches sagen.

Meister: Jutta, das geht uns allen so. Am ersten Tag hat man es schwer. Kopf hoch, morgen geht's schon besser.

WB9

Role-playing: Divide class into pairs, each consisting of an employer (*Arbeitgeber*) and a potential employee (*Arbeitnehmer*). Have students prepare at least five questions which they have to ask their partner for appropriate responses. Reverse roles.

17. Stellen Sie sich vor, daß Sie ein Interview haben. Sie versuchen so ruhig zu sein wie nur möglich; aber trotzdem sind Sie etwas nervös. Was sollten Sie tun, um ein gutes Interview zu haben? Beginnen Sie jeden Satz mit „Ich sollte ..."

Sample answers: ruhig sitzen, langsam und deutlich sprechen, dem Interviewer in die Augen sehen, mich auf das Interview vorbereiten, gute Kleidungsstücke anziehen

Perfect tenses in the passive

When forming present and past perfect sentences in the passive, the helping verb *sein* is used. The participle form of *werden* is *worden*.

Das Geld wird bei der Bank eingezahlt. (present)
Das Geld ist bei der Bank eingezahlt worden. (present perfect)

Der Scheck wurde mit der Post geschickt. (simple past)
Der Scheck war mit der Post geschickt worden. (past perfect)

18. Ergänzen Sie die Sätze mit den richtigen Formen.

gefragt worden
telefoniert worden
informiert worden
diskutiert worden

gebaut worden
geschickt worden

1. Ich fragte ihn oft. Ist er gestern ____?
2. Ich telefoniere viel. Ist vor zehn Jahren auch schon viel ____?
3. Informierst du sie? Ist Frau Habermas schon ____?
4. Wir haben diese Sache bei uns vor einem Monat diskutiert. Ist diese Sache in Ihrer Familie ____?
5. Habt ihr das Haus gebaut? Unser Haus ist letztes Jahr ____.
6. Schickt doch das Paket mit der Post. Es ist schon am Montag ____.

19. Bilden Sie neue Sätze.

1. Dieser Film ist im Fernsehen nicht gezeigt worden. 2. Wann ist Karinas Geburtstag gefeiert worden? 3. Das Fenster im Keller ist seit vielen Jahren nicht aufgemacht worden. 4. Das Paket ist von mir zur Post gebracht worden. 5. Das Thema ist von allen Studenten diskutiert worden. 6. Die Argumente sind in eine Liste geschrieben worden. 7. Das Auslandsstudium ist angefangen worden. 8. Der Scheck ist von der Bank ausgezahlt worden.

WB10

❏ Die Tür wurde vom Herbergsvater aufgeschlossen.
Die Tür ist vom Herbergsvater aufgeschlossen worden.

1. Dieser Film wurde im Fernsehen nicht gezeigt.
2. Wann wurde Karinas Geburtstag gefeiert?
3. Das Fenster im Keller wurde seit vielen Jahren nicht aufgemacht.
4. Das Paket wurde von mir zur Post gebracht.
5. Das Thema wurde von allen Studenten diskutiert.
6. Die Argumente wurden in eine Liste geschrieben.
7. Das Auslandsstudium wurde angefangen.
8. Der Scheck wurde von der Bank ausgezahlt.

Gleichberechtigung° zwischen Frauen und Männern

Jede dritte deutsche Frau arbeitet heute in einem Beruf und verdient ihr eigenes Geld. Das war nicht immer so. Noch bis vor 100 Jahren, im 19. Jahrhundert, hatten Frauen fast keine Rechte°. 1848 kam die erste Frauenzeitschrift heraus. Diese Zeitschrift stand unter dem Motto: „Dem Reich der Frauen werb' ich Bürgerinnen°." Diese Zeitschrift vereinigte° viele Frauen, und 1865 wurde dann der Allgemeine Deutsche Frauenverein° von Luise Otto-Peters und Auguste Schmidt gegründet°. Er half den Frauen, eine Schulausbildung an öffentlichen° Schulen zu beginnen und im Beruf akzeptiert zu werden. Aber das passierte in sehr kleinen Schritten, denn die Männer wollten ihre Privilegien nicht an die Frauen verlieren.

Lieschen Müller:

„Mein Mann ist berechtigt° und ich bin ihm gleich°."

Point out to students that Lieschen Müller's sentence has two meanings: "I am equal to my husband" and "He doesn't care about me." Be sure to use this important topic for some classroom discussion comparing US law to German law. You may also opt to explain the affirmative action movement to students to help them understand the importance of equal rights in their own lives.

Erst seit 1918 durften Frauen in Deutschland wählen° und gewählt werden. Das war der erste große Schritt zur Gleichberechtigung von Frauen und Männern. Es gab im deutschen Reichstag in den zwanziger Jahren dieses Jahrhunderts in Berlin übrigens° mehr Frauen als heute im deutschen Bundestag in Bonn. Das sollte uns zu denken geben. Seit 1927 haben Frauen speziellen Mutterschutz°, wenn sie schwanger° sind und später, wenn sie ein Kind bekommen haben.

Heinrich Müller:

„Meiner Frau ist es doch gleich, ob sie berechtigt ist."

Das Mutterschutzgesetz° ist heute eins der modernsten in der Welt. Deutsche Mütter haben das Recht, sechs Wochen bevor sie ihr Kind bekommen und drei Monate danach nicht zu arbeiten. Sie bekommen ihr Geld von der Firma und der Krankenversicherung° weiter bezahlt, als wenn sie arbeiten würden. Wenn sie wollen, können sie dann bis zu drei Jahren nach der Geburt° zu Hause bleiben. Das ist der Erziehungsurlaub°. Der Staat zahlt ihnen in dieser Zeit ein Mutterschaftsgeld° von etwa 600 DM. Danach sind ihre Jobs immer noch da, und sie können wieder arbeiten gehen. Die Firma darf sie nicht nach Hause schicken, sondern muß die Arbeitsplätze für die Mütter reservieren.

Im Grundgesetz°:

„Männer und Frauen sind gleichberechtigt°."

Im Grundgesetz steht ganz klar, daß Männer und Frauen gleichberechtigt sind. Leider ist dieses Gesetz mehr ein Langzeitprogramm als wirkliche Gleichberechtigung, denn auch heute verdienen viele Frauen im gleichen Job noch weniger als Männer und sie verlieren ihre Jobs schneller als ihre männlichen Kollegen. Aber das hat mit der Arbeitswelt° zu tun und nicht mit dem Gesetz. In der Arbeitswelt haben die Frauen noch einen langen, schweren Weg vor sich, bis die Gleichberechtigung auch in den Köpfen und Herzen der Menschen akzeptiert und verstanden wird.

In der Schule stehen Mädchen schon heute besser da als Jungen. Sie bekommen bessere Noten und sie wiederholen° weniger Klassen.

1960 waren 50% der Schüler in der Hauptschule Mädchen, heute sind es 46%; in der Realschule waren es 52%, heute sind es 53%; im Gymnasium waren 1960 36% der Schüler Mädchen, heute sind es 50%. Man sieht also klar, daß Mädchen jetzt lieber auf die schwereren Schulen gehen als noch vor 30 Jahren.

(*die Gleichberechtigung* equal rights; *das Recht* (legal) right; *Dem Reich der Frauen werb' ich Bürgerinnen.* I recruit female citizens for the domain of women; *vereinigen* to unite; *der Allgemeine Deutsche Frauenverein* Universal German Women's Organization; *gründen* to found; *öffentlich* public; *berechtigen* to have rights; *gleich sein* to be equal; *wählen* to vote, elect; *übrigens* by the way; *der Mutterschutz* [law] protecting mother-to-be; *schwanger* pregnant; *das Mutterschutzgesetz* law protecting mother-to-be; *die Krankenversicherung* health insurance; *die Geburt* birth; *der Erziehungsurlaub* maternity leave; *das Mutterschaftsgeld* maternity benefits; *das Grundgesetz* Basic Law [German constitution]; *gleichberechtigt sein* to have equal rights; *die Arbeitswelt* professional world; *wiederholen* to repeat)

Textverständnis

20. **Beantworten Sie die Fragen zum Text.**

1. Luise Otto-Peters und Auguste Schmidt. 2. Die Männer wollen ihre Privilegien nicht verlieren. 3. Frauen, die schwanger sind und später ein Kind bekommen. 4. Das Grundgesetz. 5. Sie verliert ihren Job nicht. 6. Mütter können zu Hause bleiben. 7. Frauen gehen nicht in die Firma. 8. Bis zu drei Jahren. 9. Weil es in der Arbeitswelt noch keine Gleichberechtigung gibt. 10. Weniger Mädchen. 11. Mädchen.

1. Welche beiden Frauen gründeten den Allgemeinen Deutschen Frauenverein?
2. Warum kommt die Gleichberechtigung nur in kleinen Schritten?
3. Welche Frauen haben ein Recht auf Mutterschutz?
4. Wie heißt das wichtigste Gesetz der Bundesrepublik?
5. Verliert eine Frau, die ein Kind bekommt, ihren Job?
6. Was ist ein Erziehungsurlaub?
7. Ist das wirklich Urlaub oder ist es eine Zeit, in der Frauen nicht zur Arbeit in die Firma gehen?
8. Wie lange kann ein Erziehungsurlaub dauern?
9. Warum ist die Gleichberechtigung von Frauen und Männern ein Langzeitprogramm?
10. Gehen heute mehr oder weniger Mädchen zur Hauptschule?
11. Wer hat bessere Noten in der Schule, Mädchen oder Jungen?

Relative pronouns after prepositions

Prepositions often precede relative pronouns in dependent relative clauses. Accusative and dative prepositions continue to determine the case of the relative pronoun following them.

The accusative case must be used after *durch, für, gegen, ohne, um*. The dative case must be used after *aus, außer, bei, mit, nach, seit, von, zu, gegenüber*. The genitive case must be used after *wegen, während, (an)statt, trotz*.

The normal rules for dative and accusative use after two-way prepositions (*an, auf, hinter, in, neben, über, unter, vor, zwischen*) apply: accusative is used when there is motion in a direction and dative when the sentence expresses either no motion or motion within an area. Remember, too, that certain verb/preposition combinations require idiomatic usage after two-way prepositions, e.g., *warten auf* + accusative.

Der Mann, durch den ich Deutsch lernte, war mein bester Lehrer.
Die Frau, bei der ich so gut Französisch lernte, ist die Schulleiterin.
Mein Freund, neben dem seine Mutter steht, sieht ihr ähnlich.

21. **Setzen Sie die fehlenden Wörter in die Sätze ein.**

❑ Meine Arbeit wurde eine Freude, ohne ____ ich nicht mehr leben könnte.
Meine Arbeit wurde eine Freude, ohne die ich nicht mehr leben könnte.

die   1. Die Frauen brauchten eine Frauenorganisation, ohne ____ sie sich nicht vereinigen konnten.

denen   2. Wir kennen die wichtigen Frauen nicht mehr, von ____ vor 100 Jahren viele sprachen.

dem   3. 1918 war das erste Jahr, in ____ Frauen wählen konnten.

den   4. Das war der erste große Schritt, auf____ Frauen lange gewartet hatten.

dem   5. Das Grundgesetz, nach ____ Frauen und Männer gleichberechtigt sind, gibt es seit dem Kriegsende.

dem   6. Deutschland brauchte ein neues Grundgesetz, in ____ Männer und Frauen gleichberechtigt sind.

die   7. Deutsche haben eine Krankenversicherung, durch ____ die Ärzte und Ärztinnen bezahlt werden.

der   8. Neben meiner Tochter, von ____ ich schon erzählt habe, arbeiten auch mein Sohn und ich bei der Bank.

WB11

22. Welche Satzteile passen zusammen?

d 1. Türkische Jugendliche in Deutschland,
a 2. Die traditionelle Kultur und die strikte Religion der Türken,
f 3. Die Konflikte zwischen türkischen Vätern und ihren Kindern,
b 4. Wir müssen versuchen, die türkischen Nachbarn,
c 5. Bei der Arbeit sind Türken oft besser als die Kollegen,
e 6. Viele Deutsche sollten von den Türken ihre Gastfreundschaft lernen,

a. von denen viele Deutsche nicht viel wissen, determinieren das Denken der Türken.
b. mit denen wir zusammenleben, besser zu verstehen.
c. von denen sie kritisiert werden.
d. deren Väter als Gastarbeiter kamen, sind gern hier.
e. bei der ein Gast König ist.
f. über die die Zeitungen oft schreiben, sind leider wahr.

Zwei junge Profis° stellen sich vor

Mode-Designerin°
Ivonne Friedrichs

Geburtstag:	31. Oktober 1971
Geburtsort:	Bremen
Wohnort°:	Wuppertal
Familienstand°:	ledig°

Point out that "*tja*" is a colloquial expression which is quite common. It means "well!" or "hm!"

Tja, was soll ich sagen? Ich habe schon immer gern gemalt und gezeichnet°. Nach der Realschule habe ich Italienisch gelernt und in Mailand eine Ausbildung als Mode-Designerin gemacht. Die Italiener sind spitze, wenn es um modernes Design geht. Ich arbeite jetzt für die Firma Adler in Wuppertal. Mein Job gibt mir viele Freiheiten, denn ich kann oft zu Hause arbeiten.

*Sie macht Mode für die Freizeit
und den festlichen Abend.*

Wenn wir einen neuen Modekatalog
machen, wird es hektisch in meiner
Firma. Dann arbeite ich 60 Stunden
die Woche. Da muß ich viele Zeich-
nungen° machen und alles mit der
Hand kolorieren°. Jetzt haben wir aber
ein CAD-Computersystem fürs
Zeichnen im Büro. Ich lerne nun, den
Computer für modische Designs zu
benutzen°. Ich muß sagen, daß ich
lieber mit Farbstiften° arbeite als mit
einer Maus.

*Ivonne fährt in ihrem Wagen
nach Mailand in Italien.*

Ich würde sagen, ich bin ein Yuppie. Viele kritisieren die Yuppies, aber mir gefällt meine Unabhängigkeit°. Ich arbeite hart und will ein schönes Leben haben. Ich verdiene gutes Geld und fahre einen neuen roten Wagen°. Autofahren macht mir Spaß. Ich recycle und denke an die Umwelt°, aber man muß trotzdem das Leben genießen. Ich habe einen Freund, aber heiraten° werden wir nicht so schnell. Wir lieben beide unser freies Leben. Ob ich Kinder haben will? Da fragen Sie mich mal in ein paar Jahren. Ich bin jetzt 20. Das ist noch etwas früh für Kinder, nicht? Ich muß in meinem Beruf noch viel lernen, und das macht mir Spaß.

Ich hatte im April für eine Firma eine Kollektion gezeichnet, die vor ein paar Wochen auf einer kleinen Modenschau gezeigt wurde. Auf den Bildern sehen Sie, wie ich mir junge Mode denke. Wir hatten alle viel Spaß bei dieser Modenschau, denn die Leute waren von meinen Designs begeistert.

(*der Profi* professional; *die Mode-Designerin* fashion designer; *der Wohnort* residence; *der Familienstand* marital status; *ledig* unmarried, single; *zeichnen* to draw, sketch; *die Zeichnung* drawing, sketch; *kolorieren* to color; *benutzen* to use; *der Farbstift* colored pencil, crayon; *die Unabhängigkeit* independence; *der Wagen* car; *die Umwelt* environment; *heiraten* to marry)

Die Modenschau war mitten in der Stadt auf dem Marktplatz.

Redewendungen

Tja, was soll ich sagen?	Well, what can I say?
Es geht ihnen um ...	They are interested in...
Ich lerne den Computer zu benutzen.	I'm learning to use the computer.
Das macht mir Spaß.	I enjoy doing that.
Wir haben Spaß gehabt.	We had a lot of fun.
Sie waren begeistert davon.	They were enthusiastic about it.

Hubert mit seinem
Lehrmeister Jochen

Rennfahrer°
Hubert Haupt

Hubert fährt seinen
Quattro voll aus.
Die Technik
fasziniert ihn.

Geburtstag:	30. April 1969
Geburtsort:	München
Wohnort:	München
Familienstand:	ledig

„Wissen Sie, ich habe meinen Traumberuf°. Viele junge Leute würden gern meinen Job haben. Ich habe ihn nur, weil ich Talent fürs Fahren habe. Mit 21 hat mich meine Firma ins Team geholt. Mein Lehrer Hans-Joachim Stuck, der deutsche Meister°, greift mir immer unter die Arme." Hubert Haupt sollte Tennis-Profi werden. Das wollte sein Vater so, der Chef° einer Münchner Baufirma. Doch selbst mit dem Schläger in der Hand hatte der Junior nur Autos im Kopf. Als er sich mit 14 zum ersten Mal in ein Go-Kart setzte und beim Clubrennen° des Münchner Kartclubs Vierter wurde, ließ sich sein Vater überreden und half ihm so gut er konnte. Einzige Bedingung: Die Schule durfte unter der Rennerei nicht leiden.

Nach seinem Abitur im Frühjahr 1990 begann Hubert Haupt mit einem Opel Kadett das Deutsche Tourenwagen-Rennen. Auch da hatte das Talent auf Anhieb Erfolg. Der begeisterte Sportler (Tennis und Golf), der nicht raucht° und nicht trinkt, interessiert sich auch sehr für Politik. Er ist, wie er sagt, ein naturverbundener° Mensch und hofft auf eine umweltfreundliche° und

Rennfahrer geben im Fernsehen ein Interview.

139

Hubert interessiert sich für die Politik der Grünen (environmentalists).

besonders friedliche° Umwelt. „Ich gehe oft zu Diskussionen über unsere Umwelt. Ich finde, unsere Zukunft liegt in einer guten Technik°. Ich sehe das positiver als Professor Ditfurt, der unsere Zukunft gefährdet° sieht. Meine Firma wird uns helfen, durch bessere Autos eine bessere Umwelt zu schaffen."

In diesem Jahr startet er in der Deutschen Tourenwagen-Meisterschaft°. „Ich weiß, daß das eine tolle Chance ist", sagt Hubert Haupt, der sich besonders darauf freut, mit seinem Lehrer Hans-Joachim Stuck zusammenzuarbeiten°. „Natürlich werde ich alles versuchen, diese Chance zu nutzen°."

(*der Rennfahrer* race car driver; *der Traumberuf* dream job; *der Meister* champion; *der Chef* head, boss; *das Clubrennen* club race; *rauchen* to smoke; *naturverbunden* nature-loving; *umweltfreundlich* environmentally sound; *friedlich* peaceful; *die Technik* technology; *gefährdet* endangered; *die Tourenwagen-Meisterschaft* touring car championship; *zusammenarbeiten* to work together)

Redewendungen

Er greift mir unter die Arme.   He supports me.
Er ließ sich überreden.   He let himself be persuaded.
Die Schule leidet unter der Rennerei.   School(work) suffers from racing.

Er hatte auf Anhieb Erfolg.   He was immediately successful.
Ich werde diese Chance nutzen.   I'll make the best of this opportunity.

23. Welche Verben fehlen in den folgenden Redewendungen? Setzen Sie auch die richtigen Verbformen ein.

machen	haben	leiden	sein	gehen
greifen	nutzen	lassen	sagen	lernen

1. _____ mir bitte unter die Arme!
2. Es _____ mir nicht ums Geld, sondern um die Zeit.
3. Das Team _____ von der Meisterschaft begeistert.
4. Deine Noten _____ unter dem Sport.
5. Autofahren _____ mir Spaß.
6. Warum _____ du dich immer überreden?
7. Du mußt die Chance _____.
8. Ich _____ , die Maschine zu benutzen.
9. Hast du auf Anhieb Erfolg _____ ?
10. Also, was soll ich dazu _____ ?

Ihr müßt lernen, die Redewendungen auf englisch zu benutzen.

Textverständnis

24. Welche der folgenden Aussagen sind richtig und welche sind falsch? Korrigieren Sie die falschen Aussagen.

1. Ivonne ist nach dem Abitur in Italien gewesen.
2. Sie zeichnet und koloriert mit dem Computer.
3. Sie liebt ihre Unabhängigkeit und will noch nicht heiraten.
4. Sie verdient genug Geld, um sich ein teures Auto leisten zu können.
5. Auf einer Modenschau wurde ihre Kollektion gezeigt.
6. Hubert sollte Tennisspieler werden, aber er hatte nur Autos im Kopf.
7. Zuerst mußte er das Abitur machen, bevor er beim Clubrennen mitmachen konnte.
8. Er glaubt, daß moderne Technik die Umwelt besser machen kann.
9. Seine Firma kann Hubert und andere leider nicht unterstützen, eine bessere Umwelt zu schaffen.
10. Er will seine Chance nutzen und so gut fahren, wie er kann.

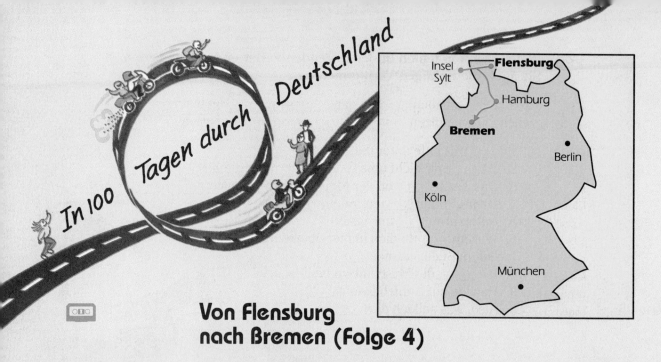

In 100 Tagen durch Deutschland

Von Flensburg
nach Bremen (Folge 4)

Have students track the travel route from Flensburg to Bremen on the map in this book or on a large map that you may have in your classroom.

Wir blieben noch einen Tag auf einem Campingplatz an der Ostsee. Dann fuhren wir weiter in Richtung Flensburg. Flensburg ist Deutschlands nördlichste Stadt. Doch das Ziel des Tages war die Insel Sylt in der Nordsee. Man nennt sie oft auch die Insel der Reichen und der Schönen, denn viele bekannte deutsche Politiker, Manager und Schauspieler machen dort Ferien. Aber auch andere Touristen kommen zu Tausenden. Neben Helgoland ist Sylt wahrscheinlich die bekannteste deutsche Nordseeinsel.

Über die Bundesstraße 199 fuhren wir durch Nordfriesland. Mittags saßen wir bereits auf Sylt in einem der vielen bunten Strandkörbe°. Sylt ist nicht nur das Paradies des deutschen Jet Set, sondern auch ein Paradies für Windsurfer.

Nordfriesland

Strandkörbe an der Nordsee

142

So lagen wir meistens am Strand° oder waren windsurfen. Nur Peter und Martina saßen oft in einem kleinen Gasthaus und hörten sich die Geschichten° der alten Leute an°. Dabei konnte man so schön träumen. Ein alter Mann erzählte ihnen die Geschichte des Mönchs° von Helgoland.

„Im Jahre 1530 schickte der König einen Mann nach Helgoland, der früher Mönch gewesen war. Er sollte dort von der neuen Religion Martin Luthers erzählen. Aber die Leute von Helgoland wollten katholisch bleiben. Sie waren gegen alle Leute, die im Namen Martin Luthers sprachen. So warfen sie den Mann des Königs einfach ins Meer. Lange Zeit sah man an dieser Stelle einen Felsen, der wie ein Mönch aussah. Und jede Nacht hörten die Leute das Rufen des Mönchs. Noch heute hört man den Mönch, wenn jemand auf der Insel etwas Schlechtes macht."

Der alte Mann sah Peter und Martina lachend an. Doch die zwei sahen ihn gar nicht mehr. Sie saßen an ihrem Tisch und sahen träumend auf das Meer. Es war klar: beide wollten Helgoland sehen.

Während wir am nächsten Tag faul in der Sonne lagen, kauften Martina und Peter Fahrkarten° für das Schiff nach Helgoland.

Nach zwei Tagen fuhren wir dann weiter in Richtung Hamburg. Ab Neumünster fuhren wir auf der Autobahn und nahmen in Hamburg die Strecke durch den Tunnel unter der Elbe. Die Elbe ist der größte Fluß im Norden Deutschlands. Über die Städte Buxtehude, Stade und Worpswede ging es dann weiter nach Bremen. Dort wollten wir Freunde besuchen.

Der Elbtunneleingang in Hamburg

Der Hamburger Hafen ist älter als 800 Jahre.

800 Jahre Hamburger Hafen

Vor ein paar Jahren wurde die Künstlerkolonie 100 Jahre alt.

Das Zentrum der Künstlerkolonie Worpswede

Picknick mit Brot, Käse und Schokolade

Der Birkenhof von Heinrich Vogeler

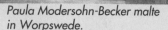

Im Jugendstil wurde in Worpswede gebaut und gemalt.

Paula Modersohn-Becker malte in Worpswede.

Hier liegt Paula Modersohn-Becker.

Für einige Stunden blieben wir in Worpswede. Dort, mitten im Teufelsmoor°, ist die kleine Stadt wegen ihrer Kunst sehr bekannt geworden. Wichtige deutsche Kunstwerke° sind dort entstanden°. Man sieht noch die Möbel°, die die Künstler nach ihren eigenen Designs gebaut haben. Viele Maler kamen nach Worpswede, weil sie hier in Ruhe arbeiten konnten. Wir wollten aber noch bis Bremen weiterfahren. Von Worpswede waren es nur noch 25 Minuten Fahrt nach Bremen.

(*der Strandkorb* [canopied] wicker beach chair; *der Strand* beach; *die Geschichte* story; *sich anhören* to listen to; *der Mönch* monk; *die Fahrkarte* ticket; *das Teufelsmoor* Devil's Moor; *das Kunstwerk* work of art; *entstehen* to originate; *die Möbel* [pl.] furniture)

WB13

25. **Identifizieren Sie die Namen.**

Hamburg

Nordfriesland

Bremen

Nordsee

Worpswede

Helgoland

Ostsee

Flensburg

Elbe

Sylt

1. In _____ fuhren sie durch einen Tunnel.
2. Sie fuhren über die Bundesstraße durch _____.
3. In _____ wollten sie Freunde besuchen.
4. Die Insel Helgoland liegt in der _____.
5. Das Teufelsmoor ist bei _____.
6. Peter und Martina kauften Fahrkarten nach _____.
7. Die Jugendlichen blieben noch einen Tag an der _____, bevor sie weiterfuhren.
8. Die nördlichste Stadt in Deutschland ist _____.
9. Die _____ ist der größte Fluß in Norddeutschland.
10. _____ ist neben Helgoland bestimmt die bekannteste Insel in der Nordsee.

26. **Suchen Sie aus der Liste die drei Wörter, die nichts mit dem Leben am Strand zu tun haben. Dann suchen Sie sich fünf Wörter aus und bilden damit Sätze.**

die Sonnenblume, die
Salzkartoffel, der
Familienstand
(Sentences will vary.)

der Sand	die Sonne	das Meer	die Sonnenblume
das Wasser	der Wind	die Salzkartoffel	das Salz
die Ruhe	der Strandkorb	der Familienstand	das Handtuch

27. **Setzen Sie beim folgenden Gespräch die fehlenden Wörter aus der Liste ein. Sie brauchen nicht alle Wörter.**

Handtuch	Kassettenrekorder	Ruhe	Radio
Wind	Strandkörben	Sonne	Sand
Einkaufstasche	Musik	Anzug	

Strandkörben

Sonne

Ruhe

Wind

Sand

Handtuch

Kassettenrekorder

Musik

Peter: Ihr sitzt ja immer noch in euren bunten _____!

Ulla: Ich liebe die _____. Heute ist es nicht ganz so heiß.

Alex: Und was gibt es in Helgoland?

Peter: Keinen Strand, aber viel _____, wenn keine Touristen da sind.

Martina: Rote Felsen und einen starken _____. Gut, daß es dort keinen Strand gibt. Dann bekommt man auch keinen _____ in die Augen.

Ulla: Dann kann man sich dort ja sogar ohne _____ in die Sonne legen. Oder sind die Felsen sehr hart?

Peter: Es gibt dort auch Wiesen. Hast du deinen _____ mitgebracht?

Alex: Ja, natürlich. Ich höre gern klassische _____.

Hallo Leute!

In diesem Kapitel geht es um Spaß und gute Laune. Wir werden also spaßige° und komische Sachen kennenlernen. Und ein paar Geschichten sind dabei, über die Sie lachen werden. Es ist diesmal nicht alles so ernst. Doch hören Sie sich jetzt erst einmal an, was Benjamin mit seiner Mutter und seiner Schwester im Zoo erlebt.

(*spaßig* funny)

BREMEN

Im Zoo

Eine Mutter steht mit ihren zwei Kindern vor dem Affenhaus. Im Affenhaus gibt es Schimpansen, Gorillas und viele andere Affen. Vor einem Käfig° hängt ein Schild mit dem Wort „Menschenaffen°".

Benjamin:	Du, Mama, warum heißen die Tiere da „Menschenaffen"?
Mutter:	Nun, weil sie den Menschen ähnlich sind.
Benjamin:	Die Affen den Menschen oder die Menschen den Affen?
Mutter:	Also fragen kannst du!
Benjamin:	Nun sag schon!
Mutter:	Ja, weißt du. Die Menschen und Affen leben zusammen auf der Welt.
Evi:	Da haben wir Menschen ja Glück gehabt.
Mutter:	Warum, mein Kind?
Evi:	Na, denk dir, die Affen hätten vor uns die Idee gehabt, uns in einen Käfig einzusperren°.

(*der Käfig* cage; *der Menschenaffe* ape; *einsperren* to lock up)

Textverständnis

1. **Beantworten Sie die Fragen zum Gespräch.**

1. Wo findet man ein Affenhaus?
2. Welche Affen gibt es da?
3. Was steht auf dem Schild vor dem Käfig?
4. Warum heißen einige Affen „Menschenaffen"?
5. Möchte Evi im Affenhaus leben?

2. Man kann es den Kindern im Gesicht ansehen, wie sie sich fühlen. Sehen Sie selbst. Der kleine Frederick macht „Gesichter". Er reagiert auf das, was der Clown mit den Puppen spielt.

Frederick sieht einen Clown auf der Straße.

Sample answers: Bild 1-d, Bild 2-e, Bild 3-c, Bild 4-a, Bild 5-f, Bild 6-b

Have students write their own captions to fit the expressions. You may want to divide the class into groups and have the rest of the class vote on which group comes up with the best caption for each photo.

1. Was denkt Frederick bei den Bildern? Welcher Satz könnte zu welchem Bild passen?

a. Das ist spaßig, ha ha ha.
b. Das will ich nicht sehen.
c. Das muß ich genau sehen.
d. Toll, erzähl mir mehr!
e. Ist das wirklich wahr?
f. Ich weiß nicht genau, ob mir das gefällt.

2. Suchen Sie sich drei Bilder aus der Serie aus und sagen Sie, was Frederick denkt oder fühlt.
3. Können Sie aus allen Bildern eine eigene Geschichte machen? Probieren Sie es in der Klasse. Eine Person fängt mit Bild 1 an und erzählt eine Geschichte. Dann erzählt der nächste die Geschichte mit Bild 2 weiter. Wenn die Geschichte spaßig und gut ist, schreibt die ganze Klasse sie auf.

Gruß aus Leisnig

Ich heiße Dieter und wohne in Leisnig. Das ist eine kleine Stadt in Sachsen mit 10 000 Einwohnern. Leipzig liegt westlich und Dresden östlich davon. Dresden ist die Hauptstadt unseres Bundeslandes. Doch noch wichtiger ist, daß wir in der Nähe eines großen Apfelhains° wohnen. Äpfel sind das wichtigste Produkt in Leisnig. Viele Familien leben von der Apfelernte°. Jedes Jahr im Mai feiern wir das Apfelblütenfest°. Dann ist alles weiß, weil die Apfelbäume° blühen°.

Ich heiße Dieter und wohne in Leisnig.

Letztes Jahr war das Apfelblütenfest besonders toll. Da wurde getanzt und gelacht. Da wurde soviel frischer Apfelsaft getrunken, daß alle meine Freunde Bauchschmerzen bekamen. Im Café meines Vaters wurde frischer Apfelkuchen gebacken. Das hat Tradition in unserem Café. Es liegt am unteren Ende des Marktplatzes. Die Leute sagen, daß sie so immer automatisch unten im Café ankommen.

Eines will ich noch sagen. Auch wenn nach der Wiedervereinigung bei uns im Osten Deutschlands vieles anders wird — das Apfelblütenfest werden wir wohl weiter feiern, wie es immer gefeiert wurde.

WB1

(*der Apfelhain* apple orchard; *die Apfelernte* apple harvest; *das Apfelblütenfest* apple blossom festival; *der Apfelbaum* apple tree; *blühen* to blossom, bloom)

Ich weiß noch nicht, ob ich ins Café gehe.

Das Café von Dieters Vater

Textverständnis

3. **Beantworten Sie die Fragen zum Text.**

1. Sie liegt zwischen Dresden und Leipzig. 2. Das wichtigste Produkt in Leisnig sind Äpfel. 3. Im Mai ist alles weiß, weil dann die Apfelbäume blühen. 4. Im Mai feiern die Leute das Apfelblütenfest. 5. Ja, sie feiern es noch heute.

1. Wo liegt die kleine Stadt Leisnig?
2. Was ist das wichtigste Produkt in Leisnig?
3. Warum ist im Mai alles weiß?
4. Was feiern die Leute im Mai?
5. Feiern die Leisniger noch heute das Apfelblütenfest?

4. **Kombinieren Sie die Wörter auf der rechten Seite mit denen auf der linken. Passen Sie auf, daß Sie dem neuen Wort den richtigen Artikel geben. Dann bilden Sie einen Satz mit jedem der neuen Wörter.**

die Bauchschmerzen
der Marktplatz
das Bundesland
die Hauptstadt
der Apfelkuchen
das Affenhaus
(Sentences will vary.)

1. der Bauch
2. der Markt
3. der Bund
4. das Haupt
5. der Apfel
6. die Affen

a. die Stadt
b. der Kuchen
c. das Land
d. die Schmerzen
e. das Haus
f. der Platz

Passive — present perfect and past perfect

The formation of passive sentences in the present perfect and past perfect requires three verb elements: the helping verb *sein*, the past participle of the action verb and *worden*. The acting person or thing may be added following the preposition *von*.

Das Apfelblütenfest ist gefeiert worden.
(The apple blossom festival has been celebrated.)

Das Reich war *von Bismarck* gegründet worden.
(The *Reich* had been founded by Bismarck.)

5. Bilden Sie Sätze. Folgen Sie dem Beispiel.

❏ tanzen, lachen
   Es war getanzt und gelacht worden.

1.	backen, kochen	Es war gebacken und gekocht worden.
2.	feiern, singen	Es war gefeiert und gesungen worden.
3.	helfen, putzen	Es war geholfen und geputzt worden.
4.	essen, trinken	Es war gegessen und getrunken worden.
5.	jubeln, lachen	Es war gejubelt und gelacht worden.
6.	diskutieren, berichten	Es war diskutiert und berichtet worden.

WB2, WB3

Die Küche wurde wieder saubergemacht.

Das alte Moped war viel gefahren worden.

6. Am Morgen nach dem Fest ist es im Café von Dieters Vater nicht mehr wie am Tag vorher. Folgen Sie dem Beispiel.

❏ In der Küche wurde mit Wasser gespritzt.
   In der Küche ist mit Wasser gespritzt worden.

Have students provide the sentences in the active. (*Man hat in der Küche mit Wasser gespritzt.*)

1. Die Tassen wurden nicht in die Küche gebracht.
2. Ein Liter Milch wurde auf dem Gartentisch vergessen.
3. Eine Zeitung wurde auf den Ofen gelegt.
4. Ein Kuchen wurde mit Nudeln gebacken.
5. Fünfzehn Liter Tee wurden gekocht.
6. Eine Zahnbürste wurde zum Schuheputzen genommen.
7. Im Keller wurde laut gesungen.
8. Im Auto wurden Pommes frites gegessen.
9. Im Restaurant wurden 135 Mark ausgegeben.
10. Die Luftmatratze wurde an die Bushaltestelle gestellt.
11. Gemüsesuppe wurde aus Tassen getrunken.
12. Das alte Moped wurde zu schnell gefahren.

1. Die Tassen sind nicht in die Küche gebracht worden. 2. Ein Liter Milch ist auf dem Gartentisch vergessen worden. 3. Eine Zeitung ist auf den Ofen gelegt worden. 4. Ein Kuchen ist mit Nudeln gebacken worden. 5. Fünfzehn Liter Tee sind gekocht worden. 6. Eine Zahnbürste ist zum Schuheputzen genommen worden. 7. Im Keller ist laut gesungen worden. 8. Im Auto sind Pommes frites gegessen worden. 9. Im Restaurant sind 135 Mark ausgegeben worden. 10. Die Luftmatratze ist an die Bushaltestelle gestellt worden. 11. Gemüsesuppe ist aus Tassen getrunken worden. 12. Das alte Moped ist zu schnell gefahren worden.

7. Was hat man alles gemacht? Bilden Sie neue Sätze. Folgen Sie den Beispielen.

❏ Man aß den großen Apfel.
Der große Apfel wurde gegessen.

Man hat das Geld schnell ausgegeben.
Das Geld ist schnell ausgegeben worden.

1. Peters Geburtstag wurde den ganzen Abend gefeiert. 2. Der Lehrer ist oft gefragt worden. 3. Die alten Bücher sind verkauft worden. 4. Ein paar Kuchen wurden gebacken. 5. Der heiße Kaffee wurde getrunken. 6. Deutsche Lieder sind gesungen worden. 7. Das Sofa wurde ins Wohnzimmer gestellt. 8. Die Handtasche ist im Café vergessen worden. 9. Der neue Film ist gesehen worden. 10. Viele Geschenke wurden gebracht.

1. Man feierte den ganzen Abend Peters Geburtstag.
2. Man hat den Lehrer oft gefragt.
3. Man hat die alten Bücher verkauft.
4. Man backte ein paar Kuchen.
5. Man trank den heißen Kaffee.
6. Man hat deutsche Lieder gesungen.
7. Man stellte das Sofa ins Wohnzimmer.
8. Man hat die Handtasche im Café vergessen.
9. Man hat den neuen Film gesehen.
10. Man brachte viele Geschenke.

8. Setzen Sie die richtige Form von „werden" im Präsens ein.

werde   1. Ich ____ nach Dresden geflogen.
wird   2. Der Apfelkuchen ____ viel gegessen.
wird   3. Es ____ oft gelacht und getanzt.
wird   4. Für den Ausflug ____ nichts mitgebracht.
Werden 5. ____ die Großeltern oft besucht?
wird   6. Die große Reise ____ dieses Jahr nicht gemacht.
werden 7. Wir ____ oft gefragt, wo sie arbeiten.
wird   8. Was ____ heute in der Klasse gelesen?

9. Das war bei uns am Wochenende los! Was wir alles geschafft haben! Folgen Sie den Beispielen.

1. Wir sind von deinen Freunden eingeladen worden. 2. Ein Brief ist von mir geschrieben worden. 3. Unsere Tante ist von uns besucht worden. 4. Ein Motorrad ist von meinem Vater gekauft worden. 5. Ein Buch ist von meiner Mutter gelesen worden. 6. Fußball ist von Monika und mir gespielt worden. 7. Das Abendessen ist von mir zubereitet worden. 8. Onkel Rudolf ist von uns zum Bahnhof gebracht worden.

❏ Meine Freundin hat die Karten gekauft.
Die Karten sind von meiner Freundin gekauft worden.

1. Deine Freunde haben uns eingeladen.
2. Ich habe einen Brief geschrieben.
3. Wir haben unsere Tante besucht.
4. Mein Vater hat ein Motorrad gekauft.
5. Meine Mutter hat ein Buch gelesen.
6. Monika und ich haben Fußball gespielt.
7. Ich habe das Abendessen zubereitet.
8. Wir haben Onkel Rudolf zum Bahnhof gebracht.

Rollenspiel: **Wer war das?**

10. Benutzen Sie die Sätze aus den letzten Übungen oder Ihre eigenen Sätze. Sagen Sie, wer das alles gemacht hat. Nennen Sie Klassenkameraden, die das getan haben. Wenn Ihr Klassenkamerad oder Ihre Klassenkameradin findet, daß das nicht stimmt, sagt er oder sie: „Ich war's nicht. Ich habe ..." Dann bleibt es unklar, wer's war.

Students should realize that passive sentences often do not reveal the acting subject. This is an important reason for the use of passive voice. Have students convert the statements to active sentences for additional practice.

❏ In der Küche wurde mit Wasser gespritzt.
Eine(r) aus der Klasse:
„Hilde war's. Hilde hat in der Küche mit Wasser gespritzt."
(Hilde ist eine Klassenkameradin. Sie steht auf und ruft:)
„Ich war's nicht. Ich habe in der Küche nicht mit Wasser gespritzt."
So ist es keiner gewesen. Hilde liest dann laut den nächsten Satz:
„Die Tassen wurden nicht in die Küche gebracht" und sagt, wer es getan hat.

Worträtsel

11. Was ist es?

(Answer: das Wort „nichts")

Wer es tut, hat keinen Mut (courage),
wem es fehlt, dem geht es gut,
wer es hat, kann's nicht verlieren,
wer es schafft, wird's nicht probieren,
wer es weiß, ist dumm wie Stroh (straw),
wer es sucht, ist immer froh,
wer es gibt, ist hart wie Stein,
wer es liebt, der bleibt allein.

Der Frosch°
und die Prinzessin

This collection of fairy tale motives refers to *Der Froschkönig* and *Frau Holle*, both from the Grimm collection "Kinder- und Hausmärchen" from 1812. Momo, however, is the heroine in Michael Ende's novel "Momo," which is as well known in Europe as "The Never Ending Story" has become in this country.

Frosch:	Tag, liebe Prinzessin!
Momo:	Warum Prinzessin? Und seit wann können Frösche denn eigentlich sprechen?
Frosch:	Liest du keine Märchen°?
Momo:	Aus dem Alter bin ich heraus°. Ich lese nicht, denn ich hör' nur noch zu°.
Frosch:	Dann küß° mich!
Momo:	Ich glaube, du spinnst. Nimm dir bitte keine Frechheiten° heraus!
Frosch:	Küß mich! Ich bin ein verzauberter° Prinz.
Momo:	Das ist ja wohl das grimmige° Ende.
Frau Holle:	Hallo! Da bist du ja, Ernie. Erzählst du wieder Märchen? Entschuldigen Sie°, Fräulein, aber Ernie muß jetzt nach Hause. Es ist doch Freitag und Ernie hat noch nicht gebadet.
Momo:	Na, dann nehmen Sie Ihren Prinzen mal wieder mit. Ich düse lieber nach Hollywood und mache endlich tolle Geschichten°.

WB4

(*der Frosch* frog; *das Märchen* fairy tale; *aus dem Alter heraussein* to be beyond that age; *zuhören* to listen; *küssen* to kiss; *keine Frechheiten herausnehmen* not to be fresh; *verzaubert* enchanted; *grimmig* grim; *baden* to bathe; *Entschuldigen Sie* Excuse me; *tolle Geschichten machen* to do fun things)

Textverständnis

The *Frosch* is part of the fairy tale *Der Froschkönig*. Momo is the main character in the book of the same title, written by Michael Ende, who is also the author of the "The Never-Ending Story." Ernie is a character in the Muppet Show, whereas *Frau Holle* appears in one of Grimms' fairy tales.

12. **Kennen Sie die Namen aus dem Gespräch? In welchen Märchen spielen diese Figuren? Spielen Sie diesen Dialog in der Klasse. Sie dürfen den Text ruhig etwas länger machen.**

Kennen Sie ein Märchen, das Sie ändern möchten? Schlagen Sie es in der Klasse vor und erfinden Sie den Text beim Spielen. Das haben die Italiener in ihrem Stegreiftheater (improvisational theater) auch so gemacht.

Sprichwörter und Redewendungen

Wo drückt Claudia der Schuh?

Zehn von den folgenden Sprichwörtern kennen Sie schon vom letzten Buch. Wiederholen Sie die alten und lernen Sie die neuen, die kurz auf deutsch erklärt sind.

Die bekannten Sprichwörter:

Morgenstund hat Gold im Mund.
Kleider machen Leute.
Erst wägen, dann wagen.
Zu viele Köche verderben den Brei.
Der Apfel fällt nicht weit vom Stamm.
Er hat Geld wie Heu.
Ein Spatz in der Hand ist besser als eine Taube auf dem Dach.
Du machst aus einer Mücke einen Elefanten.
Wo gehobelt wird, fallen Späne.
Wenn man den Wolf nennt, kommt er gerennt.

Die neuen Sprichwörter und Redewendungen:

Nimm mich doch nicht auf den Arm!	Mach dich nicht über mich lustig.
Wir sind noch einmal davongekommen.	Wir haben noch einmal Glück gehabt, daß nichts passiert ist.
Ich muß mich auf die Socken machen.	Ich muß mich beeilen.
Sie weiß, wo mir der Schuh drückt.	Sie weiß, was mir fehlt oder was mit mir los ist.
Hast du es endlich unter Dach und Fach gebracht?	Hast du es endlich beendet oder fertiggemacht?
Warum fährst du mir immer über den Mund?	Warum unterbrichst du mich immer? *oder* Warum antwortest du mir immer so scharf?
Mir fällt ein Stein vom Herzen.	Eine große Sorge ist mir genommen.
Er führt oft das große Wort.	Er spricht immer und macht sich wichtig.

If students have forgotten the 10 proverbs and idioms introduced in *Deutsch Aktuell 2,* you may want to review them first. Have students challenge each other in reviewing the known proverbs as well as figuring out the new ones. The new expressions are: Don't pull my leg. We escaped by the skin of our teeth. I have to get moving. She knows why I'm depressed. Did you finally finish it? Why do you always cut me short? That's a load off my mind. He often does all the talking.

13. **Welche Wörter fehlen in diesen Redewendungen?**

Beine   1. Mach dich schnell auf die ____!

Schuh   2. Weißt du, wo mir der ____ drückt?

Geld, Heu   3. Die Leute haben ____ wie ____.

Kleider   4. Machen ____ wirklich Leute?

Stein, Herzen   5. Nach dem leichten Unfall ist mir wirklich ein ____ vom ____ gefallen.

Arm   6. Warum nimmst du ihn schon wieder auf den ____?

Mücke, Elefanten   7. Gisela macht immer aus einer ____ einen ____.

WB5   Mund   8. Fahr mir bitte nicht über den ____!

14. **Sehen Sie sich die Sätze in der Übung an und sagen Sie, welche von den folgenden Sprichwörtern und Redewendungen am besten passen.**

f   1. Der Fahrer ist fast in mein Auto gefahren.

h   2. Ich stehe gern früh auf und kann viel Arbeit vor Mittag erledigen.

b   3. Dieter gibt immer so viel aus.

j   4. Die Ulrike sieht immer so schick und elegant aus.

d   5. Willst du wirklich von dem hohen Felsen ins Wasser springen?

i   6. Die Tochter sieht genauso aus wie ihre Mutter.

e   7. Angelika ist sehr traurig. Ihre Freundin Monika versteht sie sehr gut.

a   8. Ich werde einen Kuchen backen. Meine Freunde wollen mir dabei gern helfen.

c   9. Es ist schon acht Uhr. Ich sollte schon vor einer Stunde zu Hause sein.

g   10. Sie sagt immer viel, aber macht wenig.

     a. Zu viele Köche verderben den Brei.

     b. Er hat Geld wie Heu.

     c. Ich muß mich jetzt auf die Beine machen.

     d. Erst wägen, dann wagen.

     e. Sie weiß, wo der Schuh drückt.

     f. Da ist er noch einmal davongekommen.

     g. Sie führt das große Wort.

     h. Morgenstund hat Gold im Mund.

     i. Der Apfel fällt nicht weit vom Stamm.

     j. Kleider machen Leute.

15. Suchen Sie sich drei Sprichwörter oder Redewendungen aus und benutzen Sie diese in einer Situation.

(Answers will vary.)

❏ — Jutta kommt immer zu spät.
— Ja, sie hat eben die ganze Zeit viel zu tun.
— Das könnten wir aber auch über uns sagen.
— Ach, da kommt sie ja.
„Wenn man den Wolf nennt, kommt er gerennt."

Übrigens ...

Wenn man bei Freunden und Bekannten eingeladen wird, dann kann man erwarten, daß alles schön vorbereitet° ist. Das Haus ist ganz sauber und ein oder zwei Kuchen mit Kaffee werden angeboten. Die Gäste sowie die Gastgeber sind alle gut angezogen.

Sollte man am Nachmittag zu Kuchen und Kaffee oder am Abend zu einer Mahlzeit eingeladen werden, dann muß man schon pünktlich sein. Gäste bringen meistens Süßigkeiten für die Kinder der Familie und Blumen für die Gastgeberin mit. Nach deutscher Tradition entfernt° man das Papier, bevor man der Gastgeberin die Blumen gibt. Wichtig ist hier: keine roten Rosen schenken, denn die sind nur für die Freundin oder die Ehefrau!

(vorbereiten to prepare; *entfernen* to remove)

Was bringt der Gast der Gastgeberin?

158

16. Den meisten Menschen geht es am besten, wenn sie gut und richtig gegessen haben. Aber manchmal essen die Leute auch gern etwas Süßes°, manchmal etwas Salziges°. In Amerika essen die Leute meistens lieber etwas Salziges, während die Deutschen lieber Süßes essen. Jeder in der Klasse soll sagen, ob sie oder er lieber Süßigkeiten° und Kuchen ißt oder ob es lieber etwas Salziges sein soll: zum Beispiel Salzstangen°, Kartoffelchips oder Salzbrezeln.

Machen Sie in Ihrer Klasse eine Umfrage, welche Kuchen und Torten die anderen gern essen und was in diesen Torten und Kuchen ist. In der Liste stehen Wörter, die Ihre Klassenkameraden für die Antworten benutzen können.

Wenn Sie Kuchen und Torten nicht mögen, sagen Sie, was Sie lieber essen. Sagen Sie auch, was da drin ist.

Hier sind ein paar Tips für Ihre Fragen und Antworten. Was ist im Kuchen drin?

Apfelkuchen:	Äpfel, Schlagsahne, Eier, Walnüsse (walnuts)
Ananastorte:	Ananas (pineapple), Vanillesoße (vanilla sauce), Zimt (cinnamon), Vanilleeis
Schokoladentorte:	Schokolade, Haselnüsse (hazelnuts), Schokocreme, Eier
Pfirsichkuchen:	Pfirsiche, Zimt, Eierkuchenteig (pancake batter)
Erdbeertorte:	Erdbeeren, Schlagsahne, Vanillesoße, Kuchenteig

Beispiele:

1. Person:	Welchen Kuchen oder welche Torte ißt du am liebsten?
2. Person:	Ich esse gern Schokoladenkuchen. Da ist Schokolade drin. Ich esse ihn gern mit Schlagsahne.

1. Person:	Welchen Kuchen oder welche Torte ißt du am liebsten?
2. Person:	Ich mag keinen Kuchen. Ich esse gerne Ananas und Apfelsinen.

(*süß* sweet; *salzig* salty; *die Süßigkeiten* sweets; *die Salzstange* pretzel stick)

Leichtes Essen ist jetzt "in".

In einem deutschen Supermarkt gibt es alles zum Essen.

Die Eier müssen ganz frisch sein, damit der Kuchen gut schmeckt.

Frische Äpfel und Apfelsinen vom Wochenmarkt

Auf Wanderschaft°

Wenn man einen Beruf hat, dann geht man morgens zur Arbeit und kommt am Abend zurück. Und das Tag für Tag, Jahr für Jahr. Aber es gibt junge Leute, denen das nicht genug ist. Sie möchten nicht nur arbeiten, sondern wollen auch etwas sehen, erleben und Spaß haben. Sie gehen nach der Lehre auf Wanderschaft. Früher war es ganz normal, daß junge Handwerker auf Wanderschaft gingen, um bei anderen Meistern neue Tricks ihres Berufs zu lernen. Die Meister freuten sich, den Wandergesellen° zu helfen, weil sie früher selbst auf Wanderschaft gegangen waren. Heute kommt diese alte Tradition wieder in Mode.

Ralf ist einer von ihnen. Er hat sich entschieden, auf Wanderschaft zu gehen. Wie etwa 200 andere Wandergesellen wandert° er von Stadt zu Stadt, von Land zu Land. Arbeit findet er überall. Drei Jahre und einen Tag dauert so eine Wanderschaft. Komfort und Luxus erwarten° ihn zweifellos° nicht. Alles was er braucht, sind der Anzug, der Hut°, schwarze Schuhe und der Wanderstab°.

Wandergesellen unterwegs

WB6

Bei den Wandergesellen gibt es immer viel Spaß. Dafür ist der Gesellenabend° da. Man erzählt von seinen Erlebnissen und amüsiert sich. Doch schon in drei Wochen wandert Ralf weiter in den Norden.

(*auf Wanderschaft* on the road; *der Wandergeselle* journeyman; *wandern* to travel, walk; *erwarten* to be waiting for, await; *zweifellos* undoubtedly; *der Hut* hat; *der Wanderstab* walking stick; *der Gesellenabend* evening gathering of journeymen)

Textverständnis

17. **Welche Satzteile passen zusammen?**

f　1. Wenn junge Leute gern die Welt sehen möchten,

a　2. Wer auf Wanderschaft geht,

b　3. Bei neuen Meistern,

e　4. In Deutschland gibt es heute etwa

c　5. Die Meister helfen den Wandergesellen gern,

d　6. Beim Gesellenabend treffen sich alle Wandergesellen,

　　a. der findet überall Arbeit.

　　b. von denen man neue Tricks lernt, gibt es immer etwas Neues.

　　c. denn sie sind früher selbst unterwegs gewesen.

　　d. um Spaß zu haben und von ihren Erlebnissen zu erzählen.

　　e. zweihundert Handwerker, die auf Wanderschaft gehen.

　　f. können sie auf Wanderschaft gehen.

The ending "los"

The ending "los" added to a noun negates the original meaning of the word. In English, "less" has a similar function. Words with the ending "los" can be adjectives or adverbs. When preceding nouns, they are adjectives. Otherwise, they are adverbs.

Komfort und Luxus erwarten Ralf zweifellos nicht.
(Comfort and luxury undoubtedly are not awaiting Ralf.)

Meistens findet er ein kostenloses Zimmer.
(In most cases he manages to find a free room.)

arbeitslos (die Arbeit)	ohne Arbeit	unemployed
brotlos (das Brot)	nichts zu essen	without means of support, unemployed
erfolglos (der Erfolg)	ohne Erfolg	unsuccessful
farblos (die Farbe)	ohne Farbe	colorless
fraglos (die Frage)	ohne Frage	unquestionable
freudlos (die Freude)	ohne Freude	joyless
kostenlos (die Kosten)	ohne Kosten	free (of charge)
machtlos (die Macht)	ohne Macht	powerless, helpless
sinnlos (der Sinn)	ohne Sinn	senseless, meaningless
sorglos (die Sorge)	ohne Sorgen	carefree
staatenlos (der Staat)	ohne Staatsangehörigkeit	stateless
zahllos (die Zahl)	zu viel zum Zählen	countless
zeitlos (die Zeit)	ohne Zeitgrenze	timeless

18. **Bilden Sie aus den folgenden Nomen Wörter mit der Endung *-los*. Setzen Sie dann das neue Wort in einen Satz ein.**

(Sentences will vary.)

❑ ohne Glück — glücklos
Ja, bin ich denn ein glückloser Mensch?

1. ohne Geschmack — geschmacklos
2. ohne Gesetz — gesetzlos
3. ohne Grenzen — grenzenlos
4. ohne Ideen — ideenlos
5. ohne Herz — herzlos
6. ohne Kopf — kopflos
7. ohne Humor — humorlos

WB7, WB8

19. Bilden Sie nach dem Beispiel Sätze aus diesen Wörtern. Alle Sätze stehen im Imperfekt. Adjektive vor Nomen brauchen Endungen.

❏ Der Torwart / spielen / ohne Glück
  Der Torwart spielte glücklos.

1. Die Suppe war geschmacklos. 2. Der Cowboy lebte im gesetzlosen Westen. 3. Der amerikanische Westen war ein grenzenloses Land. 4. Ideenlos saß Heinrich vor dem Schloß. 5. Die herzlose Mutter liebte Schneewittchen nicht. 6. Wir sahen Tiere kopflos durch den Zoo rennen. 7. Eine Lehrerin war selten humorlos.

1. Die Suppe / sein / ohne Geschmack
2. Der Cowboy / leben / im / ohne Gesetz / Westen
3. Der amerikanische Westen / sein / ein / ohne eine Grenze / Land
4. ohne Ideen / sitzen / Heinrich / vor dem Schloß
5. Die / ohne Herz / Mutter / lieben / Schneewittchen / nicht
6. Wir / sehen / Tiere / ohne Kopf / durch den Zoo / rennen
7. Eine Lehrerin / sein / selten / ohne Humor

20. Vervollständigen Sie die Sätze mit den Wörtern in Klammern und der Endung -*los*. Manche der neuen Wörter haben Endungen.

❏ Im Märchen gibt es (Herz) ____ Mütter.
  Im Märchen gibt es herzlose Mütter.

erfolgloser
machtlos
farblose
Zahllose

arbeitslos
sinnlose

staatenlos

1. Mit (Erfolg) ____ Kunst verdient man wenig Geld.
2. Diese Politiker sind (Macht)____, denn sie können nicht helfen.
3. Für meine weißen Schuhe nehme ich die (Farb-) ____ Creme.
4. (Zahl) ____ Fußballfans kommen schon eine Stunde vor dem Spiel.
5. Gestern verlor ich meinen Job und bin jetzt (Arbeits-) ____.
6. Ich redete mit dem Chef, aber es war eine (Sinn) ____ Unterhaltung.
7. Eine Person ohne Reisepaß und Heimat ist (Staaten-)____.

21. Erzählen Sie die folgende Geschichte des staatenlosen Maler-Ehepaares Erika und Ernst Bremer so, daß Sie mindestens sechs Wörter mit -*los* einsetzen.

❏ Das Leben der Bremers war ohne Erfolg.
  Das Leben der Bremers war erfolglos.

ziellos
arbeitslos, staatenlos
sinnlos, freudlose, farblose
hoffnungslos
fraglos
zahllos

1939 verließen die Bremers Deutschland und fuhren ohne Ziel in Europa herum. Sie waren ohne Arbeit und ohne Staat. Oft kam ihnen das Leben ohne Sinn vor. Sie sahen in Gesichter ohne Freude und ohne Farbe. Viele Deutsche fühlten sich wie die Bremers ohne Hoffnung. Sie fuhren nach Portugal, um ein Schiff nach Amerika zu finden. Das war für sie ohne Frage die einzige Möglichkeit. Menschen standen ohne Zahl im Hafen und warteten mit ihnen.

Im Tower

Fluggast:	Tower, bitte melden°! Hallo Tower? Hört mich denn keiner?
Tower:	Hier Tower Flughafen Düsseldorf. Warum halten Sie sich nicht an die Regeln°?
Fluggast:	Regeln! Regeln! 250 Fluggäste hinten drin! Der Pilot ist ohnmächtig° und Sie erzählen mir von Regeln!
Tower:	Bleiben Sie ruhig°. Wir melden uns wieder.
Fluggast:	Hallo Tower! Helfen Sie uns doch.
Tower:	Hier Tower. Was ist mit dem Piloten?
Fluggast:	Na, Sie sind gut. Wie soll ich das wissen? Seine Augen sind geschlossen und er atmet° schwer.
Tower:	Immer mit der Ruhe! Wir helfen Ihnen. Können Sie eine Maschine fliegen?
Fluggast:	Da habe ich Zweifel°. Ich will nach Mallorca, Urlaub machen.
Tower:	Gut. Hören Sie zu. Sehen Sie den Hebel° rechts neben sich?
Fluggast:	Ja.
Tower:	Das ist der Gashebel°. Schieben Sie ihn langsam in die andere Richtung.
Fluggast:	Ab geht die Post!°
Tower:	Alles OK?
Fluggast:	Und wie°!
Tower:	Regulieren Sie mit dem Schalthebel° langsam die Höhe. Schaffen Sie das?
Fluggast:	Oh, mein Gott°!
Tower:	Hallo, bitte melden! Schaffen Sie es?
Fluggast:	Ja, Mann. Mein Gott, Wahnsinn° ... ich hebe ab°, ... ich flieeeege!!!

(*sich melden* to report; *sich an die Regeln halten* to stick to the rules; *ohnmächtig* unconscious; *ruhig* quiet, calm; *atmen* to breathe; *der Zweifel* doubt; *der Hebel* lever; *der Gashebel* gas throttle; *Ab geht die Post!* Off we go!; *Und wie!* You bet!; *der Schalthebel* control lever; *Oh, mein Gott!* Oh dear!; *der Wahnsinn* insanity, madness; *abheben* to lift off)

Role-playing: Have students in pairs practice and act out this dialog and then ask them to come up with their own version pretending that they are in a similar situation. Encourage creativity.

Textverständnis

22. **Beantworten Sie die Fragen zum Text.**

1. Er soll ruhig bleiben.
2. Er hat die Augen geschlossen und atmet schwer. 3. Nach Mallorca.
4. Man muß ihn in die andere Richtung schieben.
5. Mit dem Schalthebel.
6. Von Düsseldorf.

1. Wie soll der Fluggast im Cockpit bleiben, bis sich der Tower wieder meldet?
2. Was ist mit dem Piloten?
3. Wohin will der Fluggast?
4. Was muß man mit einem Gashebel tun, wenn man fliegen will?
5. Wie reguliert der Fluggast im Cockpit die Höhe?
6. Von wo fliegt das Flugzeug ab?

23. **Welche Ausdrücke passen zusammen und haben eine ähnliche Bedeutung?**

h	1. sich an die Regeln halten	a.	etwas können
i	2. Luft holen	b.	nicht weit weg
f	3. Zweifel haben	c.	hochfliegen
g	4. in Richtung	d.	etwas bekanntgeben
e	5. ruhig sein	e.	still sein
b	6. neben sich	f.	nicht genau wissen
a	7. etwas schaffen	g.	nach
c	8. abheben	h.	alles richtig machen
d	9. sich melden	i.	atmen

Sie haben Zweifel, ob sie in der richtigen Gegend sind.

165

Wortspiele

24. **Versuchen Sie den Sinn der folgenden Wörter herauszubekommen. Es geht nur, wenn Sie diese Wörter laut sprechen.**

☐ ein 4tel
ein Viertel

Achtung   1. 8ung

Heinz   2. H1

Zweifel   3. 2fel

(Sample answers: Das „O" ist oben, das „U" ist unten, „Deutschland" hatte zwei Teile usw.)

Was könnten diese Wortspiele heißen?

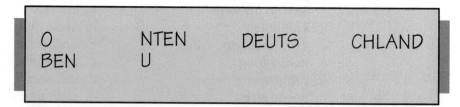

```
O              NTEN        DEUTS        CHLAND
BEN            U
```

```
LANDEN      HOCH       SUCHEN        WAND
L                             S  CHEN          W
   A          O                                  A
      N       H  CH              U               N
         DEN                                      D
```

Sprachlos

Gerda: Wie war die Party bei Hansens?

Uwe: Ein Erlebnis. Frau Hansen mag es nicht, wenn Herr Hansen redet.

Gerda: Und er?

Uwe: Er hat es nicht gern, wenn sie redet.

Hilde: Und beide haben es nicht gern, wenn andere reden.

Gerda: Und was habt ihr da gemacht?

WB9

Hilde: Wir haben soviel gegessen, daß sie sprachlos waren.

Was man weiß, was man wissen sollte.

So ist das. Alles o.k.!

Jo Hanns Rösler (1899-1966)

Jo Hanns Rösler wurde am 7. April 1899 in Königstein an der Elbe geboren. Er besuchte das Gymnasium in Dresden, um später Theologie zu studieren.

die Waage

die Kasse

der Sack

Als er aber aus dem Ersten Weltkrieg zurückkam, begann er sofort mit dem Schreiben. Er heiratete eine Wiener Schauspielerin namens Kitty und lebte mit ihr in Paris, Berlin, Wien und auf Mallorca, bis er im Jahre 1935 seinen Berghof „Überfeilnbach" kaufte. Jo Hanns Rösler lebte allein mit seiner Familie auf seinem Berghof, 1 000 Meter hoch. Sein Theaterstück „Philine" wurde überall gespielt und auch zweimal verfilmt. Jo Hanns Rösler gehört mit seinen spaßigen Geschichten zu den beliebtesten Autoren im Radio. Er lebte bis zum Jahre 1966. Dieses Stück von ihm wurde etwas editiert, um das Lesen und Verstehen leichter zu machen.

Winterkartoffeln

Ich kaufe lieber in kleinen Geschäften ein als in den großen. Herr Gaunert hatte so ein kleines Geschäft. Beim alten Gaunert in der Nebenstraße gab es diesen Freitag Winterkartoffeln. Er hatte viele. Die Kartoffelsäcke standen bis auf die Straße hinaus; ein Kartoffelsack neben dem anderen. Über dem Fenster stand:

„Heute noch Kartoffeln zum alten Preis! Letzter Tag!"
So kamen die Kunden.

„Was kosten die Kartoffeln?"
„Wir verkaufen noch zum alten Preis."
„Und das ist?"
„Fünf Pfund 75 Pfennige."
„Nur noch heute?"
„Heute ist der letzte Tag!"

Die Kunden kamen und kauften sehr viel. Sie kauften für den ganzen Winter. Zum alten Preis. Jeder wollte Kartoffeln zum alten Preis haben.

Beim alten Gaunert standen die Waage und die Kasse nicht still°. „Fünf Pfund 75 Pfennige! Wer will noch mal? Wer hat noch nicht? Wieviel Pfund dürfen es denn sein, junge Frau?"

Die Kunden standen bis auf die Straße hinaus. Sie standen in langen Reihen. Sie kamen zweimal und dreimal. Zu Hause holten die Frauen mehr Geld von ihren Männern, die mit dem Wochenlohn° von der Arbeit nach Hause kamen, und sausten wieder los zum Gaunert.

„Beim Gaunert gibt es noch Kartoffeln zum alten Preis! Heute letzter Tag!"
Die Männer freuten sich über ihre Frauen. Viel Geld hatte ja keiner.
Oma Schneffke kam auch vorbei. Sie sah die vielen Kartoffelsäcke.
„Kartoffeln zum alten Preis! Heute letzter Tag!"

Sie stellte sich hinten an. Als sie an der Reihe war, fragte sie:
„Zum alten Preis?"
„Ja. Nur noch heute, Oma Schneffke. Fünf Pfund 75 Pfennige."
Oma Schneffke fragte:
„Und morgen? Was werden die Kartoffeln morgen kosten?"
„Den neuen Preis."
„Wieviel ist das?"
Gaunert sagte, aber leise:

WB10

„Fünf Pfund 65 Pfennige."

(*stillstehen* to stand still; *der Wochenlohn* weekly wage)

Textverständnis

25. **Sind die folgenden Aussagen richtig oder falsch? Korrigieren Sie die falschen Aussagen.**

1. falsch/Die Kartoffeln sind teurer. 2. richtig 3. falsch/ Die Waage steht nicht still. 4. richtig 5. falsch/Sie weiß, daß es kein Sonderangebot ist. 6. falsch/Sie kaufen Kartoffeln für den ganzen Winter. 7. falsch/Die Frauen holen sich Geld bei den Männern.

1. Herr Gaunert verkauft seine Kartoffeln heute billiger.
2. Die Männer kommen diesen Freitag von der Arbeit nach Hause.
3. Die Leute kaufen so viel, daß die Waage neben der Kasse stillsteht.
4. Der alte Preis heißt nicht, daß es billiger ist.
5. Oma Schneffke weiß, daß Herr Gaunert heute ein Sonderangebot hat.
6. Viele Leute kaufen Kartoffeln für den ganzen Sommer.
7. Die Männer holen sich Geld bei den Frauen.

Speech pattern *wenn..., dann...*

The speech pattern "if...then..." in English corresponds to the German *wenn..., dann...* The pattern *wenn..., dann...* is used to point out the consequences of a certain attitude, action or behavior. The verb comes last in the *wenn*-clause and first after the conjunction *dann* in the main clause.

The following conversation illustrates the use of this speech pattern.

A: Du, sag' mal, bist du lieber glücklich oder hast du lieber schlechte Laune?

B: Was für eine Frage. Natürlich bin ich lieber glücklich. *Wenn* man glücklich ist, *dann* macht doch alles viel mehr Spaß.

A: Manchmal, *wenn* ich schlechte Laune habe, *dann* will ich sie haben.

B: *Wenn* du es so willst, *dann* ist es ja gut.

A: *Wenn* ich es aussuchen könnte, *dann* wäre ich doch lieber glücklich.

B: *Wenn* du etwas anderes gesagt hättest, *dann* hätte ich es dir nicht geglaubt.

For additional practice on word order, have students start the sentence with the main clause. (*Ich werde mit dem Fahrrad fahren, wenn ...*)

26. Kombinieren Sie die folgenden Sätze.

❏ Die Sonne scheint. Ich werde mit dem Fahrrad fahren.
   Wenn die Sonne scheint, dann werde ich mit dem Fahrrad fahren.

1. Wenn es Nacht ist, dann kann man nicht viel sehen.
2. Wenn man ein Spiel gewonnen hat, dann freut man sich. 3. Wenn man einen Beruf hat, dann ist vieles leichter.
4. Wenn viele Leute viele Sprachen sprechen, dann verstehen sich alle besser.
5. Wenn man zu viel Eis gegessen hat, dann bekommt man Bauchschmerzen.
6. Wenn ich auf Wanderschaft gehe, dann besuche ich viele Städte.

1. Es ist Nacht. Man kann nicht viel sehen.
2. Man hat ein Spiel gewonnen. Man freut sich.
3. Man hat einen Beruf. Vieles ist leichter.
4. Viele Leute sprechen viele Sprachen. Alle verstehen sich besser.
5. Man hat zu viel Eis gegessen. Man bekommt Bauchschmerzen.
6. Ich gehe auf Wanderschaft. Ich besuche viele Städte.

Wenn die Sonne scheint, dann werden sie lieber draußen sitzen.

27. Mit dem Sprechmuster „wenn ..., dann ..." kann man auch Wünsche und Fantasien aussprechen. Suchen Sie die passenden Wünsche.

❏ Wenn ich ein Hund wäre, dann könnte ich den ganzen Tag schlafen.

c 1. Wenn ich ein Vogel wäre, ...

a 2. Wenn ich ein guter Sportler wäre, ...

d 3. Wenn ich ein Auto hätte, ...

e 4. Wenn ich viel Geld gewinnen würde, ...

b 5. Wenn ich kein Mensch wäre, ...

Have students complete each sentence with their own wish.

a. dann würde ich bei der Meisterschaft mitmachen.

b. dann würde ich gern ein Tiger sein.

c. dann würde ich in die Berge fliegen.

d. dann würde ich damit zur Schule fahren.

WB11, WB12   e. dann würde ich mir ein Schloß kaufen.

28. Beenden Sie die Sätze, wie Sie es für richtig halten.

❏ Wenn ich schlechte Laune habe, dann ...
Wenn ich schlechte Laune habe, dann will ich das aber auch.

Sample answers:
1. wäre ich doch lieber glücklich. 2. ist es ja gut. 3. hätte ich es nicht geglaubt. 4. sag es mir bitte. 5. müssen wir uns beeilen. 6. hätte ich alles besser verstanden.

1. Wenn ich es aussuchen könnte, dann ...

2. Wenn du es so willst, dann ...

3. Wenn du etwas anderes gesagt hättest, dann ...

4. Wenn ich dir helfen soll, dann ...

5. Wenn wir pünktlich ankommen wollen, dann ...

6. Wenn Sie mir davon erzählt hätten, dann ...

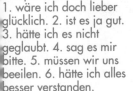

29. Bilden Sie ganze Sätze. Suchen Sie sich aus, ob das Fantasie oder Realität ist.

❏ glücklich sein / mehr Spaß haben
Wenn man glücklich ist, dann hat man mehr Spaß. *oder*
Wenn man glücklich wäre, dann hätte man mehr Spaß. *oder*
Wenn man glücklich wäre, würde man mehr Spaß haben.

Sample answers:
1. Wenn man viel Geld hat, dann kauft man mehr.
2. Wenn man schlechte Noten bekäme, dann würde man sich nicht wohl fühlen.
3. Wenn man seine Ruhe bewahrt, dann kommt man weiter. 4. Wenn man aufs Gaspedal tritt, dann fährt man schneller. 5. Wenn man einen Urlaub machte, dann würde man sich gut amüsieren.
6. Wenn man Zweifel hat, dann soll man das nicht tun.

1. viel Geld haben / mehr kaufen

2. schlechte Noten bekommen / sich nicht wohl fühlen

3. seine Ruhe bewahren / weiterkommen

4. aufs Gaspedal treten / schneller fahren

5. einen Urlaub machen / sich gut amüsieren

6. Zweifel haben / das nicht tun sollen

Joachim Ringelnatz (1883-1934)

Das folgende Gedicht ist von Joachim Ringelnatz. Er schrieb viele witzige Gedichte. Sein richtiger Name war Hans Bötticher. Er schrieb viel für Münchner Kabaretts und hat oft die Fehler der Menschen humorvoll kritisiert.

Bumerang

War einmal ein Bumerang;
War ein weniges zu lang.
Bumerang flog ein Stück,
Aber kam nicht mehr zurück,
Publikum — noch stundenlang —
Wartete auf Bumerang.

Demonstrative pronouns

The words *der, die* and *das* can be articles that indicate the gender, number and case of nouns. These same words also have another important function: they can be used as pronouns for specific persons or things. As pronouns, they give emphasis to that person or thing. Note that not all forms of the demonstrative pronouns are identical to the definite articles.

Point out that the demonstrative pronouns are declined exactly as the relative pronouns.

	Singular			**Plural**
nominative	der	die	das	die
accusative	den	die	das	die
dative	dem	der	dem	*denen*
genitive	*dessen*	*deren*	*dessen*	*deren*

30. *Gespräch vor 50 Jahren zwischen zwei Leuten auf dem Münchner Marienplatz.* Lesen Sie den Dialog und schreiben Sie die richtigen Formen der Demonstrativpronomen.

—	1.	Kennen Sie die Person am Zeitungskiosk an der Uhlandstraße?
die	2.	Nein, ____ kenne ich nicht.
die	3.	Aber Sie müssen ____ doch kennen.
der	4.	Nein, von ____ habe ich noch nie gehört.
—	5.	Aber deren Namen kennen Sie bestimmt.
die	6.	Warum denn? Ich sage doch, daß ich ____ nicht kenne. Wie
die		heißt ____ denn?
den	7.	Das ist doch der Joachim Ringelnatz. ____ kennt man doch.
dem	8.	Na, jetzt erkenne ich ihn auch. Von ____ hört man viel.
den	9.	Sehen Sie, Sie kennen ____ doch. Ist ja einer unserer berühmtesten Dichter vom Kabarett.
der	10.	Ja, ja. Stimmt. Aber heißt ____ nicht richtig Hans Bötticher?

WB13

Kennt die Studentin diesen Musiker?
Nein, den kennt sie nicht.

Den Zeitungskiosk an der
Uhlandstraße kennen viele.

31. **Beantworten Sie die Fragen. Folgen Sie dem Beispiel.**

> ❐ Ich suche Karla. Weißt du, wo ____ ist?
> Weißt du, wo die ist?

der 1. Ich suche den Busfahrer. Weißt du, wo ____ ist?

die 2. Ich hole die Schulleiterin. Wissen Sie, wo ____ ist?

das 3. Haben Sie mein Kind gesehen? Wissen Sie, wann ____ in der Schule angekommen ist?

der 4. Hans ißt nichts? Hat ____ sein Schulessen nicht bezahlt?

die 5. Wo ist Rita? Ist ____ mit den anderen auf den Fußballplatz gegangen?

der 6. Wo ist die Chefin? Kann ich ____ diesen Brief geben?

den 7. Ich suche meinen neuen Wagen. Wo finde ich ____ auf diesem Parkplatz?

Lieber Herr Dichter

Point out that these German students may have written this letter to Ringelnatz before he passed away in 1934 or simply didn't know that he wasn't alive. Have students write a letter to the authors or publisher of this book about some material they like or dislike so that they can demonstrate their writing ability in German.

Lieber Herr Dichter Ringelnatz!

Wir haben heute Ihr Gedicht° „Bumerang" gelernt. Vor acht Tagen mußten sechs aus unserer Klasse nachsitzen°, weil sie das Gedicht nicht konnten. Daran dachten Sie wohl nicht, als Sie es vor Jahren schrieben? Trotzdem sind Sie noch einer von den kurzen Dichtern! Schiller ist am längsten, der ist aber erst in vier Jahren dran. Der Lehrer sagt: „Das Gedicht ist sehr schön." Es gibt aber so viele schöne Gedichte, und wir müssen sie alle lernen. Wir möchten Sie bitten, machen Sie nicht noch mehr Gedichte. Kriege gibt es auch immer mehr, und wir müssen sie lernen. Erdkunde ist besser, da kann man auf die Landkarte sehen, aber die Gedichte und die Kriege sind am schlimmsten. Und dann hat jeder Dichter auch noch ein Geburts- und Todesjahr°. Bei Ihnen brauchen wir aber noch kein Todesjahr zu lernen. Wir wünschen Ihnen ein sehr langes Leben.

Es grüßt herzlich

Die Klasse 5 der Blücher-Schule in Hagen-Haspe

(*das Gedicht* poem; *nachsitzen* to stay after school, detention; *das Geburts- und Todesjahr* year of birth and death)

Textverständnis

32. **Beantworten Sie die Fragen zum Text.**

1. Die Schüler haben das Gedicht „Bumerang" von Ringelnatz gelernt. 2. Sie konnten das Gedicht nicht. 3. Sie mußten vor acht Tagen nachsitzen. 4. Schiller schreibt die längsten Gedichte. 5. Er soll nicht noch mehr Gedichte schreiben. 6. Sie wünschen ihm ein sehr langes Leben.

1. Welches Gedicht haben die Schüler gelernt?
2. Warum mußten sechs Schüler nachsitzen?
3. Wann mußten die sechs Schüler nachsitzen?
4. Welcher Dichter schreibt die längsten Gedichte?
5. Was soll der Dichter nicht tun?
6. Was wünschen die Schüler dem Dichter Ringelnatz?

Mein Lieblingstag

Kennen Sie das Gefühl am Freitag, endlich Ruhe zu haben? Eine volle Arbeitswoche liegt hinter Ihnen. Endlich ist das Wochenende da, keine Arbeit und keine Schule.

Es ist klar, daß der Freitag für viele der schönste Tag der Woche ist. An diesem Tag läßt man seinen Gefühlen freien Lauf°. Das zeigt eine Hamburger Umfrage°. Der Freitag ist jetzt der beliebteste Tag der Woche. Früher war es der Sonntag. Besonders Jugendliche finden den Sonntag langweilig, berichtet die Umfrage, weil schon früh am Abend Ruhe ist.

Viele denken am Sonntag schon wieder an den Montag. Und auf den kommenden Arbeitstag freuen sich nur wenige. Sonntags gehen viele kostenlos in die Diskotheken. Man hat Angst, daß sonst niemand kommt. Denn am Montag wollen alle fit sein. Freuen wir uns also auf den Freitag, feiern wir samstags und ruhen wir uns sonntags aus°.

(*seinen Gefühlen freien Lauf lassen* to let one's feelings flow freely; *die Umfrage* survey, poll; *ausruhen* to take a rest)

Samstags und Sonntags gehen viele Deutsche gern in ein Café.

Lektion 4

175

33. Alle Leute in der Klasse beantworten die folgenden Fragen auf einem Stück Papier:

1. Welcher Wochentag ist Ihr Lieblingstag?
2. Was tun Sie gern an diesem Tag?
3. Ist Ihnen der Freitag oder der Montag lieber?
4. Hätten Sie gerne ein längeres Wochenende? Vielleicht freitags frei?
5. Müssen Sie am Wochenende arbeiten oder lernen? Was? Wo?

Jetzt wollen wir den beliebtesten Tag der Woche in Ihrer Klasse finden. Drei Personen aus der Klasse müssen dabei helfen. Eine Person schreibt alle Tage der Woche an die Tafel. Eine andere Person fragt jeden in der Klasse, welcher Tag sein Lieblingstag ist. Eine dritte Person zählt die Tage an der Tafel. Machen Sie einen Strich (line) hinter dem Tag, den einer aus der Klasse sagt. Am Ende sehen Sie dann, welcher Tag die meisten Striche hat.

Beispiel:

Der beliebteste Tag ist im Beispiel der Freitag. Wie sieht es in Ihrer Klasse aus? Die drei Helfer fragen nun die Klasse:

1. Warum ist das der beliebteste Tag?
2. Was machen die meisten Leute aus der Klasse an diesem beliebtesten Tag?
3. Wie viele freie Tage wird unser Wochenende in zehn Jahren haben? Mehr oder weniger? Warum?

Gefühle und Stimmungen

Rührung°

Manchmal passieren Dinge, die die Menschen rühren°. Sie weinen dann oft vor Freude und sind in einer ganz weichen und zarten° Stimmung. Das ist zum Beispiel so, wenn Weihnachten ist und die schöne Musik gespielt wird oder wenn Leute sich nach langer Zeit wiedersehen. Auch im Theater fühlen sich bei einem traurigen Stück viele Menschen gerührt und fühlen mit den Schauspielern. Die Leute sehen aus, als würden sie traurig sein. Aber das ist nicht so. Sie sind glücklich und gerührt. Das ist natürlich oft so, wenn zwei Leute heiraten:

> *Priester:* Wollen Sie diesen Sigismund Rührig, geborenen Kerner, zu Ihrem Ehemann° nehmen?
> *Braut:* Ja, ich will.
> *Priester:* Wollen Sie diese Eleanore Rührig, geborene Rührig, zu Ihrer Ehefrau° nehmen?
> *Bräutigam:* Ja, das will ich.
> *Priester:* Damit erkläre° ich Sie beide zu Mann und Frau.

Die Frau hat Tränen° in den Augen. Der Mann hat Tränen in den Augen. Die Gäste weinen. Alle sind gerührt, weil Sigismund und Eleanore geheiratet haben. Hochzeiten sind immer ein guter Grund, gerührt zu sein. Was einige Leute rührt, finden andere oft zum Lachen. Rührung ist also eine Stimmung zwischen Lachen und Weinen.

German law allows the use of either the husband's name or the wife's maiden name. In this case, the couple chose to keep the wife's name.

WB14

Group activity: Have students in groups develop a situation (dialog or narrative) in which the topic of *Rührung* is a good example.

(*die Rührung* emotion; *rühren* to move; *zart* gentle; *der Ehemann* husband; *die Ehefrau* wife; *erklären* to pronounce; *die Träne* tear)

34. Was hat Sie in einem Film gerührt, den Sie während des letzten Jahres gesehen haben? Wie heißt der Film und welche Szene hat Sie besonders gerührt?

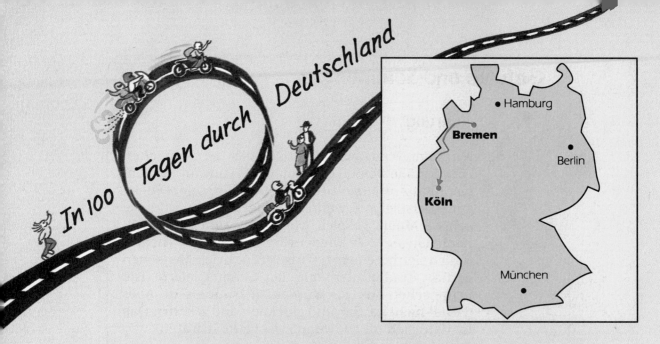

In 100 Tagen durch Deutschland

• Hamburg

Bremen

Berlin

Köln

München

Bremen und weiter zum Rhein (Folge 5)

Have students trace the trip from Bremen to Köln.

Die vier Bremer Stadtmusikanten stehen am Rathaus.

Was muß man in Bremen sehen? Natürlich den Marktplatz mit dem berühmten Rathaus, dem Denkmal° des Roland und den Bremer Stadtmusikanten. Natürlich regnete es am ersten Tag. Als wir vor dem Denkmal des Roland standen, hörten wir einer Fremdenführerin° zu, die mit einer Gruppe Touristen die Innenstadt besuchte. Sie erzählte, daß der Name dieses Denkmals „Roland der Riese° vom Rathaus zu Bremen" wäre und daß die Nazis im Bein des Roland eine Kassette mit Dokumenten versteckt hätten. Aber man ist sich nicht sicher, ob es stimmt. Wir sahen uns das Glockenspiel an und wanderten durchs Schnoor-Viertel, wo man schöne alte Bremer Häuser sieht.

Das Wappen der Stadt Bremen ist auf seinem Schild.

Vorm Rathaus steht Roland der Riese.

178

Dieses Schild beschreibt
die Geschichte des
Rathauses.

Der Rathausplatz in Bremens Innenstadt

In vielen kleinen Geschäften gibt es Waren aus aller Welt, denn Bremen
ist ja eine Hafenstadt°, in der Waren aus der ganzen Welt ankommen.
Abends gab es etwas gegen den Durst und Bratkartoffeln mit Wurst.
Danach fuhren wir keinen Meter mehr selbst. Hannes mußte zweimal
fahren, bis wir alle bei seiner Wohnung ankamen. Wir blieben zwei Tage.
Es war der letzte Morgen in Bremen. Von der Stadt hatten wir nur die
Innenstadt gesehen. Die meiste Zeit verbrachten wir mit unseren beiden
Freunden Hannes und Ellen, denn es gab ja unser
Wiedersehen zu feiern. Wir kannten beide schon seit
einigen Jahren.

Das Schnoor-Viertel

Ellen und Hannes sehen
aus dem Fenster.

Die Abreise war für uns nicht leicht. Es waren schöne Tage in Bremen gewesen. Jetzt sollte es weiter nach Westen gehen, in Richtung Holland. Hannes und Ellen sahen aus ihrer Wohnung zu, wie wir starteten.

Über die Orte Nordhorn, Rheine und Bocholt ging es durch das flache Land des deutschen Nordwestens, vorbei an gelben Feldern und grünen Wiesen. Die Straßen waren leer°. Am Abend erreichten wir unser Ziel Xanten. Xanten ist vor langer Zeit römisch gewesen. Noch heute sieht man dort ein riesengroßes römisches Theater.

Zu unserem Glück fand in der Stadt Geldern in der Nähe gerade der sehr bekannte Markt der Straßenmaler statt. Maler aus fast allen Ländern treffen sich dort, um ihre Straßenbilder zu malen. Alle, die malen, können kostenlos in einem Malerdorf wohnen. Das Fest findet jedes Jahr in den Sommerferien statt.

Nach zwei Tagen fuhren wir den Rhein entlang in Richtung Süden. In Duisburg, der Stadt mit dem größten Binnenhafen° der Welt, waren wir jetzt nur noch etwa 50 km von unserem Wohnort Dortmund entfernt.

Wir fuhren aber weiter am Rhein entlang, bis wir vor uns die Türme des Kölner Doms sahen. Der Kölner Dom ist die älteste Kirche Deutschlands. Für eine Mark kann man die Türme hinaufsteigen°. Dort oben ist der Himmel° ein Stück näher.

Wir fuhren Richtung Köln.

Auf der anderen Seite des Rheins sahen wir die Türme des Kölner Doms.

Der Kölner Dom ist die älteste Kirche Deutschlands.

Als wir wieder unten waren, war das Motorrad von Jürgen und Ulla nicht mehr da. Gestohlen°. Polizei. Protokoll°. Warten.

Nichts passierte. Motorrad und alles Gepäck waren weg und blieben weg. Weiter warten. Die Polizei machte uns keine Hoffnung.

Am Abend des dritten Tages brachten wir die beiden zum Zug. Dann setzten wir uns vor den Bahnhof und sahen zwei Vögeln zu, wie sie in der Sonne spielten und versuchten, einen Hamburger zu essen. Niemand sagte ein Wort.

(*das Denkmal* monument; *die Fremdenführerin* (tourist) guide; *der Riese* giant; *die Hafenstadt* port city; *leer* empty; *der Binnenhafen* inland port; *hinaufsteigen* to climb up; *der Himmel* sky; *gestohlen* stolen; *das Protokoll* statement)

35. Wo findet man ...?

❐ die Bremer Stadtmusikanten
   Auf dem Marktplatz in Bremen.

1. Im Schnoor-Viertel in Bremen. 2. In Köln. 3. In Xanten. 4. Auf dem Marktplatz in Bremen. 5. In Duisburg. 6. In Geldern. 7. In Bremen. 8. Im Nordwesten Deutschlands.

1. einen Stadtteil, in dem es viele alte Häuser gibt
2. die älteste Kirche Deutschlands
3. ein römisches Theater
4. Roland den Riesen
5. den größten Binnenhafen der Welt
6. den bekannten Markt der Straßenmaler
7. ein berühmtes Rathaus
8. die Stadt Bocholt

36. Was stimmt hier nicht? Geben Sie die richtigen Antworten.

1. Sie fuhren mit dem Zug weiter. 2. Sie sahen sich das Glockenspiel an. 3. Duisburg ist ungefähr 50 Kilometer von Dortmund entfernt. 4. Rheine liegt in der Nähe von Holland. 5. Sie sagten kein Wort. 6. Sie wohnen kostenlos im Malerdorf. 7. Roland der Riese ist ein Denkmal. 8. Es kostet eine Mark. 9. Am Abend aßen sie Bratkartoffeln und Wurst.

1. Jürgen und Ulla fuhren mit ihrem Motorrad von Köln weiter.
2. Die Jugendlichen hörten sich das Glockenspiel an.
3. Duisburg ist ungefähr 50 Meilen von Dortmund entfernt.
4. Rheine liegt in der Nähe von Dänemark.
5. Die Jugendlichen saßen vor dem Bahnhof und sprachen über ihre Reise.
6. Alle, die im Malerdorf malen wollen, müssen nur wenig Geld bezahlen, um dort zu wohnen.
7. Roland der Riese ist ein großer Mann, der in Bremen wohnt.
8. Es kostet nichts, die Türme des Kölner Doms hinaufzusteigen.
9. Am Mittag aßen die Jugendlichen Bratkartoffeln und Wurst.

Heute sagen die Jugendlichen ganz deutlich, was bei ihnen „in" ist. Wer „in" sein will, muß zur Szene° gehören. Zur Szene gehören die jungen Leute, die sich oft treffen und zusammen etwas unternehmen. Es gibt also viele Szenen, denn es gibt viele Freundeskreise°. Ein Maler hat das Bild mit dem Kopf ein wenig „auf junge Szene gestylt". So würde

Hallo Leute!

man es in einer Szene wohl nennen. Man spricht von der Rock-Szene, der Film-Szene und der Yuppie-Szene. Hier bedeutet Szene so viel wie Bewegung°.

Junge Szene 5

In diesem Kapitel werden Sie einiges Interessantes über die Jugendlichen in Deutschland lernen. Und natürlich auch etwas darüber, was „in" und was „out" ist. Und Sie lernen Werner kennen. Werner ist eine berühmte Comic-Figur. Er ist Auszubildender bei einem Meister. Da hat er nicht viel zu sagen, denn der Meister und der Geselle° arbeiten schon länger in diesem Beruf. Aber Werner hat trotzdem Spaß, zum Beispiel auf seinem Moped.

Sie lesen etwas über die deutsche Rockmusik-Szene und den „Sound für's Auge", eine Urlaubsfahrt in den Süden und ... Liebe ... und Probleme ... und viel anderes. Am Ende dieses Kapitels werden Sie sehr viel mehr vom Leben deutscher Jugendlicher wissen. Und wenn Sie selbst nach Deutschland kommen, werden Sie sehen, ob es auch stimmt, was Sie hier gelesen haben. Ach ja, das sollten wir Ihnen noch sagen: Ein Besuch in Deutschland lohnt sich° immer, denn die junge Szene wartet auf Sie!

(*die Szene* scene, peer group; *der Freundeskreis* circle of friends; *die Bewegung* movement; *der Geselle* journeyman; *sich lohnen* to be worthwhile)

Das Wappen von
Neubrandenburg

Neubrandenburg hat vier Tore.

Das Neue Tor von 1480 ist den
Frauen gewidmet (dedicated to).

Der neue Markt ist jetzt noch klein.

Wir ziehen um°

Peter und Anke kommen aus dem Sauerland. Das Sauerland liegt im
mittleren Westen Deutschlands. Es grenzt an das Ruhrgebiet. Sie wurden
beide in Brilon geboren und gingen dort zur Schule. Peter ist sechzehn

Group activity: After students are familiar with the content, divide them into groups and have them come up with a list of pros and cons on the topic of "Macht ein Umzug Spaß?" Each group (could be one spokesperson) presents the most important consideration in moving from one location to another.

und seine Schwester Anke neunzehn. Sie hat gerade das Abitur gemacht und will jetzt in Dortmund studieren. Peter ist in der elften Klasse und wird nach der 13. Klasse das Abitur machen. Die Mutter von Peter und Anke ist Frau Schmidt. Sie ist Chefin in einer Abteilung der Deutschen Bank. Sie wird mit Peter zwei Jahre nach Neubrandenburg gehen, weil dort eine neue Filiale° der Deutschen Bank aufgemacht wird. Frau Schmidt

Eine neue Filiale der Deutschen Bank wird hier aufgemacht.

wird Chefin der Bank werden. Neubrandenburg ist eine Stadt mit 75 000 Einwohnern, größer als Brilon. Sie liegt nördlich von Potsdam und Berlin.

Neubrandenburg hat eine Stadtmauer.

Auf dem Weg Richtung Osten liegt das Schloß Rheinsberg.

Anke sucht ein Zimmer in Dortmund. Wenn es geht, will sie im Studentenwohnheim° wohnen.

Sie weiß, daß Dortmund sehr schöne Studentenwohnungen hat. Die sind aber teurer als das Studentenwohnheim. Mit der Schwebebahn° kann sie vom Campus einkaufen fahren. Man wohnt besser in der Nähe der Uni als in der Stadt. Stadtwohnungen kosten auch zu viel. Sie braucht vom Studentenwohnheim nur fünf Minuten, um zur Dortmunder Universität zu laufen. Ein Auto hat sie nicht und will auch keins. „Sonst sucht man doch immer nur einen Parkplatz", meint sie.

Die Ringe verbinden (connect) Kunst und Physik.

Hinter dem Parkplatz liegen die Studentenwohnungen.

Ankes Uni in Dortmund

Frau Schmidt:	Na, Peter? Hast du deine Meinung über unseren Umzug° geändert?
Peter:	Ich weiß nicht. Alle meine Freunde sind hier und in Neubrandenburg kenne ich keinen Menschen. So leicht ist das nicht für mich. Ich kenne ja auch die neuen Lehrer nicht. Ich meine in der Schule da.
Frau Schmidt:	Ja, Peter, wir haben es nicht leicht. Bei einem Umzug hat man viel Streß. Mir geht das auch nicht anders als dir. Aber was sollen wir sonst machen?
Anke:	Es sind ja noch vier Wochen, bis wir fahren. Ich freue mich, daß ich nach Dortmund gehen kann. Brilon ist doch eine Kleinstadt. Und meine Freundin Karin wird ja auch in Dortmund studieren.
Peter:	Aber ich hab' keine Freunde in Neubrandenburg. Keinen einzigen° Freund.
Frau Schmidt:	Kinder, das ist ja eine traurige Stimmung hier. In zwei Jahren kann ich ja wieder zur Bank nach Brilon gehen. Aber jetzt müssen wir die Chance ergreifen°. So schnell werde ich hier nicht Chefin der Bank. So eine Chance hat man nur einmal im Leben. Und wir brauchen das Geld, weil ihr beide ja studieren wollt.
Anke:	Ja, Mutti. Wir haben es ohne Vater in der Familie nicht so leicht. Es ist zu dumm, daß Papa° und du geschieden seid.
Frau Schmidt:	Das geht manchmal nicht anders. Du weißt, welche Probleme wir in den letzten Jahren hatten. Und du kannst deinen Vater so oft besuchen wie du willst.
Peter:	Siehst du, Mama wird schon wieder sauer. Immer wenn wir davon anfangen, wird sie sauer. Das ist doch alles so blöd. Warum müssen die Erwachsenen so viele Probleme haben?

Frau Schmidt:	Kinder, ihr macht es mir nicht leicht. Ich versuche doch nur mein bestes. Ich will euch nur helfen. Könnt ihr mich denn nicht verstehen?
Anke:	Ach, Mutti, sei nicht so traurig. Alles ändert sich in diesen Tagen. Peter hat jeden Tag rote Augen, weil er nachts so traurig ist und weint°. Es wird schon besser werden. Da bin ich sicher.
Frau Schmidt:	Ihr könnt sagen, was ihr wollt. Ich freue mich, daß wir umziehen und neu anfangen. So werden wir am besten mit der alten Geschichte fertig.
Peter:	Das sagt ihr so. Wir sollten zusammen hier bleiben. Geht das denn nicht?
Anke:	Manchmal bist du wie ein kleines Kind, Peter. Wir haben schon so oft darüber gesprochen. Ich kann doch hier nicht studieren. Mama verdient als Chefin der Bank in Neubrandenburg 2 000 Mark mehr im Monat. Es muß sein. Ach, laß die Ohren nicht hängen°, Peter. Es wird schon gut werden.

WB1

(*umziehen* to move; *die Filiale* branch office; *das Studentenwohnheim* dormitory; *die Schwebebahn* suspension train; *der Umzug* move; *einzig* single; *die Chance ergreifen* to grasp the opportunity; *der Papa* dad; *weinen* to cry; *die Ohren nicht hängen lassen* not to be sad)

Textverständnis

1. Was stimmt hier nicht? Geben Sie die richtigen Antworten.

1. Brilon ist eine größere Stadt als Neubrandenburg.
2. Frau Schmidt ist verheiratet.
3. Anke kann ihren Vater nur am Wochenende besuchen.
4. Der Vater muß auch nach Neubrandenburg umziehen.
5. Anke möchte ihr Abitur in ein paar Wochen machen.
6. In Dortmund sucht sich Anke eine Stadtwohnung.
7. Frau Schmidt wird in den nächsten zwei Jahren in Brilon arbeiten.
8. Peter will nicht umziehen, weil seine Freunde in Neubrandenburg sind.
9. Frau Schmidt muß nach Neubrandenburg umziehen, weil sie dort die Chefin einer Abteilung werden wird.
10. Sie sieht es gern, daß ihre Kinder traurig sind.
11. Frau Schmidt wird in Neubrandenburg 2 000 Mark verdienen.
12. Anke hat noch nie mit Peter über den Umzug gesprochen.

1. Neubrandenburg ist größer. 2. Sie ist geschieden. 3. Sie kann ihn so viel besuchen wie sie will. 4. Sie reden nicht über den Vater. 5. Sie hat das Abitur schon. 6. Sie will im Studenten-wohnheim wohnen. 7. Sie wird in den nächsten zwei Jahren in Neubrandenburg arbeiten. 8. Peter will nicht umziehen, weil seine Freunde in Brilon sind. 9. Frau Schmidt muß nach Neubrandenburg umziehen, weil sie dort die Chefin der Bank werden wird. 10. Sie ist selbst traurig, daß ihre Kinder traurig sind. 11. Frau Schmidt wird in Neu-brandenburg 2 000 Mark mehr im Monat verdienen. 12. Anke hat schon oft mit Peter über den Umzug gesprochen.

2. Welche Sätze passen zusammen?

e 1. Familie Schmidt wird Probleme mit dem Umziehen haben.

g 2. Anke freut sich auf das Studium an der Uni in Dortmund.

a 3. Peter weint nachts über den Umzug.

h 4. Peter zieht mit allen seinen Sachen um.

c 5. Frau Schmidt denkt oft an ihren neuen Job.

b 6. In Dortmund kann Anke hoffentlich im Studentenwohnheim wohnen.

f 7. Oft diskutieren die drei über ihr Leben und die Zukunft.

d 8. Frau Schmidt freut sich auf Neubrandenburg.

a. Er ist nicht froh, denn er möchte lieber in Brilon bleiben.

b. Sie hofft, mit anderen Studenten zu wohnen.

c. Sie muß oft daran denken, denn die Arbeit ist neu.

d. Diese schöne Stadt gefällt ihr sehr.

e. Die drei werden Probleme damit haben.

f. Jeden Tag sprechen sie darüber, denn in vier Wochen ziehen sie um.

g. Darauf freut sie sich, denn ihre Freundin studiert dort mit ihr.

h. Er zieht damit um, weil er nichts in Brilon lassen kann.

Da-compounds

You have already learned how to replace nouns with personal pronouns in prepositional phrases: *Ich warte auf den Mann. Ich warte auf ihn.* Combinations of prepositions and pronouns are only possible when a pronoun replaces a noun referring to an inanimate object or being. To create combinations of prepositions and pronouns for inanimate objects, you must use a *da*-compound: *Ich warte auf den Bus. Ich warte darauf.* The *da*-compound is a combination of *da* plus the preposition.

Wir stehen *auf der Wiese*.	Wir stehen *darauf*.
Wir sind *vor dem Haus*.	Wir sind *davor*.
Wir sprechen *über Afrika*.	Wir sprechen *darüber*.
Silke kommt *mit ihrem Radio*.	Sie kommt *damit*.

Note that an "-*r*-" is inserted between *da* and the preposition if the preposition begins with a vowel (*an, über, auf*, etc.). Sometimes several prepositional phrases occur side by side. Replace inanimate beings with personal pronouns and inanimate objects with *da*-compounds.

Ich warte *mit Gerda auf den Bus*.	Ich warte *mit ihr darauf*.
Er steht *mit Katrin und Ute vor dem Restaurant*.	Er steht *mit ihnen davor*.

In some cases, one *da*-compound can replace two or more prepositional phrases. This occurs whenever the second prepositional phrase modifies the first.

Ich lese *in dem Buch über Afrika.*　Ich lese *darin.*
Sie erzählt *über das Studium in*　Sie erzählt *darüber.*
Ingolstadt.

Prepositions preceding names of towns are not replaced by *da*-compounds. *Da* or *dort* may be used instead. The words *hin* and *her* are used with *da* to express the direction of the motion. *Hin* means away from the speaker and *her* means toward the speaker.

Sie wohnten *in Brilon.* Sie wohnten *da.*
Wir fotografierten *in Hamburg.* Wir fotografierten *da.*
Wir sind (von Mainz) *nach Hamburg* geflogen. Wir sind *dahin* geflogen.
Wir sind (von Hamburg) *nach Mainz* zurückgekommen. Wir sind *daher* zurückgekommen.
Wir sind in Hamburg *an die Elbe* gegangen. Wir sind in Hamburg *dahin* gegangen.

WB2, WB3　Note: *Da*-compounds cannot be formed with the prepositions *außer, gegenüber, ohne* or *seit.*

3. **Bilden Sie *da*-Wörter oder Präpositionen mit Pronomen aus den präpositionalen Satzteilen.**

❑ mit diesen jungen Schülern aus Mainz
mit *ihnen*

durch das ganze Land
dadurch

damit	1. mit einem roten Kugelschreiber		11. von neuen Freunden	von ihnen
darauf	2. auf seiner neuen Gitarre		12. nach dem 18. Geburtstag	danach
mit ihr	3. mit ihrer besten Freundin		13. in der Wohnung	darin
darunter	4. unter den Tisch		14. um den Stuhl	darum
darüber	5. über dem Telefon		15. zwischen den Bäumen	dazwischen
dabei	6. bei unserem nächsten Besuch		16. hinter ihrem Schreibtisch	dahinter
daran	7. an das Haus neben uns		17. vor ihrem Bett	davor
für sie	8. für die netten Nachbarn		18. zu meinen Eltern	zu ihnen
dagegen	9. gegen die alte Mauer		19. nach dem Frühstück	danach
dafür	10. für Demokratie und Freiheit		20. aus der Bank	daraus

4. Bilden Sie selbst acht Sätze mit den Satzteilen aus der letzten Übung.

(Answers will vary.)

❏ Ich sehe unter den Tisch.
Für die netten Nachbarn tun wir alles.

5. *Dahin* **oder** *daher*? **Folgen Sie den Beispielen.**

❏ Ich fliege von München, wo ich jetzt bin, nach Düsseldorf.
Ich fliege *dahin*.

Ich komme von der Innenstadt zu mir nach Hause.
Ich komme *daher*.

1. Ich schwimme dahin.
2. Ich fahre dahin. 3. Anke kommt daher. 4. Peter will nicht dahin. 5. Ich komme gerade daher. 6. Wir gehen jetzt dahin. 7. In den Ferien möchten wir dahin. 8. Sie kommt daher.

1. Ich schwimme jetzt vom Land zur Insel.
2. Ich fahre von zu Hause nach Rothenburg.
3. Anke kommt von Dortmund nach Brilon.
4. Peter will nicht nach Neubrandenburg.
5. Ich komme gerade aus Hamburg zu euch.
6. Wir gehen jetzt zum Eiscafé in der Theresienstraße.
7. In den Ferien möchten wir nach Griechenland.
8. Unsere Lehrerin, Frau Kyriakakis, kommt aus Griechenland.

Viele Deutsche und Ausländer fahren jedes Jahr dahin.
(Münchner Oktoberfest)

6. **Welche Sätze passen zusammen?**

c   1. Anke wird in Dortmund studieren.

g   2. Sie fährt von Brilon nach Dortmund.

f   3. Vor der Uni stehen viele Studenten.

b   4. Über dem Parkplatz ist die Schwebebahn.

d   5. Anke steht vor dem Studienbüro der Uni.

e   6. Sie spricht mit einer Studentin.

a   7. Sie steht auf dem Parkplatz und sieht
        nach der Schwebebahn.

a. Sie steht darauf und sieht danach.

b. Sie ist darüber.

c. Sie wird da studieren.

d. Sie steht davor.   *Die Dame steht*

e. Sie spricht mit ihr.   *davor.*

f. Sie stehen davor.

g. Sie fährt dahin.

7. **Bilden Sie neue Sätze. Folgen Sie den Beispielen.**

❑ Wir lernen über die Kulturen, die in Afrika existieren.
   Wir lernen darüber.

Anke redet mit ihrer Freundin, die achtzehn Jahre alt ist.
Anke redet mit ihr.

1. Peter telefonierte mit seinem Klassenkameraden, der auch in
   Brilon wohnt.
2. Sein Klassenkamerad redete über den Tag, an dem Peter nach
   Neubrandenburg umzieht.
3. Beide denken oft an die Jahre, als sie zusammen in der Klasse
   gesessen haben.
4. Frau Schmidt wird eine Party mit den Bekannten haben, die
   viele Jahre mit ihr bei der Bank gearbeitet haben.
5. Anke freut sich auf das Studium in einer großen Stadt, die sie
   noch nicht kennt und von der sie schon so viel Interessantes
   gehört hat.
6. Wir sprechen oft von einer Diskussion mit den Freunden aus
   Frankreich.
7. Diese Freunde wohnen bei zwei alten Damen.
8. Anke und Peter trafen sie bei einer Reise nach Andorra la Vella,
   die sie von Toulouse aus gemacht hatten.

[Margin answers:]
1. Peter telefonierte mit ihm.
2. Sein Klassenkamerad redete darüber. 3. Beide denken oft daran. 4. Frau Schmidt wird eine Party mit ihnen haben. 5. Anke freut sich darauf. 6. Wir sprechen oft davon. 7. Diese Freunde wohnen bei ihnen. 8. Anke und Peter trafen sie dabei.

Anke schickt
Urlaubsfotos, ...

Ein Brief
von Anke

... die sie gemacht ha

Brilon, den 1. Mai

Liebe Renée,

vielen Dank für Deinen lieben Brief vom 12. April. Ich habe mich gefreut, daß Du jetzt wieder an der Uni in Toulouse studierst. Peter und ich denken oft an die schönen Tage mit Dir in Andorra. Das war ein toller Urlaub. Ich bin ja so froh, daß Du Deutsch kannst. Mein Englisch ist ganz gut, aber Französisch habe ich, wie Du weißt, nur zwei Jahre gehabt. Das ist ja ganz toll, daß Dein alter Professor Costa ein Semester in Dortmund sein wird. Ich werde ihn da besuchen. Ich kenne ihn noch von Deiner Uni, als wir uns mit ihm eine halbe Stunde unterhalten haben. Ich hoffe, daß meine Professoren an der Dortmunder Universität auch so nett sind. Bist Du mit Deiner langen Arbeit über das ERASMUS-Programm fertig? Ich habe in der Zeitung gelesen, daß die Europäische Gemeinschaft jedem Studenten erlaubt°, in einem Land der EG zu studieren. Ich will das auch tun. Meinst Du, ich soll in Toulouse studieren? Oder bringt das nicht so viel in meinem Fach? Ich will immer noch Betriebswirtschaft° und eine Sprache studieren. Ich werde wohl Englisch nehmen. Aber Französisch wäre auch toll.

In vier Wochen ziehen meine Mutter und Peter nach Neubrandenburg um. Mein Semester fängt erst im Oktober an, aber ich werde in der Sommerpause° schon in Dortmund wohnen und ein paar Kurse° besuchen. Es gibt im Sommer Vorbereitungskurse° in Betriebswirtschaft, die ich hören will. Ich hoffe, ein Zimmer im Studentenwohnheim in der Heintzmannstraße zu finden. Das wäre gut, weil ich dann zu Fuß zur Uni gehen kann. Da ist aber ein kleiner Wald° zwischen dem Studentenwohnheim und der Uni, durch den ich nicht gern gehe, wenn es dunkel ist. Ich war vor ein paar Wochen schon für vier Tage dort, um die Uni kennenzulernen. Diesen Studienplatz° hat mir die

Divide class into pairs. Have students write a short letter to the other person talking about themselves (school, family, sports, etc.), including some questions. Then, have each student respond to the letter. You may want to select the best letters and have students read them to the class. You may also want to encourage students to develop pen pals to practice writing letters in a realistic situation.

... als sie mit Renée in Andorra war.

So sieht diese moderne Uni aus: nicht sehr schön.

ZVS° gegeben. Ich wollte lieber in Tübingen oder Berlin studieren, das war aber wohl nichts.

Naja, Dortmund ist auch nicht schlecht. Diese Stadt ist direkt im Ruhrgebiet, 20 Kilometer bis Gelsenkirchen und 23 Kilometer bis Bochum. Nach Brilon sind es etwa 135 Kilometer. Meine Freundin Karin kommt mit. Sie wird auch Betriebswirtschaft studieren. Ich hoffe, daß wir alle Seminare zusammen besuchen können. Bis zur Zwischenprüfung° nach dem vierten Semester ist es am härtesten. Da muß ich 16 Scheine° machen, bis ich in die Zwischenprüfung gehen kann. Ich möchte nach der Zwischenprüfung dann ein Jahr im Ausland studieren, weil das für mein Fach sehr wichtig ist.

Peter und meine Mutter werden mir sehr fehlen. Meinen Vater habe ich zweimal gesehen, seit er nicht mehr bei uns wohnt. Er und meine Mutter sind jetzt geschieden. Aber das ist ein Thema, worüber man in unserer Familie besser nicht redet. Peter und Mutti reagieren sehr emotional darauf°, weil es noch alles so frisch ist. Ja, es ist nicht schön für uns, daß unsere Familie sich getrennt hat. Jetzt habe ich viel von mir geschrieben, denn Du hast ja seit sechs Wochen nichts von hier gehört. Ich schicke Dir sechs Bilder mit. Drei sind von unserem Urlaub in Andorra und drei Bilder habe ich an der Dortmunder Uni gemacht. Ich würde so gerne eine Studentenwohnung haben. Leider geht das nicht, aber das sind trotzdem tolle Wohnungen, direkt am Campus. Ich schreibe bald noch mehr.

Herzliche Grüße von Deiner

Anke

WB4

Am liebsten hätte ich eine Studentenwohnung, denn die sind bequem.

(*erlauben* to allow; *die Betriebswirtschaft* economics; *die Sommerpause* summer break; *der Kurs* course; *der Vorbereitungskurs* prep course; *der Wald* forest; *der Studienplatz* full-time student enrollment; *die ZVS [Zentrale Vergabestelle für Studienplätze]* Central Admissions Office; *die Zwischenprüfung* intermediate exam [after two years]; *der Schein* course certificate; *sehr emotional darauf reagieren* to react very emotionally to it)

Textverständnis

8. **Sie müssen einen Bericht über Ankes Familie schreiben. Welche von den folgenden Aussagen über den Text wären für Ihren Bericht wichtig und welche unwichtig? Warum?**

1. Anke schreibt, warum sie in Dortmund studieren wird.
2. Ihre Freundin Renée kennt Professor Costa von der Uni in Toulouse.
3. Professor Costa ist sehr nett.
4. Anke muß eine Zwischenprüfung machen.
5. Sie muß durch einen Wald laufen, um zur Uni zu kommen.
6. Das Studentenwohnheim liegt in der Heintzmannstraße.
7. Der Brief wurde am 1. Mai von Anke geschrieben.
8. Sie schickt ihrer Freundin herzliche Grüße.
9. Die ZVS gibt den Studenten die Studienplätze in Deutschland.
10. Die ZVS hat ihre Zentrale in Dortmund.
11. Bald schreibt Anke noch einen Brief, in dem mehr steht.
12. Sie ist froh, daß Renée Deutsch sprechen kann, weil ihr Französisch nicht besonders gut ist.

Rollenspiel: Berichten

9. **Was wissen Sie nun schon alles über Familie Schmidt? Schreiben Sie eine Liste mit wichtigen Informationen über Anke, Peter und Frau Schmidt. Machen Sie sich nur kurze Notizen (notes). Schreiben Sie keine ganzen Sätze. Wenn Sie in der Klasse darüber reden, bilden Sie Sätze aus den kurzen Notizen.**

❐ Ihre Notizen auf dem Papier könnten so anfangen:
Bruder, Peter — Vater nicht bei der Familie — Mutter zwei Jahre Neubrandenburg — Anke Uni Dortmund — Urlaub in Andorra Bilden Sie nun ganze Sätze, die Sie in der Klasse vorlesen. Jeder in der Klasse liest zuerst nur einen Satz vor.

Person 1:   Anke hat einen Bruder, der Peter heißt.
Person 2:   Ihr Vater ist von der Familie getrennt.
Person 3:   Sie will nach Dortmund gehen.

WB5

10. **Haben Sie alles in der Klasse gehört, was es über Familie Schmidt zu sagen gibt? Wissen Sie noch etwas, was keiner in der Klasse gesagt hat? Sagen Sie der Klasse, was noch fehlt. Benutzen Sie die folgenden Satzanfänge dazu:**

(Answers will vary.)

Ich glaube, wir haben etwas vergessen: ...
Hier ist noch etwas Wichtiges: ...
Meiner Meinung nach müßten wir noch sagen, daß ...
Wichtig wäre noch, daß ...
Ihr habt noch nicht gesagt, daß ...
Ich finde noch wichtig, daß ...

Jetzt haben Sie einen kompletten Bericht über die Familie Schmidt. Sie sehen, daß es leichter geht, wenn alle mitmachen.

Kennen Sie Werner?

Werner ist eine der beliebtesten Comic-Figuren° Deutschlands. Werner ist Lehrling und Mopedfahrer. Er kommt aus Hamburg und spricht Hamburger Dialekt. Er mag Leute und freie Wochenenden. Die Polizei mag er nicht. Werner ist sehr, sehr faul. Er hat in den Augen der Erwachsenen ein sehr schlechtes Benehmen°. Morgens steht er oft zu spät auf und muß schnell machen, daß er noch zur Arbeit kommt. Hier ein paar Szenen, die Werners Fahrt zur Arbeit zeigen. Er steht zu spät auf. Er meint aber, er sei noch „gut in der Zeit"; das heißt, er meint, er kann es noch schaffen. Auf dem Weg fällt ihm das Auspuffrohr° vom Moped ab°. Da ist es natürlich besonders laut. Das gefällt seinem Meister nicht.

Viele Geschichten sind aus dem Leben der kleinen Leute. Im Buch steht deshalb auch die echte° Sprache der Straße. Das hat mit Hochdeutsch wenig zu tun, ist aber originell und toll. Viele neue Wörter der Jugendlichen hat Werner als erster gebraucht. Er nennt ein Auto zum Beispiel: „flacher-breiter-schneller", weil alle Leute immer flachere, breitere und schnellere Autos wollen. Er sagt also: „Die ‚flacher-breiter-schneller' machen einem Mopedfahrer das Leben schwer." Solche Worte werden Werner von seinem Schöpfer° in den Mund gelegt. Der nennt sich ganz einfach „Brösel", heißt aber Rötger Feldmann. Rötger begann in den 80er Jahren damit, seine eigenen Erlebnisse aufzuschreiben. Inzwischen sitzen Schüler und Studenten in den Cafés mit Werner-T-Shirts herum. Es gibt Werner-Witze und einen Werner-Film. Der war ein großer Erfolg. Und ein Ende dieses Erfolgs ist nicht zu sehen. So wie Werner ist, ist keiner seiner Leser! Aber vielleicht würden viele einmal gerne so sein!

WB6

(*die Figur* character, type; *das Benehmen* behavior; *das Auspuffrohr* exhaust pipe; *abfallen* to fall off; *echt* real; *der Schöpfer* creator)

Textverständnis

11. Beantworten Sie die Fragen zum Text und zu den Bildern.

1. Nein, er spricht Dialekt.
2. Nein, er ist sehr faul.
3. Werner nennt einen Wagen „flacher-breiter-schneller". 4. Sample answers are: Er sieht nicht intelligent aus. Er sieht komisch aus. 5. Er schrieb seine Erlebnisse auf. 6. Das Auspuffrohr ist kaputt.

1. Spricht Werner hochdeutsch?
2. Arbeitet Werner viel?
3. Wie nennt er einen Wagen?
4. Wie sieht Werner aus?
5. Was machte Rötger Feldmann in den 80er Jahren?
6. Was ist am Moped kaputt?

Present participles as adjectives

English often uses verbs to create new attributive adjectives (ones which precede the noun they modify) by adding "-ing" to the infinitive: run+ing = the running engine, bark+ing = a barking dog. German creates the same kind of attributive adjectives by adding "-d-" to the infinitive and then the appropriate adjective ending, depending on the gender, case and number of the noun.

fahren	fahren+d (+ ending)	der fahrende Werner
lachen	lachen+d (+ ending)	ein lachender Meister
sitzen	sitzen+d (+ ending)	sitzende Schüler

Eltern laufen zu einem schreienden Kind.	(Parents run to a crying child.)
Sie ging zu dem wartenden Auto.	(She went to the waiting car.)
Man soll keine schlafenden Hunde wecken.	(Let sleeping dogs lie.)
Er hilft dem weinenden Jungen.	(He is helping the crying boy.)

12. Setzen Sie die richtigen Verbformen ein.

❏ Die ____ Katze macht allen in der Familie Freude. (spielen)
Die spielende Katze macht allen in der Familie Freude.

landende
1. Wir sehen die ____ Maschine 100 Meter über dem Flughafen. (landen)

wartende
2. Mit uns stehen ____ Menschen im Flughafen. (warten)

Spielende
3. ____ Kinder wissen noch nichts von der langen Zeit. (spielen)

stehenden
4. Die ____ Erwachsenen mögen das Warten nicht. (stehen)

schreienden
5. Einige Leute sehen die ____ Kinder an. (schreien)

einsteigende
6. Ich sehe ____ Touristen, die nach Hause fliegen. (einsteigen)

besichtigender
7. Ein ____ Ausländer macht viele Fotos vom Flughafen. (besichtigen)

fotografierende
8. Das ____ Mädchen muß die Tochter des Ausländers sein. (fotografieren)

begleitende
9. Der ____ Busfahrer erklärt den Touristen den Stadtplan. (begleiten)

arbeitende
10. Eine ____ Angestellte zeigt mir, daß meine Freundin gelandet ist. (arbeiten)

weinenden
11. Mit ____ Augen stehe ich da und freue mich auf sie. (weinen)

lachendes
12. Ein ____ Gesicht sehe ich unter den vielen Reisenden; meine Freundin ist endlich da. (lachen)

WB7

13. Welche Aktivitäten beschrieben die Nomen in der vorigen Übung? Folgen Sie dem Beispiel.

❏ Katze
Die Katze hat gespielt.

1. Die Maschine ist gelandet. 2. Menschen haben gewartet. 3. Kinder haben gespielt. 4. Die Erwachsenen haben gestanden. 5. Die Kinder haben geschrien. 6. Touristen sind eingestiegen. 7. Ein Ausländer hat besichtigt. 8. Das Mädchen hat fotografiert. 9. Der Busfahrer hat die Touristen begleitet. 10. Eine Angestellte hat gearbeitet. 11. Augen haben geweint. 12. Ein Gesicht hat gelacht.

1. Maschine
2. Menschen
3. Kinder
4. Erwachsenen
5. Kinder
6. Touristen
7. Ausländer
8. Mädchen
9. Busfahrer
10. Angestellte
11. Augen
12. Gesicht

Die Erwachsenen haben lange da gestanden und die vielen Sachen bewundert.

Übrigens ...

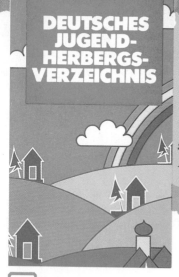

Wer in Deutschland billig übernachten will, kann sich wichtige Tips über Jugendherbergen schicken lassen. Besonders interessant sind die Informationen über Jugendherbergen in den fünf neuen Bundesländern der ehemaligen DDR. Darüber gibt es besonderes Informationsmaterial. Das Informationsmaterial bestellen Sie direkt bei der Organisation aller deutschen Jugendherbergen. Sie können an die folgende Anschrift schreiben: Das Deutsche Jugendherbergswerk, Bismarckstr. 8, D-W-4930 Detmold.

Die Rock-Szene in Deutschland

Die Szene der Rockmusik in Deutschland hat einen Vater: Udo Lindenberg. Doch seine musikalischen „Söhne" sind inzwischen groß geworden: Marius Müller-Westernhagen, Herbert Grönemeyer und Wolfgang Niedecken mit seiner Kölner Band BAP beherrschen° den Markt der Rockmusik. Sie verkaufen mehr Platten° als andere deutsche Rockstars vorher. Die deutschen Rockstars konkurrieren auch erfolgreich° mit englischer und amerikanischer Pop- und Rockmusik. Bis weit in den Osten hinein — nach Rußland — gehen ihre Konzertreisen°. Aber nicht alle Bands sind sofort berühmt. Viele kleine Bands im ganzen Land träumen von der großen Show, die sie eines Tages machen werden.

Udo Lindenberg hat sie oft gemacht. Nur in der DDR war er nicht gern gesehen, anders als andere westdeutsche Rockstars, die in der DDR ihre Musikshows zeigen durften. In einem Lied an den ehemaligen „Chef" der DDR Erich Honecker sang Lindenberg, daß er auch gern in der DDR auf die Bühne wollte. Ein paar Monate später konnte er das auch. Aber Erich Honecker soll sich sehr über diesen Text geärgert° haben, denn der „Chef" der DDR hatte keinen Humor.

Marius Müller-Westernhagen

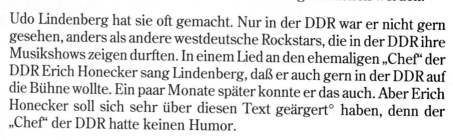

This provocative song was sung to the tune of "Chattanooga Choo Choo" and was intended as a bold challenge to Honecker to allow Lindenberg to sing in the GDR. You may want to explain the general meaning of this song. In the song, Lindenberg says he wants to take the train to Pankow, a suburb of East Berlin, to talk things over in person with the "big chief." He wants to ask why he isn't allowed to perform in the GDR (*der Arbeiter- und Bauernstaat*) when all the other big names (*Schlageraffen*) have been allowed to appear and to present their ideas (*dürfen ihren ganzen Schrott zum Vortrage bringen*). When Lindenberg's application to perform was denied, local protests caused a wide stir in the country; therefore, Lindenberg had many friends and the number grew by the hour (*ich hab' furchtbar viele Freunde und stündlich werden es mehr*). The singer asks why Honecker is being so stubborn about the issue (*ein sturer Schrat*) when in fact he really is a rocker. Lindenberg's final challenge is the suggestion that Honecker breaks Party rules by locking himself in the bathroom to listen to Western radio (*schließt Dich auf'm Klo und hörst West-Radio*).

Udo Lindenberg

Herbert Grönemeyer ist noch immer ein Star.

Die Schüler-Rockband „Pünktchen, Pünktchen" tritt oft auf.

Udo Lindenberg, Sonderzug nach Pankow

Ich hab 'n Fläschchen Cognac mit und das schmeckt sehr lecker
das schlürf' ich dann ganz locker mit dem Erich Honecker.
und ich sag: Eh, Honey, ich sing' für wenig Money
im Republik-Palast, wenn ihr mich laßt.
All' die ganzen Schlageraffen dürfen da singen.
Dürfen ihren ganzen Schrott zum Vortrage bringen.
Nur der kleine Udo — nur der kleine Udo, der darf das nicht — und das
versteh'n wir nicht.

Ich weiß genau, ich habe furchtbar viele Freunde
in der DDR und stündlich werden es mehr.
och, Erich, ey, bist Du denn wirklich so ein sturer Schrat
Warum läßt Du mich nicht singen im Arbeiter- und Bauernstaat?
Honey, ich glaub', Du bist doch eigentlich auch ganz locker
ich weiß, tief in Dir drin, bist Du doch eigentlich auch 'n Rocker.
Du ziehst Dir doch heimlich auch gerne mal die Lederjacke an.
Und schließt Dich ein auf'm Klo und hörst West-Radio.

Sängerin Martina singt während die anderen Schüler Musik machen.

Die Schüler-Rockband „Pünktchen, Pünktchen" kommt aus Wuppertal.

Eine Schüler-Band aus Wuppertal bringt Teenager in ganz Europa aus dem Häuschen

Pünktchen sammeln Pluspunkte

Von HOLGER HINTZEN

Helmut Kohl gestar
Kanzlerfest, daß es b
ger stimmlich nicht rei
field fand sie richtig
hundert Teenager i

ter Knirpse als harter Kern heraus. Bei der Au

Auf den Spuren der Beatles...

Pünktchen Pünktchen auf England-Tournee

dabei Ovationen erhält, wie sie

Pünktchen rocken in England

Rockband der Ronsdorfer Gesamtschule auf Auslandstournee

German youth band delight audiences

THE suggestion that rock music is best played the American way was firmly refuted this week as German group Pünktchen Pünktchen delighted audiences with their blend of sch... humour and

Gesamtschule-Rocker auf Sprachen-Reise in Jersey

Der englische Modern-Languages Adviser Mr. Bryan Goodman–Stephens überzeugte sich persönlich davon, daß „Rock" eine internationale Ver-

Deutsche sind offenbar nic allzu beliebt, zumindest in d Fremdsprachenwahl läßt si eindeutig nachweisen, daß h die Schüler um Deutsch „ei Bogen" machen. Zusamn mit dem Goethe Institut L

Jede Stadt hat ihre lokalen Bands, die am Wochenende auftreten° und für Stimmung sorgen. So zum Beispiel die Schüler-Rockband „Pünktchen, Pünktchen". Sie kommen aus Wuppertal, der Stadt mit der Schwebebahn. Vor einigen Monaten spielte die Band in Manchester und bekam großen Applaus. Zehn junge Leute im Alter zwischen 13 und 18 Jahren stehen auf der Bühne°. Sie haben das Rocken in ihrer Schule gelernt, wo es ein Rock-Projekt gibt. Ihr Lehrer, Karl-Georg Waldinger, hat ihnen viel geholfen. Etwa 100 junge Leute sind im Rock-Projekt. Sie lernen Schlagzeug° und Percussion, Gitarre und Keyboard, Singen und Tanzen. Die Gruppe „Pünktchen, Pünktchen" war schon auf vielen Konzertreisen in ganz Europa. Einige sind schon lange dabei, obwohl sie noch sehr jung sind. Sängerin Martina, 13, steht gerne auf der Bühne. Sie ist seit drei Jahren bei der Gruppe und meint: „Alle Pünktchen bekommen im Rock-Projekt eine gute Ausbildung. Mir macht's Spaß und ich möchte später einmal in der Musikszene arbeiten."

Die Rockband bekommt viel Fan-Post aus anderen Ländern. Ein Fan schrieb der Gruppe: „Ich habe Euch in der Uni in Warwick gesehen. Ich finde Eure Musik einfach toll! Ihr seht auf der Bühne gut aus. Besonders der Marc ..." Jetzt steht eine Konzertreise nach Japan und in die USA auf dem Programm der Gruppe.

WB8

(*beherrschen* to dominate; *die Platte* LP record; *erfolgreich konkurrieren mit* to compete successfully with; *die Konzertreise* concert tour; *sich ärgern über* to be angry about; *auftreten* to appear, perform; *die Bühne* stage; *das Schlagzeug* drums)

Textverständnis

14. Beantworten Sie die Fragen zum Text.

1. Das sind MüllerWestern-hagen, Grönemeyer und Niedecken. 2. Ja, nachdem er in einem Lied darüber gesungen hatte. 3. Sie können mit englischen und amerikanischen Rockstars konkurrieren. 4. Die Band kommt aus Wuppertal. 5. Martina singt. 6. Sie hofft auf einen Job in der Musik-Szene. 7. Er fand Marc toll. 8. 100 Leute sind im Rock-Projekt und zehn von ihnen sind in der Band. **WB9**

1. Welche drei Rockstars sind die Rock-Söhne von Udo Lindenberg?
2. Durfte Udo Lindenberg in der ehemaligen DDR auf die Bühne?
3. Mit wem können die deutschen Rockstars konkurrieren?
4. Aus welcher Stadt kommt die junge Band „Pünktchen, Pünktchen"?
5. Was tut Martina in dieser Band?
6. Wo möchte sie später einmal einen Job haben?
7. Wen fand ein Fan aus Warwick besonders toll auf der Bühne?
8. Wie viele junge Leute sind im Rock-Projekt und wie viele sind in der Band „Pünktchen, Pünktchen"?

15. Bilden Sie ganze Sätze mit den Elementen. Passen Sie gut auf, denn die Artikel stehen in verschiedenen Fällen.

❏ den wachsenden Applaus
Die Rockstars hören den wachsenden Applaus.

1. die gratulierenden Eltern
2. den wartenden Touristen
3. eine gewinnende Sportlerin
4. den malenden Maler
5. lachende Freunde
6. informierende Flugbegleiter
7. den einkaufenden Kunden
8. des schreibenden Dichters
9. einem anrufenden Freund
10. diese kochende Suppe

Sample answers:
1. Die gratulierenden Eltern kommen zu Besuch. 2. Wir helfen den wartenden Touristen. 3. Eine gewinnende Sportlerin ist glücklich. 4. Den malenden Maler kenne ich. 5. Ich habe lachende Freunde in meinem Zimmer. 6. Im Flughafen gibt es informierende Flugbegleiter. 7. Das Sonderangebot gefällt den einkaufenden Kunden. 8. Das Lied des schreibenden Dichters war lang. 9. Ich sage einem anrufenden Freund meine Meinung. 10. Diese kochende Suppe gibt's heute mittag.

16. Was braucht man?

❏ Was braucht der spielende Fußballer?
Er braucht einen Fußball.

Sample answers:
eine Zeitschrift
guten Geschmack
viel Spielzeug
Hilfe
einen guten Freund
vier Reifen
Geld
ein Messer

1. Was braucht die lesende Schülerin?
2. Was braucht die kochende Suppe?
3. Was braucht das spielende Kind?
4. Was braucht die arbeitende Mutter?
5. Was braucht eine lachende Freundin?
6. Was braucht ein fahrendes Auto?
7. Was braucht der kaufende Kunde?
8. Was braucht der schneidende Fleischer?

Wolf Biermann

Wolf Biermann kommt aus der ehemaligen DDR. Er durfte nicht mehr in der DDR auftreten, weil er den Politikern in seinem Land nicht paßte°. Da kam er in den 80er Jahren nach dem Westen. Er ist ein kritischer Dichter und Liedermacher°, der bei den deutschen Studenten sehr beliebt ist. Er gehört zur Dichter- und Polit-Szene° Deutschlands. Vor ein paar Jahren war er in Kalifornien, Minnesota und New York. Dort hielt er Seminare über DDR-Literatur. Er ist auch mit seinen Liedern aufgetreten. Darin erzählt er von der ehemaligen DDR und wie das Leben in einem kleinen Land war. Heute lebt und arbeitet Wolf Biermann meistens in Berlin, wenn er nicht gerade mal wieder in anderen Ländern zu Besuch ist.

Have students practice
this poem in pairs (like
a conversation).

Kleinstadtsonntag

Gehn wir mal hin?
Ja, wir gehn mal hin.
Ist hier was los?
Nein, hier ist nichts los.
Herr Ober°, ein Bier!
Leer ist es hier.
Der Sommer ist kalt.
Man wird auch alt.
Bei Rose gab's Kalb°.
Jetzt isses° schon halb.
Jetzt gehn wir mal hin.
Ja, wir gehn mal hin.
Ist er schon drin?
Er ist schon drin.
Gehn wir mal rein°?
Na, gehn wir mal rein.
Siehst du heut fern?
Ja, ich sehe heut fern.
Spielen wir was?
Ja, wir spielen was.
Hast du noch Geld?
Ja, ich hab noch Geld.
Trinken wir ein'°?
Ja, einen klein'.
Gehn wir mal hin?
Ja, wir gehn mal hin.
Siehst du heut fern?
Ja, ich sehe heut fern.

(*passen* to suit; *der Liedermacher* songwriter;
Polit-Szene politically active citizens; *Herr
Ober!* Waiter!; *das Kalb* veal; *isses* (*ist es*) it is;
reingehen to go inside)

Textverständnis

17. **Beantworten Sie die Fragen zum Text.**

1. Zwei Leute sprechen. 2. Sie
wollen in ein Restaurant oder
Gasthaus gehen und ein Bier
trinken. 3. Nicht viel. 4. Das
wissen wir nicht genau. (Es
sind wahrscheinlich zwei
Männer.) 5. Er sagt immer
dasselbe, weil die Leute in der
Kleinstadt immer wieder
dasselbe sagen. 6. Ja. 7. Es ist
langweilig. 8. (Answers will
vary.)

1. Wie viele Leute sprechen?
2. Was wollen die beiden tun?
3. Was können die beiden tun?
4. Wissen wir, ob es zwei Männer oder zwei Frauen sind?
5. Warum sagt Biermann immer wieder dasselbe?
6. Ist das Leben in der Kleinstadt auch immer wieder dasselbe?
7. Wie ist im Gedicht das Leben am Sonntag in der Kleinstadt?
8. Ist Ihr Leben auch so oder ist mehr los?

Sound fürs Auge 📼

„Wall of Graffiti", wie die Dortmunder ihre Mauer nennen und die Werkzeuge (tools), die man dafür braucht.

Es klingt° wie in den Kellern und Diskos der Bronx: Rap, Scratch oder Hip Hop. Und was die einen auf die Tanzfläche° bringen, sprayen die anderen an die Mauern: aggressiv, bunt, grell° und schrill. Graffiti ist die Kunst der Jugend, die aus der Spraydose° kommt. Sie will nicht Kultur°, sondern Gegenkultur° sein. Obwohl die Szene der deutschen Sprayer eigenständig° ist, sind die Ausdrücke übernommen°: Ihre Meisterstücke° nennen sie „Masterpieces", ihre Sprüche nennen sie „Messages". Das Wort „Graffiti" selbst kommt von dem Wort „graffito" und heißt auf deutsch: in Mauern eingeritzte° Sprüche.

Die Berliner Mauer

Sie war viele Jahre lang ein Paradies für Sprayer.

Komplette Bilder sprayten die Künstler.

Neben dem Münchener Hauptbahnhof° und der früheren Berliner Mauer ist die „Wall of Graffiti" in Dortmund im Lande berühmt geworden. Alle drei zeigen einige Meisterstücke. Die Polizei nennt diese „Meisterstücke" Sachbeschädigung°, weil sie darin keine Kunst erkennt. Denn Kunst ist nicht immer Kunst. Auch die bekannten Dortmunder Sprayer Ulrich „Shark" Perchner und Bernd „Zodiak" Richert wurden gewarnt, weil sie einige der wenigen sind, die man schon persönlich kennt. Da nichts so schön ist wie Graffiti, suchen sie nun freie Wände, auf denen sie ihre Spraydosen benutzen dürfen. Denn ein richtiger° Sprayer bleibt Sprayer: der kann es nicht lassen. So wohl auch der junge Mann, der an den

Mauern und Häusern in Dortmund zu seiner „Claudia" spricht. Er widmete° ihr viele Graffiti. Seine Bitten° waren schon im Fernsehen zu sehen. Er ist mit seinen Sprüchen richtig bekannt geworden. Genauso wie vieler junger Kunst geht es aber auch dem Graffiti: Finden Leute es heute schön, dann kann man morgen schon Poster davon kaufen.

(*klingen* to sound; *die Tanzfläche* dance floor; *grell* garish; *die Spraydose* spray can of paint; *die Kultur* here: works of art; *die Gegenkultur* counterculture; *eigenständig* of one's own, independent; *übernehmen* to take over; *das Meisterstück* masterpiece; *eingeritzt* scratched in; *der Hauptbahnhof* main railway station; *die Sachbeschädigung* damage to property; *richtig* real; *widmen* to dedicate; *die Bitte* wish, plea)

Eine Graffiti-Gitarre

Sprüche für Claudia, die der Sprayer so gern hat.

Die Graffiti-Gitarre spielt für das Ohr.

Textverständnis

18. **Welche der folgenden Aussagen finden Sie im Text?**

☐ Auch ältere Leute greifen heute gern zur Spraydose.
Nein, das steht nicht im Text.

Ja. 1. Einige junge Leute sind gut beim Tanzen, andere beim Sprayen.
Nein. 2. Graffiti gibt es nur in Deutschland, Italien und Portugal.
Nein. 3. Graffiti sind eingeritzte Lieder.
Nein. 4. Heute sprayen berühmte Maler an die Berliner Mauer.
Nein. 5. Die Polizei macht Bilder von den Graffitis.
Ja. 6. Graffiti ist in den Augen der Polizei Sachbeschädigung.
Ja. 7. Die Polizei kennt schon einige Sprayer.
Nein. 8. Einer Claudia ist ein Graffiti-Bild gewidmet.
Ja. 9. Sprayer haben an der Berliner Mauer einige Meisterstücke gesprayt.
Ja. 10. Sprayer benutzen viele englische Wörter.

Clauses with *weil, da, denn*

Each of the conjunctions *weil, da* and *denn* means "because." They all link clauses. *Denn* links independent clauses and does not affect the word order in any way. *Da* and *weil* introduce dependent clauses and often may be used interchangeably. Although *da* and *weil* both mean "because," *da* is generally more formal. *Da* also means "since." *Da ich nicht spraye, ist mir Graffiti egal.* (Since I do not spray, I don't care about graffiti.)

Sie suchen freie Wände, denn sie lieben Graffiti.
Sie suchen freie Wände, weil sie Graffiti lieben.
Sie suchen freie Wände, da sie Graffiti lieben.

19. Etwas über den Alltag eines Schülers. Schreiben Sie diese Sätze mit „weil" oder „da" anstatt mit „denn".

For additional practice, have students begin each sentence with "Weil…" or "Da…"

1. weil/da ich erst 16 Jahre alt bin. 2. weil/da ich Medizin studieren will. 3. weil/da ich auch andere Dinge zu tun habe. 4. weil/da ich mit dem Bus fahren muß. 5. weil/da mein Bus immer durch den vielen Verkehr fährt. 6. weil/da ich nicht pünktlich da bin. 7. weil/da sie weiß, wo ich wohne. 8. weil/da die anderen Klassenkameraden alle schon da sind. 9. weil/da die Leute zur Arbeit fahren. 10. weil/da er durch die ganze Stadt fahren muß. 11. weil/da es immer mehr Autos in Deutschland gibt. 12. weil/da wir sonst nicht über 30 Millionen davon auf den Straßen hätten.

❏ Die Polizei ist gegen Graffiti, denn das ist für sie keine Kunst.
Die Polizei ist gegen Graffiti, weil das für sie keine Kunst ist. *oder*
Die Polizei ist gegen Graffiti, da das für sie keine Kunst ist.

1. Ich gehe noch zur Schule, denn ich bin erst sechzehn Jahre alt.
2. Zum Gymnasium gehe ich, denn ich will Medizin studieren.
3. Ich will nicht immer meine Hausaufgaben machen, denn ich habe auch andere Dinge zu tun.
4. Ich brauche 40 Minuten zur Schule, denn ich muß mit dem Bus fahren.
5. Ich komme morgens oft fünf Minuten zu spät, denn mein Bus fährt immer durch den vielen Verkehr.
6. Meine Lehrerin ist sauer, denn ich bin nicht pünktlich da.
7. Sie kennt mein Problem, denn sie weiß, wo ich wohne.
8. Es ist aber unangenehm, denn die anderen Klassenkameraden sind alle schon da.
9. Morgens sind zu viele Autos auf den Straßen in Darmstadt, denn die Leute fahren zur Arbeit.
10. Mein Vater fährt schon eine Stunde vor Beginn seiner Arbeit los, denn er muß durch die ganze Stadt fahren.
11. Der Verkehr wird immer schlimmer, denn es gibt immer mehr Autos in Deutschland.
12. Ich glaube, die Deutschen lieben ihre Autos, denn sonst hätten wir nicht über 30 Millionen davon auf den Straßen.

20. **Bilden Sie aus den Elementen Sätze. Benutzen Sie *weil, da, denn* zwischen den Sätzen. Kombinieren Sie nur sinnvolle Sätze.**

Wir sprechen darüber		es ist ein wichtiges Thema
Es steht in der Zeitung		die Leute wollen darüber lesen
Alle reden davon		
Sie wollte uns nichts davon sagen	da	Politik ist wichtig für uns alle
	denn	es sollte kein Mensch wissen
Ich glaube ihm nicht alles	weil	
Davon weiß ich nichts		Dr. Straub hat auf jede Frage eine passende Antwort
Du willst sicher die Zeitung kaufen		man hört seit Wochen nichts mehr darüber
		jeder muß davon in einer Zeitung oder Zeitschrift gelesen haben

21. **Warum ist unsere Umwelt nicht mehr in Ordnung? Benutzen Sie „denn" in Ihren Antworten. Hier sind ein paar Wörter für Sie: *die Umwelt* environment; *die Seife* soap; *die Plastikflasche* plastic bottle; *das Verpackungsmaterial* packaging material; *das Waschmittel* laundry detergent; *der Müll* garbage; *der Treibhauseffekt* greenhouse effect; *schmelzen* to melt; *das Ozonloch* hole in the ozone layer; *das Benzin* gasoline**

☐ Unsere Umwelt wird immer kaputter, denn ...
Wir nehmen mehr Seife als wir brauchen.
Unsere Umwelt wird immer kaputter, denn wir nehmen mehr Seife als wir brauchen.

1. Wir benutzen immer neue Plastikflaschen.
2. Viele Sachen haben zu viel Verpackungsmaterial.
3. Beim Waschen nehmen wir zu viel Waschmittel.
4. Jede Familie produziert zu viel Müll.
5. Von den vielen Autos wird die Luft immer schlechter.
6. Die Wärme unserer Maschinen wird die Luft warm machen.
7. Der Treibhauseffekt wird das Eis an den Polen schmelzen lassen.
8. Das Ozonloch wird immer größer werden.
9. Viele denken nur an ihr Heimatland.
10. Unsere Autos brauchen zu viel Benzin.

22. Jetzt machen wir unsere Umwelt besser.

❑ Wir nehmen weniger Seife.
Die Umwelt wird langsam besser, weil ...
Die Umwelt wird langsam besser, weil wir weniger Seife nehmen.

1. wir weniger neue Plastikflaschen benutzen. 2. Sachen nicht mehr so viel Verpackungsmaterial haben. 3. wir beim Waschen weniger Waschmittel nehmen. 4. jede Familie nur noch halb so viel Müll produziert. 5. wir weniger Auto fahren. 6. wir die Maschinen besser isolieren. 7. wir den Treibhauseffekt korrigieren. 8. das Ozonloch nicht größer wird. 9. wir an die ganze Welt denken. 10. unsere Autos mit weniger Benzin fahren.

1. Wir benutzen weniger neue Plastikflaschen.
2. Sachen haben nicht mehr so viel Verpackungsmaterial.
3. Wir nehmen beim Waschen weniger Waschmittel.
4. Jede Familie produziert nur noch halb so viel Müll.
5. Wir fahren weniger Auto.
6. Wir isolieren die Maschinen besser.
7. Wir korrigieren den Treibhauseffekt.
8. Das Ozonloch wird nicht größer.
9. Wir denken an die ganze Welt.
10. Unsere Autos fahren mit weniger Benzin.

23. Warum wollen junge Leute eine eigene Wohnung haben? Benutzen Sie Ihre eigenen Ideen und die von unten und machen Sie eine Liste von zehn Gründen. Benutzen Sie *da, denn* und *weil*.

Junge Leute wollen ihre eigene Wohnung haben, ...

(Answers will vary.)

unabhängig sein / frei leben / Wohnung selbst stylen, wie man will / mehr Ruhe haben / die Eltern auch mal einladen / allein sein können / das eigene Leben anfangen / die neue Nachbarschaft kennenlernen / in einer anderen Stadt leben / bei der Uni wohnen / in der Nähe der Arbeit wohnen

❑ Junge Leute wollen ihre eigene Wohnung haben, denn sie wollen nicht weit von der Arbeit wohnen.
Junge Leute wollen ihre eigene Wohnung haben, da sie unabhängig leben wollen.

Nichts passiert!

Have students act out this dialog with proper expression. Encourage them to adapt the content to their own experience for additional effect.

Thomas:	Warum kommst du so spät? Ist etwas passiert?
Klaus:	Ach nein. Nichts ist passiert.
Thomas:	Nun sag schon! Du blutest ja.
Klaus:	Nur eine kleine Wunde am Finger. Ich bin gefallen.
Thomas:	Wie ist das passiert?
Klaus:	Nun, da lief dieser Hund hinter mir her.
Thomas:	Welcher Hund?

Klaus:	Na, der Hund von der Frau, die ihre Tasche mit dem Obst fallen ließ.
Thomas:	Wie bitte?
Klaus:	Der Mann im Auto hat sie nicht gesehen! Dann hat er gebremst° und sie hat vor Angst die Tasche fallen lassen.
Thomas:	Hat der Fahrer keine Augen?
Klaus:	Ach weißt du, die Frau hätte besser die Feuerwehr durchgelassen°. Sie stand mitten auf der Straße.
Thomas:	Die Feuerwehr?
Klaus:	Nein, die Frau. Aber wer kommt denn sonst, wenn es brennt°?
Thomas:	Es hat gebrannt?
Klaus:	Sag ich doch! Die Pizzeria in der Bahnhofstraße hat gebrannt. Ich saß gerade da, die Pizza vor mir auf dem Tisch ...
Thomas:	Und da sagst du, es ist nichts passiert.
Klaus:	Klar, sieh mal, der Finger blutet gar nicht mehr!

(*bremsen* to put on the brake[s]; *die Feuerwehr durchlassen* to let the fire department [engine] through; *brennen* to burn, to be on fire)

Textverständnis

24. **Welche Sätze passen zu welchen Nebensätzen?**

e 1. Klaus kommt zu spät zum Treffen mit Thomas, weil

a 2. Klaus sah die Frau mitten auf der Straße, so daß

d 3. Wenn der Fahrer die Frau gesehen hätte,

f 4. In der Bahnhofstraße war viel los, denn

b 5. Die Frau war nicht allein, da

c 6. Klaus ist gefallen, denn

    a. die Feuerwehr nicht durch konnte.

    b. sie auch ihren Hund dabei hatte.

    c. der Hund der Frau lief hinter ihm her.

    d. wäre die Tasche mit dem Obst nicht auf die Straße gefallen.

    e. viel passiert ist.

    f. in der Pizzeria brannte es und eine Frau ließ die Feuerwehr nicht durch.

25. **Beschreiben Sie einen Unfall, den Sie erlebt, gesehen oder von dem Sie gehört haben. Wann war er? Wo war er? Was ist passiert? War die Polizei da? War jemand verletzt? Was haben Sie gemacht?**

(Answers will vary.)

Umgangssprache° unter Jugendlichen

Umgangssprache ist unter Jugendlichen sehr wichtig. Einige der meistgebrauchten Ausdrücke finden Sie hier in der Unterhaltung zwischen Nadja und Ellen.

Nadja: Du, sag mal, was hältst du eigentlich von° der Sprache der Jugendlichen?

Ellen: Meinst du das, was man zum Beispiel in der Schule hört?

Nadja: Klaro°!

Ellen: Nun, das sind keine hochdeutschen Wörter, aber die Sprache ist sehr kreativ.

Nadja: Echt°? Meinst du das wirklich?

Ellen: Ja sicher°! Aber manchmal ist diese Sprache auch sehr dumm.

Nadja: Was heißt denn das im Klartext°?

Ellen:	Nun, wenn jemand zur Schulmilch „Eutersaft°" sagt, ist das kreativ. Wenn jemand hinter jedem Satz „super" sagt, finde ich das dumm. Kapiert°?
Nadja:	Kapiert. Alles paletti°.
Ellen:	Super!
Nadja:	Dumm, logo°.

Mit Ausdrücken wie „logo!" oder „super!" wird auf Aussagen von anderen Leuten positiv reagiert oder sie werden in Frage gestellt („echt?"). Diese Sprache ist Jugendsprache. Die Frage „Was heißt das im Klartext?" soll dem anderen zu verstehen geben, daß man seine Worte nicht ganz verstanden hat. Man will genau wissen, was sie oder er sagen will. Alles paletti?

(*die Umgangssprache* colloquial speech, slang; *halten von* to think of; *klaro* ok; *echt* really; *sicher* certainly, surely; *Was heißt das im Klartext?* What does that mean in plain language?; *der Eutersaft* udder juice; *kapiert* understood; *paletti* all clear; *logo* logical)

26. **Wie würden Sie auf die folgenden Aussagen reagieren? Mit „klaro", „kapiert" oder „paletti", um „ok" zu sagen? Oder mit „echt", „logo" oder „super", um zu zeigen, daß Sie es toll finden?**

❐ Ines: Ich habe mir ein neues Auto gekauft.
   Robert: Echt? Ein neues Auto? *oder*
            Super! Ein neues Auto!

(Answers will vary.)

1. Ralf ist Brittas neuer Freund.
2. Christiane und Michael haben eine neue Wohnung gefunden.
3. Im Kino läuft der neue Werner-Film.
4. Morgen habe ich Ferien.
5. Boris Becker hat in Wimbledon gewonnen.
6. Ich habe die beste Arbeit geschrieben.
7. Susi ist Schulmeisterin im Schwimmen geworden.
8. Matthias und Dagmar wollen heiraten.
9. Mein Hund kann auf zwei Beinen laufen.
10. Alexandra hat seit gestern rote Haare.

Ist Stefan Andreas neuer Freund?

Gefühle und Stimmungen

Verliebt sein°

Verliebt sein heißt oft glücklich sein. Und doch heißt es noch ein wenig mehr. Es ist sicher eines der schönsten Gefühle der Welt. Viel mehr muß man wohl nicht sagen. Lesen Sie, was Inge und Volker davon halten. Lachen Sie ruhig, denn das wird Ihnen auch noch passieren.

Inge: Volker, hörst du wie mein Herz klopft°?

Volker: Mein Herz auch. Ich weiß nicht, was ich sagen soll. Zu dumm.

Inge: Hast du auch ein bißchen Bauchschmerzen?

Volker: Klaro, ich habe Flugzeuge im Bauch.

Inge: Ich auch. Ich hab dich ja so lieb°.

Volker: Wie schön, daß wir uns lieb haben. Ich laß' dich nicht mehr los°.

Inge: Ich habe so oft an dich gedacht.

Volker: Ich kann auch an niemand anderen mehr denken.

Inge: Toll! So soll es sein.

WB12

(*verliebt sein* to be in love; *klopfen* to pound; *liebhaben* to like, love; *loslassen* to let go)

Rollenspiel: Sind Sie verliebt?

27. Jetzt sind Sie für ein paar Minuten verliebt. Schreiben Sie in drei Sätzen auf, was Sie Ihrem neuen Freund oder Ihrer neuen Freundin sagen wollen. Dann lesen immer zwei Leute aus der Klasse einer nach dem anderen einen Satz vor. Manchmal paßt es, oft ist es lustig, manchmal geht es nicht. Probieren Sie es aus! Nach dieser Übung müssen Sie übrigens nicht mehr verliebt sein. Logo.

WB13

Die Dame auf der Bank (Jo Hanns Rösler)

Role-playing: Have students act out this scene. In order to appeal to all students, you may want to change the roles from *Dame/junger Mann* to *Herr/junge Dame*. Encourage creativity and deviation from the printed text.

Eine gute Gelegenheit° muß man benutzen. Eduard benutzte sie. „Die Sonne scheint aber schön heute." „Sehr schön." Die Dame auf der Bank lachte. Sie sah freundlich auf den jungen Mann. Der junge Mann war Feuer und Flamme°.

    – Könnten wir ...
    – Bitte?
    – Könnten wir uns heute abend sehen?
    – Gern.
    – Im Restaurant *Zur Linde*.
    – Ich komme.
    – Schön.

Der junge Mann kam etwas näher.

    – Ich finde Sie sehr schön!
    – Das hört man gern.
    – Und finden Sie mich auch, ich meine, finden Sie mich auch nett?
    – Sehr nett!

Eduard freute sich.

    – Das wird ein schöner Abend heute abend!
    – Sicher!
    – Freuen Sie sich auch?
    – Sehr!

Eduard wurde etwas unsicher, weil es so leicht ging.

    – Eines verstehe ich nicht ... werden Sie bitte nicht böse° ... aber alles geht so leicht ...

Die Dame lachte.

    – Ach? Sie wollen nicht, daß es so einfach geht?
    – Ja, so ist es.
    – Und Sie verstehen nicht, warum ich es Ihnen so leicht mache.
    – Wenn Sie nicht böse sind ... ich muß sagen ... ja.

Die Dame sah Eduard plötzlich ernst an.

    – Ich wußte, daß ich Sie kennenlernen werde!

Eduard fühlte sich nicht wohl.

- Sind Sie Hellseherin°?
- Ja, das auch.
- Und sonst?
- Ich lese aus der Hand.
- Oh, bitte!

Eduard hielt seine Hand hin.

- Wissen Sie auch etwas von mir?
- Natürlich!

Sie las in Eduards Hand.

- Sie sind 24 Jahre alt, noch nicht verheiratet. Sie wohnen in Köln.
- Es ist wahr, es ist wirklich wahr!
- Sie haben zwei Brüder und eine Schwester. Ihr Vater hat viel
  Geld. Ich sehe noch mehr: Sie haben ein Mädchen, das Sie
  heiraten wollen. Ihr Mädchen ist sehr schön und noch nicht 20
  Jahre alt. Sie lernten sie vor zwei Jahren mit ihrem Vater in Wien
  kennen. Die Mutter haben Sie noch nicht gesehen.
- Ich verstehe nicht! Wie können Sie denn das wissen?
- Ihr Mädchen wohnt mit dem Vater in München.
- Ja, ja. Und die Mutter?
- Die Mutter ist nicht in München.

Eduard war froh.

– Falsch! Endlich ein Fehler°. Alles wissen Sie doch nicht. Die
Mutter meines Mädchens ist auch in München!
– Die Mutter ist nicht in München.
– Wo denn?

Die Dame lachte.

– Hier. Ich bin die Mutter.

(*die Gelegenheit* opportunity; *Feuer und Flamme sein* to be full of enthusiasm; *böse*
angry, mad; *die Hellseherin* clairvoyant; *der Fehler* mistake, error)

Textverständnis

28. **Spielen Sie diese Szene in Ihrer Klasse. Es gibt drei Personen:
den Erzähler, die Mutter und Eduard. Eduard kann beim Lesen
die Stimmung und das Gefühl vom „Verliebt sein" ein bißchen
üben. Und die Mutter? Nun kommt es auf Sie an, wie Sie die
Mutter spielen!**

You may wish to
change the roles to
accommodate both
males and females in
the class.

29. **Was ist an den folgenden Aussagen über den Text falsch? Erklären
Sie jede Aussage mit einem kurzen Satz.**

Sample answers:
1. Die Tochter der Dame ist
Eduards Freundin. 2. Er will
bald heiraten. 3. Die Dame
will Eduard kennenlernen
und spielt das Spiel mit ihm.
4. Eduard weiß genau, was
er will. 5. Die Dame kennt
ihn seit ein paar Minuten.
6. Die Dame weiß alles
über ihn von ihrer Tochter.

1. Eduard hat schon lange keine Freundin mehr.
2. Er denkt noch nicht ans Heiraten.
3. Die Dame will mit Eduard nichts zu tun haben.
4. Eduard weiß nicht, wie er die Dame einladen soll.
5. Die Dame kennt den Freund ihrer Tochter seit ein paar Tagen.
6. Die Dame ist Hellseherin.

*Die Studenten denken
nicht gern ans Arbeiten.*

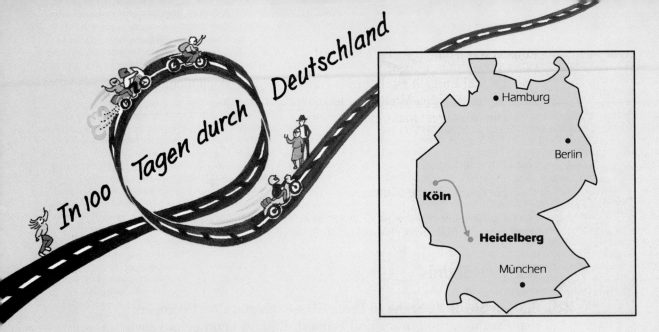

In 100 Tagen durch Deutschland

• Hamburg

Berlin •

Köln

Heidelberg •

München •

Von Köln bis Heidelberg (Folge 6)

Have students follow this trip from Köln to Heidelberg on a map (in the book or classroom wall map).

Der Tag begann damit, daß Peter nicht mehr mit Jens sprechen wollte. Und das war so gekommen: Während einer Pause in der Eifel — eine gebirgige Gegend links vom Rhein zwischen Bonn und Koblenz — waren Traudel, Martina, Alex und Peter in der Nähe des Parkplatzes durch den Wald zum See hinuntergegangen. Ihre Motorräder hatten sie stehen lassen. Peter hatte seine Vespa° daneben gestellt. Als alle zur Straße zurückkamen, war Peters Vespa weg. Er wollte es nicht glauben, daß ihm dasselbe passiert war, wie Jürgen und Ulla zwei Tage vorher. Das konnte doch nicht wahr sein, daß seine Vespa gestohlen war! Erst als Jens laut

Die kleinen Berge der Eifel laden jeden Besucher ein.

216

Die Straßen sind meistens leer.

lachte, merkten wir alle, daß etwas nicht stimmte.
Jens und Philipp hatten Peters Vespa um die
nächste Ecke gestellt. Peter konnte darüber
gar nicht lachen. Auch Martina konnte nicht
lachen.

Die kleinen Berge, Seen und Moore der Eifel laden jeden Besucher ein,
glücklich zu sein. Die Straßen sind meistens leer. Sie sind genau so, wie

Der Drachenfels am Rhein

Kleine, alte Städte am Rhein
laden jeden Besucher ein.

An der Mosel fanden wir alte
verlassene Burgen.

Der Rhein ist zwischen Koblenz und
Mainz am schönsten.

man sich das als Motorradfahrer wünscht. Doch heute haben die meisten keine gute Laune. Erst als wir wieder den Rhein vor uns liegen sahen, wurde die Stimmung wieder besser. Wir fuhren auf einen Campingplatz am Drachenfels. Das ist ein Felsen, der vom Rhein aus hoch in den Himmel geht. Alex erzählte uns abends die Geschichte, wie der Felsen zu seinem Namen gekommen ist: „Vor langer Zeit lebte in der Stadt Xanten am Rhein ein junger Prinz. Er war gerade 11 Jahre alt geworden, als er seinem Vater sagte, daß er in die Welt hinaus gehen wollte. Der Junge hieß Siegfried. Er wollte Schmied° werden. Doch bei jedem Schmied, zu dem er kam, zeigte er, daß er zuviel Kraft° hatte. So schickten die Leute den jungen Siegfried in den Wald, um mit dem großen Drachen° zu kämpfen, der dort wohnte. Als der Drache kam, nahm Siegfried einen großen Baum und tötete° den Drachen. Und seit dieser Zeit heißt der Felsen, in dem der Drachen wohnte, der Drachenfels."

In den Burgen am Rhein und an der Mosel scheinen Geschichten wie diese zu leben. Wir hatten in Köln den Dom bewundert, in Bitburg das Bier und an der Mosel den Wein. Wer den Rhein sieht, wird melancholisch. „Mit dem Schiff auf dem Rhein fahren, das heißt Geschichte sehen", sagte Katharina mit großen Worten. Doch wir verstanden alle, was sie meinte. Wir setzten uns auf eine Mauer und schrieben Ansichtskarten an Ulla und Jürgen, an Ralf in Berlin und Barbara in den USA.

(*die Vespa* name of Italian motorscooter; *der Schmied* blacksmith; *die Kraft* strength, power; *der Drache* dragon; *töten* to kill)

30. Setzen Sie die folgenden Sätze in die richtige Reihenfolge (sequence), so wie sie in der Geschichte stehen.

9 1. Sie sahen den Rhein vor sich.

4 2. Als sie zurückkamen, war Peters Motorrad weg.

7 3. Philipp und Jens hatten Peters Motorrad um die nächste Ecke gestellt.

12 4. Die Jugendlichen setzten sich auf eine Mauer.

1 5. Martina, Traudel, Alex und Peter waren durch einen Wald gegangen.

11 6. Alex erzählte die Geschichte vom Drachenfels.

3 7. Peter hatte sein Motorrad neben die anderen gestellt.

2 8. Die Motorräder hatten sie an der Straße stehen lassen.

6 9. Alle merkten, daß etwas nicht stimmte.

8 10. Peter konnte darüber nicht lachen.

5 11. Jens lachte laut.

10 12. Sie fuhren auf einen Campingplatz.

WB14

220

1. Barbara zeigt ihrer amerikanischen Freundin Kathy die Bilder (auf Seiten 224-225) aus Ingolstadt. Sagen Sie, welches Bild (a-p) sie beschreibt. Sagen Sie auch, warum das Bild zu dem paßt, was Kathy über ihre Heimatstadt sagt.

P 1. Der weiße Wagen fährt gleich durch das Kreuztor in die Innenstadt. Das ist das schönste Tor in meiner Heimatstadt.

B 2. Das ist die Eisdiele „Greco", wo es das beste Eis gibt.

G 3. Ich habe mein Konto bei der Bayerischen Vereinsbank an der Ludwigstraße. Hier gibt es auch viele Geschäfte. Die Eisdiele ist auf der anderen Straßenseite.

C 4. Auf dem Bild sieht man es nicht so gut, aber im Stadtcafé ist immer viel los. Da sitzen wir oft nach der Schule und unterhalten uns. Es ist nur zwei Minuten von der Bushaltestelle am Rathausplatz entfernt. Vor dem Café gibt es im Sommer Tische, an denen wir oft sitzen.

F 5. Zwischen der Kirche und der Apotheke ist eine kleine Straße, die „Am Stein" heißt. Da dürfen keine Autos fahren, nur Busse. Links von diesem Bild ist die Ludwigstraße und rechts ist die Theresienstraße.

H 6. Frau Schelchshorn macht die besten Bratwürste. Die vermisse ich hier in Amerika. Unsere Bratwürste sind anders. Die mußt du essen, wenn du nach Ingolstadt kommst.

K 7. Freitags essen wir oft Fisch, den meine Mutter in der *Nordsee* kauft. Der Fisch kommt frisch aus Bremen oder Hamburg. Aber teuer ist der! Frischer Fisch ist in Hamburg viel billiger als bei uns.

E 8. Das Bild kennst du ja schon von meiner Postkarte. Das ist unser Dom. Er hat zwei Türme. Einer ist höher als der andere. Meine Freunde und ich treffen uns oft am Dom und gehen dann zum Schloß.

L 9. Auf der Ludwigstraße spielt oft eine Band aus Chile. Das höre ich mir gern an, denn die Jungen spielen tolle Musik. Da bleiben immer viele Leute stehen und geben ihnen etwas Geld. Ich glaube, die verdienen ganz gut mit ihrer Musik.

N 10. Die Theresienstraße liegt zwischen dem Dom und *Am Stein*. Hier gibt es besonders schöne Häuser. Die Autos parken rechts und links von der Straße, aber es gibt nicht genug Platz für alle Autos. Siehst du den Jungen, der sich seine Jacke anzieht? Das ist Michael Schmidt, ein Freund von mir.

M 11. Auf diesem Bild siehst du hinten den Dom. Ein Mann geht mit seinem Hund spazieren. Diese Straße ist die Hohe-Schul-Straße. Da ist die alte Uni, die im Jahre 1801 nach Landshut und dann nach München gelegt wurde. Die Münchener Uni kommt also aus Ingolstadt. Heute haben wir nur ein paar hundert Studenten von der Uni in Eichstätt bei uns.

I 12. Vor einem Denkmal, nicht weit vom Schloß, sitzen immer viele junge Leute und unterhalten sich. Hier treffen wir uns oft und laufen dann durch die Stadt. Das Schloß liegt am Ende der Ludwigstraße. Hier ist auch ein Museum und das Stadttheater ist um die Ecke.

A 13. An dieser Bushaltestelle stehe ich immer mittags und warte auf meinen Bus. Die ist am Rathausplatz, wo auch das alte und das neue Rathaus sind. Zu Weihnachten haben wir immer einen großen Weihnachtsmarkt hier. Leider habe ich davon kein Bild.

J 14. Meine Mutter trinkt gern *Am Stein* bei *Eduscho* eine Tasse Kaffee. Man kann dort nicht nur Kaffe kaufen, sondern auch trinken. Es stehen ein paar Tische auf der Straße.

D 15. Rechts ist das neue Rathaus und hinten das alte Rathaus. Auf dem Markt parken die Autos. Links ist die Bushaltestelle, die ich dir gezeigt habe.

O 16. Am Rathausplatz ist auch unser *Viktualienmarkt* wo man sich eine Bratwurst kaufen kann, einen Tee trinken und sich an den Tischen ein bißchen ausruhen. Dieser Platz ist sehr beliebt bei den Leuten in meiner Stadt.

The most famous *Viktualienmarkt* is located in the center of Munich.

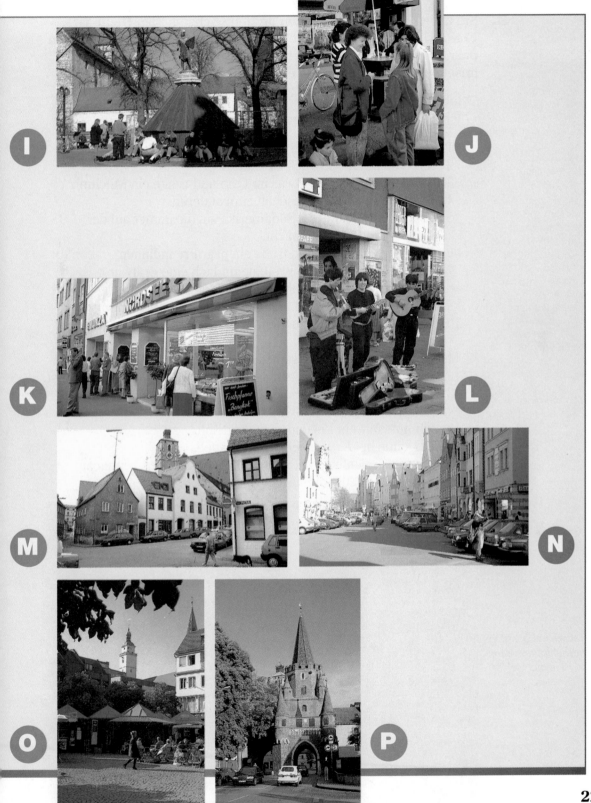

1. Ich werde ... anziehen.
2. Ich werde ... essen.
3. In der Stadt werde ... essen und (werde) trinken.
4. Ich werde ... laufen.
5. Ich werde ... zuhören, ...
6. Ich werde ... gehen und (werde) ... treffen.
7. Vielleicht werden ... essen. 8. Ich werde ... warten. 9. Ich werde ... gehen und (werde) ... holen. 10. Die Tür der Bank wird zu sein, ... 11. Ich werde zur Post gehen, ... 12. Ich werde ... schreiben und (werde) ... holen. 13. In der *Nordsee* werde ich ... kaufen. 14. Ich werde ... vorbeigehen. 15. Ich werde ... holen und (werde) ... essen. 16. Ich werde ... kaufen. 17. Ich werde ... und (werde) mit ihnen reden.

2. **Sie liegen im Bett und denken an den nächsten Tag. Heute ist Freitag und morgen ist keine Schule. Sie wollen morgen allein ein paar Stunden in die Stadt gehen. Sie wollen sich die Geschäfte ansehen und in einem Café etwas essen und trinken.**

❑ Ich stehe erst um acht Uhr auf.
   Ich werde erst um acht Uhr aufstehen.

1. Ich ziehe mir die neuen Jeans und den tollen Pulli an.
2. Ich esse kein Frühstück zu Hause.
3. In der Stadt esse ich etwas im Café und trinke ein Milchmix.
4. Ich laufe von einem Geschäft zum anderen.
5. Ich höre der Band aus Südamerika zu, die immer auf der Ludwigstraße Musik macht.
6. Ich gehe zum Dom und treffe ein paar Freundinnen.
7. Vielleicht essen meine Freunde und ich eine Bratwurst.
8. Ich warte an der Bushaltestelle auf den Bus.
9. Ich gehe zur Bank und hole mir 120 Mark vom Konto.
10. Die Tür der Bank ist zu, denn samstags sind Banken nicht geöffnet.
11. Ich gehe zur Post, die samstags geöffnet ist.
12. Ich schreibe einen Scheck und hole mir mein Geld bei der Post.
13. In der *Nordsee* kaufe ich Fisch und Kartoffelsalat.
14. Ich gehe an meinem Gymnasium vorbei.
15. Ich hole mir ein Eis und esse es gleich.
16. Ich kaufe bei *Eduscho* ein Pfund Kaffee.
17. Ich setze mich eine halbe Stunde zu den jungen Leuten am Schloß und rede mit ihnen.

Wir werden am Samstag nach Landshut fahren, denn dort ist immer viel los.

3. **Barbara denkt schon an die Zeit, wenn sie wieder zu Hause sein wird. Sie fragt Kathy viele Fragen. Antworten Sie einmal positiv und einmal weniger positiv. Benutzen Sie diese Satzanfänge:**

One person states the affirmative answer "Aber sicher ..." or Na klar ..." and a different person uses either "Ich bin mir nicht sicher, ob ..." or "Wer weiß, ob ..." Ask students what they would want to know from Kathy if they had to return from a trip. Possible questions are: Wird der Flug lange dauern? Habe ich die Namen deiner Freunde aufgeschrieben? Schickst du mir Erdnußbutter? Peanut butter is hard to find in Germany. German exchange students depend on American friends to get some after they have returned home.

(Answers will vary.)

Na klar ...
Ich bin mir nicht sicher, ob ...
Aber sicher ...
Wer weiß, ob ...

Barbara: Werde ich einen Job finden?
Kathy: Na klar wirst du einen Job finden.

Ich bin mir nicht sicher, ob du einen Job finden wirst.

Barbara: Werdet ihr mich besuchen?
Kathy: Aber sicher werden wir dich besuchen.

Wer weiß, ob wir dich besuchen werden.

1. Werde ich wieder nach den USA kommen?
2. Wirst du mich zu meinem Geburtstag anrufen?
3. Werde ich ohne euch Englisch sprechen?
4. Werden wir uns Karten schreiben?
5. Werden wir uns in zwei Monaten wiedersehen?
6. Wirst du jeden Tag an mich denken?
7. Wird dein Bruder Peter jetzt auch deutsch lernen?
8. Wirst du mich zum Flughafen bringen?
9. Wird Peter auch zum Flughafen kommen?
10. Werden deine Eltern uns in Ingolstadt besuchen?

4. **Beenden Sie die Sätze. Welche Verben passen gut?**

❏ Letzte Woche habe ich einen Brief an meine Freundin ____.
Letzte Woche habe ich einen Brief an meine Freundin geschickt.

Sample answers are:

gemacht
gewesen
eingeladen
gekommen
besucht
verstanden
geflogen
gewußt
gehabt
gefahren

1. Was habt ihr am Sonntag ____?
2. Im letzten Jahr bin ich in Europa ____.
3. Hast du Angelika zum Geburtstag ____?
4. Warum seid ihr nicht zum Fußballspiel ____?
5. Im Mai haben wir unsere Oma ____.
6. Ich habe das Lesestück ganz gut ____.
7. Gestern abend sind meine Freunde nach Deutschland ____.
8. Hat Peter die Antwort ____?
9. Hast du keinen Durst oder Hunger ____?
10. Wir sind mit dem Auto in die Ferien ____.

5. **Mit dem Auto ist etwas nicht in Ordnung. Setzen Sie die Wörter aus der Liste ein. Der Kontext hilft, das richtige Wort zu finden.**

Gas   Reifen   Bremse   Öl
Benzin   Motor   Kofferraum

Reifen
1. Ich fahre auf der Autobahn. Da macht es laut „Puff" und der Wagen bleibt stehen. Einer meiner vier ____ ist kaputt.

Bremse
2. Ich will mit dem Auto wegfahren. Ich drehe den Schlüssel herum. Der Motor springt an. Ich will losfahren, aber es geht nicht. Die Reifen drehen sich nicht. Die ____ ist noch festgemacht.

Kofferraum
3. Ich habe noch einen fünften Reifen im ____, wenn mal einer kaputt geht.

Öl
4. Der Wagen stinkt. Unter der Motorhaube ist es heiß. Ich fahre ohne ____, aber nicht weit. Dann bleibt der Wagen stehen und der Motor ist kaputt.

Gas
5. Ich will schneller fahren. Mein rechter Fuß tritt aufs ____.

Benzin
6. Ich fahre mit 100 Stundenkilometern auf der Landstraße. Da wird mein Auto immer langsamer und bleibt stehen. Ich habe vergessen, ____ zu tanken. Die Tankstelle ist leider zu. Wo finde ich denn jetzt Benzin?

Motor
7. Der Wagen läuft unruhig. Der Motor hat keine Kraft. Es muß was Schlimmes sein. Hoffentlich ist es kein Problem mit meinem ____.

Die Tankstelle hat zu, da kann mir keiner helfen.

An einer Bushaltestelle

Der Tip

An der Bushaltestelle unterhalten sich eine ältere Schülerin und ein Bürogehilfe. Beide warten jeden Morgen zur gleichen Zeit auf den Bus in die Stadt. Der Bürogehilfe hat einen billigen Anzug an. Die Schülerin trägt ausgeflippte Sachen: alte Jeans, Pulli mit Grafitti und einen sehr alten Ledermantel. Die beiden kennen sich nur vom Sehen. Heute spricht der Bürogehilfe mit der Schülerin, als sie ihn freundlich ansieht.

Bürogehilfe:	Ich kann heute morgen meine Augen nicht richtig aufmachen. Es war wieder mal zu spät gestern abend. Ich schlafe im Stehen weiter.
Schülerin:	So sehen Sie auch aus. Vielleicht fahren Sie am besten nicht mit dem Bus, sondern laufen in die Stadt. Dann sind Sie vielleicht fit, bis die Arbeit anfängt.
Bürogehilfe:	Ich weiß nicht. Ich muß meinen Lebensstil ändern, denke ich oft. Am Tag arbeite ich von acht bis fünf und dann treffe ich mich mit den Freunden im Jugendklub. Alle haben es besser als ich. Die Computer-Freaks können den ganzen Tag mit ihren Computern spielen, die Hacker erleben immer etwas Neues, die Sprayer sehen morgens die schönen Bilder, die Skater sind fit und die Öko-Freunde wissen, was sie wollen: Natur. Nur ich weiß nicht, was ich will.
Schülerin:	Wie lange arbeiten Sie denn schon im Büro?
Bürogehilfe:	Seit sechs Jahren. Nach der mittleren Reife habe ich drei Jahre lang eine Ausbildung gemacht. Dann fing der typische Tag an. Jetzt ist es jeden Tag dieselbe Arbeit. Ich bin 22. Ich möchte nicht alt werden und jeden Tag dasselbe tun. Gehst du noch aufs Gymnasium?

Point out that the student used the formal way of address at first and then switched to the informal *du,* because he uses that form. She and the young clerk are still in the same age bracket and are likely to use the informal *du* after they have talked a little bit. Point out to students that Germans do not wait to be introduced to other people. It is quite common to take the initiative and approach other people who seem interesting.

Schülerin:	Ja, ich mache dieses Jahr mein Abitur.
Bürogehilfe:	Und dann?
Schülerin:	Dann werde ich studieren. Ich weiß noch nicht genau, aber ich interessiere mich für Geschichte und für Politik. Ich habe schon daran gedacht, später Geschichtslehrerin am Gymnasium zu werden.
Bürogehilfe:	Ich hab' kein Abitur. Also kann ich nicht studieren. Ich würde ja auch gern studieren, weißt du, aber ich habe in der Schule nicht die besten Noten gehabt. Das Lernen ist mir zu schwer.
Schülerin:	Tja, das denkt man oft. Aber du kannst ja zum Abendgymnasium gehen. Jetzt bist du seit über fünf Jahren im Beruf. Dann darf man das Abendgymnasium besuchen.
Bürogehilfe:	Woher weißt du das? Warum soll ich zum Abendgymnasium gehen?
Schülerin:	Mein Bruder hat da sein Abitur gemacht. Der ist jetzt Apotheker. Zum Abendgymnasium gehen viele Leute, die das Abitur nicht machen konnten, als sie noch jünger waren. Mein Bruder war sehr begeistert davon. Ich will dich ja nicht überreden, aber du kannst dir ja mal die Schule ansehen. Wir fahren mit unserem Bus dort vorbei. In Brünninghausen ist es. Ich zeige es dir, wenn wir vorbeifahren.
Bürogehilfe:	Toll, danke. Daran habe ich noch nicht gedacht. Das war ein guter Tip.
Schülerin:	So, komm jetzt, wir steigen ein. Der Bus wartet nicht lange.
Bürogehilfe:	Ist doch Wahnsinn, daß wir heute endlich mal miteinander geredet haben. Ist doch sonst nichts los hier, wenn man auf den Bus warten muß und noch müde ist.
Schülerin:	Wenn mir die Schule keinen Spaß machen würde, dann hätte ich auch einen Beruf gelernt. Aber ich finde es toll, daß ich noch nicht von acht bis fünf arbeiten gehen muß. Mein Bruder meint, daß die vier Jahre schnell gehen, bis man das Abitur hat. Dann noch mal fünf Jahre Uni und du hast ein neues Leben.
Bürogehilfe:	Das klingt gut. Das werde ich mir ansehen. Das ist ja eine ganz neue Idee.

6. Sie arbeiten im Abendgymnasium als Schulleiterin oder Schulleiter. Der Bürogehilfe kommt diesen Abend in Ihre Schule, um sich über die Schule zu informieren. Fragen Sie ihn ...

1. Wie alt sind Sie?
2. Haben Sie eine Ausbildung gemacht?
3. Wie lange war Ihre Ausbildung? 4. Warum sind Sie gekommen? 5. Möchten Sie vier Jahre lang hart arbeiten? 6. Wissen Sie, was Sie später studieren wollen? 7. Wer hat Ihnen vom Abendgymnasium erzählt? 8. Haben Sie abends zwischen 6 und 10 Uhr Zeit? 9. Wissen Sie, wie lange die Schule dauert? 10. Wie lange haben Sie nach der Ausbildung gearbeitet?

1. nach seinem Alter
2. ob er eine Ausbildung gemacht hat
3. wie lange seine Ausbildung war
4. warum er gekommen ist
5. ob er vier Jahre lang hart arbeiten möchte
6. ob er weiß, was er später studieren will
7. wer ihm vom Abendgymnasium erzählt hat
8. ob er abends zwischen 6 Uhr und 10 Uhr Zeit hat
9. ob er weiß, wie lange die Schule dauert
10. wie lange er nach der Ausbildung gearbeitet hat.

Have your students take the part of the principal and answer each question.

Rollenspiel: Abendgymnasium, oder nicht?

7. Stellen Sie sich vor, Sie sind Freunde des Bürogehilfen. Sie gehen in denselben Jugendklub wie er. Fünf Personen spielen dieses Rollenspiel in Gruppen. Zwei Personen finden die Idee toll, daß er wieder zur Schule gehen will. Zwei Personen finden diese Idee nicht toll, weil sie die Schule und das Lernen nicht mögen. Die fünfte Person ist der Büroangestellte, der die anderen vier nach ihrer Meinung fragt. Sie können die folgenden Ideen benutzen, wenn Sie wollen.

Fragen des Büroangestellten:
Was soll ich machen? Soll ich mein ganzes Leben lang dieselbe Arbeit machen? Warum seid ihr gegen die Schule? Was spricht gegen vier Jahre Schule? Kann ich das schaffen? Ist ein Abitur wichtig? Verdiene ich mehr Geld, wenn ich studiert habe? Würdest du zum Abendgymnasium gehen?

Pro — Abendgymnasium:
Du solltest zum Abendgymnasium gehen, denn ...
du kannst neue Leute kennenlernen; interessante Sachen lernen; eine Fremdsprache lernen; mehr lernen als andere Leute; mehr wissen als andere Leute; immer etwas zu tun haben; das Abitur machen; eine neue Ausbildung beginnen; mehr über andere Leute lernen; sehen, was man schaffen kann; interessante Bücher lesen; tolle Lehrer haben; später mehr Geld verdienen ...

Encourage students to begin their statements with *"Ich hoffe, daß ..., Ich meine, daß ... Ich vermute, daß ..., Ich möchte sagen, daß ..."*, if they have difficulty starting or maintaining the conversation.

Contra — Abendgymnasium:

Geh lieber nicht hin, weil ...

vier Jahre abends zur Schule gehen und am Tag arbeiten ist hart; keine Freizeit mehr haben; Sachen lernen, die nicht interessant sind; nach der Schule kommt auch noch die Uni; in den nächsten zehn Jahren viel lernen müssen; nicht sicher sein, ob man nach dem Studium einen guten Job findet; weniger verdienen als ohne Abitur ...

8. Sie treffen beim Erntedankfest (Thanksgiving) die ganze Familie und reden mit Ihren Onkeln und Tanten. Sie erzählen, daß Sie jetzt Deutsch lernen. Plötzlich sagt Ihnen Ihr Onkel: „Ich war im Zweiten Weltkrieg in Berlin. Erzähl mir was von Berlin. Ich war 40 Jahre nicht da." Das wußten Sie gar nicht: Der Onkel kann Deutsch! Sie sagen ihm, daß Sie schnell in die Küche gehen müssen, um ihrer Mutter zu helfen und daß Sie sofort wieder zu ihm kommen werden. In diesen Minuten lesen Sie schnell im ersten Kapitel das Lesestück „Die Hauptstadt Berlin". Dann gehen Sie zurück zu dem Onkel und erzählen ihm etwas über Berlin. Sagen Sie, was Sie wichtig finden.

Ask students to tell about Berlin collectively. Have students expand on this topic. One student could play the uncle and ask questions about the city. All the others in class could respond to his question. Ask several students to play the role of the uncle or aunt who was in Berlin 40 years ago. You may want to include some other cities—München, Hamburg, Köln, etc.—and encourage students to check reference books in their library so that they have the necessary information for additional conversational practice.

Sie fangen an:
Berlin ist die größte Stadt in Deutschland. Jetzt leben in Berlin 3,5 Millionen Menschen ...

9. Wer oder was tut/tat in diesen Sätzen etwas? Was tut/tat die Person?

❏ Die Berliner Mauer wurde 1961 von der DDR gebaut.
  Die DDR tat etwas. Sie baute die Berliner Mauer.

Die Jeans müssen von Willy repariert werden.
  Willy muß etwas tun. Er muß die Jeans reparieren.

1. Die Deutschen taten etwas. Sie machten Berlin zur Hauptstadt. 2. Die Lehrerin tat etwas. Sie erzählte viel über das Zweite Reich. 3. 25 kleine Staaten taten etwas. Sie bildeten das Zweite Reich. 4. Schinkel tat etwas. Er baute in Berlin viele klassizistische Häuser. 5. Walter Gropius tat etwas. Er schuf die neue Architektur „Bauhaus". 6. Willy tat etwas. Er erzählte den Unfall. 7. Bernie muß etwas tun. Er muß das Skateboard holen. 8. Willy muß etwas tun. Er muß die Jeans waschen. 9. Willys Vater muß etwas tun. Er muß das Skateboard mit Farbe besprühen.

1. Berlin wurde 1871 von den Deutschen zur Hauptstadt gemacht.
2. Von der Lehrerin wurde viel über das Zweite Reich erzählt.
3. Das Zweite Reich wurde von 25 kleinen Staaten gebildet.
4. In Berlin wurden von Schinkel viele klassizistische Häuser gebaut.
5. Die neue Architektur „Bauhaus" wurde in Berlin von Walter Gropius geschaffen.
6. Der Unfall wurde von Willy erzählt.
7. Das Skateboard muß von Bernie geholt werden.
8. Die Jeans müssen von Willy gewaschen werden.
9. Das Skateboard muß von Willys Vater mit Farbe besprüht werden.

10. **Was muß man in Ihrer Stadt alles gesehen haben? Sie haben Besuch und erzählen, was es in Ihrer Stadt zu sehen gibt. Diesen Satz sagen die Deutschen oft, wenn sie Freunden sagen wollen, was man gesehen haben soll, bevor man wieder fährt. Nennen Sie auch Sehenswürdigkeiten, die es nur in Ihrer Stadt oder in Ihrer Gegend gibt!**

❏ das neue Fußballstadion
Unser neues Fußballstadion müßt ihr gesehen haben! Das ist toll!

Encourage students to describe landmarks of their region. They may have to circumlocute the correct word if they cannot find the term in the vocabulary section of this book.

1. der große Park	Unseren großen Park ...
2. das tolle Rathaus	Unser tolles Rathaus ...
3. die schönen Museen	Unsere schönen Museen ...
4. die alte Marienkirche	Unsere alte Marienkirche ...
5. der moderne Tierpark	Unseren modernen Tierpark ...
6. das alte Kloster	Unser altes Kloster ...
7. das nördliche Fort	Unser nördliches Fort ...
8. die neue Brücke	Unsere neue Brücke ...
9. der breite Fluß	Unseren breiten Fluß ...
10. das weite Land	Unser weites Land ...
11. die erste Farm	Unsere erste Farm ...
12. das älteste Haus	Unser ältestes Haus ...

11. **Sie verstehen nicht richtig, worüber eine Person gerade spricht. Fragen Sie danach, was die Person meint.**

❏ Unsere Freude war groß.
Von welcher großen Freude reden Sie?

1. Von welcher kleinen Schwester reden Sie? 2. Von welcher netten Freundin reden Sie? 3. Von welchem kurzen Urlaub reden Sie? 4. Von welcher kranken Oma reden Sie? 5. Von welcher freundlichen Gastgeberfamilie reden Sie? 6. Von welcher langen und schönen Klassenfahrt reden Sie? 7. Von welchem kühlen und winterlichen Wetter reden Sie? 8. Von welchen tollen Ferien reden Sie?

1. Seine Schwester war noch klein.
2. Frau Hansens Freundin war nett.
3. Ihr Urlaub war kurz.
4. Die Oma ist seit Wochen krank.
5. Seine Gastgeberfamilie war freundlich.
6. Die Klassenfahrt war lang und schön.
7. Das Wetter war kühl und winterlich.
8. Unsere Ferien waren toll.

Unsere Ferien waren toll.

12. **Bilden Sie wenn möglich acht Gruppen in der Klasse. Jede Gruppe arbeitet an einem Bildpaar. Sehen Sie sich die Bildpaare genau an. Können Sie sagen, was auf den Bildern ähnlich ist und was anders ist? Jede Gruppe berichtet der ganzen Klasse. Die ganze Klasse entscheidet dann, welches Bildpaar am besten gefällt.**

(Descriptions will vary.)

❏ *Was auf den Bildern (oben) ähnlich ist:*
Auf dem linken Bild ist ein Kopf. Auf dem rechten Bild ist auch ein Kopf. Beide Personen halten den Kopf nach links. Der Kopf ist das wichtigste auf beiden Bildern.

Was auf den Bildern (auf Seiten 234-236) anders ist:
Das linke Bild zeigt einen alten Mann. Er nimmt seinen Hut in die Hand. Das rechte Bild zeigt ein kleines Baby. Es hat keinen Hut auf.

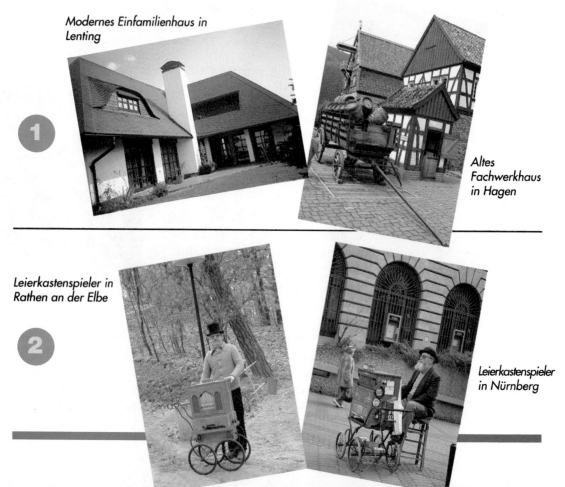

Modernes Einfamilienhaus in Lenting

1

Altes Fachwerkhaus in Hagen

Leierkastenspieler in Rathen an der Elbe

2

Leierkastenspieler in Nürnberg

3

Alle hören zu.

Der Bürgermeister
gratuliert Erna.

4

Die Fremdenführerin
freut sich.

Herr Otto lacht in
die Kamera.

5

Sie fotografiert ihre
Freunde im Hafen.

Die Gruppe fährt auf
dem Elbschiff.

6 Am Strand mit
den Kindern

Vater mit
Kinderwagen
auf dem Markt

7 Das Ehepaar geht in
Leipzig spazieren.

Herr und Frau Meemken
haben ihre Sonnenbrillen auf.

8 Die kleine Kirche
in Sielenbach

Der Dom in
Mainz

13. Was braucht man für ein internationales Picknick?

❏ Freunde / international
Internationale Freunde braucht man dafür.

1. Wetter / warm   Warmes Wetter ...
2. Essen / lecker   Leckeres Essen ...
3. Obst / frisch   Frisches Obst ...
4. Bananen / afrikanisch   Afrikanische Bananen ...
5. Apfelsinen / südamerikanisch   Südamerikanische Apfelsinen ...
6. Milch / kühl   Kühle Milch ...
7. Brot / deutsch   Deutsches Brot ...
8. Käse / französisch   Französischen Käse ...
9. Schinken / amerikanisch   Amerikanischen Schinken ...
10. Wurst / polnisch   Polnische Wurst ...
11. Hunger / groß   Großen Hunger ...

14. Stellen Sie sich vor, Sie gehen auf eine deutsche Schule und machen nächstes Jahr Ihr Abitur. Ihre Eltern hoffen, daß Sie gute Noten haben werden, weil Sie dann Medizin studieren können. Leider haben Sie in den letzten Wochen nur befriedigende und ausreichende Noten nach Hause gebracht. Ihre Mutter oder Ihr Vater ist sauer und sie oder er will jetzt wissen, warum die Noten in Mathe, Physik und Deutsch nicht besser sind. Erklären Sie es ihr oder ihm.

Group activity: Divide class into groups. Have students review chapter 2 (letters of Heinz and Erika and the German grades) if they have difficulty describing their excuses to their mother or father. One person in each group can play the role of the mother and ask the other classmates, why their grades are so poor: *Warum sind deine Noten jetzt so schlecht? Die waren doch früher viel besser."*

So können Sie Ihre Sätze anfangen, wenn Sie nicht Ihre eigenen Sätze benutzen wollen:
Aber du weißt doch, daß ich ...
Ich weiß auch nicht, aber ich denke mir, daß ich ...
Ich arbeite und lerne so viel ich kann, aber ich ...
So einfach ist es nicht, denn ich ...
Es geht vielen in der Klasse so, denn wir ...

Ein paar Vorschläge, warum es nicht richtig läuft:
keine Zeit haben / zu schwere Themen haben / neue Lehrer haben / ein schlechtes Buch haben / sich nicht konzentrieren können / zu viel Arbeit haben / nicht gut schlafen können / Kopfschmerzen haben / nicht studieren wollen / wichtigere Dinge tun müssen / oft krank sein

15. **Sie gehen in den Keller, um ein paar alte Bücher zu suchen. Sie sehen in viele alte Kartons und finden ein paar Briefe, die ihr Vater Ihrer Mutter geschrieben hat. Sie lesen diesen kurzen Brief:**

Mein Herzchen, oh Du liebe Anna!

Seit drei Tagen habe ich Dich nicht mehr gesehen und schon wird meine Trennungsangst größer und größer. Wie kann ich ohne Dich leben? Ich brauche Dich, wie der Fluß sein Wasser. Wie soll ich die Tage verbringen, wenn Du nicht bei mir bist? Wir sehen uns erst in einer Woche wieder und bis dahin denke ich jede Minute an Dich und zähle die Sekunden. Ich schreibe Dir jeden Tag drei Briefe und ein paar Postkarten. Du darfst mich nicht vergessen.

Dein lieber Ludwig

Sie finden das natürlich sehr lustig und erzählen beim Abendessen, was Sie da im Keller gelesen haben. Sie haben ein besonders gutes Verhältnis (relationship) zu Ihren Eltern und wissen, daß Sie davon sprechen dürfen. Ihr Vater findet das zuerst nicht sehr lustig. Dann aber lacht er mit. Ihre Mutter hat besonderen Spaß an dieser Geschichte. Fangen Sie so an:

„Papa, ich habe da einen Brief von Dir an Mama gefunden. Du hast an dein Herzchen, deine liebe Anna geschrieben. Du hättest sie seit drei Tagen nicht gesehen ... "

16. Viele junge Leute wollen alles anders machen als ihre Eltern. Was würden diese jungen Leute tun?

❐ immer nur zu Hause sitzen

Mensch, ist doch klar, daß ich nicht nur zu Hause säße.

Mensch, ist doch klar, daß ich nicht ... 1. jeden Morgen eine Zeitung läse. 2. mittags immer ein Butterbrot äße. 3. samstags den neuen Wagen wüsche. 4. nachmittags im Garten arbeitete. 5. jeden Sonntag in die Kirche ginge. 6. abends um sieben die Oma anriefe. 7. jeden Tag vier Stunden fernsähe. 8. immer nur zu Hause bliebe.

1. jeden Morgen eine Zeitung lesen
2. mittags immer ein Butterbrot essen
3. samstags den neuen Wagen waschen
4. nachmittags im Garten arbeiten
5. jeden Sonntag in die Kirche gehen
6. abends um sieben die Oma anrufen
7. jeden Tag vier Stunden fernsehen
8. immer nur zu Hause bleiben

17. **Wenn nur alles anders wäre, dann würde es Ihnen besser gefallen.**

❐ Wenn ich mehr Zeit ____, würde ich kommen.
Wenn ich mehr Zeit hätte, würde ich kommen.

Wenn ich den Brief geschrieben ____, ____ wir schon früher abfahren können.
Wenn ich den Brief geschrieben hätte, hätten wir schon früher abfahren können.

wärest
1. Wenn du jetzt fertig ____, könnten wir essen.

hätte
2. Wenn ich selbst gekocht ____, würden wir nicht schon wieder Fisch essen.

wäre
3. Wenn das Fleisch nicht so teuer ____, würden wir es öfter essen.

hätte
4. Wenn die Bank uns den Scheck geschickt ____, könnten wir jetzt einkaufen gehen.

hätten
5. Wenn Sie eine bessere Ausbildung gemacht ____, könnten wir Ihnen einen anderen Job geben.

hättest
6. Wenn du deinen Reisepaß ____, könnte die Bank deine Reiseschecks annehmen.

würdest, hättest
7. Wenn du öfter auf mich hören ____, ____ du das Geld jetzt schon bekommen.

hätte, würde
8. Wenn die Bank länger geöffnet ____, ____ ich meinen Reisepaß noch schnell holen.

würdest, hättest
9. Wenn du mehr Geld verdienen ____, ____ du viel weniger Zeit für deine Familie.

wäret, wären
10. Wenn ihr jeden Tag in die Schule gegangen ____, ____ eure Noten besser gewesen.

18. Was würden Sie tun, wenn Sie eine Bank hätten? Erklären Sie es in zwei Sätzen, damit ganz klar wird, was Sie meinen.

☐ Geld überweisen
Ich überweise Geld. Das heißt, ich würde Geld überweisen.

1. Schecks nehmen
2. meine Kunden bedienen
3. viele Konten führen
4. Zinsen zahlen
5. Dollar kaufen
6. Franken verkaufen
7. Geld sparen
8. dort gern arbeiten

1. Ich nähme Schecks. Das heißt, ich würde Schecks nehmen. 2. Ich bediente meine Kunden. Das heißt, ich würde meine Kunden bedienen. 3. Ich führte viele Konten. Das heißt, ich würde viele Konten führen. 4. Ich zahlte Zinsen. Das heißt, ich würde Zinsen zahlen. 5. Ich kaufte Dollar. Das heißt, ich würde Dollar kaufen. 6. Ich verkaufte Franken. Das heißt, ich würde Franken verkaufen. 7. Ich sparte Geld. Das heißt, ich würde Geld sparen. 8. Ich arbeitete dort gern. Ich würde dort gern arbeiten.

19. Die Hälfte Ihrer Klasse sind Journalisten bei Ihrer lokalen Zeitung. Sie wollen einen Bericht über die Berufe der Eltern von Schülern schreiben. Die Journalisten in Ihrer Klasse fragen 1. welche Berufe die Eltern haben, 2. wo sie arbeiten und 3. ob sie ihre Jobs gern machen.

Refer to Exercise 16 in chapter 3 for a variety of jobs. You may split the class into three groups and have one person interview each group.

Wenn die Journalisten alle in der Klasse gefragt haben, berichten sie über 1. die Jobs, 2. die Arbeitgeber (employers) und 3. die Zufriedenheit (satisfaction) der Eltern mit ihren Jobs. Nach diesem kurzen Interview können die gefragten Schüler die Journalisten spielen.

20. Was paßt zusammen?

f 1. Nachdem Gerda Struck im Ausland studiert hatte,
b 2. Wer im Ausland studiert hat,
d 3. Nachdem ich in Deutschland studiert hatte,
a 4. Während seines Studiums im Ausland
g 5. Wenn ich im Ausland studieren sollte,
c 6. Ich könnte bei einem Auslandsstudium
e 7. Ich möchte für ein Studium im Ausland argumentieren,

a. hatte Peter manchmal Trennungsangst und wollte wieder nach Hause fahren.
b. spricht oft neben seiner Muttersprache auch noch eine Fremdsprache.
c. nicht mehr bei meiner eigenen Familie wohnen.
d. konnte ich fast alles auf deutsch sagen.
e. denn es gibt viele Vorteile.
f. hatte sie bessere Chancen im Beruf.
g. würde ich meine Freunde vermissen.

21. Wann wären Sie besonders nervös? Stellen Sie sich die folgenden Situationen vor.

❑ allein in einer deutschen Bank
Wenn ich allein in einer deutschen Bank wäre, dann wäre ich nervös.

1. im Flugzeug mit einem ohnmächtigen Piloten
2. vor der Haustür ohne Schlüssel
3. bei meinem ersten Job-Interview
4. bei unserem Schuldirektor
5. allein zu Hause
6. ohne Fahrkarte im Bus

22. Was ist in der Schule passiert, nachdem alle Schüler und die Lehrer nach Hause gegangen sind?

❑ Der Hausmeister macht alle Fenster zu.
Alle Fenster sind zugemacht worden.

1. Der Schulleiter ruft ein paar Eltern an.
2. Ein junger Mann putzt die Tafeln.
3. Die Hausmeisterin bezahlt Rechnungen.
4. Der Wind schlägt eine Tür zu.
5. Der Hausmeister vergißt eine Tasse Kaffee auf dem Schreibtisch des Schulleiters.
6. Jemand macht die Fenster im Keller auf.
7. Die Hausmeisterin findet ein paar Bücher auf einem Tisch.
8. Der Letzte rückt die Stühle zusammen.

Ein paar Freundinnen sind angerufen worden.

23. Welches Sprichwort paßt zu welcher Situation? Es gibt mehr Situationen als Sprichwörter. Ein paar Situationen sind sinnlos und können die Redewendung nicht erklären.

Redewendungen

c 1. Nimm mich nicht auf den Arm!
e 2. Du mußt dich auf die Socken machen.
g 3. Wir haben alles unter Dach und Fach gebracht.
d 4. Fahren Sie ihr nicht immer über den Mund, Herr Kuleß.
h 5. Sie führt oft das große Wort.
i 6. Mir fällt ein Stein vom Herzen.

Situationen

a. Ich will jetzt runter. Es ist zu hoch. Ich könnte fallen.
b. Nein, Sie brauchen sich nicht zu beeilen, denn es ist noch Zeit. Sie haben noch mindestens zwanzig Minuten.
c. Ich meine es, wie ich es sage. Das ist nicht lustig und auch nicht spaßig. Mach dich nicht lustig über mich, denn es ist mir ernst!
d. Das geht so nicht. Sie müssen die Dame für sich selbst sprechen lassen. Sie können doch nicht wissen, was sie sagen will.
e. Es wird Zeit, daß du losfährst. Du mußt jetzt los oder du kommst zu spät.
f. Ich liege noch gut in der Zeit. Das schaffe ich leicht und komme zur rechten Zeit an. Bin ja schon zehn Minuten unterwegs, dachte Momo.
g. Der Umzug ist zu Ende. Wir haben alle unsere Sachen in den Wagen getan und sind nach Neubrandenburg gefahren. Jetzt steht alles in der neuen Wohnung.
h. Frau Schwarzer, es gibt hier auch noch andere Frauen, die ihre Meinung sagen möchten. Jede braucht ein paar Minuten, um zu sagen, was sie will. Sie können nicht immer alleine reden wollen.
i. Das Problem habe ich nicht mehr. Alles ist klar und ich muß mir keine Sorgen mehr machen. Ich bin die Sorge los.
j. Lange Jahre mußte ich leiden, bis die Steine mir eines morgens vor die Füße fielen. Seit dem habe ich dreißig Kilogramm abgenommen.

24. **Was ist das Gegenteil (opposite) — oder was paßt gut?**

❏ ein essendes Kind — ein trinkendes Kind

ein liegendes Buch
ein fahrendes Auto
ein weinendes Gesicht
ein stehender Gast
eine arbeitende Studentin

1. ein stehendes Buch
2. ein parkendes Auto
3. ein lachendes Gesicht
4. ein sitzender Gast
5. eine spielende Studentin

eine stehende Gruppe

ein sitzendes Mädchen

ein wartender Junge

In diesem Kapitel geht es um Reisen und andere tolle Sachen. Ich bin sicher, daß Sie darüber so denken wie ich auch: Wer sitzt denn schon gern das ganze Jahr zu Hause? Wir möchten ja die Welt sehen und andere Städte und Länder kennenlernen. Das denken sich auch die meisten Deutschen, die am liebsten ihren Urlaub außerhalb der Stadt verbringen, in der sie wohnen.

Wir werden mehr über eine Reise mit einer Schulklasse erfahren. Die Klasse startet von Eggestedt auf eine Fahrradtour. Wir lesen in

Hallo Leute!

diesem Kapitel über große Vögel, machen eine Studienfahrt auf eine Nordseeinsel und reisen mit dem Zug in den sonnigen Süden und weiter Richtung Türkei.

244

Unterwegs und auf Reisen

6

In diesem Kapitel sind wir viel unterwegs, erfahren mehr über andere Länder, und am meisten haben wir Spaß mit netten Leuten.

Auf Urlaub

Have students prepare a report on either where they spend their vacation or where they would like to go and why to that particular place. Their description should include: preparation, trip, activities, return, etc.

Die Sommermonate sind die beliebteste Urlaubszeit, obwohl manche Leute lieber im Winter Urlaub machen. In der Ferienzeit fahren die Leute für zwei, drei oder vier Wochen nach Frankreich, Portugal, Spanien oder in ein anderes europäisches Land. Nur 15% der Urlauber verlassen° Europa und besuchen andere Länder der Welt. Österreich, das beliebteste Urlaubsland der Deutschen, begrüßt jedes Jahr Millionen Urlauber. Im Winter fahren die meisten dorthin oder in die Schweiz, denn in den Alpen kann man wunderbar Ski fahren. Außerdem sprechen die meisten Schweizer und alle Österreicher deutsch.

Die Urlaubszeit ist auch bekannt für Rekorde auf deutschen Autobahnen: Der längste Stau° zwischen Würzburg und München war 280 Kilometer lang. Ein Auto ist etwa fünf Meter lang. Rechnen° wir vorne und hinten zusammen nochmal fünf Meter, dann haben wir auf jedem Kilometer der Autobahn 200 Wagen, denn die Autobahn hat zwei Fahrbahnen°. Das sind also

Österreich ist das beliebteste Urlaubsland der Deutschen. (Innsbruck)

Die Schweiz ist während jeder Jahreszeit beliebt. (Thunersee)

56 000 Autos, die in diesem Stau warten mußten. Es dauerte einen halben Tag, bis der Verkehr wieder normal lief. Das ist die andere Seite der Urlaubszeit: Streß auf der Fahrt zum Urlaubsort. Wer mit dem Zug oder Flugzeug reist, hat diese Sorgen nicht. Die Autobahnen werden immer voller, weil immer mehr Autos darauf fahren. Es sind jetzt schon über 34 Millionen Wagen auf deutschen Straßen unterwegs. „Da kann man fast

nie schneller als 100 Stundenkilometer fahren, weil es mehr Verkehr auf den Straßen gibt, als mir lieb ist", meinte eine junge Urlauberin bei einem Fernseh-Interview. „120 wäre die ideale Geschwindigkeit°", meinte ein anderer Urlauber. „Mein Auto fährt leicht 200 Stundenkilometer", sagte ein Verkehrspolizist. „Aber bei diesem Urlaubsverkehr ist daran nicht zu denken. Realistischer sind in dieser Verkehrssituation 80 bis 110. Und auch bei dieser Geschwindigkeit gibt es noch zu viele Unfälle, weil die Leute zu lange fahren. Sie vergessen, daß der Mensch Pausen braucht."

(*verlassen* to leave; *der Stau* [traffic] jam, congestion; *rechnen* to count; *die Fahrbahn* lane; *die Geschwindigkeit* speed)

Die Autobahn hat auf jeder Seite mindestens zwei Fahrbahnen.

Textverständnis

1. **Beenden Sie die Sätze mit den Wörtern aus der Liste. Sie werden nicht alle Wörter brauchen.**

Unfälle	Stundenkilometer	Wochen	Länder
Monate	Ruhe	Stau	Tag
Meter	Ski	Pause	Urlaubsland
Zug	Urlauber	Autobahn	

Länder

1. Man will nicht nur andere Städte, sondern auch andere ____ kennenlernen.

Urlaubsland

2. Österreich ist das beliebteste ____ der Deutschen.

Zug

3. Leute, die mit dem Flugzeug oder ____ reisen, haben weniger Streß auf der Reise zum Urlaubsort.

Urlauber

4. Fast jeder siebte ____ besucht Länder außerhalb Europas.

Stau

5. Den längsten ____ gab es auf der Strecke Würzburg-München.

Pause

6. Nach langem Fahren muß man einmal eine ____ machen.

7. Während der Urlaubszeit fahren viele Deutsche zwei bis vier ____ in ein anderes europäisches Land.

Wochen

Tag

8. Es hatte einen halben ____ gedauert, bis der Verkehr in Süddeutschland wieder normal gewesen war.

Ski

9. In den Alpen fahren viele Urlauber ____ .

Unfälle

10. Auch bei langsamerem Tempo gibt es viele ____ .

Meter

11. Ein typisches Auto ist ungefähr fünf ____ lang.

12. Bei dem starken Verkehr auf den Autobahnen kann man oft nicht schneller als 100 ____ fahren.

Stundenkilometer

WB1

Double infinitive

When modal auxiliary verbs (*dürfen, können, müssen, möchten/mögen, sollen, wollen*) are used in the present perfect and past perfect tenses, a double infinitive construction with two verbs in the infinitive form occurs. The modal verb is generally the last element in the clause.

(present tense)	Ich will nach Italien reisen.
(present perfect)	Ich habe nach Italien reisen wollen.
(past perfect)	Ich hatte nach Italien reisen wollen.

The double infinitive construction also occurs with the verbs *hören, sehen,* and *helfen.*

| (present tense) | Ich höre Dr. Fehrmann kommen. |
| (present perfect) | Ich habe Dr. Fehrmann kommen hören. |

When a double infinitive construction occurs in a subordinate clause in the perfect tenses, the helping verb *haben* appears before the two infinitive verbs.

Kirsten sagte, daß sie nicht hat fahren können.

2. **Das ist alles schon passiert. Erzählen Sie Ihren Klassenkameraden davon. Folgen Sie dem Beispiel.**

❑ Ich soll meine Eltern anrufen.
    Ich habe meine Eltern anrufen sollen.

1. Ich darf bei der Apfelernte helfen.
2. Ich will auf keinen Apfelbaum klettern.
3. Erika muß im Abitur über die amerikanische Geschichte schreiben.
4. Drei Gesellen sollen zum Meister kommen.
5. In der Disko sehen wir die Ausgeflippten tanzen.
6. Unsere Sekretärin soll die Kunden anrufen.
7. Der Berater kann viel über diese Ausbildung sagen.
8. Siehst du die Campingsachen nicht im Cabriolet liegen?
9. Auf der Bühne kann sie den Applaus am besten hören.
10. Der Bundespräsident will nach Istanbul fliegen.
11. Die Türkei will Partner in der EG sein.
12. Wegen des Reiseverbots darf keiner reisen.

Variation: Have students provide sentences in the simple past tense in this exercise as well as in exercise 3. These exercises provide a good review of modal auxiliaries and word order.

1. Ich habe bei der Apfelernte helfen dürfen. 2. Ich habe auf keinen Apfelbaum klettern wollen. 3. Erika hat im Abitur über die amerikanische Geschichte schreiben müssen. 4. Drei Gesellen haben zum Meister kommen sollen. 5. In der Disko haben wir die Ausgeflippten tanzen sehen. 6. Unsere Sekretärin hat die Kunden anrufen sollen. 7. Der Berater hat viel über diese Ausbildung sagen können. 8. Hast du die Campingsachen nicht im Cabriolet liegen sehen? 9. Auf der Bühne hat sie den Applaus am besten hören können. 10. Der Bundespräsident hat nach Istanbul fliegen wollen. 11. Die Türkei hat Partner in der EG sein wollen. 12. Wegen des Reiseverbots hat keiner reisen dürfen. **WB2**

Sie sagte, daß alle lange haben warten müssen.

3. **Beginnen Sie die folgenden Sätze mit „Sie sagte, daß ...“**

1. ... die jungen Leute eine Veränderung haben disku-tieren wollen. 2. ... die Touristen keine Wander-stäbe haben kaufen können. 3. ... ihre Ware billiger und besser hat werden müssen. 4. ... sie ihr Visum haben benutzen können. 5. ... der Vorbereitungskurs drei Wochen hat dauern sollen. 6. ... wir während der Sommerpause viel haben helfen können. 7. ... du den Sportwagen nicht mit der Spraydose hast besprühen sollen. **WB3**

❑ Homer hat seine Mutter besuchen wollen.
Sie sagte, daß Homer seine Mutter hat besuchen wollen.

1. Die jungen Leute haben eine Veränderung diskutieren wollen.
2. Die Touristen haben keine Wanderstäbe kaufen können.
3. Ihre Ware hat billiger und besser werden müssen.
4. Sie haben ihr Visum benutzen können.
5. Der Vorbereitungskurs hat drei Wochen dauern sollen.
6. Während der Sommerpause haben wir viel helfen können.
7. Du hast den Sportwagen nicht mit der Spraydose besprühen sollen.

4. **Bilden Sie die ersten Sätze neu. Das Plusquamperfekt (past perfect) sagt uns, was vor einer anderen Sache passiert ist. Vergessen Sie nicht, den zweiten Satz auch zu lesen! Folgen Sie dem Beispiel.**

Friedrich Schlegel is considered the founder of Romanticism. He published around the turn of the 19th century. Rainer Maria Rilke became famous at the beginning of the 20th century for his poems. He lived for one year in the artists' village of Worpswede.

1. Rilke hatte seit 1908 in Worpswede leben wollen. 2. Fritz hatte gestern abend alle Kohlrouladen essen müssen. 3. Der Dichter Friedrich Schlegel hatte gern katholisch werden mögen. 4. Dorothea hatte sich ihren Humor leisten können. 5. Der Affe hatte in keinem Käfig sitzen wollen. 6. Ivonne hatte ein neues Design zeigen dürfen.

❑ Frau Obermeier wollte ihre Kinder in Kleve besuchen. Gestern kam sie zurück.
Frau Obermeier hatte ihre Kinder in Kleve besuchen wollen. Gestern kam sie zurück.

1. Rilke wollte seit 1908 in Worpswede leben. Danach fuhr er 1910 nach Paris.
2. Fritz mußte gestern abend alle Kohlrouladen essen. Heute mittag gab es dann keine mehr.
3. Der Dichter Friedrich Schlegel wollte gern katholisch werden. 1808 wurde er katholisch.
4. Dorothea konnte sich ihren Humor leisten. Alle Leute lachten mit ihr.
5. Der Affe wollte in keinem Käfig sitzen. Gestern lief er aus dem Zoo.
6. Ivonne durfte ein neues Design zeigen. Sie wurde damit sehr bekannt.

5. **Sie hören, was Frau Obermeier alles vor ihrer Abreise getan hat. Sagen Sie es einer anderen Person. Folgen Sie dem Beispiel.**

1. Frau Obermeier wollte immer nach Mallorca reisen. 2. Am Montag wollte sie in die Stadt fahren, um ins Reisebüro zu gehen. 3. Dort wollte sie von Reisen nach Mallorca hören. 4. Am Dienstag mußte sie den Flug buchen. 5. Danach mußte sie zur Bank gehen, um das Geld für den Flugschein zu holen. 6. Im Reisebüro konnte sie nicht mit Kreditkarte bezahlen. 7. Am Mittwoch wollte sie den Flugschein bezahlen, aber sie mußte ihren kranken Sohn zum Arzt bringen. 8. Donnerstag war der letzte Tag, an dem sie den Flugschein bekommen konnte. 9. Sie mußte den Flugschein bis spätestens drei Uhr bezahlen. 10. Am Freitag sollte die Maschine nach Mallorca um vier Uhr starten. 11. Frau Obermeier stand am Schalter und freute sich, daß ihre Reise endlich beginnen konnte.

❏ Am Sonntag hat sie eine Nachbarin von ihrer Reise erzählen hören.
Am Sonntag hörte sie eine Nachbarin von ihrer Reise erzählen.

1. Frau Obermeier hat immer nach Mallorca reisen wollen.
2. Am Montag hat sie in die Stadt fahren wollen, um ins Reisebüro zu gehen.
3. Dort hat sie von Reisen nach Mallorca hören wollen.
4. Am Dienstag hat sie den Flug buchen müssen.
5. Danach hat sie zur Bank gehen müssen, um das Geld für den Flugschein zu holen.
6. Im Reisebüro hat sie nicht mit Kreditkarte bezahlen können.
7. Am Mittwoch hat sie den Flugschein bezahlen wollen, aber sie hat ihren kranken Sohn zum Arzt bringen müssen.
8. Donnerstag war der letzte Tag, an dem sie den Flugschein hat bekommen können.
9. Sie hat den Flugschein bis spätestens drei Uhr bezahlen müssen.
10. Am Freitag hat die Maschine nach Mallorca um vier Uhr starten sollen.
11. Frau Obermeier hat am Schalter gestanden und hat sich gefreut, daß ihre Reise endlich hat beginnen können.

Im Landschulheim°

Role-playing activity: Divide class into groups. Each group has two sides. Side 1 indicates where and why they would like to go on a field trip (what they will do there, how long they want to stay, etc.). Side 2 disagrees and points out reasons why they should not follow the suggestion.

Mein Name ist Dieter Homberger. Ich erzähle hier von unserer Reise zum Landschulheim. Wir alle freuten uns schon lange auf diese Woche. Wir haben viel miteinander° über die sieben Tage im Landschulheim gesprochen: Fahrt mit dem Bus nach Eggestedt, große Schlafzimmer mit acht Betten pro Zimmer, Essen, das wir uns

Wir sind von der Busfahrt ganz müde.

selbst kochen, Ausflüge zur Nord- und Ostsee und viel freie Zeit. Unterricht gibt es nicht, denn wir fahren in den Pfingstferien°. Wir werden viele Ausflüge machen und das Leben auf dem Land kennenlernen. Wir haben vierzehn Mädchen und dreizehn Jungen in unserer Klasse. Unsere Lehrer heißen Herr Rollingen und Frau Dr. Fehrmann. Er ist unser

Klassenlehrer° und sie ist unsere Biologie-Lehrerin. Verschiedene Lehrer fahren jedes Jahr mit anderen Schülern in dieses Landschulheim. Im Landschulheim wohnen Frau Ostermann und ihr Mann das ganze Jahr lang. Sie sind die Hausmeister°. Sie sorgen für das Haus und ihre Gäste. Sie haben eine Tochter, die Ingrid heißt und uns alles zeigt. Sie ist besonders stolz auf ihren Hund „Waldi".

Kirsten und Johannes wollen die Gegend kennenlernen.

Ich erzähle hier alles. Mein Name ist Dieter Homberger.

„Sie dürfen sich aber auch einmal selbst Essen kochen, wenn Sie wollen", hat Frau Ostermann uns erklärt. Wir haben uns hingesetzt und darüber gesprochen. Wir wollen uns mittags nichts kochen. Aber wir wollen an einem Abend grillen°. Mittags gibt's nur ein Butterbrot°, das wir uns beim Frühstück schnell selbst machen. Unsere Lehrer haben deshalb nur zwei Mahlzeiten bestellt: Frühstück und warmes Abendessen. Dann braucht die Familie Ostermann auch nicht so viel zu arbeiten.

Ingrid Ostermann zeigt uns ihren Hund „Waldi".

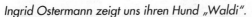

When telling about past events, Germans often use the present tense as long as the context makes it clear that the event took place in the past.

Am ersten Abend gingen wir schon bald in unsere Zimmer. Es ist lustig, mit so vielen anderen im Zimmer zu schlafen. Die Nacht ist nicht ganz ruhig, weil immer jemand aufsteht und die anderen dann aufwachen. Am Morgen, als ich aufwachte, hatte ich Zahnpasta auf meinem Gesicht. Das war ein dummer Streich° von einem Klassenkameraden, denn ich schlafe nie mit meiner Zahnpasta im Bett. Es hat sehr weh getan, als ich die Zahnpasta abgemacht° habe. Ich weiß aber nicht genau, wer es war. Bei den Mädchen war es auch nicht ruhig. Sie wohnen in den beiden Schlafzimmern im Erdgeschoß. Kirsten ist nachts aufgewacht und hat sich aus ihrem Koffer etwas zu essen holen wollen. Dabei ist der Koffer vom Tisch gefallen und hat viel Krach° gemacht. In einem Landschulheim ist es nie ganz ruhig, aber Frau Ostermann hat uns beim Frühstück gesagt, daß das nicht jeden Tag so viel Krach geben darf. Sie müsse sich ja auch mal ausruhen, meinte sie.

Wir wollten am ersten Tag eine Fahrradfahrt machen. Herr Ostermann hat 34 alte Fahrräder in einem alten Schuppen°. Er bringt immer wieder alte Räder mit, die die Leute nicht mehr haben wollen. Wir suchten die besten aus und reparierten sie, pumpten die Luft auf und probierten sie aus. Toll waren die alten Räder ja nicht, aber Spaß machte es trotzdem. Frau Dr. Fehrmann konnte besser Fahrradfahren als Herr Rollingen. Er fährt sonst nie Rad; sie tut das fast jeden Tag, denn sie kommt mit dem Rad in die Schule. Das war für uns ein großer Spaß, wie er auf dem alten Rad fuhr. Herr Ostermann sagt, daß unser Lehrer auf dem Rad so komisch aussehe, wie ein Clown im Zirkus. Wir würden ihm das natürlich nicht gesagt haben. Aber wenn Herr Ostermann es sagt ... Endlich ging es los. Wir fuhren 25 Kilometer nach Scharmbeck. Dort machten wir eine lange

Wir reparieren die alten Fahrräder.

Unterwegs in der Gegend um Eggestedt

Fahrradfahren macht hungrig.

Pause und aßen unsere Butterbrote. Jeder hatte Hunger und wir aßen alles, was wir mitgebracht hatten. Wir hatten unsere Kameras dabei und machten viele Bilder von der Radtour. Wir hatten Glück, denn die alten Räder mußten wir nur manchmal aufpumpen. Aber sie sind nicht kaputt gegangen. Das war ein kleines Wunder°. Als wir am Abend wieder in Eggestedt ankamen, konnte Herr Rollingen schon viel besser Fahrradfahren. Wir haben ihm natürlich herzlich gratuliert, weil er nicht vom Rad gefallen ist.

(*das Landschulheim* country boarding school for short stays; *miteinander* with each other; *die Pfingstferien* Pentecost vacation; *der Klassenlehrer* homeroom instructor; *der Hausmeister* caretaker; *grillen* to barbecue; *das Butterbrot* sandwich; *der Streich* prank; *abmachen* to take off; *der Krach* noise; *der Schuppen* shed; *das Wunder* miracle)

Textverständnis

6. **Welche der Aussagen sind richtig und welche sind falsch? Wenn die Aussage falsch ist, dann geben Sie die richtige Antwort.**

1. In dem Landschulheim Eggestedt haben die Schüler jeden Tag Unterricht.
2. Die Gruppe hatte 26 Schüler und zwei Lehrer.
3. Frau Dr. Fehrmann ist Ärztin.
4. Familie Ostermann hat eine Tochter, die Ingrid heißt.
5. Die Gruppe grillt jeden Abend Würstchen.
6. Dieter Homberger hat sich nachts die Zähne mit Zahnpasta geputzt.
7. Bei den Mädchen war es laut, weil ein Koffer vom Tisch fiel.
8. Es gab viel Krach, als Kirsten aus dem Bett fiel.
9. Frau Ostermann sagte der Gruppe, daß sie nachts Ruhe haben will.
10. Die Jugendlichen benutzten alle Fahrräder aus dem Schuppen.
11. Herr Ostermann sah auf dem Rad wie ein typischer Lehrer aus.
12. Die Gruppe fuhr 50 Kilometer nach Scharmbeck und zurück.

1. falsch / Die Schüler haben keinen Unterricht.
2. falsch / Die Gruppe hatte 27 Schüler (14 Mädchen, 13 Jungen), einen Lehrer und eine Lehrerin. 3. falsch / Sie ist Biologie-Lehrerin.
4. richtig 5. falsch / Sie grillt an einem Abend. 6. falsch / Er hatte am ersten Morgen Zahnpasta auf seinem Gesicht. 7. richtig 8. falsch / Es gab viel Krach, als der Koffer vom Tisch fiel.
9. richtig 10. falsch / Sie suchten die besten Fahrräder aus. 11. falsch / Er sah wie ein Clown im Zirkus aus.
12. richtig

WB4, WB5

Rollenspiel: **Wer bekommt ein Fahrrad?**

7. Stellen Sie sich vor, daß Sie mit Ihrer Klasse in Eggestedt sind und eine Radtour machen wollen. Es gibt aber leider nicht genug Fahrräder für jeden in der Klasse. Die Hälfte der Klasse kann ein Rad bekommen, die andere Hälfte nicht.

 A. Jetzt muß jeder sagen, warum sie oder er eins haben sollte. Oder warum der andere keins braucht. Immer zwei Schüler argumentieren miteinander. Die Klasse sagt dann, wer das Rad bekommt.

❐ Ich brauche ein Rad, da ich nicht gut laufen kann.
Ich brauche ein Rad, weil ich so gut fahren kann.
Ich brauche ein Rad, denn ich weiß nicht, was ich sonst tun soll.

Du kannst ja nicht fahren, weil du krank bist.
Du hast mir doch gesagt, daß du nicht gern Rad fährst.
Du magst doch nicht gern Fahrad fahren, oder?

Wenn die Klasse nicht entscheiden kann, wer ein Rad bekommen soll, dann müssen Sie einen Kompromiß finden.

Kompromisse:
Wir könnten etwas Anderes machen, zum Beispiel ein Radrennen vor dem Landschulheim.
Ich weiß einen Kompromiß. Wir könnten ...
Wenn wir nicht alle fahren können, dann sollten wir ...

 B. Was könnten diejenigen tun, die nicht auf die Radtour gehen können?

❐ Fußball spielen, wandern, Bilder malen, ein kleines Sportfest machen, schwimmen gehen, ins Kino gehen, Zimmer saubermachen

Indirect discourse

You have already learned that verbs have subjunctive forms to express unreal conditions, wishes and desires. You also learned the set of endings for verbs in the subjunctive.

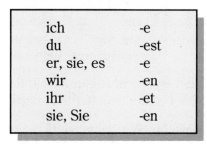

ich	-e
du	-est
er, sie, es	-e
wir	-en
ihr	-et
sie, Sie	-en

These same endings are also used for present subjunctive I forms. Present subjunctive I is used when a person is quoted indirectly.

(indicative)

Die Schulleiterin sagt: „Ich will für bessere Schulen arbeiten."

Herr Rollingen meint: „Herr Ostermann kocht für uns."

(subjunctive I)

Die Schulleiterin sagt, sie *wolle* für bessere Schulen arbeiten.
Herr Rollingen meint, Herr Ostermann *koche* für uns.

Present subjunctive I forms are based on the infinitive root of the verb plus subjunctive endings.

wollen		**sehen**	
ich	woll -e	ich	seh -e
du	woll -est	du	seh -est
er, sie, es	woll -e	er, sie, es	seh -e
wir	woll -en	wir	seh -en
ihr	woll -et	ihr	seh -et
sie, Sie	woll -en	sie, Sie	seh -en

Sein has special forms in the present subjunctive I.

ich	sei
du	sei -est
er, sie, es	sei
wir	sei -en
ihr	sei -et
sie, Sie	sei -en

Group activity: Ask all students to write a short report about a news event (5-10 sentences). It could deal with a school activity or current event. Then, have students pair off. One person reads each sentence, the other makes a statement using indirect discourse. Example: Student 1 reads, "Am Freitag spielen wir Fußball." Student 2 replies, "Hans sagt, am Freitag spielten sie Fußball."

Note: Use the present subjunctive II form if the verb form of the present subjunctive I is identical to the indicative present tense.

Ingrid schreibt: „Wir haben viel Freizeit.“
Ingrid schreibt, sie hätten viel Freizeit.

There are only two choices in the subjunctive: present and past tense. The present tense has only one verb element. The stem of the infinitive takes the endings as shown.

Past subjunctive I has two verb elements: the helping verb and the action verb. The past tense is formed with a subjunctive I form of *haben* or *sein*, plus the past participle of the action verb. When using a modal auxiliary, a double infinitive construction is required.

Der Lehrer sagte, er habe vorher mit uns gesprochen.
Meine Tante meinte, sie sei nach Europa gefahren.
Sein Onkel erklärte, er habe mit uns diskutieren wollen.

8. Sie gehen in ein Reisebüro und reden mit dem Berater. Erzählen Sie nun, was der Berater Ihnen gesagt hat. Benutzen Sie die indirekte Rede, um zu zeigen, daß dies nicht Ihre Information ist, sondern die des Beraters im Reisebüro.

❏ Die Zugfahrt dauert achtzehn Stunden.
   Der Berater sagte mir, die Zugfahrt dauere achtzehn Stunden.

1. Das Essen in Italien schmeckt ausgezeichnet.
2. Die Landschaft sieht in Italien besonders schön aus.
3. Es regnet ganz selten.
4. Die Sonne scheint den ganzen Tag.
5. Die Hotels sind super.
6. Die Reise kostet nicht viel.
7. Italien lohnt sich.

1. ... das Essen in Italien schmecke ausgezeichnet. 2. ... die Landschaft sehe in Italien besonders schön aus. 3. ... es regne ganz selten. 4. ... die Sonne scheine den ganzen Tag. 5. ... die Hotels seien super. 6. ... die Reise koste nicht viel. 7. ... Italien lohne sich.

„Ich habe schon immer nach Amerika reisen wollen."

9. **Frau Barbara Kiese erzählte von ihrer Reise nach Rom. Sie fuhr am Tage in einem Abteil (compartment) des Zuges. Nachts schlief sie in einem Schlafwagen. In Mailand mußte sie umsteigen, aber da gab es Probleme. Was hat sie alles gesagt?**

1. ... keinen Reisepaß haben müssen.
2. ... zweimal in Bayern umsteigen müssen.
3. ... einen Schlafwagen benutzen wollen. 4. ... im Abteil nicht rauchen dürfen.
5. ... in Mailand umsteigen sollen. 6. ... in Mailand den Zug nach Rom nicht finden können. 7. ... Hilfe suchen müssen. 8. ... den Zug abfahren sehen.

WB6

❏ Ich wollte schon immer nach Rom fahren.
  Sie erzählte mir, sie habe schon immer nach Rom fahren wollen.

1. Ich mußte keinen Reisepaß haben.
2. Ich mußte zweimal in Bayern umsteigen.
3. Ich wollte einen Schlafwagen benutzen.
4. Ich durfte im Abteil nicht rauchen.
5. Ich sollte in Mailand umsteigen.
6. Ich konnte in Mailand den Zug nach Rom nicht finden.
7. Ich mußte Hilfe suchen.
8. Ich sah den Zug abfahren.

10. **Kombinieren Sie „Ich habe gehört, daß ..." mit den folgenden Sätzen.**

1. ... eine Dame zuerst durch die Tür gehe.
2. ... Renate zwei Fremdsprachen in der Schule lerne. 3. ... es leicht sei, eine andere Sprache zu lernen.
4. ... man in Italien schöne Handtaschen finde. 5. ... du an der Uni Dortmund studierest. 6. ... ihr Auto schon wieder kaputt sei.
7. ... der Winter bei uns von Oktober bis Mai dauere.
8. ... der Student ein paar Fehler mache.

❏ Sie sieht dich oft in der Schule.
  Ich habe gehört, daß sie dich oft in der Schule sehe.

1. Eine Dame geht zuerst durch die Tür.
2. Renate lernt zwei Fremdsprachen in der Schule.
3. Es ist leicht, eine andere Sprache zu lernen.
4. Man findet in Italien schöne Handtaschen.
5. Du studierst an der Uni Dortmund.
6. Ihr Auto ist schon wieder kaputt.
7. Der Winter dauert bei uns von Oktober bis Mai.
8. Der Student macht ein paar Fehler.

Hamm — Istanbul und zurück

Have students trace Heiner's and Ali's trip from Hamm to Istanbul. This will provide an opportunity to get to know other European countries and cities.

Mein Name ist Heiner Zurhold. In meiner Berufsschule in Hamm sitze ich neben Ali. Wir haben zwei Tage pro Woche Schule. Die anderen drei Tage sind wir in unseren Firmen und arbeiten. In der Berufsschule lernen wir alles, was man in unserem Beruf wissen muß, um Geselle zu sein. Ali und ich sind gute Freunde geworden. Wir haben nur zwei Mädchen in unserer Klasse, weil mein Beruf bei Mädchen nicht sehr beliebt ist: Ich werde Automechaniker. Ali hat Konstanze ganz gern. Sie ist eins der beiden Mädchen in unserer Klasse in der Berufsschule. Er ist ein bißchen in sie verliebt, will das aber nicht zugeben. Wir drei wollen unseren Urlaub in Istanbul verbringen. Dort wohnt die Familie von Ali, natürlich außer seiner Mutter und seinem Vater, die ja beide mit Ali in Hamm wohnen. Ali meint, es sei eine gute Idee, mit ihm zu kommen, weil er uns viel zeigen könne.

Wir wollen mit dem Zug fahren, weil das billiger ist als mit dem Flugzeug. Autos haben wir keine. Die Zugfahrkarte kostet 440 Mark hin und zurück. Das ist besonders billig, weil wir junge Leute sind. Die Deutsche Bundesbahn° hat oft billige Reisen für junge Leute. Die Fahrt soll 54 Stunden dauern. Wir fahren über München, Salzburg, Belgrad, Saloniki und Edirne nach Istanbul. Istanbul liegt auf

Auf den Straßen Istanbuls ist viel los.

Ali wohnt bei der Blauen Moschee.

Der Bahnhof in Istanbul

zwei Kontinenten. Der westliche Teil der Stadt ist europäisch, der östliche Teil ist asiatisch°. Der Fluß zwischen den beiden Teilen ist der Bosporus. Man kann in zehn Minuten mit dem Schiff die zwei Kilometer bis ans andere Ufer fahren oder über die 1 560 Meter lange Brücke fahren. Dann ist man in Üsküdar und man kann später sagen, daß man in Kleinasien war. Am Bosporus liegt Alt-Istanbul mit seinen schönen Gärten, Palästen° und alten Burgen. Hier wohnt Alis Familie in der Nähe der Blauen Moschee°. Das ist eine sehr berühmte Moschee. Im Islam hat man statt einer Kirche die Moschee und statt der Bibel den Koran. Moscheen haben kleine Türme, die Minarette heißen. Von den Minaretten ruft man die Menschen morgens und nachmittags zum Beten°. Das kennen wir in Deutschland natürlich nicht, obwohl die Kirchenglocken° dasselbe tun.

Als wir am Bahnhof auf Konstanze warteten, kam sie nicht. Wir versuchten sie anzurufen, aber keiner war zu Hause. Da der Zug nicht wartet, mußten wir ohne sie abfahren. Ali hatte sehr schlechte Laune. Am liebsten wollte er in Hamm bleiben. Später hörten wir, daß Konstanzes Vater sie nicht habe fahren lassen, weil er Angst gehabt habe, daß ihr etwas passieren könne. Das hätte er aber auch vorher sagen können. Sie hat eine tolle Reise verpaßt°. Wir fuhren also alleine.

Im Großen Basar ist es schöner als in einem Kaufhaus.

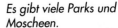

Wir schickten Konstanze eine Postkarte.

Es gibt viele Parks und Moscheen.

259

In Österreich wurde das Wetter schön. Wir sahen Salzburg vom Zug aus. In Belgrad hatten wir sechs Stunden Pause. Wir liefen in der Nähe des Bahnhofs herum und kauften uns etwas zum Essen. Dann kam Griechenland°. In Saloniki hatten wir wieder vier Stunden Pause. Wir gingen zum Hafen, aßen frischen Fisch und leckeres Weißbrot und hätten fast den Zug verpaßt. Dann kamen die Grenze und die Stadt Edirne: Wir waren endlich in der Türkei°! Durch das Fenster des Zuges konnten wir türkisches Pita-Brot kaufen, das eine junge Frau am Bahnhof von Edirne anbot. Jetzt waren wir schon über 40 Stunden unterwegs. Der Zug war nicht mehr besonders sauber.

Unser Zug fährt durch Nord-Griechenland.

Auf der Reise durch Griechenland

Endlich kamen wir in Istanbul an. Alis Onkel wartete schon am Bahnhof und brachte uns nach Hause. In den kommenden Tagen habe ich die tolle Gastfreundschaft° der Türken kennengelernt. Da frage ich mich, was die Türken von uns Deutschen denken, wenn sie in Deutschland leben. Wir sind nicht so gastfreundlich° wie die Türken, glaube ich.

Am besten hat mir gefallen, daß Ali bei mir war. Er zeigte mir alles und er übersetzte° für mich. Viele Türken können aber auch ein paar Worte Deutsch und Englisch, besonders im Großen Basar. Das ist ein großer Markt — ein Paradies für die Leute, die einkaufen wollen. Die Preise sind zuerst immer höher als das, was man dann später bezahlt. Es gehört zur türkischen Kultur, daß man über Preise diskutiert. Jetzt verstehe ich die Türken besser, die im Supermarkt in Hamm immer billigere Preise haben wollten. In ihrem Land macht man das so. Wer den vollen Preis bezahlt, wird als dumm angesehen. Wir schickten Konstanze eine Postkarte und Ali freute sich, als es nach sechzehn Tagen wieder nach Hause ging. Er ist lieber in Hamm als in Istanbul, sagt er. Denn außer seiner Familie hat er keine Freunde mehr in Istanbul. Auf der Reise zurück nach Hamm mußten wir in Edirne lange auf einen Zug warten. Zwischen Griechenland und der Türkei gibt es oft politische Probleme und der Verkehr geht dann viele Stunden nicht weiter. Wir sind jetzt beide wieder zu Hause. Diese Reise war toll. Ich bin Ali für seine Hilfe sehr dankbar und freue mich schon, wenn wir mit der Berufsschulklasse an die Nordsee fahren. Das wird nächstes Jahr ein paar Wochen nach Ostern sein. Mit Ali kann man gut Urlaub machen.

(*die Deutsche Bundesbahn* German Federal Railroad; *asiatisch* Asian; *der Palast* palace; *die Blaue Moschee* Blue Mosque; *beten* to pray; *die Kirchenglocke* church bell; *verpassen* to miss; *Griechenland* Greece; *die Türkei* Turkey; *die Gastfreundschaft* hospitality; *gastfreundlich* hospitable; *übersetzen* to translate)

Textverständnis

11. Beantworten Sie die Fragen zum Text.

1. Warum durfte Konstanze nicht mitfahren?
2. Wer erzählt die Geschichte?
3. Durch welche Länder fuhr der Zug?
4. Wie heißt das Brot, das Ali und Heiner in Edirne kauften?
5. Wie lange dauert eine Zugfahrt von Hamm nach Istanbul?
6. Hielten sie in Salzburg an?
7. Warum sollte man den Preis nicht bezahlen, den eine Ware im Großen Basar kosten soll?
8. Wer wird in der Türkei als dumm angesehen?
9. Wollte Ali lieber in Istanbul bleiben?
10. Wo kommt man an, wenn man über den Bosporus gefahren ist?
11. Was kann man alles in Alt-Istanbul sehen?
12. Warum haben Moscheen Minarette?

WB7

12. Konstanze liest, was Heiner über seine Reise nach Istanbul geschrieben hat. Dann erzählt sie ihrem Vater davon, damit der hört, was sie alles verpaßt hat. Sagen Sie, was Konstanze ihrem Vater erzählt. Beginnen Sie mit „Ich lese hier, daß ..."

❏ Heiner lernte den Onkel und die Tante von Ali kennen.
Ich lese hier, daß Heiner den Onkel und die Tante von Ali kennengelernt habe.

1. Auf den Straßen von Istanbul war viel los.
2. Ali wohnte bei der Blauen Moschee.
3. Der westliche Teil der Stadt war europäisch.
4. Es gab in der Türkei viele Moscheen und Gärten.
5. Er sah den breiten Bosporus.
6. Die Türken waren besonders gastfreundlich.
7. Griechenland und die Türkei hatten Probleme.
8. Der Große Basar war ein Paradies für Leute, die gern einkauften.

Sidebar (left column):

1. Ihr Vater wollte das nicht. 2. Heiner Zurhold erzählt sie. 3. Er fuhr durch Slowenien, Kroatien und Griechenland. 4. Es heißt Pita-Brot. 5. Sie dauert 54 Stunden. 6. Nein, sie sahen Salzburg vom Zug aus. 7. Der Preis ist zu hoch. 8. Wer den vollen Preis bezahlt. 9. Nein, er wollte nach Hamm zurückfahren. 10. Man kommt in Üsküdar an. 11. Man kann dort schöne Gärten, Paläste und alte Burgen sehen. 12. Moscheen haben Minaretts, damit man die Leute zum Beten rufen kann.

1. ... auf den Straßen von Istanbul viel los gewesen sei. 2. ... Ali bei der Blauen Moschee gewohnt habe. 3. ... der westliche Teil der Stadt europäisch gewesen sei. 4. ... es in der Türkei viele Moscheen und Gärten gegeben habe. 5. ... er den breiten Bosporus gesehen habe. 6. ... die Türken besonders gastfreundlich gewesen seien. 7. ... Griechenland und die Türkei Probleme gehabt hätten. 8. ... der Große Basar ein Paradies für Leute gewesen sei, die gern

Besuch auf dem Falkenhof°

Vom Fenster ihres Zimmers kann Heidrun die kleinen Vögel sehen, die im Baum ihr Nest haben. Sie hat diese Vögel sehr gern und gibt ihnen im Winter immer Wasser und Essen. Im Garten sieht sie oft einen Specht°, der im Baum wohnt und viel Krach macht, wenn er seine Wohnung baut. Sie hatte aber noch nie große Vögel gesehen. In Schifferstadt, ihrer Heimatstadt, gab es keinen Zoo. Da mußte man schon nach Ludwigshafen fahren, wenn man Zoovögel sehen wollte. Aber groß waren die

Schild zum
Falkenhof

auch nicht. Da kam ihre Mutter auf die Idee, sie am Wochenende zum Falkenhof Rosenburg zu bringen. Das ist ein schönes Ziel für einen Wochenendausflug°. Heidrun besuchte also letztes Wochenende mit ihren Eltern diesen Falkenhof. Nach drei Stunden Fahrt kamen sie an. An der Kasse kauften sie die Karten. Im Falkenhof sah Heidrun große Vögel, besonders Geier° und Adler°. Auf der Kasse saßen zwei Geier, die sehr wichtige Vögel sind, weil sie die Umwelt sauber halten. Sie essen die toten Tiere und werden von einigen Leuten „die Polizei der Vögel" genannt.

Dreimal am Tag gibt es eine Show im Falkenhof. Dann kommen die Trainer mit den großen Vögeln auf die Wiese und Hunderte von Leuten sehen zu, wie die Geier, Falken und Adler fliegen. Man sieht auch, wie die Vögel ihr Essen finden und greifen°. Die Geier haben Heidrun am besten gefallen, weil sie so lustig aussehen. Man kann es kaum glauben, daß sie so gut fliegen können. Die Adler sind die Könige unter den Vögeln. Sie fliegen elegant und sicher. Auch Heidruns Eltern waren begeistert von der Show der großen Vögel. Am schnellsten flogen die Falken, die aber viel kleiner sind als Adler oder Geier. An der Kasse gab es Poster von diesen schönen Tieren und Heidrun hat sich eins gekauft. Es zeigt einen großen Geier, der sehr lustig aussieht.

(*der Falkenhof* hawk farm; *der Specht* woodpecker; *der Wochenendausflug* weekend outing; *der Geier* vulture; *der Adler* eagle; *greifen* to grip, grab)

Wer sitzt auf dem Dach der Kasse?

Der Geier fliegt zum Trainer.

262

Textverständnis

13. Was paßt hier zusammen? Sehen Sie sich auch die Bilder an.

b 1. Die Falken sind

f 2. Heidruns Lieblingsvögel sind

a 3. Die Zuschauer sind begeistert, da

c 4. Ein Geier flog von einem Trainer

e 5. Die Geier halten die Umwelt sauber,

d 6. In Schifferstadt gibt es leider

a. der Flug vieler Vögel ihnen gefällt.

b. die schnellsten Vögel auf dem Falkenhof.

c. zum anderen.

d. keinen Zoo.

e. was man von vielen anderen Vögeln nicht sagen kann.

f. die großen Geier, weil sie lustig aussehen.

WB8

Reflexive verbs

In German, there is a group of verbs that are *reflexive*. Reflexive verbs work together with *reflexive pronouns* which match the subject. In sentences with reflexive verbs and pronouns, the subject and the pronoun object are the same person. In English, *myself, yourself, himself,* etc. function in the same way as reflexive pronouns do in German.

Reflexive Pronouns		
Subject	**Accusative**	**Dative**
ich	mich	mir
du	dich	dir
er, sie, es	sich	sich
wir	uns	uns
ihr	euch	euch
sie, Sie	sich	sich

You will notice that the reflexive pronouns look very much like the personal pronouns, with a few exceptions in the third person singular and plural.

Ich wasche *mich*.
Er zieht *sich* aus.

I wash myself.
He's getting (himself) undressed.

When a sentence has a direct object, the reflexive pronoun appears in the dative case. Only *ich* and *du* have special forms for the dative case.

Ich wasche *mir* das Gesicht.	I'm washing my face.
Er zieht *sich* die Schuhe aus.	He's taking off his shoes.
Du putzt *dir* die Zähne.	You're brushing your teeth.

These verbs usually require a reflexive pronoun:

sich ansehen	to look at
sich ausruhen	to (take a) rest
sich aussuchen	to select
sich ärgern	to be angry, irritated
sich beeilen	to hurry
sich entschuldigen	to excuse oneself
sich entspannen	to relax
sich erinnern	to remember
sich erkälten	to catch a cold
sich erkundigen	to inquire
sich freuen	to be happy
sich hinlegen	to lie down
sich hinsetzen	to sit down
sich konzentrieren	to concentrate
sich vorstellen	to imagine, introduce oneself
sich wohl fühlen	to feel well

While there are certain verbs like those listed before which are always reflexive, any verb can be made reflexive by using a reflexive pronoun. A good example is *kaufen*. When *kaufen* is used reflexively, it means the subject of the sentence bought something for him- or herself. (*Ich kaufe mir einen neuen Mantel.* I'm buying myself a new coat.)

Many reflexive verbs apply to personal hygiene and maintenance:

sich anziehen	to dress
sich ausziehen	to undress
sich baden	to take a bath
sich bürsten	to brush (hair)
sich duschen	to shower
sich kämmen	to comb
sich putzen	to clean, brush (teeth)
sich rasieren	to shave oneself
sich umziehen	to change clothes
sich waschen	to wash

Have students (in pairs or larger groups) explain what they do from the time they get up in the morning until they leave their house. Students should use at least five reflexive verbs in their descriptions.

Ein paar Leute sehen sich die Gegend an, andere entspannen sich auf einer Bank.

14. Frau Obermeier ist in Mallorca angekommen. Was tut sie alles?

1. ... zieht sich den Trachtenrock aus.
2. ... zieht sich nach der neuesten Mode an.
3. ... kämmt sich die Haare. 4. ... sucht sich ein Restaurant aus. 5. ... setzt sich an einen Tisch.
6. ... putzt sich nach dem Essen die Zähne. 7. ... sieht sich eine Stadt an.
8. ... legt sich hin.
9. ... freut sich, im Urlaub zu sein. 10. ... entspannt sich endlich.

WB9

❑ sich nach dem Flug duschen
   Frau Obermeier duscht sich nach dem Flug.

1. sich den Trachtenrock ausziehen
2. sich nach der neuesten Mode anziehen
3. sich die Haare kämmen
4. sich ein Restaurant aussuchen
5. sich an einen Tisch setzen
6. sich nach dem Essen die Zähne putzen
7. sich eine Stadt ansehen
8. sich hinlegen
9. sich freuen, im Urlaub zu sein
10. sich endlich entspannen

15. Ergänzen Sie „dir" oder „dich" in den folgenden Sätzen.

❑ Hast du ____ schon die Zähne geputzt?
   Hast du dir schon die Zähne geputzt?

dich 1. Hast du ____ heute morgen nicht gewaschen?
dich 2. Hast du ____ heute schon rasiert, Martin?
dich 3. Hast du ____ gut angezogen?
dir 4. Willst du ____ das neue Kleid anziehen?
dich 5. Hast du ____ auf das Essen im Restaurant gefreut?
dich 6. Willst du ____ nicht eine Stunde entspannen?
dich 7. Willst du ____ über so etwas Dummes ärgern?
dich 8. Fühlst du ____ heute nicht wohl?
dir 9. Hast du ____ die Schuhe ausgezogen?
dir 10. Hast du ____ ein Fernsehprogramm ausgesucht?

16. Sie sind im Landschulheim und müssen den anderen alles sagen,
weil die nichts selber machen. Eine(r) aus der Klasse beginnt und
ruft einen Klassenkameraden auf.

❐ Lily, hast du dir schon die Schuhe angezogen?
Lily antwortet mit einem Satz, warum sie das nicht will. Lily sagt:

Ich brauche mir die Schuhe nicht anzuziehen. *oder*
Ich habe keine Lust, mir die Schuhe anzuziehen. *oder*
Ja, ja, ich ziehe mir jetzt die Schuhe an.

Dann sagt Lily, wer mit dem nächsten Satz weitermachen soll. Hier
sind ein paar Ideen, die Sie benutzen können:

sich die Zähne putzen, sich das Hemd ausziehen, sich sofort
umziehen, sich duschen, sich die Haare kämmen, sich die Hände
waschen, sich die Umgebung ansehen, sich mit Frau Ostermann
unterhalten, sich bei den Fahrrädern treffen

Übrigens ...

In Asien allein gibt es mehr Fahrradfahrer als Autofahrer auf
der ganzen Welt. Wenn sich die Menschen dort alle ein Auto
kaufen würden anstatt eines Fahrrads, hätten wir bald keine
frische Luft mehr. Das sollte den westlichen Ländern zu
denken geben. In Kalifornien müssen 2 Prozent aller neuen
Autos abgasfrei° fahren; das heißt, sie müssen mit Batterien
oder Alkohol fahren. Das ist ein guter Anfang. Ein deutsches
Auto, das abgasfrei fahren kann, ist der Hybrid-Wagen; der
Hybrid-Wagen fährt in der Stadt bis zu 50 km/h schnell und
etwa 25 Kilometer weit. Außerhalb der Stadt fährt der Quattro-
Hybrid-Wagen mit seinem Benzinmotor°. Beim Fahren werden
die Batterien wieder voll gemacht und der Wagen kann wieder
bis zu 25 Kilometer auf seinen Batterien fahren.

(*abgasfrei*
emission-free;
der Benzinmotor
gasoline engine)

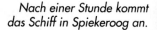

Im Hafen fährt die Gruppe los.

Nach einer Stunde kommt
das Schiff in Spiekeroog an.

Mit dem Schiff nach Spiekeroog

Die Gruppe war seit drei Tagen in Eggestedt und ist am vierten Tag nach
Spiekeroog gefahren. Das ist eine der vielen Nordsee-Inseln, zu denen
viele Deutsche im Sommer fahren, um Urlaub zu machen. Mit dem Bus
fuhr die Gruppe bis an die Nordsee. Dort gab es den kleinen Hafen°
Neuharlingersiel, von dem aus die Schiffe in 45 Minuten nach Spiekeroog
fuhren.

Dr. Fehrmann:	Na, wie hat es euch auf Spiekeroog gefallen?
Kirsten:	Wir hatten Glück, daß das Wetter so toll war. Mir hat die Fahrt auf dem Schiff besonders gut gefallen, weil ich die frische Luft auf dem Meer liebe, und die Sonne und die Vögel. Aber ich habe mich etwas geärgert, weil ich meine Kamera im Landschulheim vergessen hatte.
Dr. Fehrmann:	Die anderen haben doch Bilder gemacht. Die können dir ja Bilder geben.
Kirsten:	Der Johannes hat sich sofort erkundigt, wo der Strand am schönsten ist, und wir sind mit ihm und Dieter zum Strand gegangen. Da haben wir auch Herrn Ostermann getroffen, der mit den Beinen im Wasser stand und sich die Füße gebadet hat. Er meinte, das gefiele ihm besser, als uns Butterbrote zu machen.

Konstanze am Strand

Herr Ostermann badet sich die Füße.

Mit Sandalen und Socken badet keiner.

Die Stadt ist klein, aber sehr idyllisch.

Dr. Fehrmann:	Das glaube ich. Es war schön, daß er mitgefahren ist. So konnte er sich etwas entspannen. Er sagte mir, daß er sich mit unserer Gruppe sehr wohl fühlt.
Dieter:	Ich frage mich, ob wir die Gruppe aus Hamm wiedersehen werden. Als wir an den Strand kamen, trafen wir eine Gruppe von Schülern von einer Berufsschule aus Hamm. Die waren mit einem Schiff unterwegs. Sie lebten auf dem Schiff und haben alle Nordsee-Inseln besucht. Wir haben mit Heiner, Ali und Konstanze gesprochen. Die drei besuchen uns vielleicht.
Kirsten:	Ja, die waren echt nett. Konstanze hat sich in die Sonne gelegt und wir haben zwei Stunden lang geredet. Ich habe mir nach einer halben Stunde wieder das T-Shirt angezogen, weil die Sonne so heiß war. Konstanze ist Alis Freundin. Ali kommt aus der Türkei und lernt Automechaniker. Konstanze und Heiner auch. Er und Heiner seien zusammen nach Istanbul gefahren, haben sie uns erzählt. Konstanze sei leider zu Hause geblieben, weil ihr Vater sie nicht habe fahren lassen. Da habe sie sich sehr geärgert, meinte Ali. Er natürlich auch.

Die Häuser sehen sehr sauber aus.

Dr. Fehrmann:	Das ist ja schön, daß ihr nette Leute getroffen habt und euch mit ihnen unterhalten habt. Seid ihr durch die Dünen° gelaufen und habt ihr euch die kleine Stadt Spiekeroog angesehen?

Am Rathaus wächst Wein.

Kirsten:	Ja, sicher. Wir hatten ja den ganzen Tag Zeit, und man kann in einem Tag um die ganze Insel laufen, so klein ist sie. Die Stadt war ganz toll. Ich mag die Häuser sehr. Wir sind mit Heiner, Konstanze, Ali, Johannes und Herrn Ostermann zur Inselhalle gelaufen und haben frisches Kurwasser getrunken. In der Inselhalle treffen sich die Leute, die Bücher lesen oder sich entspannen wollen. Man konnte sich da sehr wohl fühlen.

In den Dünen wächst nicht viel.

Hinter dem Strand sind die Dünen.

Von der Stadt liefen wir zur Inselhalle.

Dr. Fehrmann:	Johannes, hast du denn Seemannsknoten° gelernt? Das muß man doch lernen, wenn man an der Nordsee ist.
Johannes:	Nee, dazu hatte ich keine Lust. Aber der Busfahrer hat Seemannsknoten von Herrn Ostermann gelernt. Der Ostermann hat den Bus mit einem Seil so am Hafen festgemacht°, daß der nicht wegfahren konnte. Wir haben sehr darüber gelacht. Der Busfahrer nicht. Zum Glück ist der Bus nicht kaputt gegangen. Der Ostermann ist ein komischer Typ.

Kirsten: Am Nachmittag sind wir wieder zum Hafen gegangen und haben aufs Schiff gewartet. Ich habe eine Postkarte mit Seemannsknoten gekauft. Die haben wir dem Busfahrer geschenkt. Jetzt kann er üben, wie man es macht.

(*der Hafen* harbor, port; *die Düne* dune; *der Seemannsknoten* marine knot; *festmachen* to secure, fasten)

Es ist nicht weit zum Hafen.

Wir warteten auf unser Schiff.

Seemannsknoten sind nicht so einfach.

Das Schiff ist da und wir steigen ein.

Dann fahren wir wieder zurück.

Textverständnis

1. Sie machen dort Urlaub. 2. Sie haben Ali, Konstanze und Heiner aus Hamm kennengelernt. 3. Er hat sich die Füße gebadet. 4. Konstanze und Kirsten haben sich zwei Stunden in die Sonne gelegt. 5. In der Inselhalle hat sie sich besonders wohl gefühlt. 6. Er hatte keine Lust. 7. Das war Herr Ostermann.

WB10, WB11

17. Beantworten Sie die Fragen zum Text.

1. Was machen viele Deutsche auf Spiekeroog?
2. Wen haben Kirsten und Dieter am Strand kennengelernt?
3. Was hat Herr Ostermann am Strand getan?
4. Wer hat sich zwei Stunden in die Sonne gelegt?
5. Wo hat sich Kirsten besonders wohl gefühlt?
6. Warum hat Johannes keine Seemannsknoten gelernt?
7. Wer konnte gut Seemannsknoten machen und hat dies auch gezeigt?

18. Von wem spricht man hier? Diese Person ...

◻ liebt die frische Luft am Meer.
   Kirsten

Herr Ostermann	1. hat mit einem Seil den Bus festgemacht.
Kirsten	2. hat sich das T-Shirt nach einer halben Stunde wieder angezogen.
Herr Ostermann	3. stand mit den Beinen im Wasser.
Frau Dr. Fehrmann	4. sagt, es sei schön gewesen, daß Herr Ostermann mitgefahren sei.
Ali	5. lernt Automechaniker.
Konstanze	6. ist zu Hause geblieben.
Kirsten	7. mag die Häuser auf Spiekeroog.
Dieter	8. möchte wissen, ob er die Gruppe aus Hamm wiedersehen wird.
Johannes	9. hatte keine Zeit, den Seemannsknoten zu lernen.
Kirsten	10. hat eine Postkarte mit Seemannsknoten gekauft.

Gefühle und Stimmungen

◆ sich ärgern

Als Konstanze nicht mit nach Istanbul fahren konnte, da war sie sauer und hat sich geärgert. Als der Busfahrer nicht losfahren konnte, weil Herr Ostermann den Bus mit einem Seil am Hafen festgemacht hatte, da war der Busfahrer sauer. Wenn Leute sich ärgern, haben sie schlechte Laune und sie können sich nicht entspannen.

Busfahrer: Das gibt es doch nicht. Wer macht denn einen Bus am Hafen fest? Das hat die Welt noch nicht gesehen.

Ostermann: Jetzt doch. Sehen Sie, Seemannsknoten halten gut. Besser als Busse.

Busfahrer: Ich kann vor Ärger° gar nicht sagen, wie ich das finde. Tun Sie das nicht noch einmal.

Ostermann: Ärgern Sie sich nicht, es war ja nur ein Spaß. Und an der Nordseeküste mögen wir Späße. Da brauchen Sie sich nicht zu ärgern.

Busfahrer: Na ja. Aber ich verstehe es immer noch nicht.

Ostermann: Macht nichts. Fahren Sie mal los. Sie müssen jetzt fahren, und ich muß mich jetzt schön entspannen. Dann geht der Ärger ganz von alleine weg.

Busfahrer: Also, Herr Ostermann, Sie können wohl nie aufhören°, sich über andere lustig zu machen.

WB12

(*vor Ärger* due to anger [irritation]; *aufhören* to stop)

Rollenspiel: **sich ärgern**

19. **Spielen Sie diese Situation in der Klasse. Spielen Sie die Rollen des Busfahrers und Herrn Ostermanns. Sagen Sie auch Ihre eigenen Argumente, warum Sie sich als Busfahrer(in) ärgern und warum Sie es als Herr oder Frau Ostermann lustig finden.**

Übrigens ist der Busfahrer am Ende immer noch etwas sauer, weil Herr Ostermann sich weiter über ihn lustig macht. Das heißt, er nimmt den Busfahrer nicht ernst. Wenn sich einer über einen lustig macht, wird der andere sich meistens darüber ärgern.

Wann haben Sie sich zuletzt geärgert? Was war passiert? Was haben Sie gemacht, damit Ihre Laune wieder besser wurde? Erzählen Sie davon.

20. **Das alles ist bei Ihrer letzten Reise passiert. Erzählen Sie in der Ich-Form, was Sie tun mußten.**

❏ Sie müssen sich in der Pension kalt duschen.
Ich habe mich in der Pension kalt duschen müssen.

1. Ich habe mich im großen Park entspannen können.
2. Ich habe mich dort oft umziehen müssen. 3. Ich habe mir ein gutes Essen bestellen dürfen. 4. Ich habe mir warme Kleidungsstücke anziehen sollen. 5. Ich habe mir die Landkarte anschauen müssen. 6. Ich habe mir am Strand die Sandalen ausziehen sollen. 7. Ich habe mich dort richtig wohl fühlen können.

1. Sie können sich im großen Park entspannen.
2. Sie müssen sich dort oft umziehen.
3. Sie dürfen sich ein gutes Essen bestellen.
4. Sie sollen sich warme Kleidungsstücke anziehen.
5. Sie müssen sich die Landkarte anschauen.
6. Sie sollen sich am Strand die Sandalen ausziehen.
7. Sie können sich dort richtig wohl fühlen.

In den Bergen fühlen sie sich richtig wohl.

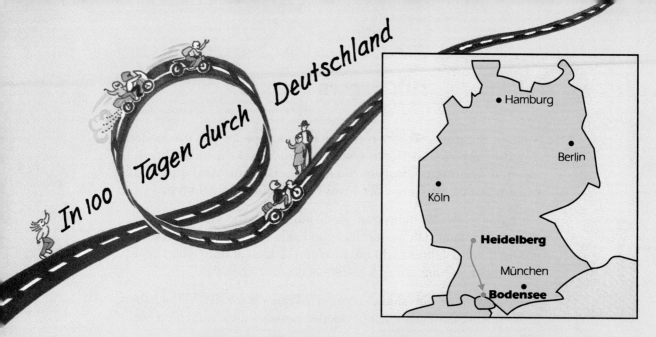

In 100 Tagen durch Deutschland

- Hamburg
- Berlin
- Köln
- **Heidelberg**
- München
- **Bodensee**

Have students follow this trip (Heidelberg - Bodensee) on a map.

Von Heidelberg zum Bodensee (Folge 7)

Im Regen waren wir in Heidelberg, der Stadt mit Deutschlands ältester Universität von 1386, angekommen. Bei Regen fuhren wir weiter. Nach einer Stunde waren wir alle naß. Als der Regen endlich aufhörte, machten wir mit anderen Motorradfahrern Pause.

Zum Glück schien die Sonne dann bis zum Tage der Abreise, so daß wir bei schönem Wetter das Heidelberger Schloß und die romantische Brücke über den Neckar anschauen konnten.

Das Ziel dieser Strecke ist der Bodensee.

BODENSEE

Pause nach dem Regen. Alles ist naß.

Traudel und Katharina
entspannen sich in der Sonne.

Heidelberg—Karlsruhe—Tübingen—Rottweil—Freiburg—Konstanz.
Das sollte unser Weg zum Bodensee sein. Bei einer Fahrt durch
Deutschland darf man den Schwarzwald nicht vergessen. Deshalb hatten
wir von Freiburg aus viele Fahrten in den Schwarzwald geplant.

Nach vielen Kilometern auf der Autobahn freut man sich eigentlich immer
auf das Fahren auf leeren Straßen. Hinter jedem Berg und in jedem Tal°
ein neues Bild. Bei Karlsruhe haben wir die Autobahn verlassen und
fuhren Richtung Tübingen. Und dann fuhren wir in den Schwarzwald, der

Eine Kuh freut sich über die saftige Wiese.

Fahrt auf der Landstraße Richtung Tübingen

Der Last-Wohn-Spaß-Wagen

besonders durch seine schönen Häuser und die hohen Bäume und dunklen Wälder berühmt ist.

Bei einer Rast° in der Nähe der Stadt Donaueschingen hatten wir ein besonderes Treffen. Neben uns parkte ein alter Lastwagen°, oder etwas, was so aussah. Denn es war eigentlich auch ein Haus. Es war von allem etwas. Katharina sah Alex fragend an, Alex sah Philipp an, der sah Martina an, und alle sahen zu dem Wagen hin.

Da wurde plötzlich die Tür aufgemacht, und vor uns stand ein freundlich aussehender Mann mit langen Haaren. „Hallo Nachbarn!" sagte er leise, „möge der Tag für euch wie ein roter Ballon sein." Wir fanden keine Worte. Wieder hörten wir seine leise Stimme: „Wir alle schwimmen im Meer der Worte. Doch ihr scheint nicht schwimmen zu können." Er hob° die Arme gegen das Blau des Himmels und sah zu den Bäumen hoch. Wir dachten, der spinnt. Dann lachten wir ganz laut. Er lachte auch!

„Hallo, Leute, ich heiße Frank und komme aus Dresden. Ich bin ein reisender Schauspieler auf dem Weg nach Hause." Frank erzählte uns dann, daß er schon seit mehr als einem Jahr durch Europa reise, um alles zu sehen. Früher, als er noch Bürger der ehemaligen DDR gewesen sei, habe er nie ins westliche Ausland reisen dürfen. Da er jetzt nur wenig Geld habe, fahre er mit seinem Wagen von Ort zu Ort. Wir gaben ihm unsere Anschriften. Er sagte uns, er würde uns bei seiner nächsten Reise besuchen. Wir fuhren immer noch lachend an ihm vorbei auf die Straße zurück. Bis zum Ziel Freiburg war es noch weit. Kurz vor dem Ort Kirchzarten merkte Katharina, daß sie ihre Handtasche vor Franks Wagen vergessen hat. Sie hatte einen Kuli gesucht, um Frank unsere Anschriften aufzuschreiben. Wir fuhren alle die 50 Kilometer zurück.

Zum Glück war Frank noch da. Er hatte die Handtasche in seinen Wagen gelegt. Dann sind wir auch gleich mit ihm weiter zum Schluchsee gefahren und haben dort auf einem Campingplatz gezeltet. Die drei Frauen des Teams wuschen am nächsten Morgen schon ihre Sachen, bevor einer der Herren auf die Idee kam, das auch zu machen. Denn sehr viele Kleidungsstücke kann man auf einem Motorrad nicht mitnehmen.

(*das Tal* valley; *die Rast* rest [stop]; *der Lastwagen* truck; *heben* to lift)

276

Die Sonne schien bis zum Tage der Abreise.

21. **Welche Wörter aus dem Text fehlen hier?**

Schwarzwald	1. Im _____ gibt es schöne Bäume und dunkle Wälder.
Motorrad	2. Auf einem _____ kann man nicht viele Kleidungsstücke mitnehmen.
Handtasche	3. Katharina merkt, daß sie ihre _____ vergessen hat.
Universität	4. In Heidelberg findet man Deutschlands älteste _____.
Anschriften	5. Die Jugendlichen geben Frank ihre _____.
Campingplatz	6. Am Schluchsee haben sie auf einem _____ gezeltet.
Autobahn	7. In der Nähe von Karlsruhe haben sie die _____ verlassen.
Regen	8. Sie machten Pause, nachdem der _____ aufgehört hatte.
Lastwagen	9. Ein alter _____ parkte neben den Jugendlichen bei einer Rast in der Nähe von Donaueschingen.
Sonne	10. Die _____ schien bis zum Tage der Abreise.
Bürger	11. Als _____ der ehemaligen DDR durfte Frank nicht ins westliche Ausland reisen.
Schloß	12. Bei schönem Wetter haben sie sich das Heidelberger _____ angesehen.
WB13	

Haben Sie sich schon einmal gefragt, warum der Mensch Maschinen baut? Meine Antwort ist: Weil der Mensch so schwach ist, daß seine Arme nur ein paar Kilogramm tragen können, weil seine Beine nur langsam laufen und

Hallo Leute!

weil er immer wieder Ruhe braucht. Maschinen aber brauchen keine Ruhe. Besonders seit der Mitte des letzten Jahrhunderts haben die Menschen auf der ganzen Welt immer neue Maschinen gebaut, die die industrielle Produktion leichter und effizienter gemacht haben.

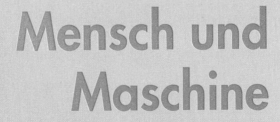

Mensch und Maschine

Aus allen Maschinen wurde eine Technologie, die wir heute an den Universitäten und in den Firmen weiter entwickeln. Das ist modern, toll, spannend und, wie wir jetzt merken, leider auch sehr gefährlich für unsere Umwelt. Es gibt also wie immer zwei Seiten.

Die neueste Technologie, die eine richtige Revolution angefangen hat, ist die Kommunikations-Technologie. Menschen reden nicht nur an einem Ort miteinander, sondern durchs Telefon, mit CDs und Kassetten und durch Computer und Funk. Ich rede jetzt durch dieses Buch mit Ihnen. Es gibt, wie Sie sehen, auch eine Kommunikation, die nur eine Richtung hat. Wir werden viele dieser Technologien kennenlernen, Monika und Ernst und ihr kleines Problem erleben, Herrn Gumbrecht in seiner Wohnung besuchen und seine Haus-Technik sehen und bei einem Besuch in einer großen Firma, in der Autos gebaut werden, dabeisein. Zuerst aber möchte ich Ihnen Johanna Bernstein vorstellen.

Piloten kleiner Flugzeuge
brauchen ...

... die moderne
Technologie ...

... wie auch Piloten
großer Flugzeuge.

Früher brauchten die Piloten ...

... viel Mut (courage) ...

... für Flüge ...

... ohne modernste
Maschinen.

Johanna Bernstein

Sie arbeitet auf dem Frankfurter Flughafen.

Die Kommunikation im Zeitalter° der Automaten

Johanna Bernstein arbeitet im Tower des Frankfurter Flughafens. Sie ist Ingenieurin für Nachrichtentechnik°. Mit ihr schaffen 1 200 andere Ingenieure die Verbindung° zwischen den deutschen Flughäfen. Ihre Aufgabe ist sehr schwer. Was bei den Kommunikationssystemen für die Benutzer° einfacher wird, wird für die, die sie machen, komplizierter. Am kompliziertesten sind die Verbindungen zwischen Tower und Cockpit.

„Aber eigentlich geht es bei jedem System nur um eine Sache", sagt Johanna Bernstein. „Alle Systeme müssen funktionieren." Da ist zum Beispiel das System, das dafür sorgt, daß zwischen allen Flughäfen der Bundesrepublik alle Informationen ohne Probleme hin und her gehen können. Die wichtigsten Informationen brauchen oft die kürzeste Zeit: die Wetterberichte°. Sie kommen über Kabel und Fernsehen sofort an. Im Tower bekommt man so alle Informationen, die man über das Wetter haben muß. Durch Funk und Radio können diese Informationen dann den fliegenden Piloten gesagt werden. Alles, was zwischen Tower und Pilot gesprochen wird, wird von Rekordern auf großen Kassetten aufgeschrieben. Computertext und Fernsehtext sind in allen Systemen wichtige Hilfen. Monitore stehen auf allen Tischen und zeigen die neuesten Informationen.

Und das ist nicht nur in Frankfurt so. Im Flughafen von Zürich in der Schweiz sind zum Beispiel überall Terminals mit Computern zu finden. Dort kann jeder Fluggast unter seinem Namen eine Nachricht aufschreiben. Dort kann man alle Informationen über den Flughafen bekommen. Von dort kann man auch Briefe elektronisch schicken. Alle Informationen bleiben 48 Stunden im System.

Eine komplizierte Technik sorgt in Frankfurt wie auch in Zürich dafür, daß die Kommunikationssysteme im Flughafen und vom Flughafen nach draußen ohne Fehler funktionieren. Ingenieure wie Johanna Bernstein passen 24 Stunden am Tag auf, daß wirklich nichts passiert. Und wenn einmal etwas passiert, dann ruft Frau Bernstein ganz einfach zu Hause an, um zu sagen, daß sie später kommt. Das „alte" Kommunikationssystem „Telefon" muß also auch noch funktionieren. An vielen Tagen funktioniert es am besten. Denn wenn die Technik der Systeme sehr kompliziert ist, dann ist auch die Möglichkeit groß, daß etwas nicht läuft, wie es soll. Telefone funktionieren aber immer — fast immer.

Wenn das Wetter schlecht ist, ...

(*das Zeitalter* the age; *die Nachrichtentechnik* communication technology; *die Verbindung* connection; *der Benutzer* user; *der Wetterbericht* weather report)

... fliegen manche Flugzeuge verspätet ab.

Textverständnis

1. Wie muß es richtig heißen? Korrigieren Sie die Sätze.

1. Frau Bernstein arbeitet am Flugschalter.
2. Frauen dürfen noch nicht als Ingenieurinnen arbeiten.
3. Wenn etwas nicht funktioniert, ruft Frau Bernstein zu Hause an, um ihren Mann zu fragen.
4. Ein Reisender kann im Züricher Flughafen am Computerterminal mit zu Hause telefonieren.
5. In Deutschland gibt es etwa 1 200 Ingenieurinnen.
6. Auf dem Monitor steht, was man gestern gemacht hat.
7. Telefone funktionieren immer, denn ihre Technik ist nicht so kompliziert.
8. Es dauert eine Weile, bis man den Wetterbericht bekommt.

1. Sie arbeitet im Tower.
2. Frauen dürfen als Ingenieurinnen arbeiten.
3. Sie ruft an, wenn sie später nach Hause kommt. 4. Ein Reisender kann eine Nachricht aufschreiben. 5. In den deutschen Flughäfen gibt es etwa 1 200 Ingenieure und Ingenieurinnen. 6. Auf dem Monitor stehen die neuesten Informationen. 7. Telefone funktionieren fast immer. 8. Man hat den Wetterbericht sofort. **WB1, WB2**

Comparison of adverbs and adjectives

When making comparisons, adjectives and adverbs add endings to their base forms, as in English:

Der Monitor ist klein, aber der Computer ist klein*er*.
Was bei den Kommunikationssystemen für die Benutzer einfach*er* wird, wird für diejenigen, die sie machen, komplizier*ter*.

Comparative and superlative forms can be used as adverbs and both attributive or predicate adjectives. Comparative forms of adjectives and adverbs always add -*er* to the base form. When the adjective precedes the noun, an adjective ending must also be added.

schnell + er = *schneller-*	Die schnellere Antwort kam von Johanna.
weiß + er = *weißer-*	Weißere Blumen gibt es nicht.
gelb + er = *gelber-*	„Gold ist gelber als grün", meinte der Maler.

Superlative forms add -(*e*)*st*- to the base form. When the adjective precedes the noun, an adjective ending must also be added. An -*e*- is added before -*st* to make pronunciation easier for base forms ending in *s, ß, z, d,* or *t* (*heiß, heißest-; interessant, interessantest-; hart, härtest-*).

billig + st = *billigst-*	Ich fahre das billigste Fahrrad.
heiß + est = *heißest-*	Dieses Jahr hatten wir den heißesten Sommer.

Most one-syllable adjectives with a single *a, o,* or *u* in the base form add an umlaut to the comparative and superlative forms: *alt, älter-, ältest-; oft, öfter-, öftest-; kurz, kürzer-, kürzest-*.

For adjectives and adverbs that end in -*el* and -*er*, the -*e* is dropped in the comparative form: *dunkel, dunkler-, dunkelst-; teuer, teurer-, teuerst-*.

You have already learned that predicate adjectives take no endings. But you also know that attributive adjectives require endings which show the gender, number and case of the noun they precede. This is also true for attributive adjectives in their comparative and superlative forms.

Die wichtigsten Informationen brauchen oft die kürzeste Zeit.

Superlative forms of adverbs and predicate adjectives require a special form: *am* + base form + *st* + *en*

am schnell + st + en = am schnellsten

Dieses Fahrrad ist am schnellsten.
Diese Informationen sind am wichtigsten.
Das Telefon funktioniert am besten.

The following represents a list of some familiar adjectives and adverbs with their base, comparative and superlative forms.

Base form	Comparative adverbs and attributive adjectives	Superlative attributive adjectives	Superlative adverbs and predicate adjectives
alt	älter	ältest-	am ältesten
dumm	dümmer	dümmst-	am dümmsten
groß	größer	größt-	am größten
hart	härter	härtest-	am härtesten
jung	jünger	jüngst-	am jüngsten
kalt	kälter	kältest-	am kältesten
kurz	kürzer	kürzest-	am kürzesten
langsam	langsamer	langsamst-	am langsamsten
neu	neuer	neuest-	am neuesten
spannend	spannender	spannendst-	am spannendsten
warm	wärmer	wärmst-	am wärmsten

To make a change of things or persons that are alike, use the combination *so...wie* (as...as).

Eine gute Ausbildung ist so wichtig wie ein guter Beruf.
Die Pilotin fliegt so gut wie der Pilot.

Eine gute Ausbildung ist so wichtig wie ein guter Beruf.

To compare things or persons that are not equal, use the comparative form in combination with *als*.

Er ißt weniger als sein Vater.
Das kleine Flugzeug fliegt langsamer als das große.

2. **Wer hat das neueste Radio? Benutzen Sie die Wörter aus der Liste und setzen Sie diese in die Sätze ein.**

moderneren / jüngste / neueren / neueres / älteres / langsamer / ältere / größer / neuere / modernste

älteres	1. Mein Radio ist ein ____ Modell aus dem Jahre 1968.
größer	2. Es ist ____ als die modernen Radios heute.
langsamer	3. Es dauert eine Minute, bis Musik kommt, denn es geht ____ als moderne Radios an.
neueren	4. Ich konnte aber meinen ____ CD-Spieler nicht anmachen.
ältere, neuere	5. Das ____ Radio und der ____ CD-Spieler passen nicht zusammen.
jüngste, modernste	6. Meine ____ Schwester hat das ____ Radio.
neueres	7. Ich brauche nun auch ein ____ Radio.
WB3 moderneren	8. Bei den ____ Geräten gibt es keine Probleme.

3. **Bilden Sie neue Sätze.**

❑ Das Programm, das am schönsten ist, kommt samstags.
  Das schönste Programm kommt samstags.

Den Roman, der spannender ist, liest jetzt meine Schwester.
Den spannenderen Roman liest jetzt meine Schwester.

1. Das Auto, das am ältesten ist, kostet viel Geld.
2. Ihr Mikrowellenherd, der langsamer ist, funktioniert nicht mehr gut.
3. Unsere Kollektion, die bekannter ist als eure, kostet heute 14 000 Mark.
4. Eine Transitstraße, die kürzer war, führte über Helmstedt.
5. Die Arbeit, die am unwichtigsten ist, macht er zuerst.
6. Küchen, die moderner sind, machen mir Spaß.
7. Die Schwesterpartei, die jünger ist, regiert in Bayern.
8. Der Menschenaffe, der am schnellsten ist, bekommt eine Banane.

1. Das älteste Auto kostet viel Geld. 2. Ihr langsamerer Mikrowellenherd funktioniert nicht mehr gut. 3. Unsere bekanntere Kollektion kostet heute 14 000 Mark. 4. Eine kürzere Transitstraße führte über Helmstedt. 5. Die unwichtigste Arbeit macht er zuerst. 6. Modernere Küchen machen mir Spaß. 7. Die jüngere Schwesterpartei regiert in Bayern. 8. Der schnellste Menschenaffe bekommt eine Banane.

4. **Was ist nach Ihrer Meinung am größten, kleinsten usw. (und so weiter)? Welches der drei Worte sollte den Superlativ haben?**

❏ Dach / Baum / Himmel (hoch)
Der Himmel ist am höchsten.

1. Straße / Fluß / Arm (lang)
2. Benzin / Reifen / Motor (teuer)
3. Fernsehen / Buch / Zeitschrift (aktuell)
4. Telefax / Telefon / Telegramm (modern)
5. Oma / Papa / Tochter (alt)
6. Kaffee / Milch / Tee (kalt)
7. Trinken / Essen / Rauchen (gefährlich)
8. Spielen / Lesen / Fernsehen (toll)

ollenspiel: Was tust du am liebsten?

5. **Machen Sie eine Umfrage in der Klasse. Jeder soll aufschreiben, was sie oder er am liebsten tut. Es kann in der Freizeit oder bei der Arbeit, in der Schule oder zu Hause sein. Zwei aus der Klasse schreiben alles an die Tafel, was die Leute in der Klasse sagen. Wenn alle Meinungen an der Tafel stehen, nehmen die zwei immer drei Sätze und fragen, was die Klasse lieber tut.**

❏ Ich lese am liebsten Romane.
Ich spiele am liebsten Gitarre.
Ich telefoniere am liebsten.

Thomas spielt am liebsten Gitarre.

Die beiden fragen die Leute in der Klasse:
Lest ihr lieber Romane oder spielt ihr lieber Gitarre oder telefoniert ihr lieber?

Der Satz, der gewinnt, bleibt an der Tafel. Die anderen Sätze müssen weg. Jetzt haben wir noch ein Drittel aller Sätzen an der Tafel. An der Tafel steht zum Beispiel:

Am liebsten tue ich nichts.
Ich treibe am liebsten Sport.
Ich schreibe am liebsten Briefe.
Am liebsten gehe ich tanzen.
Ich male am liebsten.

Liest Herr Huber lieber Bücher oder Zeitungen?

Jeder in der Klasse sucht sich drei Sätze aus und schreibt mindestens drei Sätze darüber (Warum? Wann? Wo? Mit wem? usw.).

WB4, WB5

Wenn die Worte fehlen!

„Wer etwas zu sagen hat, soll sprechen", heißt ein deutsches Sprichwort. Doch das ist oft besser gesagt als getan°. Denn heute sagt man lieber nichts, als daß man redet. Schon beim Frühstück lesen viele Väter die Zeitung, statt mit ihren Familien zu reden. Kinder setzen sich den Walkman auf und hören nichts mehr von ihrer Umwelt. Um 12 Uhr, wenn die Tochter oder der Sohn von der Arbeit zur Pause nach Hause kommt, hören sie die meiste Zeit Musik. Und jeden Abend gehen sie in die Diskothek, auch wenn man dort kein Wort versteht und am nächsten Morgen sehr müde ist.

Wir alle sind ruhig, wo wir reden sollten. Kennen Sie den Satz „Sei still! Laß mich in Ruhe fernsehen!"? Leute hören zu, wenn im Fernsehen geredet wird. Selbst sagen sie nichts mehr zum Thema. Sie lesen ein Buch und sprechen nicht darüber. Die Sprache kommt nur noch auf uns zu. Sie kommt immer seltener aus uns heraus. Vielen Familien ist die Lust vergangen°, miteinander über alles zu reden.

Deutsche Sprache — schwere Sprache? Die Deutschen finden das nicht. Trotzdem werden sie immer sprachloser°. Oft sagen sie: „Mir fehlen die

Worte." Wir sehen, hören und lernen immer neue Informationen, aber im Gespräch von Mensch zu Mensch fehlen uns oft die Worte. Es ist höchste Zeit, daß wir wieder mehr miteinander reden.

(*besser gesagt als getan* easier said than done; *die Lust ist einem vergangen* to have lost interest; *sprachlos* speechless)

Textverständnis

6. **Beantworten Sie die Fragen zum Text. Sagen Sie auch Ihre eigene Meinung.**

1. Sie hören lieber zu. 2. Sie benutzen Walkmans, Radios, CDs, Fernsehen und andere Medien. 3. Sie hören Musik. 4. Antworten geben ist oft wichtiger. 5. Wir müssen wieder mehr miteinander reden. 6. Es ist nicht gut, wenn Leute nicht mehr miteinander reden.

1. Warum reden die Menschen nicht mehr so viel miteinander?
2. Welche Medien benutzen viele Leute anstatt zu reden?
3. Was tun viele Töchter oder Söhne, die mittags nach Hause kommen?
4. Was ist wichtiger, Fernsehen oder Antworten geben?
5. Wie kann man diese Situation ändern?
6. Finden Sie es gut, wenn wir weniger miteinander reden?

7. **Machen Sie aus den Satzelementen komplette Sätze.**

Word order may vary. Sample answers:
1. Wer etwas zu sagen hat, soll sprechen. 2. Viele Mütter haben für die Zeitung keine Zeit. 3. Manche Kinder wollen lieber Musik hören anstatt zu reden. 4. Laß mich jetzt in Ruhe fernsehen. 5. Dafür fehlen mir die Worte. 6. Ich bin nicht sprachlos. 7. Wir sagen gern etwas zum Thema. 8. Ich sage Ihnen lieber sofort meine Meinung.

1. sprechen / etwas / wer / zu / sagen / soll / hat
2. keine Zeit / die Zeitung / haben / viele / Mütter / für
3. Musik / manche / hören / Kinder / anstatt / zu / reden / wollen / lieber
4. fernsehen / laß / Ruhe / in / mich / jetzt
5. Worte / die / fehlen / mir / dafür
6. nicht / ich / sprachlos / bin
7. Thema / etwas / zum / sagen / wir / gern
8. Ihnen / sage / meine / ich / Meinung / sofort / lieber

Irregular comparison

Some adjectives and adverbs do not form the comparative and superlative in the regular way. The more often you practice these words, the better you will be able to use them.

gut	besser	best-	am besten
gern	lieber	liebst-	am liebsten
viel	mehr	meist-	am meisten
nah	näher	nächst-	am nächsten
hoch	höher	höchst-	am höchsten

As a predicate adjective, *hoch* is regular (*Der Berg ist hoch*). When it takes an adjective ending (as an attributive adjective), the *c* is dropped (*die hohen Berge der Alpen*).

Remember that if the comparative or superlative form is used as an attributive adjective, you must add the appropriate adjective ending required for the noun *(mein größerer Bruder, mein bester Freund)*.

8. **Was tun Sie lieber? Sagen Sie offen Ihre Meinung.**

❑ fernsehen / Musik hören
Ich höre lieber Musik.

(Answers will vary.)

1. in der Schule sitzen / zu Hause sein
2. Essen kochen / Geschirr spülen
3. telefonieren / Party feiern
4. Auto fahren / Auto reparieren
5. Kuchen backen / Kuchen essen
6. Freunde besuchen / allein sein
7. Sport treiben / auf dem Sofa liegen
8. Briefe lesen / Briefe schreiben
9. Geschenke kaufen / Geschenke bekommen
10. Kassetten hören / mit Freunden reden
11. fernsehen / Theater besuchen
12. im Garten arbeiten / in der Sonne liegen

WB6, WB7

9. **Beantworten Sie die Fragen.**

(Answers will vary.)

1. Wo ist es am dunkelsten im Haus?
2. Wer hat in Ihrer Familie die ältesten Hosen?
3. Wo findet man die höchsten Berge in den USA?
4. Wann haben Sie das preiswerteste Kleidungsstück gekauft?
5. Wo ist das nächste Kino?
6. Wo kann man am besten essen?
7. Was ist Ihr größter Spaß?
8. Was ist die beste Fernsehsendung?
9. Was ist die spannendste Stunde in der Schule?
10. Woran denken Sie am meisten?

Hier kann man am besten trinken.

Werner Schildhauer ist einer
der schnellsten Läufer.

Dieses Geschäft bietet die
preiswertesten Schuhe an.

Der kaputte Kassettenrekorder

Im Mietshaus trifft Ernst seine Freundin Monika. Er ist ganz aufgeregt.

Ernst: Monika, mein Kassettenrekorder° läuft nicht mehr. Ich will die Rockmusik später im Radio aufnehmen°. Kannst du mir deinen leihen?

Monika: Tut mir leid, Ernst. Ich habe keinen. Ich habe ein altes Tonbandgerät°, das mir mein Vater geschenkt hat. Ich kann die Musiksendung für dich aufnehmen, aber nicht auf Kassette.

Ernst: So was Dummes. Wo finde ich jetzt schnell einen Kassettenrekorder? Ich hab' doch kein Geld für CDs oder Schallplatten°. Ich nehme immer die Musik im Radio auf. Das kostet nichts.

Monika: Ich kann dir damit helfen, Ernst. Ich kann die Sendung° mit meinem Tonbandgerät aufnehmen. Wenn dein Kassettenrekorder repariert ist, kannst du es von mir aufnehmen.

Ernst: Tolle Idee. Das ist besser, als nichts aufzunehmen. So machen wir es. Meinen Kassettenrekorder bringe ich morgen zur Reparatur°. Dann können sie ihn bis Donnerstag reparieren.

(*der Kassettenrekorder* cassette recorder; *aufnehmen* to record; *das Tonbandgerät* reel-to-reel tape recorder; *die Schallplatte* LP record; *die Sendung* broadcast, program; *etwas zur Reparatur bringen* to have something repaired)

Textverständnis

10. **Beantworten Sie die Fragen zum Text.**

1. Über welche Medien sprechen Ernst und Monika?
2. Was hat Ernst — ein Tonbandgerät oder einen Kassettenrekorder?
3. Warum kann er mit seinem Kassettenrekorder nichts aufnehmen?
4. Warum ist Ernst sauer?
5. Was kann Monika für ihn tun?
6. Wofür hat Ernst kein Geld?
7. Wie kann er die Sendung trotzdem aufnehmen?
8. Gefällt Ernst die Idee von Monika?
9. Welche Idee hat sie denn?
10. Wo kann er seinen Kassettenrekorder reparieren lassen?

11. Ihr Fernseher oder Ihr Kassettenrekorder läuft nicht mehr. Was tun Sie jetzt? Fragen Sie Ihre Klassenkameraden. Wer zuletzt geantwortet hat, fragt den nächsten.

☐ Frage: Was tust du, wenn dein Fernseher oder dein Kassettenrekorder kaputt ist?
Antwort: Es wäre am besten, den kaputten Kassettenrekorder oder den kaputten Fernseher ...
(ins Geschäft bringen)
Es wäre am besten, den kaputten Kassettenrekorder oder den kaputten Fernseher ins Geschäft zu bringen.

1. zur Reparatur bringen
2. zum Kaufhaus zurückschicken
3. mit einem Freund reparieren
4. in den Keller stellen und vergessen
5. zum Geschäft zurückbringen
6. selbst reparieren

Es wäre am besten, den kaputten Kassettenrekorder oder den kaputten Fernseher ...
1. zur Reparatur zu bringen. 2. zum Kaufhaus zurückzuschicken. 3. mit einem Freund zu reparieren. 4. in den Keller zu stellen und zu vergessen. 5. zum Geschäft zurückzubringen. 6. selbst zu reparieren.

12. *Nicht nur viele, sondern die meisten Leute.* Sie haben in der Zeitung gelesen, was viele Leute machen. Als Sie mit einer Freundin darüber sprechen, sagt diese immer: „Nicht nur viele, sondern die meisten Leute ..."

☐ Viele junge Leute reparieren ihre kaputten Geräte selbst.
Nicht nur viele, sondern die meisten jungen Leute reparieren ihre kaputten Geräte selbst.

1. Viele Leute wollen besser essen und mehr laufen.
2. Viele Leute wollen gute Freunde haben.
3. Viele Angestellte verdienen mehr als vor zehn Jahren.
4. Viele Menschen auf der Welt werden heute älter als früher.
5. Viele Menschen lesen weniger, weil sie lieber fernsehen.
6. Viele Studenten möchten gern Medizin oder Biologie studieren.
7. Viele ältere Leute bilden junge Leute aus.
8. Viele Fans sind begeistert, wenn sie über Tennis reden.

Nicht nur viele, sondern die meisten...
1. Leute wollen besser essen und mehr laufen. 2. Leute wollen gute Freunde haben. 3. Angestellten verdienen mehr als vor zehn Jahren. 4. Menschen auf der Welt werden heute älter als früher. 5. Menschen lesen weniger, weil sie lieber fernsehen. 6. Studenten möchten gern Medizin oder Biologie studieren. 7. ältern Leute bilden junge Leute aus. 8. Fans sind begeistert, wenn sie über Tennis reden.

13. Berichten Sie von dem, was Sie in den folgenden Sätzen lesen.

1. ... laute Musik am schlechtesten für die Ohren sei. 2. ... älterer Kaffee immer bitterer schmecke. 3. ... Peter seiner liebsten Freundin eine Schallplatte mitbringe. 4. ... der „Alsterpavillon" der Name des besten Cafés in Hamburg sei. 5. ... der Brief die verschiedensten Informationen habe. 6. ... du das Buch „Reparieren von Tonbandgeräten" habest.

❐ Kabelfernsehen ist teurer geworden.
Ich habe gehört, daß Kabelfernsehen teurer geworden sei.

1. Laute Musik ist am schlechtesten für die Ohren.
2. Älterer Kaffee schmeckt immer bitterer.
3. Peter bringt seiner liebsten Freundin eine Schallplatte mit.
4. Der „Alsterpavillon" ist der Name des besten Cafés in Hamburg.
5. Der Brief hat die verschiedensten Informationen.
6. Du hast das Buch „Reparieren von Tonbandgeräten".

Übrigens ...

Mögen Sie alte und neue Maschinen? Dann kommen Sie ins Deutsche Museum nach München. Es ist täglich von 8 Uhr bis 16 Uhr 30 geöffnet. Dort finden Sie vom Flugzeug bis zum Telefon alles, was die Technik zu bieten hat. Sie können sogar ein altes U-Boot sehen, wie es in dem Film „Das Boot" gezeigt wurde. Es steht im Keller neben einem alten Kutter, den die Nordsee-Fischer benutzt haben. Das Deutsche Museum ist so ähnlich wie das Smithsonian Institute in Washington D.C. Man zeigt die Entwicklung der Technik von den ersten Maschinen ohne Motor bis zum Space-Zeitalter. Dabei sind auch die technischen Maschinen zu sehen, die wir jeden Tag in der Stadt oder auf dem Land benutzen. Ihr Besuch lohnt sich, denn für jedes Interesse gibt es etwas zu sehen.

Neue und alte Technologie ...

... findet man im Deutschen Museum in München.

Superlatives + aller-

To emphasize the superlative you can add the prefix *aller-*. *Aller-* means "very," as in "my very best friend Christine" (*meine allerbeste Freundin Christine*).

Am allerschönsten finde ich frische Blumen.
Die allerbesten Schüler lernen am allermeisten.
Ich laufe und wandere am allerliebsten.
Die allerschönste Blume ist die Rose.

14. Oma ist am allerbesten! Setzen Sie die Sätze in den Superlativ.

1. Das allerbeste Essen gibt es nur bei meiner Oma. 2. Sie kocht am allerbesten. 3. Sie hört am allerliebsten in der Küche Radio. 4. Sie mag Küchengeräte am allerwenigsten. 5. Unsere Oma wohnt am allernächsten. 6. Die allerliebste Oma freut sich über unseren Besuch. 7. Wir bringen ihr am allerliebsten Blumen mit. 8. Die allerschönsten Blumen wachsen in ihrem Garten.

WB9

☐ Das teure Fernsehen kann sie sich nicht leisten.
Das allerteuerste Fernsehen kann sie sich nicht leisten.

1. Das gute Essen gibt es nur bei meiner Oma.
2. Sie kocht gut.
3. Sie hört gern in der Küche Radio.
4. Sie mag Küchengeräte wenig.
5. Unsere Oma wohnt nahe.
6. Die liebe Oma freut sich über unseren Besuch.
7. Wir bringen ihr gern Blumen mit.
8. Die schönen Blumen wachsen in ihrem Garten.

15. Was wissen Sie über Medien? Suchen Sie sich zwei Medien aus und sagen Sie, was Sie darüber wissen. Hier sind einige Wörter, die Sie vielleicht benutzen können wie in den folgenden beiden Beispielen: *der elektrische Strom* electrical current; *das Tonband* reel-to-reel tape; *die Antenne* antenna; *das Kabelfernsehen* cable TV; *das Signal* signal; *der Fernsehsender* TV station.

Brief	Buch	CD	Fernsehen	Kabelfernsehen
Kinofilm	Schallplatte	Radio	Roman	Kassettenrekorder
Telefon	Tonbandgerät	Video	Zeitschrift	Zeitung

☐ Ein *Kassettenrekorder* spielt Kassetten. Er läuft mit Batterien oder mit elektrischem Strom. Er kostet nicht sehr viel, vielleicht hundert Mark. Er ist billiger als ein Tonbandgerät. Man kann ihn mit nach draußen nehmen. Er ist praktisch, denn die Kassetten mit der Musik darauf sind besser als alte Tonbänder.

(Answers will vary.) Das *Kabelfernsehen* ist wie normales Fernsehen. Man kann ein besseres Bild sehen als mit einer Antenne. Es kostet mehr Geld. Man kann besser aussuchen, was man sehen will. Nicht in jeder Stadt gibt es Kabelfernsehen. Beim Kabelfernsehen geht ein Kabel ins Haus. Das Kabel hat die Signale von vielen Fernsehsendern.

Technik und Wohnen

Herr Gumbrecht sitzt oft vor seinem Computer.

Herr Gumbrecht wohnt in einer kleinen Wohnung in Mainz. Er ist Ingenieur am Flughafen Mainz. Er ist nicht verheiratet und lebt allein. Seine Ein-Zimmer-Wohnung hat viele elektrische Geräte. Er hat nur ein Zimmer und ein Bad. An einer Wand steht sein Computer mit dem Monitor. Der Monitor und der Computer sind ein Gerät. Der Drucker° ist durch ein Kabel mit dem Computer verbunden. Sein Drucker schreibt die Daten°, die der Computer durch das Kabel schickt. Daneben steht der Fernseher in einem Schrank°. Neben dem Fernseher ist ein Videorekorder, mit dem er oft Kabelfernsehen aufnimmt. Sein Telefon steht meistens auf dem Tisch. Er hat auch ein Modem, mit dem er andere Computer-Benutzer anruft und Daten schickt und bekommt.

Hier schläft und sitzt Herr Gumbrecht.

Seine Küche hat Kühlschrank, Herd und Spüle.

Sein Computer, Drucker, Fernseher und Video

Manchmal ruft er seine Freundin an. Dann schreiben sie sich kurze Briefe auf dem Computer, die durch Modem und Telefon sofort auf dem Monitor des anderen zu sehen sind. Das finden beide fantastisch. Mit ihren Druckern schreiben die beiden dann alles, was sie auf den Monitoren gelesen haben. Gestern schrieb seine Freundin: „Meine Waschmaschine° ist kaputt. Kann ich bei Dir waschen?" Herr Gumbrecht schrieb zurück: „Ich verbinde° die Waschmaschine und das Modem mit einem Kabel. Schick die Sachen durch das Modem." Sie hat geantwortet: „Ha, ha, ha. Sehr witzig!"

In dieser Gegend wohnt Herr Gumbrecht.

Herr Gumbrecht hat keine richtige Küche. An einer Wand steht sein Kühlschrank. Daneben sind der Herd° und die Spüle°. Über dem Herd ist ein Küchenventilator°, damit in seiner Wohnung immer gute Luft ist. Er ißt oft im Restaurant und kocht nicht oft zu Hause. Er hat außer dem einen Zimmer nur noch sein Badezimmer mit einer Waschmaschine. Herr Gumbrecht lebt auf 34 Quadratmetern° und fühlt sich wohl. Sein französisches Auto ist unten im Haus geparkt. Dort parken alle Mieter dieses Hauses.

(*der Drucker* printer; *die Daten* data; *der Schrank* cupboard; *die Waschmaschine* washer; *verbinden* to connect; *der Herd* stove; *die Spüle* kitchen sink; *der Küchenventilator* kitchen fan; *der Quadratmeter* square meter)

Textverständnis

16. **Beantworten Sie die Fragen zum Text und zu den Bildern.**

1. Der Computer steht an der Wand. 2. Es steht auf dem Tisch. 3. Der Monitor und der Drucker sind mit dem Computer verbunden. 4. Er schickt und bekommt Daten. 5. Sie ist 34 Quadratmeter groß. 6. Er arbeitet im Flughafen. 7. Er ist Ingenieur. 8. Er parkt es unten im Haus. WB10

1. Wo steht der Computer von Herrn Gumbrecht?
2. Wo steht das Telefon?
3. Welche Geräte sind mit dem Computer verbunden?
4. Was tut er mit dem Modem?
5. Wie groß ist seine Wohnung?
6. Wo arbeitet Herr Gumbrecht?
7. Was für einen Beruf hat er?
8. Wo parkt er sein Auto?

17. Was kann Herr Gumbrecht mit den Geräten machen? Welche Satzteile passen zusammen?

d   1. Jeden Morgen fährt er mit seinem

g   2. Er hat viele Briefe in seinem Computer

a   3. Viele Fernsehsender kann er sehen,

f   4. Sein Telefon muß immer gut funktionieren,

c   5. Wenn er gekocht hat, muß er sein Hemd und seine Hose

e   6. Wenn der Küchenventilator, der Fernseher, der Drucker und die Waschmaschine alle laufen,

b   7. Was ihm im Fernsehen gut gefällt,

a. denn er hat Kabelfernsehen.

b. das nimmt er oft mit dem Videorekorder auf.

c. in die Waschmaschine tun.

d. französischen Wagen zur Arbeit im Flughafen Mainz.

e. kann er nichts mehr am Telefon hören.

f. denn Herr Gumbrecht benutzt es jeden Tag sehr oft.

g. und hat sie auf seinem Drucker geschrieben.

Welche Geräte hat Herr Gumbrecht in seinem Haus und in seiner Wohnung?
Answers: Er hat einen Computer, einen Drucker, einen Videorekorder, einen Fernseher, ein Telefon, ein Modem, einen Kühlschrank, einen Herd, einen Küchenventilator, eine Waschmaschine und ein Auto. *Was könnten Sie mit diesen Geräten alles tun?*
Sample answers: Mit einem Computer schreibe und rechne ich. Der Drucker schreibt, was der Computermonitor zeigt. Der Videorekorder nimmt Kabelfernsehen auf. Mit dem Fernseher kann ich fernsehen. Ein Küchenventilator sorgt für saubere Luft in meiner Küche. Die Waschmaschine macht meine Kleidung sauber. Ein Auto ist zum Fahren da.

18. Welche Geräte hat Herr Gumbrecht in seinem Haus und in seiner Wohnung? Was könnten Sie mit diesen Geräten alles tun?

Was machen sie mit diesen Geräten?

Rollenspiel: **Welche Geräte brauchen Sie?**

19. Zwei aus Ihrer Klasse gehen an die Tafel und schreiben auf, welche Geräte die Leute aus Ihrer Klasse wichtig finden. Dann fragen Sie, welche Geräte aus dieser neuen Liste an der Tafel wichtiger sind.

Have students select five items that they have or would like to have at home. Their description should include why they would like to have it, what they would do with it, how much they would want to spend, etc.

Other items are: Videorekorder, Kabelfernsehen, Telefon, Modem, Fernseher, Kühlschrank, Herd, Küchenventilator, Waschmaschine, Auto, CD-Spieler, Radio.

An der Tafel könnte stehen:
Kamera, Moped, Motorrad, Toaster, Computer, Drucker usw.
Die zwei fragen: „Was ist wichtiger, eine Kamera oder ein Moped?"

Sie schreiben eine neue Liste an die Tafel. Oben stehen die wichtigsten Dinge. Darunter kommen die Dinge, die die Klasse weniger wichtig findet. Diskutieren Sie darüber, was wirklich wichtig ist! Am Ende machen die zwei eine letzte Liste, die zeigt, welche Dinge sehr wichtig sind und welche unwichtig sind. Stellen Sie sich immer die Frage: „Ist das eine Ding so wichtig fürs Leben wie das andere Ding?" Und denken Sie auch daran, daß wir nicht Geld wie Heu haben.

Besichtigung° in der Autofirma

Eine Gruppe von Schülern besucht eine Autofirma, um sich die Produktion anzusehen. Am Eingang begrüßt Frau Horch ihre Gäste. Sie bringt für jeden ein kleines Funkgerät° mit, damit die Besucher sie im Werk° gut hören können. Jeder Gast bekommt ein Funkgerät und einen Kopfhörer° und dann geht es los.

Frau Horch:	Guten Tag, mein Name ist Karla Horch. Ich freue mich über Ihren Besuch in unserer Firma. Bitte setzen Sie jetzt Ihre Kopfhörer auf, damit Sie mich im Werk gut hören können. Es ist sehr laut, weil viele Maschinen laufen.
Schülerin:	Was werden wir denn sehen?
Frau Horch:	Sie sind heute nur für einen kurzen Besuch hier. Da sehen Sie die wichtigsten Schritte, wie bei uns die Autos gebaut werden. Die Tour dauert etwa 30 Minuten. Bitte kommen Sie mit mir in die erste Werkhalle°.

Karla Horch: „Ich möchte Ihnen unsere Firma zeigen!"

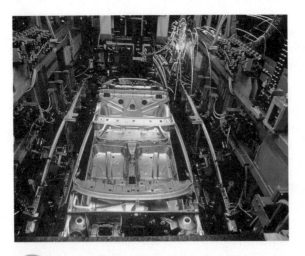

 Der untere Teil wird
geschweißt.

 Drei Roboterarme schweißen
zur gleichen Zeit.

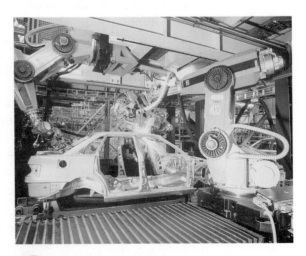

 Ein Teil nach dem anderen
läuft auf dem Band.

 Jetzt kann man schon ein
Auto erkennen.

5 Diese Wagen sind fertig geschweißt.

6 Zwei Arbeiter testen den Kofferraum.

7 Die Wagen sind fast fertig für die „Hochzeit".

8 Der fertige Wagen

	Hier stehen viele Roboter. Die Roboter bauen die 14 000 Teile zusammen, aus denen ein modernes Auto gebaut wird.
Schüler:	Ich kann nichts hören. Mein Kopfhörer ist kaputt.
Frau Horch:	Ja, die Technik macht es uns manchmal schwer. Hier haben Sie einen neuen. Hören Sie mich jetzt?
Schüler:	Alles klar. Es kann weitergehen.
Frau Horch:	Die Roboter arbeiten 24 Stunden am Tag. Es gibt nur 20 Arbeiter in dieser Werkhalle. Diese Arbeiter sind spezialisiert und reparieren die Roboter. Seit wir Roboter benutzen, fühlen sich die Leute in unserer Firma viel wohler, weil die schwersten Arbeiten jetzt von den Maschinen gemacht werden.
Schülerin:	Wie viele Autos bauen Sie am Tag?
Frau Horch:	Wir bauen hier 1 600 Autos am Tag. Wir könnten 20 Prozent mehr bauen. Wir bauen ein Auto so, wie es der Kunde haben will. Mit Vierzylinder-Motor° oder mit Fünf- oder Sechszylinder-Motor. Mit Radio oder ohne. Mit Automatik° oder mit Schaltgetriebe°. Mit Quattro-Antrieb° oder mit Frontantrieb°.
Schülerin:	Sie bauen also nur dann einen Wagen, wenn er schon verkauft ist?
Frau Horch:	Das ist richtig. Wir produzieren nur gekaufte Autos. So müssen wir kein Geld für Autoteile ausgeben, wenn wir sie nicht auch verkaufen können. Das macht Autos billiger und die Kunden bekommen genau das, was sie wollen. Sie sehen hier, daß viele Wagen fertig geschweißt° sind. Jetzt kommen die kleineren Teile ins Auto: Fenster, Reifen, Türen. Wenn der Motor ins Auto getan wird, nennt man das eine „Hochzeit". Der Motor wird oft als das Herz des Wagens angesehen. Bei der Hochzeit kommen die wichtigsten Teile zusammen.
Schüler:	Was kostet denn ein Wagen, den Sie hier bauen?
Frau Horch:	Das kommt darauf an, was Sie wollen. Es gibt unsere Autos ab 25 000 DM. Das ist ein kleiner Vierzylinder mit Schaltgetriebe. Ein Sechszylinder-Wagen kostet mit Quattro-Antrieb etwa 62 000 DM. Ohne Quattro-Antrieb kostet er etwa 56 500 DM.

German automobile manufacturers produce cars only if ordered by the distributors or dealers.

Schülerin:	Das ist aber sehr viel Geld!
Frau Horch:	Sie bekommen dafür auch modernste Technik und sicheres Fahren. Unsere Autos haben alle Katalysatoren° und einige haben einen Airbag. Und natürlich haben diese Autos Antiblockier-Bremsen°, die das Rad nicht plötzlich stoppen, sondern weiter laufen, auch wenn Sie hart bremsen müssen. Diese passive Sicherheit° hat natürlich ihren Preis.

(*die Besichtigung* tour; *das Funkgerät* radio transmitter; *das Werk* factory, plant; *der Kopfhörer* headset; *die Werkhalle* production hall; *der Vierzylinder-Motor* four-cylinder motor; *die Automatik* automatic transmission; *das Schaltgetriebe* manual transmission; *der Quattro-Antrieb* four-wheel drive; *der Frontantrieb* front-wheel drive; *schweißen* to weld; *der Katalysator* catalytic converter; *die Antiblockier-Bremse* antilock brakes; *die Sicherheit* safety)

Dieses Paar hat sein neues Auto bekommen.

Textverständnis

20. **Beantworten Sie die Fragen zum Text.**

1. Wieviel kostet der billigste Wagen in diesem Werk?
2. Wer macht die schwersten Arbeiten?
3. Was tun die 20 Arbeiter in der Werkhalle?
4. Wann baut die Firma ein neues Auto?
5. Was hat ihren Preis?
6. Als was wird der Motor oft angesehen?
7. Welche passiven Sicherheitselemente kennen Sie?

Die schnellsten Autos

Auf der Berliner AVUS (Automobile Verkehrs- und Übungsstraße) sind viele Rekorde mit schnellen Autos gefahren worden. Fritz von Opel fuhr 1928 mit einem Raketenauto° 250 km/h. 1983 fuhr Richard Noble, ein Engländer, in der Black Rock-Wüste in Nevada 1 019,44 km/h schnell. Sein Auto hatte keinen Motor, sondern einen Düsenantrieb°. Die Amerikaner halten besonders viele Rekorde. Gary Gabelich fuhr am 23. Oktober 1970 in Bonneville, USA, seine „Blue Flame" 1 001,473 km/h. Sein Fahrzeug° hatte einen Raketenmotor. Stan Barret erreichte 1979 auf der Edwards Air Force Base, USA, mit seiner „Budweiser Rocket" 1 190,377 km/h. Im Jahre 1986 fuhr Audi aus Ingolstadt, Deutschland, mit dem Audi 200 Quattro auf einer Rennstrecke° in Alabama 332,88 km/h. Der Wagen hatte etwa 650 PS°. BMW aus München, Deutschland, erreichte mit dem BMW „M1" im Jahre 1981 schon 301,4 km/h.

Die Berliner AVUS wird auch vom Straßenverkehr benutzt.

Ein schneller „VW-Käfer" (beetle) für Straßenrennen

(*das Raketenauto* rocket-propelled automobile; *der Düsenantrieb* jet engine; *das Fahrzeug* vehicle; *die Rennstrecke* racetrack; *PS/die Pferdestärke* horsepower)

Vor 100 Jahren ging es noch viel langsamer.

Textverständnis

21. **Beantworten Sie die Fragen zum Text.**

1. Wer fuhr am schnellsten?
2. Wer fuhr am allerlangsamsten?
3. Wann fuhr der Schnellste?
4. Wo wurde der zweitschnellste Wagen gefahren?
5. Wer fuhr den drittschnellsten Wagen?
6. Möchten Sie einen schnellen Wagen haben?
7. Was würden Sie mit einem schnellen Auto machen?

🔊 Falsch verbunden°

Kennen Sie das? Man sitzt alleine in seinem Zimmer und ärgert sich über das langweilige Wochenende. Warum ist es nicht so lustig wie letzte Woche? Es ist nichts los. Sie wissen nicht, was Sie tun sollen. Aber vielleicht ruft ja noch jemand an. Doch nichts passiert. Ganz unruhig sitzt man auf dem Sofa und sieht das Telefon an. Nichts passiert. Alle Freunde könnten einen anrufen. Von vielen hat man lange nichts gehört. Doch niemand ruft an. Susi nicht, Peter nicht, Hans nicht und wie sie alle heißen. Peter! War da nicht etwas? Hatte Peter letzten Montag nicht eine Prüfung? Ob man ihn noch anruft? Schon getan: 3-0-5-7-2-5. Besetzt°. An einem solchen Tag funktioniert nichts.

Es klingelt plötzlich an der Tür. Anne springt auf. Vor der Tür steht ein Prinz; nennen wir ihn Joachim. Er sieht wirklich toll aus und lächelt. Es ist einfach unglaublich. Er lädt sie zu einer Party ein. Anne weint fast vor Glück.

Da klingelt das Telefon. Der Traum ist zu Ende. Wer kann es sein? Peter? Susi? Von Dirk hat Anne schon lange nichts mehr gehört. Es ist wie eine Sucht°. Kennen Sie dieses Gefühl? Anne muß zum Telefon gehen.

Da sind Sie wohl falsch verbunden.

„Hallo?! Nein, hier spricht Anne. Da sind Sie wohl falsch verbunden."

Role-playing: Ask students to develop a short conversation centering around the topic "Hast du Lust, zu einer Party zu gehen?" or "Was hast du am Wochenende vor?"

Joachim? Wo ist mein Traum-Joachim? Joachim steht vor dem Haus in einer Telefonzelle° und ruft seine Eva an.

(*falsch verbunden* wrong number; *besetzt* busy [telephone]; *die Sucht* addiction; *die Telefonzelle* phone booth)

22. Stellen Sie sich vor, Sie sitzen allein zu Hause und keiner kommt oder ruft an. Was würden Sie tun? Wen würden Sie anrufen? Worüber würden Sie reden? Würden Sie den Fernseher anmachen? Oder lesen? Erzählen Sie!

(Answers will vary.)

Wenn ich allein wäre, würde ich ...
Wenn ich mit einem Menschen reden muß, dann ...
Wenn ich mich allein fühle, dann ...
Manchmal träume ich, daß ...
Ich würde von ... erzählen.

Time expressions

Some expressions of time are stated differently in German than they are in English. "Quarter past six" is stated *Viertel nach sechs*, comparable to English. The time "ten minutes past five" is stated *zehn nach fünf* in German. But instead of saying "half past five," the expression *halb sechs* is used. *Uhr*, equivalent to "o'clock," can only be used for a full hour: *Es ist sieben Uhr.*

For official use in radio and TV broadcasts or train and flight schedules, the 24-hour system is used. The time "5:30 P.M." or "half past five in the afternoon" is stated as *siebzehn Uhr dreißig Minuten.*

There are also some important common phrases used to express time. A definite point in time appears in the accusative case. These phrases answer the question *wann*.

Wann war das Wetter schön? Letztes Wochenende war es schön.
Wann hatte Peter eine Prüfung? Peter hatte letzten Montag eine Prüfung.

The accusative is also used when expressing length of time. These phrases answer the question *wie lange?* (how long?).

Ich habe *den ganzen Morgen* Zeitung gelesen und ferngesehen.
Das ganze Jahr habe ich meine Familie nicht gesehen.
Den kommenden Dienstag fangen die Ferien an.

WB12

Kaufst du dir *nächste Woche* einen CD-Spieler?

23. Erzählen Sie, was los ist.

1. Wann besuchen Sie Ihre Großeltern?
2. Wann gehen Sie zur Schule oder Universität?
3. Wie lange wollen Sie im Urlaub bleiben?
4. Wie viele Jahre möchten Sie studieren?
5. Wann fahren Sie zu Ihren Verwandten?

Was meinst du genau? Wie meinst du das? Was soll das heißen?

In order to verify information you have learned about in a conversation, several possibilities are at hand. You could ask the following questions:

Was meinst du genau (damit)?   (What exactly do you mean?)
Wie meinst du das?   (How do you mean that?)
Was soll das heißen?   (What's that supposed to mean?)

❒ Der Computer hilft bei der Arbeit.
  Wie meinst du das, der Computer hilft bei der Arbeit? *oder*
  Was soll das heißen, der Computer hilft bei der Arbeit?

24. Fragen Sie nach, ob Ihre Klassenkameraden das richtig verstanden haben. Eine Person sagt einen Satz. Eine andere Person fragt, wie sie das meint und die erste Person sagt es noch einmal mit anderen Worten. Benutzen Sie diese zwei Fragen: Wie meinst du das? *und* Was soll das heißen?

❒ Erste Person: Mein Drucker läuft nicht.
  Zweite Person: Wie meinst du das, dein Drucker läuft nicht? *oder*
  Was soll das heißen, dein Drucker läuft nicht?
  Erste Person: Er geht einfach nicht; ich weiß ja auch nicht.

Sample answers: Wie meinst du das, ... 1. dein Videorekorder ist kaputt? 2. du kannst deinen Fernseher nicht anmachen? 3. deine Waschmaschine ist so laut? 4. dein Auto muß repariert werden? 5. der Computer tut nichts? 6. das Modem funktioniert nicht? 7. unsere Waschmaschine läuft nicht mehr? 8. dein Telefon ist tot?

1. Mein Videorekorder ist kaputt.
2. Ich kann meinen Fernseher nicht anmachen.
3. Meine Waschmaschine ist so laut.
4. Mein Auto muß repariert werden.
5. Der Computer tut nichts.
6. Das Modem funktioniert nicht.
7. Unsere Waschmaschine läuft nicht mehr.
8. Mein Telefon ist tot.

Gefühle und Stimmungen

◆ Neugierig° sein

Jutta: Mama, was haben Papa und du gestern nachmittag gemacht?

Mutter: Wir waren weg. Du erzählst mir doch auch nicht alles.

Jutta: Was habt ihr denn gemacht? Sag doch mal.

Vater: Jetzt sei nicht so neugierig. Wir waren weg.

Mutter: Wir müssen dir doch nicht alles erzählen.

Jutta: Herr Paulsen hat euch im Computergeschäft gesehen. Habt ihr einen Computer gekauft?

Mutter: Jutta, jetzt ist's genug. Wir sagen dir nichts mehr.

Vater: Jutta, wenn du Zeit hast, kannst du mir helfen, ein paar Kartons aus dem Auto zu holen.

Jutta: Hurra! Wir haben einen neuen Computer!

Vater: Wir haben Blumen für den Garten gekauft. Und einen Computer, du neugieriges Mädchen.

WB13

(*neugierig* curious, inquisitive, nosy)

25. **Nun sagen Sie mal: Wann waren Sie das letzte Mal sehr neugierig? Warum waren Sie neugierig? Was hat man Ihnen da gesagt? Haben Sie erfahren, was Sie wissen wollten?**

(Answers will vary.)

Rollenspiel: Wer bekommt den neuen Computer?

26. Fünf Leute aus Ihrer Klasse spielen diese Situation. Mutter und Vater haben einen neuen Computer gekauft. Drei Kinder sind in der Familie. Jedes Kind will den Computer in seinem Zimmer haben, um damit zu arbeiten und zu spielen. Die Klasse muß am Ende entscheiden, wer von den Kindern die besten Argumente hatte. Mutter und Vater haben die Aufgabe, einem Kind zu helfen oder auch nicht. Mutter und Vater können klar sagen, was sie wollen. Sie sollen sehr neugierig fragen, was jedes ihrer Kinder genau mit dem Computer machen will. Aber die Klasse entscheidet, wer am besten argumentiert hat, nicht die Eltern.

Bevor es losgeht, sollten Sie sich alle aufschreiben, was Sie mit einem Computer machen würden.

Mein neuer Computer

Markus: Du, sag mal, was sagst du eigentlich zu meinem Computer? Der ist ganz neu. Ich weiß noch nicht viel davon. Aber du bist doch Spezialistin.

Ruth: Na ja, er gibt dir viele neue Möglichkeiten.

Markus: Was meinst du genau damit?

Ruth: Zum Beispiel macht er deine Arbeit leichter.

Markus: Wie meinst du das, er macht meine Arbeit leichter?

Ruth: Sieh mal! Wenn du einen Text schreibst, dann kannst du mit Hilfe des Computers Fehler unsichtbar° werden lassen.

Markus: Was soll das heißen: „unsichtbar"?

Ruth: Das heißt, man kann die Fehler nicht mehr sehen.

Markus: Was es nicht alles gibt. Und was ist, wenn ich einen Liebesbrief schreiben will?

Ruth: Natürlich mit Computer, ohne Fehler!

Markus: Natürlich! Aber was soll denn das heißen, „natürlich mit Computer"?

Ruth: Das soll heißen, daß du mir jetzt Briefe mit weniger Fehlern schicken wirst.

(*unsichtbar* invisible)

27. **Sie haben einen Computer. Was machen Sie damit? Sagen Sie, was Computer für uns tun können. Benutzen Sie auch die folgenden Satzanfänge.**

Mit Computern kann man ...
Wer einen Computer hat, kann besser ...
Die Kommunikation mit anderen Computern weltweit ist ...
Ich finde, Computer sind wichtig für ...
Es ist ein Problem, daß Computer ...

Wer spricht mit wem — und wo?

Group activity: Divide the class into two groups. Each group will develop a list of different professions (one profession per student). One student from each group represents one profession. That student is asked up to 10 questions by members of the other group. Each question is answered only with a *ja* or *nein*. The object is to guess the name of the profession as quickly as possible. Points are awarded on a sliding scale, beginning with 10 and decreasing by 1 point for each incorrect guess.

— Sie möchten diesen Sonntag abfliegen?
— Ja, Sonntag oder schon am Samstag.
— Möchten Sie während des Flugs in der Mitte oder am Fenster sitzen?
— Lieber in der Mitte, da habe ich mehr Platz für meine Beine. Können Sie das alles auf dem Computer buchen°?
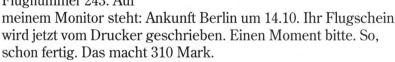
— Ja, das geht alles elektronisch. Ich habe Sie für Sonntag um dreizehn Uhr fünfzehn mit der Lufthansa gebucht. Flugnummer 243. Auf meinem Monitor steht: Ankunft Berlin um 14.10. Ihr Flugschein wird jetzt vom Drucker geschrieben. Einen Moment bitte. So, schon fertig. Das macht 310 Mark.
— Besten Dank. Hier ist das Geld.
— Stimmt genau. Hier ist Ihr Flugschein.
— Ach, sagen Sie, kann ich in den nächsten Tagen meinen Flug ändern, wenn es sein muß?
— Es tut mir leid, aber ich lese hier auf dem Monitor, daß das bei diesem Sonderpreis eine Gebühr von 125 Mark kostet.
— Na, wenn der Computer mich nicht läßt, dann muß es eben beim Sonntag bleiben.
— Auf Wiedersehen und gute Reise.
— Wiedersehen!

(*buchen* to book)

28. Was wissen Sie über dieses kurze Gespräch?

1. Im Reisebüro kann man es hören. 2. Ein Angestellter/ Eine Angestellte im Reisebüro spricht mit einem Reisenden. 3. Sie sprechen über den Flug. 4. Er will am Samstag oder am Sonntag abfliegen. 5. Er kann nur am Samstag fliegen, wenn er 125 Mark Gebühr bezahlt. 6. Das steht auf dem Monitor.

1. Wo kann man so ein Gespräch hören?
2. Wer spricht mit wem?
3. Worüber sprechen die beiden?
4. Wann will der Reisende fliegen?
5. Kann der Reisende am Samstag abfliegen?
6. Woher weiß der oder die Angestellte alles über den Flug?

Hast du noch etwas vor?

Susanne:	Hallo Kerstin!
Kerstin:	Grüß dich!
Susanne:	Hast du noch etwas vor?
Kerstin:	Nein.
Susanne:	Dann laß uns noch etwas unternehmen.
Kerstin:	Und was?
Susanne:	Laß mich mal nachdenken°.
Kerstin:	Soll ich dich dabei allein lassen?
Susanne:	Nein, du kannst hier bleiben. Ich habe vielleicht doch eine Idee.
Kerstin:	Und welche Idee ist das? Laß mich nicht länger warten.
Susanne:	Ach, heute passiert nichts mehr. Ich bin doch müder als ich dachte.
Kerstin:	Gut, lassen wir es. Aber auf deine Ideen wartet man wohl besser nicht zu lange. Sonst passiert dann doch nichts.

(*nachdenken* to think about)

29. Welche Aussagen über den Dialog sind falsch oder richtig? Was sind die richtigen Antworten für die falschen Aussagen?

1. falsch/Sie will noch etwas unternehmen. 2. richtig 3. richtig 4. falsch/Sie ist ein bißchen sauer. 5. falsch/Sie will nicht länger warten.

1. Kerstin ist müde und will ins Bett.
2. Susanne muß erst lange nachdenken.
3. Susanne hat keine Idee, sie sagt es nur.
4. Kerstin findet es in Ordnung, daß Susanne nichts mehr unternehmen will.
5. Kerstin will noch länger auf Susannes Antwort warten.

Das Leichte Bier

Ich heiße Lieselotte Hübner. Ich arbeite für eine moderne Brauerei° mit neuestem technologischen Know-how. Sie wissen ja schon, daß die Deutschen sehr viel Bier trinken. Aber immer gab es Probleme mit dem

Alkohol. Bier ohne Alkohol ist gesund und gut für den Körper°, aber der Alkohol ist gefährlich. Nicht nur für den Körper, sondern auch weil viele Leute Auto fahren müssen. Bier ist ein wichtiges Getränk, weil es viele Vitamine und Mineralien hat und in Deutschland nach strengen° Gesetzen gebraut° wird. Es gibt jetzt „Leichtes Bier" ohne Alkohol oder mit sehr, sehr wenig Alkohol. Diese Erfindung° kommt aus Deutschland, denn Biertrinken wollen viele — und gesund leben und Autofahren auch. Das kann man nun alles tun, denn von dem neuen Bier wird keiner mehr betrunken°.

Ich arbeite in einer Brauerei, die dieses Bier braut. Es wird wie normales Bier in großen Behältern° gebraut. Dann wird der Alkohol aus dem Bier genommen. Ein Computer paßt auf, daß die Produktion ohne Probleme läuft. Wir verkaufen dieses leichte Bier in Flaschen° und in Fässern°. Unsere Lastwagen bringen es dann in die Geschäfte, Gasthäuser und Restaurants. Das tollste ist, daß das „Leichte Bier" so gut schmeckt wie richtiges Bier. Deshalb kaufen es immer mehr Leute und meine Firma ist wirtschaftlich sehr gesund. Sie sehen also, was gut für den Körper ist, ist auch gut fürs Geschäft°. Und Sie sehen auch, daß die Tradition des deutschen Bieres weiter geht. Na, dann Prost°!

(*die Brauerei* brewery; *der Körper* body; *streng* strict; *brauen* to brew; *die Erfindung* invention; *betrunken* drunk, intoxicated; *der Behälter* container; *die Flasche* bottle; *das Faß* keg, barrel; *das Geschäft* business; *Prost*! Cheers!)

Textverständnis

30. **Welche Satzteile passen zusammen?**

e 1. Frau Hübner arbeitet in einer modernen Brauerei,
a 2. Autofahrer dürfen dieses Bier trinken und trotzdem
c 3. Die Lastwagen bringen dieses Leichte Bier
b 4. Sie verkaufen das Leichte Bier
d 5. Die Deutschen trinken es sehr gern,
f 6. „Bier ohne Alkohol schmeckt gut",

a. noch Auto fahren, weil man nicht betrunken wird.
b. in Flaschen und Fässern.
c. zu den Restaurants und Gastwirtschaften.
d. denn es schmeckt so gut wie normales Bier.
e. die ein neues Bier braut.
f. sagen die meisten Biertrinker und Autofahrer.

WB14

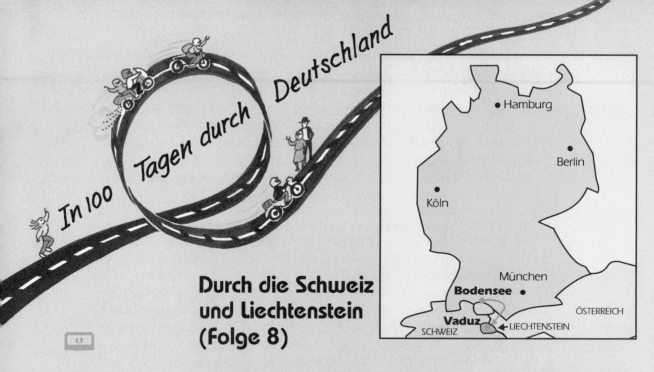

Durch die Schweiz und Liechtenstein (Folge 8)

Der Südwesten der Bundesrepublik ist die Sonneninsel des Landes. Warme Luft aus dem Tal der Rhone sorgt dafür, daß viele Blumen blühen und sogar Zitronen° wachsen. Das milde Klima° gibt es auch noch auf der deutschen Seite. Deshalb der gute Wein im Südwesten, den viele kleine Weinbauern° machen.

Ein Weinbauer bei der Arbeit

Die Fässer für den Wein werden selbst gemacht.

Hier liegen alte Weine für viele Jahre in Fässern.

Sogar Zitronen wachsen im Südwesten.

Man sieht sogar Blumen an den Wänden der Gärten.

Die Blumen blühen hier bis spät in den Herbst hinein.

Doch daran dachten wir nicht, als wir die Verkehrsnachrichten° im Radio hörten. Wir wollten weiter und tiefer in den Süden fahren. Dann hörten wir folgendes im Radio:

„Es ist acht Uhr fünf. Sie hören die Verkehrsnachrichten. Auf der Strecke Stuttgart — Friederichshafen 20 km Stau. Auf der Autobahn Ulm — München 55 km Stau vor der Ausfahrt Augsburg Süd ...“

Peter schaltete das Radio an der Vespa° aus°. Neugierig fragte Ulla: „Na, Peter, wieder mal West-Radio auf'm Scooter gehört? Außer Stau wohl nichts Gutes, ha?“ „Aha, noch jemand, der Udo Lindenberg kennt. Gratuliere, meine liebe Ulla. Dann nimm du mal den ‚Sonderzug nach Pankow‘“. Wir wollten aber gar nicht nach Pankow, sondern Richtung München. Ulla und Peter mußten immer ihre Witze machen, denn beide sind Lindenberg-Fans. Doch wir hatten keine Lust, stundenlang im Stau zu stehen. Was sollten wir also tun?

This title refers to the song presented in Lektion 5 (Die Rock-Szene in Deutschland).

„Kein Problem“, sagte da plötzlich Ulla. „Ich war im letzten Jahr in den Ferien in der Schweiz. Habt ihr alle eure Reisepässe dabei?“ „Aber klar“, antwortete Martina für alle.

Am Ziel dieses Tages suchten wir
ein gutes Restaurant.

Wir freuen uns über
die schönen Berge
und Seen.

„Gut, dann werden wir heute abend in einem gemütlichen Restaurant hoch in den Alpen sitzen und unten Vaduz sehen." „Aber das ist doch die Hauptstadt von Liechtenstein", sagte Traudel. Ulla schaute sie lachend an. „Und da wollen wir auch hin." „Nicht schlecht", meinte Jürgen und setzte sich, um die Landkarte zu studieren.

„Der Kuchen, der Kuchen", schrie da plötzlich Katharina. „Mensch, Jürgen, du hast dich in unseren Pflaumenkuchen gesetzt." Alle lachen. Jürgen macht ein Gesicht wie ein Gorilla: „Ich setze mich jeden Tag in Pflaumenkuchen! Wir Affen tun das so. Wir haben hinten keine Augen." Wieder lachen alle, weil er so witzig aussieht. Dann sagt er, daß er uns alle zu einem Kaffee einladen wolle. Dem Pflaumenkuchen konnte keiner mehr helfen. Na, wenn das kein guter Start in den Tag war. Die Straßen am Bodensee entlang, durch die Berge der Schweizer Alpen bis nach Liechtenstein sind ein Paradies für Motorradfahrer. Die schönen Gärten mit Wein und Obst gehen bis an die Straßen. Jeder Obstgarten ist schöner als der andere. Die Städte sind klein, alt und romantisch. In Romanshorn führt die Straße hoch ins Appenzeller Land. So heißt diese Gegend der Schweiz. Von dort oben hat man einen tollen Blick nach unten zum Bodensee und nach oben zu den Bergen.

Für diesen Kuchen
kommt jede Hilfe
zu spät.

Wir fahren durch kleine, enge Straßen, durch Wälder, Täler und vorbei an kleinen Seen und hohen Burgen bis an die Grenze zu Österreich. Diese Gegend nennt man auch „Dreiländereck", denn dort haben Deutschland, Österreich und die Schweiz eine gemeinsame Grenze. Jetzt waren es nur noch wenige Kilometer bis nach Liechtenstein.

Liechtenstein ist ein sehr kleines Land. Es ist nicht viel mehr als ein breites Tal, in dem als größte Stadt die Hauptstadt Vaduz liegt. Aber Ulla hatte recht. Allein der Blick vom Restaurant ins Tal ließ uns die gefahrenen Kilometer vergessen. „Bei mildem Klima und schönem Wetter gibt es doch nichts Schöneres als die Berge", meinten alle.

(*die Zitrone* lemon; *das Klima* climate; *der Weinbauer* winegrower; *die Verkehrs-nachricht* traffic report; *die Vespa* Italian motor scooter; *ausschalten* to turn off)

Das Schloß steht hoch auf dem Berg.

Die Hauptstadt Vaduz

Textverständnis

31. **Beantworten Sie die Fragen zum Text.**

1. Man kann es im Südwesten finden. 2. Es gab Staus. 3. Es liegt in der Schweiz. 4. Sie war in der Schweiz. 5. Jürgen setzte sich darauf. 6. Sie werden am Bodensee entlangfahren. 7. Deutschland, die Schweiz und Österreich.

1. Wo kann man in Deutschland milderes Klima finden?
2. Wie war der Verkehr Richtung München?
3. Wo liegt das Appenzeller Land?
4. Wo war Ulla letztes Jahr in den Ferien?
5. Was ist mit dem Pflaumenkuchen passiert?
6. An welchem See werden sie entlangfahren?
7. Welche Länder haben im Dreiländereck eine gemeinsame Grenze?

WB15

Woran denken viele Menschen, wenn sie etwas über Deutschland sagen sollen? Klar: Wirtschaft, Autobahn, Bier und Sauerkraut. Und wenn sie etwas über die

Hallo Leute!

Geschichte Deutschlands sagen sollen? Dann sagen viele nur das Wort „Nazis". Das ist alles. Viele hundert Jahre deutscher Geschichte in einem Wort. Der Zweite Weltkrieg° scheint das wichtigste Ereignis für sie zu sein. Aber so einfach ist das nicht, denn ohne Preußen° und ohne den Ersten Weltkrieg hätte es wohl keinen Zweiten Weltkrieg gegeben. In diesem Kapitel finden Sie am Anfang drei kurze Texte, die mit dem Thema „Nazis" zu tun haben.

318

Aus alten Zeiten

Lassen Sie uns dann ein paar Themen ansehen, die lange vor dem 20. Jahrhundert liegen. Wir werden in diesem Kapitel viel über die Geschichte Deutschlands in Europa hören. Wir lesen, wie es vor tausend Jahren in Deutschland war, als die Wikinger im Norden lebten und mit ihren Schiffen aufs Meer fuhren. Wir besuchen eine alte Wikingerstadt bei Schleswig. Dann geht es mit Leif und Tyrkir nach Amerika.

(*der Zweite Weltkrieg* World War II; *Preußen* Prussia)

Nazis, Hollywood und Klischees

Haben Sie schon einmal einen Hollywood-Film gesehen, in dem die dummen Nazis vor den intelligenten Amerikanern, Franzosen, Sowjets und Engländern Angst haben müssen? Und am Ende des Films verlieren sie immer? In diesen Filmen denken die Nazis nicht nach, sind nicht realistisch und reagieren viel zu langsam. Leider war das aber nicht so. Viele Filme sind aus diesem Grund Quatsch. In den zwölf Jahren von 1933 bis 1945 töteten die Nazis und ihre Soldaten viele Millionen Menschen. Leider hielten sich die Nazis und Adolf Hitler gar nicht an die Regeln, wie die Filme es zeigen. Und oft hatten sie mehr Glück mit ihrer harten und unmenschlichen Politik als man glauben sollte. Sonst wäre der Zweite Weltkrieg schon 1940 zu Ende gewesen. Leider ging er aber noch bis 1945 weiter, und es wurden große Teile Europas zerstört.

Was diese Filme manchmal ganz gut zeigen, ist die Architektur der Nazizeit. Hitler wollte Häuser und Gebäude bauen lassen, die die Stärke° seiner Politik zeigen sollten: monströse Bauten°, vor denen die Leute Angst haben mußten. So änderte sich ab 1933 das Straßenbild vieler deutschen Städte, als neue monströse Bauten gebaut wurden. Dies kann man in München und Berlin heute noch sehr gut sehen. In München wollte Hitler ein neues Zentrum bauen, das nach der griechischen Architektur gebaut war und die Nazi-Kunst repräsentieren sollte. Nach dem Krieg wurden viele Bilder und Gebäude der Nazis abgebaut°. Sie waren den Menschen zu unmenschlich und sind heute nur noch ein trauriger Beweis° für nationalsozialistische Kunst.

(*die Stärke* strength; *monströse Bauten* monstrous buildings; *abbauen* to demolish; *der Beweis* evidence)

1. **Haben Sie schon einmal einen Nazi-Film gesehen, der in Hollywood gemacht worden war? Was ist in diesem Film passiert? Wer hat am Ende gewonnen? Wie hat Ihnen der Film gefallen? Diese Wörter helfen bei der Diskussion: *einen Film drehen* to shoot a film; *der Dokumentarfilm* documentary; *der Kriegsfilm* war movie.**

WB1

*Frankfurt am Main zwischen Rathaus und Paulskirche
im Jahre 1945*

Rollenspiel: **Wir drehen einen Film**

2. Stellen Sie sich vor, Sie gehören zu einem Team von Filmemachern in Geiselgasteig bei München. Das ist eine kleine Filmstadt, in der deutsche Filme gemacht werden. Natürlich ist Geiselgasteig viel kleiner als Hollywood, aber es ist trotzdem sehr schön.

Ihr Team diskutiert, wie man heute einen Film über die Nazi-Zeit drehen sollte. Der Film könnte ein Dokumentarfilm, ein Kriegsfilm oder eine persönliche Geschichte sein. Die ganze Klasse gehört zum Team und muß das Thema des Films definieren. Was soll Ihrer Meinung nach in diesem Film passieren? Schreiben Sie alle Ideen auf. Am Ende muß die ganze Klasse sagen, was für einen Film sie drehen will.

Sie können diese Ideen benutzen, um anzufangen:
- Wenn es nach mir ginge, würden wir ... drehen. Das scheint mir besonders wichtig, denn ...
- Ich möchte in diesem Film zeigen, wie die Nazis / Menschen / Soldaten / Engländer, Franzosen und Amerikaner ...
- Am interessantesten ist doch ...
- Wir sollten zeigen, wie die anderen Länder auf die Nazis reagiert haben. Das ist wichtig, weil ...
- Ich möchte einen spannenden Kriegsfilm drehen, in dem die Schauspieler ...
- Kriegsfilme finde ich nicht gut. Wir sollten mit diesem Film zeigen, daß ...

WB2

Anne Frank

Die Familie von Anne Frank lebte von 1942 bis 1944 im hinteren Teil eines Hauses in Amsterdam. Am Tag arbeiteten in diesem Haus die Arbeiter, die nicht wußten, daß unter dem Dach die Familie Frank lebte. Nur nachts durften die Mitglieder der Familie aufstehen und im Zimmer herumlaufen. Am Tag durften sie keinen Krach machen, damit niemand sie finden konnte. Sie durften sich auf der Straße nicht zeigen, denn sie waren Juden.

In Holland herrschten die deutschen Nazis. Alle Juden, die die Nazis finden konnten, wurden in Konzentrationslager° (KZ) gebracht. Die Familie Frank wurde 1945 gefunden und im KZ Bergen-Belsen getötet. Annes Leben war nicht ganz sechzehn Jahre kurz. Wir haben heute nur noch ihr Tagebuch°.

Tagebuch, Dienstag, 11. April 1944

Ich liebe die Niederländer, liebe unser Land, ich liebe die Sprache und möchte hier arbeiten. Immer unabhängiger werde ich von meinen Eltern. Ich weiß, was ich will, habe ein Ziel, eine Meinung, und einen Glauben. Laßt mich so sein, wie ich bin, dann bin ich zufrieden. Ich weiß, daß ich eine Frau bin, eine Frau mit innerer Kraft und viel Mut°. Wenn Gott mich am Leben läßt, werde ich mehr erreichen° als Mutter je erreichte. Ich werde in der Welt und für die Menschen arbeiten. Und nun weiß ich, daß vor allem Mut und Frohsinn° das Wichtigste sind!

(*das Konzentrationslager* concentration camp; *das Tagebuch* diary; *der Mut* courage; *erreichen* to achieve; *der Frohsinn* cheerfulness)

3. **Schreiben Sie auf, welche Aussagen Anne Frank macht. Schreiben Sie einen ganzen Satz für jeden neuen Gedanken.**

❑ Sie liebt die Niederländer.
   Sie weiß, daß Mut und Frohsinn das Wichtigste sind.

4. **In diesem kurzen Text schreibt Anne, was sie in ihrem Leben alles machen will. Was wollen Sie in Ihrem Leben machen? Wie denken Sie über sich? Schreiben Sie einen ähnlichen Tagebuchtext über Ihr Leben. Wie soll Ihr Leben aussehen?**

WB3

Der jüdische Friedhof in Prag

Auf der ganzen Welt wollten die Nazis die Juden verfolgen°, weil sie diese haßten°. Sie machten KZs auf, in denen sie mit der Vernichtung° der Juden begannen. Das erste Konzentrationslager wurde 1933 in Dachau bei München gebaut. In den Jahren von 1933 bis 1945 starben in vielen KZs Millionen Menschen, die den Nazis nicht paßten. Das waren Sozialdemokraten, Christen, Kommunisten und Arbeiter.

Aber die Juden waren die wichtigsten Opfer, denn sie sollten total vernichtet° werden, bis es auf der ganzen Welt keinen Juden mehr gab. In vielen Ländern hatten die Juden seit vielen hunderten von Jahren Probleme gehabt und waren oft verfolgt und vertrieben° worden. Die Nazis wollten das „Juden-Problem" zu Ende bringen. Man kann in ein paar Sätzen nicht beschreiben, was das wirklich bedeutet: ein ganzes Volk töten. Deshalb sollen Sie in diesem Buch nur die „Endlösung°" kennenlernen, die sich Adolf Hitler für die Juden vorgestellt hatte. Er wollte alle Synagogen zerstören und alle Juden töten. Nur in Prag sollte eine einzige Synagoge stehenbleiben. Das ist die Alt-Neu Synagoge. Sie sollte ein Museum für ein vernichtetes Volk° werden. Hitler war sehr stolz

Befreiung (liberation) des Konzentrationslagers Dachau durch amerikanische Truppen am 29. April 1945

auf diesen Plan, denn er wollte dieses Museum einer vernichteten Kultur als Dokumentation für seine Macht° über Menschen haben.

Gemalt von Ruth Heinova (1934-1944, KZ Auschwitz)

Neben der Synagoge ist heute ein KZ-Museum. Dort findet der Besucher die fürchterlichen° Beweise° für diesen Plan. Eine Ausstellung° zeigt Bilder von jüdischen Kindern, die im KZ Theresienstadt sterben mußten. Heute haben wir nur noch ihre Bilder, in denen sie vom Frieden° geträumt haben und von einer Welt, die friedlich und schön ist. Ruth Heinova hatte ihr Bild ein paar Monate bevor sie starb gemalt. Als die Deutschen nach dem Krieg erfuhren°, was die Nazis alles mit den Menschen in den KZs gemacht hatten, konnten viele es nicht glauben. Sie hatten gewußt, daß ihre jüdischen° Nachbarn alle in KZs gebracht worden waren, hatten aber nicht den Mut gehabt, etwas dagegen zu tun. In einer Diktatur° gibt es keine freien Rechte der Bürger, und viele Deutsche hatten große Angst um sich selbst gehabt und wollten nichts von Hitlers Plan wissen. Die wichtigste Frage für Deutsche muß heute sein: Was kann ich tun, damit Menschen nie wieder verfolgt und vernichtet werden können. Die Antwort liegt in der Demokratie und im Willen zum Frieden. Sie liegt außerdem bei jedem einzelnen Menschen.

(*verfolgen* to persecute; *hassen* to hate; *die Vernichtung* extermination, destruction; *vernichten* to exterminate, destroy; *vertreiben* to expel; *die Endlösung* final solution; *das Volk* people, nation; *die Macht* power; *fürchterlich* horrible; *der Beweis* evidence; *die Ausstellung* exhibition; *der Frieden* peace; *erfahren* to hear, learn; *jüdisch* Jewish; *die Diktatur* dictatorship)

5. **Was paßt hier zusammen?**

d 1. Die Juden sollten
c 2. Ruth Heinova malte
h 3. Die Nazis wollten
g 4. Sie begannen in den KZs
a 5. Im KZ-Museum
f 6. In einer Diktatur haben
e 7. In Prag blieb
b 8. Das erste KZ wurde

a. finden die Besucher Beweise für Hitlers Plan.
b. in Dachau gebaut.
c. ihr Bild kurz bevor sie starb.
d. total vernichtet werden.
e. eine Synagoge stehen.
f. die Menschen keine Rechte.
g. die Juden zu vernichten.
h. die Juden überall verfolgen.

WB4

6. **Was müßte man tun, damit es nicht wieder zu einer Verfolgung von Menschen kommt?**

☐ sich mit anderen verständigen
Man müßte sich mit anderen verständigen, damit es nicht wieder zu einer Verfolgung von Menschen kommt.

1. selber mutig sein
2. gegen jede Diktatur kämpfen
3. demokratisch leben
4. sich für Politik interessieren
5. an andere Menschen denken
6. den Kindern von den KZs erzählen
7. für eine friedliche Umwelt arbeiten
8. aus der Geschichte lernen

1. Man müßte selber mutig sein, ... 2. Man müßte gegen jede Diktatur kämpfen, ... 3. Man müßte demokratisch leben, ... 4. Man müßte sich für Politik interessieren, ... 5. Man müßte an andere Menschen denken, ... 6. Man müßte den Kindern von den KZs erzählen, ... 7. Man müßte für eine friedliche Umwelt arbeiten, ... 8. Man müßte aus der Geschichte lernen, ...

Unsere Klasse besucht „Haithabu"

Schleswig hat einen großen Dom.

Wir fuhren mit der ganzen Klasse nach Schleswig-Holstein. Dort liegt die Stadt Schleswig an der Schlei, einem großen Fluß mit vielen Armen, die vom Meer über 40 Kilometer weit ins Land gehen. Bei Schleswig liegt eine alte Stadt der Wikinger, die wir besuchen wollten. Leider ist von den alten Häusern nichts mehr zu sehen, aber wir wollten das Wikinger-Museum besuchen und uns die Fläche ansehen, auf der die Wikinger vor etwa 1 000 Jahren ihre Stadt gebaut hatten. Von hier fuhren sie eigenständig mit ihren Wikingerschiffen ins offene Meer und bis nach Island,

Information über
Schleswig

Die Häuser sind meistens
aus Stein gebaut.

Ein typisches Haus im
Land Schleswig-Holstein

Skandinavien, Spanien, Frankreich, Italien, in die Türkei und sogar nach Amerika. Sie waren weltweit zu finden und es gibt noch heute viele Geschichten über diese Wikingerzeit.

Die Wikinger waren keine Deutschen, sondern ein Volk von Normannen mit skandinavischen und norddeutschen Menschen, die zur See fuhren und Geschäfte mit ihren Kriegs- und Handelsschiffen° machten. Diese Schiffe konnten segeln° und gerudert werden. Die reiche Stadt Haithabu existierte etwa von 800 nach Christus, der Zeit Karls des Großen, bis 1066, als die Normannen in Hastings über England siegten°.

Die Wikinger waren nicht nur am Handel° interessiert, sondern auch am Krieg. Sie waren Piraten, die mit den Wikingerschiffen in den Krieg fuhren und anderen Völkern wegnahmen, was sie hatten. Aber auch die Wikinger selbst hatten ihre Probleme in ihrer Stadt Haithabu, denn im Jahre 934 kam der deutsche König Heinrich I. mit seinen Soldaten und zwang den Wikingerkönig Knuba und seine Leute, Christen° zu werden und Steuern° zu zahlen. Das war das Ende der Freiheit für diese Wikingerstadt. Darum verließen viele Wikinger Haithabu und suchten sich neues Land an anderen Orten. Sie wanderten aus, weil ihnen Europa zu klein wurde.

Sie zeigt uns auch, wo die Stadt früher gestanden hatte.

Die Führerin zeigt uns eine Landkarte der Gegend.

Wikinger Museum Haithabu

Als wir in Haithabu ankamen, wartete die Führerin° schon auf uns. Wir gingen in das Museum und sahen uns die Bilder von den Ausgrabungen° an. Dort steht auch ein Wikinger-schiff, wie es die Wikinger vor tausend Jahren gebraucht haben. Mit so einem Schiff sind die Wikinger bis nach Amerika gefahren, erzählte uns die Führerin.

Ein Wikingerschiff steht im Museum.

Öffnungszeiten:
April - Oktober
täglich   9 - 18 Uhr
November - März
Dienstag - Freitag 9 - 17 Uhr
Sonnabend
und Sonntag   10 - 18 Uhr
Montag geschlossen

Die Schiffe waren bis zu fünf Meter breit und 30 Meter lang. Etwa 100 Menschen hatten darin Platz. Meistens waren es 70 Soldaten der Wikinger und 30 Ruderer°, die die Boote rudern mußten. Die Führerin zeigte uns die Fläche der Stadt. Die Stadt war sehr groß, denn über 30 000 Menschen lebten hier. Die Häuser standen eng° an den Wegen und am Wasser. Alles war aus Holz° gebaut, sagte sie, und deshalb findet man heute bei den Ausgrabungen nur noch wenig von den alten Häusern. Nur ein bißchen Holz, das unter dem Wasser gestanden hatte, existiert heute noch.

In den Jahren 1935 bis 1939 wurden viele Häuser in Haithabu ausgegraben°, weil Deutschland von den Wikingern begeistert war. „Das war in den Jahren des Dritten Reiches", meinte die Führerin. Auch heute wird weiter ausgegraben, aber weniger als früher, weil das Geld für solche Projekte nicht mehr da ist.

Dann erzählte sie uns die Geschichte des Deutschen Tyrkir, der mit den Wikingern nach Amerika auswanderte, um ein neues Land zu suchen, in dem er leben konnte. Aus dem Tagebuch dieses Wikingers hörten wir eine interessante Geschichte.

(*das Kriegsschiff* warship; *das Handelsschiff* merchant ship; *segeln* to sail; *siegen* to win; *der Handel* trade; *der Christ* Christian; *die Steuer* tax; *die Führerin* guide, leader; *die Ausgrabung* excavation; *der Ruderer* rower; *eng* narrow; *das Holz* wood; *ausgraben* to excavate)

Hier war der Hafen von
Haithabu.

Die Schiffe waren
klein, aber sehr gut.

Wir gehen durch den
Wald zum Wasser.

Textverständnis

7. **Welche Themen der Aussagen passen zusammen? Lesen Sie die
Sätze sehr genau, denn oft geht es um kleine Einzelheiten.**

b 1. Die Wikinger lebten vom Handel und vom Krieg.

f 2. Als die Normannen im Jahre 1066 England besiegten, war die
beste Zeit der Stadt Haithabu vorbei.

a 3. Die Wikingerschiffe fuhren in kurzer Zeit mit ihren Waren von
Land zu Land.

e 4. Heinrich I. zwang den Wikingerkönig Knuba, Steuern zu
zahlen.

c 5. Bei den Ausgrabungen von 1935 bis 1939 hat man viele alte
Häuser gefunden, die unter Wasser gestanden hatten.

d 6. Der Wind und die Ruderer machten die Kriegsschiffe sehr
schnell.

a. Wikingerschiffe waren kleine, aber schnelle Handelsschiffe.

b. Wenn es nichts zu handeln gab, stahlen die Wikinger den
Gegnern in Kriegen oft alles, was sie hatten.

c. Das Holz einiger Häuser existierte noch unter dem Wasser und
man kann noch heute Teile im Museum sehen.

d. Wikingerschiffe segelten und wurden zur gleichen Zeit
gerudert, weil sie dann schneller waren, als wenn sie nur
gesegelt oder nur gerudert worden wären.

e. Die Wikinger wollten frei sein und viele wanderten in andere
Länder aus, als sie den Deutschen Geld geben mußten.

WB5

f. Bis etwa 250 Jahre nach Karl dem Großen blühte die Stadt.

Rollenspiel: **Wer muß rudern?**

8. Stellen Sie sich vor, Sie sitzen mit der ganzen Klasse in einem Wikingerschiff. Zuerst brauchen Sie einen Führer oder eine Führerin des Schiffes. Diese Person, die Sie auch „Anführer(in)", „Kapitän(in)" oder „Chef(in)" nennen können, entscheidet nun, welche Argumente gut sind und welche nicht. Es geht um Folgendes:

Zehn Leute müssen rudern, die anderen aber nicht. Jeder in der Klasse muß ein gutes Argument sagen, warum sie oder er nicht rudern kann. Die Führerin oder der Führer muß sagen, warum ein Argument gut oder schlecht ist. Sie oder er kann auch anderen Leuten Aufgaben geben, damit auch die, die nicht rudern müssen, etwas zu tun haben. Das dürfen ruhig lustige Aufgaben sein! Am Ende wird gesagt, wer rudern muß.

❑ *Eine(r):* Ich kann nicht rudern, weil ich so schwach bin.
Anführerin: Das ist kein gutes Argument, weil das Rudern dich stärker macht. Du mußt rudern. *oder*
Eine(r): Ich kann nicht rudern, denn mein Arm ist verletzt.
Anführerin: Das ist ein sehr gutes Argument, weil man mit einem verletzten Arm nicht rudern kann. Du mußt aber dafür Fische saubermachen und das Essen zubereiten.

Ein paar Argumente gegen das Rudern: krank sein, schon gestern gerudert haben, angeln müssen, Tagebuch schreiben sollen, Wein machen müssen, Gemüsesuppe machen sollen, eine Landkarte zeichnen müssen, mit dem Kapitän reden müssen, Kopfschmerzen haben, sich nicht gut fühlen, krank sein, segeln wollen anstatt zu rudern, schlechte Laune haben, die Landschaft sehen wollen, kochen müssen, kämpfen müssen anstatt zu rudern, sich einen anderen Job suchen wollen, das Boot reparieren müssen, den Ruderern lieber Geschichten erzählen wollen, die Sonne und das gute Wetter genießen wollen, einen Drachen suchen wollen usw.

Tyrkir — Geschichte eines deutschen Wikingers

Unsere Führerin erzählte uns diese spannende Geschichte: „Wir schreiben das Jahr 1002 nach Christi Geburt°. Ein Schiff der Wikinger ist unterwegs nach Nordwesten. Ein Wikinger schreibt über diese Reise."

Normannen beim Essen und Trinken

„Der 1. Tag … Es ist die zweite Woche im April. Der letzte Winter in Skandinavien war hart, aber die Leute denken nur an den warmen Frühling. Sie sprechen von neuen Ländern. Ich bin Tyrkir, der Deutsche. So nennt mich Leif Erikson, unser Führer. Er ist der Führer vieler Wikinger. Wir verlassen das alte Land in Europa und suchen mit ihm Nordland. Mit ihm suchen wir neues Land jenseits° der Ozeane, das wir ,Nordland' nennen."

Unsere Führerin erzählte, daß schon 500 Jahre vor Kolumbus die ersten Europäer an den Küsten Nordamerikas ankamen. Das war im Jahre 1002. Eine alte Schrift° beschreibt die Fahrten der mutigen° Wikinger. Auf dem Schiff der Wikinger war auch ein Deutscher, der Tyrkir hieß. Sein Tagebuch beschreibt noch ein paar Tage im Leben eines Wikingers. Sie las weiter aus dem Tagebuch:

„Der 24. Tag der Reise … Wir rudern ohne Pause. Zuerst entlang der Küste und dann hinaus auf das Meer. Wir sahen stundenlang die Gletscher° in der Entfernung. Das Wetter blieb gut. Es gab keinen Wind. Wir fingen° Fische mit den Netzen und aßen viele davon. Die anderen Fische nahmen wir mit. Das Boot war überfüllt mit Menschen und ihren Sachen.

Der 30. Tag der Reise … Wir kamen heute an eine fremde Küste. Es gab viele Steine und Felsen. Leif nannte es ,Flachsteinland' (Labrador). Dann ruderten und segelten wir weiter bis zum Abend. Nachts schlafen wir immer an Land. Wir rudern nicht gern nachts. Das Wasser ist nachts gefährlich."

„An dieser Stelle fehlen einige Seiten aus dem Tagebuch", sagte die Führerin. Wir hörten weiter zu, was sie uns aus ihrem kleinen Buch zu erzählen hatte. Das Tagebuch gehe dann so weiter, meinte sie: „ … segelten wir jeden Tag, und fanden endlich, was wir suchten. Vor dem ruhigen Wasser liegt ein großes Waldland (Neufundland). Der Wind war ruhiger geworden. Wir suchten mit dem Ruderboot einen Fluß, der von der Küste ins Land führte. Wir machten die Boote an den Bäumen fest. Dort blieben wir für die Nacht. In meinem ganzen Leben habe ich noch nie so viele Bäume gesehen. Dieses Land ist friedlich und für uns nicht gefährlich."

Unsere Führerin erzählte weiter. Sie sagte, daß wieder ein paar Seiten aus dem Tagebuch fehlten. Es gehe dann aber noch etwas weiter: „Das Land ist gut, und im Wasser gibt es viele Lachse°. Wir könnten hier auf den Winter warten. Es gibt keine kalten Tage. Jeden Tag gehen kleine Gruppen ins Land. Sie sehen sich das Land an und kommen sehr müde zurück. Wir sprechen darüber, ob wir hier bleiben wollen. Leif sagt, daß er weiter segeln will. Die anderen wollen das auch.

Der 93. Tag der Reise ... Auf unserer Tour gingen wir weit ins Land, um es kennenzulernen. Der Himmel ist blau. Wir haben Wein gefunden. Ich kenne den Wein aus meinem Heimatland. Die Wikinger freuen sich über diese Entdeckung°. Sie kennen keinen Wein. Sie trinken Met anstatt Wein. Das ist Wein aus Honig°. Wir essen die kleinen Weintrauben. Sie sind nicht sehr süß. Gemeinschaftlich bauen wir kleine Zelte. Gemeinsam gehen wir angeln und jagen°. Der frische Fisch und und das frische Fleisch werden gegrillt. Aus diesem Grund machen wir viele Feuer. Wir denken oft an die Heimat, aber wir wollen weiter. Wir nennen dieses Land ‚Weinland' (Neuschottland)."

An dieser Stelle sei das Tagebuch zu Ende, meinte die Führerin. Man habe es im Grab eines Wikingers am Nipigonsee entdeckt°. Seit dieser Entdeckung wissen wir, daß Tykir der erste Deutsche in Amerika war, meinte sie am Ende. Diese Geschichte fanden alle toll, weil sie uns ein paar Tage aus dem Leben eines Wikingers vor Augen führt. Wir sprachen noch viel davon, als wir wieder nach Schleswig kamen.

(*nach Christi Geburt* A.D.; *jenseits* on the other side of, beyond; *die Schrift* script, writing; *mutig* brave; *der Gletscher* glacier; *fangen* to catch; *der Lachs* salmon; *die Entdeckung* discovery; *der Honig* honey; *angeln und jagen* to fish and hunt; *entdecken* to discover)

Textverständnis

9. Beantworten Sie die Fragen zum Text.

1. Sie starteten von Europa.
2. Sie landeten im Jahre 1002 nach Christi Geburt.
3. Er hieß Leif Erikson. 4. Sie waren in Flachsteinland (in Labrador). 5. Sie blieben in Neuschott-land. 6. Sie kamen im Sommer an. 7. Es gab dort viel Wein. 8. Es hat in einem Grab eines Wikingers gelegen.

WB6

1. Von wo aus starteten die Wikinger die Reise?
2. Wann landeten die ersten Europäer an der Küste Nordamerikas?
3. Wie hieß der Führer der Wikinger?
4. Wo waren sie am 30. Tag?
5. Wo blieben sie am 93. Tag?
6. In welcher Jahreszeit kamen sie an den Küsten Nordamerikas an?
7. Warum nannten sie das neue Land „Weinland"?
8. Wo hat das Tagebuch bis zu seiner Entdeckung gelegen?

Die Besucher ruderten fast ohne Pause.

10. **Setzen Sie die richtigen Wörter aus der Liste ein.**

Führer	Wein	Tagebuch	Schrift
Fluß	Felsen	Fleisch	Bäumen
Winter	Küste	Grab	Pause

Fluß   1. Die Wikinger suchten mit dem Ruderboot einen ____.

Winter   2. In Neufundland hätten sie auf den ____ warten können.

Schrift   3. Eine alte ____ beschreibt die Fahrten der Wikinger.

Tagebuch   4. An ein paar Stellen fehlen Seiten aus dem ____.

Küste   5. Am 30. Tag der Reise kamen die Wikinger an eine fremde ____.

Bäumen   6. Sie machten die Boote an ____ fest.

Wein   7. Met ist ____ aus Honig.

Fleisch   8. Die Wikinger essen Fisch und ____.

Führer   9. Leif Erikson ist ____ vieler Wikinger.

Pause   10. Sie ruderten ohne ____.

Grab   11. Sie haben das Tagebuch in einem ____ entdeckt.

Felsen   12. In Labrador gab es viele Steine und ____.

11. Sie sind in Leifs Boot dabei und schreiben heute das Tagebuch für Tyrkir, der leider rudern muß. Beschreiben Sie einen Tag, wie Sie ihn sich vorstellen. Sie könnten einen Reisetag beschreiben, einen Tag, wenn die Wikinger kämpfen, einen Tag, an dem sie neue Leute treffen oder ein neues Land entdecken.

Lesen Sie Ihre Tagebuchtexte in der Klasse vor. Wessen Text paßt am besten zum richtigen Tagebuch von Tyrkir? Wer hat den lustigsten Text geschrieben?

Compound adjectives

Combinations of adjectives with nouns or verbs or other adjectives and adverbs are widely used in German. These expressions can be viewed as idioms. They usually retain the meaning of the individual parts of the compound. When combined with the word *Tod*, for example, compounds mean "very" or "to a very high degree." This is also true in English where people would say "I am dead certain" meaning "very certain."

Ich bin todsicher.
Sie ist todmüde.

altbekannt	(well-known)	genauso alt wie bekannt
langweilig	(boring)	eine lange Weile dauern
lernwillig	(willing to learn)	den Willen haben zu lernen
stundenlang	(for hours)	so lange wie Stunden dauern
blutrot	(blood red)	so rot wie Blut
hundemüde	(dog-tired)	müde wie ein Hund
haargenau	(precisely)	so genau wie ein Haar klein ist

12. Wie können Sie die folgenden Adjektive erklären? Versuchen Sie es einmal.

❏ windstill: Es ist ruhig, weil kein Wind da ist.
riesengroß: so groß wie ein Riese

Sample answers:

so kalt wie Eis	1. eiskalt
so weich wie Butter	2. butterweich
so grau wie eine Maus	3. mausgrau
so alt wie Steine	4. steinalt
sehr krank	5. todkrank
frisch aus dem Ofen	6. ofenfrisch
ganz sicher	7. todsicher
mit gutem Herzen	8. gutherzig

WB7

13. Welche zusammengesetzten Adjektive werden in den folgenden Sätzen beschrieben? Nehmen Sie sieben Adjektive aus der Liste.

butterweich   gutherzig   hundemüde   lernwillig   steinalt
mausgrau   langweilig   todkrank   todsicher

todkrank

1. Sie war gelb im Gesicht, aß wenig, hatte schon seit Wochen nicht gesund werden können. Sie war ____.

steinalt

2. Sie wurde gestern 104 Jahre alt und die Kinder in der Nachbarschaft sagen, daß sie ____ sei.

hundemüde

3. Ich habe heute nacht nicht geschlafen und fühle mich ____.

langweilig

4. Dieses Spiel ist nicht interessant. Es ist ganz ____.

lernwillig

5. Sie studiert so viel, daß sie sehr ____ sein muß.

todsicher

6. Irene weiß ganz genau, daß Heidrun kommt. Sie ist ____.

gutherzig

7. Der Onkel scheint etwas unfreundlich, aber er ist doch ____.

14. Sagen Sie, wie diese Leute sind oder wie es ihnen geht. Benutzen Sie die zusammengesetzten Adjektive von vorher. Beantworten Sie die Fragen auch dann, wenn Sie keine Onkel oder Tanten oder Hunde usw. haben.

❒ Wie ist Ihr alter Lehrer?
Er ist gutherzig.

Wie alt ist Ihre Oma?
Sie ist steinalt.

Wie ist Wolfgangs und Thomas' Mutter?

Sample answers:
1. Unser Nachbar ist steinalt. 2. Mein Vater ist gutherzig. 3. Der ist riesengroß. 4. Sie ist mausgrau. 5. Er ist eiskalt. 6. Sie sind todkrank. 7. Er/Sie ist lernwillig. 8. Mir ist langweilig. 9. Er ist butterweich.

1. Wie ist Ihr Nachbar?
2. Wie ist Ihr Vater?
3. Wie ist der Hund Ihrer Tante?
4. Wie ist die Katze Ihres Onkels?
5. Wie ist der Bürgermeister in Ihrer Stadt?
6. Warum sind manche Leute im Krankenhaus?
7. Wie beschreiben Sie Ihren besten Freund oder Ihre beste Freundin?
8. Wie fühlen Sie sich?
9. Wie ist ein Hamburger?

Was ist Deutschland?

In einem alten Lied von Ernst Moritz Arndt aus den vierziger Jahren des 19. Jahrhunderts stellt er die Frage: „Was ist das Deutsche Vaterland°? Ist es das Schwabenland°? Ist's das Bayernland°? Ist's das Pommernland°? Das ganze Deutschland soll es sein!"

Worin sah Ernst Moritz Arndt das Problem mit seinem Vaterland? Natürlich darin, daß er keins hatte. Es gab 25 freie Staaten, mit ihren eigenen Fürsten, Grenzen und Steuern. Das wurde erst anders, als Fürst

Otto von Bismarck 1871 die Länder der 22 Fürsten und der drei freien Stadtstaaten Hamburg, Bremen und Lübeck vereinigte. Bismarck war der Reichskanzler° Wilhelms des Ersten, der König in Preußen war. Preußen lag im Norden der deutschen Länder und war das größte der vier Königreiche°, die bei der Vereinigung zum Deutschen Reich zusammenkamen. Preußen war das stärkste Königreich, das fünf Jahre vorher wegen seiner modernen Armee und wegen der strengen preußischen Disziplin den Krieg gegen Österreich gewonnen hatte.

Die anderen drei Königreiche im neuen deutschen Bundesstaat waren Bayern, Sachsen und Württemberg. Es war nicht leicht, alle 25 Mitglieder zu überreden, ins Deutsche Reich zu kommen. Die Fürsten wollten lieber ihre Freiheiten behalten und hatten Angst, daß sie Steuern verlieren würden. Die Steuern waren aber ein großes Problem. Wenn zum Beispiel eine bayerische Firma eine Kutsche° nach Hamburg verkaufen wollte, dann mußte diese Firma in Thüringen, Sachsen, Anhalt, Braunschweig und Hannover Steuern zahlen. Das machte die Kutsche so teuer, daß keiner seine Sachen weit weg vom eigenen Land verkaufen konnte. Alles wurde durch die vielen Steuern so teuer, daß es nur wenig Handel gab. Das konnte aber jetzt besser werden, denn im Deutschen Reich gab es fast keine Steuern und Grenzen für Industrie und Handel mehr.

Viele Deutsche wollten also eine ähnliche Situation schaffen, wie sie die Franzosen schon seit der Französischen Revolution von 1789 hatten. Da gab es eine große französische Republik, freies Leben aller Bürger und freien Handel im ganzen Land. Die Fürsten hatten nichts mehr zu sagen, und die Bürger machten die Politik im Lande. Aber den kleinen deutschen Fürsten paßte so etwas nicht. Otto von Bismarck hatte es also schwer, alle Mitglieder an einen Tisch zu bekommen. Im Jahre 1871 hatte er es geschafft, und eine deutsche Verfassung° wurde von 25 Staaten unterschrieben°, die nun alle zum Bundesstaat „Deutsches Reich" vereinigt wurden. Seit dreißig Jahren war das nicht möglich gewesen. Schon 1848 hatte es in Frankfurt einen Versuch gegeben, ein Deutsches Reich zu schaffen. Etwa 23 Jahre später war es jetzt wegen der Arbeit des Reichskanzlers Bismarck so weit. Obwohl Bismarck alles andere als liberal war, hatte er erkannt, daß Deutschland nur dann erfolgreich in Europa sein konnte, wenn alle kleinen Fürsten bei der deutschen Sache mitmachten. Er wollte die Macht der Fürsten nur so weit verringern°, wie es für ein vereinigtes Deutschland wichtig war. Die soziale Ordnung sollte aber weiter so konservativ bleiben wie vorher.

Die Arbeiter° und Bauern° im Deutschen Reich hatten es nicht gut. Sie mußten zehn bis vierzehn Stunden am Tag arbeiten und bekamen dafür etwa 800 Mark im Jahr. Das war gerade genug Geld zum Essen und für eine Ein-Zimmer-Wohnung. Neue Kleidung konnte man davon nicht mehr kaufen, weil es zu wenig war. Frauen mußten die Kleidung selbst machen. Viele Kinder hatten keine Schuhe und keine Mäntel. Sie mußten hart arbeiten und nur sehr langsam wurden neue Gesetze geschrieben, die den Kindern das Leben etwas leichter machten. Nur wenige Firmen, wie etwa Krupp in Essen, bauten für ihre Arbeiter Wohnungen und zahlten genug Geld, daß die Familien davon leben konnten. Die meisten Arbeiter konnten trotz harter Arbeit nicht genug Geld fürs Leben verdienen. Viele Arbeiter Deutschlands gingen deshalb in Arbeitervereine°.

Durch die gemeinsame Arbeit in den Arbeitervereinen wollten sie eine bessere politische und wirtschaftliche Situation schaffen. So entstanden neben den Gewerkschaften auch politische Parteien: die „Sozialdemokratische Arbeiterpartei" und der „Allgemeine Deutsche Arbeiterverein", die seit 1875 in einer großen sozialdemokratischen Partei zusammenarbeiteten. Bismarck war mit den Zielen der Sozialdemokraten und Sozialisten nicht zufrieden, denn er war gegen die meisten liberalen Ziele der Arbeiter. Die Sozialdemokraten arbeiteten aber für die politischen Ziele der vielen neuen Gewerkschaften° in Deutschland.

Viele Arbeiter wurden Mitglied in einer Gewerkschaft, um in ihrer Firma mehr Geld, weniger Arbeitsstunden und bessere Krankenversicherung zu bekommen. Seit 1871 durften die deutschen Gewerkschaften im ganzen Lande existieren, aber die Macht jeder kleinen Gewerkschaft war nicht groß. Erst ein Jahr nach dem Ersten Weltkrieg, der von 1914 bis 1918 dauerte, gab es einen „Allgemeinen Deutschen Gewerkschaftsbund", in dem viele kleine Gewerkschaften Mitglieder wurden. Als 30 Jahre später die DDR gegründet wurde, wurden viele Ideen der Sozialdemokraten und Sozialisten des Deutschen Reichs zum politischen Vorbild° gemacht. Die DDR sollte als sozialistisches Land für Arbeiter und Bauern da sein. Dr. Rosa Luxemburg, die erste bekannte deutsche Politikerin des 19. Jahrhunderts, die sich für die Armen stark gemacht hatte, wurde in der DDR eine „Heldin°". August Bebel, ein Gewerkschaftsführer und berühmter Sozialdemokrat im Deutschen Reich, wurde „Volksheld" der DDR genannt. Dieser Versuch, ein sozialistisches Land aufzubauen°, dauerte bis 1989. Er funktionierte nicht und endete 1990 mit der Wiedervereinigung von BRD und DDR.

Im Deutschen Reich von 1871 hatten nicht alle Staaten die gleichen Rechte. Preußen war der stärkste Partner. Preußen sagte in der Politik, was gemacht werden sollte und was nicht. Seine Soldaten und oft die unmenschliche Disziplin der Armee machten es zum stärksten Teil des Deutschen Reiches. Ein anderes Beispiel ist Bayern. Das Königreich Bayern behielt die meisten Rechte für sich, denn es durfte auch nach 1871 seine Grenze behalten, eigene Briefmarken verkaufen, eigene Soldaten ausbilden und den Verkehr der Königlich Bayerischen Eisenbahn° anbieten. Bis heute hat Bayern mehr Rechte als die anderen Länder Deutschlands. Einige Deutsche amüsieren sich heute darüber, andere finden es weniger lustig. Heute sind diese Rechte aber unwichtig geworden. Sie zeigen nur noch, wie lange einige deutsche Staaten an ihren Rechten festgehalten haben.

Nach dem Ersten Weltkrieg entstand in Deutschland die erste Demokratie. Die „Goldenen Zwanziger Jahre" waren aber für Deutschland nicht besonders golden. Die „Weimarer Republik", wie man diese Demokratie nannte, mußte zu viele kleine Parteien unter einen Hut bringen° und wurde mit der schlechten wirtschaftlichen Lage in den Jahren 1928 und 1929 nicht fertig°. Die kleinen Leute hatten keine Arbeit und große Firmen wollten lieber einen starken Führer als die Probleme einer Demokratie. Aus diesem Grund halfen viele große deutsche Firmen und kleine Deutsche ohne Arbeit Adolf Hitler. Seine Partei, die NSDAP (Nationalsozialistische Deutsche Arbeiterpartei), wurde 1932 größte deutsche Partei. 1933 wurde Hitler Reichskanzler und die Nazis kamen an die Macht. In den folgenden zwölf Jahren legten sie Europa in Schutt und Asche°. Nach dem Zweiten Weltkrieg, der sechs Jahre von 1939 bis 1945 gedauert hatte, gab es dann vier Zonen in Deutschland.

Aus der britischen, amerikanischen und französischen Westzone wurde die Bundesrepublik, während aus der sowjetischen Zone die DDR gemacht wurde. Die Sowjets wollten diese Zone zu einem sozialistischen Land machen. Das dauerte 41 Jahre, bis dann die zwei Teile Deutschlands 1990 zur neuen Bundesrepublik vereinigt wurden. Das dürfte auch

Die Nazis legten
Europa in Schutt
und Asche.

In der Nähe des Bahnhofs
in Hamm (Westfalen) kurz
vor Ende des Krieges

das Ende der verschiedenen deutschen Staaten der letzten hundert Jahre sein, denn Deutschland ist seit 1967 Mitglied in einer größeren Organisation, die wichtigere Ziele hat, als ein einziges Land sie heute haben kann: die Europäische Gemeinschaft.

(*das Vaterland* homeland; *das Schwabenland* Swabia; *das Bayernland* Bavaria; *das Pommernland* Pomerania; *der Reichskanzler* Chancellor of the [German] Reich; *das Königreich* kingdom; *die Kutsche* coach; *die Verfassung* constitution; *unterschreiben* to sign; *verringern* to reduce; *der Arbeiter* worker; *der Bauer* farmer, peasant; *der Arbeiterverein* workers' association; *die Gewerkschaft* trade union; *das Vorbild* model; *die Heldin* heroine; *aufbauen* to build, set up; *die Königliche Bayerische Eisenbahn* Royal Bavarian Railroad; *unter einen Hut bringen* to accommodate; *fertig werden mit* to deal with; *in Schutt und Asche legen* to bring about the destruction of)

15. Sind die folgenden Aussagen richtig? Wenn nicht, was ist richtig?

1. falsch/Er hat Deutschland vereinigt. 2. falsch/Preußen war eins von vier Königreichen, die Teil von Deutschland wurden. 3. falsch/Die preußische Armee wurde in Preußen ausgebildet, nicht in Österreich. 4. richtig 5. falsch/Die Deutschen wollten keine Revolution, sondern Freiheiten für die Bürger. 6. falsch/Die Arbeiter verdienten im Jahr 800 Mark. 7. falsch/Das war erst im Jahre 1871. 8. richtig 9. richtig 10. richtig 11. falsch/Sie war eine nationale Heldin in der DDR. 12. richtig 13. richtig 14. falsch/Das war die Partei der Nationalsozialisten. 15. richtig

1. Bismarck ist ein Politiker, der ein deutsches Lied über seine Heimat geschrieben hat.
2. Preußen war eins der 25 Königreiche, die Teil von Deutschland wurden.
3. Preußen hatte eine moderne Armee, die in Österreich Disziplin lernte.
4. Viele deutsche Fürsten hatten Angst, Steuern und Freiheiten zu verlieren.
5. Die Deutschen wollten auch eine Französische Revolution haben, weil das gut für die Bürger war.
6. Die Arbeiter verdienten jede Woche 800 Mark, denn sie arbeiteten hart.
7. 1848 unterschrieben die 25 Staaten die Verfassung des Deutschen Reiches.
8. Die meisten Firmen zahlten ihren Arbeitern und Angestellten wenig Geld.
9. Viele Arbeiter gingen in Arbeitervereine, um eine bessere politische Situation zu schaffen.
10. Die Gewerkschaften wollten den Arbeitern helfen, mehr Geld und bessere Krankenversicherung zu bekommen.
11. Dr. Rosa Luxemburg war in der BRD eine nationale Heldin.
12. Der Staat Bayern hat noch heute besondere Rechte, die aber nicht mehr besonders wichtig sind.
13. Die Weimarer Republik mußte zu viele kleine Parteien unter einen Hut bringen.
14. Die NSDAP war die Partei der Sozialdemokraten.
15. Die DDR wurde erst nach 41 Jahren mit der BRD vereinigt, weil die Sowjets es nicht anders wollten.

WB8, WB9

340

Hätten Sie gedacht, daß es im heutigen Deutschland noch einen Baum gibt, unter dem schon die Germanen gesessen haben? Es gibt ihn: Eine alte Eiche° in der Nähe der Ruhr. Die Germanen haben unter dieser Eiche Recht gesprochen°. Die Eiche ist mehr als 1 500 Jahre alt. Sie steht in Recklinghausen im Ruhrgebiet.

Von den Germanen haben die Deutschen noch etwas: Viele Namen der Wochentage sind von germanischen° Göttern und Göttinnen.

Sonntag	Tag des Sonnengottes (sun god)
Montag	Tag der Mondgöttin (moon goddess)
Dienstag	Tag des germanischen Kriegsgottes (war god)
Donnerstag	Tag des Gottes Thor (god Tyr of weather and thunder)
Freitag	Tag der Göttin Freia (goddess of love)
Samstag	Tag des Gottes Saturn (god of harvest and agriculture)

(*der Germane* Teuton,
Germanic person; *die Eiche* oak tree;
Recht sprechen to enact laws; *germanisch* Teutonic)

Infinitive clauses with *zu*

An infinitive construction (a verb in the infinitive form) follows after *zu, anstatt...zu, ohne...zu* and *um...zu*. In cases in which a verb has a separable prefix, *zu* is placed between the prefix and the main verb. English does not always require infinitive clauses when German does.

Peter ging nach Hause, um seinen Fußball *zu holen.*
(Peter went home in order to fetch his soccer ball.)

Angelika hat versucht, ihre Freundin *anzurufen.*
(Angelika tried to call her girlfriend.)

Wir gehen ins Kino, anstatt in der Stadt *einzukaufen.*
(We're going to the movie, instead of shopping in town.)

Ich fahre nach Berlin, ohne Dieter etwas davon *zu sagen.*
(I'm going to Berlin without telling Dieter about it.)

16. **Bilden Sie ganze Sätze.**

❏ Wir spülen das Geschirr, anstatt ... (im Garten arbeiten)
Wir spülen das Geschirr, anstatt im Garten zu arbeiten.

Petra geht in ihr Zimmer, um ... (sich einen Pulli anziehen)
Petra geht in ihr Zimmer, um sich einen Pulli anzuziehen.

1. es zu wollen. 2. nicht so viel Geld auszugeben. 3. mit uns zu spielen. 4. dem Sprecher zuzuhören. 5. ihn vielleicht zu kaufen. 6. zu Rolf zu gehen. 7. anzufangen. 8. früher loszufahren.

WB10

1. Ich habe es ihm gesagt, ohne ... (es wollen)
2. Sein Vater hat ihn gewarnt, ... (nicht so viel Geld **ausgeben**)
3. Warum machst du deine Aufgaben, anstatt ... ? (mit uns spielen)
4. Habt ihr keine Lust, ... ? (dem Sprecher zuhören)
5. Er sieht sich den Wagen an, um ... (ihn vielleicht **kaufen**)
6. Hast du Zeit, ... ? (zu Rolf gehen)
7. Warum warten wir nicht, anstatt ... ? (anfangen)
8. Wir haben vor, ... (früher losfahren)

17. **Beenden Sie die folgenden Sätze.**

Sample answers:
1. viel zu arbeiten. 2. am Samstag in die Disko zu gehen. 3. mit dem Auto zu fahren. 4. früher bei uns zu sein. 5. Ihren Verwandten zu schreiben. 6. sie jetzt anzurufen.

1. Ich möchte viel lernen, ohne ...
2. Planst du, ... ?
3. Wir gehen zu Fuß, anstatt ...
4. Beeil dich, um ...
5. Haben Sie nicht vor, ... ?
6. Ich habe keine Zeit, ...

Group activity: Have students make a list of pros and cons in belonging to a government-controlled youth organization. Spokespersons from each group can serve on a panel to discuss this topic.

Die Hitlerjugend (1933-1945)

Über die Resultate der Politik der Nationalsozialisten ist **vieles bekannt.** Doch welche Erfahrungen° machten die Menschen, die **in dieser Zeit** lebten? Wie ging es der Jugend?

Mutig, hart und flink°, so wünschten sich die Nazis die deutsche Jugend. Die Nazis wollten sicher gehen, daß sie die jungen Leute **erreichen und** ausbilden konnten und begannen dies mit einer neuen **Jugendorgani**sation. Sie nannten sie „Hitlerjugend". Drei Kräfte sollten die jungen Jahre der jungen, blonden Deutschen dominieren: Eltern, Schule und Hitlerjugend. Der Sonntag gehörte der Familie. Der ganze Samstag und der Mittwochabend gehörte der Hitlerjugend, der Rest der Zeit gehörte der Schule.

Zwischen dem 10. und dem 18. Lebensjahr war jeder Jugendliche in der Hitlerjugend. Nicht alle waren gern dort. Nicht alle wollten mitmachen.

Aber sie gingen doch, denn die Lehrer wollten es. Und viele Eltern waren zu schwach°, die Kinder zu Hause zu halten. In der Hitlerjugend herrschte die Ordnung, die die Nazis brauchten, damit das ganze Volk den Krieg schaffen konnte.

In der Hitlerjugend liebten alle die Fackelzüge° und Paraden, die ihnen angeboten wurden. Schwächlinge° brauchte man nicht. Man mußte offen, treu° und stark sein. Die Nazis suchten „ganze Männer°". Nach der Hitlerjugend gingen sie in den Krieg. Die Mädchen gingen zum BdM°. Das war der „Bund° deutscher Mädchen". Da lernten sie, wie man „eine gute deutsche Frau" wurde. Sie kochten, strickten° und machten den Jungen die Hosen und Hemden wieder sauber.

In der Hitlerjugend war alles wie bei den Soldaten.

Sie wurden auf das unfreie Leben einer Nazi-Frau vorbereitet. In der Gruppe fühlten sich die meisten Jugendlichen zuerst wohl. Doch bald waren sie gegen die Spiele und das Zelten, gegen die Kämpfe und Paraden, gegen das Kochen und Stricken.

Alles war wie bei den Soldaten. Deshalb versuchte man nichts offen dagegen zu sagen. Diese schlimmen Jahre in der Hitlerjugend haben vielen jungen Deutschen die Jugend zerstört. Einige — jetzt alte Leute — sind aber auch heute noch begeistert von diesen „tollen Jahren". Daran kann man sehen, wie gut die Gehirnwäsche° der Nazis funktioniert hat. Einige Leute glauben den Quatsch heute noch. Ordnung und Disziplin sind heute noch ihre Ideale. Sie wollen nicht für das verantwortlich° sein, was sie tun.

(*die Erfahrung* experience; *flink* agile; *schwach* weak; *der Fackelzug* torch light parade; *der Schwächling* weakling; *treu* loyal, faithful; *ganze Männer* real men; *BdM* club of young women; *der Bund* league, alliance; *stricken* to knit; *die Gehirnwäsche* brainwashing; *verantwortlich* responsible)

18. Drei Leute sprechen in einem Altenklub über die Zeit in der Hitlerjugend. In dem folgenden Gespräch zwischen Ilse Altstädt, Adolf Graf und Fritz Rüstig fehlen die folgenden Wörter, die Sie im Kontext des letzten Lesestücks finden können. Setzen Sie diese Wörter ein, wo sie passen.

Mädchen	zerstört	Jahre	Paraden	Ordnung
Gehirnwäsche	Fackelzüge	Krieg	Disziplin	BdM
mutig	verantwortlich	Quatsch	flink	Hitlerjugend

BdM

Mädchen

Fackelzüge, Paraden
Ordnung

Gehirnwäsche

Quatsch

flink

Hitlerjugend

Ilse Altstädt: Ich war als Mädchen vier Jahre beim ____. Alle meine Freundinnen waren dort und ich kannte kein junges ____, das nicht dabeigewesen wäre. Wir hatten ja auch keine Wahl.

Adolf Graf: Es war doch sehr schön! Die netten Abende am Feuer, die ____ und ____. Und man konnte nachts ohne Angst auf die Straße gehen, weil immer ____ herrschte.

Ilse Altstädt: Ja, ich dachte jahrelang, daß es nicht so schlimm sei. Heute weiß ich es besser. Das war eine totale ____. Man konnte nicht mehr sagen, was man dachte. Und einige Leute glauben den ____ heute noch. Das ist besonders schlimm.

Fritz Rüstig: Das finde ich auch. Ich habe die Jahre in der Hitlerjugend nicht gemocht. Dieser Quatsch, wir sollten mutig, hart und ____ sein. Warum denn? Doch nur, damit die Nazis den Krieg gegen den Rest der Welt anfangen konnten. Ich war nach der ____ dann sechs Jahre Soldat. Da ging es so weiter, wie wir es in der Hitlerjugend gelernt hatten. Alle meine Freunde sind im

____ geblieben. Die haben noch nicht einmal ein Grab. Die liegen mit russischen Soldaten in Stalingrad. Was hat das gebracht?

Adolf Graf: Also so kann man das nicht sehen. Die Hitlerjugend war eine gute Zeit. Da habe ich alles gelernt, was ich im Leben brauchte: Ordnung und ____. Da machte nicht jeder, was er wollte.

Disziplin

Ilse Altstädt: Herr Graf, es macht mich sehr traurig, daß Sie es auch heute noch nicht besser wissen. Was ist gut daran, wenn die Jugend ____, hart und flink ist? Sie müssen lernen, für das, was Sie tun, ____ zu sein.

mutig
verantwortlich
zerstört

Fritz Rüstig: Eins ist sicher: Die Nazis haben mir die Jugend ____. Ich habe 20 Jahre gebraucht, bis ich über diese schlimmen ____ reden konnte. Leute wie Sie, Herr Graf, machen mich krank. Ich muß mich jetzt verabschieden. Guten Abend.

Jahre

Ilse Altstädt: Ich gehe mit Ihnen, Herr Rüstig.

19. Können Sie Herrn Graf verstehen? Warum bleibt er bei seiner Meinung? Hat er nichts aus der Geschichte gelernt? Sagen Sie Ihre Meinung. Sie können Ihre eigenen Antworten finden oder mit diesen Satzanfängen arbeiten:

> Ich denke mir, daß Herr Graf ...
> Es ist mir unverständlich, daß ein Mensch ...
> Die Gehirnwäsche hat ...
> Ordnung und Disziplin sind für Herrn Graf ...
> Ich kann gut/nicht verstehen, warum Frau Altstädt und Herr Rüstig ...
> Es wäre wichtig, daß ...

Narrative past and conversational past

The simple past is also called narrative past. It is mostly used in written documents. When people talk with one another, however, they generally use the present perfect tense. Therefore the present perfect tense is also called conversational past.

Written: Hitler war ein Diktator, der den Deutschen den Krieg brachte.

Spoken: Hitler ist ein Diktator gewesen, der den Deutschen den Krieg gebracht hat.

❏ Sie gingen ohne Angst auf die Straße.
　Sie sind ohne Angst auf die Straße gegangen.

sind … gewesen	1. Viele deutsche Mädchen waren im BdM.
sind … dabeigewesen	2. Alle waren bei dem Sportfest dabei.
hat … gedacht	3. Frau Altstädt dachte viele Jahre daran.
sind … geworden	4. Viele Gegner des Dritten Reiches wurden nicht alt.
haben … getötet	5. Die Nazis töteten viele Menschen.
haben … gelebt	6. Die Menschen lebten in großer Angst.
haben … getan	7. Aus Angst taten sie nichts gegen die Nazis.
haben … verloren	8. Viele Deutsche verloren die Hoffnung auf ein besseres Leben.
haben … gelernt	9. Die Kinder lernten die Regeln der Nazis in der Schule.
haben … zerstört	10. Die Nazis zerstörten Herrn Rüstigs Jugend.

WB11

hin — her

Hin and *her* are adverbs that express movement toward a destination or abstract goal. *Hin* refers to the direction from the speaker to the destination; *her* means the way back to where s/he is.

| Sie segeln zur Insel hin. | (They're sailing to the island.) |
| Wo kommst du her? | (Where do you come from— right now?) |

Hin and *her* are also used as an adverbial phrase.

| Alle rennen hin und her. | (Everybody is running back and forth.) |

Hin and her can be used with idiomatic meanings:

| Frau Bruns kommt nicht von alleine her. | (Mrs. Bruns does not come here on her own account.) |

The interrogatives *wohin* and *woher* ask for directions to and from the speaker. *Woher* is often used in idiomatic expressions that are related only remotely to physical direction. People use it to ask from where a word, sentence or statement is derived.

Wohin wird uns diese Politik führen?	(Where will these politics lead us?)
Woher kommt das Wort „Kastell"?	(Where does the word "Kastell" come from?)
Es ist ein römisches Wort, aber woher kennst du es?	(It's a Roman word, but how do you know about it?)

Verbs of motion are often combined with *hin* and *her* to show the direction of a movement. *Hin* and *her* then function as separable prefixes.

herbringen	to bring here
herfahren	to drive back to here
herkommen	to return from, to originate
herstellen	to put here, to manufacture
hinbringen	to bring there
hinfahren	to drive there
hinfallen	to fall down
hingehen	to go there
hinkommen	to arrive there
hinsetzen	to sit down
hinstellen	to put there

21. **Benutzen Sie die richtige Form der Verben aus der Liste.**

hinstellen	herbringen	hinfallen	hersehen
herkommen	hingehen	hinsetzen	hinsehen

kommt ... her

gehen ... hin

hinstellen

herbringen

setze ... hin

sieh ... hin

Seht ... her

WB12   hingefallen

1. „Die Gruppe aus Hamburg ____ gern hier____", sagte der Bürgermeister.
2. Helmut und Klaus ____ jeden Samstag zu ihren Freunden ____ .
3. Würden Sie bitte das Gepäck hier ____?
4. Wenn Sie zurückkommen, sollten Sie Björn und Nadja mit ____.
5. Ich habe den ganzen Tag herumgestanden und ____ mich jetzt endlich ____.
6. Björn, ____ bitte ____, der Kaffee steht doch vor deiner Nase!
7. ____ alle mal ____, Onkel Fritz macht jetzt ein Familienfoto!
8. Nadja ist ____. Sie hat sich verletzt.

22. **Wer sagt die folgenden Sätze? Denken Sie sich eine Situation aus, in der diese Sätze passen. Sagen Sie, welche Situation das ist.**

❏ Kim, du sollst es noch vor der Schule hinbringen.
Eine Mutter spricht mit ihrem Kind. Das Kind soll morgens etwas zum Nachbarn hinbringen.

Sample answers:
1. Eine Lehrerin spricht mit einem Schüler. 2. Ein Mädchen spricht mit ihrem Freund. 3. Eine Frau spricht mit dem Angestellten der Post. 4. Ein Vater spricht mit einer Mutter. 5. Meine Tante spricht mit meiner Mutter. 6. Zwei Besucher sprechen im Kino miteinander. 7. Eine Lehrerin spricht mit ihren Schülern. 8. Deine Oma spricht mit dir.

1. Kommen Sie doch mal bitte her.
2. Wo gehen wir heute abend hin?
3. Stellen Sie das Paket bitte dort hin.
4. Astrid will mit dem Auto hinfahren.
5. Kann Opa mit dir herkommen?
6. Da kann ich gar nicht hinsehen, so schlimm ist das!
7. Laufen Sie nicht hin und her, sondern bleiben Sie sitzen!
8. Ach, bring es mir doch bitte jetzt her.

Wolfgang Borchert

Wolfgang Borchert wurde nur 26 Jahre alt. Er wurde 1921 in Hamburg geboren und ist kurz nach dem Zweiten Weltkrieg gestorben. Er hat meistens sehr kurze und sehr klare Texte geschrieben, in denen kein Wort zu viel steht. Seine Gedichte in „Laterne, Nacht und Sterne", die Erzählungen in „Hundeblume" und das Drama

„Draußen vor der Tür" wurden sehr bekannt. Er war kein Freund des Krieges und ist ihm zum Opfer gefallen°. Seine Texte waren der Anfang einer neuen Art von Literatur, die Trümmerliteratur° genannt wird.

Zwei Männer sprachen miteinander

Na, wie ist es?
Ziemlich schief°.
Wieviel haben Sie noch?
Wenn es gut geht, viertausend.
Wieviel können Sie mir geben?
Höchstens° achthundert.
Die gehen drauf°.
Also tausend.
Danke.
Die beiden Männer gingen auseinander°.
Sie sprachen von Menschen.
Es waren Generale.
Es war Krieg.

(*zum Opfer fallen* to fall victim; *die Trümmerliteratur* literature of debris; *schief* crooked; *höchstens* at [the] most; *draufgehen* to get wasted, killed; *auseinandergehen* to part)

Textverständnis

23. Sagen Sie Ihre Meinung über dieses Gedicht und über Krieg. Worüber haben die beiden Generale gesprochen? Was wird mit den Soldaten passieren? Beginnen Sie Ihre Sätze mit diesen Satzanfängen. Fragen Sie Ihre Klassenkameraden, was sie denken. Diskutieren Sie das Thema Krieg und Frieden.

> Ich glaube, daß ...
> Ich finde, daß ...
> Ich denke mir, daß ...
> Ich bin der Meinung, daß ...
> Ich bin dagegen, daß ...
> Ich bin dafür, daß ...
> Es ist am besten, wenn ...
> Es geht uns allen am besten, wenn ...

24. Zwei aus Ihrer Klasse sind die Generale aus dem Gedicht. Zwei andere sprechen für Wolfgang Borchert, der gegen jeden Krieg war. Diskutieren Sie Ihre eigenen Argumente oder auch die folgenden zum Thema: Müssen Kriege sein?

> Krieg muß sein, wenn es mit der Diskussion nicht weitergeht.
> Wenn ich stärker bin, habe ich nichts gegen Krieg.
> Wenn ich schwächer bin, habe ich etwas gegen Krieg.
> Der Krieg ist gut, denn dann blüht die Wirtschaft.
> Der Krieg ist schlimm, denn Menschen müssen sterben.
> Krieg ist nie gut, denn Menschen könnten diskutieren und Kompromisse finden.

Der Mini-Krimi° (Folge 1)

Die Tat°

Freitag, 3. November, 17.30 Uhr

Es regnete, als Kommissar° Balzer und sein Assistent Graumann ins Haus der Familie Kampmeier gingen. Sie wohnte in der Nähe des neuen Parlaments. Herr Kampmeier hatte ihnen die Tür geöffnet und führte den Kommissar und seinen Assistenten in sein Büro.

„Darf ich Ihnen meine Frau vorstellen, Herr Kommissar?" Herr Kampmeier zeigte auf eine Frau mit dunklen Haaren. Sie war ungefähr 35 Jahre alt. Balzer glaubte, daß Herr Kampmeier selbst etwa so alt war wie Frau Kampmeier. Aber ein dunkelbrauner Bart° ließ Herrn Kampmeier älter aussehen. Neben Frau Kampmeier saß noch ein anderer Mann auf dem Sofa. Er hielt eine Zeitung in der Hand. Balzer wartete darauf, daß ihm der andere Gast vorgestellt wurde. Auch der hatte einen Bart und er trug eine goldene Brille. Balzer fand, daß dieser Mann komisch war.

„Ich weiß nicht, ob Sie Dr. Kohl kennen? Er ist einer der wichtigsten Männer in dieser Stadt. Ich spiele mit ihm zusammen Tennis."

Alle drei waren sehr aufgeregt. Doch niemand sagte etwas. Balzer schaute sich im Zimmer um°. Sein Blick traf Dr. Kohl. Auch der war ungefähr 35 Jahre alt. Er hatte kurze, dunkle Haare und eine Brille.

„Warum haben Sie mich kommen lassen?" Balzer sah Kampmeier an. „Das hier hat man uns heute in den Briefkasten geworfen." Er nahm ein Papier vom Tisch und gab es dem Kommissar. Und der las den Text, der aus einer Zeitung herausgeschnitten° war:

Role-playing: Have students develop a conversation based on the content. Each student in a group can take a certain character part (*Kommissar Balzer, Assistent Graumann, Dr. Kohl, Herr und Frau Kampmeier*). To provide an equal male/female balance, you may want to change genders (*Kommissarin* vs. *Kommissar, Frau Dr. Kohl* vs. *Herr Dr. Kohl*). Of course, students need to adapt their parts and make the necessary changes in context.

WIR HABEN IHREN SOHN MICHAEL. 500 000 DM. KEINE POLIZEI. SIE HÖREN VON UNS.

„Nehmen Sie das, Graumann." Der Kommissar gab seinem Assistenten das Stück Papier. Frau Kampmeier hielt ihre Hände vor den Kopf. Balzer sah, wie Dr. Kohl ganz kurz ihre Schulter studierte. Balzer hatte es gesehen. Dann fragte er Frau Kampmeier schnell: „Was wissen Sie über die Tat?"

„Es kann nur heute nachmittag gegen 16.00 Uhr passiert sein", antwortete sie und nahm die Hände von der Stirn. „Denn Michaels Zimmer sieht aus wie immer. Nur seine grüne Jacke fehlt."

Balzer folgte Kampmeier in das Kinderzimmer. Er sah noch, wie Dr. Kohl zu ihnen sah. „Tatjana, unser Kindermädchen°, wird ihn wie jeden Nachmittag ein wenig durch den Park gefahren haben." Balzer schien interessiert. Er fragte: „Wo ist diese Tatjana jetzt?"
„Ja, wissen Sie denn nicht, daß sie auch nicht mehr da ist?"
„So, so." Balzer schrieb etwas in sein kleines Buch. „Seit wann arbeitet sie für die Familie?"
„Das muß jetzt ein Jahr sein. Michael mag sie sehr." Sie gingen zurück ins Arbeitszimmer. Der Sessel von Dr. Kohl war leer. „Er mußte zurück ins Parlament", erklärte Frau Kampmeier.

Balzer fragte sie dann plötzlich: „Sagen Sie, wissen Sie noch, wann Sie Tatjana zum ersten Mal gesehen haben?" Frau Kampmeier wurde rot und sah ihren Mann an. Herr Kampmeier sprang aus seinem Sessel. „Können Sie meine Frau nicht in Ruhe lassen? Entschuldigen Sie bitte, Herr Kommissar, ich habe das nicht so gemeint."

„Schon gut. Haben Sie ein Foto von Michael und Ihrem Kindermädchen?" Kampmeier gab ihm zwei Fotos. „Hier, das ist Tatjana bei einer Familienfeier°." Plötzlich glaubte Balzer, er hätte am Fenster einen Schatten° gesehen. Aber es war dunkel draußen. Es war wohl nichts.

Er bat Graumann, alle Leute noch einmal zu fragen, ob sie noch etwas wüßten und alles aufzuschreiben. Dann ging er zurück ins Büro. „Eine komische Tat", dachte er. Morgen würde er sich die Protokolle ansehen.

Sein Assistent ging auch noch in die Nachbarschaft der Kampmeiers und in den nahen Park. Er fragte die Leute und fotografierte einige von ihnen. Keiner der Nachbarn hatte Kontakt zu Kampmeiers. Nur eine alte Frau auf einer Bank im Park wußte, daß sie ein Kindermädchen hatten.

Dann ging Graumann noch ins Büro und legte Balzer die Berichte° und die Fotos auf den Tisch.

Freitag, 20. November, 20.30 Uhr

Balzer und Graumann sitzen im Büro. Balzer legt die Fotos vor sich auf den Tisch. Interessiert sieht er sie sich an. Dann nimmt er noch einmal das Foto des Kindermädchens Tatjana. Herr und Frau Kampmeier sind auf dem nächsten Bild. Herr Kampmeier hatte ihm auch noch eins von Dr. Kohl gegeben. Es zeigte Herrn Dr. Kohl von vorne. Er sah hier sehr freundlich aus. Freundlicher als neulich auf dem Sofa. Das Bild war vor kurzer Zeit im Haus der Kampmeiers gemacht worden. Lange schaute er sich alles an.

„Etwas stimmt hier nicht", sagte Graumann auf einmal. „Das glaube ich auch", sagte Balzer, sah seinen Assistenten an und lächelte. „Etwas stimmt hier nicht."

(*der Mini-Krimi* short detective story; *die Tat* criminal act; *der Kommissar* police captain; *der Bart* beard; *sich umschauen* to look around; *herausschneiden* to cut out; *das Kindermädchen* nanny; *die Familienfeier* family celebration; *der Schatten* shadow; *der Bericht* report)

Erste Analyse des Krimis

In der 1. Folge des Mini-Krimis haben Sie schon wichtige Personen kennengelernt. Sie wissen auch, was passiert ist: Der kleine Michael Kampmeier ist entführt (abducted) worden. Wer ihn entführt hat, das können Sie jetzt noch nicht wissen.

Doch Sie könnten erkennen, was Kommissar Balzer mit den Worten meinte: „Etwas stimmt hier nicht."

Hier sind die Protokolle, die Balzer vor sich liegen hatte. Die Gespräche im Hause der Kampmeiers kennen Sie aus dem Text.

Protokoll: Frau Kampmeier

Ich heiße Doris Kampmeier. Ich bin 34 Jahre alt. Ich bin die Mutter von Michael. Ich weiß nur, daß Michael jeden Tag mit Tatjana in den Park gegangen ist. Auch ist seine grüne Jacke heute nicht mehr in seinem Zimmer. Tatjanas Mantel fehlt auch. Ich selbst war zu dieser Zeit in der Stadt, um einzukaufen. Als ich zurückkam, stand Herr Dr. Kohl vor unserem Haus. Ich kannte ihn vorher nicht. Er spielt mit meinem Mann Tennis.

Protokoll: Herr Kampmeier

Ich heiße Detlev Kampmeier. Ich bin 35 Jahre alt. Ich bin der Vater des kleinen Michael. Ich liebe ihn und meine Frau sehr. Ich habe den Brief aus dem Briefkasten geholt. Meine Frau hatte mich angerufen. Sie hatte mir gesagt, daß Michael noch nicht wieder zu Hause sei. Das war etwa um 16.15 Uhr. Ich rief Dr. Kohl an, weil ich nicht mehr zum Tennisspielen kommen konnte. Dann fuhr ich sofort nach Hause. Um 17.15 Uhr habe ich dann die Polizei angerufen.

Denken Sie aber an Folgendes: Seine Aussage, „Es war etwa um 16.15 Uhr. Ich rief Dr Kohl an", muß nicht stimmen. Denn wenn seine Frau ihn wirklich angerufen hat, dann war Dr. Kohl zu der Zeit bereits im Haus der Kampmeiers. Denn Frau Kampmeier hatte gesagt, daß sie Herrn Dr. Kohl vor dem Haus getroffen habe, als sie vom Einkaufen zurückgekommen sei. Kampmeier kann ihn also nicht unter Dr. Kohls eigener Telefonnummer erreicht haben. Oder sagt Frau Kampmeier nicht alles, wie es war?

Protokoll: Dr. Hartmut Kohl

Ich heiße Dr. Hartmut Kohl. Ich bin 35 Jahre alt und wohne am Stadtrand von Bonn in der Waldstraße 45. Ich bin Politiker und seit drei Jahren Mitglied des Deutschen Bundestages. Herrn Kampmeier kenne ich vom Tennisspielen. Frau Kampmeier habe ich heute zum ersten Mal gesehen.

Denken Sie aber an Folgendes: Dr. Kohl und Frau Kampmeier scheinen sich doch schon länger zu kennen. Ein paar Mal sahen sie sich wissend an.

WB13

25. **Nehmen Sie als Antwort auf die folgenden Aussagen das Sprechmuster „Es stimmt nicht, daß ... "**

Es stimmt nicht, daß...
1. Dr. Kohl im Parlament war, weil er mit Frau Kampmeier zusammen war.
2. Dr. Kohl und Frau Kampmeier sich nicht kennen, weil sie sich kurz aber wissend ansahen.
3. die grüne Jacke fehlt, weil sie im Kinderzimmer hängt.
4. Dr. Kohl heute das erste Mal bei Kampmeiers war, weil er die Zeitung auf dem Sofa las. 5. der Fall für Herrn Kommissar Balzer klar ist, weil er nicht weiß, wer das Kind entführt hat.
6. Graumann einige Leute im Park fotografiert, weil er Fotos sammelt. 7. Balzar und Graumann im Büro sitzen, weil sie wenig zu tun haben.
8. Kommissar Balzar einen Schatten gesehen hat, weil Jemand am Fenster vorbeigegangen ist.

❑ Herr und Frau Kampmeier sind sehr aufgeregt. Sie sprechen ruhig und scheinen nicht nervös.
Es stimmt nicht, daß Herr und Frau Kampmeier sehr aufgeregt sind, weil sie ruhig sprechen und nicht nervös scheinen.

1. Dr. Kohl war im Parlament. Er war mit Frau Kampmeier zusammen.
2. Dr. Kohl und Frau Kampmeier kennen sich nicht. Sie sahen sich kurz aber wissend an.
3. Die grüne Jacke fehlt. Sie hängt im Kinderzimmer.
4. Dr. Kohl war heute das erste Mal bei Kampmeiers. Er las die Zeitung auf dem Sofa.
5. Der Fall ist Herrn Kommissar Balzer klar. Er weiß nicht, wer das Kind entführt hat.
6. Graumann fotografiert einige Leute im Park. Er sammelt Fotos.
7. Balzer und Graumann sitzen im Büro. Sie haben wenig zu tun.
8. Kommissar Balzar hat einen Schatten gesehen. Jemand ist am Fenster vorbeigegangen.

26. **Wer oder was war der Schatten, den Balzer einen kurzen Moment lang gesehen hat? War es wirklich nichts, wie er zuerst meinte?**

❑ Es war ein großer Hund.
Ich glaube, daß es ein großer Hund war, denn alle Personen waren im Haus. *oder*
Ich glaube nicht, daß es ein großer Hund war, denn der wäre ins Zimmer gekommen.

(Answers will vary.)

1. Es war Michael Kampmeier.
2. Es war das Kindermädchen Tatjana.
3. Es war Assistent Graumann.
4. Es war eine unbekannte Person.
5. Es war Dr. Kohl.
6. Es war ein Freund Dr. Kohls.
7. Es war eine Nachbarin.
8. Es war ein Briefträger.

Nouns derived from verbs

Many nouns come from verbs that you already know. Capitalize the verb and use the article *das* to change a verb to a noun. This works for many verbs and is done frequently in German. The English meaning is usually formed with the ending "-ing." Note that there are other ways to derive nouns from verbs *(zeichnen — die Zeichnung; ausbilden — die Ausbildung)*.

schreiben	das Schreiben (the writing)
laufen	das Laufen (the running)
kämpfen	das Kämpfen (the fighting)

27. **Bilden Sie Sätze mit den Nomen.**

❏ Kämpfen
Ich finde, daß das Kämpfen nicht gut ist.

(Answers will vary.)

1. Schreiben
2. Entdecken
3. Segeln
4. Kochen
5. Anhalten
6. Entführen
7. Herumfahren
8. Fotografieren
9. Aufstehen
10. Fliegen

Ich finde, daß das Spazierengehen langweilig ist.

Findest du, daß das Einkaufen viel Spaß macht?

28. **Welche Hauptwörter fehlen in den Sätzen. Suchen Sie die richtigen Wörter aus der Liste. Sie brauchen nicht alle Wörter.**

Zeichnung	Unternehmung	Hoffnung	Meinung
Entwicklung	Ausbildung	Wohnung	Verbindung
Besichtigung	Prüfung	Trennung	Vorbereitung

Hoffnung   1. Während des Krieges hatten die Menschen wenig ____.

Prüfung   2. In der letzen ____ bekam ich eine Eins.

Ausbildung   3. Der Lehrling hat eine ____ von drei Jahren.

Vorbereitung   4. Die ____ der großen Reise dauert ein paar Wochen.

Entwicklung   5. Die wirtschaftliche ____ Deutschlands nach der Wiedervereinigung wird ein paar Jahre dauern.

Zeichnung   6. Deine ____ sieht fast wie ein Foto aus.

Besichtigung   7. Nach der langen ____ des Deutschen Museums besuchten die Touristen die Münchner Innenstadt.

Meinung   8. Ingrid hat über das Thema eine andere ____.

Was machen die Touristen auf dem Viktualienmarkt in der Münchner Innenstadt.

Was bekam sie in der letzten Prüfung?

Gefühle und Stimmungen

◆ **Angst**

Leif: Sag mal, Tyrkir, schreibst du lieber ins Tagebuch oder kämpfst du lieber? Du scheinst mir nicht sehr mutig zu sein. Du siehst immer so nervös aus, wenn das Kämpfen anfängt.

Tyrkir: Ich schreibe lieber. Beim Kämpfen habe ich Angst, daß mich jemand verletzt. Oder daß ich jemanden verletze. Dann heißt es wieder, daß die Deutschen schuld sind°. Ich kämpfe nicht gern, weil ich doch meistens Angst habe.

Leif: Bist du denn kein richtiger Mann? Meine Wikinger müssen kämpfen und nicht Angst haben.

Tyrkir: Du magst mir glauben oder nicht, aber man hat beim Kämpfen so ein dummes Gefühl. Du magst das anders sehen, aber ich schreibe viel lieber. Da muß ich mich nicht fürchten°. Und Männer dürfen doch auch Angst haben, oder?

Leif: Da habe ich mir einen Schreiber mitgenommen anstatt eines Kämpfers. Das macht mir Angst, wenn wir bald wieder kämpfen müssen. Wenn ich das gewußt hätte, hätte ich dich in Haithabu gelassen.

Tyrkir: Dann wüßte später keiner, daß wir nach Nordamerika gesegelt sind. Und wirklich, du brauchst keine Angst zu haben. Ich kann auch mit dem Messer kämpfen, wenn es sein muß. Aber ich sage dir heute schon, daß man mit dem Schreiben mehr erreicht als mit dem Kämpfen.

WB14

(*schuld sein* to be blamed; *sich fürchten* to fear)

29. Spielen Sie den Dialog zwischen Leif und Tyrkir in der Klasse. Benutzen Sie Ihre Arme und Beine, um die Argumente zu unterstützen.

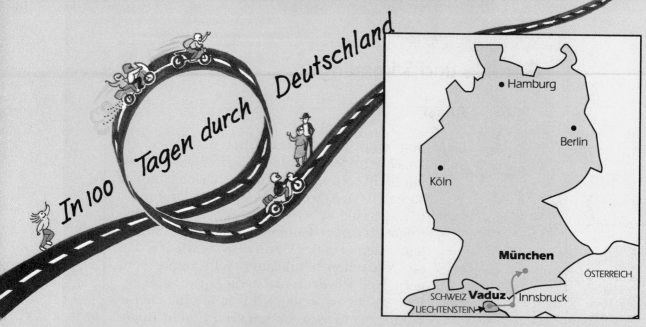

In 100 Tagen durch Deutschland

- Hamburg
- Berlin
- Köln
- **München**
- ÖSTERREICH
- SCHWEIZ **Vaduz** · Innsbruck
- LIECHTENSTEIN

Have students follow the route from Vaduz to München on a map.

Kufsteiner Str.

München-Salzburg
Jnnsbruck

Jnnsbruck 113 km
Kiefersfelden 31 km

Von Vaduz nach München (Folge 9)

Die Fahrt von Vaduz durch Österreich machten wir ohne große Pause. Trotzdem liebten wir die Landschaft nach jeder Kurve; auf den Bergen lag noch Schnee.

Die Isar in München

Wir fuhren über Innsbruck nach München.

Auf den Bergen lag noch Schnee.

Das Münchner Stadttor erinnert uns an Krieg und Frieden.

*In Innsbruck sahen wir uns das
berühmte goldene Dach an.*

Dann waren wir schon in Innsbruck. In der Innenstadt sahen wir uns das berühmte goldene Dach an. Es sieht nicht sehr golden aus und wir waren nicht sehr begeistert davon. Dafür war aber der Kaffee besser, den wir in der Innenstadt tranken. Nach 80 Kilometern Fahrt kamen wir an die Grenze. Wir suchten uns bald einen Campingplatz. Die Nacht am Alpsee war kalt. Doch beim ersten Kaffee hatten alle wieder gute Laune. Und plötzlich schrie Martina: „Da, ein Esel!" Alle sahen in die Richtung, in die Martina mit dem Finger zeigte. Dem Esel schien die Yamaha von Philipp am besten zu gefallen, denn die sah er sich sehr lange an.

„Siehst du, jeder Esel kann Yamaha fahren", sagte Peter und lachte. Alle lachten mit. Als Peter dann mit uns starten wollte, funktionierte der Motor seiner Vespa nicht. Er fand den Fehler nicht. Erst als Philipp sagte, er solle einmal nachsehen, ob noch genug Benzin drin sei, war der Fehler gefunden. Diesmal lachten alle über Peter. Der war ganz rot im Gesicht, weil er sonst immer erzählt, daß er nie ohne Benzin losfahren würde.

Über das Schloß Hohenschwangau, das Ludwig II. hat bauen lassen, fuhren wir dann in Richtung München. Wir trennten uns: Alex, Philipp und Kalle fuhren die „Romantische Straße" entlang, Martina und Ralf hatten sich für die „Deutsche Alpenstraße" entschieden. Beide Strecken sind auf den meisten Landkarten als Touristenstraßen zu finden. Da es im Süden Deutschlands viele Sehenswürdigkeiten gibt, folgten wir den Touristenstraßen, denn die führen an allen Sehenswürdigkeiten vorbei. In München wollten wir uns in einem billigen Hotel in der Nähe der Leopoldstraße wieder treffen. Gegen Abend erreichten wir München.

Ankunft in München

Wir machten ein paar Nachtbilder von München.

Am nächsten Morgen besuchten wir die Innenstadt.

30. **Was ist auf dem Weg von Vaduz bis München passiert? Schreiben Sie mit am Tagebuch der Motorradfahrer. Was haben diese erlebt? Was haben sie gesehen? Wo war das? Mit wem? Wann?**

WB15

Wissen Sie, dieses Kapitel hat den Namen eines bekannten und sehr beliebten deutschen Fernsehprogramms, das jetzt

Hallo Leute!

aber schon einige Jahre alt ist. Dort sahen die deutschen Fernsehzuschauer viele Arten von Sport und verschiedene Sportfeste. Sie freuten sich über die Spiele und Berichte und über das, was viele Künstler zeigten. Es war immer spannend, weil man nie genau wußte, was als nächstes kommen würde. So wird es auch auf den kommenden Seiten sein. Für Spannung° sorgt auch die zweite Folge unseres Mini-Krimis. Wissen Sie schon, wer was getan hat? Nein?! Also, los dann! Wir haben tolle Themen!

Sport, Spiel, Spannung

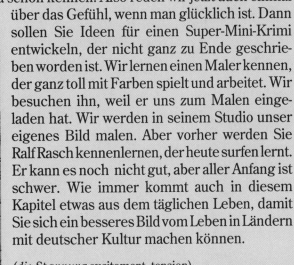

Ich möchte Ihnen gern zuerst Michaela Mahler vorstellen, die ihren Sport zum Beruf gemacht hat. Sie ist so glücklich wie der Rennfahrer Hubert Haupt, den Sie ja schon kennen. Also reden wir jetzt auch einmal über das Gefühl, wenn man glücklich ist. Dann sollen Sie Ideen für einen Super-Mini-Krimi entwickeln, der nicht ganz zu Ende geschrieben worden ist. Wir lernen einen Maler kennen, der ganz toll mit Farben spielt und arbeitet. Wir besuchen ihn, weil er uns zum Malen eingeladen hat. Wir werden in seinem Studio unser eigenes Bild malen. Aber vorher werden Sie Ralf Rasch kennenlernen, der heute surfen lernt. Er kann es noch nicht gut, aber aller Anfang ist schwer. Wie immer kommt auch in diesem Kapitel etwas aus dem täglichen Leben, damit Sie sich ein besseres Bild vom Leben in Ländern mit deutscher Kultur machen können.

(*die Spannung* excitement, tension)

Michaela Mahler — Weltmeisterin von morgen?

Michaela Mahler ist ein Beispiel für viele junge Leute. Vor wenigen Monaten noch unbekannt, fährt sie heute in der Deutschen Motorrad-Meisterschaft im Motocross°.

Michaela Mahler ist 21 Jahre alt und heute schon ein echter Profi. Das heißt, sie ist von Beruf Motorrad-Rennfahrerin. Das war nicht immer so. Noch vor wenigen Jahren hat sie ihre Ausbildung als Automechanikerin gemacht. Es war ihr Traumberuf, und Michaela Mahler ist eine fröhliche° junge Frau, die, wie man so sagt, ihr Handwerk° schon in jungen Jahren auf vielen Gebieten gelernt hat. Von ihrem Trainer lernte sie die wichtigen Schritte, wie man erfolgreiche Rennen° fährt.

Michaela springt mit ihrem Motorrad hoch.

Seit 1987 fuhr sie schon Rennen. Zu der Zeit war sie erst 16 Jahre alt. Doch bis zum großen Erfolg mußte sie lange warten. Heute ist sie bei vielen Rennen Siegerin. Sie fährt sicher und kennt das Risiko°. Sie repariert ihr Motorrad noch selbst und kennt jedes Teil. Sogar Schweißarbeiten° am Motorrad macht sie selbst, denn sie meint: „Ich kann es mir nicht leisten, daß die Technik nicht funktioniert. Wenn ich alles selbst mache, weiß ich, daß es funktioniert. Schweißen habe ich in der Ausbildung gelernt. Und das Fahren haben mir mein Bruder Jens und mein Trainer gezeigt. Heute bin ich aber schneller und sicherer im Motocross als Jens."

Es scheint so, als hätte sie es geschafft. Ihr Trainer ist sicher, daß sie bei der Deutschen Meisterschaft im Motocross vorne mitfahren wird. Er meinte: „Die Michaela ist kein Schwächling. Die hat die körperliche und geistige° Kraft, auch von hinten noch am Feld der Fahrer vorbeizufahren. Im letzten Rennen paßte

Michaela kommt als erste ins Ziel.

sie nicht genau auf und verlor wichtige Sekunden. Sie war die letzte im Feld. Dieser Schock war schuld, daß sie plötzlich dachte, nun nichts mehr zu verlieren zu haben. Sie ist gefahren, ich kann Ihnen nicht sagen, wie. Einfach fantastisch. Sie ist noch Siegerin geworden. Deshalb ist sie für mich die Weltmeisterin von morgen."

(*die Deutsche Motorrad-Meisterschaft im Motocross* German Motocross Motorcycle Championship; *fröhlich* cheerful, happy; *das Handwerk* craftsmanship; *das Rennen* race; *das Risiko* risk; *die Schweißarbeit* welding job; *körperlich und geistig* physical and mental)

Textverständnis

1. Sie hat Automechanikerin gelernt. 2. Sie mußte lange auf den Erfolg warten. 3. Sie ist fantastisch gefahren. 4. Er glaubt, daß sie die Weltmeisterin von morgen ist. 5. Er hat ihr gezeigt, wie man Motocross fährt. 6. Michaela fährt heute besser als Jens. 7. Nein, der Trainer hofft nur, daß sie es später wird.
WB1

1. **Beantworten Sie die Fragen zum Text.**

1. Welchen Beruf hat Michaela Mahler gelernt?
2. Worauf mußte sie lange warten?
3. Wie konnte sie das Rennen noch gewinnen, obwohl sie die letzte im Feld war?
4. Woran glaubt der Trainer ganz sicher?
5. Was hat ihr Bruder Jens ihr gezeigt?
6. Wer fährt heute besser, Jens oder Michaela?
7. Ist Michaela Weltmeisterin?

2. **Was halten Sie vom Motorsport? Sagen Sie, was Sie darüber denken. Dabei sollten Sie auch die folgenden Fragen beantworten. Wenn Sie wollen, können Sie so anfangen:**

Wenn Sie meine Meinung hören wollen, dann muß ich sagen ...
Wenn es nach mir ginge, dann würde ...
Meiner Meinung nach müßte/sollte/dürfte ...
Wenn Sie mich so fragen, dann muß ich sagen, daß ...
Ich kann nicht anders sagen, als daß ...

(Answers will vary.)

1. Sehen Sie sich Motorradrennen und Autorennen im Fernsehen an?
2. Möchten Sie einmal bei Tempo 200 über die Autobahn fahren?
3. Möchten Sie von Beruf Renn-Profi werden?
4. Ist Motorsport in Ordnung, wenn die Umwelt darunter leidet?
5. Techniker sagen, daß Motorsport hilft, die Technik besser zu machen. Finden Sie das auch?
6. Im Motorsport werden die Motorräder und Rennautos immer schneller. Finden Sie das gut?

Was halten Sie vom Motorsport?

Auf der Autobahn kann man sehr schnell fahren.

Gefühle und Stimmungen

Glücklich sein

„Glücklich sein" ist eines der schönsten Gefühle, das es gibt. Man könnte in die Luft springen, so toll fühlt man sich. Wenn man wirklich glücklich ist, fehlen einem oft die Worte. Im Gespräch zwischen Michaela und Jens sieht man, mit welchen Worten die beiden sich trotzdem über dieses Gefühl unterhalten.

Jens: Na, Michaela, freust du dich darüber, daß du doch noch gewonnen hast?

Michaela: Freuen ist nicht das richtige Wort. Ich bin glücklich. Es ist mehr als Freude. Es war einer der schönsten Momente in meinem Leben.

Jens: Man sieht es dir an. Das muß ein tolles Gefühl sein. Von ganz hinten im Feld noch gewinnen, das kann nicht jeder.

Michaela: Ich finde keine Worte dafür. Es ist wie Weihnachten und Ostern an einem Tag. Ich bin jetzt total entspannt und happy.

Jens: Das klingt gut: Zwei tolle Tage an einem Tag haben. Ich hoffe für dich, daß du nach dem nächsten Rennen noch genauso glücklich sein kannst.

Point out to students that the word "happy" is used quite often by younger German speakers.

WB2

Die Zuschauer sind glücklich, daß ihre Mannschaft gewonnen hat.

Rollenspiel: **Begeistert und glücklich sein**

3. **Jeder in der Klasse soll eine tolle Nachricht sagen. Dann sagt sie oder er, wer reagieren soll. Diese Person muß begeistert reagieren und zeigen, daß sie glücklich darüber ist. In unserem Beispiel sind die beiden jungen Leute Michaela und Jens.**

Michaela: Du darfst im nächsten Rennen mit mir fahren, sagt der Trainer.

Jens: Mensch, toll, da bin ich aber glücklich darüber. Ich darf also auch ein Rennen fahren!

Worüber kann man glücklich und begeistert sein? Hier sind ein paar Ideen. Es ist aber viel besser, wenn Sie selbst eine eigene tolle Nachricht wissen.

besseren Job gefunden haben / die Ferien fangen an / eine gute Arbeit geschrieben haben / tolle Leute getroffen haben / zur Party eingeladen sein / einen neuen Freund (eine neue Freundin) haben / beim Schwimmen gewonnen haben / beim Sportfest gut gewesen sein / einen Flugschein zum halben Preis bekommen haben / jetzt frischen Apfelkuchen essen

Wie kann man reagieren, wenn man eine tolle Nachricht hört? Zum Beispiel so:

Mensch, das ist ja kaum zu glauben! Du hast/kannst/darfst/sollst/ ... / Das ist ja toll, daß ... / Wirklich? Da bin ich aber glücklich, daß ... / Nein, das ist ja fantastisch! Ich soll/darf/kann also ... / super ... / toll ... / erste Klasse ... / unschlagbar ... / spitze ...

WB3

Ask students to make a wish list of three items and describe what they would do with it.

Surfen will gelernt sein

Ralf hat sich zum Geburtstag ein Surfbrett° gewünscht und er hat es auch bekommen. Mit seiner Freundin Elfi und seinem Freund Thomas ist er zum Hengsteysee gefahren, um das neue Surfbrett zu testen. Heute ist nicht viel Wind und Ralf freut sich, weil er das Surfen erst noch lernen muß. Thomas kann es schon ganz gut und wird ihm helfen. Elfi weiß noch nicht, ob sie es versuchen will. Vielleicht. Vielleicht auch nicht. Sie will erst sehen, wie Ralf das macht.

Thomas kommt etwas später an als Ralf und Elfi. Ralf hat schon sein Surfbrett vom Auto geholt und zieht sich warm an. Das Wasser hat nur 12° Grad Celsius. Da muß man mehr als eine Badehose anziehen. Ralf macht sich fertig und geht mit dem Surfbrett ins Wasser. Er kontrolliert die Verbindung zwischen dem Surfbrett und dem Segel°. Alles sieht o.k. aus und er steigt° aufs Surfbrett. Er steht ein paar Sekunden, dann fliegt er ins Wasser. Ein Surfbrett ist nicht besonders stabil, wenn es im Wasser schwimmt. Er braucht noch fünf oder sechs Versuche, bis es klappt. Er steht neben dem Segel und der Wind kommt von der Seite. Langsam geht es los. Hoffentlich weiß Ralf, wie er wieder zurück ans Ufer segelt. Sonst muß er laufen. Mit dem Wind kann jeder surfen, aber gegen den Wind ist das nicht so einfach.

Ralf schafft es nicht. Thomas muß mit dem Auto zum anderen Ufer fahren und Ralf abholen°. Elfi bleibt so lange bei den Sachen. Als Ralf zurückkommt, fragt er Elfi, ob sie jetzt surfen will. Die lacht aber nur und sagt, daß es ihr heute zu kalt sei. Dann erklärt Thomas, wie man gegen den Wind surft. Ralf ist sportlich und lernt es schnell. Am Ende dieses Tages kann er schon ganz gut surfen. Morgen will er wieder surfen, weil es ihm großen Spaß gemacht hat. Elfi meint, daß sie warten will, bis das Wetter wärmer wird. Dann will sie es auch versuchen.

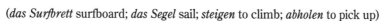

Langsam surft er los.

(*das Surfbrett* surfboard; *das Segel* sail; *steigen* to climb; *abholen* to pick up)

4. Können Sie surfen? Was glauben Sie, muß man tun, wenn man es lernen will und es Spaß machen soll?

❐ Surfbrett haben
Wer surfen will, sollte ein Surfbrett haben, wenn es Spaß machen soll.

1. sich richtig anziehen
2. das Segel testen
3. einen guten Surflehrer fragen
4. bei wenig Wind anfangen
5. gut schwimmen können
6. viel Kraft haben
7. gern im Wasser sein wollen
8. oft neu anfangen wollen
9. nicht leicht aufgeben wollen
10. geduldig sein müssen

Wer surfen will, sollte ... wenn es Spaß machen soll. 1. sich richtig anziehen 2. das Segel testen 3. einen guten Surflehrer fragen 4. bei wenig Wind anfangen 5. gut schwimmen können 6. viel Kraft haben 7. gern im Wasser sein wollen 8. oft neu anfangen wollen 9. nicht leicht aufgeben wollen 10. geduldig sein müssen

Welchen Sport treiben diese Leute?

5. Welchen Sport haben Sie gelernt? Was mußten Sie tun, um diesen Sport zu lernen? Wer war Ihr Lehrer oder Ihre Lehrerin? Wo treiben Sie diesen Sport? Wer treibt diesen Sport mit Ihnen? Warum macht er Ihnen viel Spaß?

☐ Rudern. Ich habe Rudern in der Schule gelernt. Unser Sportlehrer hat uns gezeigt, wie es geht. Wir rudern oft auf dem Fluß. Es macht Spaß, weil meine Freunde auch dabei sind. Es ist ein schöner Sport, weil Rudern gesund ist und man viel sieht, wenn man auf Flüssen und Seen rudert.

Andere Sportarten: *das Tennis, das Racquetball, das Joggen, das Radfahren* (cycling), *das Schwimmen, das Querfeldeinrennen* (cross-country running), *das Schlittschuhlaufen* (ice skating), *das Tanzen, das Fußballspielen, das amerikanische Fußballspielen,* etc.

WB4

Group activity: Divide class into pairs. Each pair consists of a reporter and an athlete. The designated athlete should select the athlete s/he would like to be. The reporter (Student 1) will ask questions to which the athlete (Student 2) will respond.

Die Fußballweltmeisterschaft°

Bei der Fußballweltmeisterschaft 1990 hat die Deutsche Fußball-Nationalmannschaft° den Titel gewonnen. Das war der dritte Titel für die deutsche Mannschaft. Alle Spieler und der Trainer Franz Beckenbauer freuten sich. Nach dem Spiel sprangen die Spieler wie die kleinen Kinder über den Fußballplatz° in Rom. Alle lachten und nahmen sich in die Arme. Die ganze Mannschaft war glücklich.

Franz Beckenbauer

Reporter:	Lothar Matthäus, Sie haben es geschafft. Ihre Mannschaft ist unter Trainer Beckenbauer Fußballweltmeister° geworden. Sind Sie glücklich?
Matthäus:	Was für eine Frage! Wir sind alle sehr glücklich, denn es sah lange so aus, als könnte die Deutsche Mannschaft es nicht schaffen. Jetzt können wir es noch gar nicht glauben.

Die Deutsche Fußball-Nationalmannschaft hat die Fußballweltmeisterschaft gewonnen.

Lothar Matthäus hat gerade ein Tor geschossen.

Reporter: Sie und Jürgen Klinsmann sind in den Zeitungen als die besten deutschen Spieler gelobt° worden. Freut Sie das?

Matthäus: Die harte Arbeit hat sich gelohnt und das ganze Team hat gewonnen. Jürgen Klinsmann und ich sind total begeistert von unserem Erfolg und von der tollen Leistung° der ganzen Mannschaft. Dies sind die glücklichsten Tage im Leben eines Profi-Fußballers. Das Leben könnte nicht schöner sein. Wir können es noch gar nicht richtig glauben, daß wir Weltmeister sein sollen.

Reporter: Was fühlen und denken Ihre Mannschaftsfreunde?

Matthäus: Nur Italien und Brasilien haben den Titel dreimal geschafft. Jetzt auch Deutschland. Darüber freuen wir uns ganz besonders. Die Mannschaft hat eine Superstimmung. Das können Sie sich ja vorstellen.

Alle sind aus dem Häuschen° und freuen sich, weil der Druck° und die harte Arbeit zum Ziel geführt haben. Deutschland ist jetzt zum dritten Mal Weltmeister. Das ist Grund genug, glücklich zu sein.

(*die Fußballweltmeisterschaft* Soccer World Cup; *die Nationalmannschaft* national team; *der Fußballplatz* soccer field; *der Fußballweltmeister* world soccer champion; *loben* to praise; *die Leistung* performance; *aus dem Häuschen sein* to be overjoyed; *der Druck* pressure)

Textverständnis

6. **Beantworten Sie die Fragen zum Text.**

1. Worüber freut sich die Deutsche Fußball-Nationalmannschaft?
2. Wer war Trainer der Mannschaft?
3. Welche beiden Spieler wurden in den Zeitungen viel gelobt?
4. Wie oft war Deutschland schon Fußballweltmeister?
5. Was haben die Spieler nach dem Sieg auf dem Fußballplatz getan?
6. Was hat zum Ziel geführt?

1. Sie freut sich über den Titel. 2. Franz Beckenbauer war Trainer. 3. Lothar Matthäus und Jürgen Klinsmann wurden viel gelobt. 4. Deutschland war schon dreimal Fußballweltmeister. 5. Sie sind wie die kleinen Kinder gesprungen. 6. Die harte Arbeit und der Druck haben zum Ziel geführt.
WB5

Reaktionen

Es gibt viele persönliche Reaktionen von Menschen. Einige der wichtigsten Reaktionen sind Zustimmung°, Verwunderung°, Enttäuschung° und Ablehnung°. Benutzen Sie die folgenden Satzanfänge, um auf Fragen oder Aussagen zu reagieren.

(*die Zustimmung* agreement; *die Verwunderung* surprise; *die Enttäuschung* disappointment; *die Ablehnung* rejection)

Zustimmung

Ich finde es toll, daß/wenn ...
Ich bin dafür, weil ...
Das ist ja prima, daß ...

Verwunderung

Ich wußte nicht, ob/wie ...
Ich hatte keine Idee, daß/ob/wie ...
Kaum zu glauben, daß ...

Enttäuschung

Ich finde es schade, daß/wenn ...
Es tut mir leid, daß/weil ...
Es enttäuscht mich, wenn ...

Ablehnung

Es macht mich sauer, wenn/daß/weil ...
Ich kann es nicht leiden, wenn/daß ...
Ich bin dagegen, ... zu tun.

WB6

7. Wie reagieren Sie in den folgenden Situationen? Folgen Sie dem Beispiel. Benutzen Sie nur die Satzanfänge von vorher, die Ihre Meinung ausdrücken. Sie können auch Ihre eigenen Satzanfänge machen, um Ihre Meinung zu sagen. Zeigen Sie alle vier Reaktionen: Zustimmung, Verwunderung, Enttäuschung und Ablehnung.

❏ Sie können heute nicht Tennis spielen.
Ich finde es schade, wenn ich heute nicht Tennis spielen kann.

(Answers will vary.)

Sie dürfen heute zu Hause bleiben.
Ich finde es toll, daß ich heute zu Hause bleiben darf.

1. Sie können Ihre Freunde nicht zum Tennis abholen.
2. Sie haben keine Zeit zum Spielen.
3. Sie haben keine Lust, aus dem Haus zu gehen.
4. Sie gehen mit Ihrer Freundin in die Stadt.
5. Sie sollen mehr Deutsch lesen.
6. Sie sollen mit Ihren Eltern schwimmen gehen.
7. Sie sollen im Garten arbeiten, bevor Sie zum Sportfest gehen.
8. Sie dürfen zum Sportfest mitfahren.
9. Bei den Eltern Ihrer Freundin läuft das Fernsehen den ganzen Tag.
10. Sie haben vergessen, frische Milch einzukaufen.
11. Sie können Ihren Tennisschläger nicht finden.
12. Ihr kleiner Bruder hat sich beim Fußballspielen am Bein verletzt.

Die kleine Sabine findet es toll, daß sie Eis essen darf.

Es ist prima, wenn sie mit dem Motorrad fahren.

Der Bankraub°

Have students cut out an article of a recent criminal activity that took place in their town and describe it in one or two paragraphs.

Ein sehr kurzer Krimi soll für die Zeitung geschrieben werden. Sie müssen die Geschichte zu Ende schreiben, denn der Journalist ist krank geworden. Er hat diese Notizen für Sie auf dem Tisch liegen lassen:

Alles schien Detlef Müller so leicht: Da war die Bank. In der Tasche war die Pistole. Er brauchte Geld. Nur das Geld wollte er nehmen. Keiner sollte verletzt werden. Als er dem Bankangestellten die Pistole vors Gesicht hielt, machte es „Peng". So hatte er sich den Bankraub nicht vorgestellt ... Ende?

(*der Bankraub* bank robbery)

8. Was ist schon passiert? Was fehlt? Wie geht die Sache (lustig) zu Ende?

Ein paar Ideen, wie der Mini-Krimi weitergehen könnte:

- Der Bankangestellte macht die Kasse mit einem lauten „Peng" zu und sagt: „Wir haben geschlossen. Kommen Sie morgen wieder." Detlef wollte niemanden verletzen und verließ sofort die Bank.

- Aus der Pistole von Detlef Müller wird geschossen und der Bankangestellte fällt hin. Da ruft der Kameramann: „Wir müssen das noch einmal machen. Mein Film war zu Ende."

- Eine mutige Bankangestellte hat einen Schuh an Detlef Müllers Kopf geworfen. Detlef Müller fällt hin und die Polizei holt ihn ab.

Wie geht diese Geschichte Ihrer Meinung nach zu Ende? Erzählen Sie den anderen in der Klasse, wie die Geschichte zu Ende geht. Schreiben Sie Ihr Ende der Geschichte auf.

WB7

Wir machen Geschichten

9. Alle in der Klasse machen jetzt mit. Eine(r) sagt, was passiert ist und nennt dann den Namen einer anderen Person in der Klasse, die weiter erzählen soll. Alle schreiben auf, was von den Leuten in der Klasse gesagt wird.

Hier sind ein paar Fragen, die bei jeder Geschichte helfen. Denken Sie immer an die Ausgangssituation (beginning of the story) und sagen Sie Sätze, die auf die folgenden Fragen Antwort geben oder die Ausgangssituation weiter beschreiben.

1. Wer oder was hat etwas gemacht?
2. Wo ist das passiert?
3. Wann ist das passiert?
4. Wie ist das passiert?
5. Wer war dabei?
6. Wer hat das gesehen?
7. Warum ist das passiert?
8. Für wen ist es gut/schlecht, daß das passiert ist?
9. Warum ist das wichtig?
10. Wie endet die Geschichte?
11. Werden Sie Ihren Freunden diese Geschichte erzählen?
12. Warum werden Sie sie vielleicht nicht erzählen?

1. Person: Gestern habe ich unseren Mathelehrer gesehen.
2. Person: Er lag im Park und spielte mit einer Katze.
3. Person: Es war vier Uhr nachmittags.
4. Person: Er war zu müde, nach Hause zu gehen.
5. Person: Das tut er jeden Tag, weil die Katze im Park auf ihn wartet.

Wenn jeder in der Klasse etwas gesagt hat, liest eine Person noch einmal alles vor, was schon gesagt worden ist. Wie finden Sie die Geschichte? Interessant? Langweilig? Wichtig? Unwichtig? Dumm? Lustig? Spannend? Sagen Sie Ihre Meinung dazu.

Hopes and wishes

Often we say things that are wishes or hopes and not real facts or conditions. German expresses hopes and wishes, all ideas which are contrary to fact, in the subjunctive. Let's review the present subjunctive II forms of *haben* and *sein*:

Indicative (*haben*)	Subjunctive (*haben*)
This is true:	*These are hopes and wishes, unreal conditions:*
Ich *habe* Zeit.	Ich *hätte* Zeit. (I would have time.)
Du *hast* Ruhe.	Du *hättest* Ruhe. (You would have peace and quiet.)
Kerstin *hat* Ferien.	Kerstin *hätte* Ferien. (Kerstin would have a vacation.)
Wir *haben* eine Party.	Wir *hätten* eine Party. (We would have a party.)
Ihr *habt* kein Auto.	Ihr *hättet* kein Auto. (You wouldn't have a car.)
Sie *haben* schönes Wetter.	Sie *hätten* schönes Wetter. (They would have nice weather.)

Sie hätte gern mehr Wurst gekauft.

Indicative (*sein*)	Subjunctive (*sein*)
This is true:	*These are hopes and wishes, unreal conditions:*
Ich *bin* Sportler.	Ich *wäre* Sportler. (I would be an athlete.)
Du *bist* schnell.	Du *wärest* schnell. (You would be fast.)
Tanja *ist* ein Tennis-Profi.	Tanja *wäre* ein Tennis-Profi. (Tanja would be a tennis pro.)
Wir *sind* eine Gruppe.	Wir *wären* eine Gruppe. (We would be a group.)
Ihr *seid* keine Angestellten.	Ihr *wäret* keine Angestellten. (You wouldn't be employees.)
Sie *sind* hier.	Sie *wären* hier. (They would be here.)

Hopes and wishes using a *würde* construction

As you have seen, the subjunctive is used to express wishes, hopes and desires. There is also another way of expressing contrary-to-fact conditions in German, comparable to English structures with *would*: the use of *würde* + the infinitive of the action verb.

Indicative	Subjunctive
This is true:	*These are hopes and wishes, unreal conditions:*
Ich *bin* Ärztin.	Ich *würde* Ärztin *sein*. (I would be a doctor.)
Du *hast* Zeit.	Du *würdest* Zeit *haben*. (You would have time.)
Rolf *verdient* viel Geld.	Rolf *würde* viel Geld *verdienen*. (Rolf would earn a lot of money.)
Wir *bilden* eine Mannschaft.	Wir *würden* eine Mannschaft *bilden*. (We would make a team.)
Ihr *seht* nicht *fern*.	Ihr *würdet* nicht *fernsehen*. (You would not watch TV.)
Sie *kommen* pünktlich.	Sie *würden* pünktlich *kommen*. (They would arrive on time.)

10. **Was würden Sie jetzt gern tun? Benutzen Sie die folgenden Ideen, um zu sagen, was Sie jetzt gern tun würden. Bilden Sie selbst noch ein paar Sätze.**

☐ im Restaurant essen
Ich würde jetzt gern im Restaurant essen.

Sie würden jetzt gern ein paar Karten kaufen.

(Answers follow the same pattern.)

1. mit meinen Eltern einen Computer kaufen
2. der Karin einen Brief schreiben
3. eine Stunde Handball spielen
4. zum Training gehen
5. Musik aufnehmen
6. ins Eiscafé gehen
7. meine Freunde treffen
8. Abendessen machen
9. Fotos ansehen
10. einen neuen Pulli kaufen gehen
11. meine Jeans waschen
12. meine Tennisschuhe putzen lassen

WB9

If-then clauses

Expressing what you *would* do *if* other conditions prevailed also requires the use of the subjunctive in German. Usually, the present subjunctive II forms you have already practiced appear in the "if-clause;" a construction using *würde* and the infinitive of the action verb appears in the clause which states what the result would be the so-called "then-clause."

Suppose you have no time, but you want to discuss what you would do if you had time. Note that it's a fact that you do not actually have time.

Wenn ich Zeit hätte, würde
ich joggen.

(If I had time, [then] I would
jog.)

Wenn ich Zeit hätte, würde ich
mitkommen.

(If I had time, [then] I would
come along.)

A note about word order in unreal conditions: since *wenn* is a subordinating conjunction, the verb is the last element in that clause. If the *wenn* clause appears first, the verb is the first element in the main clause.

Wir würden das Spiel toll finden, wenn viele Tennis-Profis spielten.
Wenn viele Tennis-Profis spielten, würden wir das Spiel toll finden.

11. **Wann wäre ein Tennisspiel spannend? Beschreiben Sie ein ideales Spiel.**

❏ Steffi Graf gegen Michael Stich spielen / ein Spiel lange dauern
Wenn Steffi Graf gegen Michael Stich spielte, würde ein Spiel lange dauern.

1. viele Tennis-Profis spielen / viele Zuschauer kommen
2. viele Zuschauer zum Spiel kommen / das Stadion voll werden
3. fünf Sätze das Spiel entscheiden / die Spieler gut spielen
4. die Spieler ausgezeichnet sein / die Zuschauer sich freuen
5. die Meisterschaft ein Grand Slam sein / das Fernsehen das Spiel zeigen
6. mein Freund da sein / ich Karten bekommen
7. ich auch spielen / ich lange trainieren
8. der Schiedsrichter nicht fair sein / die Zuschauer es anders sehen

12. **Jetzt wiederholen Sie die letzte Übung mit einer anderen Wortfolge (word order). Passen Sie auf, wo das Verb steht!**

❏ ein Spiel lange dauern / Steffi Graf gegen Michael Stich spielen
Ein Spiel würde lange dauern, wenn Steffi Graf gegen Michael Stich spielte.

1. viele Zuschauer kommen / viele Tennis-Profis spielen
2. das Stadion voll werden / viele Zuschauer zum Spiel kommen
3. die Spieler gut spielen / fünf Sätze das Spiel entscheiden
4. die Zuschauer sich freuen / die Spieler ausgezeichnet sein
5. das Fernsehen das Spiel zeigen / die Meisterschaft ein Grand Slam sein
6. ich Karten bekommen / mein Freund da sein
7. ich lange trainieren / ich auch spielen
8. die Zuschauer es anders sehen / der Schiedsrichter nicht fair sein

Würde + infinitive in both clauses

Although it is generally true that a single present subjunctive II form is used in the if-clause and *würde* + infinitive in the then-clause, it is also possible for *würde* constructions to occur in both clauses.

Wir würden das Spiel toll finden, wenn viele Tennis-Profis spielen würden.

(We would find the game great if many tennis pros would play.)

13. **Sagen Sie, wie Sie sich fühlten, wenn alles besser klappen würde.**

❑ Sie gewinnen keinen Satz. (froh sein)
Ich würde froh sein, wenn ich einen Satz gewinnen würde.

1. Sie finden den Tennischläger nicht. (spielen können)
2. Ihre Freundin kommt nicht zum Spiel. (glücklich sein)
3. Der Tennisplatz ist nicht frei. (sich nicht ärgern)
4. Sie spielen nicht. (sich fit fühlen)
5. Sie bekommen kein Abendessen. (keinen Hunger haben)
6. Der Kühlschrank ist nicht voll. (sich freuen)
7. Keiner ist zu Hause. (keine Angst haben)
8. Das Fernsehprogramm ist nicht interessant.
   (es nicht langweilig finden)

Rollenspiel: **Was halten Sie vom Tennis?**

14. **Fragen Sie in Ihrer Klasse, wer Tennis besonders gern hat. Suchen Sie zwei Personen, die den anderen in der Klasse die folgenden Fragen stellen. Es geht um Folgendes: Die beiden sollen die Leute in der Klasse fragen, ob die Aussagen 1 bis 8 für sie stimmen oder nicht. Die beiden dürfen, wenn sie wollen, jede negative Antwort selbst kommentieren.**

❑ Tennis ist ein schneller Sport. Karen, ist das so?
Karen: Ich würde der Aussage zustimmen. Tennis ist ein schneller Sport.

Tennis ist für reiche Leute. Paul, ist das so?
Paul: Das würde ich nicht so sehen. Tennis ist für alle Leute.

1. Tennis ist spannend und sportlich.
2. Andere Sportarten sind besser.
3. Tennis ist toll, weil man an der frischen Luft ist und mit seinen Freunden spielen kann.
4. Andere Sportarten sind nicht so interressant wie Tennis.
5. Tennisspieler verdienen zu viel Geld.
6. Die Tennisregeln sind zu kompliziert.
7. Die Schiedsrichter sind nicht fair.
8. Frauen spielen nicht so hart wie Männer.

Gesellschaftsspiele°

In ihrer Freizeit spielen viele Deutsche gern Spiele. Abends sitzen die Mitglieder der Familie am Wohnzimmertisch und spielen Karten oder ein Brettspiel°. *Schach* und *Dame*° sind beliebte Spiele, die auf einem Brett° gespielt werden. Die Deutschen spielen Schach oft in Schachklubs. Dort gibt es Schachturniere° und man trifft viele Spieler. Einmal in der Woche treffen sich die Mitglieder eines Schachklubs und spielen miteinander. Man muß den König des Gegners besiegen°. Wenn sich der König nicht mehr bewegen° kann, ist er „Schachmatt"°. In vielen Familien ist *Mensch ärgere dich nicht* das beliebteste Brettspiel. Bei diesem Spiel muß man vier kleine Figuren vom Start bis ins Ziel würfeln°. Das Problem ist aber, daß manchmal zwei Figuren auf dasselbe Feld wollen. Dann muß der, der zuerst auf dem Feld stand, wieder zurück zum Start. Darüber ärgern sich viele Leute und das Spiel hat aus diesem Grund seinen Namen: *Mensch ärgere dich nicht.*

Skat ist ein Kartenspiel, das besonders die Männer spielen. Drei Spieler spielen mit 32 Karten und zählen° ihre Punkte. Wer die meisten Punkte bekommt, gewinnt das Spiel. Viele Frauen spielen lieber *Doppelkopf*. Beim *Doppelkopf* spielen vier Personen. Immer zwei spielen gegen die anderen beiden. Beim Kartenspiel ist der Abend schnell vorbei. *Bridge* kennen einige Deutsche auch, aber nur wenige Leute spielen es. Es ist aber sehr beliebt in England und Amerika.

Es gibt auch Spiele, die man im Garten oder im Park spielt. Beim *Boccia* muß man mit einer großen Kugel° so nahe wie es geht an eine kleine Kugel werfen. Wer am nächsten bei der kleinen Kugel liegt, gewinnt. Ein ähnliches Spiel kommt aus Frankreich, wo es *Boule* heißt und mit schweren Kugeln aus Stahl° statt mit Plastikkugeln° gespielt wird. Auch hier muß man mit einer Stahlkugel so nahe es geht an eine kleine Holzkugel werfen.

Skat ist heute noch eines der beliebtesten Kartenspiele.

Schach wird auf einem Brett gespielt.

Es gibt auch viele Spiele, die die Amerikaner in Deutschland verkaufen. *Monopoly* und *Risiko* sind zwei davon. Beim *Monopoly* versucht man viel Geld zu verdienen und Häuser und Hotels zu kaufen. Beim *Risiko* kämpfen die Spieler um Länder und Kontinente. *Mastermind* ist ein anderes Spiel aus den USA, das viele Leute in Deutschland gern spielen. Man muß dabei eine Kombination von Farben raten°.

(*das Gesellschaftsspiel* party game; *das Brettspiel* board game; *Dame* checkers; *das Brett* board; *das Schachturnier* chess tournament; *besiegen* to win against; *bewegen* to move; *Schachmatt* checkmate; *würfeln* to roll the dice; *zählen* to count; *die Kugel* ball; *der Stahl* steel; *die Plastikkugel* plastic ball; *raten* to guess)

Textverständnis

15. Welche Teile passen zusammen?

e 1. Während Skat für drei Spieler ist,
a 2. Am meisten ärgern sich die Leute,
d 3. Aus Italien kommt *Boccia*,
f 4. Bekannte Spiele kommen aus Amerika,
b 5. Eine Kombination von Farben muß man
c 6. Schach ist ein bekanntes Brettspiel,

a. wenn sie *Mensch ärgere dich nicht* spielen.
b. beim *Mastermind* raten.
c. das viele Leute in Klubs spielen.
d. das dem französischen *Boule* ähnlich ist.
e. braucht man für *Doppelkopf* vier.
f. wie zum Beispiel *Monopoly* und *Risiko*.

Wer wird wohl gewinnen?

16. Welche Spiele würden Sie spielen, wenn Sie ein paar Monate in Deutschland leben würden? Was wissen Sie über die Spiele?

❑ Schach
Ich würde Schach spielen. Ich würde den König meines Gegners „Schachmatt" setzen. Ich würde in einen Schachklub gehen.

1. Mensch ärgere dich nicht
2. Doppelkopf
3. Boccia
4. Monopoly
5. Mastermind
6. Risiko
7. Skat

Sample answers: 1. Man muß vier kleine Figuren vom Start bis ins Ziel würfeln. Wenn zwei Figuren auf ein Feld kommen, muß der erste Spieler seine Figur wieder zum Start tun. 2. Vier Personen spielen dieses Spiel. Zwei Leute spielen gegen die anderen beiden. 3. Beim *Boccia* muß man seine Kugeln sehr nahe an eine kleine Kugel werfen. 4. Beim *Monopoly* wollen die Spieler Häuser und Hotels kaufen. 5. Man muß in diesem Spiel eine Kombination von Farben raten. 6. Beim *Risiko* kämpfen die Spieler um Länder und Kontinente. 7. *Skat* hat drei Spieler, die ihre Punkte zählen. Wer die meisten Punkte hat, gewinnt.

Fragen Sie die Leute in Ihrer Klasse, welche Spiele sie gern zu Hause spielen. Fragen Sie dann, wie das Spiel geht.

WB11

This game can be expanded by substituting other categories such as Vorname, Kleidungsstück, Sport und Freizeit, or more specifically related to the language such as Hauptwort, Verb, Adjektiv/Adverb.

Stadt, Land, Fluß

Stadt	Land	Fluß	Punkte
Aachen	Amerika	Alster	3
Dortmund	Dänemark	Donau	3
Frankfurt	Frankreich	—	2
München	—	Main	2
—	Spanien	—	1

Spielregeln

1. Machen Sie sich eine Tabelle wie hier im Buch. Eine Kategorie für *Stadt*, eine für *Land* und eine für *Fluß*.
2. Eine Person buchstabiert° laut das ABC, bis einer aus der Klasse „Stop!" ruft. Der Buchstabe°, bei dem die Person angekommen ist, ist der Anfangsbuchstabe für jede Stadt, jedes Land und jeden Fluß.
3. Jeder schreibt eine Stadt, die mit dem Buchstaben anfängt, dann ein Land, dann einen Fluß. Die Stadt und der Fluß müssen nicht in demselben Land sein. Wer alle drei Wörter zuerst geschrieben hat, ruft: „Stop!" Dann darf in der Klasse keiner mehr schreiben.
4. Jeder, der in diesem Moment alle drei Namen gefunden hat, schreibt sich drei Punkte auf. Wer nur zwei Wörter hat, bekommt zwei Punkte. Wer nur ein Wort hat, bekommt nur einen Punkt.
5. Jetzt buchstabiert eine andere Person da weiter, wo die erste Person mit dem Buchstabieren aufgehört hat. Am Ende des Alphabets geht es wieder bei „A" los.
6. Wer zuerst 15 Punkte hat, gewinnt das Spiel.
7. Variation: Außer ausländischen Ländern, Städten und Flüssen dürfen Sie auch amerikanische Staaten, Städte und Flüsse schreiben.

(*buchstabieren* to spell; *der Buchstabe* letter [of the alphabet])

Frühsport°

Have students write a narrative or dialog based on their experience of *Frühsport*.

Morgens müssen die Familien sich für den Tag fertig machen. Das ist nicht so einfach, wenn man wie Birgit noch zwei Schwestern und einen Vater und eine Mutter hat, aber nur ein Badezimmer. Dann muß man darüber sprechen, wer wann duschen kann. Fast jeden Morgen gibt es den Kampf° um die ersten Plätze. Lesen Sie die beiden Situationen.

Es ist Sonntag. Die Mutter geht in Birgits Zimmer. Birgit ist schon wach° und sitzt im Bett.

Mutter: Guten Morgen, Birgit. Laß dir Zeit, ich will mich schnell duschen, anziehen und das Frühstück zubereiten. Wenn ich mit dem Duschen fertig bin, kannst du dich schon mal waschen und duschen. Mia und Silke schlafen noch. Papa ist schon im Garten.

Birgit: Ja, Mama. Ich kämme dir die Haare, wenn du dich geduscht hast. Ich bin nicht mehr müde. Papa hat sich schon fertig gemacht, nicht? Ich stehe jetzt auf und koche uns Kaffee. Während ich in der Küche beschäftigt bin, kannst du dir die Zähne putzen, dich duschen und dich anziehen.

Mutter: So machen wir es. Mach du heute mal das Frühstück. Es ist schön, wenn die Kinder groß werden und helfen. Wenn ich mich angezogen habe, kannst du mir dann schnell die Haare kämmen.

Birgit: Gut. Mach dich fertig. Dann frühstücken wir in der Küche. Endlich ist das Duschen mal kein Frühsport.

Es läuft aber nicht immer so gut. Oft ist es wie Frühsport, wenn jeder rennen muß, um schnell fertig zu werden. Birgits Schwestern Silke und Mia wollen zur gleichen Zeit wie Birgit ins Badezimmer. Da muß man schnell sein, will man sich duschen und auch noch Zeit fürs Frühstück haben.

Am Montag fängt die Woche an, und keiner hat mehr Zeit. Heute sieht es etwas anders aus:

Silke: Mama, Birgit, Mia, ich wollte euch nur sagen, ich will mich jetzt als erste duschen.

Mia: Wir wollen doch mal sehen, wer schneller ist. Ich hab' heute keine Zeit, auf dich zu warten.

Silke:	Nee, warte, du Drache! Paß auf, ich komme zuerst dran. Du brauchst immer am längsten.
Birgit:	Wird wohl doch wieder Frühsport werden. Ich war zuerst da. Laß mich rein.
Mutter:	Aus dem Weg, ich war die erste. Ihr müßt einen Moment warten — bin gleich fertig.

Mutter rennt ins Badezimmer. Die Tür kracht zu°. Mutter duscht sich. Sie muß in 20 Minuten im Büro sein. Montags gibt es für sie meistens kein Frühstück, weil sie keine Zeit hat.

(*der Frühsport* morning exercises; *der Kampf* fight, struggle; *wach sein* to be awake; *zukrachen* to slam shut)

Textverständnis

18. **Beantworten Sie die Fragen zum Text.**

1. Keiner will montags morgens warten. 2. Die Mutter duscht sich zuerst. 3. Mia braucht immer am längsten. 4. Sie nennt ihn „Frühsport", weil man rennen muß. 5. Sie macht das Frühstück. 6. Sie hat keine Zeit dafür.

WB12

1. Warum ist montags mehr vorm Badezimmer los als sonntags?
2. Wer duscht sich sonntags zuerst?
3. Wer braucht immer am längsten?
4. Warum nennt Birgit den Kampf ums Badezimmer „Frühsport"?
5. Was tut Birgit in der Küche, während die Mutter sich duscht?
6. Warum gibt es montags oft kein Frühstück für die Mutter?

Spielend lernen

Wir gehen alle für ein paar Monate in Ingolstadt zur Uni. Dort lernen wir Deutsch und viele andere Fächer. Einer unserer Professoren ist Herr Bauer, der auch freier Künstler ist. Er kommt jeden Montag in unsere Klasse, um Kunst und Kunstgeschichte mit uns zu machen. Wir gehen oft in die Ausstellungen und Museen hier in Ingolstadt. Wir sind eine Gruppe von 16 amerikanischen Studenten, die sechs Monate lang in Bayern studieren. Wir wollen euch erzählen, was wir bei Herrn Bauer gemacht haben, als wir ihn in seinem Studio besucht haben. Er wohnt nicht hier, sondern in Eichstätt, einer Universitätsstadt 24 Kilometer nördlich von Ingolstadt. Wir sind mit dem Zug nach Eichstätt gefahren und haben uns auf dem Weg zum Studio die tollen alten Häuser angesehen. Eichstätt liegt beim Altmühltal, das ihr ja schon kennengelernt habt. Ist es nicht fantastisch, daß wir nicht immer im Klassenzimmer sitzen müssen, um etwas zu lernen? Wir sehen uns alles viel lieber selbst an. Das macht mehr Spaß, als immer nur in Büchern zu lesen.

Durchs Kreuztor gehen wir zur Uni.

Wir besuchen mit unserer Gruppe Ausstellungen.

Ingolstadt von oben: eine tolle Architektur

Wir besuchen die Eichstätter Thomaskirche.

Ein anderes Portrait, das
Herr Bauer gemalt hat.

Herr Bauer erklärt Angela
und Maggie, wie er
dieses Portrait gemalt hat.

Einen Pinsel hat sie
im Mund.

Wir besuchten erst ein paar alte Kirchen, deren Namen wir vergessen haben. Aber innen° sahen sie unglaublich schön aus. Bei uns zu Hause gibt es keine so schönen und großen Kirchen. Herr Bauer erzählte uns von den Epochen der Architektur und nach drei Stunden gingen wir zu seinem Studio. Dort wollten wir praktisch lernen, wie man Farben zu einem Bild vereinigt. Bevor wir anfingen zu malen, diskutierten wir unseren Plan. Herr Bauer erklärte uns ein paar seiner Bilder, damit wir ein Gefühl dafür bekamen. Angela und Maggie hörten gut zu, als er sein Portrait erklärte. Dann ging es los. Jeder malte mit. Julia hatte einen Pinsel° im Mund, während sie mit dem anderen Pinsel malte. Das Bild wurde langsam fertig. Als wir es fertig gemalt hatten, waren wir alle sehr stolz auf unsere Leistung. Herr Bauer meinte, daß wir sehr gut als Team gearbeitet hätten. Er war erstaunt, daß es so gut aussah, obwohl 16 Leute und er daran gemalt hatten. Unser Bild ist jetzt in einer Ausstellung in Ingolstadt. Heute war einer der schönsten Tage, weil wir selbst etwas gemacht haben, nicht nur etwas gelernt.

Ein paar Wochen nach dem Besuch in Eichstätt fuhren wir dann zu einem amerikanischen Maler nach Altomünster. Professor Gaudnek hat einen anderen Stil als Herr Bauer. Er malt mit mehr Farbe und mit klareren Formen. Herr Gaudnek ist Kunstprofessor an einer Uni in Florida. Er arbeitet aber jedes Jahr viele Monate in Altomünster. Ihr seht hier ein paar der Bilder, die wir bei Professor Gaudnek ansehen durften. Er meinte, daß er gerade religiöse Bilder male, die ein Kunde bestellt habe. Er geht oft in die Kirchen in Altomünster, um sich neue Ideen zu holen. Er meinte, daß er solche Bilder in Amerika nicht malen könne, weil ihm

Ein Kunde sieht sich die bestellten Bilder an.

Ein altes Haus in Altomünster

die Vorbilder fehlen würden. Im Museum der Stadt Ingolstadt haben wir Bilder von Herrn Gaudnek und Herrn Bauer gesehen. Das hat uns sehr stolz gemacht, weil wir so gute Lehrer haben. Welche Bilder uns besser gefallen? Die meisten finden zuerst die bunten Bilder schöner, aber am Ende würden sie doch ein Bild vom Herrn Bauer wählen, meinten viele.

(*innen* inside; *der Pinsel* paintbrush)

Textverständnis

19. Was stimmt mit den Aussagen über den Text nicht?

1. Sie studieren sechs Monate dort. 2. Es ist in Eichstätt. 3. Sie malen das Bild im Studio. 4. Er malt sie in Altomünster. 5. Sie fuhr mit dem Zug. 6. Sie sahen sich die Kirchen und Häuser in Eichstätt an. 7. Herr Bauer hat es gemalt und er erklärt es. 8. Sie hängen im Museum.

WB13

1. Die Studenten studieren vier Jahre in Bayern.
2. Das Studio von Professor Bauer ist in Ingolstadt.
3. Die Studenten malen ein Bild in der Thomaskirche.
4. Professor Gaudnek malt religiöse Bilder in Florida.
5. Die Gruppe fuhr mit dem Bus nach Eichstätt, um Herrn Bauer zu besuchen.
6. Bevor sie zum Studio gingen, sahen sie sich das Altmühltal an.
7. Angela hat ein Portrait gemalt, das sie Herrn Bauer erklärt.
8. Im Stadttheater hängen Bilder von Herrn Bauer und Herrn Gaudnek.

Verb-preposition combinations

You already know that many verbs are used in combination with prepositions to generate specific, often idiomatic, meanings. In English, the verb "to wait" has a different meaning than the verb-preposition combination "to wait on." Other prepositions may be used with the same verb to create different meanings: "to wait for" is different than "to wait on," for example. In German, many reflexive verbs, as well as other verbs, combine with prepositions for specific meanings. If the verb combines with a two-way preposition, you must learn the case used.

sich ärgern über (+ accusative; to be mad, angry about)
Ich ärgere mich über das schlechte Spiel.

sich beteiligen an (+ dative; to participate in)
Warum beteiligt ihr euch nicht an der Küchenarbeit?

sich beeilen mit (+ dative; to hurry with)
Michaela hat sich mit der Reparatur beeilt.

sich beschäftigen mit (+ dative; to keep oneself occupied with)
Am Wochenende beschäftigten sich viele Leute mit ihren Autos.

Students often have difficulty understanding the difference between *sich freuen über* and *sich freuen auf*. Explain that *sich freuen über* refers to something that has already occurred; *sich freuen auf* anticipates something yet to come.

denken an (+ accusative; to think about)
An wen denken Sie oft, Frau Homberger?

sich freuen auf (+ accusative; to look forward to)
Wir freuen uns auf den Wettkampf am Samstag.

sich freuen über (+ accusative; to be happy about)
Ich habe mich so über mein Surfbrett gefreut, wie du dich über deins gefreut hast, Ralf.

sich gewöhnen an (+ accusative; to get accustomed to)
Ich kann mich nicht an meine neue Brille gewöhnen.

handeln von (+ dative; to deal with)
Der Film hat von einer Kommissarin und ihrem Assistenten gehandelt.

sich lohnen für (+ accusative; to be worth your while)
Lohnte sich die Ausbildung für Sie, Herr Rollingen?

sprechen über (+ accusative; to talk about)
Sprich nicht über deine Probleme, Manfred.

sich unterhalten über (+ accusative; to talk/converse about)
Ich unterhalte mich gern über den tollen Sport.

warten auf (+ accusative; to wait for)
Morgens warten wir auf den Bus.

20. Bilden Sie neue Sätze mit den Wörtern in Klammern.

❏ *Unser Lehrer* beschäftigt sich mit Computern. (du)
Du beschäftigst dich mit Computern.

1. Unser Trainer spricht ...
2. Keiner freut sich ...
3. Mia und Silke unterhalten sich mit ihrer Freundin.
4. ... die Zeit ... 5. Frau Pauls spricht ... 6. Mein Lehrer ärgert sich ...
7. Ich beschäftige mich ...
8. Denkt ihr ... 9. Kleine Kinder ärgern sich ...
10. Beteiligen Sie sich ...

WB14

1. *Ich* spreche über die neue Mannschaft. (unser Trainer)
2. *Alle* freuen sich auf die neue Trainerin. (keiner)
3. *Ich* unterhalte mich mit meiner Freundin. (Mia und Silke)
4. Lohnt sich *die Arbeit* für dich? (die Zeit)
5. *Ein alter Besucher* spricht mit mir. (Frau Pauls)
6. *Sie* ärgert sich über den dummen Brief. (mein Lehrer)
7. *Wir* beschäftigen uns zwei Stunden lang mit dem Training. (ich)
8. Denken *Sie* immer an die anderen Fahrer? (ihr)
9. *Die Spieler* ärgern sich, wenn sie verlieren. (kleine Kinder)
10. Beteiligst *du* dich gern an Spielen? (Sie)

21. Welche Präpositionen fehlen?

mit   1. In seiner Freizeit beschäftigt sich Dirk ____ Romanen.

an   2. Denkst du manchmal ____ deine schönen Ferien?

an   3. Beteiligen Sie sich ____ dem Monopoly-Spiel heute abend?

auf   4. Wie lange warten Sie schon ____ den Bus?

für   5. Ich muß mir den Aktienkurs ansehen, denn das lohnt sich ____ mich.

an   6. Ich kann mich einfach nicht ____ meine neuen Nachbarn gewöhnen.

von   7. Der Roman handelt ____ einem Politiker, der in New York für die deutsche Botschaft arbeiten will.

über   8. Karla möchte sich lieber einen Film ansehen als sich ____ den interessanten Roman zu unterhalten.

über   9. Wir müssen jetzt ____ deine Schulprobleme sprechen, Oliver.

auf   10. Ich freue mich schon jetzt ____ unsere Europareise.

Über   11. ____ dein Geschenk habe ich mich sehr gefreut.

über   12. Beim Spielen ärgere ich mich oft ____ mich selbst.

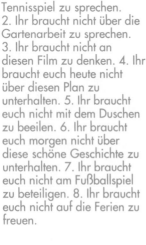

22. **Stellen Sie Ihren Klassenkameraden diese Fragen. Wenn es geht, sollen sie auch sagen, warum es so ist.**

❏ Worauf freust du dich besonders?
Ich freue mich besonders auf Sonntag, weil ich dann segeln kann.

(Answers will vary.)

1. Worüber ärgerst du dich manchmal?
2. An welchen Sportarten beteiligst du dich gern?
3. Worauf freut sich dein Vater oft?
4. Mußt du während der Woche auf einen Bus warten?
5. Womit beschäftigt sich deine Mutter am liebsten?
6. Welche Arbeit lohnt sich für dich?
7. Denkst du oft ans Wochenende?
8. Worüber sprechen deine Freunde am liebsten?
9. Beeilst du dich immer mit deinen Hausaufgaben?
10. Sprechen deine Nachbarn über ihren Garten?
11. Womit beschäftigen sich viele Deutsche gern?
12. Wovon handelte der letzte Film, den du gesehen hast?

23. **Sagen Sie anderen in der Klasse, daß sie dies nicht zu tun brauchen.**

❏ Sollen wir uns mit diesem Buch beschäftigen?
Ihr braucht euch nicht mit diesem Buch zu beschäftigen.

Müssen wir uns mit dem Essen beeilen?
Ihr braucht euch nicht mit dem Essen zu beeilen.

1. Ihr braucht nicht über das Tennisspiel zu sprechen.
2. Ihr braucht nicht über die Gartenarbeit zu sprechen.
3. Ihr braucht nicht an diesen Film zu denken. 4. Ihr braucht euch heute nicht über diesen Plan zu unterhalten. 5. Ihr braucht euch nicht mit dem Duschen zu beeilen. 6. Ihr braucht euch morgen nicht über diese schöne Geschichte zu unterhalten. 7. Ihr braucht euch nicht am Fußballspiel zu beteiligen. 8. Ihr braucht euch nicht auf die Ferien zu freuen.

1. Müssen wir über das Tennisspiel sprechen?
2. Müssen wir über die Gartenarbeit sprechen?
3. Sollen wir an diesen Film denken?
4. Sollen wir uns heute über diesen Plan unterhalten?
5. Sollen wir uns mit dem Duschen beeilen?
6. Wollen wir uns morgen über diese schöne Geschichte unterhalten?
7. Sollen wir uns am Fußballspiel beteiligen?
8. Wollen wir uns nicht auf die Ferien freuen?

Die Schüler müssen sich mit dem Englischbuch beschäftigen.

388

Mini-Krimi (Folge 2)

Der Verdacht°

Role-playing: Have each student select the part of one of the characters and role-play individual sections to the best of their ability.

Was bisher geschah: Der kleine Michael Kampmeier und sein Kindermädchen Tatjana sind nicht nach Hause gekommen. Es scheint, als wäre Michael entführt worden. Aber es gibt noch keine sicheren Gründe, an eine Entführung° zu glauben. In der ersten Folge des Krimis „Die Tat" haben Sie einige Personen kennengelernt, die mit diesem Fall zu tun haben. Kommissar Balzer war bei Familie Kampmeier. Nachdem er alle gefragt hatte, meinte er: „Hier stimmt etwas nicht." Heute morgen hatte er das Bild des Kindermädchens und Michaels bereits in der Zeitung gesehen. Die Journalisten waren wieder einmal schneller gewesen, als es ihm recht war. Da stand zu lesen: **„Kindermädchen, Kleinkind — entführt?"** In dem Artikel war aber nichts Neues. Einige Tatsachen° widersprechen° sich sogar.

Samstag, 4. November, nachmittags

Kommissar Balzer fuhr mit dem Bus in die Stadt. Er ging in den Park in der Nähe des Hauses, in dem die Familie des kleinen Michael wohnt. Hier ging das Kindermädchen oft mit Michael Kampmeier spazieren, hatte man ihm erzählt. Er wollte sich den Park einmal ansehen und mit Leuten sprechen, die vielleicht oft hierherkommen.

Es war ruhig im Park. Die Sonne schien an diesem Nachmittag durch die Bäume. Balzer setzte sich auf eine Bank. In der Sonne ihm gegenüber saß eine alte Frau. Sie sah einem Mann nach, der mit einem Hund an ihr vorbeilief. Ihre und Balzers Blicke treffen sich. Er lacht ihr freundlich zu.

„Ein schöner Tag. In der Sonne sitzen und die Zeit genießen, das gefällt mir! Ihnen doch auch, nicht?"
„Es wird Winter. Aber die Sonne ist noch warm."
„Sitzen Sie jeden Tag hier?"
„Nun, so oft es geht, Herr ... ?"
„Oh, entschuldigen Sie, daß ich mich nicht vorgestellt habe. Balzer, Werner Balzer."
„Angenehm°, Gertrud Görres. Sagen Sie, Herr Balzer, ich habe Sie hier noch nie gesehen? Sind Sie nur heute hier? Sie sollten öfter kommen, denn einen schöneren Park als diesen haben wir nicht. Ja, ich komme schon seit vielen Jahren hierher. Manchmal kommen auch meine Freundinnen aus dem Altenklub mit."
„Haben Sie gestern auch hier gesessen?"

„Ich sitze jeden Tag hier, wenn es geht. Sie fragen wie einer von der Polizei."

Die alte Frau schaute den Kommissar an. Sie lächelte ihn offen an und meinte, als er nicht antwortete: „Menschenkenntnis°, Herr Kommissar. Meine Augen sind zwar nicht mehr sehr gut, aber ich weiß noch immer, wen ich vor mir habe."

„Ja, ich bin hier, um mit Leuten zu sprechen, die oft hier sind. Kennen Sie vielleicht diese Frau?" Er hielt ihr das Foto von Tatjana hin. Die alte Dame sah sich das Bild nur einen kurzen Moment lang an.
„Ach, die", sie schaute den Kommissar an, „die hat es immer eilig. Aber sie ist fast jeden Tag hier. Und die vielen anderen jungen Leute, besonders Studenten, die an der Uni studieren und hier eine Stunde Pause machen."
„War sie gestern auch hier?"
„Warten Sie mal. Aber ja, jetzt fällt es mir ein°. Gestern auch."

Balzer sagte nichts. Er hatte Glück, daß diese alte Dame den Park und seine Besucher kannte. Er wollte ihr Zeit lassen, ihm alles zu sagen, was sie wußte.

„Da war doch diese Gruppe junger Männer. Die gingen immer hinter ihr her."
„Ach."

„Ja, haben Sie es denn nicht gesehen? Das waren doch bestimmt auch die, die das Denkmal mit Farbe besprüht haben."

„Haben Sie das gesehen?"
„Nein, aber ... " Balzer unterbrach° sie. „Sind Sie sicher, daß es die Frau auf dem Foto war, die mit dem Kinderwagen im Park war?"
„Aber Herr Kommissar — das ganze passierte da hinten unter den Bäumen, aber ihre dunklen Haare habe ich genau gesehen. Und den Kinderwagen habe ich auch erkannt." Balzer dachte einen Moment lang nach.
„Danke, Frau Görres," sagte er dann.

„Am besten fragen Sie die Frau dort, mit dem gelben Kinderwagen und dem grünen Mantel. Mit der trifft sich diese Tatjana, wie Sie sie nennen, hier fast jeden Tag." Balzer kam die Frau in dem grünen Mantel bekannt vor°. Doch er erkannte sie nicht sofort. Wo hatte er sie schon einmal gesehen? Es würde ihm später wieder einfallen.
„Haben sie sich gestern auch getroffen?"
„Das kann ich Ihnen nicht sagen. Im Park war sie auf jeden Fall."

Jetzt wußte Balzer, woher er die Frau in Grün kannte. Er hatte sie auf einem von Graumanns Fotos gesehen. Es war eine Nachbarin der Kampmeiers. Es war die Nachbarin, die gesagt hatte, daß sie den kleinen Michael nicht kenne. Komisch, daß eine Nachbarin die Kinder nicht kennen wollte, die sie doch jeden Tag sehen mußte.

„Interessant", sagte Balzer zu sich selbst und stand auf. „Ich wünsche Ihnen noch einen schönen Tag."
„Auf Wiedersehen, Herr Kommissar Balzer. Und ich will hoffen, daß Sie diese Sprayer, die unser schönes Denkmal besprüht haben, fangen werden. Das geht doch nicht. Seit sechzig Jahren kenne ich das Denkmal und jetzt ist es bunt. Das ist doch kaum zu glauben. Diese jungen Leute, diese Studenten ... Das geht doch wirklich nicht."

Balzer antwortete ihr nicht weiter. Sie konnte ihm nichts mehr sagen. Es tat ihm leid, daß sie die Zeit nicht mehr verstand. Er ging langsam zurück Richtung Busstation. Am Ende des Parks stand eine Gruppe von Männern um eine Bank herum. Sie tranken aus Flaschen und sprachen laut miteinander. Balzer zeigte ihnen das Foto.

„Entschuldigen Sie, meine Herren, kennen Sie diese Frau?" Die Männer schauten ihn mißtrauisch° an. Er hörte das Wort „Bulle°", konnte aber nicht sicher sein, wer es gesagt hatte. Sie sagten nichts. Sie würden ihm nichts sagen. Er kannte diese Typen. Sie konnten die Polizei nicht leiden und man konnte nur einzeln mit ihnen reden. Balzer ließ sie stehen. Nachdem er um die Ecke gegangen war, stand plötzlich einer der

Männer vor ihm. Er war von der Bank gekommen, um die die Männer noch standen.

„Ich an Ihrer Stelle würde nach einem Mann mit blaugrünen Sachen suchen. Ja, er hatte einen Jogginganzug an."
„Was wissen Sie?"
„Ich? Nichts." Er ging an Balzer vorbei. Plötzlich stoppte er und sagte: „Ich meine, er hatte einen dunklen Bart."

Balzer ging auf den Mann zu. „Und weiter?"
„Nichts weiter, der war mit dieser Frau zusammen." Er hatte eine Zeitung aus der Tasche geholt und zeigte auf das Foto des Kindermädchens. „Sie sollten einmal genau im ganzen Park suchen. Hinter den Bäumen da."

Balzer drehte sich um und sah in die Richtung, in der die Bäume standen. Eine Sekunde später war der Mann weg. Balzer ärgerte sich, daß er ihn nicht nach seinem Namen hatte fragen können. Dies hätte ein wichtiger Zeuge° sein können. Dann ging er hinter die Bäume und wurde weiß im Gesicht. Das hatte er sich nicht vorgestellt. Das Kindermädchen Tatjana lag tot vor ihm.

Samstag, 4. November, 18.00 Uhr

Der Park ist voll von Polizisten, Journalisten mit Kameras, unternehmungslustigen Leuten und lauten Studenten. Die Polizei versuchte, dabei Besucher des Parks loszuwerden°. Wie sollte man diesen Mord° untersuchen°, wenn so viele Leute herumstanden?

Samstag, 4. November, 19.20 Uhr

Ein Polizeibeamter verhaftet° in der Nähe des Parks einen Mann im dunkelgrünen Jogginganzug. Er hatte eine Spraydose bei sich.

Samstag, 4. November, 23.00 Uhr

Der Mann sagt, er habe den Anzug im Papierkorb° gefunden, im Park. Das mit der Farbe am Denkmal gesteht° er. Er sagt, daß er einen Michael Kampmeier nicht kenne und noch nie gesehen habe. Die Polizisten müssen warten, bis Kommissar Balzer kommt. Der sitzt zu Hause und hängt die Fotos aller Personen an die Wand, die es getan haben könnten. Er hat jetzt einen konkreten Verdacht.

(*der Verdacht* suspicion; *die Entführung* abduction; *die Tatsache* fact; *widersprechen* to contradict; *angenehm* pleased to meet you; *die Menschenkenntnis* knowledge of human nature; *einfallen* to come to mind; *unterbrechen* to interrupt; *bekannt vorkommen* to seem familiar; *mißtrauisch* suspiciously; *der Bulle* cop [slang]; *der Zeuge* witness; *loswerden* to get rid of; *der Mord* murder; *untersuchen* to investigate; *verhaften* to arrest; *der Papierkorb* wastepaper basket; *gestehen* to confess)

24. Lassen Sie uns einmal rekonstruieren, was alles passiert ist, denn jetzt wissen Sie schon viel mehr. Doch war es wirklich der Mann im Jogging-Anzug? Wer ist dieser Mann? Was ist mit dem Kindermädchen wirklich passiert? Gibt es zwei Mörder oder einen? Wo ist Michael? Erzählen Sie alle Tatsachen, die Sie jetzt wissen.

❑ Wir wissen, daß Tatjana und Michael gestern im Park waren.
   Wir wissen, daß die alte Dame sie kennt.

Wer war der Täter?

Hier sind fünf Möglichkeiten, die den Mini-Krimi erklären könnten. Welche Möglichkeit scheint Ihnen die beste?

1. Möglichkeit

Dr. Kohl und Frau Kampmeier lieben sich. Sie haben Tatjana und den kleinen Michael entführt, um Geld für einen neuen Anfang zu bekommen. Dr. Kohl hat Tatjana getötet, nachdem sie ihn, Dr. Kohl, im Park erkannt hat. Dann hat er seinen Jogginganzug im Park weggeworfen, um von keinem als Mörder erkannt zu werden.

2. Möglichkeit

Das Kindermädchen Tatjana hat den kleinen Michael entführt, um schnell viel Geld zu verdienen. Ihr Partner war der Mann im Jogginganzug. Er wollte das Geld alleine haben und hat sie ermordet. Er hat das Kind jetzt noch.

3. Möglichkeit

Herr Kampmeier hat seinen eigenen Sohn entführt, weil das Kindermädchen ihn aus einem nicht bekannten Grund dazu gebracht hat. Er hat sie ermordet, weil sie immer mehr wollte. Außerdem wußte er nicht, ob sie etwas gegen ihn in der Hand hatte.

4. Möglichkeit

Herr Kampmeier wollte Tatjana viel Geld geben, damit sie aus dem Haus geht. Denn seine Frau wollte ihn verlassen, weil sie glaubte, er würde Tatjana mehr lieben als sie. Doch Tatjana wollte kein Geld, sondern Herrn Kampmeier als Ehemann. Sie hat es ihm bei einem Treffen im Park gesagt. Da hat er sie noch im Park ermordet und seinen Sohn mitgenommen. Alles sollte wie eine Entführung aussehen.

5. Möglichkeit

Die Nachbarin der Kampmeiers will etwas von dem vielen Geld der Familie Kampmeier. Sie bietet Tatjana an, Freundinnen zu sein. Für Michael spielt sie eine nette Nachbarin, die einen Freund für ihren eigenen Sohn sucht. Als die Zeit gekommen ist, entführt sie Michael im Park. Als Tatjana plötzlich nicht mehr mitmachen will, ermordet die Nachbarin sie.

WB15

25. Was meinen Sie? Welche Möglichkeit ist die richtige?

❏ Schüler 1: Ich meine, die erste Möglichkeit ist die richtige, denn Dr. Kohl und Frau Kampmeier lieben sich.

(Answers will vary.)

Schüler 2: Es tut mir leid, aber das sehe ich nicht so. Ich meine, die fünfte Möglichkeit ist die richtige, denn die Nachbarin will etwas von dem vielen Geld der Kampmeiers.

26. Wer war der Täter? Eine Person in der Klasse sagt ihren Verdacht, während eine andere Person widerspricht.

❏ Frau Kampmeier wollte Tatjana loswerden.

Schüler 1 (Verdacht):
Ich meine, Frau Kampmeier war die Täterin (perpetrator), denn sie wollte Tatjana loswerden.

Schüler 2 (Widerspruch):
Es tut mir leid, aber das sehe ich anders. Ich meine, Frau Kampmeier war nicht die Täterin.

Sample answers:
Ich meine, ...
1. Frau Kampmeier liebt ihren Mann. 2. Dr. Kohl will kein Geld haben. 3. der Unbekannte wollte das Geld nicht alleine haben. 4. die Nachbarin lügt nicht.
5. Herr Kampmeier wollte Tatjana nicht loswerden.
6. Frau Kampmeier wollte mit Dr. Kohl keinen neuen Anfang machen. 7. der Mann im Jogginganzug war nicht der Partner des Kindermädchens. 8. Dr. Kohl war nicht der Mann im Jogginganzug. 9. die Nachbarin spielt nicht nur eine nette Nachbarin.
10. Herr Kampmeier ist nicht in der Hand des Kindermädchens.

1. Frau Kampmeier liebt ihren Mann nicht mehr.
2. Dr. Kohl will Geld haben.
3. Der Unbekannte wollte das Geld alleine haben.
4. Die Nachbarin lügt.
5. Herr Kampmeier wollte Tatjana loswerden.
6. Frau Kampmeier will mit Dr. Kohl einen neuen Anfang machen.
7. Der Mann im Jogginganzug war der Partner des Kindermädchens.
8. Dr. Kohl war der Mann im Jogginganzug.
9. Die Nachbarin spielt nur eine nette Nachbarin.
10. Herr Kampmeier ist in der Hand des Kindermädchens.

Jeder dritte Einwohner Deutschlands ist Mitglied in einem Sportklub. Der beliebteste Sport ist Fußball, der auch ein großer „Zuschauersport" ist. Viele Tausende sehen jede Woche den Spielen der Bundes- und Amateurligen° zu. Diejenigen Zuschauer, die ihre Mannschaften nicht in den großen Stadien oder auf den Fußballplätzen anfeuern°, sitzen vor den Fernsehapparaten und machen als passive Teilnehmer mit.

Obwohl der Fußball schon lange an erster Stelle gestanden hat, ist Tennis in den letzten zehn Jahren weit nach oben gekommen. Heute steht dieser Sport bereits an dritter Stelle — nach dem Fußball und dem Turnen. Früher war Tennis der Sport der Reichen. Inzwischen ist er aber schon zum Volkssport geworden. Mit den großen Erfolgen der deutschen Tennisstars Steffi Graf, Boris Becker und Michael Stich ist das heutige Interesse an Tennis enorm gestiegen. Das kann man besonders an den vielen Tennisplätzen sehen, die es jetzt überall in Deutschland gibt.

(*die Bundes- und Amateurliga*
federal [first division] and amateur league;
anfeuern to cheer on,
root for)

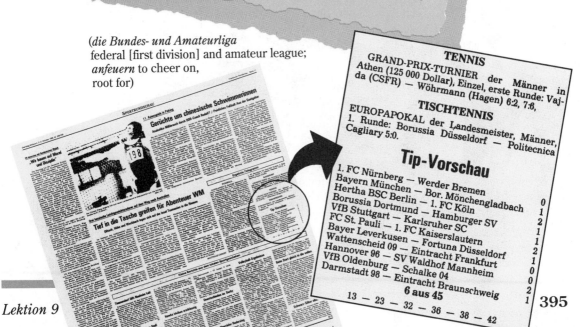

TENNIS

GRAND-PRIX-TURNIER der Männer in Athen (125 000 Dollar), Einzel, erste Runde: Vajda (CSFR) — Wöhrmann (Hagen) 6:2, 7:6,

TISCHTENNIS

EUROPAPOKAL der Landesmeister, Männer, 1. Runde: Borussia Düsseldorf — Politecnica Cagliary 5:0.

Tip-Vorschau

1. FC Nürnberg — Werder Bremen	0
Bayern München — Bor. Mönchengladbach	1
Hertha BSC Berlin — 1. FC Köln	2
Borussia Dortmund — Hamburger SV	1
VfB Stuttgart — Karlsruher SC	2
FC St. Pauli — 1. FC Kaiserslautern	1
Bayer Leverkusen — Fortuna Düsseldorf	2
Wattenscheid 09 — Eintracht Frankfurt	1
Hannover 96 — SV Waldhof Mannheim	0
VfB Oldenburg — Schalke 04	0
Darmstadt 98 — Eintracht Braunschweig	2
6 aus 45	1

13 — 23 — 32 — 36 — 38 — 42

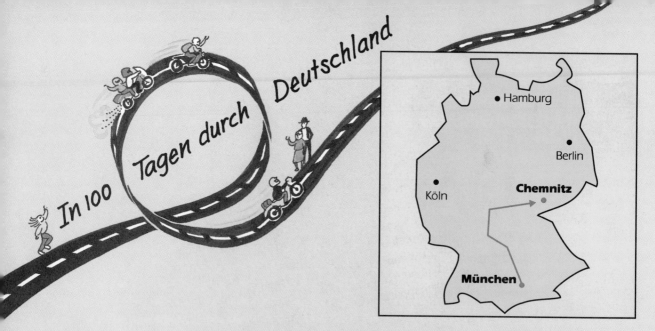

In 100 Tagen durch Deutschland

Hamburg

Berlin

Köln

Chemnitz

München

Von München nach Chemnitz (Folge 10)

Have students trace (on a map) the trip from München to Chemnitz.

München: für Alex war es die Stadt seiner Träume. Denn er war ein Fan des Fußballvereins° Bayern München. So war er mehr im Olympia-Stadion, wo „seine" Fußballmannschaft spielte und trainierte, als bei uns. Im Olympia-Stadion spielte am Samstag Bayern München gegen den Hamburger SV. Natürlich ist Alex als Fan von Bayern München dabei. Traudel geht mit ihm. Sie ist ein Fan des Hamburger SV. Wir anderen besuchten an diesem Tag das Chiemgau. Diese Gegend ist eine der schönsten in Deutschland, sagten alle.

Im Olympia-Stadion ist heute viel los.

Das Dach des Olympia-Stadions in München ist seit den Olympischen Spielen von 1972 weltberühmt.

Von welcher Mannschaft sind diese beiden Fans?

396

An der Leopoldstraße in München ist die Uni.

Das Münchner Rathaus ist bei allen Touristen beliebt.

Manche von uns liebten das Einkaufen im Zentrum der Stadt.

Traudel war ein Fan der Kultur und der Kunst. Sie besuchte die Museen und die Gebäude der Universität an der Leopoldstraße. Jens liebte die Atmosphäre der Biergärten. Dort konnten wir ihn immer leicht finden. Alle anderen liebten das Einkaufen und den Englischen Garten. Das ist ein riesengroßer Park im Zentrum der Stadt. Er bedeutet für die Münchener das, was der Central Park für die New Yorker bedeutet. Jetzt im Sommer trifft man dort viele junge Leute. Sie sonnen sich auf den Wiesen, sie unterhalten sich im Schatten der Bäume oder halten die Füße ins Wasser des Sees. Wie Ursel, Anja und Georg, die wir dort trafen, müssen viele von ihnen nach der Mittagspause wieder zur Schule, Uni oder ins Büro. Wir hatten es besser. Wir hatten Ferien. So konnten wir uns nicht nur den Englischen Garten ansehen, sondern die ganze Stadt. Wir blieben genau vier Tage. Oder besser gesagt, vier Tage und einen halben Tag. Denn wir waren abends gekommen und fuhren morgens über Schloß Nymphenburg nach Dachau.

Schloß Nymphenburg

Der Name des Ortes Dachau steht für zwölf dunkle Jahre der deutschen Geschichte. Dort ist das erste Konzentrationslager, das die Nazis gebaut hatten. Es ist eines der Symbole des Holocaust.

Wenn wir dort anhalten, um uns die zwei Baracken anzusehen, die es noch gibt (es waren früher viel mehr, aber die sind weg), dann wollen wir uns selbst damit zeigen, daß wir unsere Geschichte nicht vergessen haben und nicht vergessen werden. Obwohl oder gerade weil wir viel zu jung sind, um diese Zeit selbst gekannt zu haben. Über die Autobahn geht es weiter nach Ingolstadt, wo Barbara wohnte, bevor sie ein Stipendium für die USA bekam. Wir hielten bei ihren Eltern an, und ihr Bruder Günther erzählte uns, daß Barbara sich bei Kathy sehr wohl fühlt und vielleicht länger dort bleiben will. Günther meinte, daß Barbaras Eltern davon nicht sehr begeistert waren, weil sie sie vermißten.

Wir fuhren nach Nürnberg und sahen uns dort die alte Burg an. In einem Geschäft kaufte sich Alex eine neue Tasse, weil er keine Lust mehr hatte, aus seiner Plastiktasse zu trinken. Eine Nacht schliefen wir in der Jugendherberge am Hauptbahnhof. Diese Jugendherberge ist eine der ältesten. Die Herbergseltern meinten, nur die Jugendherberge in Altena sei noch älter. Wir verließen Nürnberg, um nach Rothenburg ob der Tauber zu fahren.

Die Burg in Nürnberg

In diesem Geschäft kaufte sich Alex eine Tasse.

Rothenburg ob der Tauber

Würzburg, mit seiner schönen Burg auf dem Berg vor der Stadt, Schweinfurt und Bad Kissingen sind die weiteren Stationen unserer Reise zurück in den Norden.

Die Würzburger Burg (Festung Marienberg) hoch auf dem Berg

Gera ist eine kulturelle Stadt.

In Eisenach steht die Wartburg, wo Martin Luther seine Thesen über eine neue Religion an die Tür geschlagen hat. Ein kleiner Fluß in einem der vielen grünen Täler des Thüringer Waldes lädt zu einer Rast ein. Den Thüringer Wald nennt man das grüne Herz Deutschlands. Peter und Jens gehen eine Strecke den Fluß hinunter und legen sich unter einem Baum schlafen. Nach viel Natur kam in Weimar dann die Kultur. Die Stadt Weimar ist so bekannt geworden, weil hier die beiden großen deutschen Dichter Goethe und Schiller einige Jahre zusammen gearbeitet haben. Jena, Gera und Chemnitz sind Städte auf unserem Weg nach Westen. Chemnitz hat viele Jahre lang einen anderen Namen gehabt. Aber jetzt ist alles wieder beim Alten. Wir sind auf dem Weg in die Kulturstadt Dresden. Darüber später mehr.

(*der Fußballverein* soccer club)

Das Schillerhaus in Weimar

27. Welche Aussagen passen zusammen?

d 1. München ist für ihn die Stadt seiner Träume.

a 2. Traudel ist natürlich ein Fan des Hamburger SV.

g 3. Der Englische Garten ist ein Paradies für junge Leute.

b 4. In Nürnberg blieben wir eine Nacht in der Jugendherberge.

f 5. Von Nürnberg ging die Fahrt weiter nach Rothenburg ob der Tauber.

c 6. Martin Luther lebte und arbeitete in der Wartburg.

e 7. Chemnitz hat seinen alten Namen wieder, seit der Sozialismus in der ehemaligen DDR zu Ende ist.

a. Der Hamburger Sportverein spielt heute in München und sie geht hin.

b. In dieser Stadt ist eine der schönsten Burgen Deutschlands.

c. In Eisenach steht noch die alte Kirche, an deren Tür er die Thesen geschlagen hat.

d. Alex hat schon immer von einem Besuch im Olympia-Stadion geträumt.

e. Als es die DDR noch gab, hieß Chemnitz „Karl-Marx-Stadt".

f. Nach dem Besuch in Nürnberg fuhren wir auf der Autobahn zu dieser mittelalterlichen Stadt.

g. Dort trifft man sich, redet miteinander und sonnt sich.

WB16

Jetzt haben wir schon fast ein ganzes Jahr miteinander gearbeitet und noch immer nicht mein Lieblingsthema diskutiert. In diesem Kapitel ist es endlich soweit! Wir reden über „die Schönen Künste°" und die Literatur. Alles in einem Kapitel? fragen Sie. Ja, wir müssen eben

Hallo Leute!

„pars pro toto" nehmen, wie die alten Römer gesagt haben sollen. Man sagt das, wenn ein Teil alles andere repräsentiert. Ein bißchen von der Kunst erfahren wir von Heike Scholz. Sie arbeitet in Meißen als Künstlerin. Jeder Teil ist nur ein kleiner Anfang, denn nach dem zehnten Kapitel können Sie auch schon richtige Romane lesen. Franz Kafka oder Wolfgang Borchert können Sie sicher schon lesen.

Oder lesen Sie doch das Buch „Der geteilte Himmel" von Christa Wolf.

Bevor Sie aber selbst nach Literatur suchen, wollen wir uns in diesem Kapitel ein paar Beispiele ansehen. Wir werden ein bißchen über den „alten Goethe" reden, den viele den deutschen Shakespeare nennen. Es ist erstaunlich, daß dieser Mensch drei Berufe zur gleichen Zeit haben konnte: Dichter, Naturwissenschaftler° und Politiker.

Wir sind dabei, wenn eine Professorin mit ihren Studenten über ihn spricht und seinen Besuch in Dresden beschreibt, den er im siebten Buch von „Dichtung und Wahrheit" beschrieben hat. Von Marie von Ebner-Eschenbach, einer österreichischen Dichterin, lesen wir ein kurzes Lesestück. Es heißt „Die Nachbarn" und zeigt, daß es den Menschen schlecht geht, wenn sie das Vertrauen° verlieren und keine guten Nachbarn mehr sind. Die Dichterin ist für ihre sozialen Romane und die Texte über das Leben in Dorf und Kleinstadt bekannt geworden.

(*die Schönen Künste* fine arts; *der Naturwissenschaftler* natural scientist; *das Vertrauen* trust; *sozial* social)

Worte and *Wörter*

German uses two plural forms for the word *Wort*. *Wörter* is the plural meaning a number of words; *Worte* is used if you are referring to an utterance in general and for important expressions coined by poets, politicians and writers, as in the English expression "the words of a poet." Whenever you consider words important or meaningful, you may use *Worte*. *Nicht viele Worte machen* is an idiom meaning "to talk directly about the topic."

In diesem Satz gibt es sieben Wörter.
Die Ansagerin fand viele gute Worte zur Wiedervereinigung.

	Plural	
nominative	die Worte	die Wörter
accusative	die Worte	die Wörter
dative	den Worten	den Wörtern
genitive	der Worte	der Wörter

1. Setzen Sie die richtige Form von „Worte" oder „Wörter" ein.

Point out to students that it is not a major error to misuse these two plural forms. It is very important, however, to know the difference.

Wörter 1. In einem Buch sind viele ____, die oft nicht viel sagen.

Wörter 2. Viele ____ in der Zeitung verstehe ich nicht.

Worte 3. Die Präsidentin sagte nur wenige ____.

Worten 4. Den ____ meiner Mutter habe ich immer geglaubt.

Wörtern 5. Bei so vielen neuen ____ verstehe ich nichts mehr.

Worte 6. Als mein Vater jung war, las er die ____ von Karl Marx.

Worte 7. Die Direktorin kam sofort zur Sache, ohne viele ____ zu machen.

Wörter 8. Auf die meisten englischen ____ auf der CD höre ich nicht.

Worten 9. Ostern und Weihnachten hören sie den ____ des Papstes (pope) in Rom in dreißig verschiedenen Sprachen zu.

Worte 10. Heute interpretieren wir die ____ der Bibel anders als vor 100 Jahren.

Worten 11. Viele Menschen in Ägypten, Iran und Saudi Arabien glauben den ____ des Korans.

Elly Madlen

Sind Wörter Klänge°?

Worte sagen, wo's langgeht°,
beschreiben die Welt.
Sie setzen uns Zeichen°
In Klang, Schrift und Bild.

Wörter gibt's viele,
Mal Klang und mal° Sinn°.
Nicht jedes ist wichtig,
Hör nicht immer hin.

Ich suche uns Worte,
die ich bin – die leben.
Mach Sätze daraus,
die allen was geben.

(*der Klang* sound; *wo's langgeht* where the way is; *das Zeichen* sign; *mal ... mal* sometimes...other times; *der Sinn* meaning)

Wörter can be important, but they do not always have to be. *Worte* are almost always significant, otherwise they would not be *Worte*. Whoever wants to say something important will always use *Worte*.

2. **Elly Madlen macht in ihrem Gedicht einen Unterschied zwischen Worten und Wörtern. Können Sie den Unterschied zwischen Worten und Wörtern mit Ihren eigenen Worten erklären?**

Konstantin Wecker

Konstantin Wecker

Der bekannte Sänger und Dichter Konstantin Wecker meint, daß wir unsere Wörter nicht als Zeigefinger° verstehen sollen. Ein Zeigefinger zeigt anderen Menschen die Richtung. Sie sollten dadurch lernen, was richtig und was falsch ist. Mit ausgestrecktem° Zeigefinger steht eine Lehrerin oder ein Lehrer vor der Klasse, denn die Autorität der Lehrer zeigt sich oft im ausgestreckten Zeigefinger. Konstantin Wecker findet das nicht richtig. Der Zeigefinger als Warnung reicht ihm nicht aus. Er will mehr als einen Finger. Er will die ganze Hand: Das Wort muß stark wie eine Faust° sein, mit der man zuschlägt°. Er will die Leute mit der Kraft seiner Worte treffen. Das hat seiner Meinung nach den Vorteil°, daß die Leute klar verstehen, was gemeint ist:

> Das Wort muß eine Faust sein, kein Zeigefinger:
> Zuschlagen,
> Treffen.

(*der Zeigefinger* index finger; *ausgestreckt* extended; *die Faust* fist; *zuschlagen* to strike; *der Vorteil* advantage)

3. **Konstantin Wecker will alles kurz und klar gesagt haben. Welche Vorteile hat das? Ist eine der folgenden Aussagen Ihre Meinung? Wenn nicht, was denken Sie über klare Worte?**

Pro: Meiner Meinung nach sollten Worte ganz klar sein, weil ...
oder
Contra: Ich meine andererseits, daß ...

1. Man weiß, woran man ist.
2. Man versteht den anderen genau.
3. Man kann sich die Tatsachen aussuchen.
4. Man kann viel meinen, das eine und auch das andere.
5. Wörter bedeuten immer mehr als eine Sache.
6. Wer treffende Worte sagt, der wird auch verstanden.
7. Manchmal sind unklare Worte besser, weil man noch darüber diskutieren kann.

Johann Wolfgang von Goethe

Johann Wolfgang von Goethe

Goethe ist der deutsche Shakespeare, sagen viele. Er lebte von 1749 bis 1832 und hat in seinem langen Leben Romane, Gedichte und viele wissenschaftliche° Texte geschrieben. Seine Texte sind bis heute modern geblieben. Er meinte, daß man mit Worten streiten° und lieben kann, daß man aber kein Wort, das einmal gesagt wurde, zurücknehmen kann:

Szenen aus Goethes Faust

Mit Worten läßt sich trefflich° streiten,
mit Worten ein System bereiten°,
an Worte läßt sich trefflich glauben,
von einem Wort kein Jota° rauben°.

(*wissenschaftlich* scientific; *streiten* to fight; *trefflich* very well; *bereiten* to prepare; *das Jota* iota; *rauben* to rob)

4. Jetzt haben Sie die Meinungen zu Worten und Wörtern von Konstantin Wecker und Goethe gelesen. Sagen Sie jetzt Ihre Meinung.

1. Warum sollen Worte treffen?
2. Was passiert, wenn man zu viele Worte macht und nicht zum Ende kommt?
3. Goethe sagt, daß man mit Worten gut streiten kann. Sehen Sie das auch so?
4. Glauben wir alle an Worte?
5. Warum kann man von einem gesagten Wort nichts zurücknehmen?
6. Kennen Sie ein System, das aus Worten gemacht ist?

Übrigens ...

Eines der bekanntesten Graffitis auf deutschen Mauern heißt: „Stell' dir vor, es ist Krieg, und keiner geht hin." Viele glauben, daß diese Worte vom deutschen Dichter Bertolt Brecht sind, denn ein Gedicht von ihm aus dem Jahre 1934 beginnt mit den Worten: „Stell' dir vor ... "

Doch das ist falsch. Denn die Worte kommen aus den USA. Im Jahre 1936 erschien° dort der Gedichtband° *The people, yes.* Der Autor war Carl Sandburg. 30 Jahre lang hörte man von diesen Worten nichts mehr. Dann erschien im Jahre 1966 in der amerikanischen Frauenzeitschrift° *McCall's* ein Artikel mit dem Titel: *Suppose there is a war and no one turns up.* Von den Graffitis New Yorks fanden die Worte dann den Weg nach Europa.

(*erscheinen* to be published, appear; *der Gedichtband* volume of lyrics; *die Frauenzeitschrift* women's magazine)

Sprüche aus Filmen

Group activity: Ask students to create a short movie scene in which they role-play the scene and use some of these expressions.

5. In Filmen hören wir oft dieselben Sätze, weil sie so beliebt bei den Zuschauern sind. Raten Sie, in welchen Filmen die folgenden Sätze gesagt werden. Manche Sätze können auch in mehreren Filmarten gesagt werden.

a. Krimi   b. Western   c. Liebesgeschichte   d. Dokumentarfilm

Possible answers:

a/b/c	1. „Ich liebe dich!"
a/b	2. „Zieh!"
a/b/c	3. „Ich hasse dich."
a/d	4. „Das sind die Tatsachen, an die wir uns halten müssen!"
a/b	5. „Hände hoch!"
a/b	6. „Ich muß es tun!"
c	7. „Du liebst mich nicht mehr!"
a/b	8. „Wir werden den Mörder bald haben."
c	9. „Und ich habe dir geglaubt!"
c	10. „Du bist so wunderschön!"
WB2 d	11. „So ist die Natur."

Kungfutse: Über die Wörter

Confucius taught as a philosopher in China (551-429 B.C.) and is famous for his intellect.

Der chinesische Denker Kungfutse wurde einmal gefragt, was am wichtigsten im Staat sei. Er sprach: „Am wichtigsten ist, daß man alle Sachen mit dem richtigen Namen nennt."

Alle lachten über diese Worte. Aber Kungfutse sprach: „Ihr dürft über das, was Ihr nicht versteht, nicht lachen. Denn seht: Wenn die Namen der Sachen falsch sind, so ist das, was man sagt nicht das, was man meint. Die Worte stimmen nicht. Ist das, was man sagt, nicht das, was man meint, so kann nicht gehandelt° werden. Wo nicht gehandelt werden kann, kann man deshalb auch nicht arbeiten. Wo nicht gearbeitet wird, sieht man auch keine Kunst und Moral. Entwickeln sich Kunst und Moral nicht, so entwickelt sich kein Recht°. Und das geht einen schon an°! Denn wenn es kein Recht gibt, weiß niemand, was er machen soll. — Seht Ihr? Die Worte müssen stimmen. Das ist es, auf was es ankommt°."

(*handeln* to act; *das Recht* [rule of] law; *einen angehen* to concern a person; *darauf kommt es an* that's what matters)

6. Warum meint Kungfutse, daß man Dinge beim richtigen Namen nennen soll? Welche Denkschritte macht er?

❏ Man sagt nicht, was man meint.

Sample answers: Zuerst sagt er, daß man die richtigen Worte für die richtigen Sachen benutzen soll. Tut man das nicht, wird alles unklar. Man weiß nicht, was gemeint ist. Dann kann man nicht arbeiten und es gibt keine Kunst und keine Moral. Wenn es die nicht gibt, gibt es kein Recht. Also müssen die Worte richtig gewählt werden.

Gefühle und Stimmungen

Mißtrauen°

Studentin: Frau Professor, ich bezweifle°, daß Ihre Worte wahr sind.
Professorin: Ihr Mißtrauen ist nicht berechtigt°.
Studentin: Was Sie nicht sagen!
Professorin: Sie sollten mir mehr Vertrauen schenken.
Studentin: Ich bin ein vorsichtiger Mensch.
Professorin: Ja ja, ich kenne das Sprichwort „Was der Bauer nicht kennt, das frißt° er nicht." Glauben Sie mir ruhig.
Studentin: Ich will es versuchen, aber sicher bin ich mir nicht.

WB3

(*das Mißtrauen* doubt; *bezweifeln* to doubt, mistrust; *berechtigt* justified; *fressen* to eat, devour)

7. Waren Sie schon einmal mißtrauisch? Wann war das? Wem haben Sie nicht geglaubt? Hatten Sie recht? Berichten Sie kurz darüber.

Rollenspiel: **Gesundes Mißtrauen**

8. Zwei Personen aus der Klasse lesen abwechselnd (alternating) einen Satz vor. Nach jedem Satz müssen drei andere Leute aus der Klasse sagen, was sie von diesen Aussagen halten. Wenn keiner etwas sagt, können die beiden Leute direkt fragen.

Aussage: „Die Väter haben immer recht." Ist das so, oder sollte man da etwas mißtrauisch sein?

Antwort: Immer haben die Väter wohl nicht recht. Man sollte da wohl etwas mißtrauisch sein.

Responses will vary. Statements 4, 5, 9, and 11 may be considered true since they are tautologies or facts of natural science.

1. Glaubt alles, was ihr in der Zeitung lest.
2. Politiker sagen immer, was wahr ist.
3. Ich sage meinen Eltern immer, was wirklich passiert ist.
4. In den Abendstunden wird es dunkler und morgens heller.
5. Der Fluß fließt niemals einen Berg hinauf.
6. Aktive Bürger interessieren sich für Politik.
7. Das Fernsehen zeigt, was in der Welt passiert.
8. Wenn es im Buch steht, dann stimmt es auch.
9. Das Wetter ändert sich oder es bleibt wie es ist.
10. Wer Märchen hören will, muß nur das Radio anmachen.
11. Entweder regnet es morgen oder es regnet nicht.
12. Es gibt im Leben Gesetze, die wir nicht ändern können.

Heinrich Böll über Worte

Heinrich Böll ist ein sehr bekannter deutscher Dichter, der in Köln gelebt hat. Er bekam 1972 den Nobelpreis für Literatur. Er war in seinem Leben immer an den sozialen Bedingungen des Alltags der Menschen interessiert. Er arbeitete für eine bessere Welt, in der die Menschen Verantwortung° für das tragen, was sie tun. Deshalb warnte er vor Demagogen und Leuten, die die Sprache als Instrument der Macht benutzen. Er schrieb und wirkte° als Freund vieler ausländischer Dichter in Deutschland, der das Mißtrauen vor anderen Kulturen abbauen wollte.

Heinrich Böll

Jedes einzelne Wort war seiner Meinung nach wichtig: „Worte wirken, wir wissen es. Worte können Kriege vorbereiten. Nicht immer sind es Worte, die Frieden bringen. Das Wort kann zur Todesursache° für Millionen werden. Eine Gruppe von Bürgern kann durch Worte dem Verderben ausgeliefert° werden. Ich brauche nur ein Wort zu nennen: Jude. Es kann morgen ein anderes sein: das Wort Atheist oder das Wort Christ oder das Wort Kommunist, das Wort Konformist oder Nonkonformist ... "

(*die Verantwortung* responsibility; *wirken* to have an effect, work; *die Todesursache* cause of death; *dem Verderben ausgeliefert* left to destruction)

Textverständnis

9. **Beantworten Sie die Fragen zum Text.**

1. Ein Wort kann zur Todesursache werden. 2. Er braucht nur das Wort „Jude" zu nennen. 3. Er erhielt den Nobelpreis für Literatur. 4. Er wollte das Mißtrauen vor anderen Kulturen abbauen. 5. Für ausländische Dichter.

1. Was kann zur Todesursache für viele Menschen werden?
2. Welches eine Wort braucht Heinrich Böll nur zu nennen?
3. Welchen Preis erhielt er 1972?
4. Was wollte er abbauen?
5. Für wen schrieb und wirkte er oft?

10. **Fragen zur Diskussion**

Sample answers:
1. Worte können so wirken, daß es Krieg gibt. 2. Ja, das müssen wir, wenn wir es ernst meinen. 3. Man muß die freie Meinung hören und diskutieren können.

1. Wie können Worte Kriege vorbereiten?
2. Müssen wir Verantwortung für das tragen, was wir sagen? Warum?
3. Warum soll man die Leute sprechen lassen?

Future *(Futur I)* and Future Perfect *(Futur II)*

The future tense is a two-element verb form in German: (1) a form of *werden* which agrees with the subject and (2) the infinitive of the dependent verb. The dependent verb expresses the action.

Ich werde meinen Reisepaß nicht vergessen.
Wirst du dein Motorrad reparieren?

The future perfect expresses what will have happened. In other words, it is a completed action in the future. If I am to leave for my vacation tomorrow at 8 A.M., I will have left already at 9 A.M. This tense uses three verb elements: (1) *werden*, (2) *haben* or *sein* (depending on the action verb) and (3) a past participle. *Werden* agrees with the subject. *Haben* or *sein* appear as infinitives at the end of the clause.

Present Perfect (*Perfekt*):

Ich bin in Österreich angekommen.	(I have arrived in Austria.)
Haben wir die Koffer am Schalter abgegeben?	(Have we checked in the suitcases at the counter?)

Future Perfect (*Futur II*):

Ich werde in Österreich angekommen sein.	(I will have arrived in Austria.)
Werden wir die Koffer am Schalter abgegeben haben?	(Will we have checked in the suitcases at the counter?)

Other examples of Future Perfect:

Morgen mittag werde ich schon in der Schweiz angekommen sein. Dann werde ich im Flugzeug gefrühstückt haben. Wenn ich wieder nach Hause komme, werde ich drei Wochen Ferien gemacht haben. Du wirst mich am Flughafen abgeholt haben.

11. Steht in den Sätzen Futur I oder Futur II?

Futur I	1. Ich werde den Wagen morgen früh gebrauchen.
Futur I	2. Wann wirst du wieder zu Hause sein?
Futur II	3. Wirst du Zeit gehabt haben, Milch und Brötchen einzukaufen?
Futur II	4. Bevor wir euch treffen, werden wir schon gefrühstückt haben.
Futur I	5. Wir werden sofort losgehen.
Futur I	6. Werden Sie die anderen Schüler auf dem Fußballplatz treffen?
Futur I	7. Wem werden Sie den Fußball schenken?
Futur II	8. Wer wird das Spiel gewonnen haben, wenn es morgen vorbei ist?

WB4

12. Setzen Sie diese Sätze ins Futur II.

❏ Sie haben uns aus dem Urlaub geschrieben.
Sie werden uns aus dem Urlaub geschrieben haben.

Viele Leute haben das Spiel gesehen.
Viele Leute werden das Spiel gesehen haben.

1. Sie haben die Zeitung gelesen.
2. Sie haben den Artikel über das Fußballspiel nicht gefunden.
3. Sie sind nach Hause gegangen und haben den Fernseher angemacht.
4. Sie haben auf die Sportsendung gewartet.
5. Sie haben zuerst den Bericht über das Schwimmen gesehen.
6. Dann haben sie die Sportnachrichten gehört.
7. Dann ist die Sendung über Bertolt Brecht gekommen.
8. Sie sind in die Küche gegangen und haben sich einen Tee gekocht.
9. Im Fernsehen ist immer noch nichts über das Fußballspiel gewesen.
10. Sie haben gemerkt, daß das Fußballspiel erst morgen ist.

13. Schreiben Sie drei Sätze auf deutsch. Schreiben Sie, was Sie heute abend, morgen früh und Sonntag machen werden (Futur I). Lesen Sie dann einen Satz laut in der Klasse vor. Nennen Sie eine andere Person. Die sagt Ihren Satz dann im Futur II. Dann liest diese Person ihren ersten Satz vor.

14. Bilden Sie diese Sätze im Perfekt.

❏ Wirst du deinen Koffer vergessen haben?
Hast du deinen Koffer vergessen?

1. Werdet ihr um sechs Uhr zurückgekommen sein?
2. Werdet ihr dann das Abendessen mitgebracht haben?
3. Werden wir genug zu essen gehabt haben?
4. Werden wir nach dem Essen ins Kino gegangen sein?
5. Werden Sie gut geschlafen haben?
6. Wirst du dabeigewesen sein, Petra?

Marie von Ebner-Eschenbach (1830-1916)

Die literarischen Texte dieser österreichischen Dichterin, die die meiste Zeit in Wien wohnte, aber lange Jahre im Ausland verbracht hatte, erzählen vom Leben der einfachen Leute. In den einfachen Leuten sah die Dichterin die Seele° des Volkes, nicht so sehr in den Leuten ihres eigenen adligen Kreises°. Dieser Kreis war der österreichische Adel°, zu dem auch ihre Familie gehörte.

Marie von Ebner-Eschenbach schrieb viel und gern über das Land und die Dörfer der Bauern, in denen ein anderes Leben gelebt wurde als in den Städten. Sie zeigte, wie hart die Menschen manchmal waren und wie wenig sie an die Not der anderen dachten. In ihrem bekanntesten Roman „Das Gemeindekind" von 1887 beschreibt sie das Leben eines jungen Mannes, Pavlow, der sich durch schwere Arbeit und seinen festen Charakter sehr gut entwickelt und dann endlich von seiner Dorfgemeinde° und seiner Fürstin akzeptiert wird.

In der Geschichte „Die Nachbarn" geht es um zwei Herren von kleinen Nachbarvölkern, die zuerst gut miteinander leben, bis das Vertrauen ein plötzliches Ende findet. Damit geht das gute Leben zu Ende und die Zeit der Not und Gefahr° beginnt, obwohl das keinem hilft und keinem einen Vorteil bringt. Sie wissen am Ende schon nicht mehr, worüber sie sich hatten streiten° wollen.

Marie von Ebner-Eschenbach

Die Nachbarn

Der Blonde und der Braune waren Nachbarn; jeder von ihnen stand an der Spitze° eines freundlichen Volkes. Sie tauschten die Produkte ihrer Felder und halfen sich immer in Not oder Gefahr. Niemand hätte sagen können, daß eins der beiden Völker mehr davon hatte als das andere. Eines Tages, im Herbst, passierte es, daß ein Sturm° großen Schaden° im Wald des Braunen machte. Viele junge Bäume wurden aus dem Boden oder Äste° vom Baum gerissen. Der Herr rief seine Knechte°; sie sammelten die Äste und machten Bündel° daraus. Aus dem frischen Holz aber wurden Stöcke geschnitten.

Im Frühling sollten sie für einen neuen Zaun° für die braune Herrin gebraucht werden. Nun wollte es der Zufall°, daß ein Helfer des Blonden die Stöcke sah. Ihre Zahl schien diesem etwas dummen Menschen sehr, sehr groß. Voll Angst lief er nach Hause und sprach zu seinem Herrn: „Die Braunen schneiden viele Stöcke. Sie wollen uns sicher angreifen und alles stehlen." Diese Warnung traf den Herrn im Herzen und sein Mißtrauen wuchs. Er und andere ängstliche° Leute verloren das alte Vertrauen und glaubten nun an den bösen Willen der Braunen. Sie glaubten, daß die anderen sich streiten wollten und mußten diese Gefahr abwehren°. Eine Scheune° voll von Stöcken hatte der Braune; der Blonde wollte drei Scheunen voll von Stöcken haben. Die Arbeiter wurden in den Wald geschickt. Nach kurzer Zeit war im Wald kein junger Baum mehr, aber der Blonde hatte viele tausend Stöcke. Sollte der Braune angreifen, so waren sie jetzt vorbereitet.

Was dem Blonden passiert war, passierte nun seinem ehemaligen Freund, dem Braunen. Die Klugen und die Dummen, die Mutigen und die Ängstlichen im Lande, alle schrien: „Du mußt dafür sorgen, Herr, daß wir am Tag des Kampfes genug Stöcke haben!" Die Knechte des Braunen schnitten nun immer mehr Stöcke, um sich für den Kampf gegen die Blonden vorzubereiten. Sie schnitten immer mehr Stöcke und dachten nicht daran, daß sie am Ende nichts mehr zu verteidigen° hatten als Not und Hunger. Weit und breit war kein Baum zu sehen, die Felder lagen ganz leer; alles war in Stöcke geschnitten. Es kam so weit, daß die meisten Menschen beider Völker hofften: „Laß den Kampf beginnen, laß den Feind zu uns kommen; wir würden lieber den Kampf verlieren, als noch lange solchen Hunger zu haben! Laß ihn zuschlagen, daß es ein Ende hat." Aber keiner wollte mit dem Angreifen beginnen. So gingen die Jahre ins Land. Der Blonde und der Braune waren alt und müde geworden, und auch sie hofften auf ihren Tod. Ihre Freude am Leben war mit den Stöcken vorbei.

Und wieder einmal wollte es der Zufall: die beiden Nachbarn stiegen zur gleichen Zeit auf einen Berg, der die Grenze zwischen ihren Ländern bildete. Jeder von ihnen dachte: Ich will mein armes Reich noch einmal ansehen. Sie kletterten langsam hinauf, kamen im gleichen Moment auf der Spitze des Berges an und standen sich plötzlich gegenüber. Aber nur einen Moment. Dann ließen sie die Stöcke fallen, auf welche sie sich gestützt° hatten. Fünfzig Jahre hatten sie ohne Vertrauen, ohne Essen und ohne Hoffnung gelebt. Als sie sich sahen wußten sie, daß das nun ein Ende haben würde. Das Mißtrauen war besiegt. Mit weinenden Augen sah der Braune den Blonden an. Nicht mehr der Feind°, nicht mehr der Gegner! Nicht mehr braun und nicht mehr blond. Sie waren beide alte Männer geworden und hatten weißes Haar. Wie aus einem Munde riefen sie: „Oh, du Weißer!" und nahmen sich in die Arme.

Wer zuerst die Arme ausgestreckt° hatte, wußten sie nicht mehr. Auch nicht, wer als erster die Stöcke gegen den anderen hatte gebrauchen wollen. Sie verstanden nicht, wie sie das Vertrauen hatten verlieren können, dem alles zum Opfer° gefallen war, was ihr Leben und das der Leute lebenswert° gemacht hatte. Eines nur war ihnen klar: nichts auf Erden konnte das wiedergeben, was Angst, Mißtrauen und fehlende Vernunft° gekostet hatten.

(*die Seele* soul; *der adlige Kreis* circle of nobles; *der Adel* nobility; *die Dorfgemeinde* town community; *Not und Gefahr* need and danger; *streiten* to quarrel, argue; *die Spitze* top; *der Sturm* storm; *der Schaden* damage; *der Ast* branch [tree]; *der Knecht* farmhand; *das Bündel* bundle; *der Zaun* fence; *der Zufall wollte es* chance [fate] had it; *ängstlich* fearful; *diese Gefahr abwehren* to avert this danger; *die Scheune* barn; *abwehren* to defend; *verteidigen* to defend; *stützen* to support, lean on; *der Feind* enemy; *ausgestreckt* extended; *zum Opfer fallen* to fall prey, to be sacrificed; *lebenswert* worth living; *die Vernunft* reason)

Textverständnis

15. Beantworten Sie die Fragen zum Text.

1. Wie lange dauerte es, bis der Braune und der Blonde wieder Vertrauen entwickelten?
2. Warum schnitten die Leute die Stöcke des Blonden von den Bäumen?
3. Welches Volk hatte einen Vorteil durch diesen Konflikt?
4. Wohin brachte der Braune seine Stöcke, die seine Leute geschnitten hatten?
5. Was sollte die Herrin aus den Stöcken gemacht bekommen?
6. Wer erzählte dem Blonden von den Stöcken des Braunen?

16. Das Gespräch zwischen Kerstin und Jutta handelt von dem Text „Die Nachbarn" von Marie von Ebner-Eschenbach. Die beiden haben es in ihrer Klasse gelesen und diskutieren in der Pause darüber. Setzen Sie die fehlenden Wörter aus der Liste ein.

Stöcke	gesprochen	falsche	Braunen
meinst	Blonden	Vertrauen	Knecht
gemacht	Scheune	Probleme	

Braunen

Knecht

Blonden

gesprochen

gemacht

meinst

Scheune

Vertrauen

Stöcke

Probleme

falsche

Jutta: Verstehst du, Kerstin, warum der Blonde dem ＿＿＿ mißtraute?

Kerstin: Ich glaube, er hätte seinem dummen ＿＿＿ nicht glauben dürfen. Denn so hat alles angefangen.

Jutta: Ja, genau! Wenn dieser Knecht dem ＿＿＿ nicht ein falsches Bild beschrieben hätte, wäre nichts passiert.

Kerstin: Alles hängt davon ab, daß die Leute nicht miteinander ＿＿＿ haben. Ich weiß, was der Blonde falsch ＿＿＿ hat.

Jutta: Was ＿＿＿ du?

Kerstin: Na, ist doch klar: Wenn der Blonde den Braunen gefragt hätte, warum er die Stöcke in der ＿＿＿ hatte, wäre alles klar gewesen.

Jutta: Ja, aber es geht doch um etwas anderes. Die Dichterin will uns doch sagen, daß Mißtrauen schlechter ist als ＿＿＿. Die müssen schon vorher Probleme gehabt haben. Die vielen ＿＿＿ des Braunen waren doch nur ein Grund, mit dem Quatsch anzufangen.

Kerstin: Das klingt gut. Ich glaube, du hast recht. Da waren schon vorher ＿＿＿. Die haben sich gezeigt, als der dumme Knecht eine ＿＿＿ Nachricht erzählt hat.

Conjunctions *als, wenn, wann*

There are three conjunctions in German that all mean "when." *Als* is used when referring to one particular past event or past point in time. *Wenn* is used if an event happens (or happened) regularly. *Wenn* can be translated with "whenever," referring to repeated events in the past or present. *Wenn* can also mean "if" in contrary-to-fact conditions; the subjunctive must then be used. *Wann* is a question word. Asking the time, for example, requires the use of *wann*. *Wann* is also used in embedded questions like "*Ich weiß nicht, wann er kommt.*"

The following dialogue includes examples of using *als, wenn* and *wann*.

Volker:	Wenn du jetzt Zeit hast, dann erzähl von deinem Vater.
Max:	Mein Vater war 18 Jahre alt, als der Zweite Weltkrieg begann. Wenn er jünger gewesen wäre, hätte er nicht Soldat werden müssen.
Volker:	Wann begann der Zweite Weltkrieg denn?
Max:	Wenn ich so eine Frage höre, denke ich, daß Leute in der Schule nichts lernen. Natürlich 1939.
Volker:	Wenn du mich sauer machen willst, bist du auf dem besten Wege. Als ich dich gefragt habe, wollte ich nur sehen, ob du es weißt.
Max:	Wenn einer das glaubt, muß er Tomaten auf den Augen haben. Wann war der Krieg denn zu Ende?
Volker:	Als dein Vater 24 Jahre alt wurde.

17. In den folgenden Sätzen fehlen die Konjunktionen *als*, *wenn* und *wann*. Setzen Sie diese in den Text ein.

Als   1. ____ meine Schwester geboren wurde, war ich zehn Jahre alt.

Wenn   2. ____ du mitmachen würdest, wäre alles leichter.

wenn   3. Wir fuhren immer zu ihnen, ____ wir Zeit dafür hatten.

wann   4. Kannst du mir sagen, ____ Brigitte aus der Stadt zurückkommt?

wenn   5. Wir können nicht essen, ____ sie nicht hier ist.

Als   6. ____ Brigitte aus der Stadt kam, konnten wir endlich essen.

Wenn   7. ____ du mehr arbeitest, werden deine Noten in der Schule besser.

als   8. Pauls Noten wurden besser, ____ er endlich intensiver arbeitete.

Wann   9. ____ hat Paul damit angefangen, mehr zu arbeiten?

wann   10. Wissen Sie, ____ Frau Rücker die Party gehabt hat?

Wann   11. ____ werden wir endlich mehr Freizeit haben?

Wann   12. ____ gewinnt unsere Fußballmannschaft endlich mal wieder?

Wenn   13. ____ die nicht besser spielen, gewinnen sie nie wieder.

als   14. Meine Mannschaft gewann drei Spiele, ____ sie endlich besser spielte.

als   15. Wir waren alle froh, ____ wir wieder einmal gewonnen hatten.

WB7, WB8

Prepositions linked with adjectives

Adjectives and past participles often combine with certain prepositions to generate a specific, idiomatic meaning. These combinations are best learned as a unit of meaning. If dative or accusative prepositions occur, the respective cases need to be used. If two-way prepositions are used, the idiomatic usage of dative or accusative must be learned. In English, combinations of prepositions and adjectives can also be found.

begeistert sein von (dative)/über (accusative)	to be enthusiastic about
froh/glücklich sein über (accusative)	to be happy about
froh sein für (accusative)	to be happy for
interessiert sein an (dative)	to be interested in
sauer/böse sein auf (accusative)	to be mad at
sauer/böse sein wegen (genitive)	to be mad because of
stolz sein auf (accusative)	to be proud of
verliebt sein in (accusative)	to be in love with
verlobt sein mit (dative)	to be engaged with
zufrieden sein mit (dative)	to be happy with

Bist du an diesem Buch interessiert?
Mit welchem Film sind Sie zufrieden?
Auf wen ist sie sauer?
Ist Jutta begeistert von dieser Autorin?
Ist dein Onkel böse wegen des Autounfalls?

18. **Lesen Sie den Text und setzen Sie die richtigen Präpositionen ein.**

in   1. Manfred ist ____ Susanne verliebt.

von   2. Er ist ganz begeistert ____ ihr und findet sie toll.

über   3. Er ist froh ____ die enge Freundschaft.

auf   4. Schon seit Wochen ist er stolz ____ seine Freundin.

mit   5. Manfred träumt oft, er wäre ____ ihr verlobt.

mit   6. Wir sind aber alle zufrieden ____ dieser Liebe, denn Manfred ist immer freundlich und nett.

wegen   7. Er war etwas sauer ____ der kurzen Zeit, die er nur bei ihr sein kann.

auf   8. Er ist nicht böse ____ Susanne, sondern auf seine Arbeit.

über   9. Wir sind glücklich ____ seine Freude, doch Mutter ist etwas sauer auf Manfred, weil er seine Jeans jetzt jeden Tag waschen will.

an   10. Früher war er nicht ____ sauberen Jeans interessiert.

wegen   11. Sind Sie immer noch sauer ____ meiner langweiligen Briefe?

WB9

Stefan ist in Andrea verliebt.   Claudia ist froh über die enge Freundschaft mit Thomas.

19. Bilden Sie neue Sätze. Kombinieren Sie Artikel und Präpositionen, wenn es geht (*am, vom, beim* usw.)

❐ Angelika verliebte sich ____. (Hannes)
Angelika verliebte sich *in* Hannes.

Dieter ist ____ interessiert. (das Lesen)
Dieter ist *am* Lesen interessiert.

vom Fußballspiel
an der Politik
über den Feiertag
auf ihren Sohn
mit dem Essen
mit Herrn Tunichtgut
mit Frau Grell
wegen der teueren Ferien
auf/wegen Anja
in Hans-Jürgen

1. Vater ist begeistert ____. (das Fußballspiel)
2. Sind Sie ____ interessiert? (die Politik)
3. Ihr wart froh ____. (der Feiertag)
4. Frau Kaiser war stolz ____. (ihr Sohn)
5. Sind Sie ____ zufrieden? (das Essen)
6. Heike ist ____ verlobt. (Herr Tunichtgut)
7. Wer ist ____ verheiratet? (Frau Grell)
8. Ach, wir sind sauer ____. (die teueren Ferien)
9. Seit wann ist sie böse ____? (Anja)
10. Renate ist ja so verliebt ____. (Hans-Jürgen)

20. Setzen Sie die Adjektive aus der Liste ein. Einige Wörter kommen mehr als einmal vor.

zufrieden	verheiratet	sauer	froh
verliebt	begeistert	interessiert	

begeistert
verheiratet
interessiert

sauer
begeistert

zufrieden
verliebt

begeistert
interessiert
froh

begeistert

interessiert

1. Die zwei Familien waren von der Hochzeit ____.
2. Jetzt ist Elvira mit Dieter ____.
3. Beide sind schon jetzt an zwei Kindern ____, die sie später haben wollen.
4. Vor sechs Monaten war Dieter noch ein bißchen ____ auf Elvira, weil sie von einer Hochzeit nicht so ____ war.
5. Elvira brauchte Zeit, denn sie war mit ihrem freien Leben sehr ____.
6. Sie war sehr ____ in Dieter, aber sie wollte vor sechs Monaten noch nicht an eine Hochzeit denken.
7. Dieter war sehr ____ über Elviras Entscheidung, als sie vor zwei Monaten dann doch an der Hochzeit ____ war.
8. Beide sind ____ über die vielen Glückwünsche, die sie zur Hochzeit bekommen haben.
9. Die Eltern von Heiner und Elvira sind schon jetzt ____ über die Idee, in ein paar Jahren Enkelkinder zu haben.
10. Die Eltern sind an Enkelkindern so ____, weil ihre eigenen Kinder jetzt schon groß sind.

Heike Scholz wohnt in Dresden.

In ihrer Stadt sind Musik und
Kunst zu Hause.

Wie weit liegt Meißen
von Dresden entfernt?

Willkommen in Meißen

Kunst zum Anfassen°

Mein Name ist Heike Scholz. Ich wohne in Dresden in der Neuländer Straße 85. Mein Job ist aber 30 Kilometer weit weg in Meißen. Dort arbeite ich mit Porzellan° und mache daraus Figuren, Tassen, Teller und vieles andere. Ich möchte Ihnen erzählen, wie wir das in der Schauwerkstatt° in Meißen tun. Vorher wollen Sie aber sicher wissen, seit wann es Porzellan gibt. Wissen Sie, einfaches, weiches Porzellan gibt es schon seit 3500 vor Christus. In Ägypten° war das. Dann haben die Chinesen es härter gemacht und mit Farben darauf gemalt. Das war 4 200 Jahre später, also etwa 700 nach Christus. Seit dieser Zeit, kann man sagen, hat es Porzellan gegeben. Erst über 700 Jahre später wurde es dann in Europa gebrannt.

Meissen
SCHAUHALLE
SCHAUWERKSTATT

Schau-
werkstatt
▶

Die Führung beginnt vor
der Schauwerkstatt.

Viele Menschen kommen jeden Tag.

Hier arbeite ich jeden Tag in der
Schauwerkstatt.

Im Jahre 1575 war Porzellan in Florenz die größte Erfindung des Meisters Francesco Medici. Bis dahin hatte es das nur in China gegeben, nicht in Europa. Seit 1680 wurden Porzellanstücke in größeren Zahlen in Frankreich gemacht, es war aber noch nicht so schön schneeweiß, wie wir es heute kennen. Das wurde erst 1710 von Johann Friedrich Böttger erfunden. Zwei Jahre später begann unsere Porzellanmanufaktur° mit Serien von Porzellan, die für teures Geld in Europa verkauft wurden. Sie waren aber immer noch billiger als das chinesische Porzellan, das nur die Könige und Fürsten sich leisten konnten. Kommen Sie mit, wir machen einen kurzen Besuch in der Schauwerkstatt.

Wenn das Porzellan seine neue Form hat, muß es trocken werden. Dann gehen die Sachen zu meiner Kollegin Irene, die Malerin ist. Sie hat eine besonders ruhige Hand und malt tolle Dekors° aufs Porzellan. Zuerst sind die Farben noch nicht so bunt, wie nach dem Brennen im Ofen.

Wenn die Farben auf die Tassen und Teller gemalt worden sind, wird gebrannt. Dabei wird das Stück um 15 Prozent kleiner. Das muß man wissen, denn vor dem Brennen ist eine Tasse viel größer als danach. Die Farben werden erst nach dem Brennen poliert und haben dann ihr schönes, glänzendes° Aussehen. Wir haben alle schon so lange mit Porzellan gearbeitet, daß wir es im Gefühl haben, wie das Endprodukt aussehen wird. Das dauert aber viele Jahre, und man muß sein Handwerk gut gelernt haben, um Meisterstücke zu machen.

1. Mein Kollege Heinz macht Tassen. 2. Auf die Tasse hat er einen Kopf gestellt — nur zum Spaß! 3. Die Arbeit ist nicht immer leicht; Heinz kommt ins Schwitzen. 4. Wenn sie den kleinsten Fehler macht, ist das Dekor kaputt. 5. Die Farbe nach dem Malen, Brennen und Polieren (polishing)

Hannelore ist auch Malerin. Sie arbeitet mit Irene.

Die fertigen Sachen stehen im Keller auf Regalen ...

... und warten auf Kunden, die unser Meißener Porzellan kaufen möchten.

Ich muß Ihnen noch etwas sagen, bevor ich „tschüs" sage: Das Porzellan ist sehr teuer. Ich selbst kann es mir nicht leisten, denn eine Tasse kostet schon 180 Mark. Ein Teller kostet etwa 200 Mark. Hätten Sie das gedacht? Und trotzdem verkaufen wir alles, was wir hier machen. Das hat damit zu tun, daß die Qualität sehr gut ist und Meißen einen guten Namen in der ganzen Welt hat.

(*anfassen* to touch; *das Porzellan* porcelain; *die Schauwerkstatt* demo shop; *Ägypten* Egypt; *die Porzellanmanufaktur* porcelain manufacturer; *ins Schwitzen kommen* to break out in a sweat; *das Dekor* design, decoration; *glänzend* shiny)

Textverständnis

1. Sie arbeitet in Meißen. 2. Johann Friedrich Böttger hat das erfunden. 3. Sie verkauft nichts, sondern sie macht es. 4. Sie arbeitet in der Schauwerkstatt, wo Besucher sie bei der Arbeit sehen können. 5. Er kommt ins Schwitzen, wenn er viel arbeitet. 6. Zuerst malen sie das Dekor, dann brennen sie die Teller. 7. Porzellan wird 15% kleiner, wenn man es brennt. 8. Man muß genau aufpassen, sonst geht das Dekor kaputt. 9. Die Farben werden nach dem Polieren schön. 10. Sie kosten mehr als 2 000 Mark (genau 2 280 Mark). 11. Meißen hat auf der ganzen Welt einen guten Namen. 12. Hartes, gutes Porzellan gibt es erst seit 700 nach Christus.

WB10

21. Was stimmt an den folgenden Aussagen nicht?

1. Heike Scholz arbeitet in Dresden.
2. Frau Scholz hat 1710 das Brennen von Porzellan erfunden.
3. Frau Scholz verkauft chinesisches Porzellan auf der ganzen Welt.
4. Frau Scholz arbeitet im Keller, wo die Porzellanregale stehen.
5. Ihr Kollege Heinz kommt ins Schwitzen, wenn sie hereinkommt.
6. Hannelore und Irene brennen die Teller und malen dann das Dekor darauf.
7. Beim Brennen werden die Sachen 15% größer, weil Porzellan beim Brennen größer wird.
8. Beim Malen braucht man nicht besonders aufzupassen.
9. Die Farben sind beim Malen schon so schön wie nach dem Brennen.
10. Sechs Tassen und sechs Teller kosten fast 2 000 Mark.
11. Meißen hat einen guten Namen in China.
12. Hartes, gutes Porzellan gibt es schon seit 3 500 vor Christus.

Impersonal pronouns *man, einen*

When referring to non-specific groups of people, German uses the impersonal pronouns *man* and *einen*. *Man*, the nominative impersonal pronoun, is the subject of sentences. *Einen* is the accusative impersonal pronoun. In English, various pronouns such as "one," "you," "they" and "everybody" are used to express this meaning:

Man wird einen doch fragen dürfen!   (You should be allowed to ask somebody!)

Man hört das oft.   (One hears that often.)

22. In den folgenden Sätzen steht nicht, wer etwas tut. Finden Sie selbst ein passendes Subjekt oder ein passendes Akkusativ-Objekt. Personalpronomen (*ich, du, ...*) kann man auch als Subjekt oder Objekt benutzen.

❏ *Man* fragt oft, wo in dieser Stadt das Theater ist.
Touristen fragen oft, wo in dieser Stadt das Theater ist.

Die Touristen können *einen* fragen.
Die Touristen können *die Führerin* fragen.

Sample answers:
die Kundin
den Gast

der Autofahrer
die Sängerin
den Zuschauer
den Menschen
eine Fahrerin

einen Autofahrer

Der Jugendliche
die Schülerin
WB11

1. Man weiß nicht, wo *man* hier einkaufen kann.
2. Das Essen in diesem Restaurant kostet *einen* 120 Mark pro Person.
3. Ein neues Autoradio kann *man* sich leisten.
4. Beim Rockkonzert hört *einen* kein Mensch.
5. Das neue Programm im Fernsehen kann *einen* sauer machen.
6. Man weiß heute nicht mehr, was *einen* interessiert.
7. Kannst du glauben, daß *man* in Deutschland so schnell fahren darf?
8. Ich habe *einen* auf der Autobahn Nürnberg-Würzburg gesehen, der viel zu schnell fuhr.
9. *Man* mußte Angst haben, daß der Fahrer einen Unfall machte.
10. Manchmal fragt ein Lehrer *einen*, was man nicht beantworten kann.

23. Was tut man und was darf man nicht tun?

1. Man spricht nicht laut in der Stunde. 2. Man schläft nicht mittags auf dem Sofa. 3. Man ißt den Fisch nicht mit den Fingern. 4. Man wirft das Buch nicht weg, weil es nicht interessant ist. 5. Man rührt nicht mit den Fingern in der Milch. 6. Man ißt nicht mit offenem Mund. 7. Man wäscht sich die Füße nicht in der Küche. 8. Man geht nicht ohne Schuhe ins Lebensmittelgeschäft. 9. Man kommt nicht ohne Hemd zur Schule. 10. Man schläft nicht im Rathaus. 11. Man ruft nicht am Schalter: „Arbeitet hier denn keiner?" 12. Man schreit die Schüler nicht an: „Könnt ihr nicht schneller kommen?"

❐ Der Gast geht an den Kühlschrank.
Man geht nicht an den Kühlschrank.

1. Die Studentin spricht laut in der Stunde.
2. Der Vater schläft mittags auf dem Sofa.
3. Bruno ißt den Fisch mit den Fingern.
4. Daniela wirft das Buch weg, weil es nicht interessant ist.
5. Kim rührt mit den Fingern in der Milch.
6. Wir essen mit offenem Mund.
7. Wir waschen uns die Füße in der Küche.
8. Sie gehen ohne Schuhe ins Lebensmittelgeschäft.
9. Ihr kommt ohne Hemd zur Schule.
10. Der Bürgermeister schläft im Rathaus.
11. Herr Dr. Heinzel ruft am Schalter: „Arbeitet hier denn keiner?"
12. Der Schülerlotse schreit die Schüler an: „Könnt ihr nicht schneller kommen?"

24. Sie haben ein Zimmer im Studentenwohnheim gefunden. Mit den anderen diskutieren Sie die Regeln der Hausordnung (house rules). Was darf man tun? Was darf man nicht tun? Finden Sie sechs Regeln und schreiben Sie diese auf.

Group activity: Have students write 10 rules that would apply to a club to which they belong or about a club they would like to join.

❐ Man darf ins Studentenwohnheim kommen, wann man will.
Man kann nach zehn Uhr abends nicht mehr laut sein.
Man soll die Küche sauber machen, wenn man gekocht hat.
Man muß an die Rechte der anderen Studenten denken.

25. Was kann einen alles sauer machen? Sagen Sie, was Sie sauer macht, ohne daß Sie *ich*, *mich* usw. benutzen. Schreiben Sie sechs Dinge auf, die Sie sauer machen.

❐ Es kann einen sauer machen, wenn man keine Freunde hat.
Es kann einen sauer machen, wenn man etwas nicht versteht.

Es kann einen sauer machen, wenn man auf das Taxi lange warten muß.

 **ollenspiel: Was kann man seinem besten Freund oder seiner besten Freundin erzählen – und was nicht?**

26. Was sagt man seiner besten Freundin oder seinem besten Freund? Jeder in der Klasse denkt sich drei Dinge aus, die man sagen kann. Dann noch eine Sache, die man nicht sagen kann. Diskutieren Sie, was die anderen sagen. Haben alle in der Klasse die gleiche Meinung darüber, was man nicht sagen kann? Verteidigen (to defend) Sie Ihre Meinung!

❏ Man sagt, welche Probleme man hat.
Man erzählt, was man heute machen will.
Man ruft an, um zu fragen, wie es geht.
Man kann nicht sagen, daß man sein/ihr Auto haben möchte.

Sag mal, was mit Corinna los ist

Susanne: Tag Daniela, wie geht's? Du siehst nicht sehr froh und lustig aus.

Daniela: Hallo Susanne. Es geht so. Viel Streß und so. Und die Corinna ist so komisch. Man weiß nicht, was mit ihr los ist. Die redet nicht mehr mit einem. Ob sie sauer auf mich ist? Ich weiß nicht, was ich falsch gemacht habe.

Susanne: Ich weiß auch nicht. Manchmal ist einem nicht nach Reden. Manchmal will man seine beste Freundin nicht sprechen. Warte ein paar Stunden und ruf sie dann an.

Daniela: Du hast recht. Man braucht manchmal einen, der einem sagt, was man tun soll. Ich rufe die Corinna dann abends an.

Susanne: Gute Idee. Nimm's leicht. Es ist bestimmt nichts los. Sie wird einem schon sagen, was mit ihr los war.

27. Wir wissen nicht, was mit Corinna los ist. Wir wissen auch nicht, ob Corinna sauer auf Daniela ist. Schreiben Sie diese Geschichte zu Ende. Schreiben Sie einen kurzen Dialog am Telefon. Corinna spricht mit Daniela und erzählt ihr, warum sie nicht mit ihr reden wollte.

Einem as impersonal pronoun

In German, the impersonal pronoun *man* is used for the nominative case and *einen* for the accusative. *Einem* is used for the dative case. This form, as well as *man* and *einen*, is useful in situations where a more formal and impersonal style seems appropriate.

Die redet nicht mehr mit einem.
Die Freunde müssen einem danken.
Kannst du einem nicht mal fünf Minuten helfen?
Antworten Sie einem, wenn Sie gefragt werden!

Impersonal pronouns can appear twice in a sentence. In that case, Germans often use *einer* instead of *man* for the second occurrence. For example: *Man weiß nie, was einer in der Not tut.*

28. Setzen Sie *man, einer, einen* oder *einem* ein.

Man	1. _____ hört kein Wort von Ihnen, Frau Schwarzer. Sagen Sie
einem	_____, was läuft.
Man, einem	2. _____ hat uns nicht geantwortet. Antworten Sie _____, wenn Sie gefragt werden.
einem	3. Warum haben Sie nicht geholfen? Helfen Sie _____, wenn Sie es können.
einem	4. Sie haben mir die Tür nicht aufgemacht. Machen Sie _____ bitte die Tür auf.
man, einem	5. Wenn _____ Ihnen geholfen hat, müssen Sie _____ auch danken!
einen	6. Kennst du _____, der mit uns spielen will?
einem, einer/man	7. Hilfst du _____, wenn _____ deine Hilfe braucht?
einem, einer/man	8. Die Großeltern schenken _____ immer Sachen, die _____ gut gebrauchen kann.
man, einem	9. Wenn _____ nett fragt, wird _____ auch nett geantwortet.

WB12

Das steht auf dem Goethe-Schiller
Denkmal in Weimar.

Johann Wolfgang von Goethe

Friedrich Schiller

Gespräch über Johann Wolfgang von Goethe

Die Studenten sitzen in der Uni in einem Seminar und hören einer Professorin zu, die etwas über die bekannten deutschen Dichter erzählt. Sie hat gerade von Friedrich Schiller gesprochen, der schon 1805 gestorben ist und der so wie Goethe als einer der besten deutschen Dichter gilt. Jetzt redet sie über Goethe. Sie zeigt auch Bilder aus dem Museum in Dresden. Diese Bilder hat Goethe bei seinem Besuch in der Stadt schon vor 160 Jahren gesehen.

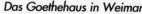
Das Goethehaus in Weimar

Das Arbeitszimmer des Dichters im
Goethehaus in Frankfurt

Goethe liebte dieses
Bild: „Der Maler in
seiner Werkstatt".

Bernardo Boletto (1721-1780),
Zwingergraben in Dresden

Willem Claesz (1594-1682), Frühstückstisch

Boletto, Neumarkt in Dresden

Pinturicchio (1454-1513), Portrait eines Jungen

Professorin:	Goethe ist in Frankfurt geboren und in Weimar gestorben. Er hat als Politiker, Dichter und Naturwissenschaftler gearbeitet. Wer heute nach dem bekanntesten deutschen Dichter fragt, der hört fast immer „Goethe".
Studentin:	Hat er seine Memoiren geschrieben?
Professorin:	In den Jahren 1811, 1812, 1814 und 1832 schrieb er seine Memoiren, die „Dichtung und Wahrheit" heißen. Das sind 20 Bücher, die er in den Jahren 1811 bis zu seinem Tod geschrieben hat. Der folgende Text kommt aus dem siebten Buch. In diesem Text schreibt er über seine Gefühle und Ideen zum Thema „Kunst". Kunst interessiert ihn dann am meisten, wenn sie die Natur um uns herum gut beschreibt, das heißt, wenn sie natürlich ist.
Student:	Hat er in seinen Memoiren über Kunst geschrieben? Hat er viele Bilder selbst gesehen?
Professorin:	Ja, er reiste viel und hat viel Kunst gesehen. Er lebte ein paar Tage bei einem Schuster° in Dresden und besuchte jeden Tag die Museen und Ausstellungen Dresdens. Besonders die Gemäldegalerie° besuchte er gern. Er wollte dort die Künste kennenlernen und mehr darüber erfahren. Von Leipzig fuhr er ein paar Tage nach Dresden, ohne seinen Leipziger Freunden etwas davon zu sagen. Sein Schuster arbeitete in einem alten Haus, in dem ein sehr idyllisches Arbeitszimmer war, das Goethe besonders gefiel. Es erinnerte ihn an° ein Bild von Adrean van Ostade (1610-1685), das er in der Gemäldegalerie in Dresden gesehen hatte. Man kann das Bild auch heute noch dort sehen.
Student:	Warum war Goethe in Dresden?
Professorin:	Hier, lesen Sie in „Dichtung und Wahrheit". Da beschreibt Goethe, was er in Dresden tat:

Als ich bei meinem Schuster wieder eintrat°, glaubte ich ein Bild von Ostade vor mir zu sehen. Die Position der Sachen, Licht, Schatten, alles, was man in jenen Bildern bewundert, sah ich hier in der Wirklichkeit. Es war das erste Mal, daß ich etwas erkannte. Ich besuchte die Gemäldegalerie zu allen möglichen Stunden. So nahm nun auch der Galerieinspektor°, Rat Riedel, von mir Notiz°, der mir viel erklärte.

So kam ich nun zuletzt, obgleich ungern, nach Leipzig zurück und fand meine Freunde, die solche Ausflüge von mir nicht kannten, in großer

Unruhe. Hätten sie mir aber ins Herz sehen können, so würden sie keinen bösen Willen darin entdeckt haben: denn die Wahrheit jenes alten Worts „Zuwachs an Kenntnis ist Zuwachs an Unruhe"° hatte mich mit ganzer Gewalt getroffen, und je mehr ich mich anstrengte, das, was ich gesehen hatte zu ordnen°, desto weniger gelang es mir.

Studentin: Er war also dort, um die Bilder zu sehen und um mehr Kenntnisse zu gewinnen. Deshalb hat er auch oft mit dem Galerieinspektor geredet, weil der alles genau kannte.

Professorin: Genau. Goethe wollte lernen und ist deshalb von Leipzig nach Dresden gefahren. Aber er hatte seinen Freunden in Leipzig nichts davon gesagt, und sie waren nicht sicher, wo er hingefahren war. Damals dauerte eine Reise ja länger als heute. Heute sind Sie in zwei Stunden von Leipzig in Dresden. Damals dauerte das einen ganzen Tag.

(*der Schuster* shoemaker; *die Gemäldegalerie* art gallery; *erinnern an* to remind of; *eintreten* to enter; *der Galerieinspektor* museum clerk; *Notiz nehmen* to notice; *Zuwachs an Kenntnis ist Zuwachs an Unruhe* increased knowledge means increased restlessness; *ordnen* to put in order)

Von Leipzig berichtet Goethe in „Dichtung und Wahrheit".

Ein Schuster macht und repariert Schuhe.

Textverständnis

1. Er wurde an ein Bild von Ostade erinnert. 2. Er fuhr von Leipzig nach Dresden. 3. Sie fragte, wann Goethe seine Memoiren geschrieben hätte. 4. Er wohnte bei einem Schuster. 5. Er kannte alle Bilder und konnte ihm viel erklären. 6. Sie kannten es nicht von ihm, daß er wegfuhr, ohne etwas zu sagen. 7. Sie wird nach Goethes Meinung unruhig. 8. Sie dauert etwa zwei Stunden mit dem Auto.
WB13

29. **Beantworten Sie die Fragen zum Text.**

1. An wessen Bild wurde Goethe bei seinem Schuster erinnert?
2. Von wo aus fuhr Goethe nach Dresden?
3. Was fragte die Studentin die Professorin?
4. Wo wohnte Goethe in Dresden?
5. Warum war der Galerieinspektor wichtig für Goethe?
6. Warum waren die Leipziger Freunde Goethes unruhig?
7. Wie wird eine Person, die mehr lernt und immer Neues kennenlernt?
8. Wie lange dauert heute eine Autofahrt von Leipzig nach Dresden?

Die Aufklärung°

Role-playing: Have each student select a character's part and act out this final scene. As a culminating activity (good review), you may want to have students recreate this three-act detective story and present it in group to the class.

Was bis jetzt passierte: Kommissar Balzer sucht den kleinen Michael. Der Kommissar findet das ermordete Kindermädchen im Park. Michael ist immer noch weg. Wer hat das Kindermädchen ermordet? Ein noch unbekannter Mann im Jogginganzug könnte es gewesen sein.

Sonntag, 5. November, 7.30 Uhr

Balzer ist früh aufgestanden. Im Café um die Ecke hat er kurz eine Tasse Kaffee getrunken. Er macht das jeden Morgen. Als er aufstand, hatte er schon Kopfschmerzen. Er hatte nicht genug geschlafen. Der Tag konnte nur noch besser werden.

Sonntag, 5. November, 8.30 Uhr

Balzer klingelte bei den Hortens. Hier also wohnte die Frau in dem grünen Mantel. Ein großer Mann mit einem dunklen Bart öffnete.

„Wer sind Sie?" fragte er den Kommissar.
„Entschuldigen Sie, Kommissar Balzer", sagte Balzer und schaute dem Mann ins Gesicht.
„Was wollen Sie?"
„Eigentlich wollte ich mit Ihrer Frau sprechen."
„Die schläft noch."
„Dann sagen Sie mir einmal, wo waren Sie vorgestern° zwischen 15.30 Uhr und 17.00 Uhr?"
„Ich verstehe nicht."
„Doch, Sie verstehen sehr gut. Wo waren Sie vorgestern zwischen 15.30 Uhr und 17.00 Uhr?"
„Darauf muß ich Ihnen nicht antworten."
„Wer ist da, Karl?" Das war die Stimme° seiner Frau.
„Entschuldigen Sie, Herr Kommissar, aber mein Mann hat wohl schlecht geschlafen. Karl, würdest du den Herrn Kommissar bitte hereinlassen?"

Balzer fragte sich einen Moment, woher sie wußte, daß er Kommissar war. Er sah diese Frau zum ersten Mal.

„Kommen Sie doch herein. Womit kann ich Ihnen helfen?" Balzer folgte ihr ins Wohnzimmer. Mit einem Blick sah er, wie ihr Mann nach oben ging°.

„Warum haben Sie gelogen°?" Balzer sah sie direkt an. Sie sah ihn an.

„Ich habe mir gedacht, daß Sie es wissen. Das Foto?"

„Ja. Seit wann kannten Sie Tatjana?"

„Sie ist vor zwei Jahren mit Kampmeier gekommen. Davor hat sie wohl in Leipzig für Herrn Kampmeier gearbeitet."

„In Leipzig?"

„Ja, wußten Sie nicht, daß auch Kampmeier aus dem Osten Deutschlands gekommen ist?

„Nein."

„Doch, doch, kurz nach der Wiedervereinigung hat er sich hier eine neue Existenz geschaffen°. Hier hat er auch Doris, seine Frau, kennengelernt und vor einem Jahr geheiratet. Sie ist meine beste Freundin." Heike Horten schaute zum Haus der Kampmeiers. Balzer hörte Schritte über sich. Dann folgte er ihrem Blick. Man sah die Tür des Hauses, die offen war.

„Sagen Sie, Frau Horten, wohnte das Kindermädchen eigentlich im Haus der Kampmeiers?"

„Nein, sie hatte eine kleine Wohnung in der Feldstraße."

„Darf ich mal telefonieren?" Balzer dachte an etwas anderes.

„Aber ja", antwortete sie.

Balzer wählte die Nummer seines Büros.

„Graumann? Kommen Sie. Ich habe den Täter." Balzer legte den Hörer auf° und drehte sich zu ihr um: „Was haben Sie mit dem kleinen Michael gemacht?"

„Ich glaube, Sie sind verrückt°", schrie sie, so laut, daß ihr Mann die Treppe herunterkam°. Sie schaute Balzer lange an. Sehr lange. Dann fragte sie ihn: „Woher wissen Sie es?"

WAZ stands for
Westdeutsche
Allgemeine Zeitung.

Kommissar Balzer schaute noch einmal aus dem Fenster und sagte: „Schauen Sie sich die Zeitung an, die dort an der Tür ist. Sehen Sie, das ‚A' im Titel „WAZ-Zeitung"? Es ist wie das ‚A' aus dem Erpresserbrief°." Er holt den Erpresserbrief aus der Jacke. „Und da weder Dr. Kohl noch° das Kindermädchen bei Kampmeiers wohnen, bekommen sie diese Zeitung nicht ins Haus. Nur Kampmeiers bekommen sie. Nur Kampmeiers konnten diesen Erpresserbrief gemacht haben."

„Es ist, wie Sie sagen, Herr Kommissar. Herr Kampmeier ist der einzige, der diese WAZ-Zeitung bekommt. Das Kindermädchen heißt richtig Tatjana Bunke. Sie arbeitete bei Kampmeier in Leipzig als Sekretärin. So wußte sie, daß Kampmeier früher für die Stasi° gearbeitet hat. Das war in der ehemaligen DDR für einen Rechtsanwalt fast normal. Doch dann übernahm er nach der Wiedervereinigung eine politische Position und kam bald nach Bonn. Von der Arbeit für die Stasi durfte nun niemand mehr etwas wissen.

Aber nach kurzer Zeit erschien Tatjana in Bonn. Sie wollte Geld. Als sie immer mehr wollte und Kampmeier nicht mehr bezahlen konnte, hat sie ihm vorgeschlagen, bei der Entführung mitzumachen."

„Und was haben Sie damit zu tun?"
„Es war anders als an den anderen Tagen, denn ich habe Michael jeden Tag vom Park aus zu mir mitgenommen. Doris hat mich darum gebeten°. Ich wartete also auf Tatjana, die das Kind nicht besonders mochte. An dem Freitag erschien plötzlich Doris im Park. Sie weinte sehr und legte mir den kleinen Michael in den Arm: ‚Bitte, paß auf ihn auf und sag niemandem, wo er ist!' Ich schaute sie fragend an und sie sagte: ‚Es ist viel Schlimmes passiert. Bitte, hilf mir. Ich habe nichts damit zu tun.' Dann rannte sie zurück."

„Also hat Kampmeier Tatjana ermordet, weil sie etwas gegen ihn in der Hand hatte und weil sie dafür auch noch zu viel Geld wollte."
„Ich denke, so war es."
„Holen Sie jetzt den Kleinen. Sagen Sie, ist die Ehe° der Kampmeiers eigentlich glücklich gewesen?"
Sie drehte sich um. „Bei dem Mann? Sie hat von seiner Vergangenheit nichts gewußt. Gut, daß sie Dr. Kohl hat. Er ist so ein netter Mann."

(*die Aufklärung* solution; *vorgestern* the day before yesterday; *die Stimme* voice; *nach oben gehen* to go upstairs; *lügen* to lie; *eine neue Existenz schaffen* to start a new life; *auflegen* to hang up [receiver]; *verrückt* crazy; *herunterkommen* to come downstairs; *der Erpresserbrief* blackmail letter; *weder ... noch* neither...nor; *die Stasi* East German state security police; *um etwas bitten* to ask for something; *die Ehe* marriage)

In welcher Stadt hatte Kampmeier früher für die Stasi gearbeitet?

Die Polizei in der ehemaligen DDR

In welche Stadt kam Kampmeier nach der Wiedervereinigung?

Textverständnis

30. Beantworten Sie die Fragen zum Text.

1. Er hatte in der DDR gewohnt. 2. Sie wußte, daß er für die Stasi gearbeitet hatte. 3. Sie nahm es dafür, daß sie nicht sagte, wer er war. 4. Sie wollte Geld für das Kind. 5. Er wollte endlich Ruhe haben. 6. Dr. Kohl wird das tun. 7. Er war die ganze Zeit bei Familie Horten.

1. Wo hatte Herr Kampmeier früher gewohnt?
2. Was wußte Tatjana über ihn?
3. Warum nahm sie Geld von ihm?
4. Warum wollte Tatjana den kleinen Michael entführen?
5. Warum tötete Kampmeier Tatjana?
6. Wer wird jetzt für Doris Kampmeier sorgen?
7. Wo war Michael die ganze Zeit?

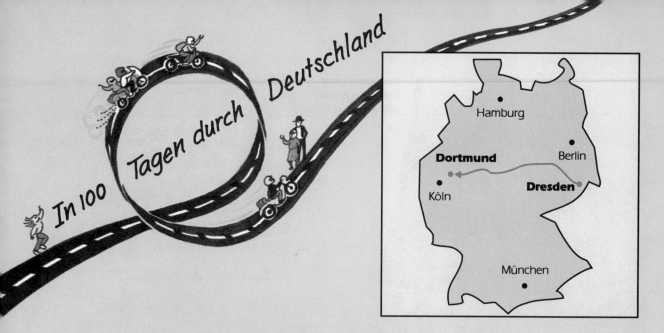

In 100 Tagen durch Deutschland

Have student trace this final travel route from Dresden back home on a map.

Von Dresden nach Hause (Folge 11)

Dresden wird sich so schnell von seiner Vergangenheit nicht trennen können. Zum einen Teil dieser Vergangenheit gehört die weltberühmte Kunst des Barock°, zum anderen Teil die einfachen Mietshäuser der sozialistischen Architektur. Eines steht neben dem anderen und zeugt von der nicht einfachen Geschichte der Hauptstadt des Bundeslandes Sachsen. Leipzig und Dresden waren schon lange vor der DDR Zentren der Kunst und Kultur und sie sind es bis heute geblieben.

Schloß Pillnitz bei Dresden

436

Das Schloß wird gerade restauriert.

Alex fährt lieber mit seinem Motorrad als mit dem Schiff.

Und noch etwas trifft man in Dresden bei jedem Schritt: Häuser und Paläste des ehemaligen Kurfürsten° von Sachsen August des Starken. Die Leute erzählen, daß er 365 Kinder gehabt haben soll. Auf jeden Fall hat er für einige seiner Frauen Paläste gebaut. Die haben wir besucht, denn die Architektur ist sehr schön.

Da uns die Fahrt auf dem Rhein viel Spaß gemacht hatte, versuchten wir es auf der Elbe noch einmal. Mit einem Schiff fuhren wir von Rathen die Elbe hinunter zum Schloß Pillnitz. Das Schloß war die Sommer-residenz August des Starken.

Das Schiff hieß „Weltfrieden". Mehr kann man sich nicht wünschen. Die Gegend um Dresden und weiter unten an der Elbe ist wild und roman-tisch. Sie gehört zu den schönsten Gegenden Europas. Hohe Felsen über der Elbe, Burgruinen über dunklen Wäldern und wild wach-sendes Grün: hier träumten bereits die Dichter und Maler der deutschen Romantik°.

Das Tal der Elbe

Die Gegend südlich von Dresden ist wild und romantisch.

In wenigen Tagen werden wir zu Hause angekommen sein. Aber wir hatten es nicht so eilig. Wir fuhren am Ufer der Elbe entlang in Richtung Norden. In Magdeburg wollten wir uns „Auf Wiedersehen" sagen. Von dort aus fuhren die einen in den Osten, die anderen in den Westen. Und Peter? Nun, der fuhr erst einmal mit Martina nach Berlin zurück.

In Magdeburg wollten sich alle „Auf Wiedersehen" sagen.

Wir saßen auf dem großen Platz vor dem Magdeburger Dom und sahen uns lange an. Einhundert Tage sind eine lange Zeit — und es war eine gute Zeit, obwohl gleich am Anfang der Reise nicht alles so gut geklappt hatte. Und was sollte nun werden? Das war uns allen klar. Denn wir hatten ja noch lange nicht alles gesehen. Wir würden in den Ferien wieder einige Orte besuchen, die uns besonders gefallen haben. Und das war nicht dort, wo die meisten Touristen sind!

(*der Barock* Baroque period; *der Kurfürst* elector; *die Romantik* Romantic period)

Textverständnis

31. Beantworten Sie die Fragen zum Text.

1. In welchem Bundesland liegen Leipzig und Dresden?
2. Wofür sind die Städte Leipzig und Dresden bekannt?
3. Womit fuhren sie auf der Elbe nach Pillnitz?
4. Was bedeutet der Name des Schiffes?
5. Von wo aus ging die Gruppe in andere Richtungen?
6. Wohin wollten einige Gruppenmitglieder in den Ferien fahren?

1. Sie liegen in Sachsen. 2. Sie sind für Kunst und Kultur bekannt. 3. Mit einem Schiff fuhren sie. 4. Der Name bedeutet, daß auf der Welt Frieden ist. 5. Die Gruppe ging in Magdeburg in andere Richtungen. 6. Sie wollten an Orte fahren, die besonders schön gewesen waren.

WB14

1. Auf diesen beiden Seiten sehen Sie acht Bilder von der Berliner Mauer, als es sie noch gab. Die Künstler wollten mit jedem ihrer Bilder eine Aussage machen. Suchen Sie sich drei Bilder aus und beschreiben Sie, was Sie sehen. Sagen Sie auch, warum der Künstler oder die Künstlerin dieses Bild wohl an die Mauer gemalt hat. Was hat sie oder er damit sagen wollen? Was könnte der Grund für dieses Bild sein?

2. Als Sie nach Hause kamen, hatten Sie keine Freizeit, sondern Sie *mußten*, *sollten* oder *durften* die folgenden Dinge tun. Benutzen Sie *müssen*, wenn Sie es nicht gern getan haben. Benutzen Sie *dürfen*, wenn Sie es gern getan haben, und *sollen* wenn es eine Aufgabe war, die Ihnen nicht schwer gefallen ist. Die Wahl des Modalverbs zeigt, wie Sie über die Aufgabe denken.

❐ Post ins Haus holen / müssen-dürfen-sollen
   Als ich nach Hause kam, habe ich die Post ins Haus holen dürfen.

Sample answers are:
Als ich nach Hause kam, …

1. unsere Küche putzen
putzen müssen

2. alle Teller und Tassen in den Schrank stellen
stellen sollen

3. viele Gläser ins Wohnzimmer bringen
bringen müssen

4. den ausgeflippten Nachbarn an seine Aufgaben erinnern
erinnern müssen

5. meinem Freund Ali seine türkischen Teegläser zurückbringen
zurückbringen sollen

6. das Fahrrad meiner Schwester reparieren
reparieren sollen

7. Dr. Fehrmann einen Brief schreiben
schreiben müssen

8. Hausaufgaben für die Schule morgen machen
machen sollen

9. in der Pizzeria eine leckere Pizza bestellen
bestellen dürfen

10. mit dem amerikanischen Freund telefonieren
telefonieren dürfen

11. Spätnachrichten im Fernsehen sehen
sehen dürfen

12. sofort ins Bett gehen und schlafen
schlafen müssen

3. Erzählen Sie was passiert ist. Benutzen Sie immer den Satzanfang „Ich muß dir noch sagen, daß …". Denken Sie daran, daß im Nebensatz drei Verben stehen: das Hilfsverb, das Aktionsverb und zuletzt das Modalverb.

Ich muß dir noch sagen, daß …

❐ Ich habe meine Freunde vor einer Stunde schon anrufen sollen.
   Ich muß dir noch sagen, daß ich meine Freunde vor einer Stunde schon habe anrufen sollen.

1. ich bei der Gartenarbeit habe helfen dürfen.

1. Ich habe bei der Gartenarbeit helfen dürfen.

2. ich auf keinen Apfelbaum habe klettern wollen.

2. Ich habe auf keinen Apfelbaum klettern wollen.

3. Erika im Abitur über die deutsche Geschichte hat schreiben müssen.

3. Erika hat im Abitur über die deutsche Geschichte schreiben müssen.

4. drei Gesellen zur Arbeit haben kommen sollen.

4. Drei Gesellen haben zur Arbeit kommen sollen.

5. wir die Ausgeflippten in der Disko haben tanzen sehen.

5. Wir haben die Ausgeflippten in der Disko tanzen sehen.

6. unsere Sekretärin die Kunden hat anrufen sollen.

6. Unsere Sekretärin hat die Kunden anrufen sollen.

7. der Berater viel über diese Ausbildung hat sagen können.

7. Der Berater hat viel über diese Ausbildung sagen können.

8. Heidrun die Campingsachen im Cabriolet hat liegen sehen.

8. Heidrun hat die Campingsachen im Cabriolet liegen sehen.

9. die Besucherin auf der Bühne am besten hat hören können.

9. Die Besucherin hat auf der Bühne am besten hören können.

10. der Bundeskanzler nach Istanbul hat fliegen müssen.

10. Der Bundeskanzler hat nach Istanbul fliegen müssen.

11. Portugal seit Jahren Partner in der EG hat sein wollen.

11. Portugal hat seit Jahren Partner in der EG sein wollen.

Das Landschulheim in Eggestedt

Auch das 100 Jahre alte Künstlerdorf Worpswede hatten die Schüler besucht.

Sample questions:
Waren Sie schon einmal in einem Landschulheim? Wissen Sie noch, wie die Hausmeisterin heißt? Hat sie uns nicht gesagt, daß wir keinen machen sollen? Warum können Sie nicht besser Fahrrad fahren? Wie hat Ihnen die Fahrt nach Scharmbeck gefallen? Fahren Sie nächstes Jahr wieder ins Landschulheim? Wie fanden Sie die Fahrt nach Hamburg?

4. Sie unterhalten sich mit Ihrem Lehrer, Herrn Rollingen, über die Tage im Landschulheim. Sie stellen ihm viele Fragen und er antwortet Ihnen. Finden Sie Fragen, die zu seinen Antworten passen.

Sie: Erinnern Sie sich noch an die tolle Fahrradfahrt nach Worpswede, wo wir die Bilder von Paula Modersohn und Heinrich Vogeler gesehen haben?

Lehrer: Ja, ich erinnere mich gut, denn das Künstlerdorf ist in einer tollen Landschaft und die Künstler haben fantastische Bilder gemalt.

Sie: ... ?

Lehrer: Ich war mit Ihrer Gruppe zum ersten Mal in einem Landschulheim.

Sie: ... ?

Lehrer: Die Hausmeisterin? Das war doch die nette Frau Ostermann, nicht wahr? Ich erinnere mich gut an sie, denn sie war so freundlich zu allen.

Sie: ... ?

Have students review chapter 6, *Im Landschulheim*, if they need to refamiliarize themselves with the story. This dialog is also well suited for pairs of students. Have them produce questions before their partner reads them the answers. If the question doesn't fit the answer, the respondent needs to indicate this by asking: *Ist das die Frage auf meine Antwort? Ich glaube, es gibt eine bessere Frage. Versuch es bitte noch einmal.*

Heinrich Vogeler und Paula Modersohn waren zwei der bekanntesten Künstler aus Worpswede.

Eine alte Postkarte von Heinrich Vogeler: Gruß aus Worpswede

Lehrer: Ja, das hat sie getan. Aber es durfte nicht so laut sein, wie am ersten Abend. Sie hatte einen guten Grund dazu, unserer Gruppe zu sagen, daß der Krach nicht so weitergehen konnte.

Sie: ... ?

Lehrer: Ich habe als Junge kein Fahrrad gehabt und habe es nie so richtig gelernt. Das sieht sehr lustig aus, wenn einer nicht richtig Fahrrad fahren kann, nicht? Ich erinnere mich, daß die Gruppe viel Spaß gehabt hat, als ich auf dem Hof herumfuhr. Es muß ja auch zu komisch ausgesehen haben.

Sie: Ja, wie ein Clown im Zirkus, haben alle gemeint ... ?

Lehrer: Ich habe an dem Tag die erste lange Fahrradfahrt meines Lebens erlebt. Ich denke heute noch gern daran, denn es hat mir wirklich Spaß gemacht.

Sie: ... ?

Lehrer: Vielleicht fahre ich nächstes Jahr wieder mit einer Klasse hin. Ist ja schade, daß Sie dann schon Ihr Abitur haben und nicht mehr dabeisein können.

Sie: ... ?

Lehrer: Ich fand die Fahrt von Eggestedt nach Hamburg auch toll. Der Hafen und die Architektur waren besonders schön. Da möchte ich noch einmal hin. So, ich muß los. Tschüs dann.

Sie: Ja, tschüs Herr Rollingen. War schön, mal mit Ihnen zu reden.

Die Schüler besuchen Hamburg.

Im Hafen liegt ein Segelschiff.

Die Architektur in Hamburg ist faszinierend.

Alte Geschäfte beim Hamburger Hafen

Alle denken gern an die Fahrt zurück.

5. Sie sitzen im Zug neben zwei Mädchen von vielleicht 18 Jahren und einem Jugendlichen, der etwa 16 Jahre alt ist. Sie hören zu, wie die drei sich unterhalten. Nach jedem Satz denken Sie: „Aha, so ist das also. Das werde ich mir merken." Folgen Sie dem Beispiel. Sagen Sie, was Sie denken!

❏ Sie hören: „Ich habe gehört, der Zug werde hinter Skopje noch voller."

Sie denken: „Aha, der Zug wird hinter Skopje noch voller!"

1. Im Speisewagen gäbe es nichts mehr zu essen.
2. Man müsse bis Skopje warten, um etwas zu essen zu bekommen.
3. In Griechenland seien im Moment viele amerikanische Touristen, die da Urlaub mit dem Rucksack machen würden.
4. Die schönste Reise zurück nach Deutschland sei über Brindisi in Italien.
5. Es würde im Juli nie regnen, weil das die trockene Sommerzeit wäre.
6. Die Akropolis in Athen könne man am besten morgens besuchen, weil dann noch nicht so viele Besucher da seien.
7. Die deutschen Jugendlichen würden lieber ins Ausland fahren, obwohl auch Deutschland ein sehr schönes Reiseland sei.

1. Aha, im Speisewagen gibt es nichts mehr zu essen. 2. Aha, man muß bis Skopje warten, um etwas zu essen zu bekommen. 3. Aha, in Griechenland sind im Moment viele amerikanische Touristen, die da Urlaub mit dem Rucksack machen. 4. Aha, die schönste Reise zurück nach Deutschland ist über Brindisi in Italien. 5. Aha, es regnet im Juli nie, weil das die trockene Sommerzeit ist. 6. Aha, die Akropolis in Athen kann man am besten morgens besuchen, weil dann noch nicht so viele Besucher da sind. 7. Aha, die deutschen Jugendlichen fahren lieber ins Ausland, obwohl auch Deutschland ein sehr schönes Reiseland ist.

Warum ich Ingenieurin geworden bin

Immer wieder fragen sich Leute, warum Frauen einen Männerberuf haben möchten. Das finde ich eine komische Frage, denn was ist denn ein Männerberuf? „Das sind Berufe, die die Männer machen", höre ich dann oft. Und ich frage weiter: „Warum ist dieser Beruf zuerst nur von Männern gewählt und gelernt worden?" Dann wissen die meisten Leute nicht mehr weiter. Ich will aber hier sagen, warum das so ist: nach der Industriellen Revolution haben die Männer die Rolle des Geldverdieners° gespielt, weil die Frauen das nicht durften. Die mußten zu Hause arbeiten und dann auch noch die Kinder sowie den Mann „bekochen", das heißt das Haus oder die Wohnung sauberhalten und kochen.

Die Frauen hatten nicht die gleichen Rechte wie Männer. Sie durften nicht in die Unis, durften nur wenige Berufe lernen, zum Beispiel Lehrerin, und wußten von der Technik so gut wie nichts. Das ist erst seit ein paar Jahren anders. Seit den sechziger Jahren dieses Jahrhunderts gehen mehr Frauen auf die Unis und in die Arbeitswelt. In Deutschland sind aber nur 11% der Frauen in mittleren und besseren Berufen. Die meisten Frauen arbeiten in schlecht bezahlten Berufen am Fließband°. Da findet man dann fast so viel Frauen wie Männer, weil die Arbeiterinnen und Arbeiter sehr wenig verdienen.

Eine Frau muß heute eine gute Ausbildung machen, wenn sie einen guten Job haben will. Ohne Ausbildung gibt's oft nur das Fließband oder einen Job als Putzfrau oder ungelernte Verkäuferin. Heute ist es so, daß so viele Frauen Abitur machen wie Männer und deshalb wird die Situation in der nächsten Generation besser werden. Ich bin sicher, daß in 30 Jahren die Jobs und die Ausbildungen für Frauen und Männer gleich verteilt° sein werden.

Ich bin Ingenieurin geworden, weil ich Lust dazu hatte. Ich bin in meinem Beruf so gut wie jeder andere und ich komme mit meinen Kollegen sehr gut klar. Im Studium war ich eine von vier Frauen in meinem Semester. Die anderen 46 Studenten waren Männer. Aber sie haben uns vier vom ersten Tag an akzeptiert°, das muß ich sagen. Das Studium hat mir sehr viel Spaß gemacht, denn Technik fasziniert mich°. Ich wollte zuerst Pilotin werden, habe dann aber den Sehtest nicht geschafft. Meine Augen sind nicht gut genug für den Job als Pilotin. Jetzt arbeite ich als Kommunikationsingenieurin am Frankfurter Flughafen. Ich sitze im Tower neben den Terminals und programmiere die Computer. Ich passe auf, daß die Piloten im Luftraum über Frankfurt genaue Informationen über das Wetter und den Verkehr anderer Flugzeuge haben. Da muß man sich konzentrieren und darf keine Fehler machen.

Bis jetzt bin ich mit meinem Beruf sehr zufrieden. Ich arbeite mit sieben Männern und zwei Frauen zusammen, die alle sehr viel von der Kommunikationstechnik verstehen. Es ist gut, daß Frauen heute jeden Beruf wählen können. In ein paar Jahren werden auch die alten Vorurteile° gegen Frauen Vergangenheit sein und es wird noch einfacher als heute. Das finde ich gut, denn Männer und Frauen müssen gleichberechtigt sein. Nicht nur nach dem Gesetz, sondern im richtigen Leben. Finden Sie nicht auch?

Johanna Bernstein, 24, Frankfurt ═══════════════════

(*der Geldverdiener* wage earner; *das Fließband* assembly line; *verteilen* to distribute; *akzeptieren* to accept; *es fasziniert mich* it fascinates me; *das Vorurteil* prejudice)

Textverständnis

6. Beantworten Sie die Fragen zum Text.

1. In mittleren und besseren Berufen findet man heute noch 89 Prozent Männer.
2. Putzfrau oder ungelernte Verkäuferin sind oft Frauenberufe. 3. Sie hat studiert. 4. Sie hat den Sehtest nicht geschafft. 5. Sie hatte ein gutes Verhältnis zu ihnen und hat ihr Studium sehr gemocht. 6. Technik fasziniert sie. 7. Answers will vary.

1. In welchen Berufen findet man heute noch 89% Männer?
2. Welche Berufe sind schlecht bezahlt und werden oft von Frauen gemacht?
3. Was hat Frau Bernstein getan, um einen besseren Job zu finden?
4. Warum ist sie nicht selbst Pilotin geworden?
5. Was sagt sie über das Ingenieurstudium und ihr Verhältnis zu den männlichen Studenten?
6. Warum ist sie Ingenieurin geworden?
7. Was meinen Sie? Warum sollten Frauen und Männer in Ausbildung und Beruf die gleichen Chancen haben?

Rollenspiel: Sind alle gleichberechtigt?

7. Diskutieren Sie in der Klasse die Frage: „Warum sind Frauen und Männer nicht gleichberechtigt?" Schreiben Sie alle Argumente auf. Denken Sie an die historische Entwicklung, an die Situation in der Familie und an die Gründe für Hilfsgesetze für Minoritäten: Frauen, Farbige, Indianer, Menschen mit spanischer Familiengeschichte, usw. Warum gab es besondere Gesetze für diese Gruppen?

Encourage students to utilize many of the aspects of German and American life which they are familiar with to evaluate the question about affirmative action. Many ideas can be found in chapter 3 (*Arbeit und Beruf*) and in chapter 7 (*Mensch und Maschine*). In both chapters, professionals voice their opinions and provide a model discourse about this topic. Since this is an on-going process in society, there is no conclusion or even agreement necessary for the *Rollenspiel*. Students are merely expected to narrate circumstances, to begin to form an opinion and to pursue it during discussion.

Fragen Sie jeden in der Klasse, ob sie oder er für oder gegen „Affirmative Action" ist — und warum. Schreiben Sie jeden Grund auf. Wenn jeder eine Meinung gesagt hat, teilen Sie die Klasse in Pro und Contra. Dann diskutieren die beiden Gruppen (Pro — für extra Hilfe durch das Gesetz und Contra — gegen spezielle Hilfe für Minoritäten).

Denken Sie bei dieser Diskussion auch daran, daß nicht jeder Mensch die gleichen finanziellen Möglichkeiten hat. Sollte der Staat denen helfen, die selbst kein Geld für die Schule, Ausbildung und Uni haben? Sollten Minderheiten mehr bekommen als andere?

Erster Schritt (alle zusammen):
Schreiben Sie alle Gründe auf, warum Männer und Frauen gleichberechtigt sind — oder warum nicht.

Zweiter Schritt (alle zusammen):
Welche Minoritäten kennen Sie? Schreiben Sie alle Gruppen auf, die Ihrer Meinung nach eine Minorität sind.

Dritter Schritt (alle zusammen):
Sollen Minoritäten besondere Hilfen vom Staat und von den Gesetzen bekommen (Affirmative Action)?

Vierter Schritt (in zwei Gruppen):
Die Pro-Gruppe und die Contra-Gruppe diskutieren ihre Argumente.

8. Vergleichen Sie die folgenden Dinge. Benutzen Sie „genauso ... wie", wenn Dinge gleich wichtig sind. Benutzen Sie „als" plus Komparativ, wenn Sie sich für eine Sache entscheiden wollen. Entscheiden Sie nach Ihrem eigenen Geschmack.

❐ eine Zeitschrift lesen / den Film „Robin Hood" sehen
Ich würde lieber eine Zeitschrift lesen als den Film „Robin Hood" zu sehen. *oder*
Ich würde genauso gern eine Zeitschrift lesen, wie ich den Film „Robin Hood" sehen würde.

1. morgens um sechs Uhr aufstehen / morgens um acht Uhr aufstehen
2. mittags warmes Essen mögen / mittags nur ein Butterbrot essen
3. einen langen Brief schreiben / ein langes Telefongespräch führen
4. eine gute Freudin besuchen / allein zu Hause bleiben
5. ein neues Quattro-Auto fahren / das alte Fahrrad fahren
6. an die Umwelt denken / modernste Technik benutzen
7. ein eigenes Haus kaufen / in einer großen Mietwohnung leben

Sample answers: 1. Ich würde morgens lieber um acht Uhr als um sechs Uhr aufstehen. 2. Ich würde mittags genauso gern ein Butterbrot essen, wie ich warmes Essen möchte. 3. Ich würde lieber einen langen Brief schreiben als ein langes Telefongespräch zu führen. 4. Ich würde genauso gern allein zu Hause bleiben, wie ich eine gute Freundin besuchen würde. 5. Ich würde genauso gern ein altes Fahrrad fahren, wie ich ein neues Quattro-Auto fahren würde. 6. Ich würde lieber an die Umwelt denken, als modernste Technik zu benutzen. 7. Ich würde lieber in einer großen Mietwohnung leben als ein eigenes Haus zu kaufen.

„Ich würde lieber bei dem schönen Wetter im Freien sein als hier im Klassenzimmer zu sitzen."

The comparison of these pictures will demonstrate that not all German towns and cities look like Rothenburg ob der Tauber. Students should find many similarities between both sites. Point out to them that Bochum lies embedded among many other cities in the Ruhr district, while St. Cloud is quite distant from the next metropolitan area (Minneapolis/St. Paul). Students should recognize the parking problem in Bochum, the housing shortage (a tent in front of the dorm is evidence of that) and the numerous highrise buildings.

Universitätsstädte auf verschiedenen Kontinenten

9. Vergleichen Sie die Bilder (auf Seiten 452-455) von Bochum mit denen der amerikanischen Stadt St. Cloud im Staat Minnesota. Was ist gleich, was ist anders, was gefällt Ihnen besser? Wo möchten Sie wohnen? Warum?

Viele Menschen wohnen in den Vororten der Stadt.

Alte Wohnhäuser der Arbeiter im Ruhrgebiet

B OCHUM

Die Ruhr-Universität Bochum hat 36 000 Studenten und nicht genug Parkplätze.

Viele Studenten finden im Studentenwohnheim keinen Platz.

452

Bochum ist eine moderne Universitätsstadt im Ruhrgebiet mit vielen Hochhäusern.

In der Stadt ist das Wahrzeichen der Stadt (siehe rechts) ...

... ein alter Förderturm (hoisting tower), der zu einem Museum gehört.

In der Stadt ist immer viel Verkehr.

In der Innenstadt verkaufen Straßenverkäufer ihre Sachen.

Die Bochumer gehen gern in ihre Kleingärten, um Ruhe zu finden.

Die Innenstadt von St. Cloud

*Es gibt eine alte Kirche
und eine Apotheke.*

S T. CLOUD

*Viele Studenten wohnen in diesen
Häusern bei der Uni.*

*Auf dem Campus ist viel Platz. An der
St. Cloud State University studieren
17 000 Studenten.*

Zwischen den Unigebäuden gibt es einen Übergang (skyway).

Die Häuser der Familien haben oft große Grundstücke (lots).

Meistens hat man freie Fahrt auf den Straßen.

Der Bundestag

Der Bundestag ist das deutsche Parlament. Dort machen die Politiker der deutschen Parteien Politik. Die einzelnen Parteien im Bundestag bilden eine Fraktion°. Bei einer Bundestagswahl° muß eine Partei mindestens 5% der Stimmen° aller Deutschen bekommen. Nur dann darf sie in den Bundestag. Wenn eine Partei also bei einer Wahl nur 4,9% aller Stimmen hat, kommt sie nicht in den Bundestag. Die größten Parteien im deutschen Bundestag sind die Sozialdemokraten (SPD), die Christdemokraten (CDU mit CSU, ihrer Schwesterpartei, die es nur in Bayern gibt) und die Freien Demokraten (FDP). Die Grünen sind eine Umweltschutzpartei°, die ein weites Spektrum von links bis rechts vereinigt. Es gibt immer viele Konflikte in dieser jungen Partei. Sie ist erst seit 1980 im Bundestag und bekam zuletzt nur etwa 5% der Stimmen aller deutschen Wähler°. Sie ist oft nicht so konservativ wie die Christdemokraten von der CDU oder CSU. Sie arbeitet bei vielen Aufgaben mit den Sozialdemokraten zusammen.

Das alte Reichtagsgebäude in Berlin

*Eine Demonstration in
Bonn ...*

*... bringt viele junge Leute
auf die Straße.*

*Das Bundeshaus liegt in
Bonn am Rhein.*

Im Bundeshaus trifft sich der Bundestag, das deutsche Parlament.

Diese Parteien haben zu einem Teil ähnliche Ideen. Die meisten Deutschen wählen aber lieber konservative Parteien. Das scheint vielen Deutschen eine solide Sache. Das ist besonders bei den 16 Millionen Deutschen in der alten DDR so. Sie vertrauen den konservativen Parteien mehr. Bei der letzten Bundestagswahl hatte die CDU/CSU mit 43% die meisten Stimmen, die SPD bekam 33%, die FDP 11%, die Grünen 5%.

Die Partei des Demokratischen Sozialismus (PDS, 2,2%) ist ein neuer Name für die ehemalige Sozialistische Einheitspartei Deutschlands (SED). Diese Partei herrschte bis 1989 allein in der DDR. Jetzt gibt es die DDR nicht mehr und manche alten Wähler der SED wählen nun die PDS. Einige Deutsche meinen, es ist eine Ironie der Geschichte, daß die neue Bundesrepublik nun eine starke Fraktion kommunistischer Politiker im Bundestag hat. Der Bundestag hatte bis zur Wiedervereinigung keine kommunistische Partei. Ein paar Politiker von der PDS wollten nach der Wiedervereinigung nach Washington, D.C. fahren, um amerikanische Politiker zu treffen. Sie durften aber nicht nach den USA reisen, weil sie Mitglied einer kommunistischen Partei sind. Das gab es noch niemals in der langen politischen Geschichte der USA und der Bundesrepublik.

Under normal conditions, the PDS would not have been admitted to the *Bundestag* after the December 1990 election because its share of the votes was too small. An exception was written into Federal Law after reunification to accommodate former Eastern parties which otherwise would have had no chance to enter the German Parliament.

Noch eine Ironie der Geschichte ist das neue Gebäude für den Bundestag. Es steht in Bonn und für viele Millionen Mark wurde schon gebaut. Jetzt ist aber Berlin wieder offiziell die Hauptstadt. Das neue Parlamentsgebäude liegt also etwa 550 Kilometer zu weit westlich. Berlin ist die alte und neue Hauptstadt. Bonn wurde nach dem Krieg Hauptstadt, weil Berlin in vier Zonen geteilt worden war. Die Ostzone war auf dem Gebiet der ehemaligen DDR. Was soll man jetzt mit den vielen Büros der Parlamentarier des Bundestages in Bonn machen? Was soll man mit den Gebäuden in Bonn tun, wenn Berlin jetzt wieder Hauptstadt ist? Vielleicht gibt es bald eine Schnellbahn° zwischen Berlin und Bonn. Dann trifft sich der Bundestag in Berlin und Bonn. Es wird aber viele Jahre dauern, bis dies klar ist. Deutschland hat also zwei Hauptstädte, bis alle Parlamentarier nach Berlin umgezogen sind.

(*die Fraktion* parliamentary group; *die Bundestagswahl* election to the *Bundestag*; *die Stimme* vote; *die Umweltschutzpartei* environmental protection party; *der Wähler* voter; *die Schnellbahn* express train)

10. Was paßt hier?

h   1. Die Grünen waren   a. 11% der Wählerstimmen bekommen.

e   2. Bonn wurde erst   b. die offizielle Hauptstadt.

c   3. Die PDS ist   c. der neue Name der früheren SED.

a   4. Die FDP hat nur   d. konservative Parteien.

b   5. Berlin ist   e. nach dem Krieg Hauptstadt.

i   6. Der Bundestag hatte   f. nicht nach Washington, D.C. reisen.

j   7. Eine Partei unter 5% kommt   g. in Bonn, wird aber wieder nach Berlin gehen.

d   8. Die meisten Deutschen wählen   h. seit 1980 im Bundestag.

    i. früher keine kommunistische Partei.

g   9. Der Bundestag steht heute noch   j. nicht in den Bundestag.

f   10. Ein paar Politiker der PDS durften

11. Wissen Sie, was Ihre Klassenkameraden am liebsten in ihrer Freizeit tun? Fragen Sie eine Person Ihrer Wahl danach. Bilden Sie die Fragen selbst. Sie können die folgenden Ideen benutzen.

Frage: Was tust du in deiner Freizeit am allerliebsten? Ich meine, welches Hobby ist dein Lieblingshobby?

Antwort: ...

(Answers will vary.)

Weitere Fragen:
Wie oft tut man das?
Was braucht man dafür?
Wo tut man das?
Wer macht mit?
Kostet es Geld?
Gibt es andere in der Klasse, die das tun?
Seit wann tust du das?
Warum magst du diese Freizeitbeschäftigung?

Diese Urlauber windsurfen am allerliebsten.

Was tun diese Leute in ihrer Freizeit?

Personal Pronouns

SINGULAR	Nominative	Accusative	Dative
1st person	ich	mich	mir
2nd person	du	dich	dir
3rd person	er sie es	ihn sie es	ihm ihr ihm
PLURAL			
1st person	wir	uns	uns
2nd person	ihr	euch	euch
3rd person	sie	sie	ihnen
formal form (singular or plural)	Sie	Sie	Ihnen

Reflexive Pronouns

SINGULAR	Accusative	Dative
1st person (ich)	mich	mir
2nd person (du)	dich	dir
3rd person (er) (sie) (es)	sich	sich
PLURAL		
1st person (wir)	uns	uns
2nd person (ihr)	euch	euch
3rd person (sie)	sich	sich
formal form (Sie) (singular or plural)	sich	sich

Relative Pronouns

	Singular			Plural
	Masculine	**Feminine**	**Neuter**	
Nominative	der	die	das	die
Accusative	den	die	das	die
Dative	dem	der	dem	denen
Genitive	dessen	deren	dessen	deren

Demonstrative Pronouns

	Singular			Plural
	Masculine	**Feminine**	**Neuter**	
Nominative	der	die	das	die
Accusative	den	die	das	die
Dative	dem	der	dem	denen

Definite Articles

	Singular			Plural
	Masculine	**Feminine**	**Neuter**	
Nominative	der	die	das	die
Accusative	den	die	das	die
Dative	dem	der	dem	den
Genitive	des	der	des	der

Der-Words

	Singular			Plural
	Masculine	**Feminine**	**Neuter**	
Nominative	dieser	diese	dieses	diese
Accusative	diesen	diese	dieses	diese
Dative	diesem	dieser	diesem	diesen
Genitive	dieses	dieser	dieses	dieser

Other *der*-words introduced are *welcher, jeder, solcher, mancher, derselbe.*

Question Words: *Wer? Was?*

Nominative	wer	was
Accusative	wen	was
Dative	wem	
Genitive	wessen	

Indefinite Articles and *Ein*-Words

	Singular			Plural
	Masculine	**Feminine**	**Neuter**	
Nominative	ein	eine	ein	keine
Accusative	einen	eine	ein	keine
Dative	einem	einer	einem	keinen
Genitive	eines	einer	eines	keiner

Ein- words are *ein, kein* and all possessive adjectives *(mein, dein, sein, ihr, sein, unser, euer, ihr, Ihr).*

Adjective Endings after *Der*-Words

	Singular			Plural
	Masculine	**Feminine**	**Neuter**	
Nominative	-e	-e	-e	-en
Accusative	-en	-e	-e	-en
Dative	-en	-en	-en	-en
Genitive	-en	-en	-en	-en

	Singular			Plural
	Masculine	**Feminine**	**Neuter**	
Nominative	der alt*e* Film	die nett*e* Dame	das neu*e* Haus	die *guten* Schüler
Accusative	den alt*en* Film	die nett*e* Dame	das neu*e* Haus	die *guten* Schüler
Dative	dem alt*en* Film	der nett*en* Dame	dem neu*en* Haus	den *guten* Schüler*n*
Genitive	des alt*en* Film*es*	der nett*en* Dame	des neu*en* Haus*es*	der *guten* Schüler

The following words expressing quantity can be used only in the plural with the corresponding adjective endings for *der*-words: *alle, beide.*

Adjective Endings after *Ein*-Words

	Singular			Plural
	Masculine	**Feminine**	**Neuter**	
Nominative	-er	-e	-es	-en
Accusative	-en	-e	-es	-en
Dative	-en	-en	-en	-en
Genitive	-en	-en	-en	-en

	Singular			Plural
	Masculine	**Feminine**	**Neuter**	
Nominative	ein alt*er* Film	eine nett*e* Dame	ein neu*es* Haus	keine gut*en* Schüler
Accusative	einen alt*en* Film	eine nett*e* Dame	ein neu*es* Haus	keine gut*en* Schüler
Dative	einem alt*en* Film	einer nett*en* Dame	einem neu*en* Haus	keinen gut*en* Schüler*n*
Genitive	eines alt*en* Film*es*	einer nett*en* Dame	eines neu*en* Haus*es*	keiner gut*en* Schüler

The following words expressing quantity can be used only in the plural: *andere, ein paar, einige, viele, wenige.* Adjectives following these words take the ending *-e* (nominative, accusative) or *-en* (dative, genitive).

Adjective Endings for Adjectives Not Preceded by Articles

	Singular			Plural
	Masculine	**Feminine**	**Neuter**	
Nominative	alt*er* Freund	rot*e* Bluse	neu*es* Auto	klein*e* Kinder
Accusative	alt*en* Freund	rot*e* Bluse	neu*es* Auto	klein*e* Kinder
Dative	alt*em* Freund	rot*er* Bluse	neu*em* Auto	klein*en* Kinder*n*
Genitive	alt*en* Freund*es*	rot*er* Bluse	neu*en* Autos	klein*er* Kinder

Comparison of Adjectives and Adverbs

Adjective/Adverb	schnell	warm	gut	hoch	gern
Comparative	schneller	wärmer	besser	höher	lieber
Superlative	schnellst-	wärmst-	best-	höchst-	liebst-

Plural of Nouns

	Singular	Plural
no change or add umlaut	das Zimmer die Mutter	die Zimmer die Mütter
add -n, -en, or -nen	die Ecke der Herr die Freundin	die Ecken die Herren die Freundinnen
add -e or ⸚e	der Tag die Stadt	die Tage die Städte
add ⸚er	das Buch das Fach	die Bücher die Fächer
add -s (adopted foreign words)	das Café das Büro	die Cafés die Büros

Prepositions

Dative	Accusative	Dative or Accusative	Genitive
aus	durch	an	anstatt
außer	für	auf	trotz
bei	gegen	hinter	während
gegenüber	ohne	in	wegen
mit	um	neben	
nach		über	
seit		unter	
von		vor	
zu		zwischen	

Prepositions Linked with Adjectives

The following adjectives and past participles often combine with certain prepositions to generate specific, idiomatic meanings:

begeistert sein von (dative)/über (accusative)
froh/glücklich sein über (accusative)
froh sein für (accusative)
interessiert sein an (dative)
sauer/böse sein auf (accusative)/wegen (genitive)
stolz sein auf (accusative)
verlobt sein mit (dative)
zufrieden sein mit (dative)

Bist du an diesem Buch interessiert?
Auf wen ist sie sauer?

Inverted Word Order

1. Formation of questions beginning with the verb
   Spielst du heute Fußball?
2. Formation of questions beginning with a question word
   Wohin gehen Sie heute nachmittag?
3. Command forms
   Hab keine Angst!
   Lauft schnell!
   Passen Sie auf!
   Gehen wir!
4. Sentence beginning with a part other than the subject
   Am Sonntag fahren wir zu meiner Tante.

Word Order of Personal Pronouns

Er gibt	dem Fluggast	eine Bordkarte.
Er gibt	ihm	eine Bordkarte.
Er gibt	sie	dem Fluggast.
Er gibt	sie	ihm.

Conjunctions

Coordinating	Subordinating	
aber	als	ob
denn	bevor	obgleich, obwohl
oder	bis	seitdem
sondern	da	sobald
und	damit	solange
	daß	während
	ehe	weil
	nachdem	wenn

Word Order When Using Relative Pronouns and Conjunctions

1. Relative pronouns
   Der Mann, der ins Auto einsteigt, ist mein Vater.
   Wer ist der Mann, den du getroffen hast?

2. Coordinating conjunctions
   Ich möchte bleiben, aber ich habe keine Zeit.

3. Subordinating conjunctions
   Wir gehen ins Restaurant, weil wir Hunger haben.
   Weil wir Hunger haben, gehen wir ins Restaurant.

Verbs Followed by Dative

antworten	folgen	gefallen	gehören	glauben
gratulieren	helfen	passen	schmecken	

Gabi hilft ihrer Mutter.
Ich gratuliere ihm zum Geburtstag.

The verb *glauben* may take either the dative or accusative case. If used with a person, the dative follows *(Ich glaube ihm)*. If used with an object, the accusative is used *(Ich glaube das nicht)*.

Verbs with Prepositions Followed by Accusative

sich freuen auf	to look forward to
grenzen an	to border on
sehen auf	to look at
sprechen über	to talk about
warten auf	to wait for

Regular Verb Forms — Present Tense

	gehen	**finden**	**heißen**	**arbeiten**
ich	gehe	finde	heiße	arbeite
du	gehst	findest	heißt	arbeitest
er, sie, es	geht	findet	heißt	arbeitet
wir	gehen	finden	heißen	arbeiten
ihr	geht	findet	heißt	arbeitet
sie, Sie	gehen	finden	heißen	arbeiten

Irregular Verb Forms — Present Tense

	haben	**sein**	**wissen**
ich	habe	bin	weiß
du	hast	bist	weißt
er, sie, es	hat	ist	weiß
wir	haben	sind	wissen
ihr	habt	seid	wißt
sie, Sie	haben	sind	wissen

Verbs with Stem Vowel Change — Present Tense

	a to *ä*	*e* to *i*	*e* to *ie*
ich	fahre	spreche	sehe
du	fährst	sprichst	siehst
er, sie, es	fährt	spricht	sieht
wir	fahren	sprechen	sehen
ihr	fahrt	sprecht	seht
sie, Sie	fahren	sprechen	sehen

Command Forms

	gehen	warten	sein	haben
Familiar (singular)	Geh!	Warte!	Sei!	Hab!
Familiar (plural)	Geht!	Wartet!	Seid!	Habt!
Formal (singular/plural)	Gehen Sie!	Warten Sie!	Seien Sie!	Haben Sie!
Wir-form (Let's...)	Gehen wir!	Warten wir!	Seien wir!	Haben wir!

Double Infinitive

present perfect: Ich habe nach Italien reisen wollen.

past perfect: Ich hatte nach Italien reisen wollen.

Modal Auxiliaries

	dürfen	können	mögen	müssen	sollen	wollen
ich	darf	kann	mag	muß	soll	will
du	darfst	kannst	magst	mußt	sollst	willst
er, sie, es	darf	kann	mag	muß	soll	will
wir	dürfen	können	mögen	müssen	sollen	wollen
ihr	dürft	könnt	mögt	müßt	sollt	wollt
sie, Sie	dürfen	können	mögen	müssen	sollen	wollen

Future Tense (*werden* + infinitive)

ich	werde
du	wirst
er, sie, es	wird
wir	werden
ihr	werdet
sie, Sie	werden

Sie werden ein Jahr nach Deutschland fahren.
Wirst du ins Kino gehen?

Future Perfect Tense (*werden* + past participle + *haben/sein*)

Wir werden die Aufgaben bald gemacht haben.
Wirst du schon so früh angekommen sein?

Past Tense (Narrative Past Tense)

	Regular Verbs		Irregular Verbs				
	sagen	**arbeiten**	**kommen**	**gehen**	**fahren**	**haben**	**sein**
ich	sagte	arbeitete	kam	ging	fuhr	hatte	war
du	sagtest	arbeitetest	kamst	gingst	fuhrst	hattest	warst
er, sie, es	sagte	arbeitete	kam	ging	fuhr	hatte	war
wir	sagten	arbeiteten	kamen	gingen	fuhren	hatten	waren
ihr	sagtet	arbeitetet	kamt	gingt	fuhrt	hattet	wart
sie, Sie	sagten	arbeiteten	kamen	gingen	fuhren	hatten	waren

Present Perfect Tense

regular verbs:	*haben* + past participle (*ge* + 3rd person singular)
	Sie hat gefragt.
	Hast du etwas gesagt?
irregular verbs:	*haben* or *sein* + past participle
	Ich habe das Brot gegessen.
	Wir sind dorthin gefahren.
with modal auxiliaries:	*Haben Sie in die Stadt gehen müssen?*
	Er hat das nicht essen können.

Past Perfect Tense

Past tense of *haben* or *sein* plus past participle
   Hattest du den Brief geholt?
   Wart ihr zu Hause gewesen?

Passive

present:	*Der Lehrer wird gefragt.*
past:	*Der Lehrer wurde gefragt.*
present perfect:	*Der Lehrer ist gefragt worden.*
past perfect:	*Der Lehrer war gefragt worden.*
future:	*Der Lehrer wird gefragt werden.*

Irregular Verbs

The following list contains all the irregular verbs used in *Deutsch Aktuell 1, 2* and *3.*
Verbs with separable or inseparable prefixes are not included when the basic verb form
has been introduced (example: *kommen, ankommen*). If the basic verb has not been
introduced then the verb with its prefix is included. Verbs with stem vowel changes, as
well as those constructed with a form of *sein,* have also been indicated.

Infinitive	Present Tense Stem Vowel Change	Past	Past Participle	Meaning
abbiegen		bog ab	ist abgebogen	to turn to
aufschließen		schloß auf	aufgeschlossen	to unlock
ausgraben	gräbt aus	grub aus	ausgegraben	to excavate
ausleihen		lieh aus	ausgeliehen	to check out
beginnen		begann	begonnen	to begin, start
bekommen		bekam	bekommen	to get, receive
bestehen		bestand	bestanden	to pass (test)
bieten		bot	geboten	to offer
bitten		bat	gebeten	to ask, plead

Infinitive	Present Tense Stem Vowel Change	Past	Past Participle	Meaning
bleiben		blieb	ist geblieben	to stay, remain
brechen	bricht	brach	gebrochen	to break
brennen		brannte	gebrannt	to burn
bringen		brachte	gebracht	to bring
denken		dachte	gedacht	to think
dürfen	darf	durfte	gedurft	to be allowed, may
eindringen		drang ein	ist eingedrungen	to enter
einladen	lädt ein	lud ein	eingeladen	to invite
einschließen		schloß ein	eingeschlossen	to include
empfehlen	empfiehlt	empfahl	empfohlen	to recommend
entscheiden		entschied	entschieden	to decide
sich erkennen		erkannte	erkannt	to recognize each other
essen	ißt	aß	gegessen	to eat
fahren	fährt	fuhr	ist gefahren	to drive, go
fallen	fällt	fiel	ist gefallen	to fall
fangen	fängt	fing	gefangen	to catch
finden		fand	gefunden	to find
fliegen		flog	ist geflogen	to fly
fließen		floß	ist geflossen	to flow, run
fressen	frißt	fraß	gefressen	to eat, devour
geben	gibt	gab	gegeben	to give
gefallen	gefällt	gefiel	gefallen	to like
gehen		ging	ist gegangen	to go, walk
gelten	gilt	galt	gegolten	to be valid
genießen		genoß	genossen	to enjoy
gewinnen		gewann	gewonnen	to win
gießen		goß	gegossen	to pour
greifen		griff	gegriffen	to grab
haben	hat	hatte	gehabt	to have
halten	hält	hielt	gehalten	to hold
hängen		hing	gehangen	to hang
heben		hob	gehoben	to lift
heißen		hieß	geheißen	to be called
helfen	hilft	half	geholfen	to help
kennen		kannte	gekannt	to know (person)
klingen		klang	geklungen	to sound
kommen		kam	ist gekommen	to come
können	kann	konnte	gekonnt	to be able to, can
lassen	läßt	ließ	gelassen	to leave, let

Infinitive	Present Tense Stem Vowel Change	Past	Past Participle	Meaning
laufen	läuft	lief	ist gelaufen	to run, walk
leiden		litt	gelitten	to suffer
lesen	liest	las	gelesen	to read
liegen		lag	gelegen	to lie
lügen		log	gelogen	to lie, deceive
messen	mißt	maß	gemessen	to measure
mögen	mag	mochte	gemocht	to like
müssen	muß	mußte	gemußt	to have to, must
nehmen	nimmt	nahm	genommen	to take
nennen		nannte	genannt	to name
pfeifen		pfiff	gepfiffen	to whistle
raten	rät	riet	geraten	to guess
reißen		riß	gerissen	to tear
rennen		rannte	ist gerannt	to run, race
rufen		rief	gerufen	to call
scheinen		schien	geschienen	to shine
schieben		schob	geschoben	to push
schießen		schoß	geschossen	to shoot
schlafen	schläft	schlief	geschlafen	to sleep
schlagen	schlägt	schlug	geschlagen	to hit, beat
schneiden		schnitt	geschnitten	to cut, chop
schreiben		schrieb	geschrieben	to write
schreien		schrie	geschrien	to scream, shout
schwimmen		schwamm	ist geschwommen	to swim
sehen	sieht	sah	gesehen	to see
sein	ist	war	ist gewesen	to be
singen		sang	gesungen	to sing
sitzen		saß	gesessen	to sit
sollen	soll	sollte	gesollt	to supposed to, should
spinnen		sponn	gesponnen	to be crazy (nuts)
sprechen	spricht	sprach	gesprochen	to speak, talk
springen		sprang	ist gesprungen	to jump
stehen		stand	gestanden	to stand
stehlen	stiehlt	stahl	gestohlen	to steal
steigen		stieg	ist gestiegen	to climb
sterben	stirbt	starb	ist gestorben	to die
streiten		stritt	gestritten	to fight, quarrel
tragen	trägt	trug	getragen	to carry
treffen	trifft	traf	getroffen	to meet

	Present Tense Stem Vowel			
Infinitive	Change	Past	Past Participle	Meaning
treiben		trieb	getrieben	to do sports
treten	tritt	trat	getreten	to step
trinken		trank	getrunken	to drink
tun		tat	getan	to do
überweisen		überwies	überwiesen	to transfer (money)
verbinden		verband	verbunden	to connect, bandage
vergessen	vergißt	vergaß	vergessen	to forget
verlassen	verläßt	verließ	verlassen	to leave
verlieren		verlor	verloren	to lose
verschlingen		verschlang	verschlungen	to devour, swallow (up)
verstehen		verstand	verstanden	to understand
wachsen	wächst	wuchs	ist gewachsen	to grow
sich waschen	wäscht	wusch	gewaschen	to wash
werden	wird	wurde	ist geworden	to become
werfen	wirft	warf	geworfen	to throw
wiegen		wog	gewogen	to weigh
wissen	weiß	wußte	gewußt	to know
wollen	will	wollte	gewollt	to want to
ziehen		zog	gezogen	to pull
zwingen		zwang	gezwungen	to force

Subjunctive

Present Subjunctive I

	fragen	**kommen**	**haben**	**sein**
ich	frage	komme	habe	sei
du	fragest	kommest	habest	seiest
er, sie, es	frage	komme	habe	sei
wir	fragen	kommen	haben	seien
ihr	fraget	kommet	habet	seiet
sie, Sie	fragen	kommen	haben	seien

Present Subjunctive II

	fragen	**kommen**	**haben**	**sein**
ich	fragte	käme	hätte	wäre
du	fragtest	kämest	hättest	wärest
er, sie, es	fragte	käme	hätte	wäre
wir	fragten	kämen	hätten	wären
ihr	fragtet	kämet	hättet	wäret
sie, Sie	fragten	kämen	hätten	wären

Past subjunctive I

Present subjunctive I of *haben* or *sein* plus past participle
> *du habest gesucht*
> *er sei gegangen*

Past subjunctive II

Present subjunctive II of *haben* or *sein* plus past participle
> *du hättest gesucht*
> *er wäre gegangen*

VOCABULARY
German/English

All the words introduced in *Deutsch Aktuell 1, 2* and *3* have been summarized in this section. Numbers or letters ("E"—*Einführung*, "A" or "B"—*Rückblick*) following words or phrases indicate the lesson of *Deutsch Aktuell 3* in which these words first appear. In cases in which there is more than one meaning for a word or phrase and it has appeared in different lessons, both lesson numbers are listed. Words and expressions introduced in *Deutsch Aktuell 1* and *2* do not have numbers after them. Words preceded by an asterisk (*) are cognates or easily recognizable words that were not listed in the individual lessons of this textbook but are listed in this section for reference.

All nouns have been indicated with their respective articles and plural forms. Verbs with a stem vowel change, as well as past and present perfect forms of irregular verbs, are listed in the grammar summary as well as in this vocabulary section.

A

ab: von jetzt ab from now on; *ab und zu* once in a while
abbauen to demolish 8
abbiegen *(bog ab, ist abgebogen)* to turn (to)
der **Abend,-e** evening; *am Abend* in the evening
das **Abendbrot** supper
aber but
abfahren *(fährt ab, fuhr ab, ist abgefahren)* to depart, leave
abfallen *(fällt ab, fiel ab, ist abgefallen)* to fall off 5
abfliegen *(flog ab, ist abgeflogen)* to take off (plane)
der **Abflug,-̈e** departure (flight)
abgasfrei emission-free 6
abheben *(hob ab, abgehoben)* to pick up (receiver)
abholen to pick up 9
das **Abitur** final examination *(Gymnasium)*
der **Abiturient,-en** high school graduate 3
ablaufen *(läuft ab, lief ab, ist abgelaufen)* to run well (smoothly)
ablehnen to reject 2
die **Ablehnung,-en** rejection 9

abräumen to clear the table
die **Abreise** departure
abrufen *(rief ab, abgerufen)* to download 7
der **Abschluß,-̈sse** completion 3
abschneiden *(schnitt ab, abgeschnitten)* to cut off, do well, perform
der **Abschnitt,-e** stub
der **Absender,-** sender
absetzen to put down, deposit
* der **Absolutismus** absolutism 3
absteigen *(stieg ab, ist abgestiegen)* to get off (bike)
die **Abteilung,-en** department
abwechslungsreich varied, everchanging 1
abwehren to defend 10; *diese Gefahr abwehren* to avert this danger 10
abziehen *(zog ab, abgezogen)* to deduct
ach oh
acht eight
achtzehn eighteen
der **Adel** nobility 10
der **Adler,-** eagle 6
adlig noble, aristocratic 10

der **Affe,-n** ape, monkey
* das **Affenhaus,-̈er** monkey house 4
Afrika Africa
aggressiv aggressive
Ägypten Egypt 10
ähnlich similar 1
das **Akkordeon,-s** accordion
die **Aktentasche,-n** briefcase
der **Aktienkurs** stock prices 7
* **aktiv** active 2
* **akzeptieren** to accept 10
* der **Alkohol** alcohol 7
alle all, everyone
allein(e) alone
alles all, everything
die **Alpen** Alps
als than, as, when; *mehr als* more than
alt old
der **Altenklub,-s** club for senior citizens 2
das **Alter** age 4; *aus dem Alter raussein* to be beyond that age 4
* die **Alternative,-n** alternative 3
Amerika America
der **Amerikaner,-** American
amerikanisch American
sich **amüsieren** to have a good time
an at, on
* die **Analyse,-n** analysis 8

anbieten (*bot an, angeboten*) to offer

das **Andenken,-** souvenir

ander- other, different; *anders* differently, otherwise 2

sich **ändern** to change

anfangen (*fängt an, fing an, angefangen*) to begin, start

der **Anfang,-̈e** beginning E

anfassen to touch 10

anfeuern to cheer on, root for 9

das **Angebot,-e** offer

angehen: einen angehen (*ging an, angegangen*) to concern a person 10

angeln to fish 8

angenehm pleasant, pleased to meet you 9

angeschlagen posted

der **Angestellte,-n** employee

angreifen (*griff an, angegriffen*) to attack

ängstlich fearful 10

die **Angst,-̈e** fear; (*Hab*) *Keine Angst!* Don't worry! Don't be afraid!

anhaben (*hat an, hatte an, angehabt*) to have on, wear

anhalten (*hält an, hielt an, angehalten*) to stop 2

sich **anhören** to listen to 3

ankommen (*kam an, ist angekommen*) to arrive; *Es kommt darauf an.* It depends on it.

die **Ankunft,-̈e** arrival

anlegen to put on

anmachen to turn on 7

die **Anmeldung,-en** registration

anprobieren to try on

anrufen (*rief an, angerufen*) to call up

der **Ansager,-** announcer

sich **anschauen** to look at

die **Anschrift,-en** address

sich **ansehen** (*sieht an, sah an, angesehen*) to look at

die **Ansichtskarte,-n** picture postcard

anspringen (*sprang an, ist angesprungen*) to start (engine)

anstatt instead of

sich **anstrengen** to try hard; *anstrengend* exhausting, strenuous

die **Antiblockier-Bremse,-n** antilock brake 7

die **Antwort,-en** answer

antworten to answer

sich **anziehen** (*zog an, angezogen*) to dress 1

der **Anzug,-̈e** suit

anzünden to light (a fire)

der **Apfel,-̈** apple

der **Apfelbaum,-̈e** apple tree 4

das **Apfelblütenfest,-e** apple blossom festival 4

die **Apfelernte,-n** apple harvest 4

der **Apfelhain,-e** apple orchard 4

der **Apfelkuchen,-** apple cake

der **Apfelsaft** apple juice

die **Apfelsine,-n** orange

die **Apotheke,-n** pharmacy

der **Apotheker,-** pharmacist

der **Appetit** appetite; *Hast du Appetit auf...?* Do you have an appetite for...?; *Guten Appetit!* Enjoy your meal!

* der **Applaus** applause 5

der **April** April

die **Arbeit,-en** work, test; *eine Arbeit schreiben* to take a test; *an die Arbeit gehen* to get down to work

arbeiten to work

der **Arbeiter,-** worker 8

der **Arbeiterverein,-e** workers' association 8

das **Arbeitsamt,-̈er** employment office 3

die **Arbeitskraft,-̈e** worker, work force 3

* der **Arbeitsplatz,-̈e** place of work, job 3

die **Arbeitswelt** professional world 3

* der **Architekt,-en** architect 1

* die **Architektur,-en** architecture 1

der **Ärger** anger, irritation 6 *vor Ärger* because of anger 6

sich **ärgern über** to be angry about 5

* **argumentieren** to argue 3

der **Arm,-e** arm

arm poor 1

* die **Armee,-n** army 1

die **Art,-en** type, kind

* der **Artikel,-** article 10

der **Arzt,-̈e** doctor (male)

die **Ärztin,-nen** doctor (female)

das **Arztzimmer,-** doctor's office

asiatisch Asian 6

das **Aspirin** aspirin

* der **Assistent,-en** assistant 8

der **Ast,-̈e** branch (tree) 10

* der **Atheist,-en** atheist 10

atmen to breathe 4

die **Atmosphäre,-n** atmosphere

* die **Attraktion,-en** attraction 3

Au! Ouch!

auch also, too

auf on, to, at

aufbauen to build, set up 8

auffressen (*frißt auf, fraß auf, aufgefressen*) to eat up, devour

die **Aufgabe,-n** problem, exercise, assignment

aufgeben (*gibt auf, gab auf, aufgegeben*) to check (luggage), dispatch, send, give up 1

aufgeregt excited

aufhaben (*hat auf, hatte auf, aufgehabt*) to have homework to do

aufhören to stop 6

die **Aufklärung,-en** solution 10

auflegen to hang up (receiver) 10

aufmachen to open

aufnehmen *(nimmt auf, nahm auf, aufgenommen)* to record 7

aufpassen to watch, pay attention

aufpumpen to pump up, inflate

der **Aufsatz,-̈e** essay, composition

aufschlagen *(schlägt auf, schlug auf, aufgeschlagen)* to serve (tennis)

aufschließen *(schloß auf, aufgeschlossen)* to unlock

aufschreiben *(schrieb auf, aufgeschrieben)* to write down

aufsetzen to put on

aufstehen *(stand auf, ist aufgestanden)* to get up

aufsteigen *(stieg auf, ist aufgestiegen)* to get on (bike)

sich **aufstellen** to line up

auftreten *(tritt auf, trat auf, ist aufgetreten)* to appear, perform 5

aufwachen to wake up E

das **Auge,-n** eye

die **Augenbinde,-n** (eye) bandage

der **August** August

aus from, out of, out

ausbilden to educate 1

die **Ausbildung,-en** training, apprenticeship 3

die **Ausbildungsstelle,-n** traineeship, apprenticeship 3

ausbreiten to spread out

auseinandergehen *(ging auseinander, ist auseinandergegangen)* to part 8

die **Ausfahrt,-en** exit (road) 7

der **Ausflug,-̈e** excursion; *einen Ausflug machen* to go on an excursion

der **Ausflugsort,-e** excursion area

ausfüllen to fill out

der **Ausgang,-̈e** exit

ausgeben *(gibt aus, gab aus, ausgegeben)* to spend (money)

der **Ausgeflippte,-n** crazy one 1

* **ausgehen** *(ging aus, ist ausgegangen)* to go out 2

ausgezeichnet excellent

ausgraben *(grub aus, ausgegraben)* to excavate 8

die **Ausgrabung,-en** excavation 8

aushelfen *(hilft aus, half aus, ausgeholfen)* to help out

das **Ausland** foreign country 1

der **Ausländer,-** foreigner

ausländisch foreign

auspacken to unpack

ausprobieren to try (out)

das **Auspuffrohr,-e** exhaust pipe 5

ausreichend sufficient

ausrollen to roll out (dough)

sich **ausruhen** to (take a) rest 4

die **Aussage,-n** statement 1

ausschalten to turn off 7

aussehen *(sieht aus, sah aus, ausgesehen)* to look, appear

ausstellen to make out 3 *einen Scheck ausstellen* to write a check 3

die **Ausstellung,-en** exhibition 8

ausstrecken to extend 10

sich **aussuchen** to select, choose, pick out

die **Austauschschülerin,-nen** (female) exchange student (high school)

ausverkauft sold out

die **Auswahl** selection, choice

auswandern to emigrate

der **Ausweis,-e** identification (card)

auswendig lernen to memorize, learn by heart

sich **ausziehen** *(zog aus, ausgezogen)* to undress, take off 6

der **Auszubildende,-n** apprentice 3

außer besides, except

außerdem besides

außerhalb outside, beyond 6; *außerhalb der Stadt* outside of town 6

das **Auto,-s** car

der **Automat,-en** automat

* die **Automatik** automatic (transmission) 7

* **automatisch** automatic 4

* der **Automechaniker,-** auto mechanic 6

das **Automodell,-e** car model

* der **Autor,-en** author, writer 10

* die **Autorität,-en** authority 10

der **Autoteil,-e** automobile part 7

* der **Autounfall,-̈e** car accident 2

B

der **Bach,-̈e** creek 1

das **Backblech, -e** baking sheet

backen *(bäckt, backte, gebacken)* to bake

der **Bäcker,-** baker

der **Backofen,-̈** baking oven

die **Backwaren (pl.)** baked goods

das **Bad,-̈er** bathroom

die **Badehose,-n** swimming trunks

baden to bathe

die **Badewanne,-n** bathtub

der **Bahnhof,-̈e** (train) station

bald soon

der **Ball,-̈e** ball

der **Ballon,-s** balloon

der **Ballweitwurf,-̈e** ball distance throw

die **Banane,-n** banana

die **Band,-s** band (music)

die **Bank,-en** bank

die **Bank,-̈e** bench

der **Bankraub** bank robbery 9

bar cash; *bar bezahlen* to pay cash

der **Bär,-en** bear
der **Barock** Baroque
  (period) 10
* die **Barracke,-n** barrack 9
der **Bart,-̈e** beard 8
der **Basketball,-e** basketball
die **Batterie,-n** battery
der **Bau,-ten** construction 1
der **Bauch,-̈e** stomach
die **Bauchschmerzen (pl.)**
  stomachache
  bauen to build
der **Bauer,-n** farmer,
  peasant 8
der **Bauernhof,-̈e** farm
die **Baufirma,-en**
  construction company 3
der **Baum,-̈e** tree 1
die **Baustelle,-n** construction
  site
der **Baustil,-e** architectural
  style 1
der **Bayer,-n** Bavarian
  Bayern Bavaria
das **Bayernland** Bavaria 8
  bayrisch Bavarian 2
  beachten to observe
der **Beamte,-n** official (male)
die **Beamtin,-nen** official
  (female)
sich **bedanken** to thank
  bedeckt overcast 2
  bedeuten to mean, signify
  bedienen to help, wait on
die **Bedingung,-en**
  condition, requirement 3
sich **beeilen** to hurry; *Beeil
  dich!* Hurry (up)!
  befestigen to fasten,
  secure
  befriedigend satisfactory
  begeistert enthusiastic
  beginnen *(begann,
  begonnen)* to begin
  begleiten to accompany
die **Begleitung,-en**
  accompaniment
  begrüßen to greet
  behalten *(behält, behielt,
  behalten)* to keep E
der **Behälter,-** container 7
  beherrschen to
  dominate 5
  bei at, near, with; *beim
  Park* near the park

  beide both; *die anderen
  beiden* the other two
die **Beilage,-n** addition;
  Beilagen served with,
  side dish
das **Bein,-e** leg; *auf den
  Beinen bleiben* to stay on
  one's feet 2
  beiseite aside, apart;
  Spaß beiseite. Fun aside.
  Be serious.
das **Beispiel,-e** example; *zum
  Beispiel* for example
  bekannt well-known
der **Bekannte,-n** friend,
  acquaintance
  bekanntgeben *(gibt
  bekannt, gab bekannt,
  bekanntgegeben)* to
  announce
sich **beklagen** to complain
  bekommen *(bekam,
  bekommen)* to get, receive
  Belgien Belgium
  beliebt popular
das **Benehmen** behavior 5
  benennen *(benannte,
  benannt)* to name after 3
  benutzen to use 3
der **Benutzer,-** user 7
das **Benzin** gasoline 6
  bequem comfortable
der **Berater,-** consultant 3
  berechtigen to have
  rights 3
  berechtigt justified 10
  bereiten to prepare 10
  bereitstehen *(stand
  bereit, bereitgestanden)*
  to be ready
der **Berg,-e** mountain
  bergab downhill 2; *steil
  bergab* straight
  downhill 2
  bergig mountainous
der **Bergsteiger,-** mountain
  climber 2
der **Bericht,-e** report 5
  berichten to report 2
der **Beruf,-e** job, career,
  occupation
die **Berufsausbildung,-en**
  vocational training 3
die **Berufsschule,-n**
  vocational school 3

  berühmt famous
  beschäftigt busy,
  occupied
  beschreiben *(beschrieb,
  beschrieben)* to
  describe E
  besetzt busy, occupied 7
  besichtigen to visit, view
die **Besichtigung,-en** tour,
  visit 7
  besiegen to win against 9
der **Besitzer,-** owner
  besonders especially,
  special
  besprechen *(bespricht,
  besprach, besprochen)* to
  discuss
  besprühen to spray
  besser better
  bestaunen to marvel at
  bestehen *(bestand,
  bestanden)* to pass (test)
  bestellen to order
  bestimmt definitely, for
  sure
der **Besuch** visit; *Besuch
  bekommen* to expect
  company; *Besuch haben*
  to have company; *zu
  Besuch kommen* to come
  to visit
  besuchen to visit
der **Besucher,-** visitor
das **Besuchervisum,-sa**
  visitor's visa E
  beten to pray 6
der **Betrag,-̈e** amount
der **Betrieb** traffic
die **Betriebswirtschaft**
  economics 5
  betrunken intoxicated,
  drunk 7
das **Bett,-en** bed
das **Bettlaken,-** bed sheet
die **Bettwäsche** bed linen
  bevor before
  bewegen to move 9
die **Bewegung,-en**
  movement 5
der **Beweis,-e** proof,
  evidence 8
  bewundern to admire
  bezahlen to pay; *bar
  bezahlen* to pay cash
  bezweifeln to doubt 10

* die **Bibel,-n** Bible 6
die **Bibliothek,-en** library
das **Bier,-e** beer
* der **Biergarten,-** beer garden 2
das **Bierzelt,-e** beer tent
bieten *(bot, geboten)* to offer
das **Bild,-er** picture, painting 2
bilden to form
der **Bildschirm,-e** monitor, telescreen
billig inexpensive, cheap
der **Binnenhafen,-** inland port 4
die **Biologie** biology
die **Birne,-n** pear
bis until
der **Bischof,-e** bishop
bißchen: ein bißchen a (little) bit
bitte please; *Bitte sehr.* Here you are.; *Bitte?* May I help you?; *Bitte schön.* Here you are. You're welcome.
die **Bitte,-n** wish, plea 5
bitten *(bat, gebeten)* to ask; *um etwas bitten* to ask for something 10
blau blue; *die Blaue Moschee* Blue Mosque 6
bleiben *(blieb, ist geblieben)* to stay, remain
der **Bleistift,-e** pencil
der **Blick,-e** view
blinken to blink
die **Blockflöte,-n** recorder (instrument)
blöd dumb 2
blühen to blossom, bloom 4
die **Blume,-n** flower
der **Blumenstand,-e** flower stand
die **Bluse,-n** blouse
der **Blutdruck** blood pressure; *den Blutdruck messen* to take blood pressure
bluten to bleed
der **Boden,-e** ground 2
der **Bodensee** Lake Constance

die **Bohne,-n** bean
der **Bohrer,-** drill
das **Boot,-e** boat
die **Bordkarte,-n** boarding pass
böse angry, mad 5
die **Botschaft,-en** embassy E
die **Bratkartoffel,-n** fried potato
die **Bratwurst,-e** bratwurst
brauchen to need
brauen to brew 7
die **Brauerei,-en** brewery
braun brown
brechen *(bricht, brach, gebrochen)* to break 2
breit wide
bremsen to brake, put on brake(s) 5
brennen *(brannte, gebrannt)* to burn, be on fire 5
das **Brett,-er** board 9
das **Brettspiel,-e** board game 9
die **Brezel,-n** pretzel
der **Brief,-e** letter
die **Brieffreundin,-nen** pen pal (female)
der **Briefkasten,-** mailbox
die **Briefmarke,-n** stamp
der **Briefträger,-** mail carrier
der **Briefumschlag,-e** envelope
die **Brille,-n** glasses
bringen *(brachte, gebracht)* to bring
die **Brombeere,-n** blackberry
das **Brot,-e** bread
das **Brötchen,-** hard roll
der **Brotstand,-e** bread stand
die **Brücke,-n** bridge
der **Bruder,-** brother
das **Buch,-er** book
buchen to book 7
das **Bücherregal,-e** bookshelf
die **Buchhandlung,-en** bookstore
der **Buchstabe,-n** letter 9
buchstabieren to spell 9
das **Büfett,-s** buffet
die **Bühne,-n** stage 5

der **Bulle,-n** cop, police officer (slang) 9
der **Bummel,-** stroll 2; *einen Bummel machen* to go for a stroll 2
das **Bündel,-** bundle 10
das **Bundesland,-er** federal state
die **Bundesliga,-gen** federal league, first division 9
* der **Bundespräsident** Federal President E
die **Bundesrepublik (Deutschland)** Federal Republic (of Germany)
die **Bundesstraße,-n** federal highway
der **Bund,-e** league, alliance 8
bunt colorful
die **Burg,-en** castle
der **Bürger,-** citizen 1
der **Bürgermeister,-** mayor E
das **Büro,-s** office
die **Bürogehilfin,-nen** office assistant (female) 3
sich **bürsten** to brush one's hair
der **Bus,-se** bus
die **Bushaltestelle,-n** bus stop
die **Butter** butter
* das **Butterbrot,-e** sandwich 6

C

das **Cabriolet,-s** convertible 2
das **Café,-s** café
der **Campingführer,-** Camping Guide (name)
der **Campingplatz,-e** campground
* **Campingsachen (pl.)** camping items E
die **Campingtour,-en** camping trip
* der **Campus** campus 5
die **CD,-s** CD, compact disk
der **CD-Spieler,-** CD player
der **Champignon,-s** mushroom
die **Chance,-n** chance
* der **Charakter,-e** character 10

der **Chef,-** boss, head 3
die **Chemie** chemistry
 * **chinesisch** Chinese 10
der **Christ,-en** Christian 8;
   nach Christi Geburt
   A.D. 8
das **Clubrennen,-** club race 3
die **Cola,-s** cola
der **Computer,-** computer
 * der **Coupon,-s** coupon E

D

da there; since, because;
   da drüben over there
dabeisein *(ist dabei, war
   dabei, ist dabeigewesen)*
   to be there, attend 1
das **Dach,-̈er** roof
dafür for it
die **Dame,-n** lady; *Dame*
   checkers 9
damit so that, in order
   that
Dänemark Denmark
 * **dänisch** Danish 2
der **Dank** thanks; *Vielen
   Dank.* Many thanks.
dankbar grateful,
   thankful 1
dann then
das the, that
daß that
die **Daten (pl.)** data 7
 * die **Datenbank,-en** data
   bank 7
der **Datendieb,-e** (computer)
   data thief 7
dauern to take, last
das **Dauervisum,-sa**
   permanent visa E
davon about it, of these,
   from these
dazu with it
dazukommen *(kam
   dazu, ist dazugekommen)*
   to be added
die **Decke,-n** ceiling 2
decken to cover; *den
   Tisch decken* to set the
   table
dein your
das **Dekor,-s** design,
   decoration 10
dekorieren to decorate

 * der **Demagoge,-n**
   demagogue 10
 * die **Demokratie,-n**
   democracy 1
denken *(dachte, gedacht)*
   to think; *denken an* to
   think about E
das **Denkmal,-̈er**
   monument 4
denn because; used for
   emphasis
der the
derselbe the same
deshalb therefore
 * das **Design** design 3
deutlich clear(ly)
das **Deutsch** German
   (language)
der **Deutsche,-n** German; *die
   Deutsche Bundesbahn*
   German Federal
   Railway 6; *die Deutsche
   Bundespost* German
   Federal Postal
   Service 7; *die Deutsche
   Demokratische Republik
   (DDR)* German
   Democratic Republic;
   *die Deutsche Motorrad-
   Meisterschaft* German
   Motocross
   Championship 9
der **Dezember** December
der **Dialekt,-e** dialect
 * die **Diät** diet 1
der **Dichter,-** poet, writer 1
die the
diejenigen those 7
der **Dienstag,-e** Tuesday
dieser this
diesmal this time
die **Diktatur,-en**
   dictatorship 8
das **Ding,-e** thing, object 7
direkt direct, straight
der **Diskjockey,-s** disc
   jockey, DJ
die **Disko,-s** disco; *Auf zur
   Disko!* Let's go to the
   disco!
 * die **Diskussion,-en**
   discussion 3
 * **diskutieren** to discuss E
 * die **Disziplin** discipline 8
doch used for emphasis

 * das **Dokument,-e**
   document 4
 * die **Dokumentation,-en**
   documentation 8
der **Dollar,-s** dollar
der **Dom,-e** cathedral
 * **dominieren** to
   dominate 3
der **Donnerstag,-e** Thursday
der **Doppelkopf** German
   card game 9
das **Dorf,-̈er** village
die **Dorfgemeinde,-n** town
   community 10
dort there; *dort drüben*
   over there
dorthin there
die **Dose,-n** can
der **Drache,-n** dragon 5
dran sein to be one's
   turn; *Ich bin dran.* It's
   my turn.
drängeln to push, shove
draufgehen *(ging drauf,
   ist draufgegangen)* to be
   waisted, killed 8
sich **draufsetzen** *(sitzt drauf,
   saß drauf, draufgesessen)*
   to sit on it
draußen outside
drehen to turn; *einen
   Film drehen* to shoot a
   film 8
drei three
dreizehn thirteen
drin (or: *darin*) in it
der **Druck,-̈e** pressure 9
der **Drucker,-** printer 7
du you (familiar singular)
die **Düne,-n** dune 6
dunkel dark; *dunkelbraun*
   dark brown
durch through
durchlassen *(läßt durch,
   ließ durch,
   durchgelassen)* to let
   through 5
dürfen *(darf, durfte,
   gedurft)* to be permitted
   to, may
der **Durst** thirst; *Durst haben*
   to be thirsty
sich **duschen** to shower, take
   a shower
düsen to race, zoom 2

der **Düsenantrieb,-e** jet engine 7

E

eben just
echt real 5
die **Ecke,-n** corner
* **effizient** efficient 7
ehe before
die **Ehe,-n** marriage 10
die **Ehefrau,-en** wife 4
ehemalig former E
der **Ehemann,-̈er** husband 4
das **Ei,-er** egg
die **Eiche,-n** oak tree 8
eifersüchtig jealous
eigen own
eigenständig of one's own, independent 5
eigentlich actually
eilig urgent, speedy; *Ich habe es eilig.* I'm in a hurry.
ein(e) a, an
* **einchecken** to check in E
eindringen *(drang ein, ist eingedrungen)* to enter, penetrate 7
einfach simple, easy, one-way ticket
die **Einfahrt,-en** entrance (for vehicles)
einfallen *(fällt ein, fiel ein, ist eingefallen)* to come to mind 9
der **Eingang,-̈e** entrance
eingeritzt scratched in 5
der **Einhundert-Meter-Lauf,-̈e** 100-meter run
der **Einkauf,-̈e** purchase, shopping
einkaufen to shop; *einkaufen gehen* to go shopping
die **Einkaufsliste,-n** shopping list
die **Einkaufstasche,-n** shopping bag
einladen *(lädt ein, lud ein, eingeladen)* to invite; *einladend* inviting
die **Einladung,-en** invitation
einlösen to cash (in), exchange

einmal once; *noch einmal* once more
einreichen to submit, hand in 3
die **Einrichtung,-en** facilities, furnishings
eins one
einsam lonely E
einschließen *(schloß ein, eingeschlossen)* to include
einsperren to lock up 4
einstecken to put (it) into one's pocket E
einsteigen *(stieg ein, ist eingestiegen)* to get in, board
einstellen to adjust
eintreten *(tritt ein, trat ein, ist eingetreten)* to enter, step in 10
einwerfen *(wirft ein, warf ein, eingeworfen)* to mail (letter)
der **Einwohner,-** inhabitant
die **Einzelheit,-en** detail
einzeln individual, single
das **Einzelstück,-e** unique piece E
einzig single 5
das **Eis** ice, ice cream
das **Eiscafé,-s** ice cream parlor, café
das **Eishockey** ice hockey
der **Eistee** ice tea
der **Elefant,-en** elephant
der **Elektriker,-** electrician
* **elektrisch** electrical 7
* **elektronisch** electronic 7
elf eleven
die **Eltern (pl.)** parents
emotional emotional 5
der **Empfang,-̈e** reception
empfangen *(empfängt, empfing, empfangen)* to receive
der **Empfänger,-** recipient, addressee
empfehlen *(empfiehlt, empfahl, empfohlen)* to recommend
das **Ende** end; *Ende gut, alles gut.* All is well that ends well.; *Es ist zu Ende.* It's over.; *zu Ende gehen* to come to an end

enden to end
endlich finally
die **Endlösung** final solution 8
das **Endspiel,-e** final (game)
eng narrow 8
England England
der **Engländer,-** Englishman
das **Englisch** English
der **Enkel,-** grandson
die **Enkelin,-nen** granddaughter
entdecken to discover 8
die **Entdeckung,-en** discovery 8
die **Ente,-n** duck
entfernt away, distant
die **Entfernung,-en** distance
entführen to abduct, kidnap 8
die **Entführung,-en** abduction, kidnapping 9
entlangfahren *(fährt entlang, fuhr lang, ist entlanggefahren)* to drive/travel along 2
sich **entscheiden** *(entschied, entschieden)* to decide
die **Entscheidung,-en** decision; *eine Entscheidung treffen* to make a decision
sich **entschuldigen** to excuse oneself 4; *Entschuldigen Sie.* Excuse me. 4
sich **entspannen** to relax 6
entspringen to originate (river)
entstehen *(entstand, ist entstanden)* to originate 3
die **Enttäuschung,-en** disappointment 9
entweder...oder either...or
entwickeln to develop 7
die **Entwicklung,-en** development 2
entzündet infected
* die **Epoche,-n** epoch 9
er he
erbauen to build, construct; *erbaut* built, constructed
die **Erbse,-n** pea

482

die **Erdbeere,-n** strawberry

das **Erdbeereis** strawberry ice cream

die **Erdbeertorte,-n** strawberry torte

die **Erde** earth

das **Erdgeschoß,-sse** ground floor, first floor (in America)

die **Erdkunde** geography

das **Ereignis,-se** event

erfahren *(erfährt, erfuhr, erfahren)* to hear, learn 8

die **Erfahrung,-en** experience 8

die **Erfindung,-en** invention 7

der **Erfolg,-e** success

erfolgreich successful 5

das **Ergebnis,-se** result, score

ergreifen *(ergriff, ergriffen)* to grasp 5; *die Chance ergreifen* to grasp the opportunity 5

erinnern an to remind of 10

die **Erinnerung,-en** memory, remembrance

sich **erkälten** to catch a cold

sich **erkennen** *(erkannte, erkannt)* to recognize each other

erklären to explain; to pronounce 4

sich **erkundigen nach** to inquire about

erlauben to allow 5

erleben to experience 2

das **Erlebnis,-se** experience

erledigen to take care of

ermorden to murder 9

ernst serious 3

der **Erpresserbrief,-e** blackmail letter 10

erreichen to reach

erscheinen *(erschien, ist erschienen)* to appear, be published 10

erst just, first; *zum ersten Mal* for the first time

erstaunlich amazing, astonishing

der **Erwachsene,-n** adult

erwarten to expect 2; to await, be waiting for 4

erwischen to get (hold of); *Es hat mich erwischt.* It got me.

erzählen to tell

der **Erziehungsurlaub,-e** maternity leave 3

es it

der **Esel,-** donkey

essen *(ißt, aß, gegessen)* to eat

das **Essen** meal, food

das **Eßzimmer,-** dining room

etwa about

etwas some, a little, something

euer your (familiar plural)

Europa Europe

* der **Europäer,-** European 2

* **europäisch** European 6; *die Europäische Gemeinschaft* European Community (EC) 1

die **Existenz** existence 10; *eine neue Existenz schaffen* to start a new life 10

* **existieren** to exist 1

die **Expedition,-en** expedition

F

das **Fach,-̈er** (school) subject

die **Fackel,-n** torch

der **Fackelzug,-̈e** torchlight parade 8

die **Fahne,-n** flag

die **Fahrbahn,-en** (traffic) lane 6

fahren *(fährt, fuhr, ist gefahren)* to drive, go

die **Fahrkarte,-n** ticket 3

der **Fahrplan,-̈e** schedule

das **Fahrrad,-̈er** bicycle

die **Fahrschule,-n** driving school

der **Fahrstuhl,-̈e** elevator

die **Fahrt,-en** trip E

das **Fahrzeug,-e** vehicle 7

der **Falkenhof** hawk farm 6

* **fallen** *(fällt, fiel, ist gefallen)* to fall 2

falls if, in case

der **Fall,-̈e** case; *auf jeden Fall* in any case

falsch wrong 2

die **Familie,-n** family

die **Familienfeier,-n** family celebration 8

der **Familienstand,-̈e** marital status 3

der **Fan,-s** fan

fangen *(fängt, fing, gefangen)* to catch 8

die **Fanta** brand name of soda (orange-flavored)

* **fantastisch** phantastic 9

die **Farbe,-n** color

farbig colorful

der **Farbstift,-e** colored pencil, crayon 3

fast almost

das **Faß,-̈sser** barrel, keg 7

faul lazy

die **Faust,-̈e** fist 10

* **faxen** to fax 3

der **Februar** February

fehlen to be missing

der **Fehler,-** mistake, error 5

feiern to celebrate

der **Feiertag,-e** holiday

die **Feige,-n** fig 7

der **Feind,-e** enemy 10

das **Feld,-er** field

der **Felsen,-** rock, cliff

das **Fenster,-** window

die **Ferien (pl.)** vacation

der **Fernsehapparat,-e** television set

fernsehen *(sieht fern, sah fern, ferngesehen)* to watch TV

das **Fernsehen** television

der **Fernseher,-** television set

* das **Fernsehprogramm,-e** TV program 9

* der **Fernsehzuschauer,-** TV viewer 9

fertig ready, finished; *fertig werden mit* to deal with 8

das **Fest,-e** festival

festhalten *(hielt fest, festgehalten)* to hold tight

* **festlich** festive 1

festmachen to secure, fasten 6

das **Fett** fat 2

das **Feuer,-** fire; *Feuer und Flamme sein* to be full of enthusiasm 5

die **Feuerwehr** fire department, fire truck 5

das **Fieber** fever

das **Fieberthermometer,-** fever thermometer

die **Figur,-en** character, type 5

die **Filiale,-n** branch (office) 5

der **Film,-e** film, movie

finanziell financial

finden *(fand, gefunden)* to find, think; *Wie findest du...?* What do you think of...?

der **Finger,-** finger

die **Firma,-en** company, firm 3

der **Fisch,-e** fish

fischen to fish 8

das **Fischfilet,-s** fish fillet

flach flat

die **Fläche,-n** area

die **Flamme,-n** flame 5

die **Flasche,-n** bottle 7

das **Fleisch** meat

der **Fleischer,-** butcher

fliegen *(flog, ist geflogen)* to fly

fließen *(floß, ist geflossen)* to flow, run; *fließend* fluently 3

flink agile, quick 8

die **Flöte,-n** flute

der **Flug,-̈e** flight

der **Flugbegleiter,-** flight attendant

der **Fluggast,-̈e** flight passenger

der **Flughafen,-̈** airport

der **Flugschein,-e** flight ticket

der **Flugsteig,-e** gate (flight)

das **Flugzeug,-e** airplane

der **Fluß,-̈sse** river

die **Folge,-n** sequence E

folgen to follow

fordern to require, demand

die **Forelle,-n** trout

die **Form,-en** form, shape

das **Formular,-e** form

das **Foto,-s** photo

das **Fotoalbum,-ben** photo album

der **Fotograf,-en** photographer

fotografieren to take pictures

foulen to foul

die **Frage,-n** question; *Es kommt nicht in Frage.* It's out of the question.

der **Fragebogen,** questionnaire

fragen to ask

der **Franken,-** franc (Swiss monetary unit)

Frankreich France

der **Franzose,-n** Frenchman

das **Französisch** French (language)

die **Frau,-en** woman, Mrs., wife

das **Frauchen,-** dog owner (female) 1

die **Frauenzeitschrift,-en** women's magazine 10

die **Frechheit,-en** impudence 4; *Frechheiten herausnehmen* to be fresh 4

frei free, clear, available; *ins Freie* outside; *im Freien* outside, outdoors

die **Freiheit,-en** freedom 1

der **Freitag,-e** Friday

die **Freizeit,-en** leisure time 2

fremd foreign, strange E

die **Fremdenführerin,-nen** tourist guide (female) 4

die **Fremdsprache,-n** foreign language 2

der **Fremdsprachenunterricht** foreign language instruction 2

fressen *(frißt, fraß, gefressen)* to devour 10

die **Freude** joy, happiness

sich **freuen** to be happy; *sich freuen auf* to look forward to

der **Freund,-e** boyfriend

der **Freundeskreis,-e** circle of friends 5

die **Freundin,-nen** girlfriend

* **freundlich** friendly 1

die **Freundschaft,-en** friendship E

der **Frieden,-** peace 8

der **Friedensnobelpreis,-e** Nobel Peace Prize 1

der **Friedhof,-̈e** cemetery 2

friedlich peaceful 3

frisch fresh

der **Friseur,-e** hairstylist, barber

die **Friseuse,-n** beautician

froh glad, happy

fröhlich cheerful, happy 9

der **Frohsinn** cheerfulness, happiness 8

der **Frontantrieb** front-wheel drive 7

der **Frosch,-̈e** frog 4

früh early

der **Frühling,-e** spring

der **Frühsport** morning exercises 9

das **Frühstück** breakfast

fühlen to feel

führen to lead

die **Führerin,-nen** guide, leader (female) 8

der **Führerschein,-e** driver's license

fünf five

fünfzehn fifteen

der **Funk** shortwave radio 7

das **Funkgerät,-e** radio transmitter 7

* **funktionieren** to function, work 7

die **Funkverbindung,-en** radio connection 7

für for

fürchterlich horrible 8

sich **fürchten** to fear 8

der **Fürst,-en** prince

das **Fürstentum,-̈er** principality

der **Fuß,-̈e** foot; *zu Fuß gehen* to walk

der **Fußball,-̈e** soccer, soccer ball

der **Fußballmeister,-** soccer champion

die **Fußballmeister-**
schaft,-en soccer
championship

der **Fußballplatz,-̈e** soccer
field 9

die **Fußballsaison,-s** soccer
season

das **Fußballspiel,-e** soccer
game

der **Fußballverein,-e** soccer
club 9

der **Fußballweltmeister,-**
world soccer
champion 9

die **Fußballweltmeister-**
schaft,-en Soccer
World Cup 9

der **Fußgänger,-** pedestrian

der **Fußgängerüberweg,-e**
pedestrian crossing

die **Fußgängerunterführung**
pedestrian underpass

G

die **Gabel,-n** fork

der **Galerieinspektor,-en**
museum clerk 10

der **Gang,-̈e** aisle 7

ganz quite

gar nicht not at all

* die **Garage,-n** garage 1

garantieren to
guarantee 3

der **Garten,-̈** garden

der **Gashebel,-** gas throttle 4

der **Gasherd,-e** gas range

der **Gaskocher,-** gas
cooker

gastfreundlich
hospitable 6

der **Gast,-̈e** guest

die **Gastfreundschaft**
hospitality 6

die **Gastgeberfamilie,-n**
host family E

* die **Gastgebermutter,-̈**
host mother E

* der **Gastgebervater,-̈e** host
father E

das **Gasthaus,-̈er** inn,
restaurant

das **Gebäude,-** building

geben (gibt, gab, gegeben)
to give; *Da gibt's...* They
have...; *Was gibt's...?*

What is there...?; *es gibt*
there is (are); *heute*
gibt's today we have

gebirgig mountainous

geboren born, maiden
name 2

die **Gebühr,-en** fee

die **Geburt,-en** birth 3

das **Geburtsdatum,-daten**
date of birth

das **Geburtsjahr,-e** year of
birth 4

der **Geburtsort,-e** birthplace

der **Geburtstag,-e** birthday

das **Gedicht,-e** poem 4

der **Gedichtsband,-̈e**
volume of poems 10

geduldig patient(ly)

die **Gefahr,-en** danger 10;
diese Gefahr abwehren to
avert this danger 10

gefährdet endangered 3

gefährlich dangerous

gefallen (gefällt, gefiel,
gefallen) to like; *Wie*
gefällt dir...? How do you
like...?

das **Gefühl,-e** feeling E;
seinen Gefühlen freien
Lauf lassen to let one's
feelings flow freely 4

gegen about, around,
against

die **Gegend,-en** area

die **Gegenkultur**
counterculture 5

gegenüber across

der **Gegner,-** opponent

gegründet founded

das **Geheimnis,-se** secret 8

gehen (ging, ist gegangen)
to go; *Wie geht's?* How
are you?

die **Gehirnwäsche**
brainwashing 8

gehören to belong 3

der **Geier,-** vulture 6

die **Geige,-n** violin

die **Geisterbahn,-en** ghost
ride

geistig mental 9

geizig stingy, miserly

gelb yellow

das **Geld** money

die **Gelegenheit,-en**
opportunity 5

gelten (gilt, galt, gegolten)
to be valid E

die **Gemäldegalerie,-n** art
gallery 10

gemeinsam common,
joint

die **Gemeinsamkeit** unity,
common interest E

* **gemeinschaftlich**
common, joint 1

das **Gemüse** vegetable(s)

die **Gemüseart,-en** kind of
vegetable

der **Gemüsestand,-̈e**
vegetable stand

die **Gemüsesuppe,-n**
vegetable soup

gemütlich pleasant,
comfortable

die **Gemütlichkeit** cozy
atmosphere

genau exact(ly)

genauso just like/as

* der **General,-e** general 8

das **Genie,-s** genius

genießen (genoß,
genossen) to enjoy 2

genug enough

genügen to be enough

genügend enough,
sufficient

geöffnet open

das **Gepäck** luggage,
baggage

die **Gepäckausgabe,-n**
baggage claim

gerade just

geradeaus straight ahead

das **Gerät,-e** tool, instrument

* der **Germane,-n** Teuton,
Germanic person 8

germanisch Teutonic

gern gladly, with
pleasure; *gern hören* to
like (enjoy) listening to;
gern haben to like
(someone, something)

das **Geschäft,-e** store, shop

das **Geschenk,-e** present,
gift

die **Geschichte,-n** history,
story 4; *tolle Geschichten*
machen to do fun
things 4

geschieden divorced

das **Geschirr** dishes
die **Geschirrspülma-**
  schine,-n dishwasher
geschlossen closed
der **Geschmack** taste
geschmückt decorated
die **Geschwindigkeit,-en**
  speed 6
die **Geschwister (pl.)**
  siblings
geschwollen swollen
der **Geselle,-n** journeyman 5
der **Gesellenabend,-e**
  evening gathering of
  journeymen 4
das **Gesellschaftsspiel,-e**
  party game 9
das **Gesetz,-e** law
das **Gesicht,-er** face E
das **Gespräch,-e**
  conversation E
gestalten to form 8
gestehen (gestand,
  gestanden) to confess 9
gestern yesterday
gesund healthy, well
das **Getränk,-e** beverage
gewähren to yield, grant;
  Vorfahrt gewähren! Yield
  the right of way!
die **Gewalt,-en** force 8
die **Gewerkschaft,-en** trade
  union 8
gewinnen (gewann,
  gewonnen) to win
gewöhnen an to get
  accustomed to 9
gießen (goß, gegossen) to
  water (flowers), pour
die **Gitarre,-n** guitar
glänzend shiny 10
das **Glas,-̈er** glass
der **Glaube** belief 1
glauben to believe, think
gleich immediately, right
  away, equal 3; gleich um
  die Ecke right around
  the corner; gleich sein to
  be equal 3; Das ist mir
  gleich. That doesn't
  matter to me. 3
gleichberechtigt sein to
  have equal rights 3
die **Gleichberechtigung,-en**
  equal rights, affirmative
  action 3

gleichfalls also, likewise;
  Danke, gleichfalls.
  Thanks, the same to
  you.
der **Gletscher,-** glacier 8
das **Glück** luck; Glück haben
  to be lucky
glücklich happy; Ein
  glückliches Neues Jahr!
  Happy New Year!
gold golden
das **Golf** golf
* der **Gorilla,-s** gorilla 4
gotisch Gothic
der **Gott,-̈er** god 4 Oh, mein
  Gott! Oh dear! 4
der **Goudakäse** Gouda
  cheese
das **Grab,-̈er** grave 2
* das **Graffiti** graffiti 1
das **Gramm,-e** gram
gratulieren to
  congratulate
grau gray
greifen (griff, gegriffen) to
  grip, grab 6
grell garish 5
die **Grenze,-n** border
grenzen an to border on
der **Grenzsoldat,-en** border
  soldier (guard) E
der **Grenzübergang,-̈e**
  border crossing
Griechenland Greece 6
griechisch Greek 1
grillen to barbecue 6
grimm grim 4
die **Grippe** flu
groß big, large
die **Größe,-n** size
die **Großeltern (pl.)**
  grandparents
die **Großmutter,-̈**
  grandmother
die **Großstadt,-̈e** large city
der **Großvater,-̈** grandfather
grün green
der **Grund,-̈e** reason 1; aus
  diesem Grund for this
  reason 1
gründen to find 3
das **Grundgesetz** Basic Law
  (German constitution) 3
die **Grundschule,-n**
  elementary school 3

die **Gruppe,-n** group
der **Gruß,-̈e** greeting
grüßen to greet, say
  "hello"; Grüß dich! Hi!,
  Hello!; Grüß Gott! Hello!
die **Gulaschsuppe,-n**
  goulash soup
günstig favorable; ein
  günstiger Preis a special
  price, bargain
gurgeln to gargle
der **Gurkensalat,-e**
  cucumber salad
gut good, well, OK
* der **Gymnasiast,-en** high
  school student attending
  a Gymnasium 3
das **Gymnasium,-sien**
  secondary school

H

das **Haar,-e** hair
haben (hat, hatte, gehabt)
  to have
der **Hafen,-̈e** harbor 6
die **Hafenstadt,-̈e** port 4
halb half
die **Halbzeit,-en** halftime
die **Hälfte,-n** half
Hallo! Hi!
der **Hals,-̈e** neck
die **Halsdrüse,-n** gland
  (neck)
die **Halsentzündung** throat
  infection
die **Halsschmerzen (pl.)**
  sore throat
halten (hält, hielt,
  gehalten) to catch, hold,
  stop; halten von to think
  of 5
die **Haltestelle,-n** stop
  (streetcar, bus)
der **Handel** trade 8
handeln to act 10;
  handeln von to deal
  with 9
das **Handelsschiff,-e**
  merchant ship 8
der **Handschuh,-e** glove
die **Handtasche,-n** purse
das **Handtuch,-̈er** towel
das **Handwerk**
  craftsmanship 9

der **Handwerker,-** craftsman 1

der **Handwerksbetrieb,-e** craftman's establishment, business 3

die **Hand,-̈e** hand

hängen *(hing, gehangen)* to hang

hart hard 3

der **Hauptbahnhof,-̈e** main railway station 5

hauptsächlich primarily, mainly

die **Hauptstadt,-̈e** capital (city)

das **Haus,-̈er** house; *nach Hause gehen* to go home; *zu Hause sein* to be at home; *aus dem Häuschen sein* to be overjoyed 9

die **Hausaufgabe,-n** homework; *Hausaufgaben machen* to do homework

der **Hausmeister,-** caretaker, janitor 1

die **Hausnummer,-n** street number

der **Hawaiibecher,-** kind of ice cream sundae

der **Hebel,-** lever 4

heben *(hob, gehoben)* to lift 6

das **Heft,-e** notebook

das **Heftpflaster,-** adhesive bandage

die **Heimat** home, hometown, native country 1

das **Heimatland,-̈er** home country 3

die **Heimatstadt,-̈e** hometown 6

* die **Heimatuni,-s** home/ local university 3

heiraten to marry 3

heiß hot

heißen *(hieß, geheißen)* to be called, named; *Wie heißt du?* What's your name?

heiter bright 8

hektisch hectic, frantic E

der **Held,-en** hero 8

die **Heldin,-nen** heroine 8

helfen *(hilft, half, geholfen)* to help

hell light; *hellblau* light blue

die **Hellseherin,-nen** clairvoyante 5

der **Helm,-e** helmet

das **Hemd,-en** shirt

herausschneiden *(schnitt heraus, herausgeschnitten)* to cut out 8

die **Herbergseltern (pl.)** youth hostel parents 6

der **Herbergsvater,-̈** youth hostel director

der **Herbst,-e** fall, autumn

der **Herd,-e** stove 7

hereinkommen *(kam herein, ist hereingekommen)* to come in E

herkommen *(kam her, ist hergekommen)* to come here

der **Herr,-en** Mr., gentleman

das **Herrchen,-** dog owner (male) 1

herrschen to be, exist

herumfahren *(fährt herum, fuhr herum, ist herumgefahren)* to go (drive) around

herummarschieren to march around

herumsitzen *(saß herum, herumgesessen)* to sit around

herunterkommen *(kam herunter, ist heruntergekommen)* to come downstairs 10

das **Herz,-en** heart; *etwas auf dem Herzen haben* to have something on one's mind 2

herzlich sincere, cordial; *Herzlichen Glückwunsch!* Happy birthday!; *mit herzlichen Grüßen* with kind regards, love

heute today

heutig today's, this day's

hier here

hierherkommen *(kam hierher, ist hierhergekommen)* to come here

* die **Hilfe,-** help, assistance E

der **Himmel** sky, heaven 4

der **Himmelfahrtstag** Ascension Day

hin und zurück there and back, round trip (ticket)

hinaufsteigen *(stieg hinauf, ist hinaufgestiegen)* to climb up 4

hineinbeißen *(biß hinein, hineingebissen)* to bite into

hineingehen *(ging hinein, ist hineingegangen)* to go inside

hineinkommen *(kam hinein, ist hineingekommen)* to come inside

hineinstellen to put (place) inside

hineinwerfen *(wirft hinein, warf hinein, hineingeworfen)* to throw in(to)

hinfahren *(fährt hin, fuhr hin, ist hingefahren)* to go (drive) there

hinfallen *(fällt hin, fiel hin, ist hingefallen)* to fall down

hinkommen *(kam hin, ist hingekommen)* to get there

sich **hinlegen** to lie down

sich **hinsetzen** to sit down

hinten behind 2; *dahinten* back there 2

hinter behind

der **Hinweis,-e** instruction, advice

hinweisen auf *(wies hin, hingewiesen)* to point out

der **Hit,-s** hit (song, tune)

die **Hitze** heat; *bei der Hitze* in this heat

das **Hobby,-s** hobby

hoch high

* das **Hochdeutsch** High German 5
höchstens at (the) most 8
die **Hochzeit** wedding; *die goldene Hochzeit* golden wedding anniversary
die **Hochzeitsreise,-n** honeymoon trip
hoffen to hope
hoffentlich hopefully
die **Hoffnung,-en** hope 1
die **Höhe,-n** height
holen to fetch, get
Holland Holland
* der **Holocaust** holocaust 1
das **Holz** wood 8
der **Honig** honey 8
hören to hear, listen to
der **Hörer,-** (phone) receiver
die **Hose,-n** pants, slacks
das **Hotel,-s** hotel
der **Hügel,-** hill
das **Huhn,-̈er** chicken
die **Hühnerbrust,-̈e** chicken breast 1
hüllen to wrap E
* der **Humor** humor 2
der **Hund,-e** dog
* der **Hundefreund,-e** dog lover 1
hundert hundred
das **Hünengrab,-̈er** megalithic grave 8
der **Hunger** hunger; *Hunger haben* to be hungry
der **Hustenbonbon,-s** *(also: das Bonbon)* cough drop
der **Hustensaft,-̈e** cough syrup
der **Hut,-̈e** hat 4; *unter einen Hut bringen* to accommodate 8

I

ich I
* das **Ideal,-e** ideal 8
die **Idee,-n** idea
identifizieren to identify
ihr you (familiar plural), her, their
der **Imbiß,-sse** snack (bar)
der **Imbißstand,-̈e** snack stand
 * **imitieren** to imitate 1

immer always; *immer wieder* again and again
in in
 * **Indien** India 3
* die **Industrie,-n** industry 8
industriell industrial 7
der **Industriestaat,-en** industrial nation 1
die **Infektion,-en** infection
die **Information,-en** information
informieren to inform
der **Ingenieur,-e** engineer
der **Inhaber,-** owner
innen inside 9
der **Innenspiegel,-e** inside rearview mirror
die **Innenstadt,-̈e** downtown 1
der **Innenteil,-e** inside part 7
die **Insel,-n** island
* die **Integration,-en** integration 3
intelligent intelligent
interessant interesting
das **Interesse,-n** interest
sich **interessieren für** to be interested in 2
* der **Islam** Islam 6
 * **Island** Iceland 8
Italien Italy
der **Italiener,-** Italian
das **Italienisch** Italian (language)

J

ja yes
die **Jacke,-n** jacket
jagen to hunt 8
das **Jahr,-e** year
die **Jahreszeit,-en** season
das **Jahrhundert,-e** century
 * **jährlich** annual 1
der **Januar** January
die **Jeans (pl.)** jeans
jeder every, each
jemand someone
jenseits on the other side, beyond 8
jetzt now
* der **Job,-s** job 2
* das **Jota** iota 10
jubeln to cheer
das **Jubiläum,-äen** anniversary

der **Jude,-n** Jew 1
jüdisch Jewish 8
die **Jugend** youth
die **Jugendherberge,-n** youth hostel
der **Jugendherbergs- ausweis,-e** youth hostel identification (card)
der **Jugendklub,-s** youth club
der **Jugendliche,-n** youngster, teenager, youth
* die **Jugendorganisation,-en** youth organization 8
Jugoslawien Yugoslavia
der **Juli** July
der **Junge,-n** boy
der **Juni** June

K

* das **Kabarett,-s** cabaret 1
* das **Kabel** cable 7
* das **Kabelfernsehen** cable TV 7
der **Kaffee** coffee
der **Käfig,-e** cage 4
der **Kakao** hot chocolate
das **Kalb,-̈er** calf 5
der **Kalkstein** limestone 2
kalt cold
die **Kamera,-s** camera
sich **kämmen** to comb one's hair
der **Kampf,-̈e** fight, struggle 9
kämpfen to fight, compete E
* der **Kanal,-̈e** channel 7
die **Kapelle,-n** band
 * **kapitalistisch** capitalistic 1
das **Kapitel,-** chapter E
kaputt sein to be broken
der **Karfreitag** Good Friday
die **Karotte,-n** carrot
der **Karpfen,-** carp
die **Karte,-n** ticket, card
die **Kartoffel,-n** potato
* der **Kartoffelsack,-̈e** potato sack 4
der **Kartoffelsalat** potato salad
der **Karton,-s** carton, cardboard box

das **Karusell,-s** carousel, merry-go-round
der **Käse** cheese
der **Käseladen,-̈** cheese shop
die **Käsesorte,-n** kind of cheese
der **Käsestand,-̈e** cheese stand
die **Kasse,-n** cash register
die **Kassette,-n** cassette
* der **Kassettenrekorder,-e** cassette recorder 7
* der **Katalog,-e** catalogue 3
* der **Katalysator,-en** catalytic converter 7
  * **katholisch** Catholic 1
die **Katze,-n** cat
der **Kauf,-̈e** purchase
kaufen to buy
das **Kaufhaus,-̈er** department store
die **Kaufleute (pl.)** merchants 1
der **Kavalier,-e** gentleman
kein no
der **Keks,-e** cookie
der **Kellner,-** waiter
kennen *(kannte, gekannt)* to know (person, place); *sich kennen* to know each other
kennenlernen to get to know
der **Kilometer,-** kilometer
das **Kind,-er** child
das **Kindermädchen,-** nanny 8
der **Kinderwagen,-** stroller 2
das **Kinn,-e** chin
das **Kino,-s** movie theater
die **Kirche,-n** church
die **Kirchenglocke,-n** church bell 6
* der **Kirchenklub,-s** church club 2
die **Kirsche,-n** cherry
die **Kiste,-n** box, trunk, crate
der **Klang,-̈e** sound 10
klappen to go smoothly; *Das klappt.* That works out.
klar clear
die **Klarinette,-n** clarinet
die **Klasse,-n** class

klasse super, fantastic
* die **Klassenfahrt,-en** field trip 2
der **Klassenkamerad,-en** classmate 1
der **Klassenlehrer,-** homeroom teacher 6
* das **Klassenzimmer,-** classroom 9
  * **klassisch** classical 1
* der **Klassizismus** classicism 1
klatschen to clap, applaud
das **Klavier,-e** piano
kleben to stick, glue
das **Kleid,-er** dress
* die **Kleidung** clothing 1
das **Kleidungsstück,-e** clothing item
klein small, little
das **Kleingeld** (small) change
klettern to climb 2
das **Klima,-s** climate 7
klingeln to ring; *an der Tür klingeln* to ring the doorbell
klingen *(klang, geklungen)* to sound 5
klopfen to pound, knock 5
das **Kloster,-** cloister, monastery 2
der **Klub,-s** club
klug smart, intelligent
der **Knecht,-e** farmhand 10
* das **Knie,-** knee 2
der **Knödel,-** dumpling
knusprig crisp, crunchy
der **Koch,-̈e** cook 1
das **Kochbuch,-̈er** cookbook
kochen to cook
der **Koffer,-** suitcase
der **Kofferraum,-̈e** trunk
die **Kohlroulade,-n** cabbage roll 2
* der **Kollege,-n** colleague 3
* die **Kollektion,-en** collection 3
  * **kolorieren** to color 3
  * **kombinieren** to combine 7
der **Komfort** comfort
komisch comical, funny

kommen *(kam, ist gekommen)* to come; *kommen auf* to come to, amount to
der **Kommissar,-e** police chief 8
* das **Kommunikations-system,-e** communication system 7
* der **Kommunist,-en** communist 10
  * **kommunistisch** communist 1
kompliziert complicated
* der **Komponist,-en** composer E
das **Kompott,-e** stewed fruit
* der **Kompromiß,-sse** compromise 1
* die **Konferenz,-en** conference 2
* der **Konflikt,-e** conflict 1
* der **Konformist,-en** conformist 10
* die **Konfrontation,-en** confrontation 1
der **König,-e** king 2
das **Königreich,-e** kingdom 8
  * **konkret** concrete 9
konkurrieren mit to compete with 5
können *(kann, konnte, gekonnt)* to be able to, can
* die **Konsultation,-en** consultation 1
* der **Kontakt,-e** contact 8
* der **Kontinent,-e** continent 6
das **Konto,-ten** bank account 3
  * **kontrollieren** to control 1
das **Konzentrationslager,-** concentration camp 8
sich **konzentrieren** to concentrate 2
das **Konzert,-e** concert
die **Konzerthalle,-n** concert hall
die **Konzertreise,-n** concert tour 5
köpfen to head (ball)
der **Kopfhörer,-** headset 7
der **Kopfsalat,-e** lettuce

die **Kopfschmerzen (pl.)** headache

das **Kopftuch,∵er** (head) scarf 3

der **Kopf,∵e** head

* der **Koran** Koran 3

der **Korb,∵e** basket

der **Körper,-** body 7

körperlich physical 9

der **Körperteil,-e** part of body

kosten to cost, taste

kostenlos free (of charge)

der **Krach** noise, racket 6

krachen to run/crash into 2

die **Kraft,∵e** strength, power 5

krank sick, ill

das **Krankenhaus,∵er** hospital

der **Krankenpfleger,-** nurse (male)

die **Krankenschwester,-n** nurse

die **Krankenversiche-rung,-en** health insurance 3

die **Krawatte,-n** tie

* **kreativ** creative 5

* der **Kredit,-e** credit 1

die **Kreditkarte,-n** credit card

die **Kreide,-n** chalk

der **Kreidefelsen,-** chalk cliff 2

der **Kreis,-e** circle

das **Kreuz,-e** cross

die **Kreuzung,-en** intersection

der **Krieg,-e** war

der **Kriegsgefangene,-n** POW 1

das **Kriegsschiff,-e** warship 8

der **Krimi,-s** detective story 9

kritisch critical

* **Kroatien** Croatia 6

die **Küche,-n** kitchen

der **Kuchen,-** cake

der **Küchenventilator,-en** kitchen fan 7

die **Kugel,-n** ball 9

kühl cool

der **Kühlschrank,∵e** refrigerator

die **Kühltruhe,-n** freezer

die **Kuh,∵e** cow

der **Kuli,-s** (ballpoint) pen

* die **Kultur,-en** culture 1

* **kulturell** cultural 1

der **Kunde,-n** customer

die **Kunst,∵e** art, artistic skill

* die **Kunstgeschichte** art history 9´

der **Künstler,-** artist 2

das **Kunstwerk,-e** work of art 3

der **Kurfürst,-en** elector 10

der **Kurs,-e** exchange rate, course 5

die **Kurve,-n** curve 2

kurz short(ly)

küssen to kiss 4

die **Küste,-n** coast 2

die **Kutsche,-n** coach 8

L

lächeln to smile E

lachen to laugh E

der **Lachs,-e** salmon 8

der **Lack,-e** glossy paint 2

der **Laden,∵** store

der **Ladentisch,-e** (store) counter

die **Lage,-en** position, location 1

die **Lampe,-n** lamp

landen to land

die **Landkarte,-n** map

die **Landschaft,-en** landscape, scenery 2

das **Landschulheim,-e** country boarding school 6

das **Land,∵er** country, state

lang long, tall; *lange* long, long time

die **Länge,-n** length

langsam slow

langweilig boring

lassen *(läßt, ließ, gelassen)* to let

der **Lastwagen,-** truck 6

laufen *(läuft, lief, ist gelaufen)* to run; *Der Film läuft schon.* The movie is running already.

die **Laune,-n** mood 1

laut loud

das **Leben** life

leben to live

* das **Lebensjahr,-e** year of one's life 3

die **Lebensmittel (pl.)** groceries

lebenswert worth living 10

lecker delicious

der **Leckerbissen,-** snack, appetizer, delicacy

das **Ledergeschäft,-e** leather goods store E

ledig unmarried, single 3

leer empty 4

leeren to empty

legen to place, put

die **Lehre,-n** apprenticeship 3

der **Lehrer,-** teacher (male)

die **Lehrerin,-nen** teacher (female)

das **Lehrjahr,-e** year of apprenticeship 3

der **Lehrling,-e** apprentice 3

leicht easy, light 2

leid tun to be sorry; *Das tut mir leid.* I'm sorry.

* **leiden** *(litt, gelitten)* to suffer 3

leider unfortunately

der **Leierkastenmann,∵er** organ grinder 2

leihen *(lieh, geliehen)* to loan, lend

sich **leisten** to afford

die **Leistung,-en** performance 9

die **Leitung,-en** line (phone); *Die Leitung ist besetzt.* The line is busy.

das **Lenkrad,∵er** steering wheel 7

lernen to learn, study

lesen *(liest, las, gelesen)* to read

letzt- last; *in letzter Zeit* recently

die **Leute (pl.)** people

liebe(r) dear

lieben to love E

lieber rather

liebhaben *(hat lieb, hatte lieb, liebgehabt)* to like, love 5

das **Lieblingsfach,-̈er**
favorite (school) subject
Liechtenstein
Liechtenstein
das **Lied,-er** song 8
der **Liedermacher,-**
songwriter 5
liegen *(lag, gelegen)* to
be located, lie
die **Limo,-s** lemonade, soft
drink
die **Limonade,-n** lemonade,
soft drink
das **Lineal,-e** ruler
links left; *nach links* to
the left
die **Lippe,-n** lip
* **literarisch** literary 10
* die **Literatur** literature 8
loben to praise 9
locker loose
sich **lohnen** to be worthwhile
* **lokal** local 5
los: Dann mal los! Then
let's go!; *Wann geht's
los?* When will it start?;
Da ist viel los. There's a
lot going on.
losfahren *(fährt los, fuhr
los, ist losgefahren)* to
take off, depart
loslassen *(läßt los, ließ
los, losgelassen)* to let
go 5
lossausen to take off
quickly 2
loswerden *(wird los,
wurde los, ist
losgeworden)* to get rid
of 9
der **Löwe,-n** lion
Lufthansa German
airline
die **Luftmatratze,-n** air
mattress
die **Luftpost** airmail
die **Luft,-̈e** air
lügen *(log, gelogen)* to
lie 10
die **Lust** pleasure, joy; *Ich
habe Lust...* I would like
to...
lustig funny 2
Luxemburg Luxembourg
der **Luxus** luxury

M

machen to do, make; *Das
macht 5 Mark.;* That
comes to 5 marks; *Das
macht nichts.* That
doesn't matter.
die **Macht,-̈e** power, might 8
das **Mädchen,-** girl
die **Mahlzeit,-en** meal
der **Mai** May
das **Mal,-e** time(s)
mal times; *mal wieder*
once again; *mal ... mal*
sometimes...other
times 10
malen to paint 2
der **Maler,-** painter
man one, they, people
manche some, a few
manchmal sometimes
die **Mandel,-n** tonsil
mangelhaft inadequate
der **Mann,-̈er** man, husband
* **männlich** male 3
die **Mannschaft,-en** team
der **Mantel,-̈** coat
das **Märchen,-** fairy tale 4
die **Margarine** margarine
die **Mark** mark (German
monetary unit)
* die **Marketingfirma,-en**
marketing agency 3
markieren to mark; *gut
markiert* well marked
der **Markt,-̈e** market
der **Markttag,-e** market day
die **Marmelade,-n** jam
* **marschieren** to march 1
das **Marschlied,-er**
marching song
der **März** March
die **Maschine,-n** machine,
plane
die **Mathematik** *(short:
Mathe)* mathematics
die **Mauer,-n** wall 1
die **Maus,-̈e** mouse
der **Mechaniker,-** mechanic
die **Medaille,-n** medal
die **Medizin** medicine
das **Meer,-e** sea, ocean
das **Mehl** flour
mehr more; *nicht mehr*
no more; *mehr als* more

than; *mehr oder weniger*
more or less
mein my
meinen to mean, think
meins mine
die **Meinung,-en** opinion 2;
der Meinung sein to be
of the opinion 2
meistens mostly
der **Meister,-** champion,
master, foreman 3
die **Meisterschaft,-en**
championship 3
* das **Meisterstück,-e**
masterpiece 5
* **melancholisch**
melancholic 5
melden to report 4
* die **Memoiren (pl.)**
memoirs 10
der **Mensch,-en** person,
human being
der **Menschenaffe,-n** ape 4
die **Menschenkenntnis**
knowledge of human
nature 9
* **menschlich** human 1
merken to notice
messen *(mißt, maß,
gemessen)* to measure
das **Messer,-** knife
der **Met** mead (alcoholic
beverage) 8
der **Meter,-** meter
der **Metzger,-** butcher
mieten to rent
das **Mietshaus,-̈er**
apartment building
das **Mikrophon,-e**
microphone
der **Mikrowellenherd,-e**
microwave oven
die **Milch** milk
das **Milchmix,-e** milk shake
* **mild** mild 7
mildern to ease, soften 1
das **Militärlager,-** military
camp
die **Million,-en** million
* der **Millionär,-e** millionaire 1
* das **Minarett,-e** minaret 6
mindestens at least 3
* das **Mineral,-e** mineral 7
das **Mineralwasser** mineral
water

der **Mini-Krimi,-s** short detective story 8
minus minus
die **Minute,-n** minute
mischen to mix
das **Mißtrauen** doubt, mistrust 10
mißtrauisch suspicious, distrustful 9
mit with
mitbringen *(brachte mit, mitgebracht)* to bring along
miteinander with each other 6
das **Mitglied,-er** member
das **Mitgliedsland,-̈er** membership country 3
* **mithaben** *(hat mit, hatte mit, mitgehabt)* to have with E
mitkommen *(kam mit, ist mitgekommen)* to come along
mitmachen to participate
* **mitnehmen** *(nimmt mit, nahm mit, mitgenommen)* to take along E
das **Mittagessen,-** lunch
die **Mitte,-n** center, middle
das **Mittelalter** Middle Ages
der **Mittelpunkt,-e** center (of attraction)
mittler medium, average 3
die **Mittlere Reife** secondary school certificate (after grade 10) 3
der **Mittwoch,-e** Wednesday
die **Möbel (pl.)** furniture 3
möchten would like to; *Ich möchte...* I would like to...
die **Mode,-n** fashion
* der **Modekatalog,-e** fashion catalogue 3
das **Modell,-e** model
* das **Modem** modem 7
* die **Modenschau,-s** fashion show 3
* **modern** modern 1
modisch fashionable, stylish 3
mögen *(mag, mochte, gemocht)* to like

möglich possible
die **Möglichkeit,-en** possibility
die **Möhre,-n** carrot
der **Moment,-e** moment
der **Monat,-e** month
die **Monatsfahrkarte,-n** monthly pass 2
der **Mönch,-e** monk 3
der **Monitor,-en** monitor
der **Montag,-e** Monday
das **Moor,-e** moor(land) 5
das **Moped,-s** moped
* die **Moral** moral 10
der **Mord,-e** murder 9
der **Morgen,-** morning; *heute morgen* this morning
morgen tomorrow
* die **Moschee,-n** mosque 6
der **Motor,-en** motor, engine
die **Motorhaube,-n** hood
das **Motorrad,-̈er** motorcycle
* der **Motorradfahrer,-** motorcyclist 5
* die **Motorradtour,-en** motorbike tour 1
* das **Motto,-e** motto 3
müde tired
* **mulmig: Mir ist ganz mulmig.** I feel funny. I'm scared. E
der **Mund,-̈er** mouth
das **Museum,-seen** museum
die **Musik** music
* **musikalisch** musical 5
das **Musikbuch,-̈er** music book
der **Musiker,-** musician
das **Musikfest,-e** music festival
das **Musikinstrument,-e** musical instrument
der **Musiklehrer,-** music teacher
die **Musiksendung,-en** music broadcast 7
* das **Musikstück,-e** piece of music E
müssen *(muß, mußte, gemußt)* to have to, must
der **Mut** courage 8
mutig courageous, brave 8

die **Mutter,-̈** mother
die **Mutterschaft,-en** motherhood 3
das **Mutterschaftsgeld,-er** maternity benefit 3
der **Mutterschaftsurlaub,-e** maternity leave 3
der **Mutterschutz** (law) protecting mother-to-be 3
das **Mutterschutzgesetz** law protecting mother-to-be 3
* die **Muttersprache,-n** mother tongue 2
die **Mutti,-s** mom

N

na well
nach to, after, according to
die **Nachbarin,-nen** neighbor (female)
das **Nachbarland,-̈er** neighboring country
die **Nachbarschaft,-en** neighborhood
nachdem after (having)
nachdenken *(dachte nach, nachgedacht)* to think about 7
nachgehen *(ging nach, ist nachgegangen)* to be slow (clock)
der **Nachmittag,-e** afternoon; *heute nachmittag* this afternoon
die **Nachrichten (pl.)** news
das **Nachrichtentechnik** communication technology 7
nachsehen *(sieht nach, sah nach, nachgesehen)* to check
nachsitzen *(saß nach, nachgesessen)* to stay after school 4
nächst- next
der **Nachtisch,-e** dessert
die **Nacht,-̈e** night
die **Nähe** nearness, proximity; *in der Nähe* nearby
der **Name,-n** name

naschen to nibble; *etwas zum Naschen* something to nibble on

* die Nase,-n nose 2 *auf die Nase fallen* to fall flat on one's face 3

naß wet; *Ich werde naß.* I'm getting wet.

das National-Denkmal national monument 1

die Nationalfahne,-n national flag

die Nationalmannschaft,-en national team 9

die Natur nature

natürlich natural(ly), of course

naturverbunden nature-loving 3

der Naturwissenschaftler,- natural scientist 10

der Nazi,-s (Nazional-sozialist) Nazi 8

neben beside, next to

nee nope (conversational) 2

nehmen *(nimmt, nahm, genommen)* to take

nein no

nennen *(nannte, genannt)* to name, call

* nervös nervous E

* das Nest,-er nest 6

nett nice

das Netz,-e net, network 7

neu new

neugierig inquisitive, curious, nosy 7

das Neujahr New Year

neun nine

neunzehn nineteen

nicht not

nichts nothing

nie never

die Niederlande Netherlands

niemand nobody, no one

noch still, yet

der Norden north

* nördlich northern 1

die Nordsee North Sea

normal normal

* der Normale,-n normal person 1

* der Normanne,-n Norman 8

die Not,-̈e need 10

die Note,-n (school) grade, mark

notieren to note

die Notiz,-en notice 10; *Notiz nehmen* to take notice 10

der November November

null zero

die Nummer,-n number

das Nummernschild,-er license plate

nun now, well 4

nur only

nutzen to use 3

ob if, whether

oben on top, above 10; *nach oben gehen* to go upstairs 10

der Ober,- waiter 5; *Herr Ober!* Waiter! 5

die Oberschule,-n high school

obgleich although

das Obst fruit(s)

die Obstabteilung,-en fruit department

die Obstart,-en kind of fruit

der Obstgarten,-̈ orchard 7

der Obststand,-̈e fruit stand

obwohl although

oder or

der Ofen,-̈ oven, stove

offen open

öffentlich public 3

offiziell official

oft often

ohne without

ohnmächtig unconscious 4

das Ohr,-en ear; *die Ohren nicht hängen lassen* not to be sad 5

der Öko-Freund,-e environmentalist 1

der Oktober October

der Ölstand oil level

die Olympiade,-n Olympic Games

das Olympia-Stadion Olympic Stadium

die Oma,-s grandma

der Onkel,- uncle

der Opa,-s grandpa

das Opfer,-e victim 8; *zum Opfer fallen* to fall victim (prey) 8

der Optiker,- optician

* die Organisation,-en organization 8

orange orange

die Orchidee,-n orchid 7

ordnen to order 10

die Ordnung,-en order; *Das geht in Ordnung.* That will be taken care of.

das Original,-e original, character 1

* originell original 5

der Ort,-e town, place

der Osten east

Ostern Easter

Österreich Austria

der Österreicher,- Austrian

* östlich eastern 1

die Ostsee Baltic Sea

* der Ozean,-e ocean, sea 8

P

das Paar,-e pair

paar: ein paar a few

das Päckchen,- parcel

packen to pack

das Paket,-e package

die Paketkarte,-n package card (form to be filled out when sending package)

der Palast,-e palace 6

* die Panik panic 2

das Papier,-e paper

der Papierkorb,-̈e wastepaper basket 9

der Paprika,-s paprika, red pepper

* die Parade,-n parade 8

* das Paradies,-e paradise 6

der Park,-s park

parken to park

der Parkplatz,-̈e parking place (lot)

* das Parlament,-e parliament 8

* die Partei,-en party (political) 8

* der Partner,- partner 1

die Party,-s party; *eine Party geben* to give a party

passen to fit, suit 5; *passend* suitable, right; *das passende Geld* the right change
passieren to happen
* das **Passwort,-̈er** password 7
die **Paßkontrolle,-n** passport inspection
die **Pause,-n** intermission, break
der **Pendellauf,-̈e** shuttle run
die **Pension,-en** boarding house, type of inn
die **Person,-en** person
die **Personenkontrolle,-n** security check of people
persönlich personal
der **Pfannkuchen,-** pancake 2
der **Pfeffer** pepper
pfeifen *(pfiff, gepfiffen)* to whistle
das **Pferd,-e** horse
Pfingsten Pentecost
die **Pfingstferien (pl.)** vacation during Pentacost 6
der **Pfirsich,-e** peach
die **Pflaume,-n** plum
pflegen to take care (of something) 2
das **Pfund,-e** pound
die **Phantasie,-n** phantasy
* die **Philosophie,-n** philosophy 3
die **Physik** physics
das **Picknick,-e** picnic
der **Pilot,-en** pilot
der **Pinsel,-** paintbrush 9
* der **Pirat,-en** pirate 8
* die **Pistole,-n** pistol 9
die **Pizza,-s** pizza
* der **Plan,-̈e** plan 9
* **planen** to plan E
die **Planwirtschaft,-en** planned economy 1
die **Plastikdecke,-n** plastic cover
die **Plastikkugel,-n** plastic ball 9
das **Plattdeutsch** Low German (dialect) 2
die **Platte,-n** platter, plate, table (top), LP record 5;

die Kalte Platte cold-cut platter
der **Platz,-̈e** seat, place
plötzlich suddenly
plus plus
der **Pokal,-e** cup (trophy)
* die **Politik** politics 3
* der **Politiker,-** politician 1
* **politisch** political 1
* die **Polizei** police 4
der **Polizist,-en** policeman
die **Pommes frites (pl.)** french fries
populär popular
* das **Portrait,-s** portrait 9
das **Porzellan** porcelain 10
die **Porzellanmanu-faktur,-en** porcelain manufacturer 10
die **Post** post office, mail; *Ab geht die Post.* Off we go. 4
das **Postamt,-̈er** post office
das **Poster,-** poster
das **Postfach,-̈er** post office box
die **Postkarte,-n** postcard
die **Postleitzahl,-en** zip code
praktisch practical
* der **Präsident,-en** president 1
der **Preis,-e** price, prize, award
die **Preisklasse,-n** price category
preiswert reasonable
Preußen Prussia 8
* der **Priester,-** priest 4
* der **Prinz,-en** prince 4
* die **Prinzessin,-nen** princess 4
* das **Privileg,-ien** privilege 3
pro per
probieren to try 1
das **Problem,-e** problem
* das **Produkt,-e** product 4
* die **Produktion,-en** production 7
* der **Professor,-en** professor E
der **Profi,-s** pro(fessional) 3
das **Programm,-e** program
* das **Projekt,-e** project 5
prompt prompt(ly)
der **Prospekt,-e** brochure

Prost! Cheers!
* **protestantisch** Protestant 1
* das **Protokoll,-e** protocol, statement 4
das **Prozent,-e** percent
prüfen to examine
der **Prüfer,-** examiner, tester
die **Prüfung,-en** test, examination
PS (Pferdestärke) horsepower 7
der **Pudding** pudding
der **Pulli,-s** sweater, pullover
der **Pullover,-** sweater, pullover
der **Punkt,-e** point, dot
pünktlich punctual, on time
sich **putzen** to clean oneself; *sich die Zähne putzen* to brush one's teeth

Q

der **Quadratmeter,-** square meter 7
die **Qualität,-en** quality
der **Quatsch** nonsense 3
der **Quattro-Antrieb** four-wheel drive 7
die **Quittung,-en** receipt
die **Quizshow,-s** quiz show

R

das **Rad,-̈er** bike, bicycle
der **Radfahrer,-** bicyclist
der **Radiergummi,-s** eraser
* das **Radio,-s** radio 7
das **Raketenauto,-s** rocket-propelled automobile 7
sich **rasieren** to shave oneself
die **Rast** rest, stop 6
raten *(rät, riet, geraten)* to guess 9
das **Rathaus,-̈er** city hall
rauben to rob 10
rauchen to smoke 3
rauh rough 8
reagieren to react 5
* die **Reaktion,-en** reaction 9
* **realistisch** realistic 6
die **Realschule,-n** secondary school (through grade 10) 3

rechen to rake
rechnen to expect, reckon, count, calculate 6; *damit rechnen* to expect it
die **Rechnung,-en** bill
recht right; *Du hast recht.* You're right.
das **Recht,-e** right, law 3; *Recht sprechen* to enact laws 8
rechts right; *nach rechts* to the right
der **Rechtsanwalt,-̈e** lawyer, attorney
* **recyclen** to recycle 3
reden to talk, speak
die **Redewendung,-en** idiom E
die **Regel,-n** rule, regulation 4; *sich an die Regeln halten* to stick to the rules 4
regieren to rule, govern 3
die **Regierung,-en** government 1
regnen to rain
* **regulieren** to regulate 4
das **Reibeplätzchen,-** potato patty 2
reich rich 1
* das **Reich,-e** empire 8; *das Dritte Reich* Third Reich 8
reichen to be enough
der **Reichskanzler** Chancellor of the (German) Reich 8
reif ripe
der **Reifen,-** tire
die **Reihe,-n** row; *Ich bin an der Reihe.* It's my turn.
reinfallen *(fällt rein, fiel rein, ist reingefallen)* to fall in
reingehen *(ging rein, ist reingegangen)* to go inside 5
reinkommen *(kam rein, ist reingekommen)* to come inside
die **Reise,-n** trip
die **Reiseauskunft** traveler's information
das **Reisebüro,-s** travel agency

reisen to travel
der **Reisende,-n** traveler
der **Reisepaß,-̈sse** passport
der **Reisescheck,-s** traveler's check
das **Reiseverbot,-e** travel ban 1
das **Reiseziel,-e** destination
reißen *(riß, gerissen)* to tear 2
reizen to excite, fascinate
* der **Rekord,-e** record E
* der **Rekorder,-** recorder 7
die **Religion** religion
* **religiös** religious 9
rennen *(rannte, ist gerannt)* to run, race 2
das **Rennen,-** race 9
* die **Rennerei** racing 3
der **Rennfahrer,-** race driver 3
die **Rennstrecke,-n** racetrack 7
* die **Reparation,-en** reparation 1
die **Reparatur,-en** repair 7; *etwas zur Reparatur bringen* to have something repaired 7
reparieren to repair
* **repräsentieren** to represent 8
die **Republik** republic
reservieren to reserve 3
der **Rest,-e** rest, remainder
das **Restaurant,-s** restaurant
retten to save 7
das **Rezept,-e** prescription
der **Rhein** Rhine River
der **Rheindampfer,-** Rhine steamer
der **Rhythmus** rhythm
der **Richter,-** judge
richtig correct, right, real 5
die **Richtung,-en** direction
der **Riese,-n** giant 4
das **Riesenfaß** gigantic barrel
riesengroß gigantic
der **Rinderbraten,-** beef roast
das **Risiko,-s** risk 9
* der **Roboter,-** robot 7
der **Rock** rock music
der **Rock,-̈e** skirt

die **Rockband,-s** rock band
das **Rockkonzert,-e** rock concert
die **Rockmusik** rock music
das **Roggenbrot,-e** rye bread
die **Rolle,-n** role (in a play) 1
rollen to roll
die **Rolltreppe,-n** escalator
der **Roman,-e** novel
die **Romantik** romanticism 10
* **romantisch** romantic 6
römisch Roman
rosa pink
rot red
der **Rotkohl** red cabbage
rüberkommen *(kam rüber, ist rübergekommen)* to come over
die **Rückenschmerzen (pl.)** backache
der **Rucksack,-̈e** backpack, knapsack
der **Rücksitz,-e** back seat
der **Ruderer,-** rower 8
rudern to row
rufen *(rief, gerufen)* to call
die **Ruhe** silence, peace; *Immer mit der Ruhe!* Take it easy.
ruhig quiet, calm 4
rühren to stir, beat, move, touch, affect 4
die **Rührung** emotion 4
die **Ruine,-n** ruin(s)
rumrasen to race around 2
die **Runde,-n** round
der **Russe,-n** Russian 1
Rußland Russia 1

S

die **S-Bahn,-en** city train, suburban express train
die **Sachbeschädigung** damage to property 5
die **Sachen (pl.)** items, things; *Du machst tolle Sachen.* You are doing dumb things.
das **Sackhüpfen** sack hopping

saftig juicy
die **Sage,-n** legend
sagen to say
die **Sahara** Sahara Desert
die **Sahne** cream 2
der **Salat,-e** salad; *gemischter Salat* mixed (tossed) salad
die **Salbe,-n** ointment, salve
das **Salz** salt
salzig salty 4
die **Salzkartoffel,-n** boiled potato
die **Salzstange,-n** pretzel stick 4
sammeln to collect
der **Samstag,-e** Saturday
der **Sand** sand
* die **Sandale,-n** sandal 6
die **Sängerin,-nen** singer
satt full; *Ich bin satt.* I'm full.
der **Satz,-̈e** set, sentence
sauber clean
sauer angry
der **Sauerbraten,-** sauerbraten (marinated beef)
das **Sauerkraut** sauerkraut
das **Schach** chess 1
das **Schachmatt** checkmate 9
das **Schachturnier,-e** chess tournament 9
schade too bad
der **Schaden,-̈** damage 10
das **Schaf,-e** sheep
schaffen to manage (it), make (it)
die **Schallplatte,-e** LP record
der **Schalter,-** (ticket) counter
das **Schaltgetriebe** stick shift 7
der **Schalthebel,-** control lever 4
der **Schatten,-** shadow 8
das **Schaufenster,-** display window
der **Schauspieler,-** actor
das **Schauspielhaus,-̈er** theater 1
die **Schautafel,-n** chart, graph
die **Schauwerkstatt,-̈e** demo shop 10

* der **Scheck,-s** bank check 3
der **Schein,-e** certificate, form 5
scheinen *(schien, geschienen)* to shine, seem, appear
der **Scheinwerfer,-** headlight
schenken to give (as a gift)
schick chic, fashionable
schicken to send
schieben *(schob, geschoben)* to push
der **Schiedsrichter,-** referee
schief crooked 8
schießen *(schoß, geschossen)* to shoot
der **Schießstand,-̈e** shooting gallery
das **Schiff,-e** ship, boat
der **Schiffer,-** boatman
das **Schild,-er** sign
der **Schilling,-e** shilling (Austrian monetary unit)
* der **Schimpanse,-n** chimpanzee 4
der **Schinken** ham
die **Schinkenwurst** ham-sausage
* der **Schlaf** sleep 1
schlafen *(schläft, schlief, geschlafen)* to sleep
die **Schlafkoje,-n** bunkbed
der **Schlafsack,-̈e** sleeping bag
das **Schlafzimmer,-** bedroom
schlagen *(schlägt, schlug, geschlagen)* to beat, hit
der **Schläger,-** racket
die **Schlagsahne** whipped cream
das **Schlagzeug** drums 5
die **Schlange,-n** snake; *Schlange stehen* to stand in line
schlecht bad
schlimm bad
Schlittschuh laufen *(läuft Schlittschuh, lief Schlittschuh, ist Schlittschuh gelaufen)* to skate
das **Schloß,-̈sser** castle
schlucken to swallow

der **Schlüssel,-** key
schmecken to taste
der **Schmied,-e** blacksmith 5
die **Schmiedearbeit,-en** smithery 9
schneiden *(schnitt, geschnitten)* to cut
schneien to snow
schnell fast
* der **Schock,-s** shock E
das **Schokoeis** chocolate ice cream
der **Schokoladenkeks,-e** chocolate cookie
die **Schokoladentorte,-n** chocolate torte
schon already; *Na, wenn schon!* So what!
schön beautiful, nice; *ganz schön schwer* pretty heavy, difficult
die **Schönen Künste** fine arts 10
der **Schöpfer,-** creator 5
der **Schrank,-̈e** closet, cupboard 7
der **Schrei,-e** scream 2
schreiben *(schrieb, geschrieben)* to write
der **Schreibtisch,-e** desk
die **Schreibwaren (pl.)** stationery
schreien *(schrie, geschrien)* to scream, shout, yell
die **Schrift,-en** script 8
* **schrill** shrill 5
der **Schritt,-e** step
der **Schrott** scrap
der **Schuh,-e** shoe
die **Schulbank,-̈e** school desk
schuld sein to be blamed, guilty 8
die **Schule,-n** school
der **Schüler,-** pupil, student (secondary school)
der **Schülerlotse,-n** school patrol
die **Schulkapelle,-n** school band
der **Schulleiter,-** school principal
die **Schulsekretärin,-nen** school secretary

die **Schultasche,-n** school bag, satchel

die **Schulter,-n** shoulder

der **Schuppen,-** shed 6

die **Schüssel,-n** bowl

der **Schuster,-** shoemaker 10

der **Schutt** garbage, waste 8
in Schutt und Asche legen to bring about the destruction of 8

schützen to protect; *schützen vor* to protect against

das **Schwabenland** Swabia 8

schwach weak 8

der **Schwächling,-e** weakling 8

schwanger pregnant 3

schwarz black

der **Schwarzwald** Black Forest

die **Schwebebahn,-en** suspension/aerial train 5

schweben to glide

das **Schwein,-e** pig

der **Schweinebraten** roast pork

die **Schweißarbeit,-en** welding job 9

schweißen to weld 7

die **Schweiz** Switzerland

der **Schweizer,-** Swiss

schwenken to swing

schwer hard, difficult, heavy

schwerfallen *(fällt schwer, fiel schwer, ist schwergefallen)* to be hard 2

die **Schwester,-n** sister

der **Schwiegersohn,-̈e** son-in-law 2

die **Schwierigkeit,-en** difficulty

das **Schwimmbad,-̈er** swimming pool

das **Schwimmbecken,-** swimming pool

schwimmen *(schwamm, ist geschwommen)* to swim

schwindlig dizzy; *Mir ist schwindlig.* I'm dizzy.

schwitzen to sweat; *ins Schwitzen kommen* to break out in a sweat 10

sechs six

sechzehn sixteen

der **See,-n** lake

die **Seele,-n** soul 10

der **Seemannsknoten,-** marine knot 6

* das **Segel,-** sail 9

segeln to sail 8

sehen *(sieht, sah, gesehen)* to see, look; *sehen auf* to look at

die **Sehenswürdigkeit,-en** sight(s)

sehr very

die **Seife,-n** soap

das **Seil,-e** rope 2

sein *(ist, war, ist gewesen)* to be

sein his

seit since

seitdem since

die **Seite,-n** page, side

der **Sekretär,-e** secretary

selbst self; *Du hast's selbst gesagt.* You said it yourself.

das **Semester,-** semester 5

* das **Seminar,-e** seminar 2

die **Semmel,-n** hard roll

die **Sendung,-en** broadcast, program 7

der **September** September

die **Serviette,-n** napkin

der **Sessel,-** easy chair

die **Show,-s** show

sicher certainly, surely 5

die **Sicherheit,-en** safety, security 7

der **Sicherheitsgurt,-e** safety belt

die **Sicherheitsmaß-nahme,-n** safety measure

die **Sicherheitsüber-prüfung,-en** security check

sicherlich surely, certainly

Sie you (formal)

sie she, they

sieben seven

siebzehn seventeen

siegen to win 8

der **Sieger,-** winner

das **Signal,-e** signal

singen *(sang, gesungen)* to sing

der **Sinn,-e** sense, meaning 10

* die **Situation,-en** situation 1

der **Sitz,-e** seat

sitzen *(saß, gesessen)* to sit, fit

der **Sitzplatz,-̈e** seat

* **Skandinavien** Scandinavia 8

* **skandinavisch** Scandinavian 8

das **Skat** German card game

* das **Skateboard,-s** skateboard 2

der **Ski,-er** ski; *Ski laufen (läuft Ski, lief Ski, ist Ski gelaufen)* to ski

* die **Skulptur,-en** sculpture 1

* **Slowenien** Slovenia 6

so so; *so...wie* as...as

sobald as soon as

die **Socke,-n** sock

das **Sofa,-s** sofa

sofort right away, immediately

sogar even

der **Sohn,-̈e** son

solange as long as

solch such

der **Soldat,-en** soldier 1

* **solid** solid, thorough 3

sollen *(soll, sollte, gesollt)* to be supposed to, should

der **Sommer,-** summer

die **Sommerpause,-n** summer break 5

* die **Sommerresidenz** summer residence 10

das **Sonderangebot,-e** special (offer)

sondern but; *nicht nur...sondern auch* not only...but also

der **Sonderpreis,-e** special (price)

der **Sonnabend,-e** Saturday

die **Sonne** sun

sich **sonnen** to bask in the
    sun
  sonnig sunny
der **Sonntag,-e** Sunday
  sonst besides, otherwise;
    Sonst noch etwas?
    Anything else?
die **Sorge,-n** concern, care;
    Mach dir keine Sorgen!
    Don't worry.
  sorgen für to provide
    for
die **Sorte,-n** kind
  sowie as well as
* der **Sowjet,-s** Soviet 1
  * **sowjetisch,-n** soviet 1
* die **Sowjetunion** Soviet
    Union 1
  * **sozial** social 10
* der **Sozialdemokrat,-en**
    Social Democrat 8
  * **sozialistisch**
    socialist(ic) 8
  Spanien Spain
der **Spanier,-** Spaniard
das **Spanisch** Spanish
  spannend exciting,
    thrilling
die **Spannung** excitement,
    tension 9
  sparen to save
der **Spargel,-** asparagus
das **Sparkonto,-ten** savings
    account; *ein Sparkonto
    führen* to keep a savings
    account
der **Spaß** fun; *Es macht Spaß.*
    It's fun.
  spaßig funny 4
  spät late
  spazierengehen *(ging
    spazieren, ist
    spazierengegangen)* to go
    for a walk, stroll 1
der **Specht,-e** woodpecker 6
  speichern to store 7
die **Speisekarte,-n** menu
das **Spezi,-s** cola and lemon
    soda
sich **spezialisieren auf** to
    specialize in
* die **Spezialistin,-nen**
    (female) specialist 7
* die **Spezialität,-en**
    specialty 2

der **Spiegel,-** mirror
das **Spiel,-e** game
  spielen to play; *spielen
    um* to play for
der **Spieler,-** player
der **Spielplan,-̈e** game
    schedule
die **Spielwaren (pl.)** toys
der **Spinat** spinach
  spinnen *(sponn, gespon-
    nen)* to be crazy (nuts) 1
  spitze hot, super
die **Spitze,-n** top 10
der **Spitzname,-n**
    nickname 1
der **Splitter,-** splinter
der **Sport** sport
die **Sportart,-en** kind of
    sport
das **Sportfest,-e** sports
    festival
die **Sporthalle,-n** sports hall,
    arena
der **Sportler,-** athlete
  sportlich athletic
die **Sporttasche,-n** sports
    bag
* der **Sportwagen,-** sports
    car 3
die **Sprache,-n** language
  sprachlos speechless 7
die **Spraydose,-n** spray can 5
  sprechen *(spricht,
    sprach, gesprochen)* to
    speak; *sprechen über* to
    talk about
die **Sprechstundenhilfe,-n**
    receptionist (doctor's
    assistant)
  springen *(sprang, ist
    gesprungen)* to jump
  spritzen to spray
der **Spruch,-̈e** saying,
    words 1
die **Spüle,-n** kitchen sink 7
  spülen to wash, rinse;
    Geschirr spülen to wash
    dishes
der **Staat,-en** state
  * **staatlich** state, national,
    political 1
die **Staatsangehörigkeit,-en**
    citizenship
  * **stabil** stable 9
der **Stab,-̈e** baton

das **Stadion,-dien** stadium
die **Stadt,-̈e** city; *in der Stadt*
    downtown
* die **Stadtkultur,-en** urban
    culture 1
der **Stadtplan,-̈e** city map
der **Stadtrand,-̈er** outskirts
    of city
der **Staffellauf,-̈e** relay race
der **Stahl** steel 9
der **Stand,-̈e** stand, booth
  stark strong 1
die **Stärke,-n** strength 8
der **Start,-s** start
das **Startpedal,-e** starting
    pedal
die **Stasi** former East
    German state security
    police 10
  stattfinden *(fand statt,
    stattgefunden)* to take
    place
der **Stau,-s** (traffic) jam,
    congestion 6
  stecken to put, stick E
  stehen *(stand, gestanden)*
    to stand, be; *Hier steht's.*
    Here it is.; *Es steht dir
    gut.* It looks good on
    you.
  stehlen *(stiehlt, stahl,
    gestohlen)* to steal 4
  steif stiff
  steigen *(stieg, ist
    gestiegen)* to climb 9
  steil steep 2
der **Stein,-e** stone 1
die **Stelle,-n** spot, place
  stellen to place, put
der **Stempel,-** stamp,
    postmark
  stempeln to stamp
  sterben *(stirbt, starb, ist
    gestorben)* to die 4
die **Stereoanlage,-n** stereo
    set
die **Steuer,-n** tax 8
die **Steuerberaterin,-nen**
    (female) tax adviser
das **Steuerrad,-̈er** steering
    wheel
der **Stil,-e** style
  stillhalten *(hält still, hielt
    still, stillgehalten)* to
    hold still

stillstehen *(stand still, stillgestanden)* to stand still 4

die **Stimme,-n** voice 10

stimmen to be correct; *Stimmt.* That's right (correct).

die **Stimmung,-en** mood

* das **Stipendium,-ien** stipend E

die **Stirn,-e** forehead

der **Stock,-̈e** floor, story, stick 2

das **Stockwerk,-e** floor (of a building) 1

der **Stolz** pride 2

stolz proud E

* **stoppen** to stop E

stören to bother, disturb 2

der **Strande,-̈e** beach 3

der **Strandkorb,-̈e** (canopied) wicker beach chair 3

die **Straße-n** street

die **Straßenbahn,-en** streetcar

die **Straßenbahnhalte-stelle,-n** streetcar stop

die **Strecke,-n** stretch, distance

der **Streich,-e** prank, trick 6

streiten *(stritt, gestritten)* to quarrel, argue, fight 10

streng strict 7

* der **Streß** stress E

stricken to knit 8

der **Strumpf,-̈e** stocking

das **Stück,-e** piece

das **Studentenwohnheim,-e** dormitory 5

* die **Studentenwohnung,-en** student apartment 5

das **Studiengeld,-er** tuition 3

der **Studienplatz,-̈e** full-time student admission 5

* die **Studienreise,-en** study trip E

studieren to study (university)

* das **Studio,-s** studio 9

* das **Studium,-ien** study E

der **Stuhl,-̈e** chair

die **Stunde,-n** hour

* der **Stundenkilometer,-** kilometer per hour 6

stundenlang endless (hours) 1

der **Stundenplan,-̈e** class schedule

der **Sturm,-̈e** storm 10

stützen to support, lean on 10

suchen to search for E

die **Sucht** addiction 7

der **Süden** south

südlich south of, southern 1

super super, great

die **Suppe,-n** soup

der **Suppenlöffel,-** soupspoon

das **Surfbrett,-er** surfboard 9

* **surfen** to surf 9

süß sweet 4

die **Süßigkeiten (pl.)** sweets 4

das **Sweatshirt,-s** sweatshirt

das **Symbol,-e** symbol

die **Synagoge,-n** synagogue 8

* das **System,-e** system 1

die **Szene,-n** scene, peer group 5

T

das **T-Shirt,-s** T-shirt

die **Tablette,-n** tablet, pill

die **Tafel,-n** blackboard, board

der **Tafellappen,-** rag (to wipe off blackboard)

der **Tag,-e** day; *Tag!* Hello! (informal); *Guten Tag!* Hello! (formal)

das **Tagebuch,-̈er** diary 8

die **Tagessuppe,-n** soup of the day

* **täglich** daily 1

* das **Talent,-e** talent 3

das **Tal,-̈er** valley 6

die **Tante,-n** aunt

tanzen to dance

die **Tanzfläche,-n** dance floor 5

* der **Tanzschuh,-e** dancing shoe 2

die **Tasche,-n** bag, pocket E

der **Taschenrechner,-** pocket calculator

die **Tasse,-n** cup

die **Tat,-en** criminal act 8

der **Täter,-e** perpetrator 9

die **Tatsache,-n** fact 9

tauschen to exchange 3

tausend thousand

* das **Team,-s** team 3

die **Technik,-en** technology 3

* die **Technologie** technology 7

* **technologisch** technological 7

der **Tee** tea

der **Teelöffel,-** teaspoon

der **Teig** dough, batter

der **Teil,-e** part, section; *zum größten Teil* for the most part

teilen to divide 1

teilnehmen *(nimmt teil, nahm teil, teilgenommen)* to participate

der **Teilnehmer,-** participant

die **Teilung,-en** separation 1

* das **Telefax** fax 7

das **Telefon,-e** telephone

das **Telefonbuch,-̈er** phone book

das **Telefongespräch,-e** phone call; *ein Telefongespräch führen* to make a phone call

die **Telefonzelle,-n** telephone booth 7

das **Telegramm,-e** telegram

der **Teller,-** plate

die **Temperatur,-en** temperature

das **Tennis** tennis

der **Tennisklub,-s** tennis club

der **Tennisplatz,-̈e** tennis court

der **Test,-s** test

* **testen** to test 9

teuer expensive

der **Text,-e** text

* das **Theater,-** theater 4

* das **Thema,-men** theme, topic E

theoretisch theoretical

das **Tier,-e** animal

der **Tiger,-** tiger
der **Tip,-s** advice, hint E
der **Tisch,-e** table
das **Tischtennis** table tennis
das **Tischtennisturnier,-e** table tennis tournament
* der **Titel,-** title 9
die **Tochter,⁻** daughter
das **Todesjahr,-e** year of death 4
die **Todesursache,-n** cause of death 10
die **Toilette,-n** toilet (also: bathroom)
* die **Toleranz** tolerance 3
toll great, terrific, smashing
die **Tomate,-n** tomato
der **Tomatensalat,-e** tomato salad
die **Tomatensuppe,-n** tomato soup
das **Tonbandgerät,-e** reel-to-reel tape recorder 7
der **Topf,⁻e** pot
das **Tor,-e** goal, gate 1
der **Torwart,⁻er** goalie
tot dead 2
töten to kill 5
der **Tourist,-en** tourist
die **Tracht,-en** (national) costume
das **Trachtenkleid,-er** costume dress E
der **Trachtenrock,⁻e** costume skirt E
die **Tradition,-en** tradition
* **traditionell** traditional 3
tragen (*trägt, trug, getragen*) to wear, to carry
* der **Trainer,-** trainer, coach 6
das **Trampolin,-e** trampoline
die **Träne,-n** tear 4
der **Traum,⁻e** dream E
* der **Traumberuf,-e** dream job 3
träumen to dream
traurig sad, depressed, depressing E
treffen (*trifft, traf, getroffen*) to meet; *Treffen wir uns!* Let's meet.
* das **Treffen,-** meeting E
trefflich very well 10

treiben (*trieb, getrieben*) to do, drive, chase 1; *Sport treiben* to participate in sports
trennen to separate E
die **Trennung,-en** separation E
die **Trennungsangst,⁻e** fear of separation E
treten (*tritt, trat, getreten*) to pedal, to step 2
treu loyal, faithful 8
* der **Trick,-s** trick 4
trinken (*trank, getrunken*) to drink
die **Trompete,-n** trumpet
trotz in spite of
trotzdem nevertheless, in spite of it
die **Trümmerliteratur** literature of debris 8
die **Tschechoslowakei** Czechoslovakia
Tschüs! See you! Bye!
tun (*tut, tat, getan*) to do
* der **Tunnel,-s** tunnel 3
die **Tür,-en** door
* der **Türke,-n** Turk 6
* die **Türkei** Turkey 6
* **türkisch** Turkish 3
der **Turm,⁻e** tower
das **Turnen** gymnastics E
turnen to do gymnastics E
das **Turnfest,-e** gymnastics festival E
der **Turnverein,-e** athletics/gymnastics club E
die **Tüte,-n** bag
TÜV (*Technischer Überwachungsverein*) name of technical inspection organization
* der **Typ,-en** type 2
typisch typical

U

die **U-Bahn,-en** subway
übelnehmen (*nimmt übel, nahm übel, übelgenommen*) to take offense; *Ich nehme es ihm übel.* I blame him.
üben to practice

über across, above, over; *über die Straße gehen* to cross the street
überall all over, everywhere
übereinstimmen to agree
überfüllt overcrowded
übergeben (*übergibt, übergab, übergeben*) to hand over
übernachten to stay overnight
die **Übernachtung,-en** (overnight) accommodation
übernehmen (*übernimmt, übernahm, übernommen*) to take over 5
überqueren to cross
überreden to persuade 1
übersetzen to translate 6
überweisen (*überwies, überwiesen*) to transfer (money) 3
überzeugen to convince
übrigens by the way 3
die **Übung,-en** exercise, practice; *Übung macht den Meister!* Practice makes perfect.
das **Ufer,-** shore, (river) bank
die **Uhr,-en** clock, watch; *um neun Uhr* at nine o'clock
um around, at, in order to, to; *um die Ecke* around the corner; *Die Zeit ist um.* Time is up.
sich **umdrehen** to turn around 2
die **Umfrage,-n** poll 4
die **Umgangssprache,-n** colloquial speech 5
die **Umgebung,-en** surroundings, vicinity
umgehen (*ging um, ist umgegangen*) to handle
umhängen to put on
die **Umkleidekabine,-n** changing room
sich **umschauen** to look around 8
umsteigen (*stieg um, ist umgestiegen*) to transfer

die **Umwelt** environment 3
umweltfreundlich environmentally sound, nonpolluting 3
umziehen *(zog um, ist umgezogen)* to move 5
sich **umziehen** *(zog um, umgezogen)* to change clothes
der **Umzug,-̈e** move 5
unabhängig independent 3
die **Unabhängigkeit** independence 3
und and
undenkbar unthinkable
der **Unfall,-̈e** accident 2
Ungarn Hungary
ungefähr approximately
ungenügend unsatisfactory
unglaublich unbelievable
ungültig invalid E
* die **Uni,-s** short form for *Universität* E
die **Universität,-en** university
unmenschlich inhuman
die **Unmenschlichkeit** inhumanity 1
unruhig restless
unschlagbar unbeatable 2
unser our
unsichtbar invisible 7
unten below
unter under, below, among, lower 4
unterbrechen *(unterbricht, unterbrach, unterbrochen)* to interrupt 9
unterdessen in the meantime
sich **unterhalten** *(unterhält, unterhielt, unterhalten)* to converse, talk
die **Unterhaltung** entertainment, conversation
unternehmen *(unternimmt, unternahm, unternommen)* to undertake, do 2
unternehmungslustig enterprising, adventurous 2

die **Unternehmungslust** get-up-and-go 2
der **Unterricht** instruction
unterscheiden *(unterschied, unterschieden)* to differentiate 1
unterschreiben *(unterschrieb, unterschrieben)* to sign 8
unterstützen to support 2
untersuchen to examine, investigate 9
die **Untertasse,-n** saucer
unterwegs on the move, on the way 2
die **Urkunde,-n** certificate
der **Urlaub,-e** vacation 2
* der **Urlauber,-** vactioner 6
die **Urzeit** prehistoric time 8

V

das **Vanilleeis** vanilla ice cream
das **Vaterland** fatherland, homeland 8
der **Vater,-̈** father
der **Vati,-s** dad
* der **Vegetarier,-** vegetarian 2
die **Veränderung,-en** change 1
verantwortlich responsible 8
die **Verantwortung,-en** responsibility 10
der **Verbandskasten,-̈** first aid kit
der **Verband,-̈e** bandage
verbessern to improve
verbinden *(verband, verbunden)* to bandage, connect 7; *falsch verbunden* wrong number 7
die **Verbindung,-en** connection 7
verbringen *(verbrachte, verbracht)* to spend (time)
der **Verdacht,-e** suspicion 9
das **Verderben** ruin 10; *dem Verderben ausgeliefert sein* to be left to destruction 10

verdienen to earn 3
vereinigen to unify 3; *vereinigt* unified 1
die **Vereinigten Staaten von Amerika** United States of America
die **Verfassung,-en** constitution 8
Verflixt! Darn!
verfolgen to persecute 8
die **Vergangenheit,-en** past, history 1
vergeblich to no avail
vergehen *(verging, ist vergangen)* to pass, go by 7; *die Lust ist vergangen* to have lost interest 7
vergessen *(vergißt, vergaß, vergessen)* to forget
das **Vergnügen** fun, enjoyment; *Viel Vergnügen!* Have fun!
verhaften to arrest 9
verheiratet married
verkaufen to sell
der **Verkäufer,-** salesman
die **Verkäuferin,-en** saleslady
der **Verkehr** traffic
das **Verkehrsbüro,-s** tourist office
das **Verkehrsmittel,-** means of transportation
die **Verkehrsnachricht,-en** traffic report 7
* der **Verkehrspolizist,-en** traffic policeman 6
das **Verkehrsschild,-er** traffic sign
die **Verkehrssituation,-en** traffic situation
der **Verkehrsstau,-s** traffic jam 6
verlassen *(verläßt, verließ, verlassen)* to leave
verlassen deserted E
verletzen to injure, get hurt
verliebt sein to be in love 5
verlieren *(verlor, verloren)* to lose
vermieten to rent

* **vermissen** to miss E

vermuten to suppose 1

vernichten to exterminate, destroy 8

die **Vernichtung,-en** extermination, destruction 8

die **Vernunft** reason 10

verpassen to miss 6

verringern to reduce 8

verrückt crazy 10

sich **versammeln** to gather, come together

verschieden different; *verschiedene* various

verschlingen *(verschlang, verschlungen)* to devour, swallow (up)

sich **verständigen** to communicate 7

verstehen *(verstand, verstanden)* to understand

der **Versuch,-e** attempt, try E

versuchen to try

verteidigen to defend 10

der **Vertrag,⁻e** agreement, treaty 3

das **Vertrauen** trust 10

der **Verwandte,-n** relative

die **Verwunderung,-en** surprise 9

verzaubert enchanted 4

die **Vespa** Italian motor scooter 7

* der **Videorekorder** VCR 7

viel much

viele many

vielleicht perhaps

vier four

das **Viertel,-** quarter

vierzehn fourteen

* der **Vierzylindermotor,-en** four-cylinder motor 7

* das **Visum,-sa** visa E

* das **Vitamin,-e** vitamin 7

der **Vogel,⁻** bird

das **Volk,⁻er** people, nation 8

das **Volkslied,-er** folk song

der **Volkstrauertag** Day of National Mourning

voll full, busy

die **Vollpension** full board, American plan

von from, of

vor before, in front of, ago; *vor drei Wochen* three weeks ago

vorbeifahren *(fährt vorbei, fuhr vorbei, ist vorbeigefahren)* to drive past

vorbeilaufen *(läuft vorbei, lief vorbei, ist vorbeigelaufen)* to run past

vorbeisein *(ist vorbei, war vorbei, ist vorbeigewesen)* to be over 2

vorbereiten to prepare; *vorbereiten auf* to prepare for

der **Vorbereitungskurs,-e** prep course 5

das **Vorbild,-er** model 8

der **Vordersitz,-e** front seat

die **Vorfahrt** right of way

die **Vorfahrtstraße,-n** main street

vorführen to demonstrate

vorgestern the day before yesterday 10

vorhaben *(hat vor, hatte vor, vorgehabt)* to plan, intend

vorher before

vorhin before, earlier

vorkommen *(kam vor, ist vorgekommen)* to seem, appear 9 *bekannt vorkommen* to seem familiar 9

vorne in front

der **Vorort,-e** suburb

vorschlagen *(schlägt vor, schlug vor, vorgeschlagen)* to suggest

vorsichtig careful(ly)

sich **vorstellen** to introduce (oneself), imagine

der **Vorteil,-e** advantage 10

vorwärtskommen *(kam vorwärts, ist vorwärtsgekommen)* to make headway

W

die **Waage,-n** scale

wach sein to be awake 9

wachsen *(wächst, wuchs, ist gewachsen)* to grow 1

der **Wachturm,⁻e** watchtower

der **Wagen,-** car 3

die **Wahl,-en** choice

wählen to select, dial (phone), vote, elect 3

wählerisch choosy, particular

der **Wahnsinn** madness, insanity 4

wahr true; *Nicht wahr?* Isn't it true? Is that so?

während during, while

wahrscheinlich probably

die **Währung,-en** currency

das **Wahrzeichen,-** landmark

der **Wald,⁻er** forest 5

die **Wand,⁻e** wall

der **Wandergeselle,-n** journeyman 4

wandern to hike, travel, walk 4

die **Wanderschaft,-en** journey, travel 4; *auf Wanderschaft gehen* to take to the road 4

der **Wanderstab,⁻e** hiking stick 4

die **Wanderung,-en** hike

wann when

* die **Ware,-n** ware, article 4

warm warm

warnen vor to warn 1

* die **Warnung,-en** warning 10

warten to wait; *warten auf* to wait for

der **Warteraum,⁻e** waiting room

das **Wartezimmer,-** waiting room

warum why

was what; *was für* what kind of

das **Waschbecken,-** sink

sich **waschen** *(wäscht, wusch, gewaschen)* to wash oneself

die **Waschmaschine,-n** washer 7

das **Wasser** water
wechseln to change
weder ... noch neither...nor 10
der **Weg,-e** way; *auf dem Weg* on the way
weg sein to be gone
der **Weg,-e** path 2
wegen because of
wegnehmen *(nimmt weg, nahm weg, weggenommen)* to take off (away)
wehtun *(tut weh, tat weh, wehgetan)* to hurt
weich soft, tender 2
Weihnachten (pl.) Christmas; *Fröhliche Weihnachten!* Merry Christmas!
weil because
die **Weile** while; *eine Weile* a while
der **Wein,-e** wine
der **Weinberg,-e** vineyard
weinen to cry 5
das **Weinfest,-e** wine festival
der **Weingarten,¨** vineyard 7
die **Weintraube,-n** grape, bunch of grapes
weiß white
weit far
weiterfahren *(fährt weiter, fuhr weiter, ist weitergefahren)* to continue on, drive on
weiterfliegen *(flog weiter, ist weitergeflogen)* to continue on (flight)
* **weitergehen** *(ging weiter, ist weitergegangen)* to continue, go on 1
weiterspielen to continue playing
der **Weitsprung,¨e** broad jump
welcher which
die **Welt,-en** world
der **Weltkrieg,-e** world war 8; *der Zweite Weltkrieg* World War II 8
die **Weltkugel,-n** globe
* die **Weltmeisterin,-nen** (female) world champion 9
der **Weltruf** international reputation
weltweit worldwide 7
wenig little
wenige a few
wenigstens at least
wenn when, if
wer who
der **Werbetexter,-** copywriter for promotional ads 3
werden *(wird, wurde, ist geworden)* to become, be
werden will, shall
werfen *(wirft, warf, geworfen)* to throw
das **Werk,-e** factory, plant 7
die **Werkhalle,-n** production hall 7
der **Werkunterricht** shop class
der **Westen** west
* **westlich** western 1
* die **Westzone,-en** Western Zone 1
das **Wetter** weather
der **Wetterbericht,-e** weather report 7
der **Wettkampf,¨e** competition
wichtig important
widersprechen *(widerspricht, widersprach, widersprochen)* to contradict 9
widmen to dedicate 5
wie how; *Wie geht es Ihnen?* How are you? (formal); *Und wie!* You bet! 4
wieder again
wiederholen to repeat 3
wiederkommen *(kam wieder, ist wiedergekommen)* to come again
wiedersehen *(sieht wieder, sah wieder, wiedergesehen)* to see again; *Auf Wiedersehen!* Good-bye!
* die **Wiedervereinigung** reunification E
wiegen *(wog, gewogen)* to weigh
das **Wiener Schnitzel** breaded veal cutlet
die **Wiese,-n** lawn, meadow
wieso why
wieviel how much
* der **Wikinger,-** Viking 8
* der **Wille** will 7
willkommen welcome; *willkommen heißen* to welcome (a person)
die **Windschutzscheibe,-n** windshield
der **Winter,-** winter
der **Wintersportler,-** winter sports enthusiast
wir we
wirken to have an effect, work 10
wirklich really
die **Wirklichkeit** reality
die **Wirtschaft,-en** economy, commerce 1
* **wirtschaftlich** economic 1
* das **Wirtschaftssystem,-e** economic system 1
wissen *(weiß, wußte, gewußt)* to know
wissenschaftlich scientific 10
der **Witz,-e** joke, gag 1
witzig witty, funny 4
wo where
woanders somewhere else
die **Woche,-n** week
der **Wochenendausflug,¨e** weekend outing 6
das **Wochenende,-n** weekend
der **Wochenlohn,¨e** weekly wage 4
woher where from
wohin where (to)
wohl well; *wohl fühlen* to feel well
wohnen to live
* der **Wohnort,-e** residence 3
die **Wohnung,-en** apartment
der **Wohnwagen,-** camper
das **Wohnzimmer,-** living room
der **Wolf,¨e** wolf
wollen *(will, wollte, gewollt)* to want to

das **Wort,-e** word, saying 6
das **Wort,-̈er** word
die **Wunde,-n** wound
das **Wunder,-** miracle 6
wünschen to wish
würfeln to roll the dice 9
die **Wurst,-̈e** sausage
das **Würstchen,-** hot dog
die **Wurstsorte,-n** kind of
sausage
der **Wurststand,-̈e** sausage
stand
* die **Yamaha** Japanese
motorcycle 8

Z

die **Zahl,-en** number 1
zählen to count 9
zahlen to pay; *Zahlen,
bitte.* The check, please.
* die **Zahlenkombination,-en**
number code 7
der **Zahn,-̈e** tooth
der **Zahnarzt,-̈e** dentist
die **Zahnbürste,-n**
toothbrush
die **Zahnpasta** toothpaste
die **Zahnschmerzen (pl.)**
toothache
zart gentle 4
der **Zaun,-̈e** fence 10
zehn ten
das **Zeichen,-** sign 10
zeichnen to draw,
sketch, illustrate 3
die **Zeichnung,-en** drawing,
sketch, illustration 3
der **Zeigefinger,-** index
finger 10
zeigen to show, point
die **Zeit,-en** time
das **Zeitalter** age 7
die **Zeitschrift,-en** magazine
die **Zeitung,-en** newspaper
das **Zelt,-e** tent
zelten to camp 2
* der **Zentimeter,-**
centimeter E
das **Zentrum,-tren** center
zerstören to destroy 1
der **Zeuge,-n** witness 9
die **Ziege,-n** goat
ziehen *(zog, gezogen)* to
pull 7

das **Ziel,-e** goal, target,
objective, destination 1
das **Zimmer,-** room
die **Zinsen (pl.)** interest
(money) 3
das **Zitroneneis** lemon ice
cream
der **Zoll** customs
* die **Zone,-n** zone 8
zu at, to, too
zubereiten to prepare (a
meal)
zucken to jerk 1; *mit den
Achseln zucken* to shrug
one's shoulders 1
der **Zucker** sugar
zuerst first
der **Zufall,-̈e** coincidence,
chance 10 *der Zufall
wollte es* chance had
it 10
zufrieden satisfied
zugeben *(gibt zu, gab zu,
zugegeben)* to admit
der **Zug,-̈e** train
* **zuhören** to listen 4
zukrachen to slam shut 9
die **Zukunft** future E
zuletzt finally
zurück back
zurückfahren *(fährt
zurück, fuhr zurück, ist
zurückgefahren)* to drive
back
zurückgeben *(gibt
zurück, gab zurück,
zurückgegeben)* to
return 3
zurückgehen *(ging
zurück, ist
zurückgegangen)* to go
back
zurückkommen *(kam
zurück, ist
zurückgekommen)* to
come back
* **zurücknehmen** *(nimmt
zurück, nahm zurück,
zurückgenommen)* to
take back 10
zurückschicken to send
back
zusammen together
* **zusammenarbeiten** to
work together 3

zusammenrücken to
move together
zusätzlich extra
der **Zuschauer,-** spectator
zuschlagen *(schlägt zu,
schlug zu, zugeschlagen)*
to strike 10
zusehen *(sieht zu, sah zu,
zugesehen)* to look on,
watch
der **Zustand,-̈e** condition
zustellen to deliver
die **Zustimmung,-en**
agreement 9
die **Zutaten (pl.)** ingredients
die **ZVS** Central Admissions
Office 5
zwanzig twenty
zwei two
der **Zweifel,-** doubt 4
zweifellos doubtless 4
zweimal twice
die **Zwiebel,-n** onion
zwingen *(zwang,
gezwungen)* to force 1
zwischen between
die **Zwischenprüfung,-en**
midterm exam 5
zwölf twelve

VOCABULARY
English/German

A

a ein(e)

to **abduct** entführen 8

abduction die Entführung,-en 9

able: to be able to können

about gegen, ungefähr, über, etwa

above über, oben 10

absolutism der Absolutismus 3

to **accept** akzeptieren 10

accident der Unfall,-̈e 2

accommodation (overnight) die Übernachtung,-en

accompaniment die Begleitung,-en

to **accompany** begleiten

according to nach

accordion das Akkordeon,-s

to **achieve** erreichen 8

acquaintance der Bekannte,-n

across über, gegenüber; *to cross the street* über die Straße gehen

to **act** handeln 10

active aktiv 2

actor der Schauspieler,-

actually eigentlich

addiction die Sucht 7

address die Anschrift,-en

addressee der Empfänger,-

adhesive bandage das Heftpflaster,-

to **adjust** einstellen

to **admire** bewundern

to **admit** zugeben (gibt zu, gab zu, zugegeben)

adult der Erwachsene,-n

advantage der Vorteil,-e 10

adventurous unternehmungslustig 2

advice der Hinweis,-e; der Tip,-s E

to **afford** sich leisten

Africa Afrika

after nach, nachdem

afternoon der Nachmittag,-e; *this afternoon* heute nachmittag

again wieder; *again and again* immer wieder

against gegen

age das Alter 4, das Zeitalter 7; *to be beyond that age* aus dem Alter raussein 4

aggressive aggressiv

agile flink 8

ago vor

to **agree** übereinstimmen

agreement der Vertrag,-̈e 3; die Zustimmung,-en 9

air die Luft,-̈e; *air mattress* die Luftmatratze,-n

airmail die Luftpost

airplane das Flugzeug,-e; die Maschine,-n

airport der Flughafen

aisle der Gang,-̈e

alcohol der Alkohol 7

all alles, alle; *all over* überall; *All is well that ends well.* Ende gut, alles gut.

alliance der Bund,-̈e 8

to **allow** erlauben 5

almost fast

alone allein(e)

Alps die Alpen

already schon

also auch

alternative die Alternative,-n 3

although obwohl, obgleich

always immer

amazing erstaunlich

America Amerika

American der Amerikaner,-; amerikanisch

among unter

amount der Betrag,-̈e; *to amount to* kommen auf... (kam auf..., ist auf...gekommen)

an ein(e)

analysis die Analyse,-n 8

and und

anger der Ärger 6; *because of anger* vor Ärger 6

angry sauer, böse 5; *to be angry about* sich ärgern über 5

animal das Tier,-e

anniversary das Jubiläum,-äen

to **announce** bekanntgeben (gibt bekannt, gab bekannt, bekanntgegeben)

announcer der Ansager,-

annual jährlich 1

to **answer** antworten

answer die Antwort,-en

anti-lock brake die Antiblockier-Bremse,-n 7

anything: Anything else? Sonst noch etwas?

apart beiseite

apartment die Wohnung,-en; *apartment building* das Mietshaus,-̈er

ape der Affe,-n; der Menschenaffe,-n 4

to **appear** auftreten (tritt auf, trat auf, ist aufgetreten) 5 aussehen (sieht aus, sah aus, ausgesehen); erscheinen (erschien, ist erschienen) 10; scheinen (schien, geschienen); vorkommen (kam vor, ist vorgekommen) 9

appetite der Appetit; *Are you hungry for...?* Hast du Appetit auf...?

appetizer der Leckerbissen,-

to **applaud** klatschen

applause der Applaus 5

apple der Apfel,-̈; *apple blossom festival* das Apfelblütenfest,-e 4; *apple cake* der Apfelkuchen,-; *apple harvest* die Apfelernte,-n 4; *apple juice* der Apfelsaft; *apple orchard* der Apfelhain,-e 4; *apple tree* der Apfelbaum,-̈e 4

apprentice der Auszubildende,-n; der Lehrling,-e 3

apprenticeship die Ausbildung,-en 3; die Lehre,-n 3

approximately ungefähr

April der April

architect der Architekt,-en 1

architectural style der Baustil,-e 1

architecture die Architektur,-en 1

area die Fläche,-n; die Gegend,-en

to **argue** argumentieren 3; streiten (stritt, gestritten) 10

aristocratic adlig 10

arm der Arm,-e

army die Armee,-n 1

around um, gegen; *around the corner* um die Ecke

to **arrest** verhaften 9

arrival die Ankunft,¨e

to **arrive** ankommen (kam an, ist angekommen)

art die Kunst; das Kunstwerk,-e 3; *art gallery* die Gemäldegalerie,-n 10; *art history* die Kunstgeschichte 9; *artistic skill* die Kunst,¨e

article der Artikel,- 10

artist der Künstler,- 2

as als; *as soon as* sobald; *as long as* solange; *as well as* sowie; *as...as* so...wie

Ascension Day der Himmelfahrtstag

Asian asiatisch 6

aside beiseite; *Fun aside. Be serious.* Spaß beiseite.

to **ask** fragen, bitten (bat, gebeten) 10; *to ask for something* um etwas bitten 10

asparagus der Spargel,-

aspirin das Aspirin

assignment die Aufgabe,-n

assistance die Hilfe,- E

assistant der Assistent,-en 8

astonishing erstaunlich

at bei, um, an, zu; *at least* wenigstens

atheist der Atheist,-en 10

athlete der Sportler,-

athletic sportlich

athletics club der Turnverein,-e E

atmosphere die Atmosphäre,-n; *cozy atmosphere* die Gemütlichkeit

to **attack** angreifen (griff an, angegriffen)

attempt der Versuch,-e E

attorney der Rechtsanwalt,¨e

attraction die Attraktion,-en 3

August der August

aunt die Tante,-n

Austria Österreich

Austrian der Österreicher,-

author der Autor,-en 10

authority die Autorität,-en 10

auto mechanic der Automechaniker,- 6

automat der Automat,-en

automatic automatisch 4

automobile part der Autoteil,-e 7

autumn der Herbst,-e

available frei

average mittler 3

to **await** erwarten 4

award der Preis,-e

away entfernt

B

back zurück

backache die Rückenschmerzen (pl.)

backpack der Rucksack,¨e

backseat der Rücksitz,-e

bad schlecht, schlimm

bag die Tasche,-n; die Tüte,-n

baggage das Gepäck; *baggage claim* die Gepäckausgabe,-n

to **bake** backen (bäckt, backte, gebacken); *baked* gebacken; *baked goods* die Backwaren (pl.)

baker der Bäcker,-

baking oven der Backofen,¨

ball der Ball,¨e; die Kugel,-n 9; *ball distance throw* der Ballweitwurf,¨e; *plastic ball* die Plastikkugel,-n 9

balloon der Ballon,-s

ballpoint pen der Kuli,-s

Baltic Sea die Ostsee

banana die Banane,-n

band die Band,-s; die Kapelle,-n

to **bandage** verbinden (verband, verbunden)

bandage der Verband,¨e; *adhesive bandage* das Heftpflaster,-; *eye bandage* die Augenbinde,-n

bank die Bank,-en; *bank account* das Konto,-ten 3; *bank check* der Scheck,-s 3; *bank robbery* der Bankraub 9

to **barbecue** grillen 6

barber der Friseur,-e

bargain günstiger Preis

Baroque (period) der Barock 10

barrack die Barracke,-n 9

barrel das Faß,¨sser 7

to **bask (in the sun)** sich sonnen

basket der Korb,¨e

basketball der Basketball,¨e

to **bathe** baden

bathroom das Bad,¨er

bathtub die Badewanne,-n

baton der Stab,¨e

batter der Teig

battery die Batterie,-n

Bavaria Bayern, das Bayernland 8

bavarian bayrisch 2

Bavarian der Bayer,-n

to **be** sein (ist, war, ist gewesen); *to be blamed* schuld sein 8; *to be crazy (nuts)* spinnen 1; *to be in love* verliebt sein 5; *to be interested in* sich interessieren für 2; *to be one's turn* dran sein; *to be over* vorbeisein 2; *to be there* dabeisein 1; *to be valid* gelten E; *to be worthwhile* sich lohnen 5

beach der Strand,¨e 3

bean die Bohne,-n

bear der Bär,-en

beard der Bart,¨e 8

to **beat** schlagen (schlägt, schlug, geschlagen); rühren

beautician die Friseuse,-n

beautiful schön

because da, denn, weil; *because of* wegen

to **become** werden (wird, wurde, ist geworden)

bed das Bett,-en; *bed linen* die Bettwäsche; *bed sheet* das Bettlaken,-

bedroom das Schlafzimmer,-

beef roast der Rinderbraten,-

beer das Bier,-e; *beer garden* der Biergarten,- 2; *beer tent* das Bierzelt,-e

before bevor, ehe, vor, vorher, vorhin

to **begin** beginnen (begann, begonnen); anfangen (fängt an, fing an, angefangen)

beginning der Anfang,-e E

behavior das Benehmen 5

behind hinter; hinten 2; *back there* dahinten 2

Belgium Belgien

belief der Glaube 1

to **believe** glauben

to **belong** gehören 3

below unten, unter

bench die Bank,-e

beside neben

besides außer, außerdem, sonst

best best-

better besser

between zwischen

beverage das Getränk,-e

Bible die Bibel,-n 6

bicycle das Fahrrad,-er; das Rad,-er

big groß

bike das Rad,-er

bicyclist der Radfahrer,-

bill die Rechnung,-en

biology die Biologie

bird der Vogel,-

birth die Geburt,-en 3

birthday der Geburtstag,-e

birthplace der Geburtsort,-e

bishop der Bischof,-e

to **bite (into)** hineinbeißen (biß hinein, hineingebissen)

Black Forest der Schwarzwald

black schwarz

blackberry die Brombeere,-n

blackboard die Tafel,-n

blackmail letter der Erpresserbrief,-e 10

blacksmith der Schmied,-e 5

to **bleed** bluten

to **blink** blinken

blood pressure der Blutdruck

to **bloom** blühen 4

to **blossom** blühen 4

blouse die Bluse,-n

blue blau

to **board** einsteigen (stieg ein, ist eingestiegen)

board die Tafel,-n; das Brett,-er 9; *board game* das Brettspiel,-e 9

boarding pass die Bordkarte,-n

boat das Boot,-e; das Schiff,-e

boatman der Schiffer,-

body der Körper,- 7

to **book** buchen 7

book das Buch,-er

bookcase der Schrank,-e 7

bookshelf das Bücherregal,-e

bookstore die Buchhandlung,-en

booth der Stand,-e

border die Grenze,-n; *border crossing* der Grenzübergang,-e; *border soldier (guard)* der Grenzsoldat,-en E

to **border on** grenzen an

boring langweilig

born geboren 2

boss der Chef,- 3

both beide

to **bother** stören 2

bottle die Flasche,-n 7

bowl die Schüssel,-n

box die Kiste,-n; der Karton,-s

boy der Junge,-n

boyfriend der Freund,-e

brainwashing die Gehirnwäsche 8

to **brake** bremsen; *to put on brake(s)* bremsen 5

branch (office) die Filiale,-n 5

branch (tree) der Ast,-e 10

bratwurst die Bratwurst,-e

brave mutig 8

bread das Brot,-e; *bread stand* der Brotstand,-e

to **break** brechen (bricht, brach, gebrochen) 2

break die Pause,-n

breakfast das Frühstück

to **breathe** atmen 4

to **brew** brauen 7

brewery die Brauerei,-en

bridge die Brücke,-n

briefcase die Aktentasche,-n

bright heiter 8

to **bring** bringen (brachte, gebracht); *to bring along* mitbringen

broad jump der Weitsprung,-e

broadcast die Sendung,-en 7

brochure der Prospekt,-e

broken: to be broken kaputt sein

brother der Bruder,-

brown braun

to **brush** bürsten; *to brush one's hair* sich das Haar bürsten

buffet das Büfett,-s

to **build** bauen, erbauen, aufbauen 8; *built* erbaut

building das Gebäude,-

bundle das Bündel,- 10

bunk bed die Schlafkoje,-n

to **burn** brennen (brannte, gebrannt) 5

bus der Bus,-se; *bus stop* die Bushaltestelle,-n

business das Geschäft,-e 7

busy beschäftigt, voll, besetzt 7

but aber, sondern

butcher der Fleischer,-; der Metzger,-

butter die Butter

to **buy** kaufen

C

cabaret das Kabarett,-s 1

cabbage roll die Kohlroulade,-n 2

cable das Kabel 7; *cable TV* das Kabelfernsehen 7

café das Café,-s; das Eiscafé,-s

cage der Käfig,-e 4

cake der Kuchen,-

to **calculate** rechnen 6

calf das Kalb,-̈er 5

to **call** rufen (rief, gerufen); nennen (nannte, genannt); *to call (up)* anrufen; *to be called* heißen (hieß, geheißen)

calm ruhig 4

camera die Kamera,-s

to **camp** zelten 2

camper der Wohnwagen,-

campground der Campingplatz,-̈e

camping items Campingsachen (pl.) E

camping trip die Campingtour,-en

campus der Campus 5

can können (kann, konnte, gekonnt)

can die Dose,-n

capital (city) die Hauptstadt,-̈e

capitalistic kapitalistisch 1

car das Auto,-s; der Wagen,- 3; *car accident* der Autounfall,-̈e 2; *car model* das Automodell,-e

card die Karte,-n

cardboard box der Karton,-s

career der Beruf,-e

careful(ly) vorsichtig

caretaker der Hausmeister,- 1

carousel das Karussell,-s

carp der Karpfen,-

carrot die Karotte,-n; die Möhre,-n

to **carry** tragen (trägt, trug, getragen)

carton der Karton,-s

case der Fall,-̈e

to **cash (in)** einlösen

cash bar; *cash register* die Kasse,-n; *to pay cash* bar bezahlen

cassette die Kassette,-n; *cassette recorder* der Kassettenrekorder,- 7

castle das Schloß,-̈sser; die Burg,-en

cat die Katze,-n

catalogue der Katalog,-e 3

catalytic converter der Katalysator,-en 7

to **catch** fangen (fängt, fing, gefangen) 8; *to catch a cold* sich erkälten

cathedral der Dom,-e

Catholic katholisch 1

CD (compact disc) die CD,-s; *CD player* der CD-Spieler,-

ceiling die Decke,-n 2

to **celebrate** feiern

cemetery der Friedhof,-̈e 2

center die Mitte,-n; das Zentrum,-tren; *center (of attraction)* der Mittelpunkt,-e

centimeter der Zentimeter,- E

century das Jahrhundert,-e

certainly sicherlich; sicher 5

certificate die Urkunde,-n; der Schein,-e 5

chair der Stuhl,-̈e; *easy chair* der Sessel,-

chalk die Kreide,-n; *chalk cliff* der Kreidefelsen,- 2

champion der Meister,- 3

championship die Meisterschaft,-en 3

chance die Chance,-n; der Zufall,-̈e 10; *chance had it* der Zufall wollte es 10

change die Veränderung,-en 1; *the right change* das passende Geld; *to change* sich ändern, wechseln; *to change (clothes)* sich umziehen (zog um, umgezogen)

changing room die Umkleidekabine,-n

channel der Kanal,-̈e 7

chapter das Kapitel,- E

character der Charakter,-e 10; die Figur,-en 5

chart die Schautafel,-n

cheap billig

to **check** nachsehen (sieht nach, sah nach, nachgesehen); *to check (luggage)* aufgeben (gibt auf, gab auf, aufgegeben); *to check in* einchecken E

check (bank) der Scheck,-s 3

checkers Dame 9

checkmate das Schachmatt 9

to **cheer** jubeln; *Cheers! Prost!*; *to cheer on* anfeuern 9

cheerful fröhlich 9

cheerfulness der Frohsinn 8

cheese der Käse; *cheese shop* der Käseladen,-̈; *cheese stand* der Käsestand,-̈e; *kind of cheese* die Käsesorte,-n

chemistry die Chemie

cherry die Kirsche,-n

chess das Schach 1; *chess tournament* das Schachturnier,-e 9

chic schick

chicken das Huhn,-̈er; *chicken breast* die Hühnerbrust,-̈e 1

child das Kind,-er

chimpanzee der Schimpanse,-n 4

chin das Kinn,-e

Chinese chinesisch 10

chocolate die Schokolade,-n; *chocolate cookie* der Schokoladenkeks,-e; *chocolate ice cream* das Schokoeis; *chocolate torte* die Schokoladentorte,-n

choice die Auswahl; die Wahl,-en

to **choose** sich aussuchen

choosy wählerisch
Christian der Christ,-en 8
Christmas Weihnachten
(pl.); *Merry Christmas!*
Fröhliche Weihnachten!
church die Kirche,-n;
church bell die Kirchenglocke,-n 6; *church club*
der Kirchenklub,-s 2
circle der Kreis,-e; *circle of
friends* der
Freundeskreis,-e 5
citizen der Bürger,- 1
citizenship die
Staatsangehörigkeit,-en
city die Stadt,-̈e; *city hall*
das Rathaus,-̈er; *city map*
der Stadtplan,-̈e; *city
train* die S-Bahn,-en
clairvoyante die
Hellseherin,-nen 5
to **clap** klatschen
clarinet die Klarinette,-n
class die Klasse,-n; *class
schedule* der
Stundenplan,-̈e
classical klassisch 1
classicism der
Klassizismus 1
classmate der
Klassenkamerad,-en 1
classroom das
Klassenzimmer,- 9
clean sauber
to **clean oneself** sich putzen
clear klar
to **clear (table)** abräumen
clearly deutlich
clerk (female) die
Verkäuferin,-en; *(male)*
der Verkäufer,-
cliff der Felsen,-
climate das Klima,-s 7
to **climb** klettern 2; steigen
(stieg, ist gestiegen) 9; *to
climb up* hinaufsteigen 4
clock die Uhr,-en; *at
nine o'clock* um neun
Uhr
cloister das Kloster,- 2
closed geschlossen
closet der Schrank,-̈e
clothing die Kleidung 1;
clothing item das
Kleidungsstück,-e

club der Klub,-s; *club for
senior citizens* der
Altenklub,-s 2; *club race*
das Clubrennen,- 3
coach der Trainer,- 6; *coach
(carriage)* die Kutsche,-n 8
coast die Küste,-n 2
coat der Mantel,-̈
coffee der Kaffee
coincidence der
Zufall,-̈e 10
cola die Cola,-s
cold kalt
colleague der Kollege,-n 3
to **collect** sammeln
collection die
Kollektion,-en 3
colloquial speech die
Umgangssprache,-n 5
to **color** kolorieren 3
color die Farbe,-n; *colored
pencil* der Farbstift,-e 3
colorful bunt
to **comb (one's hair)** sich
kämmen
to **combine** kombinieren 7
to **come** kommen (kam, ist
gekommen); *to come
again* wiederkommen; *to
come along* mitkommen;
to come back zurückkom-
men; *to come downstairs*
herunterkommen E; *to
come here* herkommen,
hierherkommen; *to come
inside* reinkommen,
hineinkommen; *to come of
it* etwas daraus werden; *to
come over* rüberkommen;
to come to kommen auf; *to
come to an end* zu Ende
gehen; *to come to visit* zu
Besuch kommen; *to come
together* sich versammeln
comfort der Komfort
comfortable bequem,
gemütlich
comical komisch
common gemeinschaft-
lich 1; gemeinsam 3
to **communicate** sich
verständigen 7
communication system
das Kommunikations-
system,-e 7;

communication technology
das Nachrichtentechnik 7
communist der
Kommunist,-en 10
communist
kommunistisch 1
company die Firma,-en 3
to **compete** kämpfen E; *to
compete with*
konkurrieren mit 5
competition der
Wettkampf,-̈e
to **complain** sich beklagen
completion der
Abschluß,-̈sse 3
complicated kompliziert
composer der
Komponist,-en E
composition der Aufsatz,-̈e
compromise der
Kompromiß,-sse 1
computer der Computer,-;
computer data thief der
Datendieb,-e 7
to **concentrate** sich
konzentrieren 2
concentration camp das
Konzentrationslager,- 8
concern die Sorge,-n
concert das Konzert,-e;
concert hall die
Konzerthalle,-n;
concert tour die
Konzertreise,-n 5
concrete konkret 9
condition der Zustand,-̈e;
die Bedingung,-en 3
conference die
Konferenz,-en 2
to **confess** gestehen (gestand,
gestanden) 9
conflict der Konflikt,-e 1
conformist der
Konformist,-en 10
confrontation die
Konfrontation,-en 1
congestion (traffic) der
Stau,-s 6
to **congratulate** gratulieren
to **connect** verbinden
(verband, verbunden) 7
connection die
Verbindung,-en 7
constitution die
Verfassung,-en 8

to **construct** erbauen;
constructed erbaut
construction der Bau,-ten 1
construction company die
Baufirma,-en 3;
construction site die
Baustelle,-n
consultant der Berater,- 3
consultation die
Konsultation,-en 1
contact der Kontakt,-e 8
container der Behälter,- 7
continent der Kontinent,-e 6
to **continue on** weiterfahren
(fährt weiter, fuhr weiter,
ist weitergefahren);
weitergehen (ging weiter,
ist weitergegangen) 1; *to
continue playing*
weiterspielen; *to continue
on (flight)* weiterfliegen
to **contradict** widersprechen
(widerspricht, wider-
sprach, widersprochen) 9
to **control** kontrollieren 1
control lever der
Schalthebel,- 4
conversation das
Gespräch,-e E
to **converse** sich unterhalten
(unterhält, unterhielt,
unterhalten)
convertible car das
Cabriolet,-s 2
to **convince** überzeugen
to **cook** kochen
cook der Koch,̈-e 1
cookbook das
Kochbuch,̈-er
cookie der Keks,-e
cool kühl
cop (slang) der Bulle,-n 9
**copywriter (for
promotional ads)** der
Werbetexter,- 3
cordial herzlich
corner die Ecke,-n
correct richtig; *to be correct*
stimmen
to **cost** kosten
costume die Tracht,-en E;
costume dress das
Trachtenkleid,-er E;
costume skirt der
Trachtenrock,̈-e E

cough drop der
Hustenbonbon,-s (*also:*
das Bonbon); *cough syrup*
der Hustensaft,̈-e
to **count** rechnen 6; zählen 9
counter (store) der
Ladentisch,-e; *counter
(ticket)* der Schalter,-
counterculture die
Gegenkultur 5
country das Land,̈-er;
country boarding school
das Landschulheim,-e 6
coupon der Coupon,-s E
courage der Mut 8
courageous mutig 8
course der Kurs,-e 5
to **cover** decken
cow die Kuh,̈-e
craftsman der
Handwerker,-; *craftman's
establishment* der
Handwerksbetrieb,-e 3
craftsmanship das
Handwerk 9
to **crash into** krachen 2
crate die Kiste,-n
crayon der Farbstift,-e 3
crazy verrückt 10; *crazy one*
der Ausgeflippte,-n 1
cream die Sahne 2
creative kreativ 5
creator der Schöpfer,- 5
credit der Kredit,-e 1;
credit card die
Kreditkarte,-n
creek der Bach,̈-e 1
criminal act die Tat,-en 8
crisp knusprig
critical kritisch
Croatia Kroatien 6
crooked schief 8
to **cross** überqueren
cross das Kreuz,-e
crunchy knusprig
to **cry** weinen 5
cucumber salad der
Gurkensalat,-e
cultural kulturell 1
culture die Kultur,-en 1
cup die Tasse,-n; *cup
(trophy)* der Pokal,-e
curious neugierig 7
currency die Währung,-en
curve die Kurve,-n 2

customer der Kunde,-n
customs der Zoll
to **cut** schneiden (schnitt,
geschnitten); *to cut off*
abschneiden; *to cut out*
herausschneiden 8
Czechoslovakia die
Tschechoslowakei

D

dad der Vati,-s
daily täglich 1
damage der Schaden,̈- 10;
damage to property die
Sachbeschädigung 5
to **dance** tanzen
dance floor die
Tanzfläche,-n 5
dancing shoe der
Tanzschuh,-e 2
danger die Gefahr,-en 10; *to
avert this danger* diese
Gefahr abwehren 10
dangerous gefährlich
Danish dänisch 2
dark dunkel; *dark brown*
dunkelbraun
Darn! Verflixt!
data die Daten (pl.) 7; *data
bank* die Datenbank,-en 7
date of birth das
Geburtsdatum,-daten
daughter die Tochter,̈-
day der Tag,-e; *day before
yesterday* vorgestern 10;
Day of National Mourning
der Volkstrauertag
dead tot 2
to **deal with** handeln von 9;
fertig werden mit 8
dear liebe(r)
December der Dezember
to **decide** sich entscheiden
(entschied, entschieden)
decision die
Entscheidung,-en
to **decorate** dekorieren;
decorated geschmückt
decoration das Dekor,-s 10
to **dedicate** widmen 5
to **deduct** abziehen (zog ab,
abgezogen)
to **defend** abwehren,
verteidigen 10
definitely bestimmt

delicacy der Leckerbissen,-
delicious lecker
to deliver zustellen
demagogue der Demagoge,-n 10
to demand fordern
demo shop die Schauwerkstatt,-̈e 10
democracy die Demokratie,-n 1
to demolish abbauen 8
to demonstrate vorführen
Denmark Dänemark
dentist der Zahnarzt,-̈e
to depart abfahren, losfahren (fährt, fuhr, ist gefahren)
department die Abteilung,-en; *department store* das Kaufhaus,-̈er
departure (flight) der Abflug,-̈e; die Abreise
to deposit absetzen
depressed, depressing traurig E
to describe beschreiben (beschrieb, beschrieben) E
deserted verlassen E
design das Design,-s 3; das Dekor,-s 10
desk der Schreibtisch,-e
dessert der Nachtisch,-e
destination das Reiseziel,-e; das Ziel,-e 1
to destroy zerstören 1, vernichten 8
destruction die Vernichtung,-en 8
detail die Einzelheit,-en
detective story der Krimi,-s 9; *detective story (short)* der Mini-Krimi,-s 8
to develop entwickeln 7
development die Entwicklung,-en 2
to devour verschlingen (verschlang, verschlungen); fressen (frißt auf, fraß auf, aufgefressen) 10
to dial (phone) wählen
dialect der Dialekt,-e
diary das Tagebuch,-̈er 8

dictatorship die Diktatur,-en 8
to die sterben (stirbt, starb, ist gestorben) 4
diet die Diät 1
different ander(e), verschieden
to differentiate unterscheiden (unterschied, unterschieden) 1
differently anders 2
difficult schwer
difficulty die Schwierigkeit,-en
dining room das Eßzimmer,-
direct direkt
direction die Richtung,-en
disappointment die Enttäuschung,-en 9
disc jockey der Diskjockey,-s
discipline die Disziplin 8
disco die Disko,-s
to discover entdecken 8
discovery die Entdeckung,-en 8
to discuss besprechen (bespricht, besprach, besprochen); diskutieren E
discussion die Diskussion,-en 3
dishes das Geschirr
dishwasher die Geschirrspülmaschine,-n
to dispatch aufgeben (gibt auf, gab auf, aufgegeben)
display window das Schaufenster,-
distance die Entfernung,-en; die Strecke,-n
distant entfernt
distrustful mißtrauisch 9
to disturb stören 2
to divide teilen 1
divorced geschieden
dizzy schwindlig; *I'm dizzy.* Mir ist schwindlig.
DJ der Diskjockey,-s
to do tun (tut, tat, getan); machen; *to do well* gut abschneiden (schnitt ab, abgeschnitten)
doctor (male) der Arzt,-̈e; *(female)* die Ärztin,-nen;

doctor's office das Arztzimmer,-
document das Dokument,-e 4
documentation die Dokumentation,-en 8
dog der Hund,-e; *dog lover (male)* der Hundefreund,-e 1; *dog owner (female)* das Frauchen,- 1; *dog owner (male)* das Herrchen,- 1
dollar der Dollar,-s
to dominate dominieren 3; beherrschen 5
donkey der Esel,-
door die Tür,-en
dormitory das Studentenwohnheim,-e 5
dot der Punkt,-e
to doubt bezweifeln 10
doubt der Zweifel,- 4; das Mißtrauen 10
doubtless zweifellos 4
dough der Teig
downhill bergab 2; *straight downhill* steil bergab 2
to download abrufen (rief ab, abgerufen) 7
downtown die Innenstadt,-̈e 1
dragon der Drache,-n 5
to draw zeichnen 3
drawing die Zeichnung,-en 3
dream der Traum,-̈e E; *dream job* der Traumberuf,-e
to dream träumen
to dress anziehen (zog an, angezogen) 1
dress das Kleid,-er
drill der Bohrer,-
to drink trinken (trank, getrunken)
to drive fahren (fährt, fuhr, ist gefahren); *to drive along* entlangfahren 2; *to drive back* zurückfahren; *to drive on* weiterfahren; *to drive past* vorbeifahren
driver's license der Führerschein,-e
driving school die Fahrschule,-n

drums das Schlagzeug 5
drunk betrunken 7
duck die Ente,-n
dumb blöd 2
dumpling der Knödel,-
dune die Düne,-n 6
during während

E

each jeder
eagle der Adler,- 6
ear das Ohr,-en
early früh
to **earn** verdienen 3
earth die Erde
to **ease** mildern 1
east der Osten; *eastern* östlich 1
Easter Ostern
easy leicht, einfach
to **eat** essen (ißt, aß, gegessen); *to eat up* auffressen (frißt auf, fraß auf, aufgefressen)
economic wirtschaftlich 1; *economic system* das Wirtschaftssystem,-e 1
economics die Betriebswirtschaft 5
economy die Wirtschaft,-en 1
to **educate** ausbilden 1
efficient effizient 7
egg das Ei,-er
Egypt Ägypten 10
eight acht
eighteen achtzehn
either...or entweder...oder
to **elect** wählen 3
elector der Kurfürst,-en 10
electrical elektrisch 7
electrician der Elektriker,-
electronic elektronisch 7
elementary school die Grundschule,-en 3
elephant der Elefant,-en
elevator der Fahrstuhl,-̈e
eleven elf
embassy die Botschaft,-en E
to **emigrate** auswandern
emission free abgasfrei 6
emotion die Rührung 4
emotional emotional 5

empire das Reich,-e; *Third Reich* das Dritte Reich 8
employee der Angestellte,-n
employment office das Arbeitsamt,-̈er 3
to **empty** leeren
empty leer 4
enchanted verzaubert 4
to **end** enden
end das Ende
endangered gefährdet 3
endless (hours) stundenlang 1
enemy der Feind,-e 10
engine der Motor,-en
engineer der Ingenieur,-e
England England
English Englisch
Englishman der Engländer,-
to **enjoy** genießen (genoß, genossen) 2
enjoyment das Vergnügen
enough genug, genügend; *to be enough* genügen, reichen
to **enter** eindringen (drang ein, ist eingedrungen) 7; eintreten (tritt ein, trat ein, ist eingetreten) 10
enterprising unternehmungslustig 2
entertainment die Unterhaltung
enthusiastic begeistert
entrance der Eingang,-̈e; *entrance (for vehicles)* die Einfahrt,-en
envelope der Briefumschlag,-̈e
environment die Umwelt 3
environmentalist der Öko-Freund,-e 1
environmentally sound umweltfreundlich 3
epoch die Epoche,-n 9
equal gleich 3; *to be equal* gleich sein 3; *equal rights, affirmative action* die Gleichberechtigung,-en 3
eraser der Radiergummi,-s
error der Fehler,- 5
escalator die Rolltreppe,-n
especially besonders

essay der Aufsatz,-̈e
Europe Europa
European der Europäer,- 2; europäisch
European Community (EC) die Europäische Gemeinschaft 1
even sogar
evening der Abend,-e; *in the evening* am Abend
event das Ereignis,-se
every jeder; *everyone* alle; *everything* alles; *everywhere* überall
evidence der Beweis,-e 8
exact(ly) genau
examination die Prüfung,-en
to **examine** untersuchen, prüfen
examiner der Prüfer,-
example das Beispiel,-e; *for example* zum Beispiel
to **excavate** ausgraben (grub aus, ausgegraben) 8
excavation die Ausgrabung,-en 8
excellent ausgezeichnet
except außer
to **exchange** einlösen; tauschen 3
exchange rate der Kurs,-e; *exchange student (high school)* der Austauschschüler,-
to **excite** reizen; *excited* aufgeregt; *exciting* spannend
excitement die Spannung 9
excursion der Ausflug,-̈e; *to go on an excursion* einen Ausflug machen; *excursion area* der Ausflugsort,-e;
to **excuse oneself** sich entschuldigen 4; *Excuse me.* Entschuldigen Sie. 4
exercise die Aufgabe,-n; die Übung,-en; *morning exercises* der Frühsport 9
exhaust pipe das Auspuffrohr,-e 5
exhausting anstrengend
exhibition die Ausstellung,-en 8

to **exist** existieren 1
existence die Existenz 10
exit der Ausgang,⸚e; *(road)* die Ausfahrt,-en 7
to **expect** erwarten 2; *to expect it* damit rechnen
expedition die Expedition,-en
expensive teuer
to **experience** erleben 2
experience das Erlebnis,-se; die Erfahrung,-en 8
to **explain** erklären
to **extend** ausstrecken 10
to **exterminate** vernichten 8
extermination die Vernichtung,-en 8
extra zusätzlich
eye das Auge,-n; *eye bandage* die Augenbinde,-n

F

face das Gesicht,-er E; *to fall flat on one's face* auf die Nase fallen 3
facilities die Einrichtung,-en
fact die Tatsache,-n 9
factory das Werk,-e 7
fairy tale das Märchen,- 4
faithful treu 8
fall der Herbst,-e
to **fall down** hinfallen (fällt hin, fiel hin, ist hingefallen); *to fall in* reinfallen; *to fall off* abfallen 5
family die Familie,-n; *family celebration* die Familienfeier,-n 8
famous berühmt
fan der Fan,-s
fantastic klasse
far weit
farm der Bauernhof,⸚e
farmer der Bauer,-n 8
farmhand der Knecht,-e 10
to **fascinate** reizen
fashion die Mode,-n; *fashion catalogue* der Modekatalog,-e 3; *fashion show* die Modenschau,-s 3
fashionable schick; modisch 3

fast schnell
to **fasten** befestigen, festmachen 6
fat das Fett 2
father der Vater,⸚
fatherland das Vaterland 8
favorable günstig
to **fax** faxen 3
fax das Telefax 7
to **fear** sich fürchten 8
fear die Angst ⸚e; *fear of separation* die Trennungsangst,⸚e E
fearful ängstlich 10
February der Februar
Federal Highway die Bundesstraße,-n; *Federal President* der Bundespräsident E; *Federal Republic (of Germany)* die Bundesrepublik (Deutschland); *federal state* das Bundesland,⸚er
fee die Gebühr,-en
to **feel** fühlen; *to feel well* sich wohl fühlen
feeling das Gefühl,-e; *to let one's feelings flow freely* seinen Gefühlen freien Lauf lassen 4
fence der Zaun,⸚e 10
festival das Fest,-e
festive festlich 1
to **fetch** holen
fever das Fieber; *fever thermometer* das Fieberthermometer,-
few manche, wenige
field das Feld,-er; *field trip* die Klassenfahrt,-en 2
fifteen fünfzehn
fig die Feige,-n 7
to **fight** kämpfen E; streiten (stritt, gestritten) 10
fight der Kampf,⸚e 9
to **fill out** ausfüllen
film der Film,-e
finally endlich, zuletzt
financial finanziell
to **find** finden *(fand, gefunden)*
fine arts die Schönen Künste 10
finger der Finger,-; *index finger* der Zeigefinger,- 10

finished fertig
fire das Feuer; *fire department/truck* die Feuerwehr 5
firm die Firma,-en 3
first zuerst, erst; *first floor (in America)* das Erdgeschoß,-sse; *first aid kit* der Verbandskasten,⸚
to **fish** angeln, fischen 8
fish der Fisch,-e; *fish fillet* das Fischfilet,-s
fist die Faust,⸚e 10
to **fit** passen; sitzen (saß, gesessen)
five fünf
flag die Fahne,-n
flame die Flamme,-n 5
flat flach
flavor der Geschmack 2
flight der Flug,⸚e; *flight attendant* der Flugbegleiter,-; *flight passenger* der Fluggast,⸚e; *flight ticket* der Flugschein,-e
floor (of a building) der Stock,⸚e; das Stockwerk,-e 1
flour das Mehl
to **flow** fließen (floß, ist geflossen)
flower die Blume,-n; *flower stand* der Blumenstand,⸚e
flu die Grippe
fluently fließend 3
flute die Flöte,-n
to **fly** fliegen (flog, ist geflogen)
folk song das Volkslied,-er
to **follow** folgen
food das Essen
foot der Fuß,⸚e
for für; *for sure* bestimmt; *for it* dafür
to **force** zwingen (zwang, gezwungen) 1
force die Gewalt,-en 8
forehead die Stirn,-e
foreign ausländisch; fremd E; *foreign country* das Ausland 1; *foreign language* die Fremdsprache,-n 2; *foreign language instruction* der Fremdsprachenunterricht 2

foreigner der Ausländer,-
foreman der Meister,- 3
forest der Wald,¨-er 5
to **forget** vergessen (vergißt,
  vergaß, vergessen)
fork die Gabel,-n
to **form** bilden, gestalten 8
form die Form,-en; das
  Formular,-e
former ehemalig E
to **foul** foulen
to **found** gründen 3
four vier; *four-cylinder motor*
  der Vierzylindermo-
  tor,-en 7; *four-wheel drive*
  der Quattro-Antrieb 7
fourteen vierzehn
**franc (Swiss monetary
  unit)** der Franken,-
France Frankreich
frantic hektisch E
free frei; *free (of charge)*
  kostenlos
freedom die Freiheit,-en 1
French (language) das
  Französisch; *french fries*
  die Pommes frites (pl.)
Frenchman der
  Franzose,-n
fresh frisch
Friday der Freitag,-e
fried potato die
  Bratkartoffel,-n
friend der Freund,-e; der
  Bekannte,-n
friendly freundlich 1
friendship die
  Freundschaft,-en E
frog der Frosch,¨-e 4
from von, aus; *from these*
  davon; *from now on* von
  jetzt ab
front: in front vorne; *in
  front of* vor; *front seat* der
  Vordersitz,-e; *front-
  wheel drive* der
  Frontantrieb 7
fruit das Obst; *fruit
  department* die
  Obstabteilung,-en; *fruit
  stand* der Obststand,¨-e;
  kind of fruit die
  Obstart,-en
full voll, satt; *I'm full.* Ich
  bin satt.

fun der Spaß, das
  Vergnügen; *It's fun.* Es
  macht Spaß.
to **function** funktionieren 7
funny komisch, lustig 2;
  spaßig 4, witzig 4
furnishings die
  Einrichtung,-en
furniture die Möbel (pl.) 3
further weiter
future die Zukunft E

G

gag der Witz,-e 1
game das Spiel,-e; *game
  schedule* der Spielplan,¨-e
garage die Garage,-n 1
garbage der Schutt 8
garden der Garten,¨
to **gargle** gurgeln
garish grell 5
gas cooker der
  Gaskocher,-; *gas range*
  der Gasherd,-e; *gas
  throttle* der Gashebel,- 4
gasoline das Benzin 6
gate das Tor,-e 1; *(flight)*
  der Flugsteig,-e
to **gather** sich versammeln
general der General,-e 8
genius das Genie,-s
gentle zart 4
gentleman der Herr,-en;
  der Kavalier,-e
geography die Erdkunde
German das Deutsch; der
  Deutsche,-n; *High German*
  das Hochdeutsch 5; *Low
  German* das Plattdeutsch
  2; *German Democratic
  Republic* die Deutsche
  Demokratische Republik;
  *German Federal Postal
  Service* die Deutsche
  Bundespost 7; *German
  Federal Railway* die
  Deutsche Bundesbahn 6
to **get** bekommen (bekam,
  bekommen); holen; *to get
  accustomed to* gewöhnen
  an 9; *to get down to work*
  an die Arbeit gehen; *to get
  hold of* erwischen; *to get
  hurt* sich verletzen; *to get
  in* einsteigen (stieg ein,

ist eingestiegen); *to get on
  (bike)* aufsteigen (stieg
  auf, ist aufgestiegen); *to
  get off (bike)* absteigen
  (stieg ab, ist
  abgestiegen); *to get rid of*
  loswerden (wird los,
  wurde los, ist losge-
  worden) 9; *toget there*
  hinkommen (kam hin, ist
  hingekommen); *to get to
  know* kennenlernen; *to get
  up* aufstehen (stand auf,
  ist aufgestanden); *get-up-
  and-go* die Unterneh-
  mungslust 2
giant der Riese,-n 4
gift das Geschenk,-e
gigantic riesengroß
girl das Mädchen,-
girlfriend die
  Freundin,-nen
to **give** geben (gibt, gab,
  gegeben); *to give (as a
  gift)* schenken; *to give up*
  aufgeben 1
glacier der Gletscher,- 8
glad froh; *gladly* gern
gland (neck) die
  Halsdrüse,-n
glass das Glas,¨-er
glasses die Brille,-n
to **glide** schweben
globe die Weltkugel,-n
glove der Handschuh,-e
to **glue** kleben
to **go** gehen (ging, ist
  gegangen); *to go back*
  zurückgehen; *to go for a
  walk* spazierengehen 1; *to
  go inside* hineingehen; *to
  go on* weitergehen 1; *to
  go out* ausgehen 2; *to go
  smoothly* klappen; *to go
  upstairs* nach oben
  gehen 10
goal (sports) das Tor,-e;
  das Ziel,-e 1
goalie der Torwart,¨-er
goat die Ziege,-n
god der Gott,¨-er 4
golden gold; *golden wedding
  anniversary* die goldene
  Hochzeit
golf das Golf

good gut; *Good-bye! Auf Wiedersehen!*; *Good Friday* Karfreitag
gorilla der Gorilla,-s 4
Gothic gotisch
goulash soup die Gulaschsuppe,-n
government die Regierung,-en 1
to **grab** greifen (griff, gegriffen) 6
grade (school) die Note,-n
graffiti das Graffiti 1
gram das Gramm,-e
granddaughter die Enkelin,-nen
grandfather der Großvater,-; *grandpa* der Opa,-s
grandmother die Großmutter,-; *grandma* die Oma,-s
grandparents die Großeltern (pl.)
grandson der Enkel,-
to **grant** gewähren
graph die Schautafel,-n
to **grasp** ergreifen (ergriff, ergriffen) 5; *to grasp the opportunity* die Chance ergreifen 5
grateful dankbar 1
grave das Grab,-er 2
gray grau
great toll, super
Greece Griechenland 6
Greek griechisch 1
green grün
to **greet** begrüßen, grüßen
greeting der Gruß,-e
grim grimm 4
to **grip** greifen (griff, gegriffen) 6
groceries die Lebensmittel (pl.)
ground der Boden,- 2; *ground floor* das Erdgeschoß,-sse
group die Gruppe,-n
to **grow** wachsen (wächst, wuchs, ist gewachsen) 1
to **guarantee** garantieren 3
to **guess** raten (rät, riet, geraten) 9
guest der Gast,-e

guide die Führerin,-nen 8
guitar die Gitarre,-n
gymnastics das Turnen; *gymnastics festival* das Turnfest,-e E; *to do gymnastics* turnen E

H

hair das Haar,-e
hairstylist der Friseur,-e
half die Hälfte,-n 1
half halb
halftime die Halbzeit,-en
ham der Schinken; *ham-sausage* die Schinkenwurst
hand die Hand,-e
to **hand in** einreichen 3; *to hand over* übergeben (übergibt, übergab, übergeben)
to **handle** umgehen (ging um, ist umgegangen)
to **hang** hängen; *to hang up (receiver)* auflegen 10
to **happen** passieren
happiness der Frohsinn 8
happy froh, glücklich, fröhlich 9; *to be happy* sich freuen; *Happy New Year! Ein glückliches Neues Jahr!*
harbor der Hafen,- 6
hard schwer, hart 3
hat der Hut,-e 4
to **have** haben (hat, hatte, gehabt); *to have equal rights* gleichberechtigt sein; *to have homework to do* aufhaben; *to have on* anhaben; *to have to* müssen; *to have with* mithaben E
hawk farm der Falkenhof 6
he er
to **head (ball)** köpfen
head der Kopf,-e; der Chef,- 3; *head scarf* das Kopftuch,-er 3
headache die Kopfschmerzen (pl.)
headlight der Scheinwerfer,-
headset der Kopfhörer,- 7

health insurance die Krankenversicherung,-en 3
healthy gesund
to **hear** hören; erfahren (erfährt, erfuhr, erfahren) 8
heart das Herz,-en
heat die Hitze
heaven der Himmel 4
heavy schwer
hectic hektisch E
height die Höhe,-n
Hello! Grüß dich!; Grüß Gott!; Guten Tag!
helmet der Helm,-e
to **help** helfen (hilft, half, geholfen); bedienen; *to help out* aushelfen
help die Hilfe,- E
her ihr
here hier
hero der Held,-en 8
heroine die Heldin,-nen 8
Hi! Grüß dich!; Hallo!
high hoch
high school das Gymnasium,-sien; die Oberschule,-n; *high school graduate* der Abiturient,-en 3; *high school student (attending a Gymnasium)* der Gymnasiast,-en 3
to **hike** wandern
hike die Wanderung,-en; *hiking stick* der Wanderstab,-e 4
hill der Hügel,-
hint der Tip,-s E
his sein
history die Geschichte
to **hit** schlagen (schlägt, schlug, geschlagen)
hit (song, tune) der Hit,-s
hobby das Hobby,-s
to **hold** halten (hält, hielt, gehalten); *to hold still* stillhalten; *to hold tight* festhalten
holiday der Feiertag,-e
Holland Holland
holocaust der Holocaust 1

home die Heimat 1; *home country* das Heimatland,-̈er 3; *homeroom teacher* der Klassenlehrer,- 6; *hometown* die Heimat 1; die Heimatstadt,-̈e 6; *homework* die Hausaufgabe,-n; *to do homework* Hausaufgaben machen

honey der Honig 8

honeymoon die Hochzeitsreise,-n

hood die Motorhaube,-n

to **hope** hoffen

hope die Hoffnung,-en 1

hopefully hoffentlich

horrible fürchterlich 8

horse das Pferd,-e

horsepower PS (Pferdestärke) 7

hospitable gastfreundlich 6

hospital das Krankenhaus,-̈er

hospitality die Gastfreundschaft 6

host family die Gastgeberfamilie,-n E; *host father* der Gastgebervater,-̈e E; *host mother* die Gastgebermutter,-̈e E

hot heiß; *hot chocolate* der Kakao; *hot dog* das Würstchen,-

hotel das Hotel,-s

hour die Stunde,-n

house das Haus,-̈er

how wie; *How are you?* Wie geht's?, Wie geht es Ihnen?; *how much* wieviel

human menschlich 1; *human being* der Mensch,-en

humor der Humor 2

hundred hundert

Hungary Ungarn

hunger der Hunger

hungry: to be hungry Hunger haben

to **hunt** jagen 8

to **hurry** sich beeilen; *Hurry (up)!* Beeil dich!; *I'm in a hurry.* Ich habe es eilig.

to **hurt** wehtun (tat weh, wehgetan)

husband der Mann,-̈er; der Ehemann,-̈er 4

I ich

ice das Eis; *ice cream* das Eis; *ice cream parlor* das Eiscafé,-s; *ice hockey* das Eishockey; *ice tea* der Eistee

Iceland Island 8

idea die Idee,-n

ideal das Ideal,-e 8

identification (card) der Ausweis,-e

to **identify** identifizieren

idiom die Redewendung,-en E

if ob, wenn, falls

ill krank

to **illustrate** zeichnen 3

illustration die Zeichnung,-en 3

to **imagine** sich vorstellen

to **imitate** imitieren 1

immediately gleich, sofort

important wichtig

to **improve** verbessern

impudence die Frechheit,-en 4

in in

inadequate mangelhaft

to **include** einschließen (schloß ein, eingeschlossen)

independence die Unabhängigkeit 3

independent unabhängig 3; eigenständig 5

index finger der Zeigefinger,- 10

India Indien 3

individual einzeln

industrial industriell 7; *industrial nation* der Industriestaat,-en 1

industry die Industrie,-n 8

inexpensive billig

infected entzündet

infection die Infektion,-en

to **inflate** aufpumpen

to **inform** informieren

information die Information,-en

ingredients die Zutaten (pl.)

inhabitant der Einwohner,-

inhuman unmenschlich

inhumanity die Unmenschlichkeit 1

to **injure** verletzen

inland port der Binnenhafen,-̈ 4

inn das Gasthaus,-̈er

to **inquire about** sich erkundigen nach

inquisitive neugierig 7

insanity der Wahnsinn 4

inside innen 9; *inside part* der Innenteil,-e 7

instead of anstatt

instruction der Hinweis,-e; der Unterricht

instrument das Gerät,-e

integration die Integration,-en 3

intelligent klug, intelligent

to **intend** vorhaben (hat vor, hatte vor, vorgehabt)

interest das Interesse,-n; *(bank)* die Zinsen (pl.) 3

interesting interessant

intermission die Pause,-n

to **interrupt** unterbrechen (unterbricht, unterbrach, unterbrochen) 9

intersection die Kreuzung,-en

intoxicated betrunken 7

to **introduce (oneself)** sich vorstellen

invalid ungültig E

invention die Erfindung,-en 7

to **investigate** untersuchen 9

invisible unsichtbar 7

invitation die Einladung,-en

to **invite** einladen (lädt ein, lud ein, eingeladen)

iota das Jota 10

Islam der Islam 6

island die Insel,-n

it es

Italian das Italienisch; der Italiener,-

Italy Italien

item die Sache,-n

J

jacket die Jacke,-n
jam die Marmelade,-n
janitor der Hausmeister,- 1
January der Januar
jealous eifersüchtig
jeans die Jeans (pl.)
to **jerk** zucken 1
jet engine der Düsenantrieb,-e 7
Jew der Jude,-n 1
Jewish jüdisch 8
job der Beruf,-e; der Job,-s 2; der Arbeitsplatz,⸚e 3
joint gemeinschaftlich 1
joke der Witz,-e 1
journeyman der Wandergeselle,-n 4; der Geselle,-n 5
joy die Freude, die Lust
judge der Richter,-
juicy saftig
July der Juli
to **jump** springen (sprang, ist gesprungen)
June der Juni
just eben, erst, gerade; *just like/as* genauso wie
justified berechtigt 10

K

to **keep** behalten (behält, behielt, behalten) E; *to keep (a savings account)* ein Sparkonto führen
keg das Faß,⸚sser 7
key der Schlüssel,-
to **kidnap** entführen 8
kidnapping die Entführung,-en 9
to **kill** töten 5
kilometer der Kilometer,-; *kilometer per hour* der Stundenkilometer,- 6
kind die Sorte,-n
king der König,-e 2
kingdom das Königreich,-e 8
to **kiss** küssen 4
kitchen die Küche,-n
kitchen fan der Küchenventilator,-en 7; *kitchen sink* die Spüle,-n 7

knapsack der Rucksack,⸚e
knee das Knie,- 2
knife das Messer,-
to **knit** stricken 8
to **know** wissen (weiß, wußte, gewußt); *to know (person, place)* kennen (kannte, gekannt)
Koran der Koran 3

L

lady die Dame,-n
lake der See,-n
lamp die Lampe,-n
to **land** landen
landmark das Wahrzeichen,-
landscape die Landschaft,-en 2
language die Sprache,-n
large groß
to **last** dauern
last letzt-
late spät
to **laugh** lachen E
law das Gesetz,-e; das Recht,-e 3; *Basic Law (German constitution)* das Grundgesetz 3; *law protecting mother-to-be* der Mutterschutz 3; *to enact laws* Recht sprechen 8
lawn die Wiese,-n
lawyer der Rechtsanwalt,⸚e
lazy faul
to **lead** führen
leader (female) die Führerin,-nen 8
league der Bund,⸚e
to **lean on** stützen 10
to **learn** lernen; erfahren (erfährt, erfuhr, erfahren) 8
leather goods store das Ledergeschäft,-e E
to **leave** verlassen (verläßt, verließ, verlassen); abfahren (fährt ab, fuhr ab, ist abgefahren)
left links; *to the left* nach links
leg das Bein,-e 2
legend die Sage,-n
leisure time die Freizeit,-en 2

lemon ice cream das Zitroneneis
lemonade die Limo,-s; die Limonade,-n
to **lend** leihen (lieh, geliehen)
length die Länge,-n
to **let** lassen (läßt, ließ, gelassen); *to let go* loslassen 5; *to let through* durchlassen 5
letter der Brief,-e; *(alphabet)* der Buchstabe,-n 9
lettuce der Kopfsalat,-e
lever der Hebel,- 4
library die Bibliothek,-en
license plate das Nummernschild,-er
to **lie** liegen (lag, gelegen); *to lie down* sich hinlegen; *to lie, not tell the truth* lügen (log, gelogen) 10
Liechtenstein Liechtenstein
life das Leben
to **lift** heben (hob, gehoben) 6
to **light (a fire)** anzünden
light hell; *light blue* hellblau
light leicht 2
to **like** mögen (mag, mochte, gemocht); gefallen (gefällt, gefiel, gefallen); liebhaben (hat lieb, hatte lieb, liebgehabt) 5; *How do you like...?* Wie gefällt dir...?; *I would like to...* Ich habe Lust...
likewise gleichfalls
limestone der Kalkstein 2
line (phone) die Leitung,-en
to **line up** sich aufstellen
lion der Löwe,-n
lip die Lippe,-n
to **listen** hören; *to listen to* sich anhören 3; zuhören 4
literary literarisch 10
literature die Literatur 8; *literature of bits and pieces* die Splitterliteratur 8
little klein, wenig; *a little* etwas
to **live** wohnen, leben
living room das Wohnzimmer,-

to **loan** leihen (lieh, geliehen)
local lokal 5
located: be located liegen (lag, gelegen)
location die Lage,-en 1
to **lock up** einsperren 4
lonely einsam E
long lang; *long time* lange
to **look** sehen (sieht, sah, gesehen); aussehen; *to look around* sich umschauen 8; *to look at* sich ansehen; sehen auf; sich anschauen; *to look forward to* sich freuen auf; *to look on* zusehen
loose locker
to **lose** verlieren (verlor, verloren)
loud laut
to **love** lieben E; liebhaben (hat lieb, hatte lieb, liebgehabt) 5
lower unter 4
loyal treu 8
luck das Glück; *to be lucky* Glück haben
luggage das Gepäck
lunch das Mittagessen,-
Luxembourg Luxemburg
luxury der Luxus

M

machine die Maschine,-n
mad böse 5
madness der Wahnsinn 4
magazine die Zeit-schrift,-en; *women's magazine* die Frauenzeitschrift,-en 10
to **mail (letter)** einwerfen (wirft ein, warf ein, eingeworfen)
mail die Post; *mail carrier* der Briefträger,-; *mailbox* der Briefkasten,-
mainly hauptsächlich
to **make** machen; *to make a decision* eine Entscheidung treffen; *to make a phone call* ein Telefongespräch führen; *to make headway* vorwärts-kommen (kam vorwärts, ist

vorwärtsgekommen); *to make (it)* machen; schaffen
male männlich 3
man der Mann,-̈er
to **manage (it)** schaffen
many viele
map die Landkarte,-n
to **march** marschieren 1; *to march around* herummarschieren
March der März
marching song das Marschlied,-er
margarine die Margarine
marine knot der Seemannsknoten,- 6
marital status der Familienstand,-̈e 3
to **mark** markieren
mark (German monetary unit) die Mark; *(grade)* die Note,-n
market der Markt,-̈e; *market day* der Markttag,-e
marketing agency die Marketingfirma,-en 3
marriage die Ehe,-n 10
married verheiratet
to **marry** heiraten 3
to **marvel at** bestaunen
master der Meister,- 3
masterpiece das Meisterstück,-e 5
maternity benefit das Mutterschaftsgeld,-er 3; *maternity leave* der Mutterschaftsurlaub,-e 3
mathematics die Mathematik (short: Mathe)
May der Mai
may dürfen (darf, durfte, gedurft)
mayor der Bürgermeister,- E
mead (alcoholic beverage) der Met 8
meadow die Wiese,-n
meal das Essen; die Mahlzeit,-en; *Enjoy your meal!* Guten Appetit!
to **mean** meinen, bedeuten
meaning der Sinn,-e 10

means of transportation das Verkehrsmittel,-
to **measure** messen (mißt, maß, gemessen)
meat das Fleisch
mechanic der Mechaniker,-
medal die Medaille,-n
medicine die Medizin
medium mittler 3
to **meet** sich treffen (trifft, traf, getroffen)
meeting das Treffen,- E
megalithic grave das Hünengrab,-̈er 8
melancholic melancholisch 5
member das Mitglied,-er
membership country das Mitgliedsland,-̈er 3
memoirs die Memoiren 10
to **memorize** auswendig lernen
memory die Erinnerung,-en
mental geistig 9
menu die Speisekarte,-n
merchant ship das Handelsschiff,-e 8
merchants die Kaufleute 1
meter der Meter,-
microphone das Mikrophon,-e
microwave oven der Mikrowellenherd,-e
middle die Mitte,-n; *Middle Ages* das Mittelalter
midterm exam die Zwischenprüfung,-en 5
might die Macht,-̈e 8
mild mild 7
military camp das Militärlager,-
milk die Milch; *milk shake* das Milchmix,-e
million die Million,-en
millionaire der Millionär,-e 1
minaret das Minarett,-e 6
mine meins
mineral das Mineral,-e 7; *mineral water* das Mineralwasser
minus minus
minute die Minute,-n
miracle das Wunder,- 6

mirror der Spiegel,-
miserly geizig
to **miss** vermissen E, verpassen 6; *to be missing* fehlen
mistake der Fehler,- 5
mistrust das Mißtrauen 10
to **mix** mischen; *mixed (tossed) salad* gemischter Salat
model das Modell,-e; das Vorbild,-er 8
modem das Modem 7
modern modern 1
mom die Mutti,-s
moment der Moment,-e
monastery das Kloster,- 2
Monday der Montag,-e
money das Geld
monitor der Bildschirm,-e; der Monitor,-en
monk der Mönch,-e 3
monkey der Affe,-n; *monkey house* das Affenhaus,-er 4
month der Monat,-e; *monthly pass* die Monatsfahrkarte,-n 2
monument das Denkmal,-er 4
mood die Stimmung,-en; die Laune,-n 1
moor(land) das Moor,-e 5
moped das Moped,-s
moral die Moral 10
more mehr; *no more* nicht mehr; *more or less* mehr oder weniger; *more than* mehr als
morning der Morgen,-
mosque die Moschee,-n 6
most meist-
mostly meistens
mother die Mutter,-; *mother tongue* die Muttersprache,-n 2; *motherhood* die Mutterschaft,-en 3
motor der Motor,-en; *motorbike tour* die Motorradtour,-en 1; *motorcycle* das Motorrad,-er; *motorcyclist* der Motorradfahrer,- 5
Motocross Championship die Motorrad-Meisterschaft 9
motto das Motto,-e 3

mountain der Berg,-e; *mountain climber* der Bergsteiger,- 2
mountainous bergig, gebirgig
mouse die Maus,-e
mouth der Mund,-er
to **move** rühren 4; umziehen (zog um, ist umgezogen) 5; bewegen 9; *to move together* zusammenrücken
move der Umzug,-e 5
movement die Bewegung,-en 5
movie der Film,-e; *movie theater* das Kino,-s
Mr. Herr
Mrs. Frau
much viel
to **murder** ermorden 9
murder der Mord,-e 9
museum das Museum,- (*plural*: Museen); *museum clerk* der Galerieinspektor,-en 10
mushroom der Champignon,-s
music die Musik; *music book* das Musikbuch,-er; *music broadcast* die Musiksendung,-en 7; *music festival* das Musikfest,-e; *music teacher* der Musiklehrer,-
musical musikalisch 5; *musical instrument* das Musikinstrument,-e
musician der Musiker,-
must müssen (muß, mußte, gemußt)
my mein

N

to **name** nennen (nannte, genannt); *to name after* benennen (benannte, benannt) 3; *named* heißen (hieß, geheißen); *What's your name?* Wie heißt du?
name der Name,-n
nanny das Kindermädchen,- 8
napkin die Serviette,-n
narrow eng 8

nation das Volk,-er 8
national staatlich 1; *national flag* die Nationalfahne,-n; *national monument* das National-Denkmal 1; *national team* die Nationalmannschaft,-en 9
natural(ly) natürlich
nature die Natur; *nature-loving* naturverbunden 3
Nazi der Nazi,-s (Nazionalsozialist) 8
near bei; *nearby* in der Nähe
neck der Hals,-e
to **need** brauchen
need die Not,-e 10
neighbor (female) die Nachbarin,-nen
neighborhood die Nachbarschaft,-en
neighboring country das Nachbarland,-er
neither...nor weder ... noch 10
nervous nervös E
nest das Nest,-er 6
net das Netz,-e 7
Netherlands die Niederlande
network das Netz,-e 7
never nie
nevertheless trotzdem
new neu
New Year das Neujahr; *Happy New Year!* Ein glückliches Neues Jahr!
news die Nachrichten (pl.)
newspaper die Zeitung,-en
next nächst-; *next to* neben
to **nibble** naschen
nice schön, nett
nickname der Spitzname,-n 1
night die Nacht,-e
nine neun
nineteen neunzehn
no nein, kein
Nobel Peace Prize der Friedensnobelpreis,-e 1
nobility der Adel 10
noble adlig 10
nobody niemand
noise der Krach 6
non-polluting umweltfreundlich 3

nonsense der Quatsch 3
normal normal
Norman der Normanne,-n 8
north der Norden; *northern* nördlich; *North Sea* die Nordsee
nose die Nase,-n 2
nosy neugierig 7
not nicht; *not at all* gar nicht; *not only...but also* nicht nur...sondern auch
to **note** notieren
notebook das Heft,-e
nothing nichts
to **notice** merken
notice die Notiz,-en 10; *to take notice* Notiz nehmen 10
novel der Roman,-e
November der November
now jetzt, nun 4
number die Nummer,-n; die Zahl,-en 1; *wrong number* falsch verbunden 7; *number code* die Zahlenkombination,-en 7
nurse (female) die Krankenschwester,-n; *(male)* der Krankenpfleger,-

O

oak tree die Eiche,-n 8
object das Ding,-e 7
objective das Ziel,-e 1
to **observe** beachten
occupation der Beruf,-e
occupied beschäftigt, besetzt 7
ocean das Meer,-e; der Ozean,-e 8
October der Oktober
of von; *of course* natürlich
to **offer** bieten (bot, geboten); anbieten
offer das Angebot,-e
office das Büro,-s; *office assistant* die Bürogehilfin,-nen 3
official offiziell; *official (female)* die Beamtin,-nen; *(male)* der Beamte,-n
often oft

oh ach
oil level der Ölstand
ointment die Salbe,-n
OK gut
old alt
Olympic Games die Olympiade,-n; *Olympic Stadium* das Olympia-Stadion
on an, auf; *on the move, on the way* unterwegs; *on the other side (beyond)* jenseits 8; *on time* pünktlich
once einmal; *once more* noch einmal, *once in a while* ab und zu
one eins, man; *one-way ticket* einfach
onion die Zwiebel,-n
only nur
to **open** aufmachen
open offen, geöffnet
opinion die Meinung,-en 2; *to be of the opinion* der Meinung sein 2
opponent der Gegner,-
opportunity die Gelegenheit,-en 5
optician der Optiker,-
or oder
orange die Apfelsine,-n
orange (color) orange
orchard der Obstgarten,- 7
orchid die Orchidee,-n 7
to **order** bestellen, ordnen 10
order die Ordnung,-en
organ grinder der Leierkastenmann,-er 2
organization die Organisation,-en 8
original das Original,-e 1; originell 5
to **originate** entstehen (entstand, ist entstanden) 3; *(river)* entspringen (entsprang, entsprungen)
other ander-
otherwise sonst, anders 2
Ouch! Au!
our unser
out aus
outdoors draußen, im Freien
outside draußen, im Freien, ins Freie; *outside*

außerhalb 6; *outside of town* außerhalb der Stadt 6
oven der Ofen,-
over über; *It's over.* Es ist zu Ende.
overcast bedeckt 2
overcrowded überfüllt
own eigen
owner der Inhaber,-; der Besitzer,-

P

to **pack** packen
package das Paket,-e
page die Seite,-n
to **paint** malen 2
paint: glossy paint der Lack,-e 2
paintbrush der Pinsel,- 9
painter der Maler,-
painting das Bild,-er 2
pair das Paar,-e
palace der Palast,-e 6
pancake der Pfannkuchen,- 2
panic die Panik 2
pants die Hose,-n
paper das Papier,-
paprika der Paprika,-s
parade die Parade,-n 8
paradise das Paradies,-e 6
parcel das Päckchen,-
parents die Eltern (pl.)
to **park** parken
park der Park,-s
parking place der Parkplatz,-e
parliament das Parlament,-e 8
to **part** auseinandergehen (ging auseinander, ist auseinandergegangen) 8
part der Teil,-e; *for the most part* zum größten Teil; *part of body* der Körperteil,-e
to **participate** teilnehmen (nimmt teil, nahm teil, teilgenommen); mitmachen
participant der Teilnehmer,-
particular wählerisch

partner der Partner,- 1

party die Party,-s; *party (political)* die Partei,-en 8; *to give a party* eine Party geben; *party game* das Gesellschaftsspiel,-e 9

to **pass (test)** bestehen (bestand, bestanden); *to pass (time)* vergehen (verging, ist vergangen) 7

passport der Reisepaß,-̈sse; *passport inspection* die Paßkontrolle,-n

password das Passwort,-̈er 7

past die Vergangenheit,-en 1

path der Weg,-e 2

patient(ly) geduldig

to **pay** zahlen; *to pay attention* aufpassen; *to pay cash* bar bezahlen; *The check, please.* Zahlen, bitte.

pea die Erbse,-n

peace die Ruhe; der Frieden,- 8

peaceful friedlich 3

peach der Pfirsich,-e

pear die Birne,-n

peasant der Bauer,-n 8

to **pedal** treten (tritt, trat, getreten)

pedestrian der Fußgänger,-; *pedestrian crossing* der Fußgängerüberweg,-e; *pedestrian underpass* die Fußgängerunterführung

pen pal (female) die Brieffreundin,-nen

pencil der Bleistift,-e

to **penetrate** eindringen (drang ein, ist eingedrungen) 7

Pentecost Pfingsten

people die Leute (pl.); das Volk,-̈er 8

pepper der Pfeffer

per pro

percent das Prozent,-e

to **perform** abschneiden (schnitt ab, abgeschnitten); auftreten (tritt auf, trat auf, ist aufgetreten) 5

performance die Leistung,-en 9

perhaps vielleicht

permitted: to be permitted to dürfen (darf, durfte, gedurft)

perpetrator der Täter,-e 9

to **persecute** verfolgen 8

person der Mensch,-en; die Person,-en

personal persönlich

to **persuade** überreden 1

phantastic fantastisch 9

phantasy die Phantasie,-n

pharmacist der Apotheker,-

pharmacy die Apotheke,-n

philosophy die Philosophie,-n 3

phone book das Telefonbuch,-̈er; *phone call* das Telefongespräch,-e

photo das Foto,-s; *photo album* das Fotoalbum,-ben

photographer der Fotograf,-en

physical körperlich 9

physics die Physik

piano das Klavier,-e

to **pick out** sich aussuchen; *to pick up (receiver)* abheben (hob ab, abgehoben); abholen 9

picnic das Picknick,-e

picture das Bild,-er; *picture postcard* die Ansichtskarte,-n

piece das Stück,-e; *piece of music* das Musikstück,-e E

pig das Schwein,-e

pill die Tablette,-n

pilot der Pilot,-en

pink rosa

pirate der Pirat,-en 8

pistol die Pistole,-n 9

pizza die Pizza,-s

to **place** stellen, legen

place die Stelle,-n; *place of work* der Arbeitsplatz,-̈e 3

to **plan** vorhaben (hat vor, hatte vor, vorgehabt); planen E; *planned economy* die Planwirtschaft,-en 1

plan der Plan,-̈e 9

plant das Werk,-e 7

plate der Teller,-

platter die Platte,-n; *cold-cut platter* die Kalte Platte

to **play** spielen; *to play for* spielen um

player der Spieler,-

plea die Bitte,-n 5

pleasant gemütlich

please bitte; *Here you are.* Bitte sehr.; *May I help you?* Bitte?

pleasure die Lust

plesant, pleased to meet you angenehm 9

plum die Pflaume,-n

plus plus

pocket die Tasche,-n E; *pocket calculator* der Taschenrechner,-

poem das Gedicht,-e 4

poet der Dichter,- 1

to **point** zeigen; *to point out* hinweisen auf (wies hin, hingewiesen)

point der Punkt,-e

police die Polizei 4; *police chief* der Kommissar,-e 8; *policeman* der Polizist,-en

political politisch 1

politician der Politiker,- 1

politics die Politik 3

poll die Umfrage,-n 4

poor arm 1

popular populär, beliebt

porcelain das Porzellan 10; *porcelain manufacturer* die Porzellanmanufaktur,-en 10

port die Hafenstadt,-̈e 4; *inland port* der Binnenhafen,-̈ 4

portrait das Portrait,-s 9

position die Lage,-en 1

possibility die Möglichkeit,-en

possible möglich

post office die Post; das Postamt,-̈er; *post office box* das Postfach,-̈er

postcard die Postkarte,-n

posted angeschlagen

poster das Poster,-

postmark der Stempel,-

pot der Topf,-̈e

potato die Kartoffel,-n; *(boiled)* die Salzkartoffel,-n; *potato patty* das Reibeplätchen,- 2; *potato sack* der Kartoffelsack,-̈e 4; *potato salad* der Kartoffelsalat

to **pound** klopfen 5

pound das Pfund,-e

to **pour** gießen (goß, gegossen)

POW der Kriegsgefangene,-n 1

power die Kraft,-̈e 5; die Macht,-̈e 8

practical praktisch

to **practice** üben

practice die Übung,-en; *Practice makes perfect.* Übung macht den Meister!

to **praise** loben 9

prank der Streich,-e 6

to **pray** beten 6

pregnant schwanger 3

prehistoric time die Urzeit 8

prep course der Vorbereitungskurs,-e 5

to **prepare** vorbereiten, bereiten 10; *to prepare (a meal)* zubereiten; *to prepare for* sich vorbereiten auf

prescription das Rezept,-e

present das Geschenk,-e

president der Präsident,-en 1

pressure der Druck,-̈e 9

pretty schön; *pretty heavy (difficult)* ganz schön schwer

pretzel die Brezel,-n; *pretzel stick* die Salzstange,-n 4

price der Preis,-e; *a special price (bargain)* ein günstiger Preis; *price category* die Preisklasse,-n

pride der Stolz 2

priest der Priester,- 4

primarily hauptsächlich

prince der Fürst,-en; der Prinz,-en 4

princess die Prinzessin,-nen 4

principality das Fürstentum,-̈er

printer der Drucker,- 7

privilege das Privileg,-ien 3

prize der Preis,-e

pro(fessional) der Profi,-s 3

probably wahrscheinlich

problem das Problem,-e; die Aufgabe,-n

product das Produkt,-e 4

production die Produktion,-nen 7; *production hall* die Werkhalle,-n 7

professional world die Arbeitswelt 3

professor der Professor,-en E

program das Programm,-e; *(TV, radio)* die Sendung,-en 7

project das Projekt,-e 5

prompt(ly) prompt

to **pronounce** erklären 4

proof der Beweis,-e 8

to **protect** schützen; *to protect against* schützen vor

protestant protestantisch 1

protocol das Protokoll,-e 4

proud stolz E

to **provide for** sorgen für

Prussia Preußen 8

public öffentlich 3

pudding der Pudding

to **pull** ziehen (zog, gezogen) 7

pullover der Pulli,-s; der Pullover,-

to **pump up** aufpumpen

punctual pünktlich

pupil der Schüler,-

purchase der Einkauf,-̈e; der Kauf,-̈e

purse die Handtasche,-n

to **push** drängeln; schieben (schob, geschoben)

to **put** stellen, legen, stecken E; *to put down* absetzen; *to put on* aufsetzen, anlegen, umhängen; *to put (place) inside* hineinstellen; *to put (it) into one's pocket* einstecken E

Q

quality die Qualität,-en

to **quarrel** streiten (stritt, gestritten) 10

quarter das Viertel,-

question die Frage,-n

questionnaire der Fragebogen,-

quick flink 8

quiet ruhig 4

quite ganz

quiz show die Quizshow,-s

R

to **race** rennen (rannte, gerannt) 2; düsen 2; *to race around* rumrasen 2

race das Rennen,- 9

race driver der Rennfahrer,- 3

racetrack die Rennstrecke,-n 7

racing die Rennerei 3

racket (sports) der Schläger,-; *(noise)* der Krach 6

radio das Radio,-s 7; *radio contact* die Funkverbindung,-en 7; *radio transmitter* das Funkgerät,-e 7

rag (to wipe off blackboard) der Tafellappen,-

railway station der Bahnhof,-̈e; *main railway station* der Hauptbahnhof,-̈e 5

to **rain** regnen

to **rake** rechen

rather lieber

to **reach** erreichen

to **react** reagieren 5

reaction die Reaktion,-en 9

to **read** lesen (liest, las, gelesen)

ready fertig; *to be ready* bereitstehen (stand bereit, bereitgestanden)

real echt, richtig 5

realistic realistisch 6

reality die Wirklichkeit

really wirklich

reason der Grund,⁼e 1; die Vernunft 10; *for this reason* aus diesem Grund 1

reasonable preiswert

receipt die Quittung,-en

to **receive** bekommen (bekam, bekommen); empfangen (empfängt, empfing, empfangen)

receiver (phone) der Hörer,-

recently in letzter Zeit

reception der Empfang,⁼e

receptionist (doctor's assistant) die Sprechstundenhilfe,-n

recipient der Empfänger,-

to **recognize (each other)** sich erkennen (erkannte, erkannt)

to **recommend** empfehlen (empfiehlt, empfahl, empfohlen)

to **record** aufnehmen (nimmt auf, nahm auf, aufgenommen) 7

record der Rekord,-e E; *LP record* die Schallplatte,-n; die Platte,-n 5

recorder die Blockflöte,-n; der Rekorder,- 7

to **recycle** recyclen 3

red rot; *red cabbage* der Rotkohl; *red pepper* der Paprika,-s

to **reduce** verringern 8

referee der Schiedsrichter,-

refrigerator der Kühlschrank,⁼e

registration die Anmeldung

to **regulate** regulieren 4

regulation die Regel,-n 4

to **reject** ablehnen 2

rejection die Ablehnung,-en 9

relative der Verwandte,-n

to **relax** sich entspannen 6

relay race der Staffellauf,⁼e

religion die Religion

religious religiös 9

to **remain** bleiben (blieb, ist geblieben)

remainder der Rest,-e

remembrance die Erinnerung,-en

to **remind of** erinnern an 10

to **rent** mieten, vermieten

to **repair** reparieren

repair die Reparatur,-en 7; *to have something repaired* etwas zur Reparatur bringen 7

reparation die Reparation,-en 1

to **repeat** wiederholen 3

to **report** berichten 2, melden 4

report der Bericht,-e 5

to **represent** repräsentieren 8

to **require** fordern

requirement die Bedingung,-en 3

to **reserve** reservieren 3

residence der Wohnort,-e 3

responsibility die Verantwortung,-en 10

responsible verantwortlich 8

to **rest (take a)** sich ausruhen 4

rest der Rest,-e; *(stop)* die Rast 6

restaurant das Restaurant,-s; das Gasthaus,⁼er

restless unruhig

result das Ergebnis,-se

to **return** zurückgeben (gibt zurück, gab zurück, zurückgegeben) 3

reunification die Wiedervereinigung E

rhythm der Rhythmus

rich reich 1

right das Recht,-e 3; *to have equal rights* gleichberechtigt sein 3

right rechts, richtig, passend; *right away* gleich; *right of way* die Vorfahrt; *right around the corner* gleich um die Ecke; *to the right* nach rechts; *You're right.* Du hast recht.

to **ring** klingeln; *to ring the doorbell* an der Tür klingeln

to **rinse** spülen

ripe reif

risk das Risiko,-s 9

river der Fluß,⁼sse; *river bank* das Ufer,-

roast pork der Schweinebraten

to **rob** rauben 10

robot der Roboter,- 7

rock der Felsen,-

rock band die Rockband,-s

rock concert das Rockkonzert,-e; *rock music* die Rockmusik

rocket-propelled automobile das Raketenauto,-s 7

role (in a play) die Rolle,-n 1

to **roll** rollen; *(the dice)* würfeln 9; *to roll out (dough)* ausrollen

roll (hard) das Brötchen,-; die Semmel,-n

Roman römisch

romantic romantisch 6

romanticism die Romantik 10

roof das Dach,⁼er

room das Zimmer,-

to **root for** anfeuern 9

rope das Seil,-e 2

rough rauh 8

round die Runde,-n; *round-trip (ticket)* hin und zurück

to **row** rudern

row die Reihe,-n

rower der Ruderer,- 8

ruin das Verderben 10; *ruin(s)* die Ruine,-n

to **rule, govern** regieren 3

rule die Regel,-n; *to stick to the rules* sich an die Regeln halten 4

ruler das Lineal,-e

to **run** laufen (läuft, lief, ist gelaufen); rennen (rannte, ist gerannt); fließen (floß, ist geflossen); *The movie is running already.* Der Film läuft schon.; *to run into* krachen 2; *to run past* vorbeilaufen; *to run well* gut ablaufen

Russia Rußland 1
Russian der Russe,-n 1
rye bread das
    Roggenbrot,-e

S

sack race das Sackhüpfen
sad traurig E; *not to be sad*
    die Ohren nicht hängen
    lassen 5
safety die Sicherheit,-en 7
safety belt der
    Sicherheitsgurt,-e
safety measure die
    Sicherheitsmaßnahme,-n
to **sail** segeln 8
sail das Segel,- 9
salad der Salat,-e
saleslady die
    Verkäuferin,-en
salesman der Verkäufer,-
salmon der Lachs,-e 8
salt das Salz
salty salzig 4
salve die Salbe,-n
sand der Sand
sandal die Sandale,-n 6
sandwich das
    Butterbrot,-e 6
satchel die Schultasche,-n
satisfactory befriedigend
satisfied zufrieden
Saturday der Sonnabend,-e;
    der Samstag,-e
saucer die Untertasse,-n
**sauerbraten (marinated
    beef)** der Sauerbraten,-
sauerkraut das Sauerkraut
sausage die Wurst,-̈e
sausage stand der
    Wurststand,-̈e
to **save (money)** sparen; *(life)*
    retten 7
savings account das
    Sparkonto,-ten
to **say** sagen
saying der Spruch,-̈e 1; das
    Wort,-e 6
scale die Waage,-n
Scandinavia Skandinavien 8
Scandinavian
    skandinavisch 8
scene die Szene,-n 5
scenery die
    Landschaft,-en 2

schedule der Fahrplan,-̈e
school die Schule,-n; *school
    bag* die Schultasche,-n;
    school band die
    Schulkapelle,-n; *school
    desk* die Schulbank,-̈e;
    school patrol der
    Schülerlotse,-n; *school
    principal* der Schulleiter,-;
    school secretary die
    Schulsekretärin,-nen
scientific
    wissenschaftlich 10
scientist: natural scientist
    der Naturwissen-
    schaftler,- 10
score das Ergebnis,-se
scrap der Schrott
scratched in eingeritzt 5
to **scream** schreien (schrie,
    geschrien)
scream der Schrei,-e 2
script die Schrift,-en 8
sculpture die Skulptur,-en 1
sea das Meer,-e; der
    Ozean,-e 8
to **search for** suchen E
season die Jahreszeit,-en
seat der Sitz,-e; der
    Sitzplatz,-̈e; der Platz,-̈e
**secondary school
    (through grade 10)** die
    Realschule,-n 3; *secondary
    school certificate (after
    grade 10)* die Mittlere
    Reife 3
secret das Geheimnis,-se 8
secretary (male) der
    Sekretär,-e; *(female)* die
    Sektretärin,-nen
section der Teil,-e
to **secure** befestigen,
    festmachen 6
security die Sicher-
    heit,-en 7; *security check*
    die Sicherheitsüber-
    prüfung,-en; *(security check
    of people)* die
    Personenkontrolle,-n
to **see** sehen (sieht, sah,
    gesehen); *to see again*
    wiedersehen; *See you!*
    Tschüs!
to **seem** scheinen (schien,
    geschienen); *to seem*

familiar bekannt
    vorkommen 9
to **select** wählen, sich
    aussuchen
selection die Auswahl
to **sell** verkaufen
semester das Semester,- 5
seminar das Seminar,-e 2
to **send** schicken; aufgeben
    (gibt auf, gab auf,
    aufgegeben); *to send back*
    zurückschicken
sender der Absender,-
sense der Sinn,-e 10
to **separate** trennen E
separation die
    Trennung,-en E; die
    Teilung,-en 1
September der September
sequence die Folge,-n E
serious ernst 3
to **serve (tennis)** aufschlagen
set der Satz,-̈e
to **set up** aufbauen 8
seven sieben
seventeen siebzehn
shadow der Schatten,- 8
shape die Form,-en 2
to **shave (oneself)** sich
    rasieren
she sie
shed der Schuppen,- 6
sheep das Schaf,-e
**shilling (Austrian
    monetary unit)** der
    Schilling,-e
to **shine** scheinen (schien,
    geschienen)
shiny glänzend 10
ship das Schiff,-e
shirt das Hemd,-en
shock der Schock,-s E
shoe der Schuh,-e
shoemaker der
    Schuster,- 10
to **shoot** schießen (schoß,
    geschossen)
shooting gallery der
    Schießstand,-̈e
to **shop** einkaufen; *to go
    shopping* einkaufen
    gehen
shop das Geschäft,-e
shop class der
    Werkunterricht

shopping der Einkauf,-̈e;
shopping bag die
Einkaufstasche,-n;
shopping list die
Einkaufsliste,-n
shore das Ufer,-
short(ly) kurz
shortwave radio der
Funk 7
should sollen (soll, sollte,
gesollt)
shoulder die Schulter,-n; *to*
shrug one's shoulders mit
den Achseln zucken 1
to shout schreien (schrie,
geschrien)
to shove drängeln
to show zeigen
show die Show,-s
to shower sich duschen
shrill schrill 5
shuttle run der
Pendellauf,-̈e
siblings die Geschwister (pl.)
sick krank
side die Seite,-n
sight(s) die
Sehenswürdigkeit,-en
to sign unterschreiben
(unterschrieb,
unterschrieben) 8
sign das Schild,-er; das
Zeichen,- 10
signal das Signal,-e
signify bedeuten
silence die Ruhe
similar ähnlich 1
simple einfach
since seit, da, seitdem
sincere herzlich
to sing singen (sang,
gesungen)
singer der Sänger,-; die
Sängerin,-nen
single einzeln, einzig 5;
(not married) ledig 3
sink das Waschbecken,-
sister die Schwester,-n
to sit sitzen (saß, gesessen); *to*
sit around herumsitzen; *to*
sit down sich hinsetzen; *to*
sit on it sich draufsetzen
situation die Situation,-en 1
six sechs
sixteen sechzehn

size die Größe,-n
to skate Schlittschuh laufen
(läuft Schlittschuh, lief
Schlittschuh, ist
Schlittschuh gelaufen)
skateboard das
Skateboard,-s 2
to sketch zeichnen 3
sketch die Zeichnung,-en 3
to ski Ski laufen
ski der Ski,-er
skirt der Rock,-̈e
sky der Himmel 4
slacks die Hose,-n
to slam shut zukrachen 9
to sleep schlafen (schläft,
schlief, geschlafen)
sleep der Schlaf 1; *sleeping*
bag der Schlafsack,-̈e
Slovenia Slowenien 6
slow langsam
small klein
smart klug
smashing toll
to smile lächeln E
smithery die
Schmiedearbeit,-en 9
to smoke rauchen 3
snack der Leckerbissen,-;
snack bar der Imbiß,-sse;
snack stand der
Imbißstand,-̈e
snake die Schlange,-n
to snow schneien
so so
soap die Seife,-n
soccer der Fußball,-̈e;
soccer ball der Fußball,-̈e;
soccer champion der
Fußballmeister,-; *soccer*
championship die
Fußballmeisterschaft,-en;
soccer club der Fußballverein,-e 9; *soccer field*
der Fußballplatz,-̈e 9;
soccer game das Fußballspiel,-e; *soccer season* die
Fußballsaison,-s
social sozial 10
Social Democrat der
Sozialdemokrat,-en 8
socialist(ic) sozialistisch 8
sock die Socke,-n
sofa das Sofa,-s
soft weich 2

soft drink die Limo,-s; die
Limonade,-n
to soften mildern 1
sold out ausverkauft
soldier der Soldat,-en 1
solid solid 3
solution die
Aufklärung,-en 10
some etwas, manche
someone jemand
something etwas
sometimes manchmal;
sometimes...other times
mal...mal 10
somewhere else woanders
son der Sohn,-̈e; *son-in-law*
der Schwiegersohn,-̈e 2
song das Lied,-er 8
songwriter der
Liedermacher,- 5
soon bald
sore throat die
Halsschmerzen (pl.)
sorry: to be sorry leid tun
(tat leid, leid getan); *I'm*
sorry. Das tut mir leid.
soul die Seele,-n 10
to sound klingen (klang,
geklungen) 5
sound der Klang,-̈e 10
soup die Suppe,-n; *soup of*
the day die Tagessuppe,-n;
soupspoon der
Suppenlöffel,-
south der Süden; *south of*
südlich von; *southern*
südlich 1
souvenir das Andenken,-
Soviet der Sowjet,-s 1;
Soviet Union die
Sowjetunion 1
soviet sowjetisch 1
Spain Spanien
Spaniard der Spanier,-
Spanish das Spanisch
to speak sprechen (spricht,
sprach, gesprochen);
reden; *to talk about*
sprechen über
special (offer) das
Sonderangebot,-e; *special*
(price) der Sonderpreis,-e
special besonders
specialist (female) die
Spezialistin,-nen 7

to **specialize in** sich
spezialisieren auf
specialty die
Spezialität,-en 2
spectator der Zuschauer,-
speechless sprachlos 7
speed die
Geschwindigkeit,-en 6
speedy eilig
to **spell** buchstabieren 9
to **spend** ausgeben (gibt aus,
gab aus, ausgegeben); *to
spend (time)* verbringen
(verbrachte, verbracht)
spinach der Spinat
splinter der Splitter,-
sport der Sport; *kind of
sport* die Sportart,-en;
sports bag die
Sporttasche,-n; *sports car*
der Sportwagen,- 3; *sports
festival* das Sportfest,-e
spot die Stelle,-n
to **spray** spritzen, besprühen
spray can die
Spraydose,-n 5
to **spread out** ausbreiten
spring der Frühling,-e
square meter der
Quadratmeter,- 7
stable stabil 9
stadium das Stadion,-dien
stage die Bühne,-n 5
to **stamp** stempeln
stamp die Briefmarke,-n;
der Stempel,-
to **stand** stehen (stand,
gestanden); *to stand in line*
Schlange stehen; *to stand
still* stillstehen (stand still,
stillgestanden) 4
stand der Stand,-̈e
to **start** anfangen (fängt an,
fing an, angefangen); *to
start (engine)* anspringen
(sprang an, ist
angesprungen)
start der Start,-s; *starting
pedal* das Startpedal,-e
state der Staat,-en; das
Land,-̈er
state staatlich 1
statement die Aussage,-n 1
station (train) der
Bahnhof,-̈e

stationery die
Schreibwaren (pl.)
to **stay** bleiben (blieb, ist
geblieben); *to stay
(overnight)* übernachten;
to stay after school
nachsitzen (saß nach,
nachgesessen) 4
to **steal** stehlen (stiehlt, stahl,
gestohlen) 4
steel der Stahl 9
steep steil 2
steering wheel das
Steuerrad,-̈er; das
Lenkrad,-̈er 7
to **step** treten (tritt, trat,
getreten) 2; *to step in*
eintreten 10
step der Schritt,-e
stereo set die
Stereoanlage,-n
stewed fruit das
Kompott,-e
to **stick** kleben, stecken E
stick der Stock,-̈e 2
stick shift das
Schaltgetriebe 7
stiff steif
still noch
stipend das
Stipendium,-ien E
to **stir** rühren
stock prices der
Aktienkurs 7
stocking der Strumpf,-̈e
stomach der Bauch,-̈e;
stomachache die
Bauchschmerzen (pl.)
stone der Stein,-e 1
to **stop** halten (hält,
hielt, gehalten);
anhalten 2; stoppen E;
aufhören 6
stop (streetcar, bus) die
Haltestelle,-n
to **store** speichern 7
store der Laden,-̈; das
Geschäft,-e
storm der Sturm,-̈e 10
story die Geschichte,-n 4
stove der Ofen,-̈; der
Herd,-e 7
straight direkt; *straight
ahead* geradeaus
strange fremd E

strawberry die Erdbeere,-n;
strawberry ice cream
das Erdbeereis;
strawberry torte die
Erdbeertorte,-n
street die Straße-n; *street
number* die
Hausnummer,-n; *streetcar*
die Straßenbahn,-en;
streetcar stop die
Straßenbahnhaltestelle,-n
strength die Kraft,-̈e 5; die
Stärke,-n 8
strenuous anstrengend
stress der Streß E
stretch die Strecke,-n
strict streng 7
to **strike** zuschlagen (schlägt
zu, schlug zu,
zugeschlagen) 10
to **stroll** spazierengehen (ging
spazieren, ist
spazierengegangen) 1
stroll der Bummel,- 2; *to go
for a stroll* einen Bummel
machen 2
stroller der Kinderwagen,- 2
strong stark 1
struggle der Kampf,-̈e 9
stub der Abschnitt,-e
**student (secondary
school)** der Schüler,-;
student apartment die
Studentenwohnung,-en 5
studio das Studio,-s 9
to **study (university)**
studieren
study das Studium,-ien E;
study trip die
Studienreise,-n E
style der Stil,-e
stylish modisch 3
subject (school) das
Fach,-̈er
to **submit** einreichen 3
suburb der Vorort,-e
subway die U-Bahn,-en
success der Erfolg,-e
successful erfolgreich 5
such solch
suddenly plötzlich
to **suffer** leiden (litt, gelitten) 3
sufficient ausreichend,
genügend
sugar der Zucker

to **suggest** vorschlagen
(schlägt vor, schlug vor,
vorgeschlagen)

to **suit** passen 5
suit der Anzug,⸚e
suitable passend
suitcase der Koffer,-
summer der Sommer,-;
summer break die
Sommerpause,-n 5;
summer residence die
Sommerresidenz 10
sun die Sonne
Sunday der Sonntag,-e
sunny sonnig
super klasse, super, spitze
supper das Abendbrot

to **support** unterstützen 2,
stützen 10

to **suppose** vermuten 1
**supposed: to be
supposed to** sollen
(soll, sollte, gesollt)
surely sicherlich, sicher 5

to **surf** surfen 9
surfboard das
Surfbrett,-er 9
surprise die
Verwunderung,-en 9
surroundings die
Umgebung,-en
suspension train die
Schwebebahn,-en 5
suspicion der Verdacht,-e 9
suspicious mißtrauisch 9
Swabia das Schwabenland 8

to **swallow** schlucken; *swallow
(up)* verschlingen
(verschlang,
verschlungen)

to **sweat** schwitzen 10; *to
break out in a sweat* ins
Schwitzen kommen 10
sweater der Pulli,-s; der
Pullover,-
sweatshirt das Sweatshirt,-s
sweet süß 4
sweets die Süßigkeiten
(pl.) 4

to **swim** schwimmen
(schwamm, ist
geschwommen)
swimming pool das
Schwimmbad,⸚er; das
Schwimmbecken,-

swimming trunks die
Badehose,-n

to **swing** schwenken
Swiss der Schweizer,-
Switzerland die Schweiz
swollen geschwollen
symbol das Symbol,-e
synagogue die
Synagoge,-n 8
system das System,-e 1

T

T-shirt das T-Shirt,-s
table der Tisch,-e; *table
(top)* die Platte,-n; *table
tennis* das Tischtennis;
table tennis tournament
das Tischtennisturnier,-e
tablet die Tablette,-n

to **take** nehmen (nimmt,
nahm, genommen); *to
take along* mitnehmen E;
to take back
zurücknehmen 10; *to
take care (of something)*
pflegen 2; *to take care of*
erledigen; *to take off
(clothes)* sich ausziehen
(zog aus, ausgezogen) 6;
to take off losfahren (fährt
los, fuhr los, ist
losgefahren); *to take off
(plane)* abfliegen (flog ab,
ist abgeflogen); *to take off
quickly* lossausen 2; *to
take offense* übelnehmen;
to take over übernehmen
5; *to take pictures* fotografieren; *to take place*
stattfinden (fand statt,
stattgefunden); *Take it
easy.* Immer mit der Ruhe!
talent das Talent,-e 3

to **talk** reden; sich unterhalten
(unterhält, unterhielt,
unterhalten)
tape recorder (reel-to-reel)
das Tonbandgerät,-e 7
target das Ziel,-e 1

to **taste** schmecken, kosten
taste der Geschmack
tax die Steuer,-n 8; *tax
adviser (female)* die
Steuerberaterin,-nen

tea der Tee
teacher (male) der
Lehrer,-; *(female)* die
Lehrerin,-nen
team die Mannschaft,-en;
das Team,-s 3

to **tear** reißen (riß, gerissen) 2
tear die Träne,-n 4
teaspoon der Teelöffel,-
technological
technologisch 7
technology die
Technik,-en 3; die
Technologie 7
teenager der Jugendliche,-n
telegram das
Telegramm,-e
telephone das Telefon,-e;
telephone booth die
Telefonzelle,-n 7
telescreen der Bildschirm,-e
television das Fernsehen;
television set der
Fernsehapparat,-e; der
Fernseher,-

to **tell** erzählen
temperature die
Temperatur,-en
ten zehn
tender weich 4
tennis das Tennis; *tennis
club* der Tennisklub,-s;
tennis court der
Tennisplatz,⸚e
tension die Spannung 9
tent das Zelt,-e
terrific toll

to **test** testen 9
test die Arbeit,-en; der
Test,-s; die Prüfung,-en;
to take a test eine Arbeit
schreiben
tester der Prüfer,-
Teuton der Germane,-n 8;
Teutonic germanisch
text der Text,-e
than als; *more than* mehr
als

to **thank** sich bedanken
thankful dankbar 1
thanks der Dank; *Many
thanks.* Vielen Dank.
that das, daß
the der, die, das; *the same*
derselbe

---

theater das Schauspielhaus,-̈er 1; das Theater,- 4

their ihr

theme das Thema,-men E

then dann; *Then let's go!* Dann mal los!

theoretical theoretisch

there da, dort, dorthin; *over there* da drüben, dort drüben; *there and back* hin und zurück; *There's a lot going on.* Da ist viel los.

therefore deshalb

thermometer (fever) das Fieberthermometer,-

they sie, man

thing das Ding,-e 7

to **think** denken (dachte, gedacht), meinen, glauben; *to think about* denken an E; nachdenken 7; *to think of* halten von (hält, hielt, gehalten) 5; *What do you think of...?* Wie findest du...?

thirst der Durst; *to be thirsty* Durst haben

thirteen dreizehn

this dieser; *this morning* heute morgen; *this time* diesmal

those diejenigen 7

thousand tausend

three drei

thrilling spannend

throat infection die Halsentzündung,-en

through durch

to **throw** werfen (wirft, warf, geworfen); *to throw in(to)* hineinwerfen

Thursday der Donnerstag,-e

ticket die Karte,-n; die Fahrkarte,-n 3

tie die Krawatte,-n

tiger der Tiger,-

time die Zeit,-en; *times* mal; *for the first time* zum ersten Mal; *time(s)* das Mal,-e; *Time is up.* Die Zeit ist um.

tire der Reifen,-

tired müde

title der Titel,- 9

to zu, auf, nach

today heute

together zusammen

toilet die Toilette,-n

tolerance die Toleranz 3

tomato die Tomate,-n; *tomato salad* der Tomatensalat,-e; *tomato soup* die Tomatensuppe,-n

tomorrow morgen

tonsil die Mandel,-n

too auch, zu; *too bad* schade

tool das Gerät,-e

tooth der Zahn,-̈e; *toothache* die Zahnschmerzen (pl.); *toothbrush* die Zahnbürste,-n; *toothpaste* die Zahnpasta

top die Spitze,-n 10; *on top* oben

topic das Thema,-men E

torch die Fackel,-n; *torch light parade* der Fackelzug,-̈e 8

to **touch** rühren 4, anfassen 10

tour die Besichtigung,-en 7

tourist der Tourist,-en; *tourist guide* die Fremdenführerin,-nen 4; *tourist office* das Verkehrsbüro,-s

towel das Handtuch,-̈er

tower der Turm,-̈e;

town der Ort,-e; *town community* die Dorfgemeinde,-n 10

toys die Spielwaren (pl.)

trade der Handel 8; *trade union* die Gewerkschaft,-en 8

tradition die Tradition,-en

traditional traditionell 3

traffic der Verkehr; der Betrieb; *traffic jam* der Stau,-s 6; der Verkehrsstau,-s 6; *traffic lane* die Fahrbahn,-en 6; *traffic policeman* der Verkehrspolizist,-en 6; *traffic report* die Verkehrsnachricht,-en 7; *traffic sign* das Verkehrsschild,-er; *traffic*

situation die Verkehrssituation,-en

train der Zug,-̈e

traineeship die Ausbildungsstelle,-n 3

trainer der Trainer,- 6

training die Ausbildung,-en 3

trampoline das Trampolin,-e

to **transfer** umsteigen (stieg um, ist umgestiegen); *to transfer (money)* überweisen (überwies, überwiesen) 3

to **translate** übersetzen 6

to **travel** reisen

travel agency das Reisebüro,-s

traveler der Reisende,-n; *traveler's check* der Reisescheck,-s; *traveler's information* die Reiseauskunft

treaty der Vertrag,-̈e 3

tree der Baum,-̈e 1

trick der Trick,-s 4; der Streich,-e 6

trip die Reise,-n; die Fahrt,-en E

trout die Forelle,-n

truck der Lastwagen,- 6

true wahr

trumpet die Trompete,-n

trunk die Kiste,-n; *(of a car)* der Kofferraum,-̈e

trust das Vertrauen 10

try der Versuch,-e E

to **try** versuchen, probieren 1; *to try hard* sich anstrengen; *to try on* anprobieren; *to try out* ausprobieren

Tuesday der Dienstag,-e

tuition das Studiengeld,-er 3

tunnel der Tunnel,-s 3

Turk der Türke,-n 6

Turkey die Türkei 6

Turkish türkisch 3

to **turn** drehen; *to turn around* sich umdrehen 2; *to turn off* ausschalten 7; *to turn on* anmachen 7; *to turn (to)* abbiegen (bog ab, ist abgebogen)

TV program das
Fernsehprogramm,-e 9;
TV viewer der
Fernsehzuschauer,- 9
twelve zwölf
twenty zwanzig
twice zweimal
two zwei
type die Art,-en; der
Typ,-en 2
typical typisch

U

unbeatable unschlagbar 2
unbelievable unglaublich
uncle der Onkel,-
unconscious ohnmächtig 4
under unter
to **understand** verstehen
(verstand, verstanden)
to **undertake** unternehmen
(unternimmt, unternahm,
unternommen) 2
to **undress** sich ausziehen
(zog aus, ausgezogen) 6
unfortunately leider
unified vereinigt 1
to **unify** vereinigen 3
United States of America
die Vereinigten Staaten
von Amerika
unity die Gemeinsamkeit E
university die Universität,-en; die Uni,-s E
to **unlock** aufschließen
(schloß auf,
aufgeschlossen)
unmarried ledig 3
to **unpack** auspacken
unsatisfactory
ungenügend
unthinkable undenkbar
until bis
urban culture die
Stadtkultur,-en 1
urgent eilig
to **use** benutzen, nutzen 3
user der Benutzer,- 7

V

vacation die Ferien (pl.);
der Urlaub,-e 2; *vacation
during Pentacost* die
Pfingstferien (pl.) 6

vacationer der Urlauber,- 6
valley das Tal,-̈er 6
vanilla ice cream das
Vanilleeis
varied abwechslungsreich 1
various verschiedene
VCR der Videorekorder 7
vegetable das Gemüse;
vegetable soup die
Gemüsesuppe,-n; *vegetable
stand* der Gemüse-
stand,-̈e; *kind of vegetable*
die Gemüseart,-en
vegetarian der
Vegetarier,- 2
vehicle das Fahrzeug,-e 7
very sehr
vicinity die Umgebung,-en
victim das Opfer,- 10; *to fall
victim/prey*
to **view** besichtigen
view der Blick,-e
Viking der Wikinger,- 8
village das Dorf,-̈er
vineyard der Weinberg,-e;
der Weingarten,-̈ 7
violin die Geige,-n
visa das Visum,-sa E;
permanent visa das
Dauervisum,-sa E
to **visit** besuchen, besichtigen
visit der Besuch, die
Besichtigung,-en 7
visitor der Besucher,-;
visitor's visa das
Besuchervisum,-sa E
vitamin das Vitamin,-e 7
vocational school die
Berufsschule,-n 3;
vocational training die
Berufsausbildung,-en 3
voice die Stimme,-n 10
to **vote** wählen 3
vulture der Geier,- 6

W

to **wait** warten; *to wait for*
warten auf; *to wait on*
bedienen
waiter der Kellner,-; *waiter*
der Ober,- 5; *Waiter!* Herr
Ober! 5
waiting room der
Warteraum,-̈e; das
Wartezimmer,-

to **wake up** aufwachen E
wall die Wand,-̈e; die
Mauer,-n 1
to **want to** wollen (will, wollte,
gewollt)
war der Krieg,-e
ware die Ware,-n 4
warm warm
to **warn** warnen vor 1
warning die Warnung,-en 10
warship das
Kriegsschiff,-e 8
to **wash** waschen (wäscht,
wusch, gewaschen);
spülen; *to wash dishes*
Geschirr spülen
washer die
Waschmaschine,-n 7
wastepaper basket der
Papierkorb,-̈e 9
to **watch** aufpassen, zusehen
(sieht zu, sah zu,
zugesehen); *to watch TV*
fernsehen
watch die Uhr,-en
watchtower der
Wachturm,-̈e
to **water (flowers)** gießen
(goß, gegossen)
water das Wasser
way der Weg,-e; *on the way*
auf dem Weg
we wir
weak schwach 8
weakling der
Schwächling,-e 8
to **wear** anhaben (hat an,
hatte an, angehabt);
tragen (trägt, trug,
getragen)
weather das Wetter;
weather report der
Wetterbericht,-e 7
wedding die Hochzeit
Wednesday der
Mittwoch,-e
week die Woche,-n
weekend das
Wochenende,-n; *weekend
outing* der
Wochenendausflug,-̈e 6
weekly wage der
Wochenlohn,-̈e 4
to **weigh** wiegen (wog,
gewogen)

to **welcome (a person)** willkommen heißen
welcome willkommen
to **weld** schweißen 7
welding job die Schweißarbeit,-en 9
well gut, na, wohl, gesund
well-known bekannt
well-marked gut markiert
west der Westen, *western* westlich 1; *Western Zone* die Westzone,-en 1
wet naß; *I'm getting wet.* Ich werde naß.
what was; *what kind of* was für
when wann, wenn, als
where wo; *where to* wohin; *where from* woher
whether ob
which welcher
while die Weile, während; *a while* eine Weile
whipped cream die Schlagsahne
to **whistle** pfeifen (pfiff, gepfiffen)
white weiß
who wer
why warum, wieso
wicker (canopied) beach chair der Strandkorb,-̈e 3
wide breit
wife die Frau,-en; die Ehefrau,-en 4
will werden
will der Wille 7
to **win** gewinnen (gewann, gewonnen); siegen 8; *to win against* besiegen 9
window das Fenster,-
windshield die Windschutzscheibe,-n
wine der Wein,-e
wine festival das Weinfest,-e
winner der Sieger,-
winter der Winter,-
to **wish** wünschen
wish die Bitte,-n 5
with mit, bei; *near the park* beim Park; *with it* dazu
without ohne
witness der Zeuge,-n 9
witty witzig 4

wolf der Wolf,-̈e
woman die Frau,-en
wood das Holz 8
woodpecker der Specht,-e 6
word das Wort,-̈er; das Wort,-e 6
to **work** arbeiten, funktionieren 7; *to work together* zusammenarbeiten 3
work die Arbeit,-en; *work force* die Arbeitskraft,-̈e 3
worker der Arbeiter,- 8; die Arbeitskraft,-̈e 3; *workers' association* der Arbeiterverein,-e 8
world die Welt,-en; *world champion (female)* die Welt-meisterin,-nen 9; *Soccer World Cup* die Fußball-weltmeisterschaft,-en 9; *world soccer champion* der Fußballweltmeister,- 9; *world war* der Welt-krieg,-e 8; *World War II* der Zweite Weltkrieg 8
worldwide weltweit 7
worry: Don't worry! Mach dir keine Sorgen!
worth living lebenswert 10
worthwhile: to be worthwhile sich lohnen
would like to möchten; *I would like to...* Ich möchte...
wound die Wunde,-n
to **wrap** hüllen E
to **write** schreiben (schrieb, geschrieben); *to write down* aufschreiben; *to write a check* einen Scheck ausstellen 3
writer der Dichter,- 1; der Autor,-en 10
wrong falsch 2

Y

year das Jahr,-e; *year of apprenticeship* das Lehrjahr,-e 3; *year of birth* das Geburtsjahr,-e 4; *year of death* das Todesjahr,-e

4; *year of one's life* das Lebensjahr,-e 3
to **yell** schreien (schrie, geschrien)
yellow gelb
yes ja
yesterday gestern
yet noch
to **yield** gewähren; *Yield the right of way!* Vorfahrt gewähren!
you (familiar singular) du; *you (familiar plural)* ihr; *(formal)* Sie
youngster der Jugendliche,-n
your dein; *your (familiar plural)* euer; *your (formal)* Ihr
yourself selbst
youth der Jugendliche,-n; die Jugend; *youth club* der Jugendklub,-s; *youth hostel* die Jugendherberge,-n; *youth hostel director* der Herbergsvater,-̈; *youth hostel identification (card)* der Jugendherbergs-ausweis,-e; *youth hostel parents* die Herbergseltern (pl.) 6; *youth organization* die Jugendorganisation,-en 8
Yugoslavia Jugoslawien

Z

zero null
zip code die Postleitzahl,-en
zone die Zone,-n 8
to **zoom** düsen 2

INDEX

CREDITS

Acknowledgments

The authors wish to thank the many people in Germany, Austria and Switzerland who assisted in the photographs for the textbook.

Special thanks go to Chris Wold Dyrud (illustrator), Ned Skubic (design and layout) and Christine M. Gray (desktop publishing).

The following two reading selections are excerpts from the Easy Readers published by EMC Publishing: *Winterkartoffeln* (pp. 168-169) and *Die Dame auf der Bank* (pp. 213-215) from *Gänsebraten und andere Geschichten (Rösler)*.

Photo Credits

Audi AG: 96, 137 (b), 139 (tl, tr), 300 (all), 301 (all), 303

Austrian National Tourist Office: 246 (l)

Bongarts Sportpressephoto: 9, 369 (both)

Brilliant, Andrew: 136, 221 (tl)

Bundesbildstelle: 143 (both), 180 (bl), 294 (b), 397 (b), 428 (tr, b), 429 (all), 457 (b), 458

Cosack, Peter: 51, 52 (tl, tr), 160 (bl, br), 236 (tr), 294 (t), 299

Friedrichs, Ivonne: 137 (tl, tr)

Frigge, Reinhold: ix (t), 179 (br), 204 (tl, tc, tr), 205 (r), 224 (tr), 275 (all), 276, 316 (all), 359 (bl, bc), 362, 363, 437 (tr)

Glahe, Manfred: 149 (t), 228

Hartard, Klaus: 53 (bl, br), 442 (all), 443 (all)

Herrnbräu AG: 312 (all)

Huber, Kathy: 234 (cl)

Inter Nationes: 42 (both), 161, 202, 321, 324 (b), 339 (both), 343, 348, 368 (b), 378 (both), 403, 404 (all), 409, 412, 427 (l, br)

Jarvis, Shawn: 98 (b), 126 (b), 452 (bl, br)

Jung, Dietmar: 113 (l), 179 (bl), 192 (r), 193 (tl)

Kraft, Wolfgang: vii (b), viii (all), 2 (both), 3 (both), 5, 6 (both), 7 (both), 14 (t), 16 (all), 19, 21 (l), 23, 28, 29, 33 (t), 35 (t), 68, 71, 81, 87, 90 (both), 100, 101, 111 (all), 112, 122 (both), 122 (l), 156, 158, 175, 180 (t), 183, 190, 191, 197, 199 (tc), 211, 216, 217 (all), 220 (all), 221 (tr, br), 226, 229, 233, 236 (br), 241, 243 (all), 247, 257, 279 (b), 282 (r), 283 (both), 287 (both), 291 (all), 298, 317 (all), 335, 358 (l), 359 (tl, cl), 361 (tl, tc, tr), 364 (both), 365, 371 (both), 373, 375, 379, 396 (all), 397 (tc, tr), 398 (tr, b), 399 (both), 401 (all), 418 (both), 420 (tr), 424, 427 (tr), 428 (tl), 435 (all), 438, 439, 451, 456, 459 (both)

Larson, June: 282 (l), 296 (t)

Lufthansa German Airlines: iv (t), 1 (t), 33 (b), 280 (b)

Museum Theresienstadt: 325

Musik + Show: 198, 199 (tl)

Nash, Rod: 31 (t), 75 (b), 183 (t, c, b)

Owen Franken/German Information Center: v (br), vii (t), 1 (b), 14 (c), 18, 31 (b), 35 (b), 54, 62, (br), 63 (br), 75 (t), 103 (both), 107 (all), 109 (all), 115, 118, 141, 147 (tl, bl, br), 150 (t), 165, 170, 173 (l, r), 179 (tl), 180 (br), 215, 249, 279 (t), 285, 319 (bl, tr), 388

Palmer, Carol: 221 (bl)

Reise Foto Walter und Helga Storto: x (bl, br), 245 (cr), 265, 273, 277, 333, 358 (c), 361 (b), 440 (all), 441

Semmel Verlach: 167 (both), 195 (all)

Specht, Otto: 47 (bl), 72 (all), 82 (b), 97, 104 (l, r), 105 (all), 142 (b), 184 (all), 185 (all), 315 (bl, r), 420 (tc), 454 (all), 455 (all)

Specht, Roland: iv (b), v (t, bl), vi (all), ix (b), x (t), 10 (both), 11 (all), 12 (all), 13 (all), 14 (b), 15, 21 (r), 22, 30, 43 (both), 45 (both), 46 (all), 47 (t, br), 48 (both), 52 (cl, cr, bl, bc, br), 53 (tl, tr), 60 (both), 61, 62 (tl, tr, c, bl), 63 (tl, tr, bl), 64, 65, 73, 82 (all), 83 (tl, tc, tr, c, bl, br), 84 (all), 89 (both), 98 (tl, tr, cl, cr), 113 (r), 123 (both), 124 (all), 126 (t), 127 (both), 138, 139 (b), 140, 142 (t), 144 (all), 147 (tr), 149 (cl, cc, cr, bl, bc, br), 150 (b), 151, 152 (both), 160 (tl, tr), 178 (all), 179 (tr), 186 (all), 192 (l), 193 (tr, b), 204 (bl, bc, br), 218 (all), 222 (all), 224 (tl, tcl, tcr, bcl, bcr, bl, br), 225 (all), 234 (tl, tr, cr, bl, br), 235 (all), 236 (tl, cl, cr, bl), 245 (t, cl, b), 250, 251 (all), 252, 253 (both), 258 (all), 259 (t, br), 260 (both), 262 (all), 267 (both), 268 (all), 269 (all), 270 (all), 271, 274, 280 (t, c), 281 (all), 296 (bl, c, r), 297, 304 (all), 314 (all), 315 (tl), 319 (tl, br), 326, 327 (all), 328 (all), 329 (all), 331, 358 (tr, br), 359 (br), 367 (both), 383 (tr, br), 384 (all), 385 (both), 397 (tl), 398 (tl, tc), 420 (tl, bl, bc, br), 421 (all), 422 (all), 431 (both), 436, 437 (tl, b), 445 (all), 446, 447 (all), 452 (tl, tr), 453 (all), 457 (t, c)

Stadt Ingolstadt: 83 (bc), 85, 205 (l, c), 383 (tl, bl)

Swiss National Tourist Office: 246 (r), 368 (t)

Waldinger, Kalle: 199 (tr, bl, br)